中国年鉴全文数据库
收录年鉴

江西交通年鉴

2021

江西省交通运输厅交通史志编审委员会

图书在版编目(CIP)数据

江西交通年鉴.2021／江西省交通运输厅交通史志编审委员会编.—南昌：江西人民出版社，2021.12
ISBN 978-7-210-12849-6

Ⅰ．①江… Ⅱ．①江… Ⅲ．①交通运输业-江西-2021-年鉴 Ⅳ．①F512.756-54

中国版本图书馆 CIP 数据核字(2021)第 278823 号

江西交通年鉴(2021)
JIANGXI JIAOTONG NIANJIAN(2021)

江西省交通运输厅交通史志编审委员会

责任编辑：徐明德　何　方

江西人民出版社 出版发行

地　　　　址	江西省南昌市三经路 47 号附 1 号(邮编:330006)
网　　　　址	www.jxpph.com
电 子 信 箱	155275162@qq.com
编辑部电话	0791-86898846
发行部电话	0791-86898815
承　印　厂	北京虎彩文化传播有限公司
经　　　销	各地新华书店
开　　　本	787 毫米×1092 毫米　1/16
印　　　张	28
字　　　数	600 千字
版　　　次	2021 年 12 月第 1 版
印　　　次	2021 年 12 月第 1 次印刷
书　　　号	ISBN 978-7-210-12849-6
定　　　价	200.00 元

赣版权登字—01—2021—852

版权所有　侵权必究

赣人版图书凡属印刷、装订错误，请随时与江西人民出版社联系调换。
服务电话:0791-86898820

交通管理 交通风采 JIAOTONG FENGCAI

7月7日至8日,全国政协副主席、交通运输部党组书记杨传堂就巩固脱贫攻坚成果、"两通"和"四好农村路"建设、交通扶贫与乡村振兴衔接等工作在我省开展调研

1月10日,全省交通运输工作暨党风廉政建设工作、安全生产工作会议召开

8月19日,全省高速公路服务区提质升级动员会召开

11月9日起,交通运输部评价组到江西"十三五"干线公路养护管理治理能力评价工作

交通建设

6月30日,宜春至遂川高速公路项目开工动员会在永新县召开

12月28日,全省公路水运重点项目集中开工动员大会在樟树举行

大广高速高速南康至龙南段扩容工程B5标大龙迳2号高架桥实现全幅架通

12月28日,赣江井冈山航电枢纽工程首台(1#)机组成功并网发电

交通建设 交通风采

10月28日,九江红光国际港开港动员会在彭泽县举行

信江航运枢纽八字嘴东大河船闸建成

泰和县"四好农村路"

铜鼓至万载高速公路宜丰联络线建成通车

德兴市打造城乡公交一体化

省交通运输厅全力保障防疫物资畅通运输

竹溪村"交通+"幸福小康路

交通执法 交通风采

疫情期间,运政执法人员开展"打非治违"行动

南昌市道路运输管理部门联合高新区运管、公安、交警等相关部门开展市区两级联合执法专项整治行动

江西省首批标准化航道工作用艇交付使用,将承担江西水域航标管理、航道勘察、道政执法等公务活动

安全应急

6月1日，江西省交通运输系统2020年"安全生产月"活动启动仪式在昌九高速永修服务区举行

6月23日至24日，2020年全省交通运输防汛应急演练暨公路水运工程安全生产工作现场交流会在鄱阳县举办

12月24日上午，江西省高速集团景德镇管理中心联合安徽省交控集团黄山管理中心在杭瑞高速赣皖省界隧道开展应急处置实战演练

党建和精神文明

5月29日,省交通运输厅召开领导干部会议,传达学习全国两会精神

9月8日,全省交通运输系统收听收看全国抗击新冠肺炎疫情表彰大会(组图),我省7名个人、3个集体获全国交通运输系统抗击新冠肺炎疫情先进

党建和精神文明

12月25日,省交通运输厅举办以"平语近人催奋进 匠心筑梦大交通"为主题的示范主题党日暨青年干部理论学习分享活动

4月30日,省交通运输厅举办"青春在战疫中绽放"——江西交通青年战疫故事分享会

12月14日,全国交通运输行业精神文明建设工作电视电话会议在京举行,公布2018–2019年度全国交通运输行业精神文明建设先进集体,江西省5个集体、6个窗口获全国交通运输行业精神文明建设先进

省公路运输管理局客货处副处长、驻村干部沈小敏荣获"2019年感动交通年度人物"

省厅参加"平安江西志愿者在行动"主题宣传活动

《江西交通年鉴》编审委员会

主　　任　王爱和
副 主 任　胡钊芳
委　　员　熊华武　陈鹏程　娄鸿雁　王江军　吴克绍
　　　　　李国峰　雷　毅　舒小平　王绍卿　毛　茂
　　　　　梁　波　彭辉勇　廖晓峰　谈　勇　徐华兴
　　　　　胡建强　彭　嵘　刘恒明　曾　敏　邹爱华
　　　　　崔建林　贺一军　张春晓　张慧颖　王亲勇
　　　　　王永程　艾志茂　江志强　潘　婧　李　康
　　　　　甘红缨　宋　喻　田　慧　苏　焕　张伟红

《江西交通年鉴》编辑部

主　　编　毛　茂
副 主 编　潘　婧　江志强
主　　任　甘红缨
编　　辑　（按姓氏笔划排序）
　　　　　田　慧　宋　喻　苏　焕　张伟红

《江西交通年鉴(2021)》提供资料单位主笔

（以姓氏笔画为序）

万　鹏	王文瀚	王若羊	王　俊	王　超
毛　涛	邓雁冰	田　闻	田　慧	吕蓓蓓
朱宏宇	刘　强	许婷婷	李水生	肖慧莎
邱　珍	何冬冬	余志平	邹　勇	况单云
张立松	陈秋玲	陈根玲	陈　浩	陈　菁
陈维民	胡文斌	胡　莎	胡　菁	钟武德
洪耀祖	聂玉洁	徐　婷	郭十亿	郭　萍
涂智琴	黄　云	梅　思	梁　靓	彭辉勇
韩晓艺	傅骥川	曾　进	鄢玲琳	蔡　虹
熊贻辉	颜卫民	潘　婧		

编 辑 说 明

一、《江西交通年鉴(2021)》是江西省交通运输厅交通史志编审委员会主持编修的第25卷省级交通年鉴。载录江西交通系统2020年1月1日至12月31日的资料。出版年鉴的宗旨是为江西交通发展改革服务,为社会提供江西交通各类信息。

二、本年鉴以马克思列宁主义、毛泽东思想、邓小平理论、"三个代表"重要思想、科学发展观、习近平新时代中国特色社会主义思想为指导,坚持实事求是的撰编原则。在充分反映成绩、总结经验的同时,对工作中存在的困难、问题和缺点也作了如实记述;同时注意时代特征、地方特色、行业特点,力求全面准确地展示江西交通系统广大干部职工在物质文明、政治文明、精神文明、社会文明和生态文明建设中的成果和风貌,满足多方面、多层次读者的需要。

三、本年鉴的体例采用分类条目法,以交通专业分工立目,内容由特载、专记、便览、大事记、交通基础设施、运输生产、科技教育卫生、交通管理、党群工作、市县交通、统计资料、人物及先进集体、文献文件、附录和索引组成,并附录相关图片。

四、本年鉴文稿由省交通运输厅机关各处室、厅直属各单位、各设区市及县交通运输局提供,并经有关人员审核。条目文后括号内的人名或单位名为撰稿者。

五、本年鉴选录的统计资料,主要依据江西省交通运输厅规划处编印的《2020年江西省交通运输行业发展统计公报》,部分由厅直属单位和设区市交通运输局提供,统计口径不一的以厅规划处统计数字为准。

六、本年鉴对获省、部级以上奖励的先进个人设简介;对厅级以上的先进集体、先进个人列表记述。

七、本年鉴的计算单位、数字用法、语言文字等均依照国家现行有关规定执行。

目 录

特 载

抢抓战略机遇　坚持系统观念　勇于担当实干　奋力开启高水平交通强省建设新征程 …………（1）

专 记

忠诚履职尽责　强化担当作为　为推动交通运输工作高质量发展提供坚强纪律保障 …………（11）
2021年全省交通运输安全生产工作报告(摘录) …………………………………………………（14）

大事记

大事记 …………………………………………………………………………………………………（19）

便 览

历　史 ………………………（33）
　新中国成立初期(1949年5月—1952年12月)
　　江西省水路运输的发展 ………………（33）
　　表1：1950—1952年江西省内河客运量
　　　完成情况表 …………………………（35）
　　表2：1950—1952年江西省内河船舶货
　　　运量完成情况表 ……………………（35）

地　理
　萍乡市 ………………………………………（35）
人　口 ………………………………………（36）
经济与发展 …………………………………（37）
数字交通 ……………………………………（38）
交通机构及领导人名录 ……………………（39）

2020年江西省交通运输厅党组织领导成员 ………………………………………… (39)
2020年江西省交通运输厅行政领导 …… (39)
表3:2020年江西省交通运输厅直属机构及党政领导班子成员 ………………… (40)
表4:2020年各设区市交通运输机构及党政领导成员 …………………………… (42)
市级交通机构 ………………………………… (43)

交通基础设施建设

概况 ……………………………………………… (44)

公路建设

高速公路建设

概况 ……………………………………………… (45)
李炳军调研大广扩容项目建设情况 …… (45)
大广扩容项目办召开第一阶段总结表彰暨第二阶段施工动员大会 ……………… (45)
宜春至遂川高速公路项目开工 ………… (45)
全省高速公路项目建设推进会在赣州召开 ……………………………………………… (46)
铜万高速宜丰联络线全线双幅贯通 …… (46)
王爱和到大广高速扩容工程一线调研 … (46)
王爱和调研宜遂高速公路项目建设情况……………………………………………… (47)
全省8个公路水运重点项目集中开工 … (47)
铜万高速公路宜丰联络线新建工程建成通车 …………………………………………… (47)
抚州高速公路建设提质增速 ……………… (48)

国省干线公路建设

概况 ……………………………………………… (48)
宜春交投集团推进重点项目有序复工 … (48)
樟树公路分局重点民生项目复工 ……… (48)
宜春交建严抓复工后的疫情防控工作 … (48)
永新公路分局召开疫情防控和复工复产部署会 …………………………………………… (49)
遂川公路分局六个公路工程建设项目全部复工 …………………………………… (49)
新余市公路局试点建设首条"聪明的路" ……………………………………………… (49)
省公路局召开普通省道建设项目行业意见审查视频会 ……………………………… (49)
省道519线奉新百丈至找桥段公路改建工程（宜丰境内）下基层水稳开始摊铺 …… (49)
鹰潭市省道207画桥饶家至皇桥何家段一级公路升级改造工程开工 ………… (50)
吉安县省道443枫江至永阳公路改建工程进展顺利 …………………………………… (50)
省道222线分宜金鸡布至碳石段二级公路改造土方工程动工 ………………………… (50)
萍乡市省道533流田至桐田段公路改建工程建成通车 ………………………………… (50)
兴国雄岗隧道顺利贯通 …………………… (50)
宜春省道531温汤至洪江二级公路正式建成通车 ……………………………………… (51)
省道404东港至黄坛公路改建工程项目开工 ……………………………………………… (51)
樟树市葛玄路建成通车 …………………… (51)
庐山市沙山作业区疏港公路建设完工 … (51)
富田至大坑红色旅游公路竣工通车 …… (51)

农村公路建设

概况 ……………………………………………… (52)
弋阳梅烈公路通车 ………………………… (52)
樟树市县道809石陂—乌溪县道升级改造工程竣工通车 ………………………………… (52)
贵溪市县道209公路改建工程建设复工复产 ……………………………………………… (52)
省公路工程检测中心配合完成农村公路建设项目质量督导 ……………………… (52)
高安市相城至田南三级公路竣工 ……… (52)
王爱和来都调研水毁公路复建工作 …… (53)
聚焦南昌"打造'畅安舒美'农村公路,彰显乡村振兴省会担当" ……………………… (53)
樟树市黄土岗至太平桥县道升级改造工程建成

通车 …………………………………… （53）
新干县加快"四好农村路"建设,全力助推美丽
乡村振兴 ……………………………… （53）
抚州全力推进"四好农村路"建设,促进农村公
路建、管、养、运协调可持续发展 ……… （54）
上饶市"四好农村路"建设实现新突破 … （54）

桥梁建设

概况 ……………………………………… （54）
广昌公路分局"两手抓、两不误"积极做好危桥
重建项目复工 …………………………… （54）
抚州王安石特大桥全面复工复建 ……… （55）
宜春大道秀江大桥建设启动首联现浇箱梁浇筑
…………………………………………… （55）
国道237线婺源境内汪口大桥拆除重建工程开
工 ………………………………………… （55）
省道531线温洪线丹溪大桥首片箱梁架设成功
…………………………………………… （55）
南丰危桥改造如火如荼 ………………… （55）
吉安市禾埠老大桥成功爆破 …………… （55）
国道320袁州区沙田至分界段公路改建工程螺
江桥八片梁板架设完成 ………………… （56）
省道塘固线横山桥危桥重建工程完工通车……
…………………………………………… （56）
吉安青原区值夏大桥新桥建成通车 …… （56）
吉安青原区万福大桥新桥建成通车 …… （56）
靖安国道353塘埠大桥圆满完成桩基础施工…
…………………………………………… （56）
宜丰省道519洞下中桥完成架梁 ……… （56）
铜鼓县省道222棋温线高石坳中桥第一跨梁板
架设完成 ………………………………… （56）
国道206线叶家桥竣工通车 …………… （57）
安福省道438（安下至泰山）完成桥梁静载实验
…………………………………………… （57）
鹰潭市龙虎山泄洪渠桥重建工程开工 … （57）
省道539线永新县三湾乡大湾桥危桥改造工程
正式开工 ………………………………… （57）
国道220线万载绕城段公路改建工程首片箱梁
架设成功 ………………………………… （57）
祁婺项目南山路特大桥正式开工建设 … （58）
新余市环城路水西互通上跨国道533跨线桥贯
通 ………………………………………… （58）
都昌县新妙湖大桥建成通车 …………… （58）

南城万年桥修缮工作竣工 ……………… （58）

公路养护

概况 ……………………………………… （58）

养护管理

全省普通国省干线公路养护管理工作座谈会在
赣州召开 ………………………………… （59）
南昌市公路系统开展普通国省道公众满意度问
卷调查 …………………………………… （59）
省高速集团召开迎"国评"工作布置会暨养护工
程质量提升月动员会 …………………… （59）
全省高速公路路容路貌提升现场会顺利召开…
…………………………………………… （60）
全国网媒点赞江西高速养护管理工作 … （60）
省高速集团养护管理系统一期工程完工 ……
…………………………………………… （60）
萍乡市安源区强化农村公路养护管理 … （60）
赣州市深入推进农村公路管理养护体制改革…
…………………………………………… （60）
新干县推进"三项创新",提升农村公路管养新
水平 ……………………………………… （60）
吉安县交通运输局多举措创新农村公路养护工
作 ………………………………………… （61）
黎川县农村公路养护三到位保畅通 …… （61）

养护工程

泰和分局推进复工复产消除隐患保畅通………
…………………………………………… （61）
2020年养护大中修工程永修区顺利开工 …
…………………………………………… （61）
国道238南惠线养护大中修改造工程稳步推进
…………………………………………… （62）
国道206南丰境内养护大修工程拉开帷幕……
…………………………………………… （62）
崇义省道316嘉横线保通项目进展顺利………
…………………………………………… （62）
景德镇市省道501勒西线白茅至经公桥段路面
养护大修及示范路工程项目开工 ……… （62）
彭泽县国道530黄湖线、省道214马都线养护大
中修工程开工 …………………………… （62）
省公路局指导组赴各地督查指导迎"国评"工作
…………………………………………… （62）

3

省道221港东线路面大修油面工程完工……(63)

国道105柴桑段(灾毁项目)全面进入沥青路面铺筑阶段……(63)

省道217会昌梓坑至庄口公路改建工程沥青路面全面完工……(63)

省道305、省道218养护大中修工程全面完工……(63)

省道308万东线(万载至双桥段)路面中修工程启动施工……(63)

安福县瓜畲乡至枫田公路新建工程路面工程完工……(64)

省公路工程检测中心首次承接交通运输部"国评"外检项目……(64)

寻乌县国道206修复养护路面大修工程开工……(64)

国道236鹰潭段改造工程完工……(64)

省道531西村段大中修工程顺利完工……(64)

赣州市南康区省道226修复养护路面大中修工程开工建设……(64)

国道105丰城段大中修工程紧张有序进行……(64)

鹰潭国道320路面养护大修工程完工……(64)

鹰潭市普通国省道养护工程项目D标段省道207大修工程全面完工……(65)

王昭春深入高安、上高调研迎"国评"工作……(65)

国道105青原区草坪桥至永阳连心桥大中修顺利完工……(65)

安福县瓜畲乡至枫田公路新建工程路面工程完工……(65)

养护品牌

大道行,赣路美——省高速集团首个养护品牌落地……(65)

"啄木鸟"养护工匠室成立……(65)

公路绿化

抚州高速沿线补植苗木3万余株……(66)

奉新县交通运输局推进农村公路绿化创新……(66)

高安市加大公路绿化美化力度……(66)

上高县积极打造"美丽生态文明路"提升农村公路美丽风景线……(67)

航道建设

概况……(67)
吴晓军调研信江八字嘴航电枢纽项目……(67)
吴浩调研赣粤运河规划建设工作……(67)
九江分局利用数字航道系统及时恢复桥区失常标志……(67)
信江双港项目成功浇筑年后第一仓大体积混凝土……(68)
姜明宝一行调研信江八字嘴航电枢纽项目……(68)
陈鹏程视察赣粤运河规划线路赣江上游航道……(68)
赣江、信江船闸通航中心正式挂牌成立……(68)
九江航运交易中心正式开通运营……(68)
赣江(市汊至湖口)电子航道图项目通过验收……(68)
信江高等级航道整治工程主体土建工程A2标段顺利通过安全生产标准化建设现场评价……(68)
井冈山航电枢纽工程首台机组成功并网发电……(69)
信江基本具备三级通航条件……(69)
信江八字嘴航电枢纽工程纳入交通运输部科技示范工程……(69)

港口建设

孙鑫调研推进鱼山码头建设项目……(70)
景德镇市鱼山货运码头工程防洪评价报告顺利通过专家评审……(70)
王爱和调研港口资源整合和水运项目建设情况……(70)
景德镇市质监站召开鱼山码头项目品质工程创建策划交流会……(71)
宜春港樟树港区规划获省政府批复通过……(71)
南昌港总体规划通过部、省联合审查……(71)
《宜春港总体规划》获省政府批复……(71)

泰和沿溪综合货运码头开工建设 ………（71）
南昌港东新港区姚湾作业区综合码头工程使用岸线获交通运输部批复 ………（72）
提前三个月完成港口岸电设施建设改造任务………（72）
殷美根调研九江矶山公用码头项目建设情况………（72）
郑清秀一行到湖口调研督导九江港化学品洗舱站及LNG加注站项目建设情况 ………（72）
陈敏调研九牛滩综合码头一期工程 ………（72）
宜春港樟树港区河西作业区综合码头工程岸线使用获交通运输部批复 ………（73）
江西省首个水上LNG加注工程项目开工建设………（73）
吉安市全力推进港口码头建设 ………（73）
樟树港区河东作业区岸电设施建设完成………（73）

规划与勘察设计

《江西省公路水路交通运输"十四五"发展规划》编制 ………（73）
《江西省运输结构调整三年行动计划（2018—2020）》评估和发展对策研究 ………（74）
《江西省高速公路网规划修编（2018—2035年）调整方案》 ………（74）
《江西省"十四五"期公路水路交通运输发展需求分析研究》 ………（74）
《江西省交通运输经济运行分析报告》编制 ………（74）
《江西省交通运输经济运行分析框架及方法研究》 ………（74）
《环鄱阳湖旅游公路规划》编制 ………（75）
吴浩一行视察赣粤运河规划线路 ………（75）

厅造价站编制的《江西省公路绿化工程估算指标（2020年修编版）》通过评审 ………（75）
港口总体规划与水运系列规划编制工作………（75）
《赣粤运河（江西段）规划研究（征求意见稿）》通过专家评审 ………（76）
《南昌港总体规划（修订）》（送审稿）修编 ………（76）

站场（厂）房屋建设

概况 ………（76）
表5：2020年道路运输基本建设完成情况一览表 ………（77）
全省首座船舶污染物接收站在抚州落成………（78）
崇义公路分局大摆养护中心开工建设 …（78）
上高公路沥青冷再生站建成投产 ………（78）
鹰潭市2处非现场执法检测点顺利通过省计量院检定 ………（78）
高安市综合客运枢纽站正式启用 ………（78）
都昌县城东综合车站建成 ………（79）
樟树市东昌高速收费大棚改造工程建成通车………（79）
共青城市超限超载车辆检测站建成 ………（79）
泰和县汽车客运站正式开工建设 ………（79）
金溪何源农村公路综合服务站开工建设………（79）
全省首对高速LNG加气站正式运营 ………（79）
上饶城南公交场站主体结构封顶 ………（80）
樟树市船舶污染物接收站建成全面投入使用………（80）
丰城市船舶污染物接收站建设完成 ………（80）
宜丰县新昌东大道停车场工程竣工 ………（80）

运输生产

道路运输

江西"十三五"江西道路运输发展纪实 …（81）
概况 …………………………………………（84）

运输企业

概况 …………………………………………（85）
 表6：2020年全省道路运输经营业户数（一）
 …………………………………………（86）
 表7：2020年全省道路运输经营业户数（二）
 …………………………………………（86）
 表8：2020年全省道路运输相关业务经营业户数 …………………………………………（87）
 表9：2020年全省道路运输持证上岗从业人员数 …………………………………………（88）
南昌市道路运输企业概况 …………………（89）
萍乡市道路运输企业概况 …………………（89）
抚州长运拓展客运市场实现企业持续发展……
…………………………………………（89）
上饶本土企业首张"网络货运"牌照落户新华龙物流 …………………………………………（89）
景德镇长运旅游发展公司圆满完成2020年中国航空产业大会运输保障任务 ………………（89）
宜春市新增省际包车客运企业——宜春市顺通客运服务有限公司 ……………………………（89）
宜春城区首家网络货运平台公司开业 …（90）

运输线路

概况 …………………………………………（90）
 表10：2020年全省道路客运线路班次
 …………………………………………（90）
 表11：2020年全省客运班车通达情况 ………
 …………………………………………（91）
 表12：2020年萍乡市县际县内班线 …（91）
赣州开通往返于都定制客运快车助力春运
…………………………………………（99）
江西靖安开通2条临时特殊人群专用客运班线 …………………………………………（99）

宜春开通多条道路客运专线满足节后返程需求
…………………………………………（100）
湾里山区开通了两条"村村通"出租车线路 …
…………………………………………（100）
宜春公交开通温汤镇至谢坪村公交专线……（100）
宜春汽运开通靖安至南昌定制客运班线……（100）
南昌开通出租车短途返程优先通道 …（101）
上饶开通葛仙山旅游定制客运班线 …（101）

运输站点

概况 …………………………………………（101）
 表13：2020年全省道路客货运站 …（101）
省运管局全力推进全省客货运输站场建设
…………………………………………（102）
上高县汽车站搬迁至上高汽车西站 …（102）
井冈山市汽车南站正式投入营业 …（102）
芦溪县城市客运站项目完成主体建设………
…………………………………………（102）

运输工具

概况 …………………………………………（102）
 表14：2020年全省营运载客汽车（合计）……
 …………………………………………（103）
 表15：2020年全省营运载货汽车（合计）……
 …………………………………………（104）
 表16：2020年全省城市（县城）公共汽电车 …
 …………………………………………（104）
 表17：2020年全省城市（县城）巡游出租汽车
 …………………………………………（105）
南昌市千辆巡游车保障春节返程"最后一公里"
…………………………………………（105）
九江投入2305辆客车满足旅客春运出行需求
…………………………………………（106）
新余市区巡游出租车启用4G视频设备………
…………………………………………（106）
吉安59辆纯电动公交车助力春运 …（106）
吉安42辆微循环公交4月28日上新………
…………………………………………（106）

客货运价
　萍乡市公路运价 …………………（106）
　樟树市1元城乡公交服务升级 ………（106）
道路旅客运输
　概况 ………………………………（107）
　　表18：2020年全省公路旅客运输量完成情况
　　　………………………………（107）
　　表19：2020年全省农村道路客运情况 ………
　　　………………………………（107）
　江西省道路运输继续全力以赴保障复工复产…
　　　………………………………（108）
　江西省3月16日全面恢复道路旅客运输经营
　　　………………………………（108）
　江西省道路运输系统扎实做好学生复学运输服
　　务保障工作 ………………………（108）
　端午期间江西省道路运输发送旅客94余万人次
　　　………………………………（109）
　双节期间江西省道路客运安全有序 ……（109）
　南昌春运客运安全有序 ……………（109）
　萍乡公路旅客运输 …………………（110）
　景德镇长运临时开通预约应急包车服务……
　　　………………………………（110）
　上饶多个地方免费包车送复工人员 …（110）
　宜春汽运"开学直通车"运输1.5万多名高校生
　　返校 ………………………………（110）
　南昌公交"五一"运送乘客350万人次 　（110）
　冬至期间南昌公交祭扫专线运送乘客4.5万余
　　人次 ………………………………（111）
　南昌地铁3号线开通首日客运量11.08万人次
　　　………………………………（111）
　宜春汽运在全市范围内开展定制客运试点……
　　　………………………………（111）
道路货物运输
　概况 ………………………………（111）
　　表20：2020年全省公路货物运输量完成情况
　　　………………………………（111）
　　表21：2020年全省道路危险货物运输 ………
　　　………………………………（112）
　分宜农村物流项目入选交通运输部首批农村物
　　流服务品牌 ………………………（112）
　宜春汽运与极兔速递合作助力农村电商发展…
　　　………………………………（112）
　樟树物流产业实现提质升级 ………（113）
　丰城市交通运输局谋划加大扶持物流产业力度
　　　………………………………（113）
　南城打造物流运输业"航母" ………（113）
城市公共交通
　概况 ………………………………（113）
　　表22：2020年全省城市（县城）公共交通管理
　　　情况 ……………………………（114）
　赣州公交实行扫码实名登记乘车 …（114）
　上饶公交集团开通学校定制公交和学生专乘车
　　　………………………………（114）
　宜春市正式成为江西省"公交城市"创建示范城
　　市 …………………………………（114）
　上饶市成为省"公交城市"创建示范城市 …（115）
　景德镇市乐平长运调整公交线路迎开学……（115）
　景德镇市公交助力双创推出免费乘车日活动…
　　　………………………………（115）
　南昌地铁乘车码实现跨区域互联互通………
　　　………………………………（115）
　南昌开通海昏侯国遗址公园公交专线………
　　　………………………………（116）
　江西都市城际公交有限公司开通节假日大学校
　　园直通车 …………………………（116）
　景德镇公交增开2条临时线路保障群众出行…
　　　………………………………（116）
　吉安市"公交城市"创建工作顺利完成省级考核
　　验收 ………………………………（116）
　南昌公交开通多条冬至公交祭扫专线………（116）
　萍乡市公交简况 ……………………（117）
　　表23：2020年萍乡城市公交企业一览 ………
　　　………………………………（117）
　　表24：2020年萍乡城市出租企业一览 ………
　　　………………………………（117）
　萍乡市推进城乡公交一体化改革 …（117）
　新余实现城乡公交一体化 …………（117）
　上饶公交推出中心城区内定制公交"点对点"
　　"一站式"预约服务 ………………（118）
道路环保节能
　江西省道路运输行业节能减排成效显著………
　　　………………………………（118）

7

南昌、赣州、上饶三市成为绿色出行创建城市… (118)
萍乡市新增及更换的公交车新能源车辆比例保持100% ……………………………………… (118)
萍乡市交通运输局积极推进新能源和清洁能源车辆应用 …………………………………… (119)
都昌县公交车完成油改电 …………………… (119)
吉安市推进绿色智慧交通建设 ……………… (119)
奉新县加大财政投入支持公交绿色出行………
 ………………………………………………… (119)
铜鼓县致力打造城市绿色交通出行 ………… (119)
宜丰县交通运输局扎实开展《打赢蓝天保卫战三年行动计划》 ……………………… (119)

水路运输

概况 ……………………………………………… (120)
水路运输企业
概况 …………………………………………… (121)
江西省交通运输厅、商务厅一行对南昌市水运企业开展推动水运经济高质量发展现场调研座谈 …………………………………………… (121)
南昌市港航处为企业复工复产保驾护航………
 ………………………………………………… (121)
上饶分局、信江航道整治项目办走访企业助改革
 ………………………………………………… (121)
抚州市交通运输局组织召开船企与邮政银行融资交流对接会 ……………………………… (122)
南昌市水路运输 ……………………………… (122)
赣州市水路运输 ……………………………… (122)
港口码头
概况 …………………………………………… (122)
刘奇到南昌龙头岗综合码头调研 …………… (122)
南昌港姚湾综合码头工程港口岸线使用获交通运输部批复 ………………………………… (123)
九江红光国际港正式开港 …………………… (123)
水路运输船舶
概况 …………………………………………… (123)
吉安市营运船舶简况 ………………………… (123)
宜春市400总吨以下船舶防污全部改造到位…
 ………………………………………………… (123)
丰城海事处积极推动渡船更新改造 ………… (123)
抚州分局首艘标准化航道巡查艇"赣航巡501"顺利下水 …………………………………… (124)
水路运价
概况 …………………………………………… (124)
水路旅客运输
概况 …………………………………………… (124)
宜春市交通运输局全力保障水路春运平安畅通
 ………………………………………………… (124)
丰城海事全力保障学生返校复课的水路交通安全 ……………………………………………… (124)
水路货物运输
概况 …………………………………………… (124)
丰城海事为一艘湖北籍货船进港保驾护航………
 ………………………………………………… (124)
水路环保节能
江西"绿色水运"发展 ………………………… (125)
南昌市交通运输局开展船舶和港口污染治理专项整治工作 ………………………………… (125)
南昌100至400总吨内河运输船舶全部完成生活污水收集储存装置加装 ………………… (125)
泰和县船舶污染物接收处置船顺利交付………
 ………………………………………………… (125)
九江市港口航运管理局深入开展船用燃油质量专项整治工作 ……………………………… (125)
吉安市交通运输部门大力推进吉安绿色水运发展 ……………………………………………… (125)
樟树积极推广应用船舶水污染联合监管与服务信息系统 …………………………………… (126)

交通运输附属产业(含服务区)

概况 …………………………………………… (127)
表25:2020年全省机动车维修业 …………… (127)
表26:2020年全省汽车综合性能检测站 ……
 ………………………………………………… (128)
表27:2020年全省机动车驾驶员培训情况 …
 ………………………………………………… (129)
陈小平调研雷公坳文体产业园 ……………… (129)
新余市交通运输局交通运输综合行政执法支队到仙女湖维修企业开展调研 ……………… (129)
全省创新驾培试点项目AI人工智能教学在蓝天驾校正式启动 …………………………… (129)

新余市普通国省干线公路最大服务区华丽亮相 …………………………………………（130）
全省高速公路服务区提质升级动员会召开……………………………………………（130）
畅行公司首批"司机之家"通过省级验收 ……………………………………………（130）
江西省部署开展机动车维修市场专项整治活动 …………………………………………（130）
江西推广开展汽车驾驶培训模拟器计时培训…………………………………………（130）
全省驾校教学与服务质量评估工作启动………………………………………………（131）
驾培行业探索驾培服务新模式 …………（131）
奉新县多措并举推动驾校培训业健康发展……………………………………………（131）

建设经营

刘奇到省高速集团调研 …………………（132）
江西省高速集团路网运营管理公司挂牌成立…………………………………………（132）
江西省高速置业发展有限责任公司挂牌成立…………………………………………（132）
景德镇市公路局与浮梁县签订战略合作框架协议 ……………………………………（132）
南昌市政府领导到省高速集团洽谈项目合作事宜 ……………………………………（132）
省高速集团成功发行20亿元中期票据利率创全省最低记录 ………………………（133）
省高速集团项目建设管理公司举行揭牌仪式…………………………………………（133）
王江军为赣皖界至婺源高速公路建设项目办揭牌 ……………………………………（133）
省高速集团与新力控股集团签署战略合作协议………………………………………（133）
省高速集团与新城控股集团开展合作洽谈…………………………………………（133）
广发银行到省高速集团考察交流 ………（134）
省公路投资有限公司与景德镇市公路局签订战略合作协议 ………………………（134）
省公路投资有限公司与赣州市公路管理局签署战略合作框架协议 ………………（134）

宜春至遂川高速公路建设项目办公室正式揭牌…………………………………………（134）
河南交通投资集团到省高速集团考察交流…………………………………………（134）
省高速集团成功注册200亿元公司债券…………………………………………（134）
寻乌至龙川高速公路建设项目办公室揭牌…………………………………………（135）
省高速集团LPR转换工作顺利完成 ……（135）
省公路投资有限公司与浮梁县人民政府签署战略合作框架协议 …………………（135）
省公路投资有限公司与万年县人民政府签署战略合作框架协议 …………………（135）
省高速集团与中国交通广播签署战略合作协议并为融媒体中心揭牌 ……………（136）
省高速集团与吉安市举行座谈 …………（136）
省高速集团召开"十四五"规划暨企业改革三年行动座谈会 ………………………（136）

疫情防控

易炼红检查重点交通运输场所和交通工具疫情防控工作 …………………………（137）
省交通运输厅部署做好新型冠状病毒感染肺炎疫情联防联控工作 ………………（137）
省交通运输厅应对新型冠状病毒感染肺炎疫情工作指挥部第一次全体会议召开 ……（137）
王爱和调度部署全省交通运输系统疫情防控工作 ……………………………………（138）
江西对口支援湖北随州首批防疫物资启运…………………………………………（139）
江西11辆满载防疫物资车队启程驰援随州 …（139）
王爱和赴吉安调研疫情防控和复工复产工作…（139）
江西道路运输防疫保运两不误 …………（139）
省运管局多举措服务运输企业防疫复运…………………………………………（140）
南昌市交通运输局督导检查场站守好防控线…………………………………………（141）
景德镇市交通运输局多措并举防控新型冠状病毒肺炎疫情 …………………………（141）

景德镇市交通运输局定制公交专车保障学生复课安全……（141）
萍乡市交通运输局坚持疫情防控和复工复产"两手抓""两不误"……（142）
九江市实施抗疫期定制化租车助力复工复产……（142）
新余市交通运输局战"疫"中全力做好交通运输物资保障任务……（142）
鹰潭市交通运输局全力出击疫情防控阻击战……（143）
赣州市疫情防控工作成绩显著……（143）
吉安市交通运输系统全力做好疫情防控工作……（143）
宜春火车站强化秋冬季出租车行业疫情防控……（144）
上饶市疫情防控工作有力有序……（144）
上饶市就业直通车助力复工复产……（144）

交通管理

法治交通建设

概况……（145）
特色亮点工作……（145）
加强法律法规规章宣传贯彻实施……（146）
规范行政执法……（146）
持续深化"放管服"改革……（146）
稳步推进交通运输信用体系建设……（146）
持续深化交通运输领域综合行政执法改革……（147）
省运管局召开全省道路运输行政执法工作座谈会……（147）
景德镇市运管处开展景德镇、鄱阳多部门跨区域联合执法行动……（147）
萍乡市交通运输局履职尽责、依法行政……（148）
吉安市交通运输局积极强化法制部门建设……（148）
安福县交通运输局扎实推动"双随机一公开"工作……（148）
抚州市交通运输局全面推进体制改革……（149）
宜春市召开公路行政执法职能划转移交工作会……（149）
樟树城市公交职能移交交通运输部门……（149）
上饶市交通运输局深入推进法治交通建设……（149）

行政管理

优化"三服务"工作……（150）
加强督查考核……（150）
政务工作亮点纷呈……（150）
财务审计……（150）
统筹抓好资金筹措……（150）
强化预算管理工作……（151）
推行会计集中核算制……（151）
加强收费管理……（152）
加强企业监管……（152）
强化政府采购管理……（152）
做好重大决策落实情况跟踪审计……（152）
开展建制村通客车专项审计……（153）
开展对2019年全省交通扶贫资金专项审计调查"回头看"……（153）
开展已完工建设项目的竣工决算审计……（153）
开展信息化项目竣工决算审计及过程跟踪审计……（153）
稳步推进领导干部经济责任审计工作……（153）
全面推进预算执行及财务收支审计……（153）
推进审计信息化平台建设……（154）

宜春市交通运输局建立全市交通建设项目跟踪审计机制……（154）
樟树市交通运输局强化政府采购管理……（154）
靖安县交通运输局切实规范公务接待用餐管理……（154）
宜丰县交通运输局多措并举狠抓农民工工资清欠工作……（154）

交通建设管理

统筹抓好全省交通建设领域疫情防控和复工达产工作……（155）
助力项目建设提速……（155）
助力优化营商环境提速……（155）
完善施工分包管理制度与招投标监管制度体系……（155）
推进平安百年品质工程……（155）
推进民生实事加快落实……（156）
推进竣工验收管理工作……（156）
赣州市交通运输局推进全市交通建设管理工作有力有序开展……（156）
宜春市交通质监站全力加强全市农村公路及桥梁建设工程在建项目质量管理……（156）
铜鼓县交通运输局加强项目招投标监管……（156）
上饶市交通工程质量监管不断加强……（156）

公路交通管理

省公路局"四联"做好防疫防控+保通保畅工作……（157）
新余市交通运输局严查长途客车"宰客"等乱象……（157）
奉新路政开展国省道公路沿线路域环境整治……（158）
丰城治超站召开治超工作部署会助推复工复产……（158）
新余市交通运输局严厉查处非法营运车辆……（158）
高安治超站严查货运车辆恶意超限超载违法行为……（158）
婺源公路分局开展路域环境整治行动……（158）
全省普通国省干线公路迎"国评"视频调度会召开……（159）
江西试点道路运输重点营运车辆动态监控违法违规信息闭环处理……（160）
省公路局开展"走实地、查实情、抓实效"活动……（160）
全省普通干线公路迎"国评"现场推进会召开……（160）
浮梁公路分局路政建立"一对一"服务机制提升大件运输许可服务水平……（161）
樟树公路分局持续推进"放管服"改革着力优化营商环境……（161）
南昌市交通运输局召开驾培机构收费专项整治工作布置会……（162）
万载公路分局路政主动上门服务助力打造一流营商环境……（162）
万载公路分局实行"1+2+3"模式着力优化营商环境……（162）
省运管局进一步规范和加强道路运输驾驶员继续教育及管理相关工作……（162）
江西214名教练员学时造假进"黑名单"……（163）
省运管局严把"四个关口"提升车辆技术管理治理能力……（163）
樟树市加强汽车维修和车辆技术管理……（163）
奉新县强化管理推动汽车维修质量提升……（163）
萍乡市运管处强化维修企业质量信誉考核引导诚信经营……（164）

高速公路管理、收费

概况……（164）
王爱和调度高速公路恢复收费相关工作……（164）
省高速集团召开高速公路治超非现场执法试点工作推进会……（165）
省交通运输厅调度高速公路收费站通行服务保

障工作 …………………………………（165）
省高速集团召开收费站通行服务保障工作部署
　会 ………………………………………（165）

水路交通管理

江西省港口集团有限公司挂牌成立 ……（166）
吴浩到九江市调研港口资源整合工作………
　………………………………………（166）
罗文江一行到吉安就水路运输管理等工作开展
　专题调研 ………………………………（166）
省港航局组织参加交通运输部海事局水上无线
　电秩序管理专项整治工作动员视频会………
　………………………………………（167）
江西海事部门启动水上交通管制实施汛期"超
　限"船舶管控 …………………………（167）
吴浩到信江双港航运枢纽调研督导防汛工作…
　………………………………………（167）
交通运输部等五部（局）检查组现场察看南昌市
　非法码头专项整治情况 ………………（167）
省港航局开展全省水路危险化学品运输企业视
　频监控系统建设与运行有关情况监督检查…
　………………………………………（168）
省港航管理局安委办督查冬季水上交通安全重
　点工作 …………………………………（168）
国家四部委到九江市开展船舶和港口污染突出
　问题整治工作联合检查 ………………（168）
省港航管理局深入推进"僵尸船"清理整顿 …
　………………………………………（168）
全省港口管理水平不断提升 ……………（168）
陈鹏程深入港口企业督查安全生产和污染防治
　工作 ……………………………………（168）
宜春市多管齐下扎实推进船舶港口污染防治…
　………………………………………（169）
省四部门联合对宜春市非法码头专项整治工作
　进行专项督查 …………………………（169）

交通安全管理

江西省交通运输安全生产总体情况 ……（169）

吴晓军检查部署春运工作 ………………（171）
省运管局加大行业安全监管力度保障复工复产
　道路运输安全 …………………………（171）
万载公路分局开展"应急抢险暨处置公路突发
　事件"应急演练 ………………………（172）
景德镇市港航处开展节前安全检查 ……（172）
江西省交通运输厅举办全省交通运输防汛应急
　桌面演练 ………………………………（172）
景德镇市交通运输局召开危化品运输安全生产
　工作部署会 ……………………………（172）
江西省港航系统安全生产专项整治三年行动动
　员部署会 ………………………………（173）
景德镇市交通运输局检查督导建制村通客车及
　"僵尸船"整治工作 ……………………（173）
景德镇市交通运输局召开安全生产专项整治三
　年行动专题部署会 ……………………（173）
景德镇市交通运输局督导浮梁县建制村通客车
　及水上交通安全工作 …………………（174）
南昌交通运输局力保汛期水上交通安全………
　………………………………………（174）
景德镇市交通运输局多措并举防汛保平安……
　………………………………………（174）
省公路局督导组调研指导公路水毁保通工作…
　………………………………………（174）
全省道路运输行业安全指标三季度实现"双下
　降" ……………………………………（175）
省运管局开展中秋国庆期间道路运输安全生产
　督查 ……………………………………（175）
省运管局部署做好"中秋、国庆"期间道路运输
　安全生产工作 …………………………（175）
省运管局进一步加强全省道路运输行业秋冬季
　节安全生产工作 ………………………（176）
赣皖两省高速联合举行跨省隧道应急处置实战
　演练 ……………………………………（176）
南昌市交通运输局着力抓好水上交通安全监管
　………………………………………（176）
南昌市交通运输局严格履行对南昌港区的安全
　监管职责 ………………………………（177）
南昌市交通运输局积极应对新冠疫情和赣江超
　历史大洪水 ……………………………（177）

科技 教育 卫生

科 技

概况 …………………………………（178）
 表28：2020年厅科技项目验收情况表………
 …………………………………（179）
 表29：2020年度厅科技项目预安排计划表…
 …………………………………（187）
省港航局科研成果丰硕 ………………（191）
赣粤高速两个科研项目顺利通过验收………
 …………………………………（191）
交工建设公司两项QC成果荣获一等奖………
 …………………………………（192）
省交通科学研究院2项研究成果获第三届江西
 公路科技进步奖项 …………………（192）
《普通国省道改扩建及大中修工程路面材料资
 源化高效利用研究》列入2019年度交通运输
 行业重点科技项目清单 ………………（192）
省公路科研设计院有限公司举办BIM设计应用
 交流会 ………………………………（192）
省交通科学研究院开展"超高性能混凝土的生
 态化发展与应用挑战"学术交流 ……（193）
省公路局组织直属单位赴赣州参观交流………
 …………………………………（193）
赣粤股份公司方兴科技公司成功研发全国首个
 高速公路隧道巡检机器人并投入使用………
 …………………………………（193）
新余市公路局精表处技术科研项目验收通过…
《基于振动测试法桥梁检测与评定技术规程》通
 过省级标准立项评审 …………………（193）
《高速公路岩溶及下伏洞穴路基安全评价与处
 治关键技术研究》荣获2019年度江西省科学
 技术进步奖三等奖 …………………（194）
省交通科学研究院自主研发的智慧护栏撞击预
 警系统完成安装并试运行 ……………（194）
省交通科学研究院自主研发的高速应急系
统——结冰预警子系统通过验收 ……（194）
《环境敏感区高速公路生态保护关键技术研究
 与应用》通过科学技术成果评价 ……（194）
《海水高耐腐蚀钢筋制备及耐蚀机制研究》获得
 江西省科学技术厅2020年度省自然科学基金
 项目立项 ……………………………（194）
《高压缩性土层段隧道洞口围岩与管棚相互作
 用及仰坡失稳机制研究》获得2020年度国家
 自然科学基金批准立项 ………………（195）
省交通科学研究院牵头编制的3项交通环保地
 方标准经江西省市场监督管理局批准发布…
 …………………………………（195）
"装配式桥涵工业化建造关键技术研究与应用"
 项目通过验收 ………………………（195）
省交通科学研究院一科技项目获江西省03专项
 及5G项目立项 ……………………（195）
信江船闸通航中心参加信江智慧船闸通航管理
 系统软件专家评审会 …………………（195）
赣粤工程公司参建项目获"国家优质工程金奖"
 …………………………………（196）
省交通科学研究院通过公路工程综合甲级和水
 运工程结构（地基）甲级等级评定 ……（196）
省交通科学研究院荣耀博士荣获"中国质量工
 匠"称号 ……………………………（196）
省交通科学研究院科技项目《考虑湿度环境的
 沥青路面结构层设计参数研究》入选交通运
 输部《2020年度交通运输行业重点科技项目
 清单》 ………………………………（196）
省交通科学研究院"江西省道路材料和结构工
 程技术研究中心"通过验收 …………（196）
省公路科研设计院获得岩土工程乙级专业资质
 …………………………………（196）
高安市交通运输局运用智能科技治超系统探索
 非现场执法模式 ……………………（197）

信息化

概况 …………………………………… (197)
省公路局着力提升公路路网信息化水平………
…………………………………………… (198)
省公路局推进普通干线路网运行监测与应急处
置平台（二期）项目建设 ………… (198)
省局信息数据中心完成路网平台省市专线带宽
扩容 ……………………………………… (198)
省局信息数据中心举办江西公路e路通APP应
用交流会 ………………………………… (198)
省公路局启动"江西公路e路通APP"全面推广
工作 ……………………………………… (199)
省公路局信息数据中心加快高分遥感技术行业
推广应用 ………………………………… (199)
九江市普通国省干线公路首座桥梁健康监测系
统投入使用 ……………………………… (199)
新余市公路局建设路网中心为新余社会经济发
展和人民群众出行需求提供信息支持………
…………………………………………… (199)
新余市公路局引进桥梁结构健康监测系统护航
桥梁安全 ………………………… (200)
安福县完善4G动态监控系统 ………… (200)
宜春市运管局推进全市主动安全防御系统安装
工作 ……………………………………… (200)
宜春公交集团完成公交信息化网络安全升级…
…………………………………………… (200)
抚州市交通运输局加快推进行业信息化建设…
…………………………………………… (200)

交通教育

概况 …………………………………… (201)
江西交通职业技术学院2020年发展概况 ……
…………………………………………… (201)
江西省交通高级技工学校2020年发展概况 …
…………………………………………… (202)
江西交通职业技术学院成功入选教育部"智能
制造领域中外人文交流人才培养基地项目"
第二批筹建合作院校 …………… (203)
江西省投资规模最大的全域研学旅游综合体项
目今日开工 …………………………… (203)
江西省交通高级技工学校师生在全国啦啦操短
视频大赛（江西赛区）中获佳绩 ……… (203)
江西省交通高级技工学校教师荣获2019年全省
职业院校技能大赛"优秀工作者"称号 ……
…………………………………………… (204)
江西省公路系统疫情期间多种形式开展线上培
训学习 …………………………………… (204)
全省公路系统迎"国评"视频培训会议召开 …
…………………………………………… (205)
省高速集团举办首期ETC门架系统运行管理与
维护培训班 ……………………………… (205)
省公路局机关举办迎"国评"培训会 …… (206)
省交通运输专业人员资格评价中心来江西省交
通高级技工学校调研交流 ……………… (206)
省港航管理局选派船闸运维人员赴外省船闸跟
班学习 …………………………………… (206)
省公路工程检测中心承办宜万同城快速通道项
目桥梁施工技术培训班 ………………… (206)
全省普通国省干线迎"国评"路政治超工作推进
会暨内业资料培训会召开 ……………… (206)
全省普通国省干线公路养护管理规范化培训会
在宜春召开 ……………………………… (207)
九江市治超办举办全市非现场执法培训班……
…………………………………………… (207)
宜春市农村公路养护管理工作业务培训会在万
载县举办 ………………………………… (207)
抚州市公路局举办公路治超非现场执法系统培
训 ………………………………………… (207)
省高速集团代表队勇闯国资系统知识竞赛总决
赛夺佳绩 ………………………………… (207)
省高速集团开展2020年新员工岗前培训 ……
…………………………………………… (207)
江西省交通运输学校升格为高级技工学校……
…………………………………………… (208)
江西省交通高级技工学校获批江西省职业院校
"双师型"教师培训基地 ………………… (208)
省交通运输厅机关事业单位工勤人员岗位等级
考核在江西省交通高级技工学校开考……
…………………………………………… (208)
江西省交通高级技工学校教师团队在2020年江

西省职业院校技能大赛教学能力比赛中荣获
"大满贯" ……………………………………(208)
2020年江西省危险货物水路运输从业人员资格
（港口）考试在江西省交通高级技工学校开考
……………………………………………(208)
省社会主义学院、省交通干部学院整合动员部署
会召开 ……………………………………(208)
胡钊芳调研交通强国"传承红色文化，培育交通
文明"试点项目 …………………………(209)
省港航管理局举办船舶防污染监督检查专项培
训班 ………………………………………(210)
王爱和到江西省交通高级技工学校调研………
……………………………………………(210)
新余市交通运输局举办2020年度交通执法（法
制、平安建设）培训 ……………………(210)
江西省交通高级技工学校教师在首届江西省技
工院校教师职业能力大赛中喜获佳绩………
……………………………………………(210)
全省道路运输管理人员培训班圆满举办………
……………………………………………(210)
江西省公路投资有限公司开展"债券资本市场
直接融资"专题培训 ……………………(211)
江西省交通高级技工学校汽车维修专业被确定
为南昌市技工学校特色专业 ……………(211)
江西省交通高级技工学校教师在2020年江西省
职业院校技能大赛中等职业学校班主任能力
比赛中喜获佳绩 …………………………(211)
江西省交通高级技工学校首期"企业新型学徒
制"培养班顺利开班 ……………………(211)
江西省职业技能鉴定专家委员会汽修专业委员
会首次全体会议在江西省交通高级技工学校
召开 ………………………………………(211)
2020年振兴杯职业技能大赛交通运输行业职业
技能竞赛在江西省交通高级技工学校开幕…
……………………………………………(212)
省交通运输厅第十二期青年干部培训班在江西
省交通高级技工学校开班 ………………(212)
国务院教育督导组专家莅临江西交通职业技术
学院督查指导工作 ………………………(212)
江西省交通高级技工学校教师在第二届全国技
工院校教师职业能力大赛中获得佳绩………
……………………………………………(212)

景德镇市运管处举办危险货物道路运输企业电
子运单培训班 ……………………………(212)
景德镇市交通运输系统举办平安建设（应急救
护）培训班 ………………………………(212)
江西交通职业技术学院"全国公路科普教育基
地"顺利通过复核 ………………………(213)
江西交通职业技术学院科研项目获省科技厅重
大科技项目立项 …………………………(213)
江西交通职业技术学院首个省部级技术研发中
心获批认定 ………………………………(213)
江西交通职业技术学院教工党支部书记工作室
入选第二批高校"双带头人"教师党支部书记
工作室 ……………………………………(213)
2020年江西省职业院校技能大赛两个赛项在江
西省交通高级技工学校举行 ……………(213)
省水上搜救工作培训班在昌召开 ………(213)
樟树市交通运输局强化专业技术人员继续教育
……………………………………………(214)

卫生、职工防病治病

省交通医院较好完成各项健康保障工作任务…
……………………………………………(214)
景德镇市交通运输局迅速落实创建国家卫生城
市工作部署会精神 ………………………(214)
新余市交通运输局开展环境卫生整治志愿服务
活动 ………………………………………(215)
景德镇市交通运输局机关党支部开展"党员进
社区报到"暨"防疫有我、爱卫同行"爱国卫生
活动 ………………………………………(215)
景德镇市交通运输局开展"垃圾分类进公共场
合"活动 …………………………………(215)
景德镇市交通运输局组织干部职工开展无偿献
血活动 ……………………………………(215)
宜丰县交通运输局展开灭蚊除虫防控登革热行
动 …………………………………………(215)
奉新县交通运输局积极搞好城乡环境卫生整治
……………………………………………(215)
宜丰县交通运输局积极开展爱国卫生运动……
……………………………………………(216)

学会协会

省公路学会各项工作成果丰硕 …………（216）
江西交通会计学会各项工作稳步推进………
………………………………………（219）
江西省公路学会和省高速集团抚州管理中心共
　同开展2020年全国公路科技活动周活动 …
………………………………………（220）
江西省公路学会召开2020年度泛长三角公路发
　展论坛 ……………………………（220）
江西省公路学会组织学习"四好农村公路"建设
………………………………………（220）
江西省公路学会召开2020年学术年会 ………
………………………………………（220）
江西省城市公共交通协会第二届第五次会员大
　会召开 ……………………………（220）
中国交通产业经济联席会议正式成立…………
………………………………………（221）
江西省公路学举办深中通道学习考察及"创新
　引领世界级工程"研讨会 …………（221）
高安市老科协交通分会充分发挥老科协老干部
　助推器作用 ………………………（222）
第十届中国城市物流发展年会将在高安召开…
………………………………………（223）
宜丰县交通运输局县老科协分会积极参与新型
　冠状病毒肺炎疫情防控 …………（223）

党群工作

党建工作

持续加强党的政治建设 ………………（223）
坚定推进全面从严治党 ………………（223）
着力推进党的组织建设 ………………（224）
江西交通职业技术学院教工党支部入选"全国
　党建工作样板支部" ………………（224）
省公路局党委举行《党委（党组）落实全面从严
　治党主体责任规定》专题研讨交流 …（224）
江西交通职业技术学院各级党组织在战"疫"中
　创新开展党建工作 ………………（225）
省交通技工学校开展系列活动向党的生日献礼
………………………………………（225）
省港航系统开展机关"三实"走访调研活动
………………………………………（225）
赣州市交通运输局全面加强基层党组织"三化"
　建设 ………………………………（226）
吉安市交通运输局党委书记带头讲党课………
………………………………………（226）
景德镇市交通运输局机关党支部开展"党员进
　社区报到"暨"防疫有我、爱卫同行"爱国卫生
　活动 ………………………………（226）
新余市公路局党员"挂点"法激发公路工作活力
………………………………………（226）
中国共产党江西交通职业技术学院第二次代表
　大会召开 …………………………（227）
宜春市交通运输局着力提增"党建＋"工作效能
………………………………………（227）
宜春公交加强"智慧党建"平台建设 ……（227）
南城着力"三化"建设夯实党建工作基础 ……
………………………………………（227）
广昌县交通运输局实施"党建＋"活动取得显著
　成效 ………………………………（228）
上饶市交通运输局机关党支部赴德兴市程家湾
　红色教育基地开展革命传统教育活动………
………………………………………（228）

纪检监察工作

驻省交通运输厅纪检监察组强化精准监督……
………………………………………………（229）
驻省交通运输厅纪检监察组从严执纪问责……
………………………………………………（229）
驻厅纪检监察组督查厅属单位疫情防控工作…
………………………………………………（229）
景德镇市交通运输局驻局纪检监察组督查国道
206国道升级改造建设工程……………（229）
萍乡市纪委市监委驻市交通运输局纪检监察组
推动脱贫攻坚整改政治责任落实……（230）
省公路工程监理有限公司深入项目一线开展
"四个一"廉政专题教育活动……………（230）
黄永茂深入省高速集团调研指导工作…………
………………………………………………（230）
省公路科研设计院有限公司将"纪律课堂"开在
项目上……………………………………（231）
景德镇市交通运输驻局纪检监察组督查建制村
通客车情况………………………………（231）
省交通运输厅党委巡察组巡察省交通技工学校
党委工作动员会召开……………………（231）
蓝丽红到省港航管理局调研……………（231）
驻厅纪检监察组实地调研督导交通运输"六稳"
"六保"工作………………………………（232）
王辉一行到省高速集团调研纪检监察工作……
………………………………………………（232）
江西交通职业技术学院纪委加强对人才招聘、干
部选拔任用的工作监督…………………（232）
鹰潭市交通运输局举办廉政教育课堂…………
………………………………………………（232）

精神文明建设

概况………………………………………（233）
扎实推进文明单位创建…………………（233）
深入推进社会主义核心价值观宣传教育………
………………………………………………（233）
做好"培育现代交通文明，弘扬红色交通文化"
交通强国试点……………………………（233）
省交通运输厅发掘培树行业先进典型、讲好交通
故事………………………………………（233）
省委宣传部领导走访慰问"中国好人"李小英
………………………………………………（234）
景德镇市公交有限公司工作人员拾金不昧暖人
心展美德…………………………………（234）
省公路局深入桃苑社区开展爱心防疫物资捐赠
活动………………………………………（234）
景德镇市交通运输局开展学雷锋志愿服务活动
………………………………………………（234）
省公路局开展线上道德讲堂活动祭英雄………
………………………………………………（234）
上饶市政务服务中心获群众送感谢信…………
………………………………………………（235）
省公路局前往吉安市永新县开展送温暖活动…
………………………………………………（235）
吉安市交通运输水路行政执法支队峡江大队开
展"保护母亲河我们在行动"为主题的工会活
动…………………………………………（235）
南昌市文明办、南昌市交通运输局联合开展"最
美出租车司机"评选活动 ………………（235）
抚州市交通窗口获全国交通运输行业文明示范
窗口称号…………………………………（235）
抚州长运不断为企业精神文明创建注入新动能
………………………………………………（235）
宜春公交7路外线荣获全国三八红旗集体荣誉
称号………………………………………（236）

行业作风建设

建强领导机构……………………………（237）
加快制度建设……………………………（237）
强化各项监督……………………………（237）
提升能力水平……………………………（237）
全省交通运输系统开展"走实地、查实情、抓实
效"活动 …………………………………（238）
省交通运输厅聘任首批行风监督员……（238）
省交通运输厅创新开展"三亮三明"活动（238）

省港航局荣获全省交通运输系统"三亮三明"活动先进单位 ……………………………………（239）
九江市交通运输局着力提升行风建设……… ……………………………………（239）
鹰潭市交通运输局开展"以案释法"活动 … ……………………………………（239）
吉安市交通运输局组织召开深化行业作风建设暨推进扫黑除恶专项斗争会 ………（239）
上饶市交通运输局举办"加强工作作风建设"学习班 ………………………………（240）

工会工作

概况 ……………………………………（240）
全省各级交通工会充分发挥工会服务先锋作用 ……………………………………（240）
省交通工会助力抗击疫情 ………………（241）
省港航管理局开展春节"送温暖"活动 …（241）
首届交通大聚缘线上联谊会圆满举办…… ……………………………………（241）
江西省交通运输系统广泛开展全民健身运动会 ……………………………………（241）
省交通工会"关爱职工·夏送清凉"活动圆满结束 ………………………………（242）
胡钊芳看望慰问防汛一线值守人员 ……（242）
省港航管理局4个集体和2位个人在公路水路行业安全生产竞赛中荣获优秀称号…… ……………………………………（242）
省交通工会组织劳模先进赴井冈山开展疗休养活动 …………………………………（242）
省第六届全民健身运动会暨交通运输厅省路政总队乒乓球比赛在赣州举办 ………（242）
抚州市公路局举办职工羽毛球比赛 ……（242）
省交通工会举办全省交通运输系统基层工会干部培训班 ……………………………（243）
我省交通运输系统一批先进个人获"江西省劳动模范"荣誉称号 …………………（243）
省公路局工会举办职工健步行活动 ……（243）
全省交通运输系统"公路投资杯"职工羽毛球比赛在昌举行 …………………………（243）
江西省交通高级技工学校举行2020年秋季教职工趣味运动会 ……………………（243）
景德镇市公路"畅通杯"职工男子篮球赛圆满落幕 ………………………………（243）
省公路局工会举办职工乒乓球比赛 ……（244）
省高速集团抚州管理中心举行全民健身运动会暨第五届气排球比赛 ………………（244）
江西交通职业技术学院工会采购扶贫农产品、助力脱贫攻坚活动 …………………（244）
新世纪汽运集团公司工会举办全员健步行活动 ……………………………………（244）
赣州市公路管理局举办围棋象棋比赛…… ……………………………………（244）

共青团工作

组建青年理论学习小组 …………………（245）
组织形式多样学习交流 …………………（245）
积极投身重大斗争 ………………………（245）
举办专题业务培训班 ……………………（245）
深化推进青年文明号创建 ………………（245）
开展青年联谊交友活动 …………………（245）
江西交通职业技术学院学子参加武汉火神山医院建设 ………………………………（245）
江西交通职业技术学院号召返乡团员青年积极投身社区防疫、参加学雷锋志愿服务行动 … ……………………………………（246）
江西交通职业技术学院创作歌曲致敬抗疫一线白衣天使 ……………………………（246）
"庆五一、迎五四、走一线"省公路局志愿者进道班上工地 …………………………（246）
省港航局开展"我为社区做好事"志愿服务活动 ……………………………………（246）
团省委讲师团队携特色课程来省高速集团开展培训交流 ……………………………（246）
江西省交通高级技工学校组织开展《论语开篇大智慧》专题讲座 …………………（247）
萍乡市交通运输局共青团工作为党建工作助力 ……………………………………（247）

宜丰县交通运输局团总支开展"微心愿·爱同行"爱心助学 ……………………（247）

老龄工作

概况 …………………………………………（247）
省交通运输厅用心用情为老同志办实事做好事 ……………………………………………（247）
省港航管理局领导走访慰问离退休老同志……………………………………………（248）
省港航管理局开展老年健康知识培训…………………………………………………（248）
江西省交通高级技工学校开展"八一"慰问退伍军人教职工活动 ……………（248）
萍乡市交通运输局提升老龄工作服务质量……………………………………………（248）

扶贫救灾工作

概况 …………………………………………（249）
省高速集团驻村工作队在义门村开展脱贫攻坚"三讲一评"颂党恩教育活动 ………（249）
省港航局定点帮扶村老年驿站投入使用………………………………………………（249）
省运管局赴定点帮扶村走访慰问困难群众和帮扶干部 ………………………………（249）
省交通运输厅定点帮扶村西龙岗村开展"迎新春，送春联，拍全家福"活动 …………（250）
省交通运输厅驻村工作队发挥"三大员"作用筑牢战"疫"防线 …………………………（250）
省交通运输厅驻上饶市广信区湖村乡西龙岗村工作队实现疫情防控和春耕生产两手有效抓 …………………………………（250）

江西交通职业技术学院扶贫工作队有力有序推进复工复产 ……………………………（250）
江西交通职业技术学院获评2019年度支持井冈山脱贫攻坚工作先进单位 ……（250）
省高速集团定点帮扶村义门村召开食用菌产业分红大会 ……………………………（250）
王爱和调研脱贫攻坚和"智慧治超"工作 ………………………………………………（251）
刘震华赴西龙岗村调研脱贫攻坚工作……………………………………………………（251）
胡钊芳赴省港航局定点帮扶村调研脱贫攻坚工作 ……………………………………（251）
省交通运输厅驻村工作队助力"童心港湾"建设 …………………………………………（251）
省交通运输厅机关离退休干部党总支赴柏露乡开展"我看交通扶贫"主题党日活动 ……………………………………………（251）
胡钊芳调研扶贫工作和高速项目建设情况……………………………………………（252）
"健康扶贫"太极拳培训班开班 …………（252）
刘奇在新疆调研推进我省对口援疆工作………………………………………………（252）
省高速集团2019年定点扶贫工作成效考核获"好"评 ………………………………（252）
新余市交通运输局主动作为积极争取交通建设项目全力助推脱贫攻坚和乡村振兴…………………………………………（252）
九江市交通运输综合行政执法支队扶贫干部抢险在前勇担当 ……………………（253）
鹰潭市交通运输系统全力投入防汛保畅战斗…………………………………………（253）
景德镇市浮梁县交通运输局全力组织水毁抢修保障交通畅通 ……………………（253）

市、县交通运输

南昌市

南昌县 …………………………… (255)
进贤县 …………………………… (256)
安义县 …………………………… (256)
西湖区 …………………………… (256)
新建区 …………………………… (256)
湾里区 …………………………… (256)
南昌高新技术开发区 …………… (257)

景德镇市

乐平市 …………………………… (258)
浮梁县 …………………………… (258)
昌江区 …………………………… (259)
珠山区 …………………………… (260)

萍乡市

安源区 …………………………… (261)
湘东区 …………………………… (262)
芦溪县 …………………………… (262)
上栗县 …………………………… (263)
莲花县 …………………………… (263)
经济技术开发区 ………………… (264)
武功山风景名胜区 ……………… (264)

九江市

都昌县 …………………………… (265)
湖口县 …………………………… (266)
彭泽县 …………………………… (266)
修水县 …………………………… (267)
武宁县 …………………………… (267)
永修县 …………………………… (267)
德安县 …………………………… (268)
瑞昌市 …………………………… (268)
共青城市 ………………………… (269)
庐山市 …………………………… (269)
濂溪区 …………………………… (269)
柴桑区 …………………………… (270)

新余市

分宜县 …………………………… (271)
渝水区 …………………………… (272)
高新区 …………………………… (272)
仙女湖区 ………………………… (273)

鹰潭市

贵溪市 …………………………… (274)
余江区 …………………………… (274)
龙虎山风景名胜区 ……………… (274)

赣州市

章贡区 …………………………… (276)
赣县区 …………………………… (276)
上犹县 …………………………… (277)
崇义县 …………………………… (277)
南康区 …………………………… (278)
大余县 …………………………… (278)
信丰县 …………………………… (279)
龙南市 …………………………… (280)
全南县 …………………………… (280)
定南县 …………………………… (281)

20

安远县	(281)	宜丰县	(305)
寻乌县	(282)	铜鼓县	(306)
于都县	(283)	万载县	(306)
兴国县	(283)		
瑞金市	(284)		
会昌县	(285)		
石城县	(285)		
宁都县	(286)		

吉安市

抚州市

吉州区	(288)	临川区	(309)
青原区	(288)	崇仁县	(309)
井冈山市	(289)	宜黄县	(310)
吉安县	(290)	乐安县	(310)
新干县	(291)	南城县	(311)
永丰县	(292)	南丰县	(311)
峡江县	(293)	广昌县	(312)
吉水县	(293)	黎川县	(312)
泰和县	(294)	资溪县	(313)
万安县	(295)	金溪县	(313)
遂川县	(296)	东乡区	(314)
安福县	(297)		
永新县	(298)		

宜春市

上饶市

袁州区	(300)	信州区	(315)
樟树市	(300)	广信区	(316)
丰城市	(302)	广丰区	(316)
靖安县	(302)	玉山县	(317)
奉新县	(303)	铅山县	(317)
高安市	(304)	横峰县	(317)
上高县	(305)	弋阳县	(318)
		余干县	(318)
		鄱阳县	(319)
		万年县	(319)
		德兴市	(319)
		婺源县	(320)
		高铁新区	(320)
		经济开发区	(320)

交通统计资料

表30：全省交通运输主要经济指标完成
情况 …………………………………… (321)
表31：2020年1—12月各设区市普通国
省道目标任务完成情况 …………… (325)
表32：2020年1—12月各设区市、省直
管县(市)农村公路目标任务完成情况
……………………………………………… (326)

人物　先进集体

人物简介

方向平 ……………………………………… (327)
王福德 ……………………………………… (328)
金　玉 ……………………………………… (329)
刘荣蕃 ……………………………………… (330)
陶晓军 ……………………………………… (331)
王延望 ……………………………………… (331)
熊贻辉 ……………………………………… (332)
江梦德 ……………………………………… (333)
花雪莲 ……………………………………… (334)
廖晓锋 ……………………………………… (335)
邓红英 ……………………………………… (336)
侯　俊 ……………………………………… (337)
吴其玉 ……………………………………… (338)
王　俊 ……………………………………… (338)
秦文华 ……………………………………… (339)
赵水根 ……………………………………… (340)
汤云姣 ……………………………………… (341)
李小英 ……………………………………… (341)
刘隽健 ……………………………………… (342)
桂有金 ……………………………………… (343)
肖武生 ……………………………………… (343)
徐秋霞 ……………………………………… (344)
陈　珍 ……………………………………… (344)
王　婧 ……………………………………… (345)

2020年度全省交通运输系统先进个人

全国交通运输系统抗击新冠肺炎疫情先进个人
名单 ……………………………………… (346)
2020年全国感动交通年度人物 ………… (346)
2020年度全国巾帼建功标兵 …………… (346)
2020年度成绩突出的12328电话工作者 ……
……………………………………………… (346)
2020年度全国物流行业劳动模范 ……… (346)
2019年全国公路水路行业班组、船舶安全生产
竞赛优秀个人 …………………………… (347)
江西"最美扶贫干部" …………………… (347)
江西省"优秀女第一书记" ……………… (347)
江西省五一巾帼标兵 …………………… (347)
2020年江西省劳动模范 ………………… (348)
2020年度"新时代赣鄱先锋" …………… (348)
2019年度全省政府系统"五型"政府建设先进个
人 ………………………………………… (349)
江西省第十六届职工职业道德建设标兵个人…
……………………………………………… (349)

2020年度全省交通运输系统先进单位

全国交通运输系统抗击新冠肺炎疫情先进集体
……………………………………（349）
2020"信用交通省"建设典型省份 ………（349）
2020年度全国成绩突出的12328电话服务中心
……………………………………（350）
2020年度全国公路行业先进基层党组织 ……
……………………………………（350）
全国模范职工之家 ……………………（350）
全国模范职工小家 ……………………（350）
全国劳模书架 …………………………（350）
2019年全国公路水路行业班组、船舶安全生产
竞赛 ……………………………（350）
2020—2021学年"全国高校活力团支部" ……
……………………………………（351）
人民满意的公务员集体 ………………（351）
江西省五一巾帼标兵岗 ………………（351）
2020年度全省平安建设工作先进单位
……………………………………（351）
2019年度江西省法治政府建设优秀单位 ……
……………………………………（352）
2019年度江西省社会信用体系建设第三方评估
优秀等次单位 ……………………（352）
全省离退休干部先进集体 ……………（352）
全省厂务公开民主管理示范单位 ……（352）
江西省第十六届职工职业道德建设标兵单位
……………………………………（352）
江西省第十六届职工职业道德建设先进单位
……………………………………（352）
江西省模范职工之家 …………………（353）
江西省模范职工小家 …………………（353）
"网聚职工正能量 争做中国好网民" ………
……………………………………（353）
暨江西省第二届职工网上艺术节优秀组织奖…
……………………………………（353）
2020年度"创建江西省文明校园先进学校" …
……………………………………（353）
2020年度江西省交通运输工作先进单位 ……
……………………………………（353）
2020年度全省交通运输安全生产工作先进单位
……………………………………（354）
江西省直属机关第十六届文明单位 ……（354）
江西省"2019—2020年度青年文明号" ………
……………………………………（355）

表23：2020年具备相应高中级专业技术资格
人员名单 ……………………（356）

文件 文献

国务院办公厅转发国家发展改革委交通运输部关
于进一步降低物流成本实施意见的通知………
……………………………………（366）
国务院办公厅关于交通运输综合行政执法有关事
项的通知 ………………………（370）
中共江西省委 江西省人民政府印发《关于推进
交通强省建设的意见》的通知 ……（371）
关于推进交通强省建设的意见 ………（372）
推进交通强省建设重大工程 …………（377）
江西省人民政府办公厅关于实施"三大攻坚
行动、三大提升工程"推动全省交通运输高
质量发展的意见 …………………（378）
2020年度交通运输部分文件、文献名称辑录 …
……………………………………（380）

附 录

航空运输

概况 …………………………………… (383)
客运市场快速恢复 …………………… (383)
货运发展逆势上扬 …………………… (383)
航线网络不断优化 …………………… (384)
航空发展环境持续优化 ……………… (384)
服务质量品牌建设稳步推进 ………… (384)
基本建设项目加速推进 ……………… (384)
乡村振兴,定点帮扶 ………………… (384)
全力做好疫情防控 …………………… (384)
完成医疗队保障任务、助力复工复产 … (384)
打赢蓝天保卫战 ……………………… (385)

铁 路

概况 …………………………………… (385)
营业里程 ……………………………… (385)
客货运输 ……………………………… (385)
重点物资运输 ………………………… (385)
疫情防控 ……………………………… (385)
赣深高铁江西段隧道贯通 …………… (386)
江西首列汽车整车出口铁海联运班列开行……
……………………………………… (386)
江西南昌至法国巴黎防疫物资专列首发……
……………………………………… (386)
疫情期间江西首趟中欧班列开行 …… (386)
"百趟专列进赣州"活动 ……………… (386)
昌景黄高铁开始架梁作业 …………… (386)

邮政快递

抓好疫情防控和复工复产凸显畅通经济循环作
用 …………………………………… (387)
强化政策保障优化行业发展环境 …… (387)
加强基础设施建设 …………………… (387)
推进"两进一出"工程 ………………… (387)
抓好行业生态环保 …………………… (387)
大力推广"寄递+电商+农特产品+农户"脱贫
模式 ………………………………… (388)

索 引

数字和字母 …………………………… (389)
A ……………………………………… (390)
B ……………………………………… (391)
C ……………………………………… (391)
D ……………………………………… (392)
F ……………………………………… (393)
G ……………………………………… (393)
H ……………………………………… (395)
J ……………………………………… (396)
K ……………………………………… (398)
L ……………………………………… (398)
M ……………………………………… (399)
N ……………………………………… (399)
P ……………………………………… (400)
Q ……………………………………… (400)
R ……………………………………… (401)
S ……………………………………… (401)
T ……………………………………… (404)
W ……………………………………… (404)
X ……………………………………… (405)
Y ……………………………………… (407)
Z ……………………………………… (408)

特 载

抢抓战略机遇 坚持系统观念 勇于担当实干 奋力开启高水平交通强省建设新征程

——在2021年全省交通运输工作会议上的讲话（摘录）

王爱和

（2021年1月20日）

一、"十三五"时期全省交通运输工作回顾

"十三五"时期是全面建成小康社会决胜阶段，是江西交通运输发展进程中极不平凡的五年。这五年，全省交通运输系统牢牢抓住发展的黄金时期，开拓进取、奋发作为，公路路网持续完善，水运短板加快补齐，运输服务保障能力稳步提升，综合交通运输体系加快构建，实现了圆满收官，为决胜全面建成小康社会提供了有力支撑。突出表现为：

——交通强省建设掀开新篇章。2020年，省委、省政府正式提出建设交通强省战略，交通发展首次上升为省级重大发展战略。省委、省政府对交通强省建设寄予厚望，明确要求建设人民满意、保障有力、全国前列的交通强省。我省高规格召开了推进交通强省建设动员大会。

——人民满意交通达到新水平。交通基础设施日趋完善，各种运输方式加快衔接，"人畅其行、物畅其流"的路网体系基本形成。交通脱贫攻坚、国省干线公路管养等多项工作获群众点赞，群众出行更加安全、更加便捷、更加舒适,对交通运输工作的认同感和满意度持续提升。特别是在"不忘初心、牢记使命"主题教育期间,部署开展的新一轮"攻路"行动,着力解决群众出行难问题,在中央主题教育总结大会上得到了习近平总书记的充分肯定。

——公路水路发展取得新成效。公路水路实现统筹发展,公路路网结构进一步优化,完善的路网体系基本形成,国省干线公路管养服务达到历史最高水平、进入全国先进行列,"四好农村路"示范县、管养体制改革试点等工作居全国前列。水运发展力度空前,赣江、信江高等级航道具备通航条件,全省港口资源整合基本完成,赣粤运河正式启动规划研究,内河水运综合发展水平加快提升。

——重点领域改革实现新突破。综合交通运输体制改革取得重大成果,综合交通规划、综合运输协调等多项重要职能划转我厅,全省综合交通运输管理体制不断完善。事业单位改革持续深化,系统构建了"一局两中心",创造了公路水路机构改革的"两个全国唯一"。

——行业治理效能得到新提升。系统谋划了"三大攻坚行动、三大提升工程"和水运改革发展工作("6+1"),有力保障了"十三五"和"十四五"工作的有效衔接,构建形成了支撑行业持续发展的"四梁八柱"。法治交通、信用交通建设进入全国先进行列,平安交通建设稳步加强,绿色交通建设成效明显,基本建成以"一中心、三平台"为核心的智慧交通管理体系,行业治理效能进一步提升。

五年来,我们主要做了以下工作:

(一)聚焦高质量跨越式发展,交通运输引领支撑作用更加突出。一是交通先行作用日益凸显。接续推进综合交通基础设施建设,"四纵六横八射十七联"高速公路网、"两横一纵"内河高等级航道基本形成,既打通了横贯东西、连通南北的跨区域流通"大动脉",又构建了贯通"一圈三区"和主要产业带的省内综合运输"主网络",基本形成了功能清晰、层次分明、衔接顺畅的综合交通运输网络,为全省高质量跨越式发展提供了有力支撑。二是对接重大战略主动高效。主动服务我省对接"一带一路"、长江经济带发展、粤港澳大湾区、交通强国建设等国家重大战略实施,坚持以全局视野和系统观念谋划推动交通运输工作,统筹编制综合立体交通网、高速公路、内河水运等重大发展规划,进一步优化完善了省际省内综合运输通道布局。三是建设投资力度再创新高。综合交通累计完成投资4481亿元,是"十二五"完成投资的1.38倍,是江西交通发展史上建设投资规模最大的五年。特别是2020年在受新冠肺炎疫情和严重洪涝灾害的不利影响下,全省公路水路投资仍然突破1000亿元大关,同比增速连续6个月排名中部第一,创造了年度投资历史最高值,为扩内需、稳增长作出了重大贡献。

(二)聚焦人民满意交通建设,综合交通运输保障更加有力。一是运输网络不断完善。目前,全省公路总里程居全国第9位,超21万千米,较"十二五"增长34.5%。高速公路路网密度为每百平方千米3.7千米,是"十二五"时期的1.2倍、全国平均水平的2.5倍,打通了28个出省通道。普通国道二级及以上公路比例达到92%。全面推进干线公路养护管理制度化、规范化、信息化,国省干线公路服务水平实现大幅提升。在全国率先实现25户以上自然村"村村通"和"组组通"水泥路,所有乡镇、建制村100%通客车和邮车。高等级航道里程达到870千米,赣江、信江基本具备三级通航条件。二是综合枢纽加快建设。布局"一核三极多中心"综合交通枢纽,在沪昆、京九高铁经济带沿线和干支线机场建成一批综合客运枢纽。持续推进九江区域性航运中心、赣州国际陆港、南昌向塘铁路物流枢纽等一批综合货运枢纽建设。建成抚州、萍乡、上饶等6个综合客运枢纽,吉安、井冈山、宜春等6个公路货运枢纽,新干、龙头山2个航电枢纽,南昌龙头岗码头和全省最大的集装箱码头九江红光国际港。三是服务效能持续提升。国家公交都市或省级公交城市创建覆盖全省。"交通一卡通"实现11个设区市互联互通,并与全国303个地级以上城市基本实现联通。镇村公交发展试点县(市、区)达到40个。在全国率先推行道路客运"线长制"。加快推进多式联运发展,赣州港成功入选国家第二批多式联运示范工程,首批组织了5家单位开展省级多式联运示范工程建设试点。加强交邮融合发展,分宜县"城乡公交+快递电商+共同配送"项目入选交通运输部首批物流服务品牌。在全国率先提前完成取消省界收费站工作,高速公路电子不停车收费系统(ETC)覆盖率达到100%。在全国率先实行12328服务热线部、省、市三级联网运行。网络货运、定制客运加快发展。四是疫情防控有力有序。坚决阻断病毒通过交通工具输入和传播扩散。在全国率先取消省内县(市、区)之间高速公路、国省道出入口的检疫站点,制定印发《江西省交通建设项目工地新型冠状病毒感染肺炎疫情防控指南》,均得到交通运输部肯定并在全国推广。迅速落实防疫期间免收通行费政策,共免费放行车辆近6000万辆次,免收车辆通行费61.5亿元。强化应急运力调配,畅通"绿色通道",保障防疫生活物资的运送。优化运输组织,加快企业复工复产。全省交通运输疫情防控工作得到国务院领导的充分肯定,3个集体、7名个人获全国交通运输系统抗击新冠肺炎疫情先进,获表彰数量居全国第三。

(三)聚焦全面建成小康社会,交通脱贫攻坚成效更加显著。一是交通扶贫政策资金支持有力。先后出台《全省交通运输打赢脱贫攻坚三年行动实施方案(2018—2020年)》《支持全省269个深度贫困村公路建设实施方案》等文件,全省贫困地区省级直接投入和补助资金累计达到1035亿元,占"十三五"公路水路固定资产投资近30%,其中普通国省道和农村公路分别投入补助资金240亿元、187亿元,分别比"十二五"增长77%、274%。二是贫困地区交通条件持续改善。新增高速公路里程1060.5千米,完成国省道升级改造2448千米,25户以上自然村通水泥路15631千米,"组组通"水泥路3804千米,贫困地区公路路网规模显著增加。2019年初全省贫困地区高速公路全面建成通车,提前两年完成通车任务。2020年9月全省贫困地区实现建制村全部通客车。贫困地区尤其是赣南等原中央苏区、罗霄山集中连片特困地区运输条件得到明显改善。三是脱贫致富内生动力稳步增强。强化农村公路对乡村产业发展的支撑作用,贫困地区累计完成旅游路、资源路、产业开发路建设1620千米。加快推动"交通+特色产业""交通+旅游"等发展,当好脱贫攻坚、农村产业发展和乡村振兴的"助推器",为地方旅游、特色加工、矿物开发、商贸物流等产业落地发展创造条件。落实省派单位定点帮扶任务,累计选派119名驻村第一书记和扶贫干部、争取资金6732万元,在基础设施补短板、扶贫产业发展和消费扶贫等方面精准发力,定点帮扶村顺利脱贫摘帽,扶贫长效机制进一步健全。

(四)聚焦行业改革创新,交通运输发展动能更加强劲。一是科学谋划"四梁八柱"架构。推动省政府办公厅印发《关于实施"三大攻坚行动、三大提升工程"推动全省交通运输高质量发展的意见》,印发《关于加快水运改革发展的实施意见》(简称"6+1"方案),在全省交通运输系统集中实施为期两年的攻坚提升活动,系统谋划了2020—2021年的任务书和路线图。2020年,"6+1"多项工作接连取得突破性进展,工作成效得到省委、省政府和交通运输部的充分肯定。二是积极开展重点领域改革。体制机制改革方面。理顺全省综合交通运输规划、运输综合协调、渔船检验和监管等职能,推进形成有利于综合交通运输发展的协调管理机制。机构改革方面。进一步理顺厅属单位职责,组建了省高等级航道事务中心、省综合交通运输事业发展中心、省交通运输综合行政执法监督管理局和省港口集团。"放管服"改革方面。压减行政权力清单38项,取消行政许可证明15项。线下统一推行"四有四免"、延时错时服务,线上积极对接应用"赣服通",68项事项实现"网上办"。ETC办理一次不跑被国务院作为经验典型推广。三是不断激发科技创新活力。科技创新方面。获得国家科技进步二等奖1项、省部级科技奖励33项;"装配式桥涵工业化建造关键技术"研究成果达到国际先进水平;"宁定高速智慧运营与服务提升"成果具有重大示范推广意义;信江航电枢纽绿色智慧工程获批交通运输部科技示范工程;获批组建了5个省部级科技平台,省部级科技平台总数达10个;制定发布了50余项地方标准或行业指南。智慧交通建设方面。系统整合行业30个信息化项目,基本建成以智慧交通大数据中心+智慧交通政务管理与服务平台、智慧交通综合监管平台、智慧出行与物流信息服务平台为主架构的"一中心、三平台"。人才培养方面。大力引进院士、国家双千学者,培养了一批交通高级技术人才,培育推荐了一批科技人才入选省百千万人才工程、荣获国务院或省政府特殊津贴和当选交通运输部科技英才。

职业教育方面。江西交通职业技术学院入选国家"双高计划"高水平专业群建设单位,交通技工学校升格为高级技工学校。四是持续提升行业治理水平。法治政府建设方面。推动颁布《江西省道路运输条例》等3部地方性法规规章,《江西省水路交通条例》等4部法规列入全省立法规划,连续五年获评全面依法治省、法治政府建设优秀单位和全省社会信用体系建设优秀单位。2020年获评全国法治交通先进集体、全国"信用交通省"十大典型省份。绿色交通建设方面。积极推广绿色公路建设,广吉高速被列入全国第一批绿色公路建设典型示范工程;船舶和港口污染治理能力明显增强,建成21个船舶污染物接收站,在全国率先完成100至400总吨船舶加装生活污水收集处理装置;纳入整治清单的137座内河非法码头基本完成整改;淘汰营运黄标车和老旧车辆8.86万辆;新能源公交车占比达到69.6%。

(五)聚焦平安交通建设,交通运输发展基础更加夯实。一是安全生产基础进一步打牢。扎实开展了安全生产专项整治三年行动。持续推进重点领域专项整治。实施了公路安全隐患"扫雷"清零专项行动。普铁沿线环境安全隐患整治提前完成年度任务。创新开展治超非现场执法,建成197个治超不停车检测点。加强源头治超工作,明确重点源头单位586家。高速治超成效进入全国第一方阵。全省所有营运客车、危货运输车辆全部安装4G视频实时监控设备和主动安全智能预警装置,在全国率先联合开展动态监控违法违规行为分类闭环处理试点。全省16家水路危险品运输企业全部建立视频监控系统平台。组织编制了"一图一牌三清单"通用参考指南和风险等级判定指南。二是应急保障能力进一步提升。全省交通应急指挥系统经受住新冠肺炎疫情、超历史水毁灾情等重大突发事件的严峻考验,保通保畅保运工作成效突出。建成智能交通管理与路网监控系统。加强应急基地建设,建成17个集"养护、应急、服务"三位一体的高速公路区域性养护综合基地、82个路段级基地、7个省级普通公路应急保障基地,新改建81个市(县)级综合养护中心。加强应急队伍建设,组建了200余支行业安全监管和应急救援队伍。抓实国防路网和战备体系建设,交通战备应急保障能力进一步提升。三是和谐稳定局面进一步巩固。贯彻总体国家安全观,认真做好国家安全领域交通运输工作。强化网络安全管理,加强交通运输基础设施信息和关键数据资源保护。加大矛盾纠纷隐患排查力度,全力做好信访事项化解稳控工作。常态化开展交通运输领域扫黑除恶专项斗争工作,努力营造和谐稳定的交通运输发展环境。

(六)聚焦全面从严治党,交通运输政治生态更加清朗。一是党的建设质量持续提高。突出政治引领作用,扎实开展"两学一做"学习教育、"不忘初心、牢记使命"主题教育。积极开展"攻坚克难当先锋、决战决胜作表率"活动,开展"百名书记读原著、践初心""千名党员学原文、担使命"专题活动,推动党的建设与中心工作互融互促。强化基层党组织政治功能和组织力,基层党建工作始终走在省直机关前列。二是党风廉政建设持续深化。压实管党治党主体责任,着力规范权力运行,从严治党向纵深推进。健全完善内控机制,梳理排查廉政风险点,完成全厅巡察和审计监督全覆盖,制度笼子越织越密。实施作风建设提升工程,深入开展"走实地、查实情、抓实效"活动,行风政风持续改善。认真落实中央八项规定精神,持续深化警示教育,加大明察暗访力度,"四风"问题整治取得积极成效。精准运用"四种形态",强化监督执纪问责,巩固了风清气正的发展氛围。三是干部人才队伍建设持续加强。落实新时代党的组织路线,坚持好干部标准,结合厅属单位实际和行业发展需要,以更宽广的视野、更专业的角度,强化厅属单位领导班子配备。通过谈心调研、实践锻炼、跟踪考核等方式,选拔和重用了一批在交通重点领域敢担当能成事的优秀年轻干部,树立了积极向上的选人用人导向。在省委年度考核中,我厅干部选拔任用工作成效连续多年大幅高于省直单位平均水平。四是行业软实力持续提升。围绕"提升行业软实力、凝聚发展正能量"主题,加强重大活动宣传和行业精神文明建设,干部职工的成就感、幸福感、归属感和自豪感持续增强。交通运输发展成就连续5年入选"江西经济十件大事",省厅连续五年被评为全省优秀新闻发布单位。全系统6个单位被评为全国文明单位,20个集体和7名个人连续两届获评全国交通运输行业精神文明建设先进。7名个人

(集体)荣获全国感动交通年度人物,1人荣获全国感动交通年度特别致敬人物。

二、"十三五"时期交通运输发展的经验和启示

"十三五"时期,我们坚持打基础、厚积累、强动力、增后劲,抢抓机遇、主动作为,顽强拼搏、攻坚克难,奋力推动全省交通运输高质量发展。在发展过程中,我们改革创新、先行先试,不断深化对交通运输发展规律的认识,积累了许多弥足珍贵的经验,对"十四五"时期交通运输发展具有十分重要的启发意义。

——必须坚持党的全面领导。"十三五"时期,全省交通运输事业发展取得显著成效,迸发出巨大的创造力、凝聚力和生命力,根本在于坚持以习近平总书记为核心的党中央集中统一领导,在于坚持和加强了全省交通运输系统党的建设,在于发挥了全厅各级党组织的战斗堡垒和广大党员的先锋模范作用,这是我们高质高效完成各项目标任务的首要前提。实践充分证明,只有深入贯彻落实习近平总书记系列重要讲话精神特别是视察江西重要讲话精神,紧紧依靠省委、省政府的坚强领导,才能为推动全省交通运输发展提供坚强保证。

——必须坚持服务中心。我们聚焦"作示范、勇争先"目标定位和"五个推进"的重要要求,全面落实省委"二十四字"方针,坚决打赢防范化解重大风险、精准脱贫、污染防治攻坚战。坚持"大抓交通、抓大交通",加快实施公路水运重点工程项目建设,超额完成固定资产投资计划,为助推全省经济社会发展发挥了先行作用。实践充分证明,只有紧紧围绕中心大局来谋划和推动工作,才能确保交通运输发展方向不偏、思路不乱、重心不移、力量不散。

——必须坚持高质量发展。我们紧紧围绕"改革攻坚、养护转型、管理升级、服务提质"目标精准发力,加快综合交通运输发展步伐,扎实做好公路建设管理养护三篇文章,不断提升公路管养服务水平,为人民群众安全便捷出行创造更好条件。全面实施"三大攻坚行动、三大提升工程",加快补齐水运短板,高标准规划赣粤运河,为推进全省公路水运事业发展持续发力。实践充分证明,只有聚焦交通运输发展的重点难点问题,坚持高质量发展,以补短板、锻长板的思路进行系统谋划和整体推进,才能充分展现"作示范、勇争先"的交通担当。

——必须坚持改革创新。我们深化机构改革,对厅机关和厅属单位职能进行梳理调整和系统性重构,实现管理权责统一,不断提升行业治理水平;深化农村公路管理体制改革、理顺普通公路管养事权;实施交通运输综合行政执法改革,不断提升依法行政水平;深入推进"放管服"改革,不断优化政务服务环境。实践充分证明,只有坚持解放思想、与时俱进,把改革创新作为第一动力,以更大力度的改革举措破解发展过程中的深层次问题,才能推动交通运输更高水平的发展。

——必须坚持全面从严。我们始终保持从严治党高压态势,坚持把纪律规矩挺在前面,紧紧扭住作风建设"牛鼻子",严格防范和遏制各类不正之风,坚决惩治各类违纪违规行为。深入推进民生领域突出问题专项整治,以更严要求、更大力度、更高质量办好民生实事。始终保持如履薄冰的备战状态,采取有力举措,压实管理责任,消除安全隐患,有效防范各类安全责任事故发生。实践充分证明,只有坚持底线思维,以从严的纪律、从严的作风、从严的举措,打好廉政、作风、安全组合拳,才能有力维护全省交通运输安全稳定发展大局。

同志们,"十三五"时期全省交通运输发展取得的成绩,得益于省委、省政府的坚强领导和关怀厚爱,得益于各地各部门、省直各单位的密切配合和大力支持,得益于全系统广大干部职工的奋力拼搏和无私奉献,借此机会,我代表省交通运输厅党委向你们,并通过你们向全省交通运输系统广大干部职工,向长期关心支持交通运输事业发展的社会各界人士表示衷心的感谢和诚挚的敬意!

在总结发展成效的同时,我们也清醒地看到,全省交通运输发展还存在一些问题和不足,主要表现为:一是融入构建新发展格局和服务内陆双向高水平开放的交通"大动脉"有待升级。沪昆、京九高速公路"十字架"有待扩容增效,水运事业发展亟需提速。二是综合运输体系的"全架构"尚需优化。公铁水空等不同运输方式需要高效衔接,运输结构调整仍需深化,综合运输成本亟需下降。三是城乡交通运输一体化的"微循环"亟待畅通。农村路网需提质升级，农村客运保障能力有待加强，城乡物流网络"最后一千米"需加快衔接，县、乡、村三级物流体系建设有待统筹优化。四是行业治理体系和治理能力现代化水平有待提升。交通信息化、网络化、智能化建设步伐需加快，交通运输治理和服务水平有待加强。对于这些问题，我们一定要高度重视，剖析原因，找准对策，有的放矢，合力攻坚，以解决问题的成效保障交通运输高质量发展。

三、全省交通运输发展形势和任务

中共中央、国务院印发《交通强国建设纲要》，对未来三十年建设交通强国作出了顶层设计和系统谋划。党的十九届五中全会对加快交通强国建设提出了明确要求。2020年下半年，交通运输部正式批复同意我省在赣州革命老区交通运输高质量发展、普通国省道公路与城市道路衔接协调发展等6个方面开展试点。2020年11月，省委、省政府制定出台《关于推进交通强省建设的意见》。《意见》明确提出了要建设人民满意、保障有力、全国前列的交通强省目标。2021年1月6日，省委、省政府又以开年第一个全省性大会，高规格召开了全省推进交通强省建设动员大会，刘奇书记作动员讲话，炼红省长主持并讲话，省、市、县三级党委政府主要领导悉数参加，充分体现了省委、省政府对全省交通运输系统的鼎力支持，在全省形成了共同推进交通强省的强大共识。

交通强省建设对新时期全省交通运输发展提出了新的更高要求。一要加快形成现代化综合立体交通运输体系，融入共建新发展格局。交通运输连接生产和消费两端，融入共建新发展格局要求我们不断完善现代化综合立体交通网布局，加快补短板、优结构、促融合、提品质，打通"大动脉"，畅通"微循环"，加快完善综合运输结构体系，进一步扩大高品质、高效率、多样化交通运输服务供给。二要着力构建更加高效的运输通道，推进区域协调发展。为高效对接国家战略规划，加快内陆开放型经济试验区建设，发挥江西"四面逢源"的区位优势，提升双向开放水平，要求我们加快建成发达高效的快速网，畅通出省通道，加快联动国内国际市场；加快建设高效通畅的干线网，密切省内各主要城市的互联互通，推动区域发展战略融合共建。三要持续发挥交通先行作用，助推经济社会高质量发展。全省经济社会向高质量发展转型，高标准打造美丽中国"江西样板"，要求全省交通运输发展增强与土地、环境和生态的协调性，更加注重安全、效率、服务和品质，满足多层次、多样化、个性化的交通运输出行需求，促进交通运输与关联产业深度融合。四要统筹城乡交通融合发展，推进乡村振兴战略实施。为增强中心城市聚集和辐射能力，纵深推进公共服务均等化，要求我们进一步突出枢纽城市的引领作用和聚集带动效应，加快完善农村交通运输服务体系，推动"四好农村路"建设提质升级，促进城乡交通运输一体化，实现城乡要素的自由流动。

四、"十四五"时期全省交通运输发展总体思路和重点任务

"十四五"时期是我国开启全面建设社会主义现代化新征程的第一个五年，也是推进高水平交通强省建设的关键五年。"十四五"综合交通运输发展的总体思路是：到2025年，交通强省建设取得明显成效，现代化综合交通体系建设迈上新台阶，公路水路发展水平进入全国先进行列。具体来看，"六纵六横"综合运输"大动脉"基本建成。南北向高速铁路全面贯通，时速250千米的高速铁路达到2000千米。"一主一次七支"民用运输机场布局基本形成。高速公路总里程突破7700千米，沪昆和京九十字高速公路全面形成八车道高速"大动脉"。普通国省干线公路和农村公路服务水平不断提高，普通国道二级及以上比例达到95%，省道二级及以上比例力争达到70%，乡镇通三级及以上公路基本达到100%，建制村通双车道及以上公路比例达到60%。内河高等级航道里程突破1200千米，现代化港口体系基本建成。便捷高效的城市交通系统更加保障有力。各种运输方式衔接更加紧密，旅客换乘更加便捷，货物换装转运效率显著提高，交邮协同发展水平进一步提升。运输结构进一步优化，水路和铁路货运量占比力争达到15%以上。交通运输与关联产业等融合效应更加明显，高铁经济、临空经济和临港经济建设成效显著。交通运输绿色化、智能化水平大幅提高，综合交通现代治理体系更加完善，文明交通和安全交通建设取得显著成效，人民获得感和满意度明显提升。

重点抓好七个方面工作：一是加快建设立体互联的综合交通基础设施网络。围绕推进交通强省

建设和《江西省综合立体交通网规划(2021—2050年)》等综合交通顶层设计,加快构建安全、便捷、高效、绿色、经济的现代综合交通运输体系。"十四五"综合交通规划建设总投资6000亿元,较"十三五"增加1519亿元,增长34%。二是强化交通战略支撑和先行引领。强化交通运输对长江经济带高质量发展、江西内陆开放型经济试验区等重大战略的支撑引领作用。加快完善大南昌都市圈综合交通网络,加快赣州都市区综合交通网建设。推动交邮、交旅、交农等融合发展。以交通强省建设为契机,全力抓好交通强国建设6个方面试点工作。三是提升交通运输服务品质。推动客运出行"一票制",提供多层次、多样化客运服务。加强各种出行方式有效衔接。推动城乡公交一体化。优化城市公交线路及站点布局,提高公共交通出行分担率。巩固"两通"成果。加快建设现代物流体系。大力发展多式联运。优化城乡物流基础设施布局。四是提高交通运输科技化水平。加快推进交通运输信息化智能化建设。规划建设智慧公路及新一代国家交通控制网,在全国率先打造智慧高速江西方案。加强5G、北斗导航、大数据、车联网等技术在交通运输领域的广泛应用。积极培育交通工程研究中心和重点实验室。完善科技人才引进培养方式,提升行业标准化水平,加强产学研用融合发展。五是推动交通运输绿色发展。加快轨道交通、内河航运发展。加强运输工具节能减排新技术的研发和应用。加强土地、岸线、空域等资源节约集约利用。加强老旧设施更新利用。建立科学合理的交通基础设施生态保护修复体系。打造绿色交通廊道,推动绿色出行。六是加强安全应急保障能力建设。提升交通运输技术装备的本质安全水平。持续完善应急预案体系。加快推进公路安保、危桥改造、灾害防治、隐患治理等工作。强化重点路段、重点枢纽、重要节点场所等防护防控与监测应急保障能力。优化交通运输应急设施布局和装备物资配备。七是增强交通运输现代化治理能力。全面推进法治江西交通建设,提升交通运输治理体系法治化现代化水平。持续深化交通运输"放管服"改革、交通运输综合行政执法改革、事业单位改革。加强干部人才队伍建设。建立健全农村公路管理养护责任制。加强信用交通体系建设。

五、2021年全省交通运输工作安排

2021年是建党100周年,是加快建设交通强省和实施"十四五"规划的开局之年。总体要求是:以习近平新时代中国特色社会主义思想为指导,全面落实省委、省政府和交通运输部工作部署,紧紧围绕交通强省建设这一主线,坚定不移做好"三大攻坚行动、三大提升工程"和水运改革发展工作,以推动高质量发展为主题,以改革创新为根本动力,以满足人民日益增长的美好出行需要为根本目的,坚持系统观念,巩固拓展疫情防控和交通运输发展成果,着力优化综合交通运输体系,着力完善交通基础设施建设,着力提升服务供给品质,着力推动行业治理能力现代化,确保"十四五"开好局,努力为全省高质量跨越式发展和融入共建新发展格局当好先行,以优异成绩庆祝建党100周年。

今年既是开局之年,也是基础之年,更是攻坚之年,我们要全力以赴抓开局、久久为功打基础、心无旁骛抓落实,不断在巩固路网优势中打造更加完善的路网结构,在集成共享融合中构建更加高效的治理体系,在转型升级发展中提供更加优质的运输服务,在攻坚克难奋进中锻造更加过硬的干部队伍,以奋斗者的姿态迎接各种挑战,以舍我其谁的担当主动作为,持续把优势项目培育为行业名片,把基础工作转化为特色亮点,把短板弱项转变为基础潜力,加快推动江西交通运输各项工作进入全国先进行列。

围绕上述目标要求,重点抓好以下8项工作。

(一)奋力开启交通强省建设新征程。一是加快规划编制落地。加快推进《大南昌都市圈综合交通规划(2019—2025年)》各项工作实施。全面完成《江西省综合立体交通网规划》《江西省内河航道与港口布局规划(2021—2050年)》等编制工作。统筹做好我省"十四五"综合交通运输发展规划和公路水路交通基础设施发展规划编制,协同做好与国家"十四五"相关规划对接,做好交通与国土空间规划编制的衔接工作。二是压实试点任务推进。按照交通强国试点实施方案的要求和既定时间节点,全面推进试点各项工作,确保试点取得预期成效。启动交通强省建设试点,鼓励支持各地在交通强省建设中先行先试。三是谋划建设一批重大项目。围绕"推动交通基础设施强起来",以世纪水运工程、八大千亿工程为引领,突出大动脉、大枢纽、大网络,统筹推进"陆水空"重大交通项目建设。扩容繁忙通道、加强省际通道、完善纵向通道。加快建设"两横一纵多支"内河高等级航道和现代化港口体系,推进赣粤运河等一批重大水运项目前期研究。四是研究制定一批重大政策。加快研究制定"十四五"普通公路省级补助政策,推动省政府出台支持加快高速公路和高等级航道建设的意见,做好江西省高速公路网规划调整方案和普通省道网调整工作。

(二)加快完善交通基础设施网络。全年计划完成固定资产投资850亿元。一是加速在建项目推进。高速公路方面。萍莲项目建成通车。大广高速南康至龙南扩容工程路面水稳基层完成,房建工程主体封顶。赣皖界至婺源项目桥隧半幅贯通。宜春至遂川桥隧半幅贯通,路面水稳基层完成过半。三阳至新田、上饶至浦城全线路基土石方基本完成,桥梁下部构造、隧道开挖基本完成。大广高速吉安至南康改扩建项目新建幅路基土石方基本完成,隧道掘进完成过半。普通国省道方面。完成升级改造600千米,养护工程1500千米(其中预防性养护900千米),危桥处置率100%。水运方面。聚焦一年提速、两年赶超进入全国先进行列的目标定位,加快完善高等级航道网络和全省港口布局。建成井冈山航电枢纽、信江双港航运枢纽、界牌枢纽船闸改建、界牌至双港及双港至褚溪河口三级航道整治等项目,加快推进万安枢纽二线船闸建设。加快推进全省7大港区建设,建成泰和沿溪、余江中童一期、都昌宏升码头、九江红光物流园一期等项目。二是加快项目前期进度。高速公路方面。沪昆高速梨园至东乡、遂川至大余、昌樟二期、抚州东临环城项目力争今年上半年开工建设。沪昆高速昌傅至金鱼石段改扩建工程、樟树至吉安改扩建工程、贵溪至资溪段力争下半年开工建设。加快推进武宁至靖安、靖安至樟树高速公路等一批储备项目前期工作。水运方面。压茬推进袁河航道提升工程等5个"十四五"航道工程前期工作,其中赣江龙头山枢纽二线船闸、袁河航道提升、赣江赣县五云—万安库尾航道整治争取9月底前完成工可批复、年底开工建设;赣江新干枢纽——龙头山枢纽二级航道整治和昌江航道提升工程力争12月底前完成工可批复。全力推动九江红光综合枢纽码头二期等6个港口码头项目年内开工,其中九江安信物流公用码头力争7月底前开工,湖口银砂湾综合码头9月底前开工,彭泽矾山泽诚公用码头、九江星子沙山综合码头一期、吉安吉州砂石码头和南昌龙头岗综合码头二期12月底前开工。加强公铁水集疏运体系建设。三是强化要素保障。加大力度推进"6+1"工作,确保各项目标任务圆满完成。密切跟踪交通运输部"十四五"相关规划编制情况,积极推动我省更多交通项目纳入国家规划,争取更多国家部委、省级财政补助资金和政策支持,争取地方政府专项债和一般债用于全省公路及水运项目建设。继续做大做强省交通投资集团、省港口集团和省公路投资公司平台,推进符合条件的企业进行混合所有制改革,培育上市企业,激发企业活力。支持交通融资平台加强战略合作,提升融资规模及效率。拓展融资渠道,研究设立交通强省发展基金。

(三)巩固拓展交通脱贫攻坚成果同乡村振兴有效衔接。一是加快农村公路提档升级。加快推进县乡道改造,实施县道升级改造700千米,年底三级及以上比例达到60%。实施乡道双车道改造1500千米,逐步提升建制村通双车道比例。实施窄路面拓宽改造1100千米。实施县乡道路面改造1700千米,高标准打造"畅安舒美绿"美丽生态文明农村路2000千米,完成旅游路、资源路、产业路、公益事业路、路网联通路建设700千米。二是健全完善"四好农村路"高质量发展体系。扎实推进农村公路管理养护体制改革试点,确保50%以上的县(市、区)完成改革试点任务。完善农村公路管理法规体系,出台《江西省农村公路养护管理办法》。全面推进"路长制",基本建立覆盖县、乡、村三级的农村公路路长组织管理体系。继续开展"四好农村路"全国示范县创建。启动全省"四好农村路"示范市和全省城乡交通运输一体化示范县创建,力争创建1—2个"四好农村路"示范市。三是推进城乡交通运输一体化发展。统筹城乡交通基础设施建设和运行维护,持续优化公交与农村客运的线网结构,推进县城至乡镇公交化运行。推动农村客运、货运、电商快递等融合发展,加快推进县、乡、村三级物流网络节点建设支持农村客货统筹、运邮协同。

（四）持续提高运输服务保障能力。一是提升公路出行品质。建立路况检测长效机制，不断提升高速公路和普通国省道养护管理水平。继续做好ETC推广发行工作。优化完善高速公路联网收费系统保通保畅和网络安全管理等机制，确保ETC通过率达到99%以上。二是实施服务区提质升级。围绕"行业引领、全国一流"目标，加快实施高速公路服务区三年提质升级。开展全面摸排，确保所有服务区基本功能完善。完成29对普通服务区基础设施改造、13对中心服务区升级改造，重点打造3对在全国范围内具有较高知名度、美誉度和影响力的服务区。年底前完成南康北复合功能型服务区及雷公坳、泉岭等11对中心服务区的升级改造。三是创新运输发展模式。推进"互联网+货运物流"模式，规范网络平台道路货物运输经营管理，重点培育3—5家网络货运龙头企业。鼓励和规范发展定制客运，增加道路客运定制服务供给，为旅客提供"门到门"的便捷服务。组织开展好老年人便利出行和司机之家等民生实事。大力推广应用电子客票，实现二级及以上客运站电子客票全覆盖。支持发展江海直达和江海联运，扩大九江港至上海洋山港、浙江宁波、舟山港江海直达运输船舶规模和航线。四是推进物流业降本增效。推行物流装备标准化，大力发展集装箱运输，减少不同运输方式间的转运和装卸成本。培育多式联运龙头企业，通过龙头示范带动多式联运发展。优化船舶运力结构，推进船型标准化工作。五是做大做强水运经济。研究制定促进航运业发展的优惠政策，推动地方政府加大政策扶持力度，创新水运枢纽项目建设开发模式，吸引社会资本参与水运建设和服务，支持水运企业兼并重组、扩大规模。

（五）稳步提升行业治理水平。一是深化法治交通建设。健全交通运输法规体系，推进《江西省水路交通条例》加快出台实施。加快完善综合行政执法运行机制，出台《全省交通综合执法事项指导目录》。深入推进"四基四化"建设，夯实基层执法基础，提高执法效能。推进跨区域、跨部门、跨业务的信用评价信息系统融合，发挥信用监管作用。二是强化交通运输安全监管。扎实推进安全生产专项整治三年行动，开展集中攻坚年行动，突出抓好道路运输、水上交通、公路水运工程建设、公路运行等重点领域和重点敏感时段安全监管。加强渡口渡运安全监管，推动渡船更新改造和渡改桥建设。继续加大"僵尸船"清理整顿力度，推进船舶碰撞桥梁隐患治理三年行动。加快推进安全监管监察系统的推广应用，特别是"两客一危"4G视频实时监控设备和动态监控系统的使用，不断提升行业安全监管信息化智慧化水平。三是推动科技治超攻坚。加快推进普通公路不停车检测点建设。加快省公路治理超限超载综合管理平台推广应用，实现源头单位、固定治超站点、不停车检测点和高速公路称重检测等数据互联、共享。加大源头治超力度，实行源头企业动态监管。力争实现全省所有市、县科技治超全覆盖，违法超限超载率大幅下降。四是优化行业营商环境。深化"放管服"改革，持续推进简政放权、放管结合、优化服务，推动更多事项实现"一次不跑""只跑一次"。全面推行"好差评"管理办法，不断提升政务服务水平。

（六）着力增强行业发展内生动力。一是加大行业科技创新力度。以"一中心、三平台"为总体架构，加快形成数据共享的智慧交通体系。加快推进信息化建设成果推广应用。深化大数据应用和分析，推进数据开放共享。加强网络安全管理，提高网络安全应急处置水平。加快推进"03专项"应用示范。充分发挥科技平台的创新引领作用，推动关键技术在重点项目中的研究与应用。科学谋划科技教育、信息化"十四五"发展规划。二是落实绿色发展理念。坚持将绿色公路理念贯穿到公路规划、设计、建设、运营、管理、养护全过程。推进新能源公交车推广应用、柴油货车污染治理工作。完善船舶港口污染防治工作机制。逐步淘汰或拆解高污染、高耗能老旧船舶。保持非法码头整治高压态势，加大对已取缔非法码头的督查，推动规范提升类码头完善手续。三是打造平安百年品质工程。完成《公路工程高质量指标体系》研究。开展质量"通病"治理，加强班组标准化、工点标准化建设。推广使用新设备、新工艺、新技术。构建安全生产风险分级管控和隐患排查治理双重预防长效机制。

（七）统筹推进机构和干部队伍建设。一是推进事业单位改革。做好厅属事业单位改革后续工作,厅属新组建单位、功能再造单位要主动作为,认真履责,确保各项工作衔接顺畅、运转高效、有序开展。省高等级航道事务中心、省综合交通运输事业发展中心、省交通运输综合行政执法监督管理局要先行先试,发挥示范引领作用,当好交通运输行业改革发展排头兵,为交通运输发展科学决策提供有力保障。二是加强干部队伍建设。坚持"事业为上、人岗相适、人事相宜"的原则,注重在急难险重任务中,选拔任用想干事、能干事、干成事、不出事的干部。严格标准、健全制度、规范程序,形成能者上、庸者下、劣者汰的选人用人导向。加大年轻干部培养选拔力度。三是强化招才引智。加大对综合交通运输规划、公路水路工程技术、财经、信息化等紧缺人才以及高科技领军人才的引进力度,培养锻造一支结构合理、数量充足、能力适应的交通人才队伍。加强与高校、科研院所合作交流,为交通强省提供智力支撑。

（八）全面加强党的建设。一是强化政治引领。深入学习贯彻党的十九届五中全会精神。强化政治功能,持续推进思想铸魂、组织强基、队伍提质,深化"党建+"理念,促进党的建设和业务工作一体推动、深度融合,引导党员干部作好"三个表率",建设模范机关。深入推进基层党建"三化"建设,全面深化"主题党日"等主题活动。二是强化全面从严治党。认真落实全面从严治党"两个责任",坚决把纪律和规矩挺在前面,强化警示教育,持之以恒正风肃纪,大力整治形式主义、官僚主义等突出问题,防止"四风"变异反弹。加强审计监督,强化党委巡察,持续营造风清气正的政治生态。三是强化行业作风建设。继续开展"走实地、查实情、抓实效"活动,完善行风监督员制度,引入第三方调查监督。加强明察暗访,规范基层行政执法行为。四是强化平安交通建设。巩固扫黑除恶专项斗争成果,加强联防联控,化解矛盾纠纷,维护行业稳定。五是强化交通文明创建。扎实做好庆祝建党100周年相关工作。抓好重大主题、重大活动宣传。扎实开展"培育现代交通文明,弘扬红色交通文化"活动,大力开展典型培树宣传。推进文明单位、文明示范窗口、"工人先锋号""青年文明号"等创建。进一步加强和改进离退休干部、工青团妇等群团以及行业协会工作,广泛凝聚发展合力。

专　记

忠诚履职尽责　强化担当作为
为推动交通运输工作高质量发展提供坚强纪律保障

在 2021 年度全厅全面从严治党工作会上的讲话

（摘录）

蓝丽红

（2021 年 2 月 25 日）

2020 年，在省纪委、省监委的坚强领导下，在省交通运输厅党委的大力支持下，驻省交通运输厅纪检监察组坚持以习近平新时代中国特色社会主义思想为指导，认真落实十九届中央纪委四次全会和省纪委十四届五次全会各项工作部署和要求，充分发挥监督保障执行、促进完善发展作用，为全省交通运输高质量跨越式发展、建设交通强国江西篇章提供坚强纪律保障。

一、聚焦政治监督，持续督促"两个维护"走深走实

一是全力保障交通运输脱贫攻坚落地见效。加强对脱贫攻坚专项巡视"回头看"等反馈问题整改工作的监督检查，督促各项整改措施落实落细。深入基层实地调研建制村通客车等交通运输脱贫攻坚工作,及时向有关单位和部门反馈问题并推动整改。加强与各级纪检监察机关的协调联动,对抚州市南城县建制村通客车工作中存在的"虚假通车"等问题,通过省纪委省监委对口室转相关市、县纪委进行追责问责。持续关注安远县交通扶贫资金审计调查发现问题的整改工作,及时向省纪委省监委对口室和驻交通运输部纪检监察组报告整改情况。

二是扎实做好交通运输"六稳""六保"监督工作。把监督推动交通运输部门落实落细"六稳""六保"任务作为重中之重,按照省政府部署"项目建设提速年"活动要求,督促抓好贯彻落实。通过参加厅党委会、面对面沟通交流、发出工作提示函、召开调度会等方式,推动厅党委和职能单位(处室)扎实履行"六稳""六保"主体责任。强化实地调研督导,对10家厅属单位、6个交通重大项目施工现场以及1个厅属单位扶贫点落实"六稳""六保"任务等情况进行调研,督促指导、推动工作。

三是多措并举压紧压实新冠肺炎疫情防控主体责任。认真履行疫情防控监督责任,通过发函提醒、明察暗访等方式,督促全厅各级党组织和党员领导干部扎实做好交通运输疫情防控工作。按照上级纪委部署要求,向厅党委发出《工作提示函》,提醒厅党委清醒认识疫情防控形势和反弹风险,把疫情防控作为头等大事,督促各级党组织切实落实好主体责任,针对交通运输系统疫情防控难点和薄弱点、春运前后人员流动量大等情况,及时研判疫情防控形势变化,统筹做好春运前后疫情防控工作。派员实地督导疫情防控常态化和复工复产等工作,督促有关单位和部门严格落实中央和省委要求。

四是加强对餐饮浪费行为的监督检查。及时发出工作提醒函,督促全厅各级纪检部门认真履行监督推动各级党组织和党员领导干部厉行节约、遵守中央八项规定精神、自觉纠"四风"树新风的政治责任。强化监督检查,联合厅直属机关党委对厅机关、厅属单位和基层单位开展明察暗访,及时反馈发现的问题,督促抓好整改落实。全厅各级纪检部门开展明察暗访230余次,通报批评餐饮浪费行为1次。

二、深化日常监督,持续强化对权力运行的制约和监督

一是充分发挥"近身监督"优势。全年共参加厅党委会、厅务会39次,列席厅属单位党委会或民主生活会30次,提出9条工作建议。派员参加省厅内部审计联席会议,跟踪2条问题线索处置情况。以"四不两直"方式到上饶、抚州、吉安等地开展明察暗访,实地调研督导基层交通运输工作情况。针对年初厅机关内设机构调整,及时发函要求各处室重新梳理廉政风险点,制定防控措施。对57名新任处级干部进行任前廉政谈话,与监督对象开展日常谈心谈话30余人次。及时更新完善68名县处级领导干部的廉政档案。

二是认真把好选人用人"监督关"。紧盯关键岗位选人用人情况,坚决防止"带病提拔",回复厅组织人事处党风廉政意见119人次,全程监督94名县处级干部的人事考察工作,参与33家县处级及以上厅属单位145名党员领导干部的年度考核工作。协助上级纪委把好干部廉政情况"第一关",回复省纪委对口联系室党风廉政意见8人次。及时回复有信访反映或正在受处分人员的党风廉政意见,建议取消了2名县处级干部的综治先进评选。

三是持之以恒纠"四风"、树新风。组织开展十八大以来违规发放津补贴问题自查自纠工作,清退金额400余万元,向厅党委报送专报并提出3条工作建议。摘录编印《落实中央八项规定精神制度及答疑汇编》,发至厅领导班子成员及机关各处室、厅属单位党委和纪委主要负责同志,督促各级党员领导干部自觉组织学习,推动健全完善相关制度机制。坚决破除形式主义官僚主义问题,针对督查发现的南昌、景德镇等地建制村通客车"虚假通车"等形式主义问题,先后3次参加厅党委对5个设区市、8个县(区)交通运输局有关负责人进行的约谈提醒。联合厅直机关纪委,对重大节假日期间"四风"问题、行业作风建设等开展明察暗访,营造风清气正的节日氛围。及时查处违反中央八项规定精神行为,查处违反中央八项规定精神8起,处理8人,给予党纪政务处分8人次。跟踪督办群众反映的"ETC车道设备不够灵敏"问题,主动约谈相关责任单位党委、纪委主要领导,要求切实转变工作作风,深入细致开展整改工作,省纪委省监委主要领导同志对该项整改工作作出批示肯定。

三、从严执纪问责,持续巩固反腐败斗争压倒性胜利态势

一是坚持减存量、遏增量,保持惩治腐败高压态势不放松。全厅各级纪检部门全年共接受信访举报100件次,处置问题线索34件,其中谈话函询12件,初步核实11件,予以了结1件。立案11件,给予党纪处分10人,其中警告处分6人,严重警告处分2人,开除党籍2人;给予政务处分6人,其中警告1人,记大过1人,降级1人,撤职1人,开除2人。深化运用监督执纪"四种形态",特别是用好用足第一种形态抓早抓小、防微杜渐,全年共诫勉谈话1人次,提醒谈话5人次,批评教育4人次,运用第一种形态占比68%。坚持谈话函询回复党委书记(分管领导)签字背书制度,党委主要领导或分管领导对函询回复书面材料审核把关12人次。

二是坚持从严问责,以追责问责倒逼知责履责。组织开展对赣江石虎塘船闸闸墙倒塌事故的监督调查工作,派员全程参加厅党委组织的事故调查。协助厅党委完成对ETC收费未严格落实国家基本优惠政策问题的问责工作。

三是坚持以案促改,推动建章立制。针对某厅属单位违规发放津补贴和福利等问题,督促指导该单位召开专题民主生活会,推动做好以案促改工作。统筹考虑查办案件前后半篇文章,我组在立案查处某基层单位违规公款购买烟酒用于公务接待时,发现该单位存在落实"两个责任"不力、内部管理不规范、制度机制不健全等问题,及时给该单位主管单位发出纪律检查建议书,要求在开展警示教育的同时,举一反三,督促下属单位(企业)健全完善"三重一大"等规章制度,加强内部管理,抓好廉政风险防控。

四、聚力固本强基,持续锻造忠诚干净担当的干部队伍

一是始终坚持以政治建设为引领。加强政治理论学习,自觉把学习习近平新时代中国特色社会主义思想摆在首位,及时组织学习习近平总书记重要讲话和指示批示精神,做到学习跟进、认识跟进、行动跟进。全年共组织支部集中学习研讨20次,其中,围绕习近平总书记重要讲话精神、党的十九届四中、五中全会精神等,组织开展了11次研讨交流。积极参加省纪委"大学习、大讨论"和"一人一篇"活动,制定活动方案,明确学习任务,鼓励支部党员干部深入基层开展大调研,在内网专栏刊发3篇心得体会文章。

二是着力提升干部队伍业务能力。把加强业务能力素质作为立身之本、成事之基,全员参加省纪委省监委法规培训班,提升纪检监察干部纪法意识和纪法贯通的能力水平。强化实战练兵,以案代训提升纪检监察干部综合素质,借调3名厅属单位纪检干部在省纪委帮助工作,借调3名厅属单位干部在驻厅纪检监察组上挂锻炼、3名纪检干部参与案件查办工作。

三是健全完善监督工作制度机制。严格执行监督执纪工作规则和监督执法工作规定,完善内部权力运行的监督和制约,及时修订组务会议事规则,进一步强化向省纪委省监委的请示报告。

2021年全省交通运输安全生产工作报告(摘录)

江西省交通运输厅

(2021年1月21日)

一、2020年及"十三五"全省交通运输安全生产工作回顾

2020年,全省各级交通运输部门以安全生产专项整治三年行动为抓手,全力防风险、除隐患、遏事故,全省交通运输安全生产形势总体保持平稳。全省共发生交通运输事故34起、死亡61人,同比分别下降19%和15.3%;其中较大事故起数和死亡人数同比分别下降36.3%和18.4%;全年未发生重特大安全生产事故。一年来,我们重点抓了以下工作:

(一)强化思想引领,安全发展理念树得更牢。把习近平总书记关于安全生产重要论述纳入各级党委理论学习中心组的学习内容和干部培训课程,引导各级交通运输部门进一步树牢安全发展理念。省厅先后通过召开专题学习会、举办培训班等形式,示范带动行业各单位把学习宣传贯彻习近平总书记关于安全生产重要论述作为抓好安全生产的"必修课"。

(二)狠抓专项整治,安全风险隐患有效管控。结合行业实际制定印发了《江西省交通运输厅安全生产专项整治三年行动工作方案》,紧盯"两客一危"、水上交通、公路水运工程建设、普铁沿线环境安全等行业重点领域,深入辨识安全风险,狠抓隐患排查整治。2020年,全行业共辨识安全风险1.63万条,制定管控措施1.72万条,整治安全隐患32438个,建立制度措施50余项。道路运输领域,将道路运输安全专项整治三年行动和道路运输安全隐患整治攻坚行动有机结合起来,共排查发现各类安全隐患10385个,整改完成9922个,排查4.3万辆9座以上客运车辆登记信息,将1.7万辆车辆列为重点管理对象。组织开展了包车客运企业源头排查,查处包车客运车辆不按核定线路、途经地点运营和异地经营行为16起。深刻汲取温岭"6·13"事故教训,开展危险货物道路运输安全隐患排查整治专项行动,排查整治突出问题隐患300余个。水上交通领域,扎实推进"僵尸船"清理整顿,有效解决汛期船舶走锚问题。积极推进危货水路运输企业视频监控系统建设,全省16家水路危险品运输企业全部建立视频监控系统平台。全面摸排省内通航建筑物和航运枢纽大坝数量、规模、安全鉴定结果等情况,分类推进除险加固工作。公路水运工程建设领域,大力推进平安工地建设,督促在建重点公路水运工程建设项目进行安全生产风险全面辨识,组织开展安全暗访督查,排查整改安全隐患,并运用信用评价手段对相关企业进行处理。普铁沿线环境安全整治方面,我厅认真履行牵头协调职责,报请省政府分管领导召开了动员部署会,以省政府办公厅名义印发了《整治实施方案》和隐患问题清单,建立了整治工作联席会议制度,全面推进整治攻坚战,整改销号4339件隐患问题,提前一个月完成2020年度整治任务,得到省委、省政府主要领导的批示肯定。

(三)注重固本强基,安全基础保障持续夯实。加强规章制度建设。报请省政府办公厅印发了《关于加强全省水上搜救工作的实施意见》,修订印发了《江西省交通运输突发事件信息报告和处理程序》,制定下发了《关于进一步加强高速公路在役隧道突发事件应对处置工作的通知》,细化明确了具体措施。提升公路安防水平。全年完成乡道及以上公路安全生命防护工程8543千米,改造普通国省道危桥244座,改造农村公路危桥1015座。扎实开展隧道提质升级、桥梁安全防护设施提升、连续长陡下坡路段整治三大专项行动。强化从业人员教育。组织开展了"安康杯"安全生产知识网络竞赛，全面部署道路运输企业负责人和安全管理人员安全考核工作，持续开展"送安全教育进工棚"活动。

（四）深化改革创新，安全监管难题逐步破解。大力推进科技兴安。推动全省1.22万辆营运客车、1.3万辆危货车辆升级安装主动安全智能预警设备，积极运用4G视频实时监控设备和第三方安全监测平台，对"两客一危"重点营运车辆进行动态监测，全年共处理超速、疲劳驾驶、离线位移等违规报警信息27万余条。推进安全监管监察、危货道路运输安全监管等系统的开发应用，在道路客运领域推广"全省交通运输安全隐患随手拍"微信小程序，发动社会公众力量参与安全监督。积极推进治超攻坚行动，高速公路治超成效位居全国前列，普通公路建成不停车检测点197个，强化非现场执法。积极推广自动液压定型、隧道施工等新设备、新工艺。探索创新监管举措。通过购买服务的方式，组织第三方安全机构对行业重点领域开展了8批次的抽查调查。在工程建设领域全面推行施工区域网格化安全管理，推动施工现场安全生产由少数人抓向全员合力抓的转变。积极参与部"平安交通"创新案例评选，"宣教管一体化施工安全体验教育培训中心"获评"平安交通"特别推荐案例。

（五）坚持上下联动，应急管理水平不断提升。有效应对重大突发事件。面对突如其来的新冠肺炎疫情，全省交通应急指挥系统充分发挥作用，提供24小时应急运输服务咨询，调度防疫物资运输，传达各项防疫指令，在疫情防控中作出了交通贡献。面对鄱阳湖流域超历史大洪水，先后启动了交通运输防汛Ⅲ级、Ⅱ级应急响应，全面加强交通基础设施巡查检查，强化公路抢险保通，实施船舶通航管控，对达不到安全通行和作业保障的，严格执行"四个坚决"措施，有效保障了汛期全省交通运输总体安全畅通。认真做好应急备勤各项准备。省厅先后组织开展了2次防汛应急演练，各地、各单位组织开展了危化品运输车辆事故应急处置救援、隧道事故应急处置等一系列应急演练。强化应急物资储备和队伍建设，严格执行关键岗位24小时值班和重要时段领导带班制度，加强与相关部门的联勤联动，形成了信息互通、资源共享、应急联动的良好局面。

2020年各项工作任务的完成，也标志着"十三五"全省交通运输安全生产工作顺利收官。五年来，我们深入贯彻落实习近平总书记关于安全生产重要指示批示精神，坚持安全发展、坚守底线红线，着力防风险、保稳定、建体系、补短板，安全发展水平不断提升。与"十二五"相比，全省交通运输事故起数和死亡人数同比分别下降33.3%和47.5%，重特大事故得到有效遏制。五年来，我们坚持完善机制、压实责任，构建起安委会+安全专业委员会的"1+N"安全监管体系，安委会统筹下的"三管三必须"机制更顺畅，"一岗双责"落实更严格。五年来，我们坚持源头管控、精准施策，持续开展重点领域专项整治，梳理发布重大风险清单，深化隐患排查治理，安全生产双重预防机制初步建立。五年来，我们坚持依法治安、规范管理，提请出台《江西省交通建设工程质量与安全生产监督管理条例》《江西省货物运输车辆超限超载治理办法》等地方性法规，发布行业安全事故隐患排查分级实施指南，法规制度保障更坚实，标准规范覆盖更全面。五年来，我们坚持夯实基础、科技兴安，累计完成乡道及以上公路安防工程4万多千米，改造危桥5825座，公交车驾驶区域安全防护设施实现应装尽装，平安百年品质工程持续推进，现代信息化手段广泛应用，安全监管和应急救援装备设施增量提质。

回顾"十三五"期间的工作，全省交通运输安全生产工作取得了一定成绩，但是对照建设更高水平的平安交通要求，行业安全生产工作还存在不少问题和差距，交通运输领域安全事故仍然频发多发。一是企业主体责任落实不到位。部分企业仍然存在"重效益、轻安全"问题，一些明确部署安排的工作和措施落实不到位，例如部分运输企业动态监控主体责任没有落实到位，"监而不控、控而不处"依然存在；二是行业安全监管能力不够强。不会管的现象比较突出，不敢管、不愿管的思想在行业干部中依然存在；三是安全基础保障水平不够牢。农村公路建设标准不够高，安防设施不够健全，"先通后畅再安"的现实问题需要我们予以正视和逐步解决；部分渡口、渡船老旧问题日渐凸显，亟待提升改造；跨高等级航道的桥梁防撞设施、警示标志不够健全，安全风险凸显；四是从业人员素质能力有差距。客货运驾驶员习惯性违章违规操作依然存在，施工现场一线作业人员安全意识淡薄;五是非传统安全对行业的影响加剧。交通运输点多、线长、面广,极易受自然灾害和人为破坏影响,进而引发安全事故。对于这些问题,我们要予以高度重视,坚持问题导向,下大力气予以解决。

二、"十四五"全省交通运输安全生产工作发展形势和总体思路

按照交通强省建设意见的目标定位和总体要求,我们交通运输发展任务光荣而艰巨,而交通运输领域的安全生产又是确保我们实现交通强省建设目标的根本和保障,没有安全生产作为保障,交通强省建设的各项工作任务就无从落实,这就对我们全省交通运输安全生产提出了新的更高的要求。

一是我国社会主义现代化建设进入新时代,新的发展阶段对安全生产工作提出了新要求。党的十八大以来,习近平总书记就安全生产作出了100余次重要指示批示,对交通运输安全也多次作出重要指示,提出了一系列新思想、新理念、新要求,为做好交通运输安全生产工作提供了根本遵循和行动指南。党的十九届五中全会作出"统筹发展和安全,建设更高水平的平安中国"的战略部署,明确提出要有效遏制交通等重特大安全事故。省委十四届十二次全会提出"要在推动更高水平平安建设上走前列",交通运输部提出"要深化和完善交通运输安全体系,提升交通运输安全管理能力,建设更高水平的平安交通"。我们要认真贯彻落实好这一系列新要求、新部署,把安全发展贯穿于交通运输发展各领域和全过程,全力防范化解安全生产重大风险,努力建设更高水平的平安交通。

二是人民群众对交通运输安全生产提出了新期待。进入新时代,我国社会主要矛盾已转化为人民日益增长的美好生活需要和不平衡不充分的发展之间的矛盾。在交通出行需求方面,群众不仅仅满足于通路通车等"硬需求",更加重视获得感、幸福感、安全感等"软需求"。同时社会舆论对交通运输安全关注度上升、对交通运输安全事故容忍度降低。这些都要求我们必须始终坚持"人民至上、生命至上",确保交通运输安全发展。

三是交通强省建设对交通运输安全应急工作提出了新要求。一方面,交通强省建设意见对平安交通做出了顶层设计,明确了目标要求;另一方面,在建设交通强省过程中,提出了要着重打造世纪水运工程、八大千亿工程、万亿交通产业等重大工程项目,可以说安全生产任务异常艰巨。可以预见,随着交通强省建设的加快推进,全省交通投资规模将保持高位运行,运输需求将持续快速增长、新的业态将不断涌现,交通运输行业的"基本盘"会越来越大,安全生产的"压力阀"也会越拧越紧,全省交通运输安全应急工作将面临更加严峻复杂的考验和挑战。我们要认真对标建设交通强省对安全应急工作提出的新要求、新任务,着力提升交通运输本质安全水平,不断完善交通安全生产体系,切实强化交通应急救援能力。

"十四五"时期全省交通运输安全生产工作的指导思想和总体目标是:坚决贯彻落实习近平总书记关于安全生产重要论述,统筹发展和安全,聚焦交通运输安全应急工作短板和突出问题,以防范化解重大安全风险为主线,以改革创新为根本动力,提升本质安全水平,深化完善安全体系,强化应急救援能力,坚决杜绝重特大安全生产事故,保障全省交通运输安全生产形势持续稳定向好。

围绕实现"十四五"总体目标,我们要突出抓好以下五个方面的工作。

一是强化基础保障,提升本质安全水平。推进公路安全提升工程,加快危桥危隧改造,推进农村公路安全设施建设;加强港口、航道、通航建筑物安全设施建设维护;加大公路、水路安全运行监测与智能预警系统建设力度。推进应急保障基地建设,进一步优化公路应急物资储备基地布局,建设完善赣江、信江高等级航道沿线监管救助基地和设施布局。推广安装整车整船安全运行监管技术装备,推进老旧渡船更新,推进农村客运车辆安全技术状况升级。

二是完善法规制度,提升依法治理能力。加强行业安全生产相关规章制度的制修订,修订《江西省交通运输厅安全生产监督管理职责暂行规定》《江西省交通运输综合应急预案》等制度预案。健全行业安全生产执法机制,将安全生产执法作为综合行政执法的重要内容,推动行业广泛运用《安全生产法》和相关专业法规,实施严格的安全生产执法和处罚,推进违法违规行为"执法处罚、整改教育、漏洞堵塞"三同步。

三是健全责任体系,提升尽职履责能力。压实企业安全生产主体责任,健全落实企业全员安全生产责任制。强化安全生产监督管理责任落实,坚持"党政同责、一岗双责、齐抓共管、失职追责"和"三管三必须",厘清安全生产监督管理工作职责和边界,规范履责行为。落实年度安全生产监督检查执法计划,推进安全生产信用体系建设,全面提升安全生产监督管理水平。

四是构建双重机制,提升风险防控能力。加强安全生产风险管控,建立健全企业安全风险警示和报告制度,实行重大风险监测管控"一企一策""一项一案"。建立重大风险基础信息、防控责任、监测监控、防范措施、应急处置5个清单,确保底数摸排到位,防控措施到位。健全完善隐患排查治理机制,建立行业互联互通的隐患排查治理信息系统,严格实施重大事故隐患治理督办、整改销号。

五是坚持科教引领,提升安全发展能力。依托大数据、云计算、物联网等先进技术,提高安全应急指挥调度、辅助决策、应急处置等工作水平。推动新技术新成果在安全生产各环节的深度应用,为企业安全生产监督管理、行业监管执法的网络化、数字化、智慧化提供强大技术支撑保障。加强安全生产法律法规、安全应急知识普及,强化从业人员教育培训,提升安全生产管理人员的专业化、职业化水平。

三、2021年全省交通运输安全生产工作主要任务

今年是建党100周年,也是我们加快建设交通强省和实施"十四五"规划的开局之年,做好今年的交通运输安全生产工作,意义重大、责任重大。今年要重点抓好以下五个方面的工作。

(一)持续深入学习宣传贯彻习近平总书记关于安全生产重要论述,牢固树立安全发展理念。继续督促各级领导班子通过中心组理论学习、安全教育培训等方式,系统学习、深刻领会习近平总书记关于安全生产重要论述的丰富内涵和实践要求,示范带动行业广大干部职工把习近平总书记重要指示精神作为安全生产工作的根本遵循和行动指南。结合"安全生产月"活动,开展学习习近平总书记关于安全生产重要论述知识竞赛,推出各级领导干部谈安全、抓安全的学习体会文章,在全行业营造浓厚的学习宣贯氛围,推动学习宣贯工作入脑入心见行动。我们要通过学习提升理念、提升认识,关键还要入脑入心、常学常新,时刻提高思想站位,绷紧安全生产这根弦,肩上要扛起安全生产的责任,眼睛要盯住安全生产存在的问题和短板。各级领导干部在安全生产工作上要善于发现问题、善于解决问题,要树立"发现不了安全生产问题就是最大的问题""隐患不解决就可能引发事故"的安全理念。

(二)健全完善行业安全责任体系,压紧压实安全生产各方责任。一是坚持规划引领。编制出台《全省交通运输安全应急"十四五"发展规划》,谋划实施一批事关行业安全生产的重点项目和重要举措,发挥规划的引领带动作用。二是落实安全监管职责。结合厅属单位机构改革和厅机关处室职能调整,修订安全监管方面的规章制度、应急预案,进一步落实落细机关处室、厅属单位在安全监管方面的职责分工,推动"三管三必须"继续在行业内落到实处。探索对设区市交通运输局、厅直属有关单位履行安全监管责任情况进行综合督查检查,压紧压实行业监管责任。三是强化企业主体责任。督促行业企业对照《江西省落实企业安全生产主体责任三年行动专题实施方案》,继续抓好安全生产标准化建设等各项任务的落实落地。加强对企业主要负责人、安全管理人员、关键岗位人员履责情况的监督检查,对不落实主体责任的企业,列为重点监督检查对象。四是加强双重机制建设。对照《交通运输部关于深化防范化解安全生产重大风险工作的意见》精神,推动各地、各单位全面排查本地区、本系统的安全生产风险,确保本辖区和系统内重大风险底数清、状态明、责任实、管得住。依托全省交通运输安全监管监察系统,推动行业企业持续开展安全风险摸排和隐患排查治理。对行业内典型事故组织开展深度调查分析,深入剖析事故发生的深层次原因,健全完善相关规章制度,以事故教训加强和改进交通运输安全生产工作。

(三)开展专项整治"集中攻坚年"行动,着力解决行业安全顽疾固疾。按照安全生产专项整治三年行动方案总体安排,将2021年确定为"集中攻坚年",加大专项整治攻坚力度,着力解决一批制约行业安全发展的顽疾固疾。一是制定下发集中攻坚方案。对照交通运输部部署的整治任务,结合我省实际进一步查漏补缺,制定下发"集中攻坚年"任务清单,明确每项任务的具体内容、整治措施、责任单位、完成时限和进度要求,并实行"月调度、季通报",确保集中攻坚行动取得实效。二是狠抓重点领域问题整治。道路运输领域,重点整治"两客一危"和农村客运责任不落实问题,强化4G动态监控管理,通过主动预警智能装置有效管控重点营运车辆,确保动态监控落到实处;狠抓公路运输"百吨王"整治,对违法超载超限的行为按照治超条例实施顶格处罚,同时要强化部门联合执法惩戒。水上交通领域,在补齐水运短板、加大建设力度的同时,要强化现场施工安全,要做好"僵尸船"、渡口渡船、危化品运输船整治工作。公路运营领域,紧盯长大桥隧和长陡下坡路段运行监测,强化公路急弯陡坡、临水临崖等高风险路段隐患排查治理。交通工程建设领域,推进平安工地建设全覆盖,加强隧道施工作业隐患治理,水上施工和重要围堰安全。三是加大监管执法力度。发挥各级交通运输综合行政执法机构作用,积极推动行业安全检查向安全执法转变,对企业、车船的违法行为,运用《安全生产法》和相关专业法规,实施严格的安全生产执法和处罚,提升安全生产监督管理效果。

(四)强化交通运输安全基础保障建设,不断提升行业本质安全水平。一是完善公路安全设施。继续加强公路安保设施建设,抓好重点路段隐患排查治理,深入实施公路安全生命防护工程,推进公路危旧桥梁改造。普通国省道实施大中修工程(含预防性养护)1500千米,农村公路实施危桥改造600座、村道安全生命防护工程9000千米。二是改善水路安全设施。要用系统思维解决渡口问题,对全省现有渡口实行分类处置。具备"改渡建桥"条件的,给予政策补助推动实施渡改桥;名存实亡及渡运量偏少的渡口,协调地方政府尽快撤渡,采取其他方式保障群众出行;确需保留的渡口,启动实施新一轮渡口渡船更新改造工程,完善渡船救生、消防和防污染设施的配备,提升渡运安全水平。抓好船舶碰撞桥梁隐患治理,督促桥梁管养单位按要求设置防撞设施和警示标志。三是加强应急能力建设。分级分类修订完善应急预案,组织开展实战化应急演练,着力提升应急处置能力。优化完善现有省、市(县)储备基地装备物资种类,建立省、市、县三级应急运力储备机制。推进鄱阳湖船舶污染应急基地和赣江、信江应急体系建设,提升水上搜救能力。

(五)加大科技兴安和人员培训力度,切实增强行业安全治理能力。一是强力推进科技兴安。积极推行"两客一危"车辆动态监控违法违规信息闭环处理,深化4G视频监控系统和主动安全智能预警设备的有效应用,进一步降低营运车辆行车安全隐患。推动全省客渡船、危险品船等安装VITS(内河船舶身份识别与轨迹传感器),强化对船舶的管控。加快推进江西交通监控云联网工程,为交通应急指挥和突发事件处置提供"可视、可调、可控、可服务"的智能支撑。引导、督促重点货运源头企业安装称重检测和视频监控设备,并接入省治超平台,实现实时动态监管。二是探索创新监管手段。继续开展"平安交通"创新案例征集评选工作,支持和鼓励各单位深化安全生产管理、技术、文化等方面创新研究,积极应用先进、实用的安全生产管理成果及技术装备,推进行业安全生产创新发展。编制印发《江西省公路水运工程施工现场安全标准化图册》,提升施工现场安全标准化水平。三是加强从业人员培训考核。聚焦道路运输领域的客货车驾驶员,水路运输领域港口作业人员、船员,工程建设领域的一线民工,公路领域的养护工、清障施救人员等关键从业人员,鼓励各单位建设交通运输安全生产体验馆和实训教育基地,探索建立线上线下相结合的教育培训模式。特别是对新从业人员,要建立台账,加强培训。要结合本地区、本行业实际,从省、市、县三个层面提升安全教育培训的针对性和实效性。继续推进道路运输企业、施工企业主要负责人和安全生产管理人员的安全考核,切实提升"两类人员"的安全管理能力。

大事记

2020 年

1 月

1 日 自即日起,江西与全国同步完成并网切换,28 个高速公路省界收费站全部撤销,所有车辆通行正线实现省界不停车快捷通行。省交通运输厅党委书记、厅长王爱和到厅应急指挥中心,调度指导各地各单位元旦值班值守工作和并网切换后的路网运行情况。

3 日 省交通运输厅召开春运领导小组成员会议,部署 2020 年江西省道路水路春运工作。厅党委委员、副厅长罗文江出席会议并讲话,厅春运工作领导小组成员单位及厅机关有关处室负责人参加会议。

6 日 省交通运输厅召开 2019 年度厅直基层党组织书记抓党建述职评议专题会。厅党委委员、总工程师胡钊芳主持会议并讲话,厅二级巡视员蔡建新及厅直属各单位党委(支部)书记、厅机关各党支部书记、厅后勤服务中心党总支书记参加会议。

9 日 省委常委、副省长吴晓军在南昌市检查春运部署情况,省政府副秘书长熊科平,省交通运输厅党委书记、厅长王爱和,副厅长罗文江等陪同。

9 日—10 日 南昌至九江高速公路改扩建工程通远试验段项目竣工验收。

10 日 全省交通运输工作会议暨党风廉政建设会议、安全生产工作会议在南昌召开。厅党委书记、厅长王爱和作交通运输工作报告,厅总工程师胡钊芳主持会议并宣读 2019 年度全省交通运输工作、安全生产工作先进单位表扬通报,驻厅纪检监察组组长陈兵作党风廉政建设监督工作报告、副厅长王昭春作安全生产工作报告。厅领导罗文江、魏遵红、刘震华、肖伦发出席会议。

15 日 交通运输部召开 2020 年全国道路运

输安全生产形势分析视频会议。各设区市交通运输局、赣江新区城乡建设和交通局、厅直属各单位以及厅机关有关处室负责同志在江西分会场参加会议。

17日　江西交通职业技术学院路桥工程系教工党支部入选"全国党建工作样板支部"培育创建单位。

18日　江西省港口集团有限公司(简称"省港口集团")成立揭牌仪式在南昌举行。省交通运输厅党委书记、厅长王爱和,厅党委委员、副厅长罗文江共同为省港口集团揭牌,省港口集团党委书记、董事长李国峰主持揭牌仪式。

19日　省交通运输厅党委书记、厅长王爱和走访慰问部分退休老干部、生活困难党员和困难职工,代表省厅向他们致以新春祝福。

21日　全省首座船舶污染物接收站在抚州落成。

21日—2月18日　2020年春运期间,全省道路运输旅客1084.14万人次,比去年同期下降69.49%。受新冠肺炎疫情影响,江西省道路运输将继续严格落实疫情防控措施,按照"一断三不断"要求,全力以赴做好复工复产运输保障,坚决阻断疫情通过道路运输工具传播。受疫情防控、春节假期延长、各地延迟企业复工、推迟学校开学等因素影响,江西省道路春运特点明显,客运总量急剧下降,节前(1月10日—1月24日),全省共发送1037.71万人次,比去年同期下降23.76%,日均运力13682辆,433852座位。节后(1月25日—2月18日),全省共发送46.43万人次,比去年同期下降97.88%,日均运力2140辆,62500座位。

22日　省交通运输厅召开新型冠状病毒感染肺炎疫情联防联控工作部署会。厅党委委员、副厅长罗文江主持会议并讲话,厅直属有关单位、厅机关有关处室负责同志参加会议。会议学习贯彻习近平总书记、李克强总理重要指示批示精神,传达贯彻省委书记刘奇、省长易炼红和省委常委、副省长吴晓军指示批示精神,按照交通运输部紧急通知和全省应对新型冠状病毒感染的肺炎疫情联防联控工作机制会议要求,专题部署做好全省交通运输系统新型冠状病毒感染肺炎疫情联防联控工作。

是日　赣州港(水运)综合枢纽投资建设框架协议签约仪式举行。省交通运输厅党委委员、副厅长罗文江,赣州市副市长张逸,省港口集团党委副书记、副董事长、总经理彭东领等出席签约仪式。

23日　省委副书记、省长易炼红来到江西省交通运输厅,看望慰问干部职工,并向全省交通运输系统广大干部职工致以节日问候和新春祝福。省政府秘书长、办公厅主任张小平,省政府副秘书长、研究室主任李能等陪同。

是日　省委常委、副省长吴晓军来到省交通运输厅,检查指导春运工作,看望慰问干部职工,向全省交通运输系统广大干部职工致以节日问候和新春祝福。省政府副秘书长熊科平等陪同。

24日　省委书记刘奇通过视频系统检查指导全省春节值班值守工作,省委常委、省委秘书长赵力平,省政府副省长秦义等一同慰问。

25日　江西省交通运输厅党委书记、厅长王爱和主持召开全省交通运输系统新型冠状病毒感染的肺炎疫情防控工作视频调度会。厅二级巡视员蔡建新,厅机关有关处室负责同志在省交通应急指挥大厅参加会议,各设区市交通运输局、厅直属有关单位负责同志在分会场参加会议。

26日　交通运输部召开电视电话会议,动员部署新型冠状病毒感染的肺炎疫情防控工作,交通运输部党组书记杨传堂、部长李小鹏出席会议并讲话。副部长戴东昌、部党组成员王志清参加会议。江西省交通运输厅党委书记、厅长王爱和,厅二级巡视员蔡建新及厅直属有关单位、厅机关有关处室负责同志在江西分会场参加会议。

28日　省委常委、副省长吴晓军通过视频系统检查指导全省春节值班值守工作,与在省交通运输厅应急指挥中心值班的厅党委委员、副厅长王昭春通话,了解全省春运工作和新型冠状病毒感染的肺炎疫情防控工作情况,并向奋战在全省交通运输一线的广大干部职工致以新春的祝福。

29日　省交通运输厅召开卫生防疫物资调度会,省交通运输厅党委委员、副厅长、厅应对新型冠状病毒感染肺炎疫情工作指挥部第一副指挥长罗文江主持会议。

30日　江西省暂停机动车驾驶员培训和道路运输从业资格培训及考试工作。

31日　省政府新闻办召开江西省新型冠状病毒感染的肺炎疫情防控工作第二场新闻发布会,省交通运输厅党委委员、副厅长罗文江作会议发言,全省交通运输部门统筹做好疫情联防联控和交通运输保障工作。

2月

1日 江西省交通运输厅党委书记、厅长、厅应对新型冠状病毒感染肺炎疫情工作指挥部指挥长王爱和来到厅应急指挥大厅，调动部署全省交通运输系统疫情防控工作。

3日 省长易炼红检查重点交通运输场所和交通工具疫情防控工作。江西省交通运输厅党委书记、厅长、厅应对新型冠状病毒感染肺炎疫情工作指挥部指挥长王爱和陪同检查。

7日 交通运输部、公安部、国家卫生健康委联合召开交通运输疫情防控和运输组织保障电视电话会议，交通运输部党组书记杨传堂主持会议，部长李小鹏和公安部副部长杜航伟、国家卫健委疾控局副局长王斌出席会议并讲话。江西省交通运输厅党委书记、厅长王爱和，副厅长罗文江，省公安厅副厅长胡满松、省卫健委副主任龚建平，省公安厅交通管理局局长叶琳，省公安厅治安总队副总队长宋友胜，省交通运输厅机关有关处室及厅直属有关单位负责同志在省交通运输厅应急指挥中心分会场参加会议。

10日—28日 江西省交通运输厅有序推进公路水运工程复工复产。2月10日，信江八字嘴航电枢纽项目主体工程按时复工；2月18日，萍（乡）莲（花）高速两个标段复工建设；2月19日，大广扩容项目C8标复工复产；2月23日，铜万高速宜丰联络线项目复工复产；2月28日，宜遂高速项目复工复产；赣江井冈山航电枢纽项目办复工复产。

12日 全省交通运输系统防控疫情和复工复产工作视频调度会召开。江西省交通运输厅党委书记、厅长、厅应对疫情工作指挥部指挥长王爱和主持会议并讲话，在家厅领导、二级巡视员，以及省港口集团、厅机关有关处室主要负责人在厅应急指挥中心参加会议，各设区市交通运输局和省公路局、省港航局、省运管局、省高速集团、省路政总队负责同志在各单位分会场参加会议。

14日 江西省交通运输厅党委书记、厅长、厅应对疫情工作指挥部指挥长王爱和主持召开厅党委会议，传达学习习近平总书记在中央政治局常务委员会会议上的重要讲话精神和省委常委会会议精神，安排部署下一步疫情防控和交通运输工作。在家厅领导及厅机关有关处室负责人参加会议。

19日 江西11辆防疫物资车队驰援随州，省交通运输厅提供全力保障。省委常委、副省长吴晓军，副省长孙菊生，省政府副秘书长王亚联、熊科平，国务院应对疫情联防联控机制工作指导组有关负责人，省交通运输厅党委委员、副厅长刘震华等出席启程活动。

是日 省政府副省长陈小平调研雷公坳文体产业园。省政府副秘书长邱向军及省自然资源厅、省高速集团、赣江新区管委会负责同志陪同调研。

22日 省港口集团与湖口县政府就九江国际港银沙湾区散货码头项目首次采用网络视频方式举行签约仪式。省港口集团、湖口县政府负责同志通过视频正式签约。

24日 交通运输部召开电视电话会议，部党组书记杨传堂、部长李小鹏出席会议。江西省交通运输厅党委书记、厅长王爱和，厅党委委员、副厅长王昭春、罗文江、刘震华及厅直属有关单位、厅机关有关处室负责同志在江西分会场参加会议。

25日 省交通运输厅党委书记、厅长王爱和会见南昌市委副书记、代市长黄喜忠一行。副厅长王昭春，南昌市副市长、市公安局局长万秀奇，副市长李松殿等出席座谈会。

26日 省交通运输厅党委书记、厅长王爱和主持召开厅"一个中心、三个平台"信息化建设工作专题调度会。厅党委委员、副厅长王昭春，厅机关有关处室，省公路局、省港航局、省运管局、省高速集团、省高速联网中心（厅信息中心）主要负责同志参加会议。

27日 大广高速南康至龙南段工程全面复工。

28日 省委常委、副省长吴晓军调研信江八字嘴航电枢纽等项目。省政府副秘书长王亚联，省交通运输厅党委书记、厅长王爱和，省发改委副主任李志刚，南昌市副市长宋铀，上饶市副市长刘斌，省港口集团党委书记、董事长李国峰，党委副书记、副董事长、总经理彭东领等参加调研。

是日 省交通运输厅召开厅党委（扩大）会议，专题研究"三大攻坚行动、三大提升工程"和水运发展实施意见（简称"6+1"方案）的具体落实细则。厅党委书记、厅长王爱和主持会议并讲话，各位厅领导、二级巡视员，厅直属各单位、厅机关各处室主要负责人参加会议。

3月

3日 江西省交通运输厅党委书记、厅长王爱和赴大广高速吉安服务区、井冈山航电枢纽、石虎塘航电枢纽、华通物流园、吉安高铁西站等地,调研疫情防控、复工复产和项目进展情况。省交通运输厅副厅长刘震华,吉安市副市长朱新堂及省港航局、省港口集团、厅机关有关处室负责同志参加调研。

6日 江西省交通运输厅召开2019年度厅机关公务员述职评测会。厅党委书记、厅长王爱和出席会议并讲话,厅党委委员、总工程师胡钊芳主持会议。各位厅领导、二级巡视员以及厅机关在职公务员参加会议。

9日 省交通运输厅党委书记、厅长王爱和会见上饶市委副书记、代市长陈云一行。厅党委委员、副厅长刘震华,省高速集团总经理谢德强,上饶市副市长刘斌等出席座谈会。

10日 交通运输部召开统筹做好疫情防控坚决打赢交通扶贫脱贫攻坚战电视电话会议。部党组书记杨传堂、部长李小鹏出席会议。厅党委员、副厅长罗文江,省公路局、省港航局、省运管局、省高速集团、省港口集团以及厅机关有关处室主要负责同志在江西分会场参加会议。

是日 宜遂高速公路项目工程可行性研究报告获省发改委正式批复。

11日 省交通运输厅召开全省水运改革发展工作推进视频会议。厅党委书记、厅长王爱和出席并讲话,厅党委委员、副厅长罗文江主持会议,厅党委委员、副厅长刘震华介绍了省厅《关于加快水运改革发展的实施意见(2020—2021)》有关情况。省港航局、省港口集团、厅机关有关处室主要负责同志在主会场参加会议。各设区市、省直管试点县(市)交通运输局,九江市港口航运管理局、赣江新区城乡建设和交通局、省港航局、省港口集团、各水运项目办、各港航分局、各设区市港航处(局)有关负责同志在分会场参会。南昌市、鹰潭市交通运输局,九江市港口航运管理局,信江八字嘴航电枢纽项目办,省港口集团、省港航管理局负责同志分别作了发言。

是日 信江八字嘴航电枢纽工程纳入交通运输部科技示范工程。

是日 《鹰潭港总体规划》获得省政府批复。

12日 省科技厅党组成员、厅长助理、省03专项专委会秘书长陈金桥来到江西交通运输厅开展专题调研。省交通运输厅党委委员、副厅长王昭春主持调研会,厅科教处及省运管局、省高速集团、省高速联网中心(厅信息中心)负责同志参加。

13日 江西交通重点科技项目《普通国省道改扩建及大中修工程路面材料资源化高效利用研究》入选交通运输部《2019年度交通运输行业重点科技项目清单》基础设施性能提升领域面上项目清单。

16日 省交通运输厅召开全省交通运输安全防范视频会议暨厅安委会工作会议。厅党委委员、副厅长王昭春出席并讲话。

是日 江西省交通运输厅、江西省财政厅批复同意新余市、抚州市、景德镇市为第四批"公交城市"创建城市,至此,全省11个地级城市实现了国家"公交都市"或省级"公交城市"创建全覆盖。

17日 省交通运输厅开展机关处级领导干部任前谈话。厅党委书记、厅长王爱和出席并讲话,厅党委委员、总工程师胡钊芳主持,厅党委委员、驻厅纪检监察组组长陈兵就党风廉政建设工作提出要求,厅机关有关处室负责同志和新提任、轮岗交流的处级干部参加。

18日 省交通运输厅召开会议,专题研究《江西省贯彻落实<交通强国建设纲要>的实施意见》起草工作。厅党委书记、厅长王爱和主持会议并讲话,在家厅领导、二级巡视员及厅机关有关处室、厅直有关单位主要负责同志参加会议。

19日 江西交通职业技术学院获评"2019年度支持井冈山脱贫攻坚工作先进单位"称号。

20日 九江市政府与省港口集团签订红光铁路专用线和货运码头投资框架协议。省交通运输厅党委委员、副厅长罗文江,九江市副市长彭敏,省港口集团党委书记、董事长李国峰等出席签约仪式。

24日 省交通运输厅党委委员、副厅长王昭春到省公路局调研今年重点工作进展情况,并召开座谈会。厅机关相关处室负责人参加调研。

26日 省交通运输厅综治办召开2020年第

一次工作例会。厅党委委员、总工程师胡钊芳出席并讲话,厅直各综治责任单位分管领导、综治办负责人,厅机关各处室负责人参加会议。

27日 厅党委书记、厅长王爱和主持召开厅党委中心组理论学习(扩大)会议暨厅党委(扩大)会议,传达学习近平总书记关于决战决胜脱贫攻坚重要讲话精神,中央、省委和交通运输部关于决战决胜脱贫攻坚等有关要求,研究《江西省交通运输厅关于贯彻落实习近平总书记重要讲话精神决战决胜交通运输脱贫攻坚的实施意见》。在家厅领导及厅直有关单位主要负责同志、厅机关各处室主要负责人参加会议。

30日 江西省首个港口资源整合项目——九江矶山公用码头开工建设。

是日 省交通运输厅联合省高速公路联网管理中心(厅信息中心)举办2020年第一期道德讲堂活动。本期道德讲堂以"学抗疫典型故事 树文明道德之风"为主题,分为听讲座、学先进、看视频、诵经典、唱歌曲五个环节。

31日 江西省有序恢复机动车驾驶员培训和道路运输从业资格考试工作。

4月

1日 交通运输部总工程师姜明宝到信江八字嘴航电枢纽项目调研指导工作。交通运输部安监司原巡视员黄勇,省交通运输厅党委书记、厅长王爱和等厅领导参加有关活动。厅党委委员、副厅长刘震华陪同调研。

是日 省交通运输厅下发《关于做好2020年全省交通运输行业防汛工作的通知》,全面部署安排防汛工作。

7日 省委副书记、赣州市委书记李炳军来到南康区调研重点工程项目建设。赣州市副市长何福洲、徐兵,省高速集团总经理谢德强等参加调研。

8日 省交通运输厅党委书记、厅长王爱和,厅党委委员、总工程师胡钊芳检查南昌市公共交通疫情防控及建制村通客车工作。

9日 省交通运输厅组织开展以"无偿献血,血浓情更浓"为主题的无偿献血活动,支持疫情防控阻击战。

是日 省交通运输厅召开信息化项目建设调度会。厅党委委员、副厅长王昭春主持会议并讲话,厅直有关单位、厅机关有关处室负责同志参加会议。

是日 省船舶和港口污染防治突出问题整治工作调度推进会召开。省交通运输厅党委委员、副厅长罗文江主持会议并讲话,省生态环境厅党组成员、副厅长龙刚,省港航局党委书记陈鹏程,各设区市交通运输局、九江市港口与航运局、相关县(市、区)政府分管负责同志等参加会议。

10日 江西省交通运输厅参加2020年部安委会第二次全体会议暨交通运输安全生产视频会议,传达学习近平总书记等中央领导同志重要指示和全国安全生产电视电话会议精神,部署当前及下一阶段安全生产重点工作。部长李小鹏、副部长刘小明,安全总监李天碧出席会议。山东省、四川省交通运输厅,广东海事局和部运输服务司作发言,部安委办汇报了安全生产工作情况。

13日 省交通运输厅荣获2019年度全面依法治省优秀单位和法治政府建设优秀单位。

14日 交通运输部召开取消高速公路省界收费站转换磨合期工作推进视频会议,总结工作、分析问题、部署下一步工作。江西省交通运输厅党委书记、厅长王爱和,省政府办公厅党组成员、副主任徐松柏,厅党委委员、副厅长王昭春,省高速集团党委书记、董事长王江军,厅机关有关处室、厅直有关单位以及各高速公路经营管理单位负责同志在江西分会场参加会议。

是日 副省长吴浩到九江市调研港口资源整合工作。省政府副秘书长刘晓艺,省交通运输厅副厅长罗文江,九江市政府副市长彭敏,省港口集团党委书记、董事长李国峰陪同调研。

16日 全省普通国省干线公路迎"国评"视频调度会召开。省交通运输厅党委委员、副厅长王昭春出席会议并讲话。

20日 交通运输部召开电视电话会议,分析当前交通运输疫情防控、复工复产面临的形势和一季度交通运输经济运行态势。江西省交通运输厅党委书记、厅长王爱和,在家厅领导胡钊芳、陈兵、王昭春、魏遵红、刘震华,厅二级巡视员彭瑜,厅直属有关单位、厅机关各处室主要负责同志在江西分会场参加会议。

20日—23日 省交通运输厅党委委员、副厅长罗文江到赣州市、吉安市和宜春市督导道路水路运输安全生产工作,吉安市副市长朱建堂及省港航局、省港口集团、厅机关相关处室负责同志随同调研。

21日—22日 省交通运输厅对港口码头安全生产情况开展暗访检查。

24日 省委书记刘奇到南昌龙头岗综合码头调研开放工作。省领导赵力平、吴晓军一同调研。

是日 省交通运输厅党委书记、厅长王爱和到上饶市、鹰潭市调研脱贫攻坚专项巡视"回头看"整改和"智慧治超"工作。

是日 省交通运输厅机关青年理论学习小组举行2020年第二次集中学习研讨会暨"五四"青年节活动。

26日 省交通运输厅开展处级领导干部任前谈话。厅一级巡视员胡钊芳,厅党委委员、驻厅纪检监察组组长陈兵出席会议并讲话。厅机关有关处室负责同志和新提任的处级干部参加。

28日 省交通运输厅党委书记、厅长王爱和到九江市调研港口资源整合和水运项目建设情况,并主持召开推进九江市港口资源整合座谈会。副厅长罗文江,九江市副市长彭敏,省港口集团主要领导李国峰、彭东领等随同调研。

29日 省交通运输厅召开领导班子脱贫攻坚专项巡视"回头看"整改专题民主生活会。省委督导组组长、省直机关工委委员、组织部部长孔德然,省纪委省监委、省委组织部有关部门负责同志到会督导。厅党委书记、厅长王爱和主持会议,并代表厅领导班子作对照检查发言。厅党委委员、一级巡视员、二级巡视员参加会议,省公路局、省港航局、省运管局、交通职业技术学院、省港口集团党政主要负责同志,厅机关有关处室负责人、部分党员群众代表列席会议。

30日 省交通运输厅安委会工作会召开。厅党委委员、副厅长王昭春出席会议并讲话,厅安委会各成员单位分管安全负责人和安监部门负责人、厅机关有关处室负责同志参加会议。

5月

5日 省交通运输厅党委书记、厅长王爱和来到应急指挥大厅,调度高速公路恢复收费相关工作,慰问节假日期间坚守岗位的一线干部职工。

6日 省高速联网管理中心全力保障高速公路通行费恢复征收相关工作。

7日 省交通运输厅召开迎"国评"工作调度会。厅党委委员、副厅长、厅迎"国评"工作领导小组副组长王昭春出席会议并讲话,厅机关有关处室、厅直属有关单位负责同志参加会议。

8日—9日 省交通运输厅一级巡视员胡钊芳到鄱阳县和景德镇市调研交通运输综合行政执法改革和脱贫攻坚工作,并主持召开交通运输综合行政执法改革座谈会。厅直有关单位、厅机关有关处室负责同志随同调研。

9日 省交通运输厅召开信息化项目建设调度会。厅党委委员、副厅长王昭春出席会议并讲话,厅机关有关处室、厅直属有关单位负责同志参加会议。

12日—14日 江西省首批标准化航道工作用艇交付使用。

13日 江西安远新汽车站投入使用。

14日 江西省交通运输厅召开厅党委中心组理论学习(扩大)会议,学习《党委(党组)落实全面从严治党主体责任规定》和《中国共产党重大事项请示报告条例》,围绕落实全面从严治党主体责任进行研讨交流。厅党委书记、厅长王爱和主持会议,在家厅领导及厅直各单位党委(支部)、厅机关各支部主要负责同志参加会议。

15日 全省渡口管理工作座谈会召开。

是日 经省交通运输厅党委研究并报省编办同意组建赣江、信江两个船闸通航中心机构,年底实现两江船闸统一调度管理。

是日 《宜春港总体规划》获江西省人民政府批复。

19日 赣皖界至婺源高速公路建设项目办揭牌。

是日 省交通运输厅召开网络安全工作专项部署会。厅一级巡视员胡钊芳出席会议并讲话,厅直属各单位、省高速集团、省港口集团、省路政总队、厅机关各处室负责同志参加会议。

是日 省交通运输厅举行新任职领导干部宪法宣誓仪式。厅一级巡视员胡钊芳监誓并讲话。全厅2019年8月份以来新任职的32名处级领导干部参加宣誓。

20日 省交通运输厅党委委员、副厅长王昭春到大广高速扩容项目,督导安全生产工作。厅直有关单位、厅机关有关处室负责同志参加。

21日 省交通运输厅组织开展国家工作人员集中观看庭审视频活动。厅二级巡视员彭瑜及厅直属各单位领导干部、厅机关国家工作人员及干部职工参加活动。

22日 省交通运输厅重点建设项目党建现场会召开。厅一级巡视员、厅直机关党委书记胡钊芳出席会议并讲话。

28日 省交通运输厅党委委员、副厅长王昭春到省运管局调研指导安全生产工作。厅机关有关处室负责人、省运管局在家领导和业务处室负责人参加调研。

29日 省交通运输厅召开领导干部会议,传达学习全国两会精神,研究贯彻落实意见。厅党委书记、厅长王爱和出席会议并讲话。各位厅领导、厅直属各单位党政主要负责人、厅机关副处级以上干部参加会议。

是日 全省道路运输重点营运车辆动态监控违法违规信息分类闭环处理试点建设工作现场会在宜春召开。

6月

1日 江西省交通运输系统2020年"安全生产月"活动启动仪式在昌九高速永修服务区举行。省交通运输厅党委委员、副厅长王昭春出席并讲话,厅安委会成员单位、各交通重点工程项目办以及安监部门负责同志参加启动仪式。

3日—4日 省交通运输厅委委员、副厅长罗文江赴景德镇、鹰潭调研港口资源整合及码头项目建设。景德镇市副市长孙鑫,省港口集团党委书记、董事长李国峰等参加调研。

4日 省交通运输厅召开宣传舆论工作座谈会,一级巡视员、厅直机关党委书记胡钊芳出席会议并讲话。

9日 省交通运输厅召开全省建制村通客车工作推进会。厅党委书记、厅长王爱和出席会议并讲话,厅党委委员、副厅长罗文江主持会议,各设区市交通运输局、赣江新区城乡建设和交通局,省直管县(市)交通运输局以及厅机关有关处室主要负责同志参加会议。

10日 省交通运输厅召开信息化项目建设调度会。厅党委委员、副厅长王昭春出席会议并讲话,厅机关有关处室、厅直属有关单位负责同志参加会议。

11日 副省长吴浩调研赣粤运河规划建设工作。省政府副秘书长刘晓艺,省交通运输厅党委书记、厅长王爱和,省港航管理局党委书记陈鹏程随同调研。赣州市委副书记、市长曾文明出席相关活动,市领导许忠华陪同。

12日 交通运输部、人力资源和社会保障部举行全国交通运输系统先进集体劳动模范和先进工作者表彰大会。江西省4个集体、14名个人荣获全国交通运输系统先进集体、劳动模范和先进工作者表彰。江西省高速公路投资集团有限责任公司南昌东管理中心南昌南收费所、江西省水上搜救中心鄱阳湖分中心救捞大队潜水组、江西省公路路政管理总队赣州高速公路路政管理支队一大队、宜春市公路管理局获全国交通运输系统先进集体称号。

15日 副省长吴浩到信江双港航运枢纽调研督导防汛工作。省政府副秘书长刘晓艺、省交通运输厅副厅长罗文江及省港航局、省港口集团负责人陪同调研。

15日—18日 省交通运输厅一般科技项目研究大纲评审会举行,39项科研课题研究大纲通过专家评审。

16日 省交通运输厅召开学习习近平总书记关于安全生产重要论述专题会暨全省交通运输安全生产专项整治三年行动动员部署会。厅党委书记、厅长王爱和出席会议并讲话,厅党委委员、副厅长王昭春主持会议并传达习近平总书记关于安全生产重要论述。

18日—20日 省委书记刘奇在新疆克孜勒苏柯尔克孜自治州看望慰问江西省援疆干部人才、企业员工,调研推进江西省对口援疆工作。自治区主席雪克来提·扎克尔,自治区副主席赵青陪同调研,省领导陈兴超、胡强随同调研。

19日 江西省港口集团有限公司与华为技术有限公司签订战略合作协议。省港口集团党委书记、董事长李国峰,华为公司全球交通业务部副总裁王国钰、华为公司江西总经理戴景岳等出席签约仪式。

23日 省交通运输厅召开全省高速公路迎接"十三五"全国干线公路养护管理评价工作调度会。厅党委委员、副厅长王昭春出席会议并讲话,厅直有关单位、相关高速公路运营管理单位,厅机关有关处室负责同志参加会议。

24日 省交通运输厅对新任干部进行任职谈话。厅党委书记、厅长王爱和出席并讲话,厅一级巡视员胡钊芳主持,厅党委委员、驻厅纪检监察组组长陈兵就党风廉政建设工作提出要求,厅机关有关处室负责同志和职级晋升、交流任职、新提拔的干部参加。

28日 省交通运输厅举办2020年第二期道德讲堂活动。

是日 九江港红光综合枢纽码头一期工程码头主体工程通过交工验收。

30日 宜春至遂川高速公路项目开工动员会在永新县召开。省委常委、常务副省长殷美根、省政府副秘书长王亚联、吉安市市长王少玄出席会议。省交通运输厅党委书记、厅长王爱和致辞,厅党委委员、副厅长王昭春主持,省高速集团党委书记、董事长王江军介绍项目情况,省直有关单位以及项目沿线市、县(市、区)政府负责同志,项目参建单位代表参加动员会。

是日 赣江、信江两个船闸通航中心相继举行挂牌仪式。省交通运输厅副厅长罗文江、省港航管理局党委书记陈鹏程共同为赣江、信江两个船闸通航中心揭牌。

7月

1日 省委考核组到省交通运输厅开展2019年度省管领导班子和领导干部考核工作。考核组组长、省委组织部副部长、省委非公有制经济组织和社会组织工委书记周训国出席考核测评会议并讲话,厅党委书记、厅长王爱和主持会议。

是日 省政府召开全省普速铁路环境安全综合整治工作动员部署视频会。省政府副省长吴浩出席并讲话,省政府副秘书长刘晓艺主持会议。省交通运输厅党委书记、厅长王爱和作了会议发言,省交通运输厅副厅长王昭春参加会议。

3日 交通运输部召开2020年部安委会第三次全体会议暨交通运输安全生产专项整治三年行动推进工作视频会议,江西省交通运输厅党委书记、厅长王爱和,厅党委委员、副厅长罗文江,厅直属有关单位、厅机关有关处室主要负责同志在江西分会场参加会议。

7日—8日 全国政协副主席、交通运输部党组书记杨传堂到部对口支援的江西省赣州市安远县。部机关有关司局负责同志,赣州市、安远县有关负责同志及省交通运输厅领导王爱和、王昭春参加相关活动。

9日 省交通运输厅党委书记、厅长王爱和调度交通运输防汛工作。厅机关有关处室、厅应急指挥中心负责同志参加调度。

13日 省交通运输厅一级巡视员、厅直属机关党委书记胡钊芳,厅党委委员、副厅长王昭春巡查厅本级赣江防汛责任区段。

15日 交通运输厅党委委员、副厅长刘震华赴赣州兴赣北延高速项目调研安全生产工作。厅机关有关处室、赣州市交通运输局、赣州高速公司、项目办负责同志参加。

16日 省交通运输厅召开党委中心组理论学习(扩大)会,厅党委书记、厅长王爱和主持会议。在家厅领导、厅机关各处室主要负责同志参加会议。厅执法监督处、厅运输处主要负责同志作交流发言。

13日—17日 交通运输部总工程师姜明宝率部安全生产检查组一行到江西省开展交通运输安全生产检查。厅党委书记、厅长王爱和,厅党委委员、副厅长王昭春出席相关活动,厅直属有关单位、厅机关有关处室负责同志参加会议。

21日 全省交通运输年中工作会议召开,厅党委书记、厅长王爱和主持会议并讲话,各设区市交通运输局、公路局,厅直属各单位党政主要负责同志,厅机关各处室主要负责人参加会议。

22日 省交通运输厅党委委员、副厅长罗文江前往新余调研袁河梯级开发工作。新余市副市长何慕良,省港航局、省港口集团负责同志陪同调研。

23日 省交通运输厅党委委员、副厅长罗文江调研危险品水路运输企业——江西通达航运股份有限公司安全生产工作。省港航管理局党委书记陈鹏程,南昌市交通运输局、市港航处有关同志陪同。

是日 全省交通监控视频联网云平台项目进入现场实施阶段。

24日 分宜县"城乡公交+物流电商+共同配送"入选交通运输部首批农村物流服务品牌。

26日 省运管局部署在全省范围内开展为期4个月的机动车维修市场专项整治活动,严厉打击机动车维修行业未备案从事经营、非法改装、超范围经营等违法行为,并对高速公路服务区汽车维修企业的经营行为进行重点整治。

27日 全国运输结构调整工作电视电话会在交通运输部召开。江西省政府副秘书长刘晓艺,省交通运输厅党委书记、厅长王爱和,副厅长罗文江,省直有关单位负责同志,省交通运输厅直属有关单位、厅机关有关处室负责同志在分会场参会。

29日 省交通运输厅召开组织人事工作会议。厅党委书记、厅长王爱和出席会议并讲话,厅一级巡视员、厅直属机关党委书记胡钊芳主持会议。

29日—31日 省交通运输厅在九江市举办2020年党支部书记培训班。直属机关党委书记、一级巡视员胡钊芳出席培训班并为学员授课。厅直属各单位基层党支部书记、厅机关各党支部书记共计110余人参加培训。

31日 省交通运输厅召开厅机关军转干部代表座谈会。厅一级巡视员、直属机关党委书记胡钊芳出席会议并讲话,厅机关部分军转干部代表参加座谈会。

是日 全省危险货物港口经营资质年度核查工作完成。

8月

1日 江西省交通运输厅门户网站名称由"江西交通信息网"更改为"江西省交通运输厅"。

4日 省交通运输厅党委书记、厅长王爱和主持召开专题会议,调度部署高速公路收费站通行服务保障工作。厅领导陈兵、王昭春出席会议并布置相关工作。

是日 江西省交通运输厅印发《江西省货运车辆超限超载治理行政执法自由裁量权细化标准》,细化货运车辆超限超载执法自由裁量权。

5日 省人社厅发文批复同意设立江西省交通高级技工学校,省交通技工学校由普通技工学校正式升格为高级技工学校。

6日 省交通运输厅安委办召开安全生产专项整治三年行动工作推进组联络员会议。厅安全生产专项整治三年行动工作推进组有关成员单位负责同志、厅机关有关处室同志参加会议。

11日 省交通运输厅召开老干部形势报告会,厅一级巡视员、直属机关党委书记胡钊芳出席会议并代表厅党委作形势报告。

11日—12日 省交通运输厅一级巡视员、厅直机关党委书记胡钊芳调研扶贫工作和高速项目建设情况,厅组织人事处、厅直有关单位负责同志随同调研。

17日 厅党委书记、厅长王爱和主持召开厅党委中心组理论学习(扩大)会议,集中学习贯彻习近平总书记在中央政治局第二十一次集体学习时的重要讲话、《习近平谈治国理政》第三卷第十九专题内容、中央关于意识形态工作责任制有关文件和省委十四届十一次全会精神。在家厅领导及厅机关各处室、厅直部分单位主要负责同志参加会议。省公路局、厅组织人事处、厅直机关党委主要负责同志作交流发言。

17日—20日 省交通运输厅在赣州举办全省交通运输安全应急管理人员培训班。厅党委委员、副厅长王昭春出席会议并讲话。

19日 全省高速公路服务区提质升级动员会在万年县召开。省交通运输厅党委书记、厅长王爱和出席会议并讲话,厅党委委员、副厅长王昭春主持会议,省高速集团党委书记、董事长王江军,省运管局局长易宗发,中石油江西销售公司党委书记、总经理赵明奎,中石化江西石油分公司副总经理檀飞等出席。

20日 省交通运输厅与中国农业发展银行江西省分行在南昌签署合作框架协议。省交通运输厅党委书记、厅长王爱和,农发行江西省分行党委书记、行长董仕军出席并讲话,省交通运输厅党委委员、副厅长刘震华,农发行江西省分行党委委员、副行长欧阳新萍分别代表双方签订《政策性金融支持全省交通运输高质量发展合作框架协议》,省公路投资公司与农发行江西省分行营业部主要负责同志分别代表双方签订《合作框架协议》,农发行江西省分行党委委员、副行长周胜主持签约仪式,省公路局局长曾晓文,省交通运输厅机关有关处室、厅直有关单位,农发行江西省分行有关部门负责同志见证签约。

是日 江西省社会主义学院、江西省交通干部学院整合动员部署会在南昌召开。省委常委、省委统战部部长陈兴超出席会议并讲话,省政协副主席、民盟省委会主委、省社会主义学院院长刘晓庄出席,省委统战部副部长、省社会主义学院党组书记胡志平主持,省交通运输厅党委书记、厅长王爱和出席并讲话,省国资委党委书记、主任陈德勤,省交通运输厅一级巡视员胡钊芳,省社会主义学院党组成员、副院长李荣祥,二级巡视员、办公室主任易玲等出席,省社会主义学院、省交通干部学院全体教职工及离退休人员代表参加会议。

是日 全省高速公路联网管理委员会在万年县召开。省交通运输厅党委委员、副厅长、全省高速公路联网管理委员会主任王昭春出席并讲话,厅机关有关处室、全省高速公路联网管理委员会成员单位主要负责同志参加会议。

20日—21日 省交通运输厅在萍乡市举办全省高速公路桥梁隧道养护管理与技术培训。厅机关有关处室、厅直属有关单位及各高速公路经营管理单位桥梁隧道养护管理负责同志参加会议。

21日 省交通运输厅内部审计工作会议在南昌召开。厅党委书记、厅长王爱和出席会议并讲话,厅党委委员、副厅长罗文江主持会议,厅直属各单位、厅机关有关处室负责同志参加会议。

26日 省交通运输厅一级巡视员、厅直机关党委书记胡钊芳赴吉安永新调研交通强国"传承红色文化,培育交通文明"试点项目。厅直机关党委、吉安市交通运输局、永新县政府负责同志一同调研。

26日—28日 省交通运输厅在井冈山举办全省交通运输系统宣传业务培训班。厅一级巡视员、直属机关党委书记胡钊芳为学员授课。

27日 省厅组织参与交通运输部首届"交通科技云论坛"——"四好农村路科技在行动"云上交流,厅直属有关单位和厅机关有关处室的技术、管理人员参加活动。

9月

2日 南昌市获得了"国家公交都市建设示范城市"称号。

4日 江西省增设昌栗高速公路桐木收费站。

7日 省交通运输厅党委书记、厅长王爱和到省交通高级技工学校调研并出席省交通高级技工学校揭牌仪式。厅一级巡视员胡钊芳、厅机关有关处室负责同志、省交通高级技工学校班子成员陪同参加调研。

是日 省交通运输厅开展党风廉政教育授课活动。省直机关工委委员、省直纪检监察工委书记程新生授课。厅党委书记、厅长王爱和,在家领导胡钊芳、王昭春、魏遵红以党员身份听课。驻厅纪检监察组党支部、厅机关各处室党支部、厅后勤服务中心党总支全体党员以及省交通质监局党委,厅规划办、厅外经办、省交通工会党支部负责同志参加活动。

8日 全省交通运输系统收听收看全国抗击新冠肺炎疫情表彰大会。江西省7名个人、3个集体获全国交通运输系统抗击新冠肺炎疫情先进,获表彰数量并列全国第三。

是日 厅应急指挥中心获全省抗击新冠肺炎疫情先进集体和先进基层党组织。

是日 长江主要支流非法码头整治联合检查组来赣检查。省交通运输厅党委书记、厅长王爱和,厅党委委员、副厅长罗文江及省直有关单位负责同志陪同检查。

9日 王爱和厅长出席江西交通职业技术学院庆祝2020年教师节暨表彰大会。厅一级巡视员、厅直机关党委书记胡钊芳出席表彰大会。

是日 省交通运输厅召开2020年重点工程科技项目立项调研指导会。厅一级巡视员胡钊芳出席会议并讲话,厅科技教育处、厅高速公路处、省高速集团相关同志参加会议。

是日 省公安厅、省交通运输厅召开全省高速公路保安全保畅通工作动员会。

9日—11日 省交通运输厅在井冈山举办了全省交通运输系统2020年度平安江西建设干部培训班。厅直平安建设责任单位分管领导和部门负责人,各设区市交通运输局、公路局分管领导和部门负责人等参加培训。

11日 省交通运输厅召开党支部联席会议,省交通运输厅一级巡视员、直属机关党委书记胡钊芳主持会议。

15日—17日 省交通运输厅举办全省道路运输管理人员培训班。厅党委委员、副厅长罗文江出席培训班并讲话。

16日 江西省举办首次轨道交通运输行业轨道列车司机职业技能鉴定考试(江西考区)。省交通运输厅一级巡视员胡钊芳到考场检查指导。

是日 省交通运输厅党委委员、副厅长王昭春到宜春市高安、上高等地调研督导公路养护管理工作。厅机关相关处室负责人,省公路管理局、宜春市政府、宜春市公路管理局等负责同志陪同。

18日 江西省交通运输厅获江西省"2019年度政府系统'五型'政府建设先进集体"称号。

22日 省交通运输厅召开党委中心组理论学习会,厅党委书记、厅长王爱和主持,在家厅领导及厅机关各处室负责同志参加会议。厅高速公路管理处、厅港口与航道处、厅后勤服务中心负责同志作交流发言。

22日—23日 省交通运输厅党委委员、副厅长刘震华调研宜遂高速公路项目建设情况。

25日 九江红光码头通过竣工验收。

是日 省交通运输厅组织厅机关处室和厅直属单位有关管理及技术骨干参加交通运输部交通科技大讲堂活动。

27日 省交通科学研究院《高压缩性土层段隧道洞口围岩与管棚相互作用及仰坡失稳机制研究》项目获得国家自然科学基金资助。

28日 江西交通职业技术学院南昌市交通与市政工程可视化仿真重点实验室、交通地理信息(GIS)中心、大学生创新创业孵化基地、路桥BIM技术应用中心正式揭牌成立。

29日 江西荣获2020年"信用交通省"建设典型省份称号。

10月

1日 省委书记刘奇通过视频连线慰问交通运输干部职工,向坚守岗位和工作一线的干部职工致以亲切慰问和节日祝福。

1日—8日 江西省累计投入运力98400辆,其中班车82257辆,包车16143辆,日均投入运力12300辆,与去年同比下降19.29%;累计发送旅客484.4215万人次,日均发送旅客60.5527万人次,与去年同比下降33.99%。共完成水路旅客运输量16.3696万人次,与去年同期相比下降了30.1%,节日期间全省共投入客运船舶1664艘次、91816客位。

15日 省交通运输厅党委书记、厅长王爱和到大广高速南康至龙南段扩容工程一线调研。省高速集团党委副书记、副董事长、总经理谢兼法,赣州市副市长张逸,省交通运输厅机关有关处室负责人随同调研。

15日—16日 全省公路系统党建暨行业文明建设现场交流会在瑞金召开。省交通运输厅一级巡视员、直属机关党委书记胡钊芳参会并讲话,赣州市人民政府副秘书长温江涛致辞,省公路局党委书记熊华武主持会议并讲话。

16日 省交通运输厅安委会召开第四季度安全生产工作例会,厅党委委员、副厅长王昭春主持会议,厅安委会各成员单位分管安全领导及安监部门负责人,厅机关有关处室负责人参加会议。

19日 省路港工程局划归省港口集团管理。

23日 省交通运输厅党委委员、副厅长罗文江走访慰问厅机关抗美援朝老战士曾庆凯。

28日 九江长江港口集团有限公司在九江红光国际港综合楼挂牌成立。省交通运输厅党委书记、厅长王爱和为九江长江港口集团揭牌,省港航管理局党委书记陈鹏程,省港口集团党委书记、董事长李国峰,省港口集团党委副书记、副董事长、总经理彭东领等参加揭牌仪式。

是日 省委常委、常务副省长殷美根调研九江彭泽港区矶山作业区矶山园区公用码头项目建设情况。省政府副秘书长王亚联,省交通运输厅党委书记、厅长王爱和,九江市副市长彭敏,省港口集团党委书记、董事长李国峰,集团党委副书记、总经理彭东领等参加调研。

是日 九江红光国际港正式开港。省委常委、常务副省长殷美根出席并宣布开港,省政府副秘书长王亚联出席,省交通运输厅党委书记、厅长王爱和讲话,九江市委书记林彬杨及省发改委、省财政厅、省自然资源厅、省商务厅、南昌海关、江西出入境检查站、省外办、九江市政府、省港航局、省高速集团、省港口集团有关同志出席会议。

是日 九江航运交易中心开通运营。

27日—29日 全厅团青干部政治素质培训暨青年文明号创建工作培训班在井冈山举办。厅直属各单位团委、青工办负责同志,厅直属各单位2019—2020年度省级青年文明号创建集体号长约60人参加培训。

29日 省交通运输厅召开党委理论学习中心组集体学习暨读书班,省委党校对外培训部主任、博士、教授、研究生导师李志强作学习《中国制度面对面》专题辅导报告。在家厅领导及厅机关各处室、厅直有关单位主要负责同志参加会议。省港航管理局、交通职业技术学院、厅财务处负责同志作书面交流。

是日 江西省高速集团与中国交通广播达成战略合作,成立"江西省高速集团融媒体中心"。

30日 省交通运输厅召开"三大攻坚行动、三大提升工程"和加快水运改革发展工作推进会。厅党委书记、厅长王爱和出席会议,在家厅领导王昭春、罗文江、蓝丽红、魏遵红、丁光明,厅二级巡视员彭瑜、王继东,厅总工程师朱晗出席。

是月 李占荣同志任路网运营公司(公路开发公司)党委书记、董事长。

11月

3日 省交通运输厅党委委员、副厅长罗文江赴上饶调研脱贫攻坚工作。

是日 交通运输部长航局来江西省交通运输厅调研座谈长江经济带船舶水污染物联合监管与服务信息系统平台推广应用情况,省生态环境厅、住房和城乡建设厅的代表及6个地市的港口行政管理部门、海事部门,港口、航运、接收企业负责同志参加。

4日 江西交通职业技术学院阿里巴巴集团客户体验人才孵化基地授牌成立。

6日 厅党委书记、厅长王爱和主持召开厅党委(扩大)会议暨党委理论学习中心组学习(扩大)会议。在昌厅领导及厅机关各处室、厅直有关单位主要负责同志参加会议。厅党委委员、副厅长丁光明,省高速集团党委副书记、副董事长、总经理谢兼法作学习交流发言。

9日 交通运输部评价组来赣开展"十三五"干线公路养护管理治理能力评价。江西省交通运输厅党委书记、厅长王爱和致辞,评价组组长、新疆维吾尔自治区交通运输厅副厅长郭胜主持,江西省交通运输厅党委委员、副厅长王昭春汇报江西省"十三五"干线公路养护管理工作。交通运输部机关党委二级巡视员、安远县委副书记、副县长邹治宇及厅直有关单位、厅机关有关处室负责同志参加会议。

是日 省港口集团对全省水运在建项目开展第一轮专项监督检查工作。

13日 厅长王爱和深入宜遂项目宣讲党的十九届五中全会精神。省高速集团总经理谢兼法,宜春市委常委、常务副市长蔡清平,吉安市委常委、副市长朱晓东,厅总工程师朱晗及省厅和省高速集团有关部门负责同志陪同。

16日 交通运输部印发《关于江西省开展赣州革命老区交通运输高质量发展等交通强国建设试点工作的意见》,同意江西省开展交通强国建设试点工作。

16日—27日 省交通运输厅、省财政厅组织专家组对吉安市、宜春市、九江市等第二批"公交城市"创建城市进行了实地考核验收。

17日 人民日报头版头条关注江西交通。

是日 江西交通职业技术学院通过复核,保留"全国公路科普教育基地"称号。

18日 江西省交通运输厅印发《大南昌都市圈综合交通规划(2019—2025年)》,构建"一核六中心,两环九射线"都市圈综合交通发展格局。

19日 省交通运输厅党委委员、副厅长刘震华调研大广高速扩容工程项目建设情况。

21日 省港口集团与庐山市政府签署项目建设投资框架协议。

24日 省运管局组织开展冷链运输疫情防控专项督查。

25日 江西省公路管理局信息数据中心党支部、赣州市公路管理局瑞金分局党支部、江西省公路科研设计院有限公司党支部获"全国公路行业先进基层党组织"称号。

是日 江西省交通运输系统自然灾害综合风

险水路承灾体普查试点宣贯会在省港航管理局召开。省交通运输厅港航处、省港航管理局、九江市港口航运管理局有关部门及中交水运规划设计院有限公司等相关单位(部门)代表参加了会议。

是日 九江红光国际港内贸集装箱业务开通运营。

26日 厅党委巡察工作领导小组召开专题会议听取巡察工作汇报。厅党委书记、巡察工作领导小组组长王爱和出席会议并讲话。巡察工作领导小组副组长及成员，厅巡察办有关同志、驻厅纪检监察组有关同志、巡察组组长参加会议。

27日 省交通运输厅党委书记、厅长王爱和主持召开党委会议，传达学习省委十四届十二次全会精神。在家厅领导出席会议。

30日 "@江西交通"获评交通运输部十大交通微博。

12月

3日 全省平安百年品质工程推进会在祁婺高速公路建设项目召开。省交通运输厅党委委员、副厅长刘震华出席会议并讲话。各设区市交通运输局、公路局、省直管试点县(市)交通运输局、厅直属有关单位、各地方高速公司、各公路水运工程项目办有关负责同志参加会议。

是日 省交通运输厅一级巡视员胡钊芳调研南昌市公交发展情况，南昌市交通运输局、住房和城乡建设局、自然资源局等相关部门负责同志一同调研。

7日—9日 省交通运输厅举办公共机构节能工作培训。厅属各有关事业单位公共机构节能工作分管领导、部门负责人、具体承办人，以及省公路局、省港航局、省运管局、省公路路政总队下属有关事业单位分管领导参加培训。

9日 省交通运输厅党委委员、副厅长王昭春到南昌市调研检查交通运输安全生产工作。南昌市交通运输局、进贤县政府有关负责同志随同调研检查。

是日 省交通运输厅党委委员、副厅长丁光明深入南昌龙头岗综合码头有限公司和九江华东船业有限公司开展党支部共建调研活动。厅水路运输处、省港航管理局船舶检验处、省港口集团、南昌市交通运输局、九江市港口航运管理局有关同志陪同调研。

10日 省交通运输厅召开"服务构建新发展格局加快建设现代综合交通运输体系"专题学习视频会议。交通运输部规划研究院首席研究员、技术委员会副主任、教授级高工陈璟应邀授课，厅领导魏遵红、刘震华、丁光明出席。

是日 省交通运输厅召开安委会全体成员会议暨岁末年初安全生产集中治理百日行动部署会。厅党委委员、副厅长王昭春出席会议并讲话，厅安委会各成员单位分管安全负责人和安监部门负责人、厅机关有关处室负责同志参加会议。

11日 省交通运输厅党委委员、副厅长丁光明主持召开分管部门和单位第一次党支部联席会议，学习党的十九届五中全会通过的《中共中央关于制定国民经济和社会发展第十四个五年规划和二〇三五年远景目标的建议》，研究交流机关党建和业务融合工作。

是日 江西省交通科学研究院副院长荣耀博士荣获"中国质量工匠"荣誉称号。

11日—13日 2020年江西省职业院校技能大赛中职组新能源汽车检测与维修、新能源汽车动力电池系统检修两个赛项在省交通运输学校举行。

14日 省交通运输厅党委委员、副厅长王昭春主持召开分管部门和单位2020年第四季度党支部联席会议，学习《党章》和党的十九届五中全会精神，听取分管部门和单位关于今年党建和业务工作情况汇报，研究、交流机关党建工作和改革工作。

是日 全国交通运输行业精神文明建设工作电视电话会议在部举行，江西省交通运输系统5个集体被授予"全国交通运输行业文明单位"称号，6个窗口被授予"全国交通运输行业文明示范窗口"称号。

15日 江西省首个水上LNG加注工程项目——九江港湖口港区船舶LNG加注工程举行开工仪式。九江市政府副市长彭敏、省交通运输厅港航处、九江市港口航运管理局及市、县相关部门负责人等出席开工仪式。

16日 省交通科研院综合交通发展研究中心张恺博士主持的江西省03专项及5G项目(定向委托类)——《移动物联网5G技术下的智慧交通智能识别系统研发及产业化》入选2020年江西省

03专项与5G计划项目。

17日—22日 兴赣北延高速、铜万高速宜丰联络线高速公路建设项目分别通过交工验收。

22日 江西昌泰高速公路有限责任公司、南昌南管理中心昌西南收费站获评"厂务公开民主管理示范单位"称号。

是日 交通运输部安全委员会公布2020年"平安交通"创新案例评选结果，江西省两个项目"'宣教管'一体化施工安全体验教育培训中心"及"网格化管理在水运工程中的运用"分别获交通运输部"平安交通"特别推荐案例和优秀案例。

17日—22日 兴赣北延高速、铜万高速宜丰联络线高速公路建设项目通过交工验收，标志着赣西、赣南两条地方加密高速公路建成。

22日 省交通运输厅在信江航运枢纽项目召开全省航运（电）枢纽库区品质工程建设现场会暨农民工工资工作推进会。厅机关有关处室，全省各在建水运工程项目办负责同志等参加会议。

23日 江西交通运输工作成就新闻发布会在南昌举行。会议由省委宣传部对外新闻处副处长徐承主持，省交通运输厅党委委员、副厅长刘震华发布和介绍有关情况。省交通运输厅规划处处长彭辉勇，省交通运输厅公路管理处处长徐华兴，省交通运输厅运输处处长曾敏，省交通运输厅港口与航道管理处副处长杨辉出席发布会并答记者提问。

24日 省交通运输厅党委委员、副厅长刘震华到交通职业技术学院定点帮扶村——井冈山市长富桥村调研脱贫攻坚工作。

25日 省交通科研院通过交通运输部工程安全与质量监督管理司公路工程综合甲级和水运工程结构甲级（地基）等级资质评定。

26日 南昌地铁3号线开通运营，南昌地铁从"换乘时代"进入"线网时代"。

28日 江西交通职业技术学院获2020年全国职业院校技能大赛改革试点赛"货运代理"赛项三等奖，获奖同学为管理工程系管小琳同学，指导老师为闵秀红、刘婷、安礼奎。全国职业院校技能大赛改革试点赛是教育部发起并牵头的全国性职业院校学生综合技能竞赛活动，是专业覆盖面最广、参赛选手最多、社会影响最大、联合主办部门最全的国家级职业院校技能赛事。

是日 信江航运枢纽八字嘴东大河船闸建成并顺利通航，信江下游双港船闸基本建成，信江全线具备三级通航条件。

28日—29日 省交通运输厅一级巡视员、厅直机关党委书记胡钊芳到祁婺高速公路建设项目调研党建工作。

29日 省交通运输厅会同省发改委确定了"九江港集装箱多式联运示范工程"等5个项目为省级多式联运示范工程，为推动江西省多式联运高质量发展提供经验借鉴和模式参考。

30日 江西省交通运输厅、江西省发展和改革委员会联合发布公告，南昌、赣州、上饶三市成为绿色出行创建城市。

是日 省交通运输厅应急指挥中心获评江西省抗击新冠肺炎疫情先进集体和先进基层党组织

是日 铜万高速公路宜丰联络线新建工程建成通车

28日—30日 省交通运输厅组织开展2020年度部门财务管理业务培训，厅直各事业单位财务部门负责人及业务骨干参加培训。

31日 省交通科学研究院综合交通发展研究中心张恺博士主持的《考虑湿度环境的沥青路面结构层设计参数研究》项目入选2020年度交通运输行业重点科技项目清单。

是日 省运管局开展2021年元旦道路运输安全生产督查工作。

是年 实现了全省具备条件的建制村全部通客车的工作目标，并顺利通过国家脱贫攻坚普查和交通部建制村通客车第三方评估，评估结果位列全国第一方阵，通客车工作指南和两项机制工作经验获交通运输部肯定并在全国宣传。

便 览

历 史

【**新中国成立初期(1949年5月—1952年12月)江西省水路运输的发展**】 1949年5月22日,江西省省会南昌解放,6月18日,江西省人民政府成立。随着江西省人民政府的建立,江西内河航运事业开始了全面恢复和发展,首先是迅速建立航务管理机构;整顿水上交通秩序;开展支前运输和其他客货运输生产。随后即进行了较大的港口、航道、船舶等方面的恢复和修整。在各级政府的重视支持下,通过广大航运职工不怕牺牲、不畏疲劳、艰苦奋斗,航运事业在各方面都取得了辉煌的成就。这些成就,为全省航运事业的进一步发展奠定了基础,为大规模进行国民经济建设开创了前进的道路。

1949年6月18日,中国人民解放军南昌市军事管制委员会交通接管部派军事代表陆喜明接管国民政府交通部长江航政局九江办事处驻南昌技术员办公处。6月下旬南昌航运局成立。7月,在江西省支前委员会统一部署下,江西航运部门积极参加了支前运输,至11月止,共组织支前轮船46艘,汽船39艘,民船55艘,总共636艘。计运输军品3511吨,人员6590人(袁州、高安、赣州、九江四地动员组织的船舶和所运物资、人员未计入)。8月,国营南昌轮船公司成立。10月1日中华人民共和国宣告成立,江西航运业步入新的发展时期。10月,南昌航运局改组成立江西省人民政府航务管理局。12月,江西省人民政府公布《江西省船舶管理暂行办法》。

1950年1月,南昌轮船公司奉命接收由南昌市人民政府没收的官僚资产福记卫联轮船公司和云记轮船公司。1月21日,中共南昌市委专门召开会议讨论南昌市码头行政管理等问题,决定成立南昌市搬运公司并统一搬运力资。随后,全省各港镇也相继成立了搬运公司。2月,江西省航务局召开首届航务会议,决定成立南昌、九江、波阳、景德镇、吉安、赣州6个航务办事处和吴城、临川、袁州、樟树、永修5个直辖派出所。3月12日,政务院发布《关于1950年航务工作的决定》,规定在交通部下设航务总局及国营轮船公司,领导航务建设,管理航务工作。3月,南昌轮船公司改组为江西省航运公司,公司先后在九江、吉安、波阳设分公司,吴城、鸣山、南京、汉口设办事处,樟树设营业所。江西省交通厅成立,主管交通运输事业,省航务管理局同时归省交通厅领导。波阳县私营"昌江""鄱江""同安""赣北"4家轮船公司实行联营,随后,并入国营江西省航运公司波阳分公司。4月,江西省航运公司租赁私商罗兴昌机器厂,成立江西省航运公司船舶机修所。8月改组为江西省航运公司轮船机修所。4月3日,政务院发布《关于废除各地搬运事业中封建把持制度暂行处理办法》。4月,江西省航务局制定轮船运价,同时,依照长江航务局货物分等办法,将各类货物区分为10等。7月10日,江西省人民政府发出航字第39号通令,决定以省航运公司为基础,全省组织一个公营轮船公司,各机关、部队的轮、驳船可采取作价入股或搭班参加运输的办法,统一在省航运公司内办理客货运输,不得另设公司或揽运客货。7月26日,国家财委发布《关于统一航务港务管理的指示》。7月,江西省军区后勤部的民胜水陆运输公司并入江西省航运公司。9月,江西省人民政府发出交航字第14号通令,决定全省水上交通检查工作由航务、税务、水上公安联合机构统一检查,其他各机关及地方部队均不得借故阻拦船只强行检查。11月18日,中南军政委员会发布《中南区帆船管理暂行办法》。12月27日,九江港"新生"轮由南京返回吴城途中与"中州"轮发生碰撞,"新生"轮沉没,淹死11人。事件发生原因主要是由于在会船时,双方立意参差。经上海区港务局、长江区航务管理局处理,判定"新生"轮负过失责任60%,"中州"轮负40%。1950年江西省航运公司船舶数量增至74艘。其中修复10艘、购置11艘,接收42艘(含1949年接收的3艘旧船),新造11艘。本年度江西省开展了船舶登记检丈工作,全年登记帆船23343只。

1951年1月,江西省航运公司召开首届工人代表会议,出席代表68人。会上总结了1950年工作,通过了1951年上半年生产计划和奖惩条例,成立了江西省海员工会,江西省航运公司民主管理委员会。5月23日,江西省人民政府颁发《江西省航业运输管理暂行办法》。6月15日,江西省航运公司拨款4.59亿元(旧人民币),正式建立江西船舶修造厂。6月29日,交通部公布施行《轮船业管理暂行规则》。7月27日,江西省航运公司所属"飞礼""继任""新万"3轮,运载锰砂2341吨,由龙口向鄱阳湖进发,下午5时航抵棠荫、泗山、瓢山之间,遭飓风袭击,除了轮船脱险外,所拖驳、帆船全部沉没,计死亡17人,重伤1人,轻伤20人。共沉水锰砂2281吨(后打捞出1951吨),木驳6艘,帆船17艘。8月,"新安""协和""遗记""同安""建华"五家私营轮船公司依照中央颁发的《轮船业管理暂行办法》实行联营。是月,江西省人民政府民船工作委员会及办事机构成立。10月,江西省交通厅转发中南军政委员会(51)会厅经字第56号文。该文规定,凡不属航运专业性质的企业单位,一律不准兼营航运业务,只限于自货自运,不得对外营业。如有多余船只,可交由各省、市主管交通机关接管经营。是年,长江航务管理局在鄱阳湖的湖口至吴城线设置航标97个,计有标桩64个,浮标16个,引导桩16个,涨水桩1个。1953年,中南内河局决定将上述航标移交江西省航务局管理。是年,江西水利局开始进行疏浚饶河口龙口滩工程,计长4500米,平均宽8米,深0.36米(省航务局出资)。是年,江西省民船联合运输社组成,总社设南昌市,下设抚州、赣州、吉安、波阳、九江、景德镇6个分社,并设直属分社9个,支社31个。是年,南昌港的民船按河系成立了工会,计有赣河、袁瑞河、修河、南昌、抚河及长江等6个委员会,下设57个固定小组(信河未组成)。

1952年4月,江西省航务局奉命接收江西省军区后勤部航运队、省粮食局汽船队和水上公安局等单位机关生产性船舶共62艘,拖载吨位1750吨,489千瓦,319人。7月1日,江西省联运社拨款3000万元(旧人民币),建立波阳航运办事处船舶修造厂。7月24日,江西省航务局"八一"轮率先推广苏联一列式拖驳运输法先进经验。"新安"等14轮相继推广,取得了显著成绩。8月,江西省航运公司与江西省航运局合并成立江西省内河航运管理局。9月,私营南昌群力轮船股份有限公司成立。共有船只29艘,1311.86总吨,资本141300万元(旧人民币),职工396人。10月,江西省人民政府颁布《江西省各县(市)征收码头管理使用费暂行办法》。11月4日江西省人民政府颁布《江西省车船使用牌照税稽征办法》。是年,江西省航务局公布《轮帆船航行安全规程》。是年,江西省内河航运局吉安办事处船舶修造厂于吉安市河东区王家洲筹建,有职工137人。1953年1月该厂建成投产。

1949年5月至1952年12月,是江西水运业全面恢复和初步发展时期,经过三年多的艰苦努力,航道、港口和船舶等方面都有改观,基本扭转了建国前航运业萧条落后状况,医治了连年战争的创伤,胜利完成了支援前线和其他客货运输任务,从而初步奠定了进一步发展的物质基础。

(江航史)

表1:

1950—1952年江西省内河客运量完成情况表

项目	单位	合计	1950年	1951	1952
合计	人	196643	17800	85558	93285
	人千米	14390137			14390137
国营轮船	人	98266	5500	40614	52152
	人千米	6190203			
私营轮船	人	98377	12300	44944	41133
	人千米	8199934			8199934

表2:

1950—1952年江西省内河船舶货运量完成情况表

项目	单位	合计	1950年	1951	1952
合计	吨	2590135.331	412455.5	818084.5	1359595.331
	吨千米	234922262.446			234922262.446
国营轮船	吨	376786.333	75528.5	131149	170108.833
	吨千米	73830239.020			73830239.020
私营轮船	吨	113782.096	42250	42337	29195.096
	吨千米	9918055.781			9918055.781
民船	吨	2099566.902	294677	644598.5	160291.402
	吨千米	151173967.645			151173967.645

地理

【萍乡市】 萍乡乃古之吴楚咽喉,今之赣西明珠,是中国近代工业起始最早的城市之一,改革开放以来,经济快速发展,商贸繁荣,已成为江西重要工业城市之一,下辖芦溪县、上栗县、莲花县、安源区、湘东区,全市土地面积3823.99平方千米,人口192.50万。

萍乡市位于江西省西部,地处东经113°35′~114°17′,北纬27°20′~28°0′之间,东与本省宜春市、南与吉安市、西与湖南省株洲市、北与湖南省浏阳市接壤,是江西的"西大门",素有"湘赣通衢""吴楚咽喉"之称。该市属江南丘陵地区,以丘陵地貌为主。东、南、北大多为山地,西部地势较低,境内山地、丘陵、盆地错综分布,地貌较为复杂,最高峰(白鹤峰)海拔1918.3米。该市属亚热带湿润季风气候,全年光照充足,雨量充沛,四季分明,年平均气温17.3℃,年平均降水量1596.7毫米,时间上主要集中在4~6月,占全年降水量的42%。区内水系地域分属长江流域的洞庭湖水系和鄱阳湖水系。全市主要河流有五条,即萍水、栗水、草水、袁水、莲水。袁水、莲水发源于罗霄山和武功山,流入赣江;萍水、栗水、草水发源于武功山与罗霄山、杨岐山之间,最终注入湘江。现辖芦溪、上栗、莲花三县和安源、湘东两区及国家级经济开发区萍乡经济技术开发区;有28个镇、19个乡、7个街道办事处、136个居民委员会和640个村民委员会。

萍乡自然资源丰富,历史上就以矿产资源丰富而著称。已探明的矿藏有煤、铁、锰、铜、石灰石、高岭土、粉石英、瓷土等矿产资源丰富,煤炭远景储量达8.52亿吨,铁矿储量6760万吨,优质石灰石67亿吨。全市森林覆盖率达55.4%,植物物种1200余种。水资源十分丰富,地表水径流量为26.46亿立方米/年,水能源可开发量4万千瓦,地下水储量为4亿立方米。

萍乡历史悠久,人文蔚起。全市民族以汉族为主,其他各民族和谐并存的结构组成,共有汉族、蒙古族、回族、藏族、维吾尔族、苗族、彝族、壮族、布依族、朝鲜族、满族、侗族、瑶族、白族、土家族、哈尼族、傣族、黎族、傈僳族、佤族、畲族、高山族、拉祜族、土族、达斡尔族、仫佬族、羌族、毛南族、仡佬族、塔吉克族、怒族、俄罗斯族等 32 个民族。吴、楚文化的相濡浸染,构成了萍乡风情独具的民风民俗和异彩纷呈的民间艺术。傩文化底蕴深厚,储藏丰富;杨岐山是中国佛教禅宗五家七宗之一的杨岐宗发祥地,宗教文化源远流长,影响辐射海内外。

萍乡处于长株潭经济圈的辐射核心区域,同时接受泛珠三角经济区和闽东南经济区的辐射。境内沪昆铁路横穿市内腹地与京广、京九两大动脉相连,随着沪昆铁路电气化改造工程的完成,中国第一条设计时速 200 千米/小时的铁路干线将成为连接长江三角洲和珠江三角洲的重要通道。国道 319 和国道 320 呈十字型在市区交会通过,沪昆高速、萍洪高速贯穿全境。

萍乡市有国家级重点保护单位二处,省市级重点保护单位 67 处。著名的风景旅游区武功山集雄、奇、峻、秀自然风光于一身,有南方罕见的高山草甸数万亩和众多的瀑布群,保存有大量原始次森林,国家一二级珍稀的动植物资源,同时也是国家 AAAA 级旅游景区、中国十大"非著名"山峰之一。武功山主峰白鹤峰海拔 1918.3 米。杨岐山为国家级 AAAA 级风景区,现存唐寺(杨岐普通寺)、唐塔、唐碑(刘禹锡撰)、文廷式墓等人文景观。

(于涽网)

人 口

据江西省统计局发布的《江西省第七次全国人口普查公报》数据,至 2020 年 11 月 1 日零时,江西全省常住人口总数为 45188635 人(不包括中国人民解放军现役军人和居住在省内的港澳台居民以及外籍人员),与 2010 年第六次全国人口普查的 44567475 人相比,十年共增加 621160 人,增长 1.39%。全省共有家庭户 14072847 户,集体户 719123 户,家庭户人口为 41329294 人,集体户人口为 3859341 人。平均每个家庭户的人口为 2.94 人,比 2010 年第六次全国人口普查减少 0.73 人。

全省常住人口中,汉族人口为 44969369 人,占 99.51%;各少数民族人口为 219266 人,占 0.49%。与 2010 年第六次全国人口普查相比,汉族人口增加 554305 人,增长 1.25%;各少数民族人口增加 66855 人,增长 43.86%。

全省常住人口中,男性人口为 23318533 人,占总人口的 51.60%;女性人口为 21870102 人,占总人口的 48.40%。总人口性别比(以女性为 100,男性对女性的比例)为 106.62,与 2010 年第六次全国人口普查相比下降 0.84。0~14 岁人口为 9922364 人,占总人口的 21.96%;15~59 岁人口为 27641490 人,占总人口的 61.17%;60 岁及以上人口为 7624781 人,占总人口的 16.87%,其中 65 岁及以上人口为 5371021 人,占总人口的 11.89%。与 2010 年第六次全国人口普查相比,0~14 岁人口的比重上升 0.06 个百分点,15~59 岁人口的比重下降 5.49 个百分点,60 岁及以上人口的比重上升 5.43 个百分点,65 岁及以上人口的比重上升 4.29 个百分点。

全省常住人口中,具有大学(指大专及以上)文化程度的人口为 5375897 人;具有高中(含中专)文化程度的人口为 6843634 人;具有初中文化程度的人口为 16042444 人;具有小学文化程度的人口为 12433185 人(以上各种文化程度的人包括各类学校的毕业生、肄业生和在校生)。与 2010 年第六次全国人口普查相比,每 10 万人中具有大学文化程度的由 6847 人上升为 11897 人;具有高中文化程度的由 12326 人上升为 15145 人;具有初中文化程度的由 37789 人下降为 35501 人;具有小学文化程度的由 30007 人下降为 27514 人。文盲人口(15 岁及以上不识字的人)为 876897 人,与 2010 年第六次全国人口普查相比,文盲人口减少 516830 人,文盲率由 3.13% 下降为 1.94%。

全省常住人口中,居住在城镇的人口为 27310611 人,占总人口的 60.44%;居住在乡村的人口为 17878024 人,占总人口的 39.56%。与 2010 年第六次全国人口普查相比,城镇人口增加 7674182 人,乡村人口减少 7053022 人,城镇人口比重上升 16.38 个百分点,首次超过 60%。省内人户分离人口为 12241920 人,其中,市辖区内人户分离人口为 3886904 人,省内流动人口为 8355016 人。全省跨省流入人口 1279014 人,跨省流出人口

6339726人。与2010年第六次全国人口普查相比，省内市辖区内人户分离人口增加3054998人，省内流动人口增加4484588人，跨省流入人口增加679072人，跨省流出人口增加552331人。

（于涫网）

经济与发展

2020年，全省地区生产总值25691.5亿元，比上年增长3.8%。其中，第一产业增加值2241.6亿元，增长2.2%；第二产业增加值11084.8亿元，增长4.0%；第三产业增加值12365.1亿元，增长4.0%。三次产业结构为8.7∶43.2∶48.1，三次产业对GDP增长的贡献率分别为5.0%、52.1%和43.0%。

全年全省城镇新增就业46.2万人，比上年少增8.2万人；新增转移农村劳动力58.9万人；失业人员再就业17.7万人；就业困难人员就业4.7万人。全省农民工总量为1237.3万人，比上年下降1.6%。其中，本地农民工420.2万人，比上年下降4.7%；外出农民工817.1万，与上年持平。年末城镇登记失业率3.2%，比上年上升0.2个百分点。

全年全省居民消费价格（CPI）比上年上涨2.6%，涨幅比去年低0.3个百分点。其中：城市上涨2.4%，农村上涨3.0%。分类别看，八大类商品和服务价格"三涨五降"，食品烟酒类上涨8.8%，其他用品和服务类上涨4.9%，教育文化和娱乐类上涨2.1%，居住类下降0.6%，医疗保健类下降0.1%，衣着类下降0.8%，生活用品及服务类下降0.3%，交通和通信类下降3.7%。全年工业生产者出厂价格（PPI）下降1.7%。工业生产者购进价格（IPI）下降3.0%。农产品生产者价格上涨11.0%。

全年全省居民人均可支配收入28017元，比上年增长6.7%，扣除价格因素，实际增长4.0%。其中，城镇居民人均可支配收入38556元，增长5.5%，扣除价格因素，实际增长3.0%；农村居民人均可支配收入16981元，增长7.5%，扣除价格因素，实际增长4.4%。城乡居民收入比2.27∶1，比上年缩小0.04。全年全省居民人均消费支出17955元，比上年增长1.7%。其中，城镇居民人均消费支出22134元，下降2.6%；农村居民人均消费支出13579元，增长8.7%。城、乡居民消费恩格尔系数分别为31.4%、33.6%，分别比上年回升2.3、3.2个百分点。年末全省参加城镇职工基本养老保险人数1168.2万人，比上年末增加71.3万人。参加城乡居民基本养老保险人数2078.0万人，增加189.1万人。参加基本医疗保险人数4780.0万人，减少2.45万人。其中，参加职工基本医疗保险人数599.0万人，增加20.0万人；参加城乡居民基本医疗保险人数4180.9万人。参加失业保险人数291.9万人，增加2.2万人。全省领取失业保险金人数3.6万人。参加工伤保险人数553.4万人，增加14.0万人。参加生育保险人数372.2万人，增加68.9万人。城市居民纳入政府最低生活保障人数33.8万人，城市低保标准705元/人月，向城市低保户发放低保金20.5亿元，月人均补差450元；农村居民纳入政府最低生活保障人数147.2万人，农村低保标准470元/人月，向农村低保户发放低保金58.4亿元，月人均补差325元。农村、城市特困供养标准分别为615元/人月、915元/人月。

全年全省义务教育阶段免除学杂费的学生数626.7万人，义务教育阶段补助家庭经济困难寄宿生活费学生数30.1万人，资助普通高中家庭经济困难学生数28.4万人，资助考入大学（含民办高校独立学院）家庭经济困难学生数3.0万人，资助中等职业教育（不含技工学校）家庭经济困难学生数39.5万人。全年全省研究生教育招生2.0万人，在校生5.1万人，毕业生1.3万人。普通高等教育招生42.2万人，在校生124.2万人，毕业生30.9万人。成人高等教育招生13.7万人，在校生30.3万人，毕业生5.1万人。中等职业教育招生17.7万人，在校生44.6万人，毕业生10.8万人。普通高中招生38.5万人，在校生110.5万人，毕业生33.3万人。初中学校招生68.6万人，在校生220.4万人，毕业生68.7万人。普通小学招生61.8万人，在校生406.3万人，毕业生68.2万人。民办学校9158所，在校学生184.8万人。特殊教育在校生4.0万人，幼儿园在园幼儿170.0万人。学前教育毛入园率87.6%，小学毛入学率101.7%，初中阶段毛入学率109.5%，高中阶段教育毛入学率92.5%。普通高考录取率84.4%，高等教育毛入学率52.0%。

（于涫网）

数字交通

江西,地处长江中下游南岸,古称"吴头楚尾,粤户闽庭",乃"形胜之区",东邻浙江、福建,南连广东,西靠湖南,北毗湖北、安徽而共接长江,为长江三角洲、珠江三角洲和海峡西岸经济区的腹地,区位优势独特。承东启西、贯通南北、便捷通达、快速高效的交通运输网络,成就了江西今天的"七省通衢"地位。境内高速公路路网密集,纵横交错,通车里程达到6234千米。有大小河流约2400余条,鄱阳湖为中国最大的淡水湖,赣江、信江、抚河、修河和饶河为江西五大河流,均汇于鄱阳湖,流入长江。全省公路、水路交通形成以省会城市南昌为中心,以各设区市中心城区为重要交通节点运输枢纽,以高速公路、普通干线和高等级航道为主干道的交通运输网络布局。

1. 固定资产投资:2020年,完成公路水路固定资产投资1025.1亿元,比上年增长46%。全年完成公路建设投资957.1亿元,比上年增长46%。其中,高速公路建设完成投资377.4亿元,增长170%;普通国省道建设完成投资292.5亿元,增长4%;农村公路建设完成投资279亿元,增长21%,新改建农村公路12981千米。枢纽场站建设完成投资8.2亿元,增长105%。全年完成水运建设投资65.3亿元,比上年增长38%。全年完成公路水路支持系统及其他建设投资2.7亿元。

2. 公路基础设施:截至2020年底,全省公路总里程为210641千米,公路密度每百平方千米126.2千米。高速公路打通了28个出省大通道,是全国继河南、辽宁后第三个实现全省县县通高速的省份,全面实现了县县通高速、县城半小时上高速,"四纵六横八射十七联"高速公路规划网基本建成,形成了"纵贯南北、横跨东西、覆盖全省、连接周边"的高速公路网络。全省一级公路3070千米、二级公路12320千米、三级公路17638千米、四级公路165859千米。普通国道7698千米,二级及以上公路比例达92.8%;普通省道10924千米,二级及以上公路比例达59.0%。普通国省道覆盖了全省86%以上的乡镇。农村公路里程185785千米,其中县道21184千米,乡道40622千米,村道123979千米,县道三级及以上比例55.3%,乡道四级及以上比例97.0%,100%的乡镇和100%的行政村通了水泥(油)路。

3. 公路运输:2020年全省营业性汽车324771辆,其中载客汽车12167辆,载货汽车312604辆。全省公路运输完成客运量3.4亿人,旅客周转量180.9亿人千米,同比分别下降26.8%、25.9%,完成货运量14.2亿吨,货物周转量3247.1亿吨千米,同比分别增长4.7%、6.8%。截至2020年底,全省开通客运线路4763条,其中一类客运班线595条,100%的乡镇和100%的行政村通了客运,形成了城乡一体、干支相连的公路客运网络。公路快速客运、城乡客运、旅游包车、集装箱运输、特种及专用运输等发展迅速,为旅客和货主提供了安全、便捷、多样化的服务,适应了社会不同层次的运输需求,推动了结构调整和产业升级。公路运输在全省综合运输体系中继续处于主体地位。

4. 水运基础设施:全省以赣江及鄱阳湖航道为主,联通抚、信、饶、修等101条主要通航河流,全省航道通航总里程5716千米,其中一级航道156千米(长江江西段),二级航道175千米,三级航道540千米,四级航道87千米,五级航道89千米,六级航道313千米,七级航道1067千米,等外航道3289千米。2000吨级船舶可从长江直达南昌港,全省高等级航道里程达871千米。沿江环湖有南昌、九江两个全国内河主要港口和一批区域性重要港口。截至2020年底,全省有内河港口生产用码头泊位628个,千吨以上深水泊位188个,集装箱码头泊位11个;全省港口吞吐能力达到1.76亿吨、集装箱128.9万标箱。基本形成了大中小结合、内外沟通的港口群体。2020年,全省完成港口吞吐量1.88亿吨,集装箱吞吐量75.4万标箱。其中,九江港完成货物吞吐量12046.8万吨,继续保持亿吨大港行列;完成集装箱吞吐量61万标箱,同比增长17.2%。南昌港完成货物吞吐量4865.9万吨;完成集装箱吞吐量14万标箱,同比下降25.8%。

5. 水路运输:2020年全省水路运输完成客运量113.2万人,旅客周转量1767万人千米,同比分别下降42.7%、35.8%。完成货运量1.07亿吨,同比增长3.5%;货物周转量266.4亿吨千米,同比增长4.3%。截至2020年底,全省共有民用运输船舶2273艘,净载重量347.6万吨位、载客量13893客位,船舶运力向钢质化、大吨位、多功能、节能型方向发展,可经长江达我国东南沿海各个港口。江西省已初步形成以长江、赣江和信江高等级航道为基础,九江港、南昌港一批现代化、专业化码头为支撑,以及日益完善的集疏运体系、修造船工业、通信导航、船舶检验、救助打捞、水上交通安全设施等支持保障系统为补充的水运体系。

(厅规划处)

交通机构及领导人名录

【2020年江西省交通运输厅党组织领导成员】

中共江西省交通运输厅委员会

党委书记:王爱和

委员:王爱和、胡钊芳(2020.03 免)、陈兵(2020.08 免)、王昭春、罗文江、蓝丽红(2020.08 任)、魏遵红、刘震华、丁光明(2020.09 任)

党委办公室主任:毛茂(2020.02 任)、李国峰(2020.01 免)

党委办公室副主任:涂序龙(2020.03 任)、潘婧(2020.03 任)、陈志光(2020.03 免)、崔建林(2020.02 免)

中共江西省交通运输厅直属机关委员会

书记:胡钊芳(2020.03 任)

专职副书记:娄鸿雁(2020.03 免)、贺一军(2020.03 任)

副书记:秦炜婷(2020.03 免)、席晓(2020.03 任)

中共江西省交通运输厅直属机关纪律检查委员会

书记:娄鸿雁(2020.03 免)、贺一军(2020.03 任)

副书记:秦炜婷(2020.03 免)、席晓(2020.03 任)

省纪律检查委员会、省监察委员会驻省交通运输厅纪检监察组

组长:陈兵(2020.08 免)、蓝丽红(2020.08 任)

副组长:王永程、郑阳(2020.07 免)

【2020年江西省交通运输厅行政领导】

一、厅领导

厅长:王爱和

副厅长:王昭春、罗文江、魏遵红、刘震华、丁光明(2020.10 任)

一级巡视员:胡钊芳(2020.03 任)

二级巡视员:肖伦发(2020.05 免)、彭瑜(2020.02 任)、王继东(2020.09 任)

总工程师:胡钊芳(2020.03 免)、朱晗(2020.09 任)

二、处室领导

办公室主任:毛茂(2020.02 任)、李国峰(2020.01 免)

办公室副主任:涂序龙(2020.03 任)、潘婧(2020.03 任)、陈志光(2020.03 免)、崔建林(2020.02 免)

执法监督处(政策法规处)处长:梁波(2020.02 任)、张春晓(2020.02 免)

执法监督处(政策法规处)副处长:聂小萍(2020.09 免)

规划处处长:彭辉勇(2020.02 任)、王继东(2020.02 免)

规划处副处长:彭辉勇(2020.02 免)、陈明、张建明(2020.03 任)

基本建设监管处处长:廖晓锋(2020.11 任)、朱晗(2020.09 免)

基本建设监管处副处长:廖晓锋(2020.11 免)

高速公路管理处处长:谈勇(2020.02 任)

公路管理处处长:徐华兴(2020.11 任)

公路管理处副处长:王硕(2020.02 任)

港口与航道管理处处长:胡建强(2020.02 任)

港口与航道管理处副处长:杨辉(2020.03 任)

财务处处长:彭嵘(2020.09 任)席文良(2020.04 免)

财务处副处长:刘恒明(2020.09 免)

审计处处长:刘恒明(2020.09 任)、彭嵘(2020.09 免)

运输处处长:曾敏(2020.02 任)、彭瑜(2020.02 免)

运输处副处长:吴欣(2020.03 任)

水路运输处处长:邹爱华(2020.02 任)

水路运输处副处长:刘晔(2020.03 任)

安全监督处处长:崔建林(2020.02 任)、曾敏

(2020.02 免)

安全监督处副处长:张建新(2020.09 免)

组织人事处处长:娄鸿雁

组织人事处副处长:王绍卿(2020.03 任)、杨曦(2020.03 任)

科技教育处处长:张春晓(2020.02 任)、胡建强(2020.02 免)

科技教育处副处长:王硕(2020.02 免)、刘华(2020.03 任)

省交通战备办公室副主任(正处):张慧颖(2020.02 任)、贺一军(2020.02 免)

离退休干部管理处处长:王亲勇

离退休干部管理处副处长:席骁(2020.03 免)

(涂智琴)

表3: 2020年江西省交通运输厅直属机构及党政领导班子成员

序号	单位名称	单位级别	党组织名称	党组织领导成员	行政领导成员
1	江西省公路管理局	副厅	中共江西省公路管理局委员会	党委书记:熊华武 党委副书记:曾晓文 委　员:刘凌(2020.02 免)、冯义卿(2020.04 免)、范年福、谈勇(2020.02 免)、刘红生(2020.06 任) 纪委书记:范年福	局　长:曾晓文 副局长:刘凌(2020.02 免)、冯义卿(2020.04 免)、谈勇(2020.02 免)、刘红生(2020.06 任)
2	江西省港航管理局(省船舶检验局、省地方海事局)	副厅	中共江西省港航管理局委员会	党委书记:陈鹏程 党委副书记:丁光明(2020.10 免) 委　员:乔文典(2020.02 免)、徐良、刘贤明(2020.09 免)、熊慎文、郭生根(2020.02 免)	局　长:于钦民(2019.05 免) 副局长:丁光明(2020.10 免)、乔文典(2020.02 免)、徐良
3	江西省公路运输管理局	副厅	中共江西省公路运输管理局委员会	党委书记:杜一峰 党委副书记:易宗发 党委委员:罗志明、黄强、傅友华、龚文峰 纪委书记:黄强	局　长:易宗发 副局长:罗志明、傅友华、龚文峰
4	江西交通职业技术学院	副厅	中共江西交通职业技术学院委员会	党委书记:吴克绍 党委副书记:黄明忠 委　员:江志强、刘勇、刘学斌、金明盛、王敏军、徐佩英、洪芙蓉 纪委书记:高东升	院　长:黄明忠 副院长:江志强、刘勇、刘学斌、金明盛
5	江西省交通建设工程质量监督管理局	正处	中共江西省交通建设工程质量监督管理局委员会	党委书记:项军 委　员:彭东领、蒲华、徐远明	局　长:彭东领 副局长:蒲华、徐远明
6	江西省高速公路联网管理中心(信息中心、应急指挥中心)	正处	中共江西省高速公路联网管理中心委员会	党委书记:雷毅 委　员:雷茂锦、莫宇蓉、郭昌、刘红生(2020.06 免)、何耀忠、王玉 纪委书记:郭昌	主　任:雷茂锦 副主任:莫宇蓉、刘红生(2020.06 免)、何耀忠、王玉

续表

序号	单位名称	单位级别	党组织名称	党组织领导成员	行政领导成员
7	江西省交通运输厅规划办公室(江西省交通工程造价管理站)	正处	中共江西省交通厅规划办公室支部委员会	党支部书记:刘维文 委　员:陈强、李竞	主任(站长):刘维文 副主任(副站长):陈强、李竞
9	江西省交通运输厅对外经济联络办公室(江西省交通运输专业人员资格评价中心)	正处	中共江西省交通厅对外经济联系办公室支部委员会	党支部书记:傅小驷(2020.02免)、余明华(2020.02任) 委　员:余明华(2020.02免)、罗淑芬、陈红民(2020.03任)	主　任:傅小驷(2020.02免) 副主任:余明华(2020.01任)
10	江西省交通工会	正处	中共江西省交通工会支部委员会	党支部书记:方向	主　席:方向
11	江西省交通科学研究院	正处	中共江西省交通科学研究院委员会	党委书记:舒小平 委　员:江祥林(2020.02免)、罗强、李青峰、荣耀 纪委书记:李青峰	院　长:江祥林(2020.02免) 副院长:罗强、荣耀
12	江西省交通高级技工学校	正处	中共江西省交通技工学校党委	党委书记:廖辉(2020.10免) 党委副书记:秦昊 党委委员:欧阳娜(2020.10任)	校长:欧阳娜 副校长:张文凯、廖胜文
13	厅机关后勤服务中心	正处	中共江西省交通厅机关后勤服务中心总支部委员会	党总支书记:祝炳荣(2020.02免) 委　员:万嘉庆、陈浩、胡文峰	主　任:祝炳荣(2020.02免) 副主任:艾志茂
14	江西省交通运输工程档案馆	副处			馆　长:张正辉
15	江西省公路路政管理总队	正处	中共江西省公路路政管理总队委员会	党委书记:唐晓鸣 党委副书记:毛茂(2020.02免)、万杰兵 委　员:李烨、黄炬 纪委书记:万杰兵	总队长:毛茂(2020.02免) 副总队长:李烨、黄炬

(涂智琴)

表4: 2020年各设区市交通运输机构及党政领导成员

序号	单位	党组织名称	党组织领导成员	行政领导成员
1	南昌市交通运输局	中共南昌市交通运输局党组	党组书记:熊保良(2010.05任) 党组成员:俞剑平、车小琴、严晓群、李淑屏、罗宁 驻局纪检监察组组长:余其江	局　长:熊保良(2020.06任) 副局长:俞剑平、车小琴、严晓群、李淑屏(兼)、罗宁(2020.11任) 二级调研员:李东昇 四级调研员:肖洪辉
2	景德镇市交通运输局	中共江景德镇市交通运输局党组	党组书记:陈振中 党组成员:陈景明、陈树生、袁孔斌、方景萍、徐忠良、汪卫民、宁足祥、吴群明、邹文俊 驻局分检监察组组长:徐忠良	局　长:陈振中 副局长:陈景明、陈树生、方景萍、袁孔斌 总工程师:汪为民 副调研员:黎庭敏
3	萍乡交通运输局	中共萍乡交通运输局委员会	党委书记:钟帮元 委　员:刘韬、肖健、阳梅芳、丁洋、刘红星、卢江宜 驻局纪检监察组组长:刘红星	局　长:钟帮元 副局长:刘韬、肖健、丁洋、卢江宜 总工程师:阳梅芳 二级调研员:贺志勇、朱小东、曹砺白 四级调研员:杨虎萍
4	九江市交通运输局	中共九江市交通运输局委员会	党委书记:江彪 委　员:江彪、吴照新、刘赛喜、朱汉练、曹达会、邢诗勇、孔祥云、周裔南 驻局纪检监察组组长:邢诗勇	局　长:江彪 副局长:吴照新、刘赛喜、朱汉练、曹达会、孔祥云 二级调研员:喻小明 四级调研员:周裔南、胡民礼、柳江 副县级干部:丁芳华、胡平根
5	新余市交通运输局	中共新余市交通运输局委员会	党委书记:张有红 委　员:张有红、黄昕、王慎刚、龚军保、温小容、朱孜戈	局　长:张有红 副局长:黄昕、龚军保、温小容、朱孜戈 总工程师:王慎刚 二级调研员:樊国华、陈卓、潘会君、陈仕斌 四级调研员:王伟力、张国平
6	鹰潭市交通运输局	中共鹰潭市交通运输局委员会	党委书记:费尚恒 委　员:洪晓明、张业辉、许智先、邱岸龙 驻局纪检监察组组长:邱岸龙	局　长:费尚恒 副局长:洪晓明、张业辉、许智先 二级调研员:占志平 四级调研员:邱广萍
7	赣州市交通运输局	中共赣州市交通运输局党组	党组书记:朱洪波 党组成员:朱洪波、谢才、彭炎明、胡超星、章广麟(2020.09免)、李干荣、林朝阳、肖祥斌 驻局纪检监察组组长:刘荣林	局　长:朱洪波 副局长:彭炎明、胡超星 二级巡视员:李永纯(2020.02任,2020.03退休) 三级调研员:章广麟(2020.09任)
8	吉安市交通运输局	中共吉安市交通运输局委员会	党委书记:谢海泉 委　员:黄坚勇、廖建洲(2020.08免)、张志刚、黄挽澜、江涛达(2020.11任) 驻局纪检监察组组长:刘同柱、(2020.07免)、周云(2020.07任)	局　长:谢海泉 副局长:黄坚勇、廖建洲(2020.08免)、张志刚、黄挽澜、江涛达(2020.11任)

续表

序号	单位	党组织名称	党组织领导成员	行政领导成员
9	宜春市交通运输局	中共宜春市交通运输局党组	党组书记：陈虹 党组成员：刘少平、曾义城、晏国繁、赵万里、梁荣斌 驻局纪检监察组组长：刘少平（2020年5月调离）、冯晖如（2020年5月任）	局　　长：陈虹 副局长：晏国繁、赵万里 邮政管理局局长：梁荣斌 四级调研员：刘毅明、王玉洁、游犁
10	抚州市交通运输局	中共抚州市交通运输局党组	党组书记：丁国华（12月因党委撤销设立党组转任） 党组委员：丁国华　王爱民（7月免）　王国荣　华河辉　罗维　陈峰　徐相生　刘其昌　汪云峰（1月任） 以上者均于12月因党委撤销设立党组转任党组委员	局　　长：丁国华 副局长：王爱民（6月免）、罗维、陈峰、华河辉、刘其昌
11	上饶市交通运输局	中共上饶市交通运输局党组	党组书记：李荣良 成　　员：赖勇、方扬、刘光锌、周厚军、冯学军 市纪委驻局纪检组组长：程黎霞（女）（2020年1月免）、章雪峰（2020年1—11月，11月免）、张　波（2020年11月任）	局　　长：李荣良 副局长：赖勇、刘光锌、方扬、周厚军、冯学军 二级调研员：王少波、周东向 四级调研员：苏卫东、祝红星、王淑琴（女）

（各设区市交通运输局）

【市级交通机构】　全省11个市设交通局、公路管理局（其中赣州归交通局管理），归所在市人民政府领导，业务上受省交通运输厅指导。

交通基础设施建设

概况

2020年江西省完成公路建设投资957.1亿元,比上年增长46%。其中,高速公路建设完成投资377.4亿元;普通国省道建设完成投资292.5亿元;农村公路建设完成投资279亿元,新改建农村公路12981千米。枢纽场站建设完成投资8.2亿元。完成水运建设投资65.3亿元。

年末江西省公路总里程210641.496千米,比上年增加1510.387千米。公路密度126.2千米/百平方千米,增加0.9千米/百平方千米。公路养护里程208624.638千米,占公路总里程99%。年末江西省四级及以上等级公路里程205121.588千米,比上年增加9663.492千米,占公路总里程97.4%,提高3.9个百分点。二级及以上等级公路里程21624.42千米,增加853.17千米,占公路总里程10.3%,提高0.4个百分点。年末高速公路里程6234.111千米。普通国省道里程18621.959千米,其中普通国道里程7697.67千米,普通省道里程10924.289千米。农村公路里程185785.426千米,其中县道里程21183.853千米,乡道里程40622.148千米,村道里程123979.425千米。年末全省通公路的乡(镇)占全省乡(镇)总数100%,其中通硬化路面的乡(镇)占全省乡(镇)总数100%;通公路的建制村占全省建制村总数100%,其中通硬化路面的建制村占全省建制村总数100%。年末全省公路桥梁27778座共1786477.64延米,比上年减少283座、增加52358.26延米,其中特大桥梁78座共175139.32延米,大桥3649座共915372.63延米。全省公路隧道326座共318101.16延米,增加16座、18461.5延米,其中特长隧道14座共59383.07延米,长隧道95座共157855.7延米。

年末全省内河航道通航里程5716千米。等级航道里程2427千米,占总里程42.5%。三级及以上航道里程871千米,占总里程15.2%。各等级内河航道通航里程分别为:一级航道156千米,二级航道175千米,三级航道540千米,四级航道87千米,五级航道89千米,六级航道313千米,七级航道1067千米。等外航道3289千米。年末全省港口拥有生产用码头泊位628个,比上年增加54个。年末全省港口拥有千吨级以上深水泊位188个,比上年增加10个。千吨级泊位中,专业化泊位55个,通用散货泊位87个,通用件杂货泊位46个。

公路建设

高速公路建设

【概况】 2020年全省在建高速项目共计13个,总里程817千米,其中兴赣北延、铜万高速宜丰联络线项目年底顺利建成通车;寻乌至龙川、信雄、大广高速吉安至南康段改扩建等5个项目新开工建设。

(省高速集团)

【李炳军调研大广扩容项目建设情况】 4月7日下午,省委副书记、赣州市委书记李炳军到南康区调研重点工程项目建设。他强调,要深入学习贯彻习近平总书记重要讲话精神,坚决贯彻中央和省、市决策部署,统筹推进疫情防控和经济社会发展,加快重点工程建设,为夺取双胜利筑牢坚实基础。在大广高速扩容项目A2标段施工现场,李炳军详细询问项目规划情况,认真察看环境整治及水质水情,要求尽快谋划做好沿线环境整治。他强调,大广高速扩容工程对赣州发展至关重要,完全符合打造对接融入粤港澳大湾区桥头堡的发展战略,是落实省委省政府决策部署的具体行动。希望大家紧盯节点,倒排工期,在确保安全和质量的前提下加快进度,争取早日建成通车。赣州市委市政府将开辟绿色通道给予支持保障,为项目建设排忧解难。

(省高速集团)

【大广扩容项目办召开第一阶段总结表彰暨第二阶段施工动员大会】 6月11日,大广扩容工程第一阶段总结表彰暨第二阶段施工动员大会召开,集团党委书记、董事长王江军,集团党委委员、副总经理俞文生出席。省发改委、省交通运输厅、集团相关部门、单位负责同志参加。会议总结了大广扩容工程第一阶段工作;表彰了第一阶段施工、监理优胜单位;安排部署了第二阶段施工任务;R3总监办、A6标项目部代表参建单位进行了表态发言;主席台就座的领导为第一阶段优秀单位颁奖。据悉,截至5月底,大广扩容项目全线完成征地100%,房屋等建筑物拆迁完成95%,电力杆线迁改完成30%,通信杆线迁改完成65%。钢筋加工厂、拌和站等大临建设基本完成,路基清表已完成。全线路基土石方完成1548万立方米(占总比33%)、桩基3997根(占总比45%)、涵洞189道(占总比33%)、8个隧道共计掘进490延米,梁板已开始预制,路面已启动备料。

(省高速集团)

【宜春至遂川高速公路项目开工】 6月30日,宜春至遂川高速公路项目开工动员会在永新县召开。省委常委、常务副省长殷美根出席动员会并下达项目开工令,省政府副秘书长王亚联,吉安市市长王少玄出席,省交通运输厅党委书记、厅长王爱和致辞,厅党委委员、副厅长王昭春主持,省高速集团党委书记、董事长王江军介绍项目情况,集团党委委员、副总经理俞文生,省直有关单位以及项目沿线市、县(市、区)政府负责同志,项目参建单位代表参加动员会。据悉,宜春至遂川高速公路途经宜春市袁州区和吉安市安福县、永新县、井冈山市、遂川县等2个设区市的5个县(市区)28个乡镇,全长约194.5千米,概算投资约280.8亿元。项目起点16千米路段采用双向六车道标准,其他路段采用双向四车道标准,设计行车速度为每小时100千米。

(省高速集团)

【全省高速公路项目建设推进会在赣州召开】 7月14日上午,全省高速公路项目建设推进会在赣州召开。省交通运输厅党委委员、副厅长刘震华出席会议并讲话,省高速集团党委委员、副总经理俞文生作项目建设管理分析,省质监局副局长徐远明作质量安全分析,省交通运输厅有关处室、省高速集团、部分地市交通运输局及各在建项目办等相关单位负责同志参会。

刘震华强调,今年以来,全省交通运输系统按照省委、省政府的决策部署,全力推进全省高速公路项目建设,投资完成情况总体较好,续建项目形象进度较好,新开工项目前期工作进展较好,项目管理水平不断提高。

刘震华要求,在看到成绩的同时,要充分认识到全省项目建设存在的短板和弱项,认真研判形势,正视问题和差距,着力解决部分项目建设滞后、前期工作推进缓慢,重点难点突破受阻等困难和问题,加快推进全省项目建设进展。一是要精心组织实施,不断加快推进项目建设步伐。加强统筹协调,细化目标任务,制定实施方案,抢抓有利季节,加大人力、物力、财力投入,密切协作,补齐短板,动态设计,确保完成年度目标任务。重点推进新建高速公路服务区规划布局,分级分层做好顶层设计。二是要狠抓现场管理,确保质量安全态势平稳。树立品质工程理念,构建标准化管理体系,持续推动项目施工标准化和管理精细化,推进"平安百年品质工程"创建。三是要超前筹划建设,全力打造新一代服务区。做到规划设计理念新、建设标准高,积极融入新元素,提前启动服务区方案和图纸设计,坚持高标准、严要求、细施工推进服务区建设,确保服务区在通车前高水平建成并投入使用。四是要主动服务指导,积极破解难题。发挥各方积极性,调动各方力量,切实采取有效措施破解项目建设中重点难点问题。五是要强化党建引领,营造风清气正氛围。保持清醒头脑,发挥党委党风廉政建设的主体责任和纪委的监督责任,完善制度设计,采取有效举措,加强对关键领域、重点环节的监督,防止违规违纪行为发生。

俞文生对全省高速公路项目建设管理情况进行了分析。他说,当前高速公路建设项目面临任务繁重、快速推进压力大、制约因素多、总体进展不平衡等问题,要强化党建引领,发挥党组织在项目建设的先锋模范作用;实施精准定位,抓好项目管理基础,确保目标任务按期完成;建立监督管控体系,强化廉洁自律,守住廉政底线;贯彻全寿命周期管理和绿色发展理念,注重项目前期设计和后期运维,以创新驱动建设管理水平提升;结合新基建要求,引进智慧感知、智慧建造和智慧管理手段,提升项目数字化管理水平。坚持以人民为中心的发展理念,做好文明施工,维护地方百姓利益,和谐路地关系,打造人民满意工程。

祁婺项目、南康至龙南扩容项目分别介绍了管理经验,兴赣北延项目做了发言。

(省高速集团)

【铜万高速宜丰联络线全线双幅贯通】 10月10日,铜万高速宜丰联络线老源高架桥钢混合梁最后一跨架设完成,标志着项目全线双幅贯通,为2020年底通车奠定了坚实基础。宜丰联络线全线设置了3座钢混组合梁桥,总长1180米,钢材用量约8500吨。该组合梁是江西省"5511"重大研发专项"装配式桥涵工业化建造关键技术研究与应用"成果在项目中的运用,为桥梁施工提供了更多更优更安全的方案选择。

(省高速集团)

【王爱和到大广高速扩容工程一线调研】 10月15日,省交通运输厅党委书记、厅长王爱和深入大广高速南康至龙南段扩容工程一线调研。省高速集团党委副书记、副董事长、总经理谢兼法,赣州市副市长张逸等随同调研。在A6标武功山隧道出口及松木坑2#大桥施工现场,王爱和听取了该项目党建文化、隧道全工序成套机械化施工、安全质量管理、施工进度等方面的介绍,详细了解了隧道成套机械化施工应用、微创新等情况。在A5标预制梁场及拌合站,该标负责人介绍了梁场标准化建设、标准化施工以及人员管理"设备+班组"新模式,操作演示了智慧用电新技术、智能喷淋养生与智能振捣等新设备、钢绞线整体穿束微改进工艺、横隔板外露钢筋限位装置与横隔板凿毛保护装置等微创新工艺,王爱和对技术创新和工艺改进等工作给予了充分肯定。随后,王爱和察看了AP1标黑白站建设及路面备料情况,参观了大广扩容项目VR安全教育培训基地。

(省高速集团)

【王爱和调研宜遂高速公路项目建设情况】 11月13—14日,省交通运输厅党委书记、厅长王爱和深入宜春至遂川高速公路项目施工一线调研工程建设情况并亲切慰问项目参建人员。省高速集团总经理谢兼法,吉安市委常委、副市长朱晓东,厅总工程师朱晗,省高速集团副总经理俞文生,安福县委书记贺利华,永新县委书记孙劲涛、县长古秋云,宜遂项目办主任徐重财,市交通运输局分管副局长等陪同调研。

王爱和一行先后察看了龙源口2号桥、B3标大临设施建设和B4标石桥隧道等施工现场,看望慰问一线施工人员,听取施工单位关于施工进度、项目管理、施工工艺等情况的汇报。王爱和对项目开工以来各项工作平稳有序开展并顺利完成既定施工目标表示肯定。他要求,一是要牢固树立安全意识,各施工单位要切实绷紧安全生产这根弦不放松,坚决克服麻痹思想,要强化项目参建人员安全生产培训,加强隐患排查,打造平安工程;二要科学有效加快施工进度,要坚持高标准、严要求,强化项目现场施工管理,抢抓当前施工黄金期,加快施工进度,力争早日建成通车;三是要加强沟通协调。宜遂项目是省高速集团和地方政府共建模式,项目办要积极与地方政府沟通,在征地拆迁、地材保障、砂石供应等方面争取地方支持,确保项目顺利施工;四是要高度重视质量管理,善于总结经验,加强技术创新,大力推广新技术、新工艺,从细节入手,朝品质工程努力,建成让人民放心的高速公路。

据悉,宜春至遂川高速公路是《江西省高速公路网规划修编(2018—2035年)》"10纵10横21联"中第9纵的重要组成部分。路线起点位于宜春市袁州区新田镇,途经宜春、吉安两市5个县(市、区)的28个乡镇,终于遂川县堆子前镇,建设里程约194.5千米,概算投资约280.8亿元,是江西高速建设史上一次性投资最大的项目。该项目的建设对进一步完善赣西赣中区域路网结构;加强明月山、武功山、井冈山三大国家风景名胜景区之间的联动发展;促进原中央苏区、罗霄山片区、赣西转型升级及融入粤港澳大湾区发展具有重要意义。

(吉安市交通运输局)

【全省8个公路水运重点项目集中开工】 12月28日,全省公路水运重点项目集中开工动员大会在樟树举行。省委常委、常务副省长殷美根出席并宣布项目开工,省政府副秘书长王亚联出席。省交通运输厅党委书记、厅长王爱和出席并讲话,省交通运输厅副厅长刘震华主持。省高速集团党委书记、董事长王江军介绍开工高速公路项目情况。集团党委副书记、副董事长、总经理谢兼法,集团党委委员、副总经理俞文生出席。据了解,此次集中开工的项目包括国道45大广高速吉安至南康段改扩建工程、国道60沪昆高速梨园至东乡段改扩建工程、上饶东枢纽互通先行工程等8个项目。会上,省港口集团负责同志汇报开工港口码头项目情况,樟树市政府负责同志、大广高速吉安至南康改扩建项目办公室负责人、樟树河西综合码头项目施工单位代表分别作表态发言。

(省高速集团)

【铜万高速公路宜丰联络线新建工程建成通车】 12月30日,铜鼓至万载高速公路宜丰联络线新建工程建成通车仪式在双峰收费站广场举行。省交通运输厅一级巡视员、厅直属机关党委书记胡钊芳宣布建成通车,集团党委书记、董事长王江军出席并讲话,集团党委副书记、副董事长、总经理谢兼法主持通车仪式,集团党委委员、副总经理俞文生出席。省交通运输厅相关处室,集团相关部门、单位,宜春市交通部门、项目沿线地方政府、项目办及参建单位相关负责同志参加。会上,铜万项目办负责同志介绍项目建设情况;宜丰县领导致辞。据悉,铜鼓至万载高速公路宜丰联络线全长25.448千米,投资概算25.748亿元,起于宜丰县天宝乡彪马岭村,终于宜丰县黄岗镇,上跨大广高速,连接昌铜、铜万高速。全线共有互通立交3处,隧道5座,桥梁21座,桥隧比47%。项目的建成,将有助于完善江西省西北部路网布局、提升路网运营效率,为促进赣西北区域经济建设和社会发展注入活力。项目建设过程,全体建设者攻坚克难,不畏艰险,在抓好新冠肺炎疫情防控工作的同时,克服近半年连续阴雨天气、复杂地质地形以及汛期影响等一系列难题,如期完成了各阶段施工任务。该项目是江西省内首次采用钢梁顶推施工技术的高速公路项目,创下了省内高速公路钢混组合梁桥最长纪录,较好地完成了省"5511"重大研发专项装配式桥涵工业化建造关键技术研究与应用的课题。此外,宜丰联络线建设过程中还率先引用隧道安全智慧管控平台,创新加工成连接板定位器,在全线推广使用轨行液压电缆沟槽台车和激光超声波摊铺机等,探索出多种新工艺、新工法,优化了工序与工艺衔接流程,有效提高了施工质量。

(省高速集团)

【抚州高速公路建设提质增速】 东临环城高速项目纳入全省高速公路网规划,获得省发改委工可初审和省交通运输厅航评批复,勘察设计及设计监理招标完成,市政府已下发项目征拆方案;南昌至南丰高速已列入省高速公路网规划,争取纳入国网高速。贵资高速公路处工可审批阶段。东外环高速公路抚州东互通连接线(王安石特大桥)项目因设计变更,总投资调整为60000万元,至2020年底,累计完成投资52900万元,占总投资的88.2%。福银高速抚州出入口提升项目顺利实施。

(陈根玲)

国省干线公路建设

【概况】 对制约部分省道项目实施的占用基本农田审批难等问题,通过优先实施不占用基本农田路段、尽量沿老路线位实施改造等方式推进项目建设,优化设计方案减少项目涉及基本农田和生态红线数量,全年完成国省道建设601.1千米。

(省公路管理局)

【宜春交投集团推进重点项目有序复工】 截至2月19日,国道220线万载至袁州段改建工程、宜春大道改造工程、教体新区规划路项目均已开工,各项目总计返岗到位人数达465人。

2月16日以来,交投集团按照"强管控、重安全、抓进度、保投资"的原则,分类指导各项目双管齐下、统筹兼顾抓好疫情防控和项目建设。各项目均迅速落实了封闭管理、分时就餐、定时测温、加强消毒、设置隔离室等防控措施。

为防范施工人员从各地返宜带来的安全风险,国道220线万载至袁州段改建工程采取分批返岗的办法,优先让本省、本地施工人员返岗;宜春大道改造工程实行"独居"措施,在施工单位驻地周边租用闲置宾馆,确保返岗人员一人一间房单独居住;教体新区规划路项目落实"工地—宿舍两点一线"制,严格加强工余时间管理。

为提高施工效率,交投集团指导各项目采取分路段、分部位、分程序灵活施工策略,优先安排机械施工和重点部位施工,有计划有步骤地递增人员、递增施工量。同时,定岗定人定责,保持各岗位人员相对固定,减少人员交叉流动,最大限度降低安全风险。

(省公路管理局)

【樟树公路分局重点民生项目复工】 2月22日,樟树公路分局东昌高速樟树东出口至盐化基地道路工程(Y053阁山至港里公路)项目施工现场疫情防控、复工准备正有条不紊进行。在施工现场,工作人员戴着口罩,手持测温仪为进入现场的每位工人测量体温,在信息统计表中,每个人的名字后面都详细记录着每一次测量结果。

按照樟树市政府全力保障民生重点工程复工复产的精神,樟树公路分局积极组织樟树市重点民生工程项目——东昌高速樟树东出口至盐化基地道路工程项目复工,该道路全长5421.388米,分三段建设:(一)樟树东互通连接线段:工程起于葛玄路,终于樟树东收费站,全长580米,路基宽度36米,按一级公路标准建设;(二)樟树东互通连接线支线段:工程起于樟树互通连接线止于外环路,全长437.473米,路基宽度24米,按二级公路标准建设;(三)外环路段:工程起于葛玄路,终于盐化大道,全长4403.915米,路基宽度24米,按二级公路标准建设。

为积极落实上级对疫情防控及工程复工要求,樟树公路分局按照科学、规范、有序的原则,严格做好复工人员筛查管控、疫情防控和复工相关工作。复工前积极开展疫情防控检查,项目部认真做好人员防护、消毒以及疫情防控物资的储备。安排专人对办公、食宿区域的日常消毒,对进出车辆和人员做好详细登记工作,要求工作人员佩戴口罩、消毒等个人防护工作。

(省公路管理局)

【宜春交建严抓复工后的疫情防控工作】 2月24日,宜春交建公司在前期完成系统摸排职工动态、配备防疫医疗物资、提前告知劝返以及复工申请报备等工作后,由弹性灵活工作制恢复为正常生产经营,并严格落实各项防疫措施,有序推动各公路项目建设,以满足群众的出行需要。

复工第一天,公司机关办公室及承建的铜鼓县路网工程、万载国道220和省道223公路改建工程、樟树葛玄路改扩建工程等项目的工作人员,分类复工返岗,戴好口罩有序开展工作。

为做好复工及疫情防控工作,同时,为做好工作,在厂区出入口、办公人群集聚区域设立体温检测点,每日定期对办公楼宇、生产及作业场地、宿舍和食堂等场所进行消毒消杀,实行错时取餐、分散用餐,并在显目处张贴防范疫情措施的公告,劝导职工不串岗,不组织各类集聚活动,科学防范疫情。

(省公路管理局)

【永新公路分局召开疫情防控和复工复产部署会】
2月28日,永新公路分局召开疫情防控和复工复产部署会,对当前的疫情防控和复工复产工作进行专题部署,强调要两手抓,齐头并进。分局班子领导、相关部门负责人参加会议。会议要求,要继续高度重视疫情防控工作,规范操作,做细做实各个环节,具体做到三个"全覆盖":一是上班人员体温监测全覆盖;二是外来人员信息登记全覆盖;三是外出返岗人员的隔离保护措施全覆盖。在复工复产上,该局要求从严落实保公路畅通这一根本任务;养护工作上,加强公路日常养护,及时抢修公路病害,消灭路面坑槽,全面实施养护大中修附属工程和安全生命防护工程建设,并全力组织实施迎国评工作;工程项目上,加快推进省道444线永新县东里至江背公路改建工程和危桥改造工程开工准备工作,为实现项目如期完工奠定基础。

(省公路管理局)

【遂川公路分局六个公路工程建设项目全部复工】
3月15日,省道226遂龙线重建保通工程开始混凝土面层铺筑。至此,遂川公路分局6个公路工程建设项目全部复工。除省道226遂龙线重建工程外,国道356新江至小湖养护中修工程、省道315珠田段大修工程、田心驿站绿化工程均已复工,进入扫尾阶段。沙田一桥、二桥危桥改造工程和国道220青龙峡养护中心建设也在紧锣密鼓推进之中。

(叶小荣 梁火生)

【新余市公路局试点建设首条"聪明的路"】 近年来,新余市以"环形+放射"干线公路规划项目建设为重点,着力打造"畅、安、舒、美"的品质公路,2020年新余市公路局计划投入1100万元对国道220线原分安线32千米实施智慧化提升改造试点。据悉,该局将加密该路段监控感应设备,增建智慧化治超系统、公路环境监测系统、融冰除雪系统、弯道车辆监测及边坡预警发布系统等,提高智慧公路感知的精准度、准确度和可靠性,实现普通国道重要节点、重要路段、特大桥梁运行实时监测,提升省、市、县三级路网管理的协同效率、应急处置效能和信息服务能力,实现公路管理养护服务的科学化、精准化、个性化,提升公路管理水平。

(郭义民)

【省公路局召开普通省道建设项目行业意见审查视频会】 3月20日,省公路局在南昌通过视频方式远程召开《S314拿山至碧溪公路升级改造项目工程可行性研究报告》行业意见审查会。

目前仍然处于疫情"内防扩散,外防输入"时期,省公路局打破常规,通过和吉安市公路局、井冈山市公路分局三方远程同步视频的会议形式对项目进行了行业审查,减少人员跨区流动和聚集,做到了疫情防控和项目审查两不误。

为开好审查视频会,把控项目设计编制质量和项目可行,各地报审项目前,省公路局要求设区市公路局应出具项目工可初审意见,项目所在县级人民政府出具资金承诺函,明确项目建设单位。

(王华平 胡晓 李周沛)

【省道519线奉新百丈至找桥段公路改建工程(宜丰境内)下基层水稳开始摊铺】 省道519线奉新百丈至找桥段公路改建工程宜丰境内长1.816千米,路基宽10米,路面宽8.5米(含硬路肩)。3月24日,下基层水稳正式开始摊铺,为了确保下基层水稳施工质量,项目部结合现场实际,提前谋划部署,严格控制摊铺厚度和平整度。在施工准备阶段,项目部组织技术人员对现场施工队进行了详细的安全、技术交底,明确了施工工艺流程和质量控制要点。项目部、总监办从拌和、运输、摊铺、碾压等各项工序,层层把关,严格按照规范要求进行检测,对施工全过程进行实时监控,确保项目质量达标。

由于该水稳搅拌厂距离工地现场有一段距离,沿线路途陡峭、急弯多,造成运料车运料速度较慢,加之近期雨水较多，项目部努力克服不利因素，狠抓细节落实，加大力度推进施工进度，预计10天内完成两层水稳的铺筑。

（谢文文）

【鹰潭市省道207画桥饶家至皇桥何家段一级公路升级改造工程开工】 4月27日，省道207画桥饶家至皇桥何家段一级公路升级改造工程开工建设，标志着鹰潭至万年快速通道鹰潭段正式进入实施阶段。

万年至鹰潭高铁北站快速路是全省支持鄱余万都滨湖四县发展的重点公路项目，全长46千米。其中省道207画桥饶家至皇桥何家段全长9.6千米，按一级公路标准建设，宽24.5米，双向四车道，设计行车速度80千米/小时，计划2022年4月完工，总投资约4.59亿元。该项目的实施，对于构建鹰潭至万年快速通道、改善区域交通条件、完善路网布局，促进鄱余万都经济社会发展具有十分重要的意义。

（袁军辉 马 超）

【吉安县省道443枫江至永阳公路改建工程进展顺利】 吉安县省道443枫江至永阳公路是江西省"十三五"规划中的一条省道，该道路位于吉安市吉水县和吉安县境内，路线起点位于吉水县枫江镇南岭村与省道221平面交叉，经过尚贤、北源、与省道222平交、大冲、上跨大广高速、澧田、与省道223平交、官田、安塘、下穿泉南高速后终于吉安县安塘乡答桥与国道319平面交叉处，路线全长72.215千米，（其中K0+000—K7+240段为吉水县境内，路线全长7.217千米；K7+240—K75+453.084段位吉安县境内，路线全长64.998千米。）公路设计等级为二级公路，设计时速80千米/小时，路基宽度12米，路面宽10.5米。

据悉，省道443枫江至永阳公路复工建设以来，施工方抢抓黄金施工节点，倒排工期、挂图作战，科学有序推进路基、桥梁、涵洞等工程建设，强力推进了工程进度。工程施工预计水稳层施工6月底开始进行，沥青面层8月份开始施工，12月底完成全线交工验收并通车。

截至6月15日，完成路基挖方228.1万立方米、路基填土方265.4万立方米，清理现场1817705平方米，砍伐挖根38258棵，移栽樟树1446棵，完成水沟51000米，级配碎石底基层已铺筑468000平方米，完成中、小桥11座，圆管涵332道，盖板涵43道，备料160000立方米。

（肖武生）

【省道222线分宜金鸡布至硖石段二级公路改造土方工程动工】 6月22日，省道222线二级公路升级改造郑州市路通公路建设有限公司项目部开动挖机，正式对该路段清理土方表土，这标志着省道222线分宜县金鸡布至硖石段二级公路改建工程进入实质施工阶段，也标志着分宜县普通干线公路"十三五"改建工程已全部开工。省道222线金鸡布至吉安硖石段将从三级公路升级改造为二级公路，路线总长18.083千米（分宜县境12.7千米，仙女湖区5.383千米），路面宽度为10.5米，沥青混凝土路面，预计投资3.5亿元。该项目为江西省"十三五"公路建设专项规划库内项目。起点位于分宜县钤山镇金鸡布，在原路口与国道220线相交，经庄边、行山、苑坑等村，于硖石下穿大广高速公路。

（郭义民）

【萍乡市省道533流田至桐田段公路改建工程建成通车】 随着省道533流田至桐田段公路改建工程安源路段完成沥青路面的铺设以及标线的完善，省道533公路改建工程全线建成通车，萍乡市又增加了一条经济发展的主干线。

该工程，起点位于湘东区五里村与国道320相接，经樟树下、新中、中洲、水冲、诗源、桐田、善洲、晓公祠、佳沙洲，终点为谢家滩，与安源区中环西路相交，路线全长17.316千米。

该项目东环路段4千米按二级公路标准设计，其余路段13.316千米按一级公路标准建设，总投资约3.7亿元。该条公路连接湘东区国道320与安源区中环西路，在湘东区与其他国、省、县道构成了较为完善的公路网络，对于湘东区的经济发展和对外联系起着重要的作用。该条公路从2015年开工建设，历经6年时间，克服了重重困难，终于圆满竣工。

（李襟远）

【兴国雄岗隧道顺利贯通】 9月16日，省道219兴国蕉坑至莲塘公路改建工程雄岗隧道顺利贯通。

据了解,雄岗隧道全长 480 米,是赣州市普通国省道路线中最长的一条隧道。为确保隧道施工质量和安全,兴国公路分局首次在全省地方公路项目推广应用了视频监控系统,全过程跟踪建设,通过手机 APP 可随时观看隧道实时进展情况。

(温普长)

【宜春省道 531 温汤至洪江二级公路正式建成通车】 9 月 18 日,宜春市政府新闻办、宜春市公路管理局联合召开新闻发布会,宣布省道 531 温汤至洪江二级公路新建工程(以下简称省道 531 温汤至洪江二级公路)正式建成通车。

省道 531 温汤至洪江二级公路作为 2018 年宜春市政府工作报告提出实施的 20 项民生实事项目之一,自计划建设以来,就得到社会各界的高度关注。该项目建成通车,进一步完善了全市普通国省公路路网结构,助推了明月山风景区温汤、洪江两个旅游重镇旅游产业的串连发展,同时也满足了沿线广大群众生产、生活、出行的便利性。

该项目于 2018 年 2 月开始动工建设,起于温汤镇仙巩村接明月大道,终于洪江镇浆里接省道 224,途经仙沅村、婆官山、丹溪、梅洲等村庄,全长 13.432 千米,含隧道一座(明月隧道)、长 1310 米,桥梁 3 座、长 381 米。该项目总投资约 3 亿元,设计公路等级为二级,路基宽度 12 米,设计车速为 60 千米/小时的双车道标准。

开工两年多来,宜春公路系统合理安排施工计划,选择专业施工队伍,努力克服了 2018 年冬季至 2019 年夏季长时间连续降雨和 2020 年初新冠肺炎疫情等不可抗因素影响,坚决攻克了明月隧道洞口区多覆盖土、强风化岩、水系丰富等重重困难,在确保生产安全和工程质量的前提下,于今年 9 月中旬正式建成,达到了通车条件。

省道 531 温汤至洪江二级公路作为宜春市公路系统承建的首个含隧道工程自建项目,其建成通车翻开了全市普通国省道建设水平的新篇章,填补了宜春市普通国省道隧道工程建设空白,展现了宜春公路行业不断进取、不断创新的精神品质。下一步,宜春公路部门将持续做好这条路的日常养护、全力抓好路产路权和路域环境维护、不断完善服务功能、提升服务水平,确确实实将这条路打造成一条民生路、致富路。

(周 剑 胡羿璇)

【省道 404 东港至黄坛公路改建工程项目开工】 9 月 28 日,景德镇市公路管理局管养的省道 404 东三线东港至三龙段公路改建工程项目正式开工。

该项目起点位于黄坛乡东港村东港小学向西北延伸约 500 米,路线由北向南延伸,途经东港、港口、吴坑、黄坛等村落,终点位于黄坛乡敬老院附近,全长 13.306 千米,沿线共设置桥梁 9 座,总长 494.12 米。道路按三级公路标准建设,路基宽度 8.5 米,设计时速 30 千米。工程总投资 11774.55 万元,其中建安工程费约 8720.51 万元,计划工期为 19 个月。该项目的建设将改善区域居民出行环境和公路服务水平,推动浮梁县"交通+旅游+产业"模式的构建和完善,同时对于贯通景德镇全域国省道旅游线路,服务景德镇国家陶瓷文化传承创新试验区,均具有十分重要的意义。

(周 军)

【樟树市葛玄路建成通车】 10 月 15 日,葛玄路改扩建工程建成通车。该项目总投资近 6 亿元,全长 10.7 千米,项目北起樟树主城区药都南大道,分别与四特大道、盐城大道相交,途经塘背村、古亭村、中国古海旅游度假区、岐黄小镇,后向东南延伸止于阁山镇东昌高速樟树东互通连接线。按一级公路兼顾城市道路功能,正线两旁都设有慢车道和非机动车道的双向 4 车道标准建设,设计速度 60 千米/小时,路基宽度 47 米,路面结构为沥青混凝土路面,结构物荷载等级为公路—Ⅰ级。项目建成后,不仅完善了樟树路网结构,降低公路运输成本,而且联通樟树东站,对加快樟树市旅游业发展,推进"生态立市、旅游兴市"的战略,具有十分重要的意义。

(李嘉瑜)

【庐山市沙山作业区疏港公路建设完工】 12 月,庐山市沙山作业区疏港公路建设完工,全长 8.048 千米,按一级公路标准修建,总投资约 4.5 亿元。

(九江市公路局)

【富田至大坑红色旅游公路竣工通车】 富田至大坑红色旅游公路项目所属路线为富苑线至大坑公路,路线编码为 X003360803,路线全长 8.5 千米,按三级公路标准建设,路基宽 7.5 米,路面宽 6.5 米,路面结构形式为:上面层为 4 厘米厚细粒式沥青式混凝土;下面层为 6 厘米厚中粒式沥青混凝土;基层为25厘米厚水泥稳定碎石(水泥剂量5%);20厘米厚级配碎石垫层。项目建设单位为富田镇人民政府,施工单位为江西省洪观建筑有限公司,项目于2019年8月开工建设,2020年12月底竣工通车,总投资约3617万元。

(吉安市交通运输局)

农村公路建设

【概况】 全年新改建农村公路10346千米,安全生命防护工程13021千米。完成窄路面拓宽改造5385千米,完成率135%。路面改造2352.9千米,完成率118%。旅游路、资源路、产业路、路网联通路、公益事业路1281.6千米,完成率128%。2020年底,县道三级及以上等级公路比例达55.3%,比2019年提高5.3%。

(省公路管理局)

【弋阳梅烈公路通车】 1月22日,由弋阳县漆工镇商会企业及社会各界捐资500万元、政府投资400万元的梅烈公路正式通车,为近3万村民群众出行提供更加便利的交通条件。梅烈公路东起漆工镇烈桥村内上德公路,西至樟树墩镇直源村委会梅源口弋漆公路。改造前全程6千米,改造后实际里程5.3千米。设计为沥青黑色路面,宽度7米。项目总投资约900余万元。梅烈公路正式通车后,弋阳县城到漆工的路程时间至少缩短30分钟。

(上饶市交通运输局)

【樟树市县道809石陂—乌溪县道升级改造工程竣工通车】 3月4日,县道809石陂—乌溪县道升级改造工程顺利通过宜春交通运输局竣工验收并通车。该项目位于樟树市店下镇,起于进场公路平交口,途经乌溪村、塘塍上、邹家溪、石门、终点为石陂村口,路线全长4.675千米。路基按7.5米,路面按6.5米宽进行拓宽改造,路面采用水泥砼路面,道路等级设计为双车道三级公路。项目总概算约为1200万元。

(李志华)

【贵溪市县道209公路改建工程建设复工复产】 3月15至16日,贵溪公路分局根据疫情防控各项要求,通过优化工作流程、创新工作方式、调整工作节奏等措施,灵活安排贵溪市县道209公路改建工程建设施工工作,开始对贵溪市县道209公路改建工程进行摊铺沥青下面层,尽最大可能降低疫情对项目建设的影响,确保疫情防控与工程项目建设两不误。

贵溪市县道209长塘至山背段公路新建工程于2018年6月21日开工,计划2020年6月20日完工。起点位于周坊镇的长塘村,终于山背村。起点桩号K0+000,终点桩号K13+917.069,全长13.917069千米。项目投资约11813.7万元,采用两车道三级公路标准,路基宽8.5米,桥梁宽10米。

截至3月17日中午,已完成中桥5座(全长235米),涵洞126道(预留圆管涵30道),平面交叉22处,通道1处,水稳基层9000米,沥青下面层5500米。

(姜枚英 夏俊伟)

【省公路工程检测中心配合完成农村公路建设项目质量督导】 4月25日至28日,受省交通建设工程质量监督管理局委托,省公路工程检测中心积极配合了全省农村公路建设项目质量督导工作。

本次现场督导成立了4个督导组,督导组成员主要由省质监局和中心检测人员组成。按照既定计划要求,督导组分别前往上饶、南昌、宜春、赣州等11个设区市,严格按照《农村公路建设质量管理办法》的规定和《公路路基路面现场测试规程》的要求,现场检查了各建设项目的路面、路肩等质量状况及路面缺陷情况。整个现场检测在各方见证下完成,过程跟踪拍照,确保了科学性、公正性。

本次督导工作对加强全省农村公路建设质量管理,保证农村公路质量耐久、工程耐用和安全可靠起到了积极的作用,有力提高了全省农村公路建设质量工作水平。

(李 雪)

【高安市相城至田南三级公路竣工】 5月15日,相城至田南三级公路竣工。路线位于高安市田南镇,项目起于喻家,终于田南镇,全长1.22千米,设计行车速度30千米/小时,桥涵汽车荷载为公路—

Ⅱ级,设计洪水频率为1/25,路基宽7.5米,路面宽6.5米;路面结构类型:面层为22厘米厚水泥混凝土,基层为20厘米水泥稳碎石,垫层采用原混凝土路面破损处理。工程为改造工程项目,总投资394.163万元。由宜春交通规划勘察设计院设计,江西省雲瑞实业有限公司承建。2020年3月26日开工建设,工期2个月。

(郑文斌)

【王爱和来鄱调研水毁公路复建工作】 8月26日下午,省交通运输厅党委书记、厅长王爱和来鄱阳县调研水毁公路复建工作。市交通运输局党组书记、局长李荣良,鄱阳县委副书记、县长胡斌,县政协副主席、交通运输局局长雷垦华陪同调研。王爱和一行先后来到银宝湖乡银宝村国道351水毁道路现场、民主村县道078土箕垄至金家水毁公路灾后重建现场,沿途查看道路损坏程度及危险路段的应急处置情况,现场听取鄱阳县交通运输部门关于水毁公路保通保畅及修复重建工作介绍。在银宝湖乡民主村县道078土箕垄至金家水毁公路灾后重建现场,王爱和详细听取关于水毁道路灾后重建工作汇报,实地查看路基损坏和抢修进展情况。他强调,要科学制订受损道路复建方案,精准核算灾损情况,并及时上报信息,争取上级政策资金支持。要科学有序部署推进灾后重建工作,全力以赴抢修水毁道路,保障道路通畅、群众平安出行。要加强统筹协调,明确施工时间,科学调配专业力量和队伍,确保水毁道路灾后重建修复工作顺利有序推进。要抢时间、抓进度、保质量,时刻绷紧安全生产这根弦,落实各项安全施工措施,确保道路尽快恢复正常通行。

(韩晓艺)

【聚焦南昌"打造'畅安舒美'农村公路,彰显乡村振兴省会担当"】 江西省南昌市各级交通运输部门按照关于"四好农村路"建设的重要指示精神,紧紧围绕"不忘初心、牢记使命"主题教育,大力推进农村公路建设,全市农村公路高质量发展,农村交通环境得到很大改善。南昌农村公路在越来越通达通畅的同时,还在通行安全和舒适度上有了显著提升。特别是今年来,南昌市委主要领导多次对南昌市农村公路建设作出批示:"安义县'四好农村路'的做法值得其他县区学习,适时可召开现场推进会,推动全市农村公路上台阶,彰显省会担当""安义的做法可在全市推广"。

(南昌市交通运输局)

【樟树市黄土岗至太平桥县道升级改造工程建成通车】 12月14日,投资1220万元的黄土岗镇境内县道111黄土岗至太平桥县道升级改造工程正式开工建设,项目起点位于国道533平交口,上跨沪昆铁路,途径黄岗老街、后房、廖家村、横坑、长湖袁家,终于太平桥,全长6.4千米,公路标准为公路三级,设计时速为30千米/小时,路基宽7.5米,路面宽6.5米,采用混凝土沥青路面进行拓宽改造。

(李志华)

【新干县加快"四好农村路"建设,全力助推美丽乡村振兴】 一是突出"四个注重",打造农村公路建设新格局。将农村公路建设作为政府为民办实事项目,着重从规划引领、政策支持、资金保障、质量监督四个方面入手,科学规划"十三五"农村公路建设项目,制定一系列支持农村公路建设、管理、养护等相关政策措施,加大县财政配套资金支持,强化项目建设质量监督,将农村公路建、管、养、运工作纳入政府年度综合目标考核,形成"政府主导、交通承办、部门配合、社会支持、群众参与"的农村公路建设新格局。2019年以来,投资1.181亿元,新建改建农村公路50.2千米,其中县道升级改造11.7千米,窄路面拓宽改造38.5千米,危桥改造25座。先后升级改造了大洋洲至甘泉、溧江至神政桥、大塘至新街上旅游路、七琴至麦斜等县乡村公路以及金果世界旅游路。同时实施了曾家陂、大坑桥等危桥改造,并创建了一个美丽生态文明路示范带、4条美丽生态文明路。

二是抓好"两个覆盖",推动城乡客货运输新发展。一方面城乡客运公交实现全域覆盖,全力推进城市公交线路延伸和公交进园区,先后开通沂江、界埠、荷浦、三湖、大洋洲等7个片区的"镇村公交"。扎实推进建制村通客车工作,完成25个"通返不通"建制村通客车,上寨、燥石、黎山等3个未通客车建制村于2020年8月份正式开通,全县134个行政村100%通客车。另一方面是城乡物流配送实现城乡覆盖,把物流作为农民增收、乡村振兴的一项致富工程来抓,以城北物流园为中心,打造辐射全县的13个乡级网点、78个乡村网点,电商、淘宝、快递等新型物流网络入村入户,出门见路、抬脚上车、足不出户、商品到家,农民也享受到了和城里人一样的生活,不仅为农村带来了人气财气,也为党和政府赢得了民心。

(新干县交通运输局)

【抚州全力推进"四好农村路"建设,促进农村公路建、管、养、运协调可持续发展】 2020年,抚州市完成投资额27.8亿,完成率154%。县道升级改造88.4千米,完成率126%;乡道双车道改造121.3千米,完成率121%;窄路面拓宽改造102.4千米,是年度任务的102%;县乡道路面改造211千米,完成率105%;资源路产业路旅游路等五路105.37千米,完成率105%;危桥改造50座,完成率125%;安全生命防护工程613千米,完成率102%。实施路长制。制定了各县区"路长制"实施方案,细化路长职责,落实路长人员,做到一路一长。加强路域环境整治。共出动执法人员4131人次,拆除各类违法建筑物(构筑物)203处;清理各类非公路标志(标牌)633块;整治各类非法架设(埋设)管线105处;清理沿线违法加水洗车站点13处;查处占用、挖掘、损坏污染公路(路肩种植物、打谷晒场、路面堆积物等)121处;规范处置平面交叉道口设置35处;消除各类公路安全隐患582处,境内农村公路通行环境全面净化。制订并落实各项养护制度。从制度上规范农村公路养护和管理,每季度组织一次养护检查考核,对存在的问题进行通报,年终根据全年养护情况进行评比排名,市财政每年安排300万元资金对排名前6的县(区)进行奖励。经过"十三五"期重点抓,全市农村公路路况稳步上升,优良中等路率比例不断提高。推动城乡公交一体化。开通9条城际公交线路,139个乡镇开通城乡公交线路,开通率达到90.8%;开通公交的行政村达1799个,开通率达100%,所有建制村均设置客车停靠点和站牌。全市农村公路建、管、养、运实现协调发展。

(陈根玲)

【上饶市"四好农村路"建设实现新突破】 上饶市成功创建3个"四好农村路"国家级示范县(江西省占比42.9%),10个"四好农村路"省级示范县(江西省占比25%),走在江西省乃至全国设区市前列。德兴市成功创建第一批全国"城乡交通运输一体化示范县"。完成农村公路建设1108千米,危桥改造100座。全面实现"乡乡通三级公路、村村通水泥(油)路、组组通硬化路"的目标。积极推动农村公路建设应用新技术、新工艺、新材料,大力提升农村公路建设品质。上饶市和婺源县、横峰县、德兴市被交通运输部、财政部列入2020年—2022年农村公路管养体制改革市级试点地区。农村公路"路长制"已全面铺开。8个县(市、区)初步完成"建管养运"信息化平台建设。

(上饶市交通运输局)

桥梁建设

【概况】 截至2020年底,全省公路桥梁累计为1786477.64延米/27778座(含危桥47967.34延米/1200),共计有永久性桥梁1759067.84延米/26370座。全省特大桥175139.32延米/78座、大桥915372.63延米/3649座、中桥438411.56延米/8093座、小桥257554.13延米/15958座。

从桥梁技术状况看:2020年底,全省危桥共1200座,其中高速公路无危桥,普通国省道37座,农村公路危桥1163座。全省危桥数量较"十二五"末5348座减少了4148座,比2019年1729座减少了529座(其中普通国省道危桥比上年减少209座,农村公路危桥比上年减少320座)。

(省公路管理局)

【广昌公路分局"两手抓、两不误"积极做好危桥重建项目复工】 针对管养路段省道448塘固线横山桥危桥重建项目施工工期紧,社会影响面大,为确保在汛期前完成施工任务,保证该桥顺利通车,广昌公路分局作为业主单位,主动担当作为,帮助并指导施工企业按照上级关于做好当前疫情防控形势下工程建设项目复工工作的要求,严格制定疫情防控工作方案,扎实做好复工人员的健康排查和人员健康防护工作,全面加强体温监测和施工场所消毒,确保不留盲区和死角,同时加强疫情防控知识宣传,增强人员自我保护意识,做到有序安全生产。由于组织措施到位,符合防疫要求,该项目于2月16日被县防疫指挥部批准复工,现正紧锣密鼓地建设施工。

(谭广金)

【抚州王安石特大桥全面复工复建】 2月23日上午,抚州东外环高速公路连接线上的王安石特大桥节后全面复工复建。王安石特大桥位于东临新区湖南乡摆上郑家附近,是抚州市东外环高速公路东互通A匝道连接线上为跨抚河而建的一座大型桥梁,也是抚州通往东乡的第二通道。大桥全长1417米,设计为双向六车道景观桥,为飞燕式钢管混凝土拱桥,主拱跨径168米,两侧边拱跨径均为60米。

(陈根玲)

【宜春大道秀江大桥建设启动首联现浇箱梁浇筑】 3月25日,经过10多个小时的不懈努力,宜春交通投资集团承担建设的宜春大道秀江大桥,首联2跨现浇箱梁底板和腹板顺利浇筑完成。这意味着施工正式从下部结构施工转向上部结构施工,也标志着宜春大道项目秀江大桥建设进入新阶段。

据介绍,秀江大桥全长146米,桥宽40米,设计采用4×36.5米现浇连续箱梁,下部结构桥墩采用花瓶式矩形实体墩,基础采用桩基础接承台,桥台为柱式台、桩基础形式。秀江大桥的建设技术要求高、施工难度大、工期紧张,是整个宜春大道项目的重要节点工程。根据施工计划,秀江大桥建设工程箱梁共计2联8跨,本次共完成2跨共计73米箱梁底板及腹板浇筑,为实现宜春大道项目全线贯通打下了坚实基础。

(邓 腾)

【国道237线婺源境内汪口大桥拆除重建工程开工】 3月9日,国道237线婺源境内汪口大桥拆除重建工程开工。据悉,汪口大桥被检测为四类危桥,经上级主管部门和当地政府批准进行拆除重建。重建工程业主由婺源公路分局担任,上饶市宏优公路勘察设计院有限公司负责设计,安徽先河建筑工程有限公司负责施工,上饶市赣东公路工程咨询有限公司负责监理。重建后的汪口大桥采用4跨30米的小箱梁,桥梁全长128米,计划于2020年10月底完工。

(叶树华)

【省道531线温洪线丹溪大桥首片箱梁架设成功】 3月19日,在省道531线温汤至洪江二级公路新建工程(以下简称省道531温洪线)项目丹溪大桥首片箱梁架设成功,标志着该项目桥梁上部结构施工正式拉开序幕,项目整体施工向主线贯通迈出关键的一步。省道531温洪线采用双向两车道二级公路标准建设,设计速度60千米/小时,于2018年4月底正式开工,是宜春市首个含有隧道工程的二级公路,其中丹溪大桥全长217米,采用多箱单独预制、简支安装、现浇连续接头、先简支后连续的结构体系,整桥包含28片箱梁。

(周 剑 冯海燕)

【南丰危桥改造如火如荼】 3月26日上午,南丰县市山镇三江大桥T梁架设成功,实现了桥梁下部与上构流水施工作业的顺利衔接,也标志着这座危桥改造项目即将完工,这是疫情发生以来全面复工的一重大转折点。据悉,此次危桥改造项目涉及国道322、省道534三、四类危桥共8座,从2019年12月正式开工,预计2020年5月份竣工。该批危桥改造实施后,将进一步提升南丰县农村公路安全保障水平,方便沿线乡镇经济往来,对完善区域公路运输网及农村经济发展均具有重要意义。此次成功实施架梁的三江大桥是一座四类危桥,作为危桥改造项目之一,极大鼓舞了建设者士气,为实现今年危桥改造目标奠定了良好基础。

(邓 军)

【吉安市禾埠老大桥成功爆破】 3月29日上午10时18分,吉安市禾埠老大桥爆破拆除工程顺利实施爆破。

吉安市禾埠老大桥为原国道105线上的一座钢架拱桥,桥梁全长312.8米,桥宽12米。随着经济的高速发展,交通量增长远超设计预期,导致大桥出现了多种严重病害。经江西省公路工程检测中心检测,评定该桥总体技术状况等级为5类危桥,对该桥采取了封闭交通措施。2020年1月3日,吉安市政府根据桥梁检测报告和专家论证与建议,并结合吉安市城市总体规划要求,决定爆破拆除禾埠老大桥。

为确保爆破拆除工作万无一失,工程指挥部制定了严密的工作方案和爆破警戒方案,落实大桥爆破警戒范围的安全防护、起爆作业、监控监测、安全警戒、交通管制、人员疏散、降尘和应急救援等各项工作,实现了大桥的成功爆破。

(省公路管理局)

【国道320袁州区沙田至分界段公路改建工程螺江桥八片梁板架设完成】 4月17日下午4点,国道320袁州区沙田至分界段公路改建工程螺江(中)桥八片箱梁全部架设完毕。国道320袁州区沙田至分界段公路改建工程全线共1座桥梁,总长26米。桥梁工程上部结构采用1×20米预应力混凝土简支小箱梁,下部构造采用桩基接盖梁桥台,钻孔灌注桩基础。在梁板架设施工过程中,参建技术人员通过充分研究论证,合理设计施工方案,安全顺利地完成了箱梁的架设。下一步螺江桥将进行桥面铺装。

(晏 群 揭 晨)

【省道塘固线横山桥危桥重建工程完工通车】 4月3日上午,广昌公路分局管养的省道448塘固线横山桥危桥重建工程完工通车。该桥位于省道塘固线K25+398处,是通往广昌县塘坊镇的唯一通道,被列为塘坊镇的重点工程项目。由于使用年限久远,老桥出现了主拱圈线形变形,拱上立柱开裂、腹拱出现纵向裂缝,桥台出现滑动下沉、桥墩砌体破损等病害,经第三方检测定为四类危桥,存在严重的安全隐患。为确保桥梁安全,对老桥实施拆除重建。重建后的该桥桥长67.08米,桥梁全宽为10米(9米行车道+2×0.5米防撞墙),上部构造采用3~20米预应力砼先支后结构连续小箱梁,下部构造采用柱式墩台,基础采用钻孔灌注桩。该桥梁重建工程的完工通车,大大改善了沿线群众出行环境,确保了汛期来临时桥梁能安全度汛,为推动乡村振兴及当地经济社会发展提供了优质的公路服务保障。

(刘艳群)

【吉安青原区值夏大桥新桥建成通车】 4月10日上午,青原区值夏新大桥历时8个月的建设顺利通车,去往值夏镇的车辆可正常通行。据悉,值夏大桥建成于2000年,位于青原城区至东固交通要道,归属吉安市公路局直属分局管养。近年来,由于交通量猛增,重型车辆也比较多,老桥拱脚处、横向联结系出现多处裂缝,支座老化严重;受老桥设计限制,不能通过加固来满足现在交通需要。该分局多方协调,争取立项,通过专家评定于2019年7月19日上午11时爆破拆除,并在原址建新桥。新桥采用箱梁桥设计,为7跨(孔)、每跨30米,总长210米;桥面总宽12米,其中行车道总宽9米,人行道总宽3米,采用沥青混凝土桥面。

(黄 橙)

【吉安青原区万福大桥新桥建成通车】 4月22日上午10:39分,青原区万福新大桥正式通车,去往东固、兴国方向的车辆可正常通行。据悉,万福大桥重建工程是迎"国评"项目。施工期间,通行车辆限高2.3米、重4.5吨。继4月10日值夏大桥的顺利通车,如今万福大桥的建成,结束了去往新圩、富田、东固、兴国方向的绕行,极大的方便群众出行,安全也更有保障。

(黄文智 曾秋玲)

【靖安国道353塘埠大桥圆满完成桩基础施工】 4月11日,靖安国道353新建及升级改造项目塘埠大桥32根桩基础全部圆满施工完成,这标志着这座江西境内国省道最深的深水大桥建设已彻底攻克深水施工难关。靖安国道353项目总共包含5座桥梁68根桩基础,而塘埠大桥是该项目主体控制性工程之一,该项目横跨罗湾水库,平均水深达到26米,于2018年11月正式开工建设。

(陈晓龙 熊悠靖)

【宜丰省道519洞下中桥完成架梁】 4月13日下午,省道519奉新百丈至找桥段二级公路改建工程关键性工程——洞下中桥最后一片箱梁顺利吊装就位。据悉,该桥全长20米,桥面宽度10米,上部采用1—20米预应力混凝土简支箱梁,桥台采用重力式U台,基础为扩大基础,自2019年10月份实质性动工以来,宜丰公路分局提前做好工作部署和施工组织设计,合理安排人力、机械和物资,加强技术交底,严格规范施工作业,确保了整个桥梁建设安全可控。

(谢文文)

【铜鼓县省道222棋温线高石坳中桥第一跨梁板架设完成】 5月19日上午,在铜鼓县省道222棋温线二级公路改建项目高石坳中桥第一跨梁板架设完成,标志着该项目桥梁工程迈出关键一步,为推动项目早日完工奠定了基础,也意味着铜鼓县西河片区至县城通行条件改善指日可待。铜鼓省道222棋温线二级公路改建项目桥梁工程于2018年

8月正式开工建设，共设一座大桥、三座中桥和两座小桥，为省道222棋温线二级公路改建项目主体控制性工程之一。自今年复工以来，铜鼓路网经理部一方面狠抓疫情防控，一方面稳抓施工，全力推进项目进度，克服疫情、地质灾害和雨水天气等影响，发扬公路人"逢山开路、遇水架桥"的精神，对工程安全、质量等进行严格把控，为桥梁顺利架设提供了有力保障。

（彭福举　于艳飞　袁莎）

【国道206线叶家桥竣工通车】 5月20日，由余江分局管养的国道206叶家桥经过近8个月的施工建设，全面竣工通车。叶家桥位于国道206余江区锦江镇，起点位于国道206桩号K1634+262.5处，终点桩号为桩号K1634+319.5。叶家桥经过多年的运营使用，桥台出现严重结构性裂缝、桥台变形失稳，经检测单位检测确定为五类桥梁。叶家桥重建工程于2019年10月正式开工，新建桥梁上部结构为2×25米预应力简支小箱梁，下部结构采用桩柱式桥台，桩柱式桥墩，桩基采用摩擦桩。保持中心桩号K1634+291不变，新建叶家桥全长57米，桥宽12米，保持不变，与老路顺接。

（苏火龙　夏金根）

【安福省道438（安下至泰山）完成桥梁静载实验】 6月14日，项目管理部、驻地监理、施工单位、第三方检查单位等组织相关人员对省道438安下至文家公路上的大桥进行静载荷载检测，此次桥梁静载试验主要是桥梁结构的受力状态进行综合分析，对桥梁作出总体评价，从而为该桥今后的运营养护及长期健康状况评估提供基本结构原始参数。省道438安下至文家公路起点位于安福县泰山乡安下村，途经石于、小湖、瓦溪、月家村、岩前和铜溪终于高峰，路线全长9.841千米，也是通往武功山、羊狮幕观光旅游公路的重要组成部分。据了解，项目通车后将有效改善通往景区的路域环境，提升群众的出行品质，改善景区交通服务条件和投资环境，拉动当地全域旅游发展，为推动安福经济高质量发展提供强有力的支撑。

（肖祖伟）

【鹰潭市龙虎山泄洪渠桥重建工程开工】 6月18日，鹰潭市龙虎山泄洪渠桥（危桥）重建工程开工。龙虎山公路分局管养的省道207蛟洄线K247+095处龙虎山泄洪渠桥原为8米现浇板桥，桥面宽度为12米，经多年运行，现桥面出现严重破损，桥下出现多处渗水，经专业检测机构鉴定为四类危桥。

鹰潭市龙虎山泄洪渠桥（危桥）重建工程由龙虎山公路分局负责实施，在原址拆除旧桥重建。新建桥梁全长20.04米，全桥共一联，采用正交设计，桥梁宽度为：0.5米（防撞栏）+11米（行车道）+0.5米（防撞栏），下部采用桩柱式桥台，上部采用1×13米装配式预应力混凝土空心板梁。工程总投资约110万元，预计10月底竣工通车。

（程海宾　夏金根）

【省道539线永新县三湾乡大湾桥危桥改造工程正式开工】 6月1日，省道539线永新县三湾乡大湾桥危桥改造工程桩基础施工全面启动，标志该桥的改造工程正式开工。

大湾桥位于省道539线的永新县三湾乡，是著名的"三湾改编"所在地，也是永新县三湾乡连通湖南的西线主要通道，老桥修建于1976年，桥长40米，桥宽7米，属1×25米圬工拱桥。经过多年的运营，主拱圈出现了不同程度的病害，存在较大安全隐患，2018年4月，被江西省公路检测中心评定为四类危桥。2019年，又遭遇持续暴雨袭击，该桥桥头路基冲空近三分之二，交通全部中断，管护部门于2019年曾对该桥进行加固施工，以维护车辆临时通行。

为了从根本上消除该桥的安全隐患，并进一步适宜国省道建设要求，经上级批准，决定在老桥上游一侧新建大湾桥，新桥设计桥长67米，桥宽8.5米，属3×20米预应力砼小箱梁结构，计划总投资556.56万元，工期12个月。

（尹爱华　周春平）

【国道220线万载绕城段公路改建工程首片箱梁架设成功】 7月18日，国道220线万载绕城段公路改建工程檵柴冲桥首片预制箱梁成功架设，标志着该桥建设正式进入上部结构施工阶段。檵柴冲桥设计全长20米，桥宽24.5米，采用8片20米预应力混凝土简支小箱梁，桥梁下部结构采用扩大基础。此次架设的20米箱梁，梁高1.2米，梁顶宽2.4米，梁底宽1米。

（章　坤　阮旻旺）

【祁婺项目南山路特大桥正式开工建设】 7月31日，德州至上饶高速公路赣皖界至婺源段南山路特大桥正式开工建设，是祁婺高速公路控制性工程之一。该特大桥右幅跨径总长为1140米，桥梁全长为1149米；左幅跨径总长为1110米，桥梁全长为1119米。桥梁结构采用钢混组合梁，设计等级为高速公路Ⅰ级，荷载为公路一级，时速100千米。祁婺高速全线共设桥梁24座（含主线上跨分离立交），总长13984米；共设隧道7座共7316米，桥隧比达52.3%。

（省高速集团）

【新余市环城路水西互通上跨国道533跨线桥贯通】 9月15日，随着市环城路水西互通上跨国道533跨线桥最后一片箱梁稳稳落在桥墩，一分部承建段所有预制箱梁全部架设完成。至目前，除涉铁桥和仰天中桥外，其余全部贯通，为实现全线通车打下了坚实的基础。市环城路上跨国道533跨线桥位于水西镇大港村附近，是为水西互通A匝道上跨国道533而设置的一座匝道上跨国道的跨线桥，桥长128米，上部构造采用先简支后连续的预应力砼小箱梁，下部构造为两柱式桥墩，钻孔灌注桩基础，按嵌岩桩设计。

（郭义民）

【都昌县新妙湖大桥建成通车】 9月28日，新妙湖大桥建成通车。新妙湖大桥位于省道214都昌多宝至县城段，跨越都昌新妙湖，桥梁全长2292.5米、宽28.5米，双向六车道，连接都九高速。

（九江市交通运输局）

【南城万年桥修缮工作竣工】 10月15日，第七批全国重点文物保护单位明代石拱桥南城县万年桥修缮工作竣工。古桥修旧如旧，绽放出古朴沧桑的风姿。万年桥横跨盱江两岸，全长411米，高10米，拱圈跨度14米，共有23孔，24墩。桥建于明崇祯八年（1635年），竣工于清顺治四年（1647年），迄今已有368年的历史，为目前国内现存最长的一座古代石拱桥。经过百年的风雨侵袭，屹立在盱江河畔的万年桥受损，为保护这座历史悠久的古桥，2019年，南城县投资600多万元，对桥的桥基、桥梁、桥面、护栏，按照修旧如旧的原则进行全面修缮。

（抚州市交通运输局）

公路养护

【概况】 2020年全省高速公路养护完成投资228668.5676万元，其中日常养护完成投资35570.956万元，预防性养护完成投资30766.8972万元（其中路面工程完成投资30409.7195万元，完成里程1192.563千米），养护修复完成投资114755.4664万元（其中路面工程完成投资95727.0456万元，完成里程1701.696千米，桥梁工程完成投资11335.3461万元，完成长度158911.2延米，隧道工程完成投资6470.141万元，完成长度182956.24延米），专项养护完成投资41586.9004万元，应急养护完成投资5988.3476万元，本年绿化投入资金4915.0772万元。

普通国省道完成投资1316504.4810万元，其中日常养护完成投资44387.7390万元，预防性养护完成投资70159.5800万元（其中路面工程完成投资70159.5800万元，完成里程930.592千米），养护修复完成投资814048.1140万元（其中路面工程完成投资710092.9670万元，完成里程3135.940千米，桥梁工程完成投资93305.8760万元，完成长度10142.400延米，隧道工程完成投资10649.2700万元，完成长度9356.000延米），专项养护完成投资375573.0740万元，应急养护完成投资12335.9740万元，本年绿化投入资金6658.8791万元。

农村公路完成投资908075.0883万元，其中日常养护完成投资35349.1741万元，完成里程

182444.468 千米，修复养护完成投资 385021.1108 万元，完成里程 4788.741 千米，专项养护完成投资 474341.8067 万元，应急养护完成投资 13362.9967 万元，绿化投入资金 19313.27 万元。

（省公路管理局）

养护管理

【全省普通国省干线公路养护管理工作座谈会在赣州召开】 1月7日至8日，全省普通国省干线公路养护管理工作座谈会在赣州召开。省公路局调研员陶久选出席会议并讲话，省公路局相关处室负责人，各设区市公路局分管领导、养护科负责同志以及赣州市各公路分局负责同志共计70余人参加会议。

会议解读了《交通运输部"十三五"全国干线公路养护管理评价方案（征求意见稿）》，讨论了《江西省公路管理局迎接"十三五"全国干线公路养护管理评价工作实施方案（征求意见稿）》，各设区市公路局汇报了2019年养护工作开展情况，并就2020年养护工作和迎"国评"工作进行了发言。

会议对2019年全省普通国省道养护管理工作进行了总结，既肯定了成绩，也指出了不足，并对2020年养护管理工作及迎"国评"工作进行了部署。

会议强调，"十三五"全国干线公路养护管理评价是交通运输部对江西省"十三五"干线公路养护管理工作的一次全面检阅，各单位、各部门要切实提高政治站位，增强责任感、使命感和紧迫感，要提高认识，认清形势，勇于担当，责任到人，自我加压，确保各项工作落到实处，按期保质保量完成目标任务。

会议要求，全省各级公路部门要认真贯彻落实省交通运输厅在吉安市召开的迎接"十三五"全国干线公路养护管理评价动员部署现场会议精神和省政府在德兴市召开的"三大攻坚、三大提升"会议精神，把"十三五"全国干线公路养护管理评价作为提高江西省普通国省干线公路养护管理和服务水平的有利契机，以高度的政治自觉、扎实的工作作风推动各项工作，全力打赢迎"国评"攻坚战，全力做好2020年养护管理工作。

会前，与会人员现场观摩了上犹县省道548沿湖停车区、省道548石质边坡生物防护工程、省道548碧水湾服务区及南康区省道226不停车检测点、南康区省道226十八塘至唐江段示范路等养护工程项目。

（吴智荣　张艳珍）

【南昌市公路系统开展普通国省道公众满意度问卷调查】 为做好迎接"十三五"全国干线公路养护管理评价工作，准确了解群众满意度情况，近日，南昌市公路系统积极组织专人深入公路沿线企业、单位、居民区、公路驿站和服务区等场所，积极开展普通国省道公众满意度问卷调查活动。

活动中，工作人员耐心细致地向司乘人员和公路沿线居民讲解哪些路属于普通国省道以及简要介绍南昌市普通国省道的运行情况，并指导群众通过登录调查问卷链接网址和扫描调查问卷二维码的方式，在线填写网上问卷，开展现场公众满意度摸底调查。同时，充分利用南昌公路信息网站、微信公众号开展线上调查。此次问卷调查内容包含群众对国省道干线公路的了解情况、整体印象、畅通情况、拥堵情况、行驶舒适度等情况。

截至4月19日，全市公路系统共收集调查问卷1100多份。下一步，南昌市公路系统将进一步加大宣传力度，让广大司乘人员和沿线居民更加积极地参与填写普通国省道公众满意度调查问卷，为提升南昌市公路路况水平和服务水平提供科学、客观的数据支撑。

（省公路管理局）

【省高速集团召开迎"国评"工作布置会暨养护工程质量提升月动员会】 8月11日，省高速集团在路网运营公司召开迎"国评"第七次工作部署会暨养护工程质量提升月动员会，吹响了迎"国评"冲刺攻坚号角。集团党委委员、副总经理、迎评办主任段卫党出席会议并讲话。会议指出，自6月以来，在集团各单位、各部门的密切配合、通力协作下，养护外业工程、内业资料整理、收费管理工作均取得了显著成效，迎"国评"阶段性目标基本达成，但日常工作仍有不足，还需改进。会议还简要介绍了养护管理系统（一期），并正式启动系统试运行。集团迎评办部署了下阶段迎"国评"具体8项任务、通报了迎"国评"第三次劳动竞赛考评结果、宣读了2020年度养护工程质量提升月活动实施方案,考评优胜单位作经验交流发言,上饶管理中心介绍了2020年水毁抢修经验。

(省高速集团)

【全省高速公路路容路貌提升现场会顺利召开】为进一步提升全省高速公路服务品质,9月7日,全省高速公路路容路貌提升现场会在省高速集团召开,省高速集团党委委员、副总经理段卫党出席会议,省交通运输厅高速公路管理处处长谈勇出席会议并讲话,省高速集团相关部门、单位,省路政总队相关部门,全省各高速公路经营管理单位及各路政支队等相关负责同志共计100余人参加了会议。会议指出,近些年来,在省委、省政府和省厅的正确领导下,江西省高速公路路容路貌持续得到优化和改善,特别是在开展高速公路路域环境整治活动后,围绕着"八个无"的工作目标,江西省高速公路行车的舒适度和安全性大大提升,但对照人民美好出行需要和交通强国建设标准,仍然存在短板和不足。

(省高速集团)

【全国网媒点赞江西高速养护管理工作】9月,以"'赣'劲十足、昌南争先"为主题的2020年全国重点网媒江西行活动走进江西高速公路科普教育基地,记者团实地采访江西高速打造一流高速公路养护管理的经验。据介绍,江西省高速公路投资集团运营管理5265千米高速公路,占全省总里程86%,是全国经营管理高速公路里程最长的企业之一。近年来,该集团积极推进养护管理体制改革,提升养护管理专业化、绿色化、科学化实力,形成了四级养护管理架构,打造了从养护检测、设计、监理、施工全流程的完整产业链,建成12个集"养护、应急、服务"三位一体的养护综合服务基地,组建了82支养护应急保畅队伍和48支清障救援队伍,高速公路行车安全性、舒适性得到充足保障。

(省高速集团)

【省高速集团养护管理系统一期工程完工】11月初,随着"养护数据、养护展示、日常养护、公路技术状况、路面养护辅助决策分析以及BIM+VR试点应用"六大模块基本建成,省高速集团养护管理系统一期工程完工,实现了对高速路况全面感知、基础信息存储读取、养护科学分析决策等功能,成为江西高速养护管理的"智慧大脑"。该系统可通过微信扫码登录,具有便利性和实用性。下阶段,将继续围绕"一张高速网、一张高精图、一个数据中心、一个管理平台"的目标,推进第二期、第三期系统建设,对系统进行优化升级,实现高速公路养护业务全流程信息化管理,构建"用数据管理、用数据决策"的新型养护管理模式,助力高速公路养护管理高质量发展。

(省高速集团)

【萍乡市安源区强化农村公路养护管理】2020年,安源区交通运输局积极推进实施县道日常养护承包机制,实现了养护专业化,社会化。农村公路日常养护资金投入持续加大,从原有的170万元/年的日常养护资金增加到382万元/年,增加的养护资金212万元拨付至安源公路分局用于县道日常养护承包。全年组织人员开展乡道、桥梁状况集中检查2次,投入路面大中修项目5个,共计5.9千米,总投资407万元,争取省补资金136万元。全区农村公路日常养护不断加强,及时消除了安全隐患,确保公路路面畅通和人民群众生命财产安全,创建了畅、安、舒、美的农村公路环境。

(安源区交通运输局)

【赣州市深入推进农村公路管理养护体制改革】赣州市深入推进农村公路管理养护体制改革,寻乌县通过招投标的方式三年1795万元将农村公路交由专业养护公司管养,取得了较好的养护效果,赣州市、安远县荣获全国深化农村公路管理养护体制改革试点。

(赣州市交通运输局)

【新干县推进"三项创新",提升农村公路管养新水平】推进管理体制创新,按照县道县管、乡道乡管、村道村管的原则,建立完善县、乡、村三级管理养护体系,做到了县有所、乡有站、村有队;推行"路长制345管理法",当好"路管家",让农村公路管养得到全面提升。推进养护方法创新,加大运用创口贴进行贴缝、稀浆封层、水泥麻面处理、钢丝网护坡、薄层修复、波型钢管涵等新技术,农村公路通行能力和使用寿命显著提升。推进路政管理创新,积极推进科技治超,加快不停车检测点建设,目前已建设2个，3个正在建设当中，该系统建成投入使用后将改变以往治超单纯依靠路面执法模式，形成传统治超与科技治超相结合的新格局，极大提高治超成效。截至目前，新干农村公路列养率达100%，真正做到"有路必养、养必达标"，全县农村公路每条公路标志标牌齐全，养护责任牌清晰，排水通畅，采取统一开挖边沟，统一栽植树木绿化等办法，有效解决路田不分，路宅不分等问题。

(新干县交通运输局)

【吉安县交通运输局多举措创新农村公路养护工作】 一是管养机构健全。以"提高养护质量，提高经济效益，加快作业速度"为目标，实行大道班管理办法，道班房建设基本实现标准化；加快推进全县9个县道专养公路机械化养护，提高公路养护水平。二是管养机制完善。吉安县在各乡镇设立农村公路管理站，村委会设立农村公路养护管理班组，分级负责辖区内农村公路日常养护和管理，有效解决"管理缺位"的问题。同时，充分利用贫困村公益性岗位，明确专人负责脱贫公路日常清扫和保洁，推动农村公路由"建好"向"管好、护好、运营好"转变。三是管养模式创新。积极探索"管养分离"的市场化模式，吉安县坚持以人民为中心的发展思想，结合"路长制"，创新构建全县群众性养护体系，积极创造公益性岗位，充分调动群众的积极性、主动性、创造性，引导和支持群众成为农村公路管理养护工作的参与者、受益者和拥护者。以"村实施四个一、乡做到查四季、县负责成体系"的基本框架构建群众性养护体系，从机制上解决了农村公路谁来养的问题。村实施"四个一"。村民委员会负责落实"四个一"（即：一项工作制度、一名专门人员、一本养护手册、一套简易工具），组织养护人员按月巡查，做好村内农村公路日常养护工作，从操作层面解决了日常养护谁来做的问题。乡做到"查四季"。乡镇政府在县级交通运输行业主管部门的指导监督下，按季组织巡查，采集并核实路况基础数据，按规定统计信息并上报，解决了日常养护谁来组织的问题。县负责"成体系"。县级政府负责制定实施方案及考核细则，建立辖区内养护工作机制，指导乡镇、村委会组织实施辖区内农村公路养护工作，解决管养主体责任落实不到位的问题。养护人员进行路况巡查，填写简易养护手册，重点做好"巡、判、计"三个方面工作，共同实现了"有路必养、养必到位"的目标。

(吉安县交通运输局)

【黎川县农村公路养护三到位保畅通】 2020年，黎川县交通运输局采取"三个到位"的措施，确保黎川县农村公路级级有人管，条条有人养，路路能畅通。一是管理责任落实到位。明确县公路管理站为全县农村公路养护管理机构，负责全县农村公路养护工作的行业指导与监督检查。各乡(镇)成立了农村公路养护管理站，负责本辖区农村公路的养护管理工作。二是资金筹措管理到位。农村公路养护管理资金实行"多方筹集、分级管理、专款专用"的筹集管理办法，县政府每年按县道3000元/年·千米、乡道1500元/年·千米、村道500元/年·千米标准安排养护资金，各乡镇按《黎川县养护管理办法规定》落实配套资金。三是监督检查考核到位。根据《黎川县农村公路养护管理办法》，县交通局组织业务人员定期、不定期对全县农村公路养护进行检查和抽查，对检查和抽查中发现的问题及时给予通报并按要求限期进行整改。由于采取了一系列的养护措施，从而较好地解决了农村公路管理养护失管失养问题，有效保障了农村公路畅通。

(任盛艳)

养护工程

【泰和分局推进复工复产消除隐患保畅通】 2月24日，泰和分局立足实际，在确保有效防控疫情的前提下，扎实做好养护大中修工程、公路养护复工工作，确保国省公路安全畅通。该局召开班子会议认真学习交通运输部《公路养护项目开复工疫情防控指南》，结合分局实际，全面准备国道319线、国道105线养护大中修工程复工工作。

(省公路管理局)

【2020年养护大中修工程永修工区顺利开工】 4月7日，2020年养护大中修工程永修工区顺利开工。据了解，该工程包含国道105线面板修复、省道305线预防性中修和国道316线面板修复等项目。为降低工程施工对交通通行的影响，确保该工

程高效有序推进,本次大中修工程采用半幅封闭,半幅通车的交通组织形式进行施工。同时,在国道105线面板修复路段,挖机等机械全部安装橡胶履带,减小机械施工对水泥路面的损害,拌和站通过标准化改造后,材料在封闭环境中运行,所有运输车辆出站前均需要检查是否超限超载,并通过洗轮机进行清洗,减少扬尘和路面污染现象发生。

(沈长江　王志强)

【国道238南惠线养护大中修改造工程稳步推进】 4月9日,丰城公路分局启动了国道南惠线阁里扬段大中修工程,工程中采用了铣刨原路面基层后就地冷再生工艺。据了解,该工程全长5千米,计划4月底完工。目前工程正在进行右幅路面铣刨作业,施工现场,各种机械来回穿梭,一派繁忙景象。工程中投入了2台铣刨机,并配备了2台洒水车、1台清扫车等环保机械,有效降低了施工扬尘对环境的污染,努力打造公路施工"绿色"工地。工程结束后,将极大改善国道238的通行条件,为周边群众出行提供便利。

(崔春晖　徐　琴)

【国道206南丰境内养护大修工程拉开帷幕】 4月中旬,南丰公路分局启动了国道206南丰境内大修工程。工程中采用了铣刨原路面水稳基层后再实施砼沥青路面工艺。据悉,本次路面维修共有两段,第一段从琴城镇百花桥至富溪工业园,第二段从白舍镇枫林村至邱家堡,共计6.98千米,预计工期70天。工程结束后,将极大改善国道206通行条件,为周边群众出行提供便利。

(邓　军)

【崇义省道316嘉横线保通项目进展顺利】 4月25日,崇义省道316线保通项目最后一车水稳基层料整平压实,下一步,项目部将按计划有条不紊地实施混凝土路面浇筑。该项目全长8.027千米,起点桩号为K81+553,途经白枧村,终于扬眉镇K89+580,总预算958.0346万元,现已完成路面碎石化和水稳基层摊铺8.027千米。

由于该民生保通项目是在原有路面基础上加铺18厘米水稳基层和20厘米砼面层,路面标高提高38厘米。在项目实施期间,针对当地群众反映路面高度高于进出入户路问题,分局高度重视,会同项目业主、施工单位及镇村两级干部到现场勘察调研。通过调研,对村民房屋低于路面标高的5段路面共计1200米进行了挖补处理,受到村民的一致好评,进一步温暖了民众的心。

(严由亮)

【景德镇市省道501勒西线白茅至经公桥段路面养护大修及示范路工程项目开工】 随着复工复产工作的推进,4月29日,景德镇市公路局管养的省道501勒西线白茅至经公桥段路面养护大修及示范路工程项目正式开工。该项目建设总里程约16.954千米,沥青砼路面,均按二级公路标准建设,设计时速为60千米/小时,路基宽12米,路面宽9米。工程项目概算总投资为7492.6466万元,采用半封闭施工,预计总工期为180日历天。

项目完成后,将切实提升改善区域出行环境和公路服务水平,有效拉近与安徽祁门、黄山、黟县等重点区域的时空距离,"车在江边走,人在画中游"的瓷都美丽公路景观也将极大地推动浮梁县"交通+旅游+产业"综合交通发展,同时对于贯通景德镇全域国省道旅游线路,服务"景德镇国家陶瓷文化传承创新试验区"建设,实现"全面建成小康社会"的宏伟目标,均具有十分重要的意义。

(吴亮桃)

【彭泽县国道530黄湖线、省道214马都线养护大中修工程开工】 4月14日,彭泽公路分局管养的国道530黄湖线(K322.834—K324.994)、省道214马都线(K18—K20)2020年养护大中修工程建设项目正式开工。该项目建设总里程4.16千米,沥青砼路面,均按二级公路标准建设,路基宽15米,路面宽12米。工程项目概算总投资约为4100万元,采用半封闭施工,预计总工期3个半月。

(朱鸿鹏)

【省公路局指导组赴各地督查指导迎"国评"工作】 为加快推进普通国省干线公路迎"国评"工作,省公路局成立了由局领导带队的七个推进指导组,分片区对各设区国省干线公路迎"国评"工作进行推进指导。指导包括内、外业:外业主要核查各设区市路面养护大中修及预防性养护工程、路网结构改造工程、安全隐患专项整治工程、服务应急工程、示范路工程及路网运行监测(二期)工程、科技治超不停车检测点等项目进度是否符合项目责任清单要求,工程质量是否合格,安全生产和文明施工情况是否符合相关要求;内业主要对照《"十三五"普通国省道养护管理评价责任清单》,核查各设区市迎"国评"内业工作是否符合省局明确的时间节点要求,资料是否完整、齐全、规范,是否按照省局要求开展了公众满意度摸底调查。

推进指导工作自5月初开始,8月底结束。将采取网络指导、会议约谈、明察暗访、跟踪督办、随机抽查、回访复核等多种方式,督促指导各地加快推进迎"国评"各项准备工作,协调解决相关问题,确保迎"国评"工作目标和养护工程按期完成。推进指导组发现的问题将及时反馈,督促有关单位按要求建立工作台账,实行销号管理,限期整改到位。

(洪满英)

【**省道221港东线路面大修油面工程完工**】 5月11日,省道221港东线珠珊中学至板桥收费站(K266+043～K267+070)1.027千米路面大修油面工程完工。该项目为新余市公路局渝水分局今年完成的首个迎"国评"路面大中修项目。

据了解,该路段于2007年在原二级公路上直接加铺水泥混凝土面层,在重载交通的碾压下,路面面板开裂、破碎、错台、唧泥,坑槽和沉陷比较严重,存在较大的安全隐患,给群众出行带来极大的不便。渝水分局采用挖除25厘米原水泥路面板,再生20厘米底基层,新建20厘米水稳基层,再实施6厘米+4厘米沥青混凝土面层,恢复路面技术状况。

(郭义民)

【**国道105柴桑段(灾毁项目)全面进入沥青路面铺筑阶段**】 5月13日上午,2019年养护工程(大中修、灾毁)沥青路面施工全面铺开。项目起止桩号为(K1551+588－K1554+360、K1558+086－K1558+718)共计3.404千米,施工期间采用半幅封闭半幅双向通行,项目预计于5月下旬完成主体工程建设。该项目主要是对原水泥混凝土面层进行碎石化,挖除25厘米厚原路面、挖除30厘米基层+20厘米垫层+28厘米土基,铺筑39厘米水泥稳定碎石基层,8厘米厚AC-20C中粒式沥青混凝土下面层及4厘米厚AC-13细粒式沥青混凝土上面层(改性)。

(吴菊花)

【**省道217会昌梓坑至庄口公路改建工程沥青路面全面完工**】 5月19日下午,省道217会昌梓坑至庄口公路改建工程完成沥青路面摊铺,标志着省道217线主体工程已全部完成。该项目是《江西省2020干线公路网规划》"十纵十横"干线公路网的重要组成部分,是赣州市公路规划网中重要省道之一,是会昌县东西走向连通于都县及会昌县连接国道323与国道206的重要通道。路线全长18.549千米,总投资2.615亿元,目前正在进行附属设施和防护工程收尾,预计全部工程可在6月30日前完成。

(任奕鑫)

【**省道305、省道218养护大中修工程全面完工**】 6月15日,由武宁公路分局负责施工建设的省道305江义线、省道218宋店线(武宁境内)共计19千米沥青路面中修工程全面完工。

该工程5月上旬开工,全长约19千米,其中省道305线路面中修15千米,省道218路面中修4千米,总投资3000余万元。工程内容包括对局部病害部位进行挖补,换填50厘米碎石垫层,加铺28厘米水稳基层、5厘米沥青砼,最后对所有路段整体加铺4厘米改性沥青砼面层。施工过程中,该局采用铣刨机等先进设备,所有施工人员加班加点延长工作时间,在保证工程质量和安全生产的前提下,极大提高了施工效率。

(何 雁)

【**省道308万东线(万载至双桥段)路面中修工程启动施工**】 6月15日,省道308万东线万载至双桥段路面中修工程正式启动施工,该项目由宜春市政交通建设有限公司万载工区负责实施。

省道308万东线是江西省通往湖南省的重要交通干线,由于过境车辆多、交通量大,路面出现了不同程度的病害。此次实施中修的范围为万载县万宜高速高架桥下至双桥集镇路段,共17.12千米,按照路面损毁程度不同,分为K6+980－K8+300、K8+300－K22+500、K22+500－K24+100三段,采取路面铣刨、局部挖补、重铺沥青砼路面、恢复标线等施工技术方案进行施工,预计8月底前全面完工。

(王华山 龙思婷)

【安福县瓜畲乡至枫田公路新建工程路面工程完工】 6月16日，安福县瓜畲乡至枫田公路新建工程(环城东路)主体工程建设全面完工。该工程全长6.58千米，按一级公路标准新建，路基宽25.5米，沥青混凝土路面，总投资1.77亿元。环城东路工程建成投入使用后，将极大缓解现有公路承载的压力，助力安福旅游强县发展战略，对公路沿线乡镇旅游经济的快速发展具有积极的推进作用。目前，该项目正在进行附属工程施工，预计2020年9月交工验收。

（肖祖伟　杨　靓）

【省公路工程检测中心首次承接交通运输部"国评"外检项目】 6月30日，从中国政府采购网获悉，江西省公路工程检测中心成功中标2020年度国家干线公路网技术状况监测项目——路况检测，这是江西省首次承担国家干线公路路况检测项目，实现了江西公路检测行业承揽国家级采购服务的零突破。该项目是交通运输部开展"十三五"全国干线公路养护管理评价工作的重要一环，全国31个省份的路面技术状况检测(简称外检项目)，分为2个采购服务包。其中，江西省公路工程检测中心牵头实施的项目，包括全国16个省份的普通国省道和途经路段的检测里程19160千米以上、3840千米以上，高速公路和途经路段检测里程8790千米以上、1760千米以上，按规定要求提交外业检测结果，完成外业检测工作报告。项目工期为2020年12月份完成最终报告编写和验收工作。

（省公路工程检测中心）

【寻乌县国道206修复养护路面大修工程开工】 7月22日，寻乌县国道206修复养护路面大修工程正式开工。该项目实施路段长5.84千米，道路等级为二级公路，路基宽12米，路面宽9米，老路修建于1997年，现有路面破损严重，路况较差。大修工程主要包括路面、排水防护、交安、标志标线等。工程预计于8月31日完工。

（庄丽红）

【国道236鹰潭段改造工程完工】 7月16日，国道236线鹰潭段改造工程完工，全长4.863千米。该路原为水泥混凝土路面，面板破损严重，严重影响车辆通行安全，鹰潭市公路局积极筹措资金，于5月24日开始对该路段进行改造，将水泥混凝土路面碎石化后，改造为沥青混凝土路面。该项目完工后，既改善了路容路况，又大大提高了公路通行能力，确保了车辆通行安全。

（夏金根　袁军辉　马　超）

【省道531西村段大中修工程顺利完工】 7月23日，省道531(洪竹线)西村段大中修工程顺利完工，该路段的顺利完工通车获得当地民众及西村镇政府的一致认同，称赞公路部门修建的路是真正的"良心路、放心路"。省道531(洪竹线)西村段大中修工程于2019年8月底正式开工建设，全长2.8千米。

（晏　群　宋志清）

【赣州市南康区省道226修复养护路面大中修工程开工建设】 7月11日，2020年赣州市南康区省道226修复养护路面大中修工程开工。该路段全长1.78千米，路面宽度12米，为混凝土路面，二级公路，预计本月完工。据了解，该段公路重载车辆较多，且前期设计对本段道路交通量预测考虑不足，导致当前路面承载能力不足，局部段落已形成裂缝、断裂板等病害，为此，对南康区省道226进行大修处理。

（陈金洪）

【国道105丰城段大中修工程紧张有序进行】 截至8月4日，国道105(京澳线)丰城段大中修改造工程已完成18.08千米，目前工程正在紧张有序进行，预计9月底大中修工程将全面竣工。该项目全长30.981千米，是丰城市的一条重要国省干道，车流量大，不少路段属于城区主干道，项目开工以来，备受关注，是丰城市重点民生工程之一。该工程竣工后，将进一步优化丰城市营商环境，提高城市道路安全性、舒适性，为丰城市民出行提供更加舒适便捷的道路出行环境。

（唐正军　熊　伟　徐　琴）

【鹰潭国道320路面养护大修工程完工】 8月11日，鹰潭市国道320同心路口至刘家站段面养护大修工程顺利完工。该路段路面存在车辙、坑槽、裂缝等病害，通行能力差，服务水平低。为提升该路段公路通行能力和服务水平，根据上级安排，月湖公路分局对该路段路面进行大修。该路段为一级公路,双向四车道,全长 5.91 千米,于 7 月 1 日开工,8 月 11 日完工,工期仅 40 天。

(童样水 彭 超)

【鹰潭市普通国省道养护工程项目 D 标段省道 207 大修工程全面完工】 鹰潭市 2020 年普通国省道养护工程项目 D 标段省道 207 大修工程于 8 月 14 日全面完工。该项目起点位于白鹤湖硬石岭,终点位于信江新区港口吴家,路线全长 17.71 千米。由原来的水泥混凝土路面改为沥青路面,今年 7 月 27 日开工,项目工期为 1 个月。其中 7 月 29 日完成沥青下面层摊铺 10.045 千米,8 月 14 日完成沥青下面层摊铺。

(夏俊炜)

【王昭春深入高安、上高调研迎"国评"工作】 9 月 16 日,省交通运输厅副厅长王昭春深入高安、上高调研督导公路迎"国评"工作。厅相关处室负责人、省公路管理局、宜春市政府、宜春市公路管理局等相关领导陪同。

王昭春一行先后到国道 320 沪瑞线高安段路面大中修工程施工现场、新型抗车辙改性沥青试验路段、上高综合服务区、上高和畅预制构件有限公司、上高高情远韵驿站等地开展调研。每到一处,王昭春都对迎"国评"工作推进情况进行了解,并对项目建设过程中遇到的困难提出指导性意见。

王昭春强调,要加强对接沟通,及时汇报在工程项目实施中遇到的难点、问题。宜春市公路管理部门要落实工作责任,强化项目督导,层层传导压力,抓好各项迎"国评"工作。

王昭春要求,要加强安全防护措施,及时组织人员对施工路段认真排查安全隐患,采取切实措施,强化安全监管,确保道路安全畅通。要加快项目推进,认真贯彻落实省厅要求,分类分项加快项目推进,进一步提高认识和站位,切实提升项目管理以及养护管理水平,全力以赴打赢迎"国评"攻坚战。

(李 勇 蓝 江)

【国道 105 青原区草坪桥至永阳连心桥大中修顺利完工】 近日,国道 105 北奥线青原区草坪桥至永阳连心桥大中修工程已顺利完工,现已恢复正常通行。该工程因受疫情影响,于今年 5 月底正式开工建设,总投资约 7000 余万元,全程 11.313 千米,按照双水稳基层和双油面层设计施工。

(秦 平 曾秋玲)

【安福县瓜畲乡至枫田公路新建工程路面工程完工】 6 月 16 日,安福县瓜畲乡至枫田公路新建工程(环城东路)主体工程建设全面完工。安福县瓜畲乡至枫田公路新建工程(环城东路)全长 6.58 千米,按一级公路标准新建,路基宽 25.5 米,沥青混凝土路面,总投资 1.77 亿元。

(肖祖伟 杨 靓)

养护品牌

【大道行,赣路美——省高速集团首个养护品牌落地】 8 月 18 日上午,"大道行"养护品牌发布会正式召开,集团党委委员、副总经理段卫党出席并讲话,《中国公路》杂志主编潘永辉、集团有关部门、单位负责同志参加。发布会上,段卫党充分肯定了赣州管理中心对"大道行"品牌的积极探索和大胆创新。同时要求,一方面要继续保持品牌创建热情,对品牌建设进行总体谋划、统筹组织、持续推进,另一方面要制定出切实可行的内外宣传策略,提升员工对品牌文化的认同感,全面打响品牌知名度。发布会现场,赣州管理中心通过讲述品牌故事、参观品牌展示区等方式介绍了"大道行"品牌创建思路、内涵以及视觉识别系统等,让与会人员体验了高速公路养护品牌的独特魅力。据悉,"大道行"品牌为省高速集团首个落地的养护品牌,也是"美丽高速、满意窗口"服务品质提升活动的又一重要延伸举措。"大道行"品牌秉承"需求在哪里,服务到哪里"的服务理念,构建了集道路抢修、清障救援和道路畅保三位一体的应急畅保服务体系,成立了车辆事故处理"一站式服务中心",打通了服务车主的"最后一千米",让司乘一路畅行、全程无忧。目前,该品牌已初步形成了"品牌+养护""品牌+清障""品牌+应急""品牌+党建""品牌+创新"五种发展模式。

(省高速集团)

【"啄木鸟"养护工匠室成立】 12 月 24 日,省高速集团上饶管理中心"啄木鸟"养护工匠室正式揭牌。集团党委副书记李建红出席揭牌仪式并讲话，集团有关部门、单位负责同志参加。李建红指出，"啄木鸟"养护品牌的创建，是进一步满足人民群众美好出行需要的有力抓手，也是"美丽高速满意窗口"服务品质提升的又一重要延伸。要深耕细作，提升服务品质。要始终秉持追求卓越、精益求精的敬业态度，练就专精尖的过硬本领，创亮点、创特色，切实将"啄木鸟精神"融入高速公路养护的方方面面，不断提升服务品质，丰富品牌内涵，真正做到以创新思维铸就绿色高速，以工匠精神打造品质养护。要春风化雨，培育工匠精神。要通过打造"啄木鸟养护工匠室"，把具有一定专业知识、专业技术和创新能力的优秀人才聚集在一起，充分发挥模范带头作用，营造比学赶超的浓厚氛围。同时，积极创新机制和手段，大力开展养护技术、养护理念、养护方式等创新活动，将"啄木鸟养护工匠室"打造成人才培养平台、技术攻坚平台，让职工在岗位上成长、成才。要用心用情，讲好品牌故事。要厚植品牌文化，讲好品牌故事。对内加强宣贯，增强职工对品牌文化的理解度和认同感，对外加强推广，进一步增加品牌影响力和美誉度。在揭牌仪式上，上饶管理中心鄱阳养护所通过讲述品牌故事、参观工匠室实景等方式介绍了"啄木鸟"养护品牌的理念、使命、目标以及四化养护标准，让与会人员直观感受到高速工匠养护品牌的丰富精神内涵。下一步，在品牌作用的助力下，上饶管理中心将不断提升道路管养能力，追求卓越、不断创新，全力满足人民群众美好出行需求。

（省高速集团）

公路绿化

【抚州高速沿线补植苗木3万余株】 阳春四月，省高速集团抚州管理中心抓住这一植树增绿最佳时节，在全力以赴做好疫情防控的同时，组织人员对所辖高速公路沿线的中分带进行苗木补植。截至4月10日，该中心在所辖高速公路中分带共计完成苗木补植3万余株。

该中心对所辖高速公路中分带出现的苗木枯死、长势不佳，或规格不符合规范要求的情况进行全面排查，确定补植树种、规格及补植时间等，并精挑细选苗木，严格把好苗木品种、规格关，规范苗木补植流程。该中心还加大路容路貌整治力度，采取机械修剪与人工修剪相结合的方式，对参差不齐的中分带绿化苗木进行集中修剪，及时打药施肥，确保苗木茁壮成长。组织养护人员对所辖高速公路路肩、边坡等处的荒杂高草进行集中清理，累计完成近70千米路肩、边坡高草的修剪。

（陈根玲）

【奉新县交通运输局推进农村公路绿化创新】 为把改善公路环境，助力美丽乡村建设落实落细，该局积极贯彻"生态绿色环保也是品牌竞争力"理念，成立县农村公路绿化领导小组，以提升绿化养护水平为中心，着重落实公路绿化养护工作，建立健全绿化档案，努力唱响奉新公路绿化美化品牌，助力秀美乡村建设。一是以生态环保理念统领工作全局。把环评、水保、植保贯穿于交通规划、设计、建设、配套的各个环节，严禁乱挖滥采，防止大面积破坏水土植被，做到乔、灌、花、草美化绿化，真正实现车在路上走，人在画中行。二是突出工作重点全力推进。结合昌铜高速风光带建设，正确处理好生态与风光、保护与建设、可视与内涵的关系，打造一批"生态路、景观路、环保路"，推动全县公路绿化美化的进一步提升，全年绿化农村公路近100千米。三是深化公路绿化制度创新。在保证路产路权前提下，采取"谁投资，谁管理，谁受益"的原则，积极争取各方面的资金和力量来搞好农村公路绿化，努力释放社会资金的活力。

（温之泗　魏振宇）

【高安市加大公路绿化美化力度】 路域环境综合整治工作是针对高安货运车辆多、路域环境差的问题，审时度势、顺势而为而开展的一项工作。针对公路路域环境差，道路路面扬灰扬尘等问题，高安市加大了公路绿化美化力度，公路沿线各乡镇、街道、园区共填挖土方200余万立方米，植树10万余棵，铺草皮110.6万平米。通过整治，路面干净整洁，两旁绿化郁郁葱葱，能见度高，改变了原来车辆驶过路面灰尘满天飞的现状。

（易　亮）

【上高县积极打造"美丽生态文明路"提升农村公路美丽风景线】 为进一步营造"畅、洁、绿、美"的美丽生态文明农村路建设氛围,提升公路服务能力和规范化管理水平,构建安全、文明、和谐、优美的美丽生态文明农村路建设,开展主要交通干线美丽提升行动,通过连点成线、串点成片,把主要交通干线打造成为连接县城城区、工业园区、乡镇农村的景观带和展示美丽上高的风景线,城乡公路品质得到全面提升。2020年,投资219万元,全力打造塔下至七宝山、官桥至泗溪、田背至章江、黄金堆至城陂等美丽生态文明路。

(钟 用)

航道建设

【概况】 2020年,全省水运建设完成投资65.28亿元,其中交通项目61亿元、社会投资项目4.28亿元。21个水运项目加紧建设,信江枢纽界牌船闸和八字嘴枢纽东大河船闸主体工程已完工,双港枢纽船闸基本建成,信江基本具备三级通航条件。

(胡文斌)

【吴晓军调研信江八字嘴航电枢纽项目】 2月27日,省委常委、副省长吴晓军赴省港口集团信江八字嘴航电枢纽项目调研疫情防控和复产复工情况,察看项目建设进展情况。吴晓军对项目办开展标准化疫情防控,有序组织项目全面复工给了充分肯定。

(聂头龙 丁志强 姚 飞)

【吴浩调研赣粤运河规划建设工作】 6月11日,副省长吴浩一行深入赣州市信丰县、赣县区,调研赣粤运河规划建设工作。省政府副秘书长刘晓艺,省交通运输厅党委书记、厅长王爱和,省港航管理局党委书记陈鹏程随同调研。赣州市委副书记、市长曾文明出席相关活动,市领导许忠华陪同。

赣粤运河是连接长江、珠江两大水系,纵贯南北的国家重要水路交通要道。全线规划为三级航道、通航1000吨级船舶。吴浩一行走田埂,沿着山路前行,来到赣粤运河分水岭踏勘现场。看区位图、规划线路走向图,听取情况汇报,吴浩详细了解赣粤运河在全国内河体系、线路走向、赣州至韶关段规划研究进展等情况,仔细询问赣粤运河的规划路径走向、水文地质条件和来水量等,还前往信丰县嘉定镇拟开挖人工运河与桃江交汇口、赣县区大田乡桃江与贡江交汇口,详细了解开挖量、防汛、生态环保等情况。

吴浩指出,规划建设赣粤运河是一件事关重大的好事,各相关部门单位前期工作一定要做深、做足、做扎实,科学规划、充分论证,最大限度实现水资源的有效利用,推动当地经济社会发展,让运河真正惠及广大人民群众。

吴浩要求,要提高政治站位,以构建交通强国、对接长江经济带、融入粤港澳大湾区、惠及广大人民群众等为出发点,高位推动赣粤运河规划研究和建设工作。要对赣粤运河建设技术、可行性、可能存在的困难和问题等进行充分的预估、研判和论证,"不打无准备之战"。要加强与生态环境、自然资源、水利等部门的沟通和联系,掌握第一手资料,取得各方面的支持,为赣粤运河的规划建设打下坚实的基础。

(赣南报)

【九江分局利用数字航道系统及时恢复桥区失常标志】 2月28日,九江庐山航道处通过数字航道遥控遥测系统监控到鄱阳湖二桥桥区航标出现了漂移报警。鄱阳湖二桥是位于江西省九江市都昌县、庐山市之间的鄱阳湖特大桥,横跨有中国内陆"百慕大"之称的鄱阳湖老爷庙水域,全长5589米。该桥区航段全线已通过数字航道系统建设实现了遥测遥控一体化航标灯的全覆盖,可全天候实时监控航标动态数据,极大地提高了航道航标养护效率和应急处置能力。桥区航道为重要的水上通道,正值枯水期航道狭窄、水流紊乱,九江航道部门提醒过往船舶,在通过桥区航段时,加强瞭望,根据航标指示位置和方向小心驾驶,共同维护安全有序的通航环境。

(蒋艳华 黎 阳)

【信江双港项目成功浇筑年后第一仓大体积混凝土】 3月14日,信江双港航运枢纽项目SW1标船闸10#闸室底板混凝土成功完成浇筑。该仓混凝土是双港项目复工后第一仓大体积砼,自2020年3月12日晚9:28开仓浇筑,历时27小时顺利完成浇筑。此次连续浇筑作业成功,极大地鼓舞了项目全体建设人员的士气,进一步增强了双港项目疫情防控期间抢抓关键工期、完成目标任务的信心和决心。

(谭叶拓)

【姜明宝一行调研信江八字嘴航电枢纽项目】 4月1日,交通运输部总工程师姜明宝一行莅临江西信江八字嘴航电枢纽项目检查指导工作。姜明宝指出,信江航运枢纽建设是江西实现信江三级航道通航的关键控制工程,从调研情况看,一进入项目就给人眼前一亮、规范有序,钢筋加工厂智能化程度高,特别是BIM应用和自动焊接机器人的使用,在水运项目起到很好的趋势引领作用;施工材料堆放整齐规范,交叉作业严谨有序,充分体现了现场管理水平;项目对标品质工程创建标准,采取了多种举措保障安全、质量;党建工作开展有声有色,工地随处可见党建元素,党建引领效果显著;疫情防控举措有力,切实有效的保障了项目复工复产。姜明宝还提出,希望信江项目再接再厉,要进一步抓好品质工程创建工作,做好前期工作的总结提升,要进一步抓好项目程序规范管理,要严把安全质量关,对事故案例举一反三,引以为戒,全面完成信江三级通航目标任务。

(江 平 姚 飞)

【陈鹏程视察赣粤运河规划线路赣江上游航道】 6月3日,省港航管理局党委书记陈鹏程一行对赣粤运河规划线路赣江上游航道进行走访调研。陈鹏程实地查看赣州航道处基本情况、听取赣州分局相关同志汇报,他指出,要加快赣江三级航道建设,深入推进赣粤运河建设和加强航道事业发展,要进一步强化工作举措,按照时间节点,抓好落实,在担当作为中加快推进赣粤运河项目规划和港航事业高质量发展。

(罗 帅)

【赣江、信江船闸通航中心正式挂牌成立】 6月30日,赣江、信江两个船闸通航中心相继举行挂牌仪式。新挂牌单位主要承担赣江、信江通航建筑物及其配套设施的运行、维护、管理,船闸科学调度和船舶通航服务,船闸上下游航道监测、预警、信息技术支持等工作。两江船闸通航中心的成立,标志着江西省水运基础建设取得了实质性重大成果,将进一步提升船闸管理和运行水平,对振兴千年赣鄱黄金水道、谱写建设交通强国江西水运篇章具有重大意义。

(胡文斌)

【九江航运交易中心正式开通运营】 10月28日,九江航运交易中心正式开通运营。该中心规划总建筑面积17.02万平方米,配置综合服务区、港航企业办公场所、商务住宿、商务服务、海员俱乐部等,打造以信息发布、交易撮合、电子合同、支付结算、金融服务、园区服务等为内容的综合服务平台。该中心的开通将促进商流、物流、资金流、信息流等航运要素汇聚,也标志着集资讯、交易、金融、保障于一体的航运综合服务平台建设踏上快车道。

(省港航局)

【赣江(市汊至湖口)电子航道图项目通过验收】 11月20日,江西省赣江(市汊至湖口)电子航道图制作与应用项目验收会在南昌召开,标志着江西省航道"数字化""电子化""智能化""智慧化"建设跨出了非常重要的一步。该项目包含赣江市汊至湖口全河段控制测量、数据采集、电子航道图制作、APP的研发及技术服务等内容。项目验收成功有利于提升航道信息服务水平,促进长江经济带区域协调发展,并具有示范作用和重要的推广应用价值。

(邹 斌)

【信江高等级航道整治工程主体土建工程A2标段顺利通过安全生产标准化建设现场评价】 12月7日,北京中平科学技术院派出专家评审组对信江高等级航道整治工程主体土建工程 A2 标段开展了为期 2 天的安全生产标准化建设达标评价工作。专家评审组通过对 A2 标施工现场安全管理工作实地查看和对现场作业人员抽查考核及内业检查，根据《交通运输企业安全生产标准化建设评价管理办法》及《评价实施细则》进行严格计分考核，信江高等级航道整治工程主体土建工程 A2 标段满足交通运输工程安全生产标准化建设二级达标标准，即将取得安全生产标准化二级达标等级证书，成为信江高等级航道整治工程首个通过安全生产标准化二级达标现场评价的施工单位。目前信江高等级航道整治工程主体土建工程其他三个标段正全面推进安全生产标准化建设，确保于 12 月 20 日前达到二级安全生产标准化建设等级，取得安全生产标准化二级达标等级证书。

（付知拾　魏　巍）

【井冈山航电枢纽工程首台机组成功并网发电】
12 月 28 日，赣江井冈山航电枢纽工程首台（1#）机组顺利运行发电，将正式投入运行。该项目总投资 45.6 亿元，项目共安装 6 台灯泡贯流式水轮发电机组，单机容量 22.167 兆瓦，水电站总装机 133 兆瓦，年均发电量 5 亿度，同比火电每年节约标准煤约 6 万吨，减少烟尘排放量约 1 万吨，将助力优化能源结构、促进绿色发展、建设环境良好型社会。赣江井冈山航电枢纽工程以航运为主，正常蓄水位为 67.5 米，库容为 2.928 亿立方米，将渠化赣江 35 千米航道，实现赣江Ⅲ级航道标准，大大改善赣江通航条件，促进赣江船舶大型化、标准化，有效降低货物运输成本，不断发挥赣江水运"干支直达、江海联运"优势，为促进赣江水运和腹地经济社会发展需要，实现千里赣鄱黄金水道全线通航，推动沿江经济社会发展具有十分重要意义。

（胡文斌）

【信江基本具备三级通航条件】 12 月 28 日，信江八字嘴航电枢纽东大河船闸项目顺利通航。信江作为江西水运"两横一纵"国家高等级航道网之一，贯穿于江西省东北部地区，连接多个设区市，通过鄱阳湖湖区航道与长江干线相连，是赣东北水路运输的重要通道。信江航运枢纽由八字嘴航电枢纽和双港航运枢纽两个项目组成，总投资 63.97 亿元。信江下游双港船闸基本建成，信江全线基本具备三级通航条件，为江西水运建设发展写下浓墨重彩的一笔。

（省港航局）

【信江八字嘴航电枢纽工程纳入交通运输部科技示范工程】 交通运输部办公厅下发《交通运输部办公厅关于同意江西信江航电枢纽绿色智慧科技示范工程立项实施的通知》，经省交通运输厅推荐，江西信江八字嘴航电枢纽工程作为全国唯一一个航电枢纽项目纳入交通运输部科技示范工程立项，对支撑江西省交通强国试点（第二批）建设和提升江西乃至全国水运行业建设整体科技含量具有重要意义。

（邹　斌）

港口建设

【孙鑫调研推进鱼山码头建设项目】 2月25日,景德镇副市长孙鑫深入鱼山码头项目工地调研复工复产工作并主持召开项目建设推进会,现场协调解决难题。孙鑫强调,各相关部门要一手抓疫情防控,一手抓经济发展,两手都要抓,两手都要硬,确保景德镇市重点工程——鱼山码头按期完工。该市政协副主席张景根参加调研。孙鑫听取了中交三航局鱼山码头项目部前期工作情况汇报,对项目部按照中央、省、市要求,在做好自身疫情防控的基础上,按时复工表示满意。在项目现场,各单位就征地、地勘、涉河建设方案等提出了可行性建议。今年是实现"十三五"规划蓝图的收官之年,孙鑫强调,一定要提振精气神,切实把思想和行动统一到习近平总书记重要讲话精神上来,继续发扬不怕苦不怕累的工作作风。一方面必须提高警惕,增强防控意识,落实各项防控措施;另一方面要及时调整思路,创新方法,科学施工,统筹安排各项工作。抓紧抓实抓细抓好抓出成效,为鱼山码头如期完工打下良好的基础。

(洪耀祖)

【景德镇市鱼山货运码头工程防洪评价报告顺利通过专家评审】 3月20日,景德镇港昌江港区鱼山码头工程防洪评价报告评审会在景德镇市交通运输局召开,经过省水利厅组织的专家组论证审定,鱼山码头工程防洪影响评价报告顺利通过评审。景德镇港昌江港区为景德镇市核心港区,鱼山码头项目位于景德镇市西南鱼山镇内,离主城区仅15千米,交通便捷、自然条件优越。该项目下设义城、良港等2个作业区,此次防洪评价报告按照10年一遇洪水位为最高通航水位设计,对该项目的施工运营进行了全面的防洪影响评估。鱼山码头项目作为景德镇市十大城市功能项目之一,完工后将对优化景德镇营商环境、降低企业物流成本有着极其深远的意义。

(洪耀祖)

【王爱和调研港口资源整合和水运项目建设情况】 4月28日,省交通运输厅党委书记、厅长王爱和到九江市调研港口资源整合和水运项目建设情况,并主持召开推进九江市港口资源整合座谈会。副厅长罗文江,九江市副市长彭敏,省港口集团主要领导李国峰、彭东领等随同调研。

在九江赛得利(中国)综合码头,王爱和实地察看了濂溪区姑塘公用码头选址、九江赛得利综合码头项目规划情况,现场办公协调解决项目推进过程中存在的困难和问题。座谈会上,在听取有关情况汇报后,王爱和指出,港口是经济社会发展的战略资源和重要支撑,推进港口资源整合,是优化岸线高效集约规模化利用,打造长江"最美岸线",推动港口绿色有序发展的必然要求。

王爱和要求,一要统一思想认识,紧扣"一省一港一主体"一体化发展要求,持续发力,攻坚克难,加快推进港口资源整合,助力全省经济社会高质量跨越式发展。二要坚定不移贯彻落实省委省政府的决策部署,按照"政府主导、市场运作、合作共赢"的原则,依法依规有序推进,全力推动全省港口资源发展迈入集约化、智能化、一体化新阶段。三要加快推进现代综合立体交通运输体系建设,加大力度推动水运项目建设,加快构建集疏运体系,推动"公铁水空"无缝对接,努力把九江打造成为江海直达、服务全省、辐射周边的区域航运中心。四要加快推进国省干线公路养护、"四好农村路"建设、建制村通硬化路和通客车、船舶和港口污染防治突出问题整治等工作,促进交通运输全面协调可持续发展。

在九江港彭泽红光综合枢纽码头平台,王爱和听取了项目建设情况汇报,详细了解红光码头、物流园总体规划情况。他强调,红光综合码头枢纽项目是江西省重点建设的九江区域航运中心重要组成部分,是加快全省水运发展、助力九江融入长江经济带发展战略的关键项目。各参建单位要进一步提高政治站位,科学组织调度,坚持标准化、精细化管理,强化现场监管和施工安全,确保项目尽快建成投入运营。各地各有关部门要切实履职尽责、强化协作配合,加快完善配套设施,全力做好项目建设各项服务工作,确保"6月底内贸码头投入运营,9月底外贸码头投入运行"阶段性目标如期实现。

(黄　金　姚红良)

【景德镇市质监站召开鱼山码头项目品质工程创建策划交流会】 为进一步推进景德镇市鱼山码头项目品质工程创建工作。4月28日,景德镇市交通工程质量监督站在鱼山码头项目部组织召开了鱼山码头项目品质工程创建策划交流会,项目建设单位、监理单位、施工单位和设计单位的主要管理人员20余人参加会议。

会议统一了参建单位的思想,明确了项目创建品质工程的目标。会议要求,项目设计单位要切实提升工程设计水平和科技创新能力,实现精细化设计;施工单位要从制度管理、工地建设、质量控制、安全措施四大方面入手,进一步实现项目绿色安全、节能环保;监理单位要实行BIM管理,推进档案管理标准化,同时成立专家组参与本工程并编制品质工程建设方案。会议强调,各相关单位要切实形成工作合力,完善安全生产长效机制,争创省级"平安工地"。

(万　鑫)

【宜春港樟树港区规划获省政府批复通过】 5月12日,《宜春港总体规划》经省政府研究批复通过。其中,批复樟树市岸线规划总长10130米,其中赣江岸线7320米、袁河岸线2510米、水库旅游岸线300米,分为河东、河西、张家洲、袁河4个作业区。码头功能以能源、原材料、产成品、矿建材料等大宗散货和件杂货运输为主,同时积极发展集装箱运输和旅游客运。根据《规划》,樟树港区拟打造成集货物吞吐、船舶服务、港口旅游、临港产业等为一体的现代化港城融合体,樟树港区岸线将成为樟树市经济发展和城市建设的一道靓丽风景线。

(李劲然)

【南昌港总体规划通过部、省联合审查】 6月5日,《南昌港总体规划(修订)》通过交通运输部、省交通运输厅联合审查。下一步,南昌市交通运输局将组织规划编制单位将进一步修改完善规划方案,加快推进港口规划环评工作,力争南昌港总体规划尽早获得交通运输部、江西省政府联合批复。

(局计基处)

【《宜春港总体规划》获省政府批复】 6月上旬,江西省人民政府批复,原则同意《宜春港总体规划》(以下简称《规划》)。至此开启了宜春市港口建设、发展和管理的新篇章。《规划》明确了宜春港的功能定位。宜春港以能源、原材料、产成品、矿建材料等大宗散货和件杂货运输为主,积极发展集装箱运输和旅游客运,逐步成为布局合理、功能完成、绿色安全、高效便捷的综合性港口。《规划》将宜春港划分为樟树、丰城、袁州、上高、高安、铜鼓6个港区,并明确了各港区的功能定位。樟树港区以散、件杂货运输为主,积极发展集装箱运输,主要为樟树市及周边高安市、渝水区等地提供运输服务。丰城港区以散、件杂货和集装箱运输为主,主要为丰城市及周边高安市、南昌县等地提供运输服务。袁州、上高、高安、铜鼓港区以旅游客运为主,为地方旅游发展服务。六个港区共规划港口岸线26.76千米。2020年6月11日下午,宜春市政府新闻办、宜春市交通运输局举行新闻发布会。宜春市交通运输局副局长赵万里、江西省港航管理局宜春分局副局长刘立平、宜春市港航管理处负责人周青兰、宜春市道路运输管理局副局长潘海出席发布会并就《宜春港总体规划》实施情况回答记者提问。

(周青兰　周亚萍)

【泰和沿溪综合货运码头开工建设】 泰和沿溪码头项目由省港口集团投资建设经营。该码头位于泰和县沿溪镇赣江左岸,距下游石虎塘枢纽约15.3千米、泉南高速公路桥约2.1千米、上游泰和铁路桥约4.0千米。项目工程建设规模为2个1000吨级泊位(1个件杂货泊位和1个散货泊位),兼顾3000吨船型,岸线总长200米。设计吞吐量为125万吨/年,其中散货(砂石料)100万吨、件杂货(饲料、钢铁)25万吨。本工程后方陆域面积为7.41万平方米,近似呈矩形,南北向长度约380米左右,东西向宽度约190米左右,陆域边线至码头前沿线的距离为444.9米,主要布置生产区及辅建区。生产区包含件杂货堆场、仓库和散货堆场,其中件杂货堆场面积为0.35万平方米;件杂货仓库尺寸为60米×51米,仓库采用叉车作业;散货堆场面积为2.06万平方米,堆场西部布置地磅房及变电所。占地10.53万平方米,项目总投资2.24亿元,于2020年6月开工建设,计划2021年6月底工程全部完工。

(吉安市交通运输局)

【南昌港东新港区姚湾作业区综合码头工程使用岸线获交通运输部批复】 8月7日,南昌港东新港区姚湾作业区综合码头工程获交通运输部批复使用岸线1905米,这是江西省一次性获批最长港口深水岸线项目。该项目总投资27亿元,设计年通过能力1040万吨、15万标准箱,目前已通过环评、航评、防洪影响评价。项目的建成对提升南昌港港口基础设施水平,发挥航运比较优势,补齐南昌水运发展短板、促进腹地物流业降本增效具有积极意义。

(南昌市交通运输局)

【提前三个月完成港口岸电设施建设改造任务】 2020年以来,江西省港航部门积极推进新建和现有码头岸电设施建设改造,截至9月底,全省已有55座码头111个泊位安装港口岸电设施116套,泊位覆盖率66%,其中九江港51座码头102个泊位安装岸电设施109套,提前三个月完成《港口岸电布局方案》明确的九江长江各港区集装箱专业化泊位、3000吨以上客运泊位岸电改造任务。

(局计基处)

【殷美根调研九江矶山公用码头项目建设情况】 10月28日下午,省委常委、常务副省长殷美根来到九江彭泽县,调研九江彭泽港区矶山作业区矶山园区公用码头项目建设情况。省政府副秘书长王亚联,省交通运输厅党委书记、厅长王爱和,九江市副市长彭敏,省港口集团党委书记、董事长李国峰,集团党委副书记、总经理彭东领等参加调研。

来到九江矶山公用码头施工现场,殷美根详细察看了九江矶山园区公用码头项目总体规划情况,听取了项目情况汇报。他说,九江矶山公用码头作为江西省首个港口资源整合共建示范项目,项目建成对服务矶山工业园经济发展,加快推动彭泽现代交通物流体系形成,助推建设九江区域航运中心意义重大。

殷美根强调,项目建设是增强经济发展后劲的重要抓手,各地各部门要进一步提高政治站位,强化责任担当,统筹协调,科学调度,在确保工程质量和施工安全的前提下,平稳有序推进项目建设。各相关单位要强化责任担当,坚持问题导向,列出问题清单和举措,逐一化解制约项目建设的难题和瓶颈,为项目建设提供坚强保障,高质量高标准完成项目建设任务,努力把九江矶山公用码头打造成精品示范工程。

(黄 金 邓 景)

【郑清秀一行到湖口调研督导九江港化学品洗舱站及LNG加注站项目建设情况】 11月3日下午,交通运输部水运局郑清秀一行乘车抵达九江港湖口港区银沙湾作业区,实地察看了九江港化学品洗舱站项目进度,认真了解LNG加注站项目建设情况,详细询问了项目推进过程中存在的困难和问题。听取有关情况汇报后,郑清秀指出,九江港化学品洗舱站及LNG加注站项目建设是助推长江经济带科学、绿色、高质量发展的重要举措。他强调:一是要统一思想认识,提高政治站位。当前,"气化长江"是国家在长江经济带的重点布局规划,是国务院的重大决策部署,市、县两级人民政府和项目业主单位一定要提高认识、担起使命、挑好重担,全面做好LNG加注站项目建设工作。二是要积极协调、主动对接,各级相关部门为项目手续报批、劳务用工等方面提供支持,以优质服务为省重点项目建设保驾护航。三是要科学组织调度,加大推进力度,确保年底前洗舱站码头试运行目标如期实现。

(黄文涛 丰伟鹏)

【陈敏调研九牛滩综合码头一期工程】 11月18日下午,鹰潭市长陈敏深入贵溪九牛滩码头施工现场,实地调研码头一期工程建设情况。副市长廖良生、省港口集团总经理彭东领、市交通运输局局长费尚恒和副局长许智先等相关人员参加调研。在九牛滩码头现场,陈敏察看了九牛滩综合码头总平面布置图,听取了省港口集团、市交通运输局负责同志就项目概况、建设规划、施工进度和存在困难及下步计划的汇报。调研中,陈敏对省港口集团支持鹰潭港建设表示感谢,要求各相关部门通力合作,尽快解决疏港公路建设和码头、施工便道用地等问题,确保项目建设顺利进行。

(鹰潭市交通运输局)

【宜春港樟树港区河西作业区综合码头工程岸线使用获交通运输部批复】 2020年11月,宜春港樟树港区河西作业区综合码头工程岸线使用申请获交通运输部批复同意。该码头使用岸线1490米,建设15个1000吨级结构兼顾2000吨级泊位,设计年通过能力为散杂货1656万吨,集装箱18万标准箱。

(周亚萍)

【江西省首个水上LNG加注工程项目开工建设】 12月15日,九江港湖口港区船舶LNG加注工程开工仪式举行。工程建设规模为1个5000吨级LNG加注泊位(兼顾柴油加注),年通过能力为1.91万吨。该工程为江西省首个水上LNG加注项目,对创建长江经济带绿色发展示范区和打造"通江达海、服务全省、辐射周边"区域性绿色航运中心具有重要意义,并将加快"气化长江"战略实施的步伐。

(省港航局)

【吉安市全力推进港口码头建设】 截至2020年底,吉安港石溪头货运码头顺利通过竣工验收;新干港河西综合码头正在提升亮化,后方堆场建设、综合楼装修、大型装卸设备购置正在推进;泰和港区沿溪综合货运码头已开工建设,建设程序基本到位,计划2021年6月完工;中心城区港区张家渡码头和天玉中心码头已列入2021年省港口集团项目计划,正在开展前期工作;吉水港区蓼桥货运综合码头和峡江王家货运码头已列入省港口集团"十四五"储备项目计划。吉州区砂石码头正在开展前期工作。吉安县丹砂渡码头基本建成。年内根据省交通厅、省水利厅、省自然资源厅、省生态厅对吉安市非法码头专项整治工作督查提出的要求,全面完成全市非法码头整治任务。全市非法码头整治任务28座,拆除非法码头27座,拆除吊机47台,完成规范提升类1座,取缔的25座码头已全部完成整治复绿工作。

(吉安市交通运输局)

【樟树港区河东作业区岸电设施建设完成】 岸电设施建设项目由樟树市国家电网公司牵头组织,在华东诚通物流有限公司所属的五码头和水运作业区码头区域设置岸电建设点,架设充电桩,实施岸电设施建设。充电桩已建设完成,待通过国家电网公司等部门验收后可投入使用。

(袁 欣)

规划与勘察设计

【《江西省公路水路交通运输"十四五"发展规划》编制】 "十四五"时期,是我国"两个一百年"奋斗目标承前启后的历史交汇期,是江西省与全国同步全面建设社会主义现代化的开局起步期,是江西省在加快革命老区高质量发展上作示范、在推动中部地区崛起上勇争先的关键期,也是推进交通强省建设的第一个五年。

为指导全省公路水路交通运输高质量发展,按照省厅《江西省公路水路交通运输"十四五"发展规划编制工作方案》工作安排,厅规划办具体负责研究编制《江西省公路水路交通运输"十四五"发展规划》。为科学编制好《江西省公路水路交通运输"十四五"发展规划》,厅规划办起草了规划的基本思路、编制了规划大纲,发函至厅属各相关单位征求意见,成立调研组分别前往厅属相关单位及全省11个设区市开展"十四五"规划专题调研,并同时开展《江西省公路水路交通运输"十三五"发展规划评估》研究编制工作,系统评估和总结"十三五"全省公路水路交通规划实施进展情况、成果和经验,为《江西省公路水路交通运输"十四五"发展规划》打好坚实基础。

（厅规划办）

【《江西省运输结构调整三年行动计划（2018—2020）》评估和发展对策研究】 为把握《贯彻落实推进运输结构调整三年行动计划（2018—2020年）的实施方案》（以下简称《实施方案》）主要目标、重点任务、重大工程的推进实施情况，厅规划办开展了对《实施方案》的评估和发展对策研究，为江西省运输结构调整发展提供参考和建议。

经过研究认为，《实施方案》完成效果较好。集装箱铁水联运发展、公路货运治理、A级物流企业培育等方面成绩突出。到2020年末，实施方案中相关主要目标可以实现，主要任务与工程能够完成。但是在加大新能源城市配送车辆推广应用力度，加强运输结构调整信息报送和监测分析方面，还需加大工作力度。在借鉴国内外典型做法及经验下，研究报告提出下一步运输结构调整工作中应以现代综合运输体系建设为导向，以着力破解多式联运发展中关键瓶颈问题为突破口，以促进多式联运基础设施无缝化衔接、运输装备标准化升级、运输模式一体化组织、联运规则标准化制定、信息资源交互化共享为重点，不断提高多式联运发展水平，为建设现代流通体系，构建新发展格局提供有力支撑。

（厅规划办）

【《江西省高速公路网规划修编（2018—2035年）调整方案》】 按照《江西省综合立体交通网规划（2021—2050年）》安排及相关要求，结合《关于推进交通强省的意见》及江西省经济社会发展的新形势需要，在江西省高速公路网规划的基础上，厅规划办对高速公路路网布局进行了调整。

在《江西省高速公路网规划修编（2018—2035年）》基础上，从完善和增强综合运输通道、完善出省通道、优化区域路网布局、完善城市过境线出发，结合已纳入相关省级规划的高速公路项目，调整后，江西省高速公路规划规模总里程将突破1万千米。

（厅规划办）

【《江西省"十四五"期公路水路交通运输发展需求分析研究》】 近年来，江西省经济社会发展进入新常态，公路水路交通发展既面临重大战略机遇，也面临结构调整、转型升级、资源环境等诸多挑战，新形势、新变化对公路水路交通发展提出了新的更高要求。

厅规划办开展的《江西省"十四五"期公路水路交通运输发展需求分析研究》总结了"十三五"期公路水路交通运输发展成就，对"十四五"期公路水路交通运输发展的阶段性特征、发展形势及交通需求进行理论分析和研究，借鉴国内外公路水路交通运输发展形势以及交通供需方面的发展现状及经验，提出公路水路交通运输需求与社会经济发展的系统动力学模型和客货运量预测模型。研究认为到2025年，全省公路水路客运量将分别达到4亿人、0.35亿人左右，公路水路货运量将分别达到16亿吨、3亿吨左右。针对未来5年的交通需求，研究从提升公路客运服务品质、推进公路货运提质增效、调整公路运输发展结构、提高管理人员服务意识、完善地方水运政策、加大水运基础设施投资力度、加快集疏运体系建设、推进船舶运力结构调整、加强企业规模化建设、培养高素质航运人才和提升内河水运信息化水平等方面，提出了公路水路交通运输发展策略，为交通主管部门做好顶层设计和投资决策等提供有力的理论依据。

（厅规划办）

【《江西省交通运输经济运行分析报告》编制】 根据江西省交通运输厅工作安排，厅规划办在2020年开始启动全省交通运输经济运行分析工作，主要对江西省交通运输行业统计数据、主要宏观经济数据等进行综合分析，科学研判江西省交通运输经济运行特点，探索当前存在的问题，提出下一步工作建议，并对未来一段时间的交通经济运行趋势进行预判，为省厅相关工作提供基础性支撑。

《江西省交通运输经济运行分析报告》已出版三期，分别为2020年第一季度、上半年及前三季度分析报告，全年的分析报告已于12月形成初稿。

（厅规划办）

【《江西省交通运输经济运行分析框架及方法研究》】 交通运输行业发展从高速增长逐步转入中高速增长，交通运输经济也由"十二五"初期10%以上的高增长转为当前5%~7%左右的中高速增长，深入开展交通经济运行分析研究，对推动交通强国建设和行业高质量发展具有积极作用，为交通运输行业主管部门决策提供有力支撑。

厅规划办开展的《江西省交通运输经济运行分析框架及方法研究》立足江西省交通运输行业实际业务需求，结合交通运输行业统计及监测数据、主要宏观经济数据、上下游关联产业数据基础，研究构建了江西省交通运输经济运行分析工作制度及分析报告框架；同时开展数据关联性分析，以公路货运量为例，探索提出了适应江西省实际情况的预测方法；从强化制度保障、建立报送机制、充实分析内容和组建专业团队等方面提出了工作建议，为江西今后开展交通运输经济运行分析工作提供参考依据。

（厅规划办）

【《环鄱阳湖旅游公路规划》编制】 公路交通在促进鄱阳湖区域旅游业发展中具有重要作用，为更好推进鄱阳湖区域旅游业发展，根据省委、省政府《关于推进旅游强省建设的意见》《关于全面推进全域旅游发展的意见》和《大南昌都市圈发展规划（2019—2025年）》等要求，按照省交通运输厅工作部署，厅规划办开展了《环鄱阳湖旅游公路规划（2020—2035年）》编制工作。

规划方案将环鄱阳湖旅游公路总体分为四个层次，形成"2环16联20支"旅游公路网布局，充分利用"环线＋联线＋支线"旅游公路网，在杭瑞（G56）、福银（G70）、杭长（G6021）、九江绕城（S37）、都九（S22）5条已通车的高速公路及规划的彭泽至东乡高速公路围成的大圈范围内，有机串联沿途多个特色分区、产业小镇及区域内旅游景区，形成"快进慢游"的旅游格局，实现公路交通基础设施从单纯满足出行功能向交通、旅游、消费等复合功能转变，形成一张布局完善、功能层次清晰的环湖旅游公路网，打造出集交通、景观旅游于一体的环湖绿色生态廊道。

（厅规划办）

【吴浩一行视察赣粤运河规划线路】 6月11日，副省长吴浩一行来到赣州调研赣粤运河规划建设工作。赣粤运河是连接长江、珠江两大水系，纵贯南北的国家重要水路交通要道，全线规划为三级航道、通航1000吨级船舶。吴浩详细了解赣粤运河规划研究进展、规划路径走向、水文地质条件及人工开挖段防汛、生态环保等情况。吴浩指出，规划建设赣粤运河是一件事关重大的好事，各相关部门单位前期工作一定要做深、做足、做扎实，科学规划、充分论证，最大限度实现水资源的有效利用，推动当地经济社会发展，让运河真正惠及广大人民群众，要对赣粤运河建设技术、可行性、可能存在的困难和问题等进行充分的预估、研判和论证，加强与生态环境、自然资源、水利等部门的沟通和联系，掌握第一手资料，取得各方面的支持，为赣粤运河的规划建设打下坚实的基础。

（厅规划办）

【厅造价站编制的《江西省公路绿化工程估算指标（2020年修编版）》通过评审】 12月24日，省交通运输厅在南昌组织召开了《江西省公路绿化工程估算指标（2020年修编版）》专家评审会议。由周边省份和江西省专家组成的专家组听取了厅造价站关于《江西省公路绿化工程估算指标（2020年修编版）》修编的情况汇报，对提交的送审稿进行了认真讨论。

专家组认为，本次评审的《江西省公路绿化工程估算指标（2020年修编版）》符合国家相关法律、法规、技术规范和江西省的有关规定，成果基本齐全、基础资料翔实，测算数据基本可信，编制方法科学、准确，基本符合部颁定额和指标的编制要求，要求修编人员尽快落实专家意见，修改完善后及时上报交通运输主管部门发布实施。

本次通过评审的《江西省公路绿化工程估算指标（2020年修编版）》，以江西省近五年实施的公路绿化工程为依托，经资料收集、分析计算等阶段，完成了路线绿化、互通式立交绿化、场区绿化和隧道口绿化等6个指标。

（厅规划办）

【港口总体规划与水运系列规划编制工作】 2020年江西省港航管理局积极推进港口总体规划与水运系列规划编制工作，《鹰潭港总体规划》《宜春港总体规划》《上饶港总体规划》《赣州港总体规划》已获得批复。完成了《江西省内河航道与港口布局规划》《江西省"十四五"水运发展规划》《袁河航道规划方案研究》等子规划；完成了《赣粤运河规划报告》和四个专题报告《赣粤运河水资源综合利用研究》《赣粤运河通航技术标准与通航船型研究》《赣粤运河综合效益研究》《赣粤运河环境影响评价》。

（厅规划办）

【《赣粤运河（江西段）规划研究（征求意见稿）》通过专家评审】 赣粤运河（江西段）规划包括《赣粤运河（江西段）规划研究》一个主规划和《赣粤运河综合效益研究》《赣粤运河通航技术标准与通航船型研究》《赣粤运河水资源综合利用研究》《赣粤运河环境影响专题研究》四个专题研究。按照规划，赣粤运河的建成将有利于服务国家重大战略、促进东中西部区域经济协调发展、加强南北经济融合；有利于构建国家南北水运纵向新通道、完善国家现代综合立体交通网、加快建设交通强国；有利于加快补齐内河水运短板、发挥水运比较优势；有利于发挥水资源综合利用价值，实现生态优先、绿色发展；有利于显著改善赣南和粤北地区基础发展条件，带动沿线产业集聚和全方位对外开放。下一步，省港航管理局将组织规划编制单位进一步修改完善规划方案，尽快形成《赣粤运河（江西段）规划研究》终稿，为交通运输部和江西省政府决策提供依据。

（省港航局）

【《南昌港总体规划（修订）》（送审稿）修编】 南昌市交通运输局推进南昌港总体规划修编工作，取得重大突破。2020 年 6 月 5 日，《南昌港总体规划（修订）》（送审稿）顺利通过交通运输部综合规划司和江西省交通运输厅联合审查，审查会后会同规划编制单位根据各部门意见将规划文本完善到位，《南昌港总体规划（修订）环境影响评价报告书》（送审稿）也已编制完成，将按程序上报生态环境部审批。同时加快推进水运基础设施建设，重点推进姚湾综合码头建设项目，抓住码头港口岸线使用审批以及其他前期工作这个关键环节，加强与交通运输部的协调沟通，姚湾综合码头建设项目被列入今年南昌市重大重点建设项目当中，港口岸线使用获交通运输部批复，并将进入实施。江西龙达化工码头 1、2 号泊位工程，新昌电厂电煤码头工程项目 1、2 号泊位工程已组织交工验收。此外，全省港口资源整合工作开展以来，南昌市港航管理处切实履行行业牵头责任，积极组织各方对接协商，按照相关政策要求，结合实际情况，采取了适合南昌港口资源整合方法措施，精准施策，分类分步推进，有序开展了港口资源整合工作，按要求完成了南昌市 6 座码头港口资源整合工作。

（南昌市交通运输局）

站场（厂）房屋建设

【概况】 2020 年，完成道路客货运输场站基础设施建设投资 8.16 亿元，占全年计划的 163%，建设完工吉安、高安综合客运枢纽和赣州传化南北公路物流港等 3 个综合客货运综合枢纽和安远、弋阳、都昌、会昌等 4 个县级客运站。

（省运管局）

交通基础设施建设

表5: 2020年道路运输基本建设完成情况一览表

项目名称	开工时间	竣工时间	计划总投资	本年计划投资	累计完成投资	本年完成投资	本年施工项目个数	其中:2020年新开工	2020年建成项目个数	本年竣工面积（平方米）
合计			291832	81141	164733	81940	14	4	11	203463
一、综合客运枢纽										
高安综合客运枢纽站	2018	2020	20000	4100	20000	4100	1		1	30346
吉安综合客运枢纽站	2017	2020	37500	26845	37500	26845	1		1	10405
二、物流园区										
赣州传化南北公路港	2018	2020	21239	239	21239	239	1		1	81000
九江港彭泽港区红光作业区综合枢纽物流园一期工程	2019		159000	40000	47669	40669	1	1		
三、县级客运站										
安远县汽车综合客运站	2018	2020	16000	3000	16000	3000	1		1	52936
会昌县汽车客运总站	2019	2020	6000	800	6000	800	1	1	1	8000
弋阳县汽车客运站	2018	2020	6700	355	6915	355	1		1	8182
都昌城东综合汽车站	2019	2020	3910	2102	4000	2102	1		1	12594
吉水客运中心	2020	10000	10000	2400	2480	2480	1	1		
泰和汽车客运总站	2020	9563	9563	1000	1010	1010	1	1		
四、农村客运站项目										
乡镇客运综合服务站	2019—2020	2020	1920	300	1920	340	4	1	4	

（省运管局）

【全省首座船舶污染物接收站在抚州落成】 1月20日,"赣抚清1号"接收趸船、"赣抚洁1号"收集船缓缓停靠抚州市船舶污染物接收站水域,正式交付给抚州市船舶污染物接收站运营单位——江西省赣抚建材资源开发有限公司使用。随着接收船舶及水上设施的交付,抚州市在全省率先完成船舶污染物接收站建设项目,为江西省河长制工作交出一份完美的答卷。

抚州市船舶污染物接收站建成后,每天可接收转运船舶各类污染物20余吨,每天可同时保证市城区水域400余艘船舶污染物排放量,为抚州市抚河复航及绿色水运发展提供坚实保障。

为此,抚州市交通运输局积极履职,主动请缨承担建设任务,多措并举确保船舶污染物接收站建设任务顺利完成。首先成立了项目建设工作领导小组,局主要领导同志担任组长,定期组织召开项目建设推进会,深入建设一线督导,持续推进项目建设高效实施。调配专业人员对船舶建造、接收站设施建设全过程进行督查,加快建设进度,保障工程建设质量。强化人员培训,抽调专家对运营管理人员进行操作技能和安全知识的培训,确保船舶污染接收站的有效运转。船舶污染物接收站投入使用后,抚州市交通运输局联合有关部门进一步强化船舶港口污染整治执法,加强监管力度,确保船舶污染物接收站的有效安全运转,持续保持该市抚河水域的清洁。

(陈根玲)

【崇义公路分局大摆养护中心开工建设】 为满足公路养护生产需求,经图纸设计和土地征收,近期,期盼已久的崇义省道S316线大摆养护中心开始动工建设,目前正在土地平整阶段。该养护中心位于崇义县长龙镇大摆村省道316线(嘉定—横水)K97.400处,担负着省道316线K81.553—K116.061计34.508千米的日常养护任务和应急抢修任务,既是全天候的养护道班,又是公路应急保障基地。

大摆养护中心总占地约1.3万平方米,总投资1009万元,拟新建综合楼715平方米,新建服务用房288平方米,新建厨房、餐厅54平方米,新建公共卫生间143平方米,综合服务场地硬化4446平方米,配套建设道路、绿化、景观、围墙等附属设施。该中心建成之后,将集养护管理、公共服务、应急抢险"三位一体",按标准配备养护机械设备和应急抢险物资,为公路安全畅通提供养护管理、综合服务和应急保障作用。

(严由亮 王蓓蓓)

【上高公路沥青冷再生站建成投产】 近日,基于干线公路路网布局的公路沥青路面绿色环保冷再生站,在宜春市上高县正式建成并投入生产。上高公路沥青路面绿色环保冷再生站由宜春交建公司投资建设,项目占地1.3万平方米,历时8个月,总投资1500万元。该沥青路面乳化沥青厂拌冷再生技术以90%以上大掺量废旧路面铣刨料为基础材料,以再生乳化沥青作为结合料,采用"二步喂料三级拌合"专用拌和机械、专业化特种施工工艺,对废旧沥青路面铣刨料进行常温拌合、常温施工的一种资源节约、节能减排、低碳环保的再生技术。

该站的建设投产,实现了《"十三五"公路养护管理发展纲要》提出的至2020年,普通国省道废旧路面材料回收率、循环利用率分别要求达到98%、80%以上的目标,全面实现了沥青固废100%回收,100%利用目标,创造了零污染零排放的节能环保效益,且提高路面使用寿命,大量节约工程造价,节约不可再生矿山资源,保护了美丽宜春的绿水青山。

(胡小于)

【鹰潭市2处非现场执法检测点顺利通过省计量院检定】 4月17日至19日,鹰潭市公路局国道206龙虎山毕家站孔家大桥非现场执法检测点及国道320月湖南站非现场执法检测点顺利通过省计量院的检定,比规定时间提前了十天。

据悉,以上两个非现场执法检测点两个项目于2019年10月开标,施工单位分别是安徽合肥正茂科技有限公司及北京万集科技有限公司。通过非现场执法监测点的建设,将初步实现对超限超载货车进行全天候监测;强化科技手段在治超中的应用,构建公路治理超限超载综合管理平台,实现治超业务的"全过程记录、全业务上线、全路网监控、全链条管理、全方位服务"。

(徐哲 夏金根 马超)

【高安市综合客运枢纽站正式启用】 5月29日,高安市举行综合客运枢纽正式启用仪式,高安市运管所所长朱建斌介绍综合客运枢纽进驻情况,高安市城投公司董事长、总经理付立珍致辞,高安市交通运输局党委书记、局长盛恒宣布综合客运枢纽正式启用。高安市综合客运枢纽站位于高安高铁站东侧,总投资1.05亿元,建筑面积共30346平方米(其中架空平台建设面积为14300平方米。内含:公交枢纽站、社会车辆停车场、出租车候车区等)。该站与高铁站无缝衔接,旅客从高铁站出站步行几分钟的路程即可实现在铁路与公路、城市公交、出租运输之间快捷换乘。进驻高铁枢纽站客运企业有:高安汽运公司、高安便民公交公司、高安城市公共交通有限公司、高安市小汽车出租有限公司。进驻高铁枢纽站发班的车辆总共有64辆,其中有运行城乡客运的车辆36辆,运行线路9条,可通往华林、柏树、村前、杨圩、龙潭、石脑、丁家、伍桥、汪家(浮桥)7个乡镇及村组,运行时间为6:30—17:30左右,每天运送旅客量可达6244人次;运行城市公交车辆共28辆,线路为4路、6路、7路、8路、9路共5条线路,主城区基本全覆盖,运行时间为6:30—21:50(晚上运行时间以火车到站时刻为节点接驳)。

(余小琴)

【都昌县城东综合车站建成】 都昌县城东综合汽车站按照国家一级站场标准建设。项目坐落于大树乡、农副产品交易大市场西侧,建设用地约7.35万平方米,建设面积4500平方米,附属设施1600平方米,站前广场14000平方米,工程投资约1.2亿元,由江西省长运集团公司九江分公司投资建设,2020年9月16日投入运营,原都昌汽车总站及万里客运停车场关闭停止运营。

(九江市交通运输局)

【樟树市东昌高速收费大棚改造工程建成通车】 9月30日,改造后的樟树东收费站大棚建成通车。改造后的樟树东收费站大棚为四重檐钢筋混凝土仿唐式古建楼阁雨棚,其建筑面积为626.69平方米,雨棚屋脊结构高度为24.1米,工程概算总投资800万元,合同价643.4651万元。

(李嘉瑜)

【共青城市超限超载车辆检测站建成】 共青城市超限超载车辆检测站建设项目位于共青城市昌九大道以西、关帝庙小学以北约400米。项目总建筑面积2053.6平方米,主要包括综合楼、检测处理室、检测亭、卸货棚及其他附属设施。项目于2019年03月12日开工,于2020年9月建成并投入使用。

(九江市交通运输局)

【泰和县汽车客运站正式开工建设】 泰和县汽车客运站项目位于上田片区的祥和大道与上田大道交汇处,占地面积约3.28万平方米,建筑总面积15794.6平方米,由主站房、维修车间、调度室、门卫、停车场(客车、出租车、公交车)、地下工程(地下停车库和设备用房)、站外交通广场以及配套市政绿化等组成。县财政评审招标控制价6025.38万元。客运中心建筑主要功能为:一层设置候车大厅、重点旅客候车室、售票大厅及其他附属用房;二层设置办公室、驾乘休息室、会议室等;三层设置办公室和设备机房等。项目于2020年8月7日进行开标,中标单位为河北建设集团天辰建筑工程有限公司,中标价5464.26万元。9月施工单位进场施工,项目计划在2021年底完工。

(吉安市交通运输局)

【金溪何源农村公路综合服务站开工建设】 金溪县交通运输局按照"四好农村路"示范县创建要求,利用该县何源镇政府一处闲置房改造成农村公路综合服务站。其功能主要是集综合执法、工程建设、公路养护为一体的农村公路综合管理服务。总投资180万元,投资方式为县财政拨付资金。2020年10月开工,计划2021年4月竣工。设计单位重庆渝宏建筑规划设计有限公司,施工单位江西凯定建设工程有限公司,监理单位新昌县工程建设监理有限公司。

(余小虎)

【全省首对高速LNG加气站正式运营】 12月1日,济广高速南城服务区LNG加气站举行开业仪式。集团党委委员、副总经理吴克海出席并致辞,集团有关部门、单位相关负责同志,双方股东单位出席。据悉,南城服务区LNG加气站是江西省首对高速LNG加气站。南城服务区位于济广、福银高速抚州南城交汇段,地理位置优越,是连接山东、安徽与福建、广东的重要通道。南城服务区加气站的营业,填补了江西省高速服务区 LNG 加气站的空白。除了南城加气站,省高速集团还计划在 2021 年底前完成龙虎山、庐山、吉安服务区加气站建设,采取点—线—面—网循序发展策略,逐步在全省高速公路推广,实现大广、济广、福银、沪昆高速"三纵一横"路网动脉绿色能源全覆盖,为推动江西省清洁能源高效利用、实现绿色交通发展贡献力量。

(省高速集团)

【上饶城南公交场站主体结构封顶】 上饶市重点工程,城南公交综合场站项目于 12 月 16 日完成主体结构封顶工作。上饶城南公交综合场站项目地处上饶市空港新区,位于上饶大道与康盛大道北侧交叉口西北角,总用地面积 2.97 万平方米。项目总建筑面积 1.69 万平方米(其中地上建筑面积 11458.2 平方米,地下车库 5493.2 平方米),设计大巴停车位 101 个、小汽车停车位 103 个,总投资 1.22 亿。项目建成后将满足三江片区公交车辆的停放、指挥调度、充电、维修、保养、保洁等六大功能需求,缓解三江片区、国际医疗先行区交通压力大群众出行不便、中心城区公交场站数量严重不足车辆停靠不便等问题,提升城市公共交通综合服务功能。

(上饶市交通运输局)

【樟树市船舶污染物接收站建成全面投入使用】 总投资 1813.96 万元的樟树市港口船舶污染物专用接收泊位是江西省首个专业的、现代化的港口船舶污染物接收处理设施。接收站位于赣江右岸的五码头,距铁路桥下游 1900 米,距梨园闸约 1200 米,占用岸线 100 米,接收站主体工程及配套设施已建设安装完成并全面投入使用,由华东诚通物流有限公司负责日常运营,按照船舶污染物接收转运处置相关规定和要求开展港口船舶污染物接收转运工作。

(宜春市交通运输局)

【丰城市船舶污染物接收站建设完成】 2020 年丰城市船舶污染物接收站于建设全面完成,总投资 797.07 万元(其中中央财政 315 万元,地方配套资金 482.07 万元),船舶污染物接收站已开始试运行。

(黄 昆)

【宜丰县新昌东大道停车场工程竣工】 新昌东大道停车场工程总投资 170.4142 元,其中新建停车场一座(停车位 86 个),新建人行道 345 平方米,修复现有人行道 3505 平方米。该项目于 7 月公开招标,由江西成文建设有限公司中标,县城管局与江西成文建设有限公司签订了《新昌东大道停车场工程建设施工协议》。项目于同月开工,9 月建设完成,项目建成后,新昌东大道环境面貌得到整体提升。

(漆志勇)

运输生产

道路运输

【"十三五"江西道路运输发展纪实】 "十三五",全面建成小康社会最后冲刺的5年,也是江西道路运输全面深化改革、提速发展的5年。五年来,江西道路运输始终坚持用习近平新时代中国特色社会主义思想武装头脑、指导实践,紧扣全面建成小康社会目标任务,以改进提升运输服务质量和效益为中心,以推进供给侧结构性改革为主线,以服务经济社会发展、服务保障民生、服务决胜脱贫攻坚为引领,尽锐出战,主动作为,全面推进行业转型升级、发展提速、质效提升,绘就江西道路运输发展的新时代画卷。

推进供给侧结构性改革,在改善运输服务中提速发展

下火车,按路标指引步行300米,不用出站就能坐上去万载县城的客车,家住万载县三兴村的老徐愉快地说,"下了高铁可以直接在交通枢纽内换乘到县城的汽车,方便快捷。"

万载县是革命老区,曾经是国家级贫困县,山多路窄制约了当地的经济发展,年轻人大多数外出打工赚钱。"以前,下了火车,要打车去贸易广场或城北汽车站,很不方便。"老徐在广州打工20余年,5年前,每次回家都要拎着大包小包辗转乘车,尝遍了旅途之苦。

2015年,江西道路运输部门超前规划,完善客运枢纽站场建设,换乘难的问题得到解决。老徐轻松地推着行李箱走在宽敞明亮的综合交通枢纽大厅内,便捷的"零距离"换乘,让他脸上绽放出笑容。

服务经济,换挡提速。江西道路运输牢牢抓住"十三五"交通运输发展黄金时期,围绕服务经济社会发展,推进供给侧结构性改革和道路运输行业增速换挡,演绎道路运输高质量发展的精彩篇章。

客运服务转型升级。江西制定出台《关于加快推进道路客运转型升级的实施意见》,大力发展多样化运输服务,推行定制客运,开创"互联网+"优化服务新模式;推进旅客联程运输,积极发展与民航、高铁对接的联程运输模式,探索推进联程联

运和一票制服务。赣州、宜春、上饶、九江、萍乡5个设区市共开通定制客运线路30条，拥有定制客运运力245台，进一步提升了客运行业便捷度和舒适度。贵溪市、德兴市完成全国城乡交通运输一体化示范县创建，九江、抚州、上饶、宜春、鹰潭、景德镇开通了往返南昌市昌北机场的道路客运班线。南昌长途汽车站、南昌长途汽车西站、宜春汽车东站、上饶汽车东站均实现与高铁无缝衔接，旅客可以进行"零距离"换乘。组建江西旅游集散中心联盟，助推客运行业与旅游业融合发展。放宽班线客运剩余运力调整为包车客运运力的经营范围限制，释放客运市场活力。全省道路客运联网售票系统建成并启用，覆盖了全省一、二级客运站及部分三级客运站。除客运站售票窗口外，旅客可以通过自动售取票机、车站微信、赣优行等网站及手机APP购票，极大地节省了旅客排队购取票的时间。

站场建设加快发展。江西大力推进站场基础建设，仅2020年，全省枢纽站场建设完成投资6.08亿元，占全年计划的121.6%。吉安、高安综合客运枢纽，弋阳、安远、都昌县级普通客运站等5个项目已完工并投入试运营。"十三五"期间，全省枢纽站场建设完成投资25.7亿元，拥有等级客运站891个，其中，一级客运站20个，二级客运站79个，三级客运站54个，四级客运站174个，五级客运站564个。客运场站建设升级覆盖全省，交通运输一体化发展迅速，多种运输方式顺畅衔接和高效中转，经济运行效率提升。

货运服务集约高效。江西大力发展网络货运、多式联运、甩挂运输等先进运输组织方式，对行业零散的运力、站场、货源等进行集约配置，不断升级运输装备，大型载货汽车占比逐年递增，行业逐步向集约化、规模化、标准化、智能化方向发展。整合社会车辆21.7万辆，车辆里程利用率提高50%，交易成本下降约10%~20%。整合公铁海联运，开辟安全高效物流新通道，赣州港"一带一路"多式联运示范工程建设顺利推进，世界前十名的船公司超过半数已入驻赣州港，全国8大物流企业和香港龙泰安冷链物流在赣州港设立省级区域中心，阿里巴巴在赣州港打造了全省首个现代化的臻顺智慧物流园。赣州港由木材进口、家具出口的单一通道，发展成为集外贸、物流、仓储、金融等多元口岸经济为一体的综合性开放口岸。

网约车规范发展。江西加快推进网约车平台企业和驾驶员的许可工作，已向46家网约车平台发放经营许可证160张、网约车道路运输证1.7万余张、驾驶员从业资格证6.4万余张。其中，滴滴网约车平台在全省获得了经营许可，位居全国前列。此外，巡游出租汽车经营权全部实现无偿使用，建立巡游车燃料附加费联动机制，联合公安交管部门开展经常性整治活动，网约车、出租车运营秩序明显改善。

绿色运输提速升级。全省严格执行营运车船燃料消耗限值标准，加大老旧营运车辆淘汰力度，已累计淘汰8.86万辆营运黄标车和老旧车辆。加快新能源公交车更新改造和升级步伐，全省现有新能源公交车9771辆，占公交车总数的65%。3595辆出租汽车实现更新换代并使用油气双燃料，基本达到"零排放"标准。试点开展AI人工智能教学，推进驾驶节能技术和教学设施设备的应用，"驾驶模拟器"教学的驾校覆盖率达100%。

聚焦民生福祉，在实现惠民便民中提质服务

"姜师傅，韵达、圆通的货到了吗？""小潘，把今天头班的车号整理给我。"……每天，天刚蒙蒙亮，德兴镇村公交小件快运的工作人员就热火朝天地忙着货物的分拣工作。

德兴市作为首批开展镇村公交试点的市县，不仅群众出行方便了，农村物流也搭上了顺风车。客运企业依托镇村公交平台，积极发展小件快运业务，将其打造成集客运、物流一体的镇村公交运输服务综合体，实现了社会效益和经济效益最大化。

服务民生，提质增效。像德兴镇村公交小件快运在客运主业不断下滑的现状下，实现逆势增长的创新服务举措，在江西道路运输系统还有很多。"十三五"期间，江西大力发展镇村公交和农村客运，加快推进建制村通客车工作，持续提升城乡交通运输一体化发展水平，服务民生实事能力进一步增强，有效满足了农民群众"走得了、走得好"的美好愿望。

加快农村客运建设。江西积极推进城乡客运一体化发展，实施农村客运公交化改造，坚持城市公交下乡和农村客运进城双向互动、融合发展。全省现有农村客运班线3044条，农村客运车辆6614辆，其中公交化运营线路323条，公交化营运客车1082辆。持续开展镇村公交发展试点，省级财政设立镇村公交专项资金，对试点县（市、区）给予专项补贴，"十三五"期间，在全省共培育镇村公交示范县（市、区）40个，占全省县（市、区）总数40%，累计拨付省级奖补资金2.45亿元。

推进建制村通客车。江西研究出台了《江西省建制村通客车工作指南》，实行精细化管理，实施"一村一策"，因地制宜采取公交、班线、区域经营、预约响应等多种形式，全力推进建制村通客车工作，不断提高建制村通班车率，构建起镇村衔接、城乡一体、安全便捷的农村客运服务，截止到2020年10月30日，全省17037个具备条件的建制村100%实现通客车。

实施公交优先战略。江西投入省级资金2.52亿元，大力开展公交都市或公交城市创建。南昌市获批国家"公交都市"示范城市，赣州市、上饶市获批省级"公交城市"示范城市，上饶市国家"公交都市"和鹰潭等8个"公交城市"创建扎实有力，11个设区市中心城区的公交线路全部完成交通一卡通互联互通改造，累计发卡260万余张。全省城市公交线路达2030条，公交车1.5万余辆，公交运营线路总长45140千米，城市公交向农村延伸线路957条。全省完成25个公交枢纽站、大型公交首末站建设，公交专用快速通道总长度达410余万千米，南昌市轨道交通运营线路总长度达到88.85千米。电子公交站牌、智能调度系统、掌上公交APP、无线WIFI等智能设备投入应用，改进了指尖上的智能出行服务。

推进物流降本增效。全省积极推进普货车辆"两检合一""三检合一"、综合性能检测全国联网、省内异地年审等政策，不断降低货运企业制度性管理成本。截至2020年11月底，全省共有52.9万余辆营运货车全面落实了"两检合一"政策，12.2万余辆营运货车在省外完成综合性能检测，8万余辆4.5吨及以下普货运输车辆享受了政策便利。加快县乡村三级物流服务网络和"多站合一"物流节点建设，建成6个乡镇客运综合服务站，在南昌县、安远县、德兴市试点开展农村物流市场培育。鼓励交邮合作推动农村物流发展，分宜县"城乡公交+物流电商+共同配送"服务品牌成功入选全国首批25个农村物流服务品牌。

此外，全省205家综检机构全部获得"三检合一"资质，汽车维修电子健康档案省级系统在一、二类维修企业的覆盖率均达到99%。全面建立驾培市场供求信息公示制度，推广"计时培训、先培训后付费"模式，全省驾培机构覆盖率达100%。深化驾培和从业资格管理改革，11个设区市驾驶培训监管平台与公安考试系统实现联网对接、"人证合一"验证。全面实现从业资格理论考试无纸化，以及营运驾驶员网上诚信考核、自动评级，解决驾驶员"跑腿难"问题。建设汽车租赁公共服务管理信息化平台，实现车辆信息、经营者信息、诚信考核信息、信用评价信息等共享查询。

深化"放管服"改革，在优化综合治理中提升效率

"十三五"以来，江西道路运输着力提升综合治理能力，多维度、多举措加强安全风险管控，全面深化"放管服"改革，促进道路运输服务提质增效。

落实下放审批事项。江西取消了4.5吨及以下普通货运车辆道路运输证、驾驶员从业资格证以及道路货物运输站（场）等7项许可和5项其他权力事项，下放省际、市际（除毗邻县行政区域间外）道路客运许可。推进政务服务系统对接，实现了全省道路运输政务服务的一窗式应用。优化审批服务。落实"证照分离"要求，针对客运、货运、危险货运和机动车驾驶培训业务等4项经营许可优化准入服务，压缩审批时限，简化审批程序，减少审批环节，对场站经营许可、普通货运经营许可、出租车驾驶从业资格证办理实行告知承诺；中级客车类型划分和等级评定、道路运输车辆动态监控社会化服务备案等6项行政审批事项实现了"一次不跑""只跑一次"；将营业执照、身份证等70项证明事项取消，改为通过部门间核查、共享平台核验完成，通过货车检验检测改革等措施的实施，累计为省内货运经营者减负3.72亿元。

完善安全责任体系。江西按照"一岗双责"要求，梳理省、市、县三级运管机构和客货运输企业的安全生产责任清单，制定《江西省道路运输安全风险管控指南》及道路运输企业生产安全风险"一图一牌三清单"，在道路运输高危行业强制实施安全生产责任险，形成"行业主管部门牵头抓总、运管机构组织实施、相关部门共同参与、企业主体责任不断夯实"的安全管理工作格局。

加强安全风险管控。江西全面推行道路客运班线"线长制"管理模式，由92家客运企业选派线长597人，管理1334条客运班线、4824辆客运车辆，进一步压实企业安全生产主体责任。在省际、市际道路客运班线实施实名制管理，执行实名售票和实名查验制度；全面推进危货电子运单制度，逐步规范危货运输组织流程，强化安全责任落实。突

出重点驾驶员的安全监管,联合与省公安厅交管部门对违法违规的客运驾驶员和客运企业实施联合惩戒,对严重超员的驾驶员实行了刑拘和永久性黑名单管理,起到了一定的震慑作用。

强化科技兴安作用。江西积极推进"两客一危"、城市公交和镇村公交车辆安装智能安全监控技术工作,实现对驾驶员危险驾驶行为的实时自动报警、自动分析和监测。建成启用江西省第三方安全监测平台,对重点营运车辆进行实时监测,对违规企业实施安全约谈,对严重违规车辆实施停运处罚,超速、疲劳驾驶、离线位移等违法违规行为报警情况呈逐月下降趋势。截止2020年11月底,全省1.16万余辆公交车安装了安全隔离防护装置,2.5万余辆"两客一危"车辆安装了4G视频实时监控设备和主动安全智能预警设备,并接入江西省道路运输车辆卫星定位系统监管平台,实现24小时动态监测,近20万余名营运驾驶员接受了安全文明驾驶教育培训和考试。

规范运政执法。2018年,修订《江西省道路运输条例》并颁布实施,规范道路运输行政处罚自由裁量权行为,建立道路运输行政调解机制,统一运政执法文书,规范执法程序,降低执法随意性。全面推行执法公示制度、执法全过程记录制度和重大执法决定法制审核制度,实施重大行政决策和规范性文件合法性、公平竞争审查,完善法制审核、公平竞争审查工作机制。严格落实执法信息公示制度,通过政务网站、办事大厅、服务窗口等平台向社会公开执法主体、执法程序和执法结果等信息,自觉接受群众监督。持续开展"打非治违"活动,5年来,全省共查处违法违规经营行为10.2万余起,125家次运输企业被停业整顿,32名驾驶员被停业,136辆次货运车辆《道路运输证》被吊销。严格执行"黑名单"管理制度,加大失信曝光和失信联合惩戒力度,全省被列入黑名单的营运驾驶员6453人次、驾校教练员7人次,其中,26名营运驾驶员被终身锁定黑名单。

加强多部门协作。全省运管系统强化与公安交管、应急管理部门以及厅直各单位的联勤联动,建立联席会议、联合执法、信息抄告、安全监管、数据共享、联合惩戒等工作机制,开展"道路客运安全年""安全生产月""隐患排查治理"等多个专项活动。联合省公安厅在赣州市、宜春市和上饶市率先开展重点营运车辆动态监控违法违规信息分类闭合处理试点,对12类动态监控违法违规行为进行分类闭环管理。安全监管由"单打独斗"向"协同作战"转变,道路运输安全形势保持平稳。

雄关漫道真如铁,而今迈步从头越。回望"十三五",江西道路运输高悬云帆,锚定目标,奋楫笃行,取得了瞩目成就;展望"十四五",方向更明,路径更清,干劲更足,江西道路运输将在全面建设社会主义现代化国家新征程上,继续全面深化改革,推进高质量发展,为建设新时代富裕美丽幸福江西提供道路运输保障。

(省运管局)

【概况】 2020年,全省公路运输完成客运量3.4亿人、旅客周转量180.9亿人千米,同比分别下降26.76%和25.94%;完成货运量14.2亿吨、货物周转量3247.1亿吨千米,同比分别增长4.68%和6.8%。城市公交完成客运量6.67亿人次,与去年同比下降51%;轨道交通完成客运量1.351亿人次,与去年同比下降22.8%;巡游出租车完成客运量4.33亿人次,与去年同比下降23%。机动车维修完成432.88万辆次,与去年同比下降9%。机动车驾驶员培训完成年培训量89万人次。

基础设施方面。全年完成投资8.16亿元,占全年计划的163%,建设完工吉安、高安综合客运枢纽和赣州传化南北公路物流港等3个综合客货运综合枢纽和安远、弋阳、都昌、会昌等4个县级客运站。

疫情防控方面。疫情暴发以来,全行业按照"一断三不断"要求,重点突出客运场站、运输工具、从业人员等关键环节,严格落实疫情防控各项要求。储备了应急运力1750辆,完成了23趟次应急运输任务,运输防控物资约1000吨。为助力复工复产,精准有序恢复道路运输公共服务,组织开展"点对点"包车客运服务,运送农民工3182趟次、6.7万人次,开通"家校专线"200余条。

助力脱贫攻坚方面。全省具备条件的建制村实现全部通客车,建制村通客车率达99.96%,如期完成了交通运输脱贫攻坚的兜底性任务。定点帮扶成效显著,省运管局定点帮扶的赣州市崇义县上堡乡竹溪村实现整村脱贫,贫困户人均可支配收入由2015年的2779.1元提高到2020年的13879.87元,贫困发生率从2015年的10.9%降至2020年的0%。驻村第一书记沈小敏同志入选省委组织部"2020年新时代赣鄱先锋"、交通运输部2019年度"全国感动交通人物"。

客运方面。定制客运发展迎来新机遇,今年新增定制客运线路20条,车辆182台,目前全省拥有客运线路26条、车辆227台。新增6个"四好农村路"(镇村公交)试点县,验收通过后,全省"镇村公交"示范县将达到40个。

货运方面。支持货运业拥抱互联网发展,先后认定51家网络货运企业。推进城乡物流发展,摸排全省交通运输行业农村物流网络节点2890个并建立台账。赣州、宜春、鹰潭3个设区市列入全国首批30个城乡高效配送专项行动试点城市,分宜县"城乡公交+物流电商+共同配送"服务品牌成功入选全国首批25个农村物流服务品牌。全省4A级以上物流企业共计88家(其中5A级3家,4A级85家)。

城市客运方面。加强对上饶市国家"公交都市"创建和宜春市等8个省级公交城市创建工作的指导。推动交通一卡通便捷应用,与移动支付方式实现深度融合。各设区市2020年累计完成发卡量127万张,为全年发卡任务的211%,交通一卡通应用范围在基本实现公交线路、车辆、地铁全覆盖的基础上,向公共自行车、客运班车等领域延伸。赣州、吉安、上饶等5个地市将交通一卡通互联互通向县级延伸,其中赣州市实现了县域范围全覆盖。加快推进网约车合规化,上饶、宜春、九江等7个设区市修订了网约车管理实施细则,为网约车规范化发展提供了保障。全省已向46家网约车平台发放了网约车公司经营许可证150张、车辆运输证1.7万张、驾驶员从业资格证6.7万张。其中,滴滴公司在江西省11个设区市均获得了经营许可。

法治运管建设方面。落实"放管服"改革要求,清理存量规范性文件16件,修正省、市、县三级道路运输行政权力清单。全面实行普货车辆网上年审,今年共有5万多辆普货车辆通过系统实现了年审"自动办"。

依法规范运政执法工作。重新修订《道路运输行政处罚自由裁量权细化标准》及行政执法文书式样45份,严格落实行政执法"三项制度"要求,持续开展"我执法你监督"公众参与执法监督活动,省本级聘请执法监督员5名,受理投诉案件26件,已全部核查处理完毕。

强化执法监管。全省共梳理、公示了重点源头单位585家,并建立了动态监管台账。开展全省货运企业经营许可、货运车辆道路运输证核查工作、货运车辆非法改装专项整治行动,规范货运企业许可及货运车辆管理。严格落实"一超四罚",601家运输企业被停业整顿,124辆货运车辆《道路运输证》被吊销,25名驾驶员被列入"黑名单",同时将以上车辆、人员、企业列入超限超载"黑名单"予以公示。全省累计查处道路运输违法案件1.14万余起,其中吊销许可116件。

驾培维修方面。试点开展AI人工智能教学,推广模拟器计时培训,推动驾培行业新旧动能转化。全省共有205家综检机构取得综合性能检测计量认证证书并获得设区市运管机构公告,全省具备"三检合一"资质的综检机构达到100%,为全面实施"三检合一"奠定了基础。加快老旧营运车辆淘汰和新能源车辆推广工作,全年淘汰营运老旧车辆10284辆,新增新能源公交车1234辆(占全年新增及更新公交车辆总数的94.7%)。

安全生产方面。推广安装主动安全智能监控设备,全省12210辆道路客运车辆、13049辆道路危险货物运输车辆安装到位,进一步提升了车辆运行安全水平。试点开展道路运输重点营运车辆动态监控违法违规信息闭环处理。全面启动道路运输企业负责人和安全管理人"两类人员"安全考核工作,共有4965人(1686名企业负责人、3279名安全管理人员)通过考核。持续排查整治行业安全隐患,已整改各类安全隐患5378个,整改率为92%。针对央视《焦点访谈》栏目曝光涉及的江西省江山旅游汽车服务有限公司,存在重大安全隐患整改不到位的情况,已依法吊销道路运输经营许可证。截至12月底,全省共发生道路运输事故29起、死亡54人,与去年同期相比事故起数、死亡人数分别下降27.5%、22.8%。

(省运管局)

运输企业

【概况】 截至2020年,全省共有道路旅客运输经营业户(不含公交和出租)437户,同比减少7.8%。其中,企业401户,同比减少5.9%;个体户36户,同比减少25%。道路旅客运输经营业户中企业占

91.8%。分经营范围看,班车客运 365 户、旅游客运 39 户、包车客运 65 户,同比分别减少 10.3%、减少 27.8%、增加 62.5%。全省共有道路货物运输经营业户 7.2 万户,比上年末减少 13.1%。其中,企业 12109 户,增加 26.7%;个体户 6 万户,减少 17.8%。分经营范围看,普通货运 7.17 万户、货物专用运输 360 户,分别比上年末减少 13.1% 和增长 38.5%,大型物件运输 145 户、危险货物运输 387 户,同比增加 25% 和 6%。

全省道路运输经营许可证在册数达到 7.77 万张,同比减少 11.3%;道路运输行业共有从业人员 58.2 万人,比上年末减少 12.6%,其中持证上岗从业人员 50.5 万人,减少 10.2%。道路旅客运输从业人员 3.94 万人、道路货物运输从业人员 43.6 万人、站(场)经营从业人员 0.98 万人,同比减少 11.6%、12.7%、4.3%;机动车维修经营从业人员 5.7 万人、汽车综合性能检测站从业人员 2415 人、机动车驾驶员培训从业人员 3.58 万人,同比减少 11.3%、4.1%、2%。

(省运管局)

表6: 2020 年全省道路运输经营业户数(一)

单位名称	道路运输经营许可证在册数	道路旅客运输经营业户数合计	班车客运	旅游客运	包车客运
	张	户	户	户	户
全省合计	77738	437	365	39	65
南昌市	3832	14	3	0	14
景德镇市	1851	17	13	0	4
萍乡市	1734	21	19	2	5
九江市	11243	51	43	14	3
其中:共青城	82	2	2	0	0
新余市	3635	17	13	0	4
鹰潭市	8910	16	16	1	4
赣州市	16088	104	87	11	8
其中:瑞金市	1987	4	4	0	0
吉安市	5743	48	43	3	4
其中:安福县	630	3	2	1	0
宜春市	9653	10	3	0	7
其中:丰城市	4244	10	9	0	0
抚州市	4662	34	32	1	2
其中:南城县	528	4	4	0	0
上饶市	10387	105	93	7	10
其中:鄱阳县	1172	10	9	1	0

(省运管局)

表7: 2020 年全省道路运输经营业户数(二)

计量单位:户

单位名称	道路货物运输经营业户数合计	普通货运	货物专用运输	集装箱运输	大型物件运输	危险货物运输	道路客货运输兼营业户数
全省合计	72099	71696	360	1	145	387	1
南昌市	3057	3035	115	0	14	16	0
景德镇市	1834	1784	20	0	11	24	0
萍乡市	1317	1300	0	0	0	24	0
九江市	9952	9938	0	0	0	43	0

续表

单位名称	道路货物运输经营业户数合计	普通货运	货物专用运输	集装箱运输	大型物件运输	危险货物运输	道路客货运输兼营业户数
其中:共青城	56	54	0	0	0	2	0
新余市	3617	3597	20	0	0	21	0
鹰潭市	8894	8894	0	0	0	12	0
赣州市	15984	15940	5	0	1	47	0
其中:瑞金市	1983	1983	0	0	0	0	0
吉安市	5547	5522	149	0	95	27	0
其中:安福县	627	627	0	0	0	1	0
宜春市	9326	9183	41	0	11	95	0
其中:丰城市	4224	4109	113	0	0	7	0
抚州市	4114	4085	5	0	13	34	1
其中:南城县	524	522	57	0	13	4	0
上饶市	8457	8418	5	1	0	44	0
其中:鄱阳县	409	409	0	0	0	0	0

(省运管局)

表8: 2020年全省道路运输相关业务经营业户数　　计量单位:户

单位名称	道路运输相关业务经营业户	站场	客运站	货运站（场）	机动车维修	汽车综合性能检测	机动车驾驶员培训	汽车租赁	定制客运电子商务平台	货运代理
全省合计	11978	929	873	56	9795	201	785	13	331	
南昌市	761	58	58	0	598	19	82	0	0	4
景德镇市	169	17	17	0	132	7	16	4	0	0
萍乡市	412	57	57	0	313	4	21	0	1	0
九江市	1240	190	190	0	939	26	83	2	1	0
其中:共青城	24	3	3	0	17	1	2	1	0	0
新余市	264	8	8	0	197	10	25	0	0	0
鹰潭市	176	43	43	0	123	3	23	3	0	0
赣州市	3051	140	96	44	2591	29	165	19	5	0
其中:瑞金市	116	4	4	0	102	2	8	0	0	0
吉安市	1296	65	64	1	1122	22	79	0	1	3
其中:安福县	237	14	13	1	213	3	7	0	0	0
宜春市	2119	160	149	11	1780	37	142	0	1	181
其中:丰城市	339	33	33	0	157	5	22	0	0	0
抚州市	663	52	52	0	477	18	42	4	3	86
其中:南城县	46	10	10	0	35	3	5	0	0	0
上饶市	1827	139	139	0	1523	26	107	10	1	57
其中:鄱阳县	159	7	7	0	132	4	12	4	0	0

(省运管局)

表9: 2020年全省道路运输持证上岗从业人员数

计量单位:人

单位名称	持证上岗从业人员数合计	道路旅客运输	客运驾驶员	乘务员	道路货物运输	道路货物运输驾驶员	危险货物运输驾驶员	危险货物运输押运员	危险货物运输装卸管理员	站(场)经营	客运站经营	货运站(场)经营	机动车维修经营	技术负责人	质量检验员	汽车综合性能检测站	机动车驾驶员培训	汽车租赁	其他相关业务经营
全省合计	504803	33385	26507	4341	394970	354810	21954	17720	728	6296	5837	459	36095	6167	4517	1686	31627	118	626
南昌市	37716	4499	4499	0	27856	25008	1356	1451	41	0	0	0	0	0	0	0	5361	0	0
景德镇市	20166	586	586	0	16868	16321	593	547	0	165	165	0	1651	117	161	65	820	11	0
萍乡市	16406	642	642	0	14346	12391	2453	1619	336	313	313	0	907	109	272	48	150	0	0
九江市	40293	5277	4693	502	27003	25984	1002	811	31	867	867	0	3743	532	427	280	3117	6	0
其中:共青城	754	22	22	0	513	463	50	50	0	16	16	0	99	30	25	16	82	6	0
新余市	16496	904	251	0	12874	11235	765	874	0	168	168	0	1313	305	142	49	1188	0	0
鹰潭市	31510	1262	882	380	28120	27896	350	165	33	183	91	92	1163	90	98	41	741	0	0
赣州市	65606	7774	5491	1537	41842	37866	866	694	91	955	712	243	7611	1308	1010	297	6882	49	196
其中:瑞金市	5891	1195	675	210	3452	3452	0	0	0	135	135	3	697	54	22	38	374	0	0
吉安市	53245	4191	2892	732	43278	41085	2449	1842	56	489	486	3	3157	814	394	160	1910	0	60
其中:安福县	5357	710	360	225	4049	3987	28	19	15	68	65	121	287	115	26	3	240	0	0
宜春市	104511	1650	1650	0	87046	76580	7943	6049	37	1729	1608	121	8256	1420	1108	385	5215	0	230
其中:丰城市	9912	1201	0	0	7736	7050	668	668	0	231	231	0	0	0	0	29	715	0	0
抚州市	59773	1647	1510	137	51637	45472	2913	2707	34	575	575	0	2850	374	352	129	2783	22	130
其中:南城县	10359	80	70	10	9647	8560	362	311	311	37	37	0	361	29	37	0	234	0	0
上饶市	59081	4953	3411	1053	44100	34972	1264	961	69	852	852	0	5444	1098	553	232	3460	30	10
其中:鄱阳县	4958	1032	679	353	2355	2355	0	0	0	104	104	0	398	99	65	55	998	16	0

(省运管局)

【南昌市道路运输企业概况】 市道路运输客运企业15家，车辆共1302辆。班线客运企业4家，车辆数490辆，客运班线190条，城区共有汽车客运站4个。旅游包车企业11家，拥有客车812辆。全市道路货运经营业户8156家，50辆车以上的企业132家，总质量4.5吨以上货运车辆25735辆，其中危险货物运输企业26家，车辆712辆。全市综合性货运站场3家，从事货运代理代办服务企业1400家。全市共有机动车维修企业598家，其中一类维修企业70家，二类维修企业209家，三类维修企业319家。全市综合性能检测站19家。全市驾培机构82所，其中一级驾校9所，二级驾校38所，三级驾校35所，共有教练车4265辆。

（南昌市交通运输局）

【萍乡市道路运输企业概况】 2020年萍乡市有道路货运企业406家，其中危货企业24家，货运车辆11493辆，其中危货车辆1562辆，货运车辆10321辆，从业人员数量约14674人。2020年，萍乡市共有公交企业12家，巡游出租汽车企业6家，网络预约出租汽车企业7家。

（萍乡市交通运输局）

【抚州长运拓展客运市场实现企业持续发展】 2020年抚州长运陆续开通金溪至鹰潭、南城至金溪城际公交；将抚州至丰城、金溪至东乡改造成公车公营班线；新增乐安县城市公交6路线、黎川县城市公交7路线；全面落地实施完成宜黄县城乡公交、南城县城乡公交、乐安县城乡公交、黎川县城乡公交、广昌县城乡公交、南丰县城乡公交一体化改造工作；逐步分期对抚州至丰城、金溪至东乡城际公交化改造工作进行推进，不断拓展更广业务新领域、探索企业转型新路子。

全力加快推进建制村通客车工作，截至年底，广昌县129个建制村全部开通镇村公交车、金溪县150个建制村全部开通镇村公交车、南丰县167个建制村全部开通镇村公交车、黎川县108个建制村全部开通镇村公交车、乐安县176个建制村全部开通镇村公交车、宜黄县112个建制村全部开通镇村公交车、南城县30个建制村开通镇村公交车、崇仁县7个建制村开通镇村公交车，真正解决政府所想，城乡居民"行有所乘"的问题。提升了城乡公交通达率，逐步形成畅通、安全、优质、经济的农村公交客运网络，最大限度地满足农村居民出行需求。企业也因此新增业务实现营收2142.32万元。

（抚州长运公司）

【上饶本土企业首张"网络货运"牌照落户新华龙物流】 2020年7月8日新华龙物流通过江西省交通厅线上服务能力审核、接口接入审核、八项能力认定审核等程序。经过严格的平台功能和材料审核后，8月7日上饶市广信区交通运输局向上饶新华龙物流有限公司颁发首张网络平台道路货物运输经营许可证，也是上饶市本土企业中获得的首张牌照。

"网络货运"是指经营者依托互联网平台整合配置运输资源，以承运人身份与托运人签订运输合同，委托实际承运人完成道路货物运输，承担承运人责任的道路货物运输经营活动。（证件有效期两年）

（上饶市交通运输局）

【景德镇长运旅游发展公司圆满完成2020年中国航空产业大会运输保障任务】 9月22日，"2020中国航空产业大会暨航空应急救援飞行演练"，在景德镇高新机场圆满落下帷幕。景德镇长运旅游发展公司作为本次会议的运输服务保障单位，严格按照主办方要求，安排23辆旅游巴士，以安全、高效、优质的服务，往返运送60多趟次，运送嘉宾1000余人次，圆满完成任务，受到广泛好评。

景德镇长运旅游发展公司在承接任务后，立即成立了以总经理余斌为组长工作小组，制定了《航空产业大会运输方案》，并安排专人与主办方对接，及时了解接站点、时间、行车路线等问题，合理调配运力。同时，组织对所有参运车辆的安全带、安全锤、灭火器配置以及车辆消杀、车容车貌、卫生等情况进行了一次全面的检查，对参运驾驶员进行了一次系统的安全和服务质量教育培训，特别是针对近期雨水天气偏多的实际，要求驾驶员切实规范操作，安全行车，文明驾驶，提醒嘉宾系好安全带，用保姆式服务标准，竭诚为大会提供最优质的运输保障服务。

（俞敏辉）

【宜春市新增省际包车客运企业——宜春市顺通客运服务有限公司】 2020年11月，经宜春市运管局同意,宜春市行政审批局许可新增省际包车客运资质,是宜春公交集团的全资子公司。该司全方位提供各类客运服务,拥有着先进、高档、豪华的各类型旅游客车和其他客运交通车辆,有着秉承为客户提供诚信、安全、温馨、舒适、便捷服务宗旨的专业团队。为了方便各企事业、机关、院校、团体及个人出行,宜春市顺通客运服务有限公司开通了定制公交、旅游包车等多种租车业务以满足团体出行、赛事组织、会议行程、旅游观光、朋友聚会等需求。其拥有司机12人,团队人员17人,营运车10余辆,车内均配备安装了GPS定位系统及行车记录仪和无线监控系统,加装消防应急设备配置,确保了行程安全,各种运营手续齐全,车辆乘客险足额投保,驾驶员驾驶经验丰富、技术娴熟、礼貌热情。宜春市顺通客运服务有限公司是宜春市第四家具备省际包车客运资质的包车客运企业,它的成立为宜春市公交集团增加了新的发展业务方向,为宜春市的包车客运市场增加了活力,也为宜春传统客运企业带来了更新、更优、更完善的管理模式。

(伍 可)

【宜春城区首家网络货运平台公司开业】 2020年11月24日,宜春城区首家网络货运平台公司,江西和嘉网络科技有限公司开业。该公司属于宜春市宜阳新区重点打造的网络货运平台公司,致力于前沿科技的应用与研究,力图做到智能化、自动化、信息化、数字化。该公司有技术运维团队、市场营销团队、财税筹划团队、资源团队等部门,组成专业互联网货运平台,可实现商流、物流、资金流、信息流的精细化管理。平台多渠道整合数据资源,使产业链全程规范有序,可视可控。针对不同客户类型,建立风控模型,让核心企业、供应商、资金方信息共享,能为第三方、四方物流企业及制造企业提供线上物流服务,为企业降本增效助力。

(李小艳 左 勇 赵云海)

运输线路

【概况】 截至2020年底,全省共开通客运班线4763条,同比下降13.1%。线路平均日发班次27788班次,同比下降23.3%。全省共有一类客运班线595条、二类客运班线936条、三类客运班线578条、四类客运班线2654条。一类客运班线、二类客运班线、三类客运班线和四类客运班线的平均日发班次分别为817班次、2359班次、3931班次和20681班次。

(省公路局)

表10: 2020年全省道路客运线路班次

单位名称	道路客运线路班次合计		定制客运班线		一类客运班线		二类客运班线		三类客运班线		四类客运班线	
	条	平均日发班次	条	平均日发班次	条	平均日发班次	条	平均日发班次	条	平均日发班次	条	平均日发班次
全省合计	4763	27788	166	0	595	817	936	2359	578	3932	2654	20681
南昌市	204	256	0	0	63	45	133	196	5	7	3	9
景德镇市	224	1083	0	0	52	67	86	132	20	104	66	780
萍乡市	126	1443	1	0	26	36	13	24	64	1061	23	322
九江市	507	1689	2	0	76	77	49	121	37	111	345	1380
其中:共青城	3	39	0	0	0	0	1	36	1	1	1	2
新余市	125	988	0	0	14	19	32	81	0	0	79	888
鹰潭市	243	2416	0	0	16	10	63	64	57	1024	107	1318
赣州市	1299	5345	25	0	68	116	315	537	145	355	771	4337
其中:瑞金市	109	555	0	0	65	34	3	6	11	47	30	468

续表

单位名称	道路客运线路班次合计		定制客运班线		一类客运班线		二类客运班线		三类客运班线		四类客运班线	
	条	平均日发班次	条	平均日发班次	条	平均日发班次	条	平均日发班次	条	平均日发班次	条	平均日发班次
吉安市	685	3740	73		107	204	49	129	90	292	439	3116
其中:安福县	109	434	8		9	14	8	22	10	36	82	362
宜春市	231	2943	10		32	59	38	386	68	319	93	2179
其中:丰城市	25	146	1		7	4	13	110	5	32	0	0
抚州市	267	2025	45		58	93	52	303	22	173	135	1458
其中:南城县	77	198	0		4	3	2	4	1	2	70	189
上饶市	852	5860	10		83	92	106	387	70	487	593	4894
其中:鄱阳县	153	587	0		4	15	58	221	1	4	90	347

(省运管局)

表11: 2020年全省客运班车通达情况

单位名称	客运站平均日发班次	一级站	二级站	单位名称	客运站平均日发班次	一级站	二级站
	班次	班次	班次		班次	班次	班次
全省合计	26313	3863	12292	其中:瑞金市	6089	323	5122
南昌市	370	280	90	吉安市	3622	670	2952
景德镇市	921	197	0	其中:安福县	368	0	368
萍乡市	3327	62	48	宜春市	2719	775	1944
九江市	3794	840	823	其中:丰城市	898	497	401
其中:共青城	39	0	39	抚州市	1335	315	910
新余市	395	55	340	其中:南城县	248	0	248
鹰潭市	227	118	0	上饶市	5042	311	2053
赣州市	4561	240	3132	其中:鄱阳县	774	484	0

(省运管局)

表12: 2020年萍乡市县际县内班线

序号	线路名称	起始地点	终点地称	经营区域	班线类型	线路走向	千米数	日发班次
001	安源(北站)—柳源	安源(北站)	柳源	县际	二类	秋收广场、北桥、金山角、碳石桥、山田煤矿、上柳源、下柳源、大城、青山、水口	24	10
002	安源(北站)—泉江	安源(北站)	泉江	县际	二类	金山角、白源、新路口、福田、	18	6
003	安源(北站)—莲花(琴亭)	安源(北站)	莲花(琴亭)	县际	二类	安源、五陂下、源并、白竺、六市、罗市、坊楼、南岭	81	3
004	安源(南站)—六市乡	安源(北站)	六市乡	县际	二类	丹江、五陂下、王坑、沙园、大岭、南坑、28公桩、长丰、磨头	46	3

续表

序号	线路名称	起始地点	终点地称	经营区域	班线类型	线路走向	千米数	日发班次
005	安源(北站)—武功山	安源(北站)	武功山	县际	二类	芦溪、东阳、瑞泉、仁里、三勤、万龙山、桂花、三星	61	4
006	安源(北站)—赤山	安源(北站)	赤山	县际	二类	三田、彭高、华源、韶陂	15	6
007	安源(北站)—马岭	安源(北站)	马岭	县际	二类	三田、彭高、沽塘、坛华、神岭、江岭	18	6
008	安源(北站)—民主	安源(北站)	民主	县际	二类	峡石、田中、莲陂、福田、边塘、水东坡、清溪、马棚、东源、小枧	27	4
009	安源(北站)—石岭	安源(北站)	石岭	县际	二类	峡石、田中、莲陂、福田、边塘、水东坡、清溪、马棚、东源、小枧	28	4
010	安源(北站)—石溪	安源(北站)	石溪	县际	二类	硖石、田中、莲陂、福田、凹口、长平、杉木、淡塘	25	4
011	安源(北站)—石源	安源(北站)	石源	县际	二类	峡石、田中、莲陂、福田、边塘、水东坡、清溪、马棚、东源、小枧	26	4
012	安源(北站)—天井	安源(北站)	天井	县际	二类	峡石、田中、莲陂、福田、边塘、水东坡、清溪、马棚、东源、小枧、石源	30	4
013	安源(北站)—田心	安源(北站)	田心	县际	二类	峡石、田中、莲陂、福田、边塘、水东坡、清溪、马棚、东源、小枧	28	4
014	安源(北站)—小枧	安源(北站)	小枧	县际	二类	硖石、田中、莲陂、福田、边塘、水东坡、清溪、马棚、东源	24	4
015	安源(北站)—星亮水库	安源(北站)	星亮水库	县际	二类	硖石、福田、长平、狮形村	24	2
016	安源(北站)—上栗(龙合)	安源(北站)	上栗(龙合)	县际	二类	硖石、田中、莲陂、福田、长平、流江、庙岭、永红	38	3
017	安源(东站)—安子全社区	安源(东站)	安子全社区	县际	二类	彭高、沽塘、石背台、孽龙洞洞口、中棚	19	2
018	安源(东站)—宫江	安源(东站)	宫江	县际	二类	赤山、桥头、沙塘、上埠	25	3
019	安源(东站)—江北	安源(东站)	江北	县际	二类	赤山、桥头、沙口塘、羊子	25	4
020	安源(东站)—镜山	安源(东站)	镜山	县际	二类	横板、赤山、耿塘、桥头、摇栏窝、沙口塘、坛头	24	4
021	安源(东站)—楼下	安源(东站)	楼下	县际	二类	赤山、桥头、沙口塘	24	4

续表

序号	线路名称	起始地点	终点地称	经营区域	班线类型	线路走向	千米数	日发班次
022	安源(东站)—上栗(龙合)	安源(东站)	上栗(龙合)	县际	二类	彭高、青溪、石背台、义龙口、沙子陂、文岐、关下、杨岐、斑竹桥(2018.12调整线路增加高铁萍乡北站途经点,里程由33千米变更为37千米)	37	3
023	安源(东站)—上栗(龙合)	安源(东站)	上栗(龙合)	县际	二类	萍乡汽车北站(高铁)、彭高、青溪、石背台、义龙口、沙子陂、文岐、关下、杨岐、斑竹桥(2018.12调整线路增加高铁萍乡北站途经点,里程由33千米变更为37千米)	37	3
024	安源(公交西站)—温盘	安源(公交西站)	温盘	县际	二类	水口、青山大城、柳源、扬梅岭、高枧、温盘、双源、福田、三田、峡石、萍乡北站	34	7
025	安源(公交西站)—二里	安源(公交西站)	二里	县际	二类	水口、青山、大城、五里亭、新村、峡山口、阳干、泉塘、陈家塘、下埠、里塘	32	4
026	安源(公交西站)—二里	安源(公交西站)	二里	县际	二类	水口、青山、大城、五里亭、新村、峡山口、阳干、泉塘、陈家塘、下埠、里塘	32	4
027	安源(南站)—东江	安源(南站)	东江	县际	二类	五里亭、十里铺、茶亭里、高坑、路行、新田、沙湾、聂家店、新泉	55	2
028	安源(南站)—锅底潭	安源(南站)	锅底潭	县际	二类	丹江、五陵下、王坑、沙园、大岭、南坑、28公桩、长丰	41	3
029	安源(南站)—河口	安源(南站)	河口	县际	二类	丹江、五陵下、王坑、沙园、大岭	23	6
030	安源(南站)—横岭村	安源(南站)	横岭村	县际	二类	高坑、沙湾、珠亭山、宣凤、横岭村	46	2
031	安源(南站)—林家坊	安源(南站)	林家坊	县际	二类	五里牌、十里铺、茶亭里、高坑、路行、新田、沙湾、芦溪、快活岭	30	5
032	安源(南站)—芦溪(温埠)	安源(南站)	芦溪(温埠)	县际	二类	五里牌、十里铺、茶亭里、高坑、路行、新田、沙湾、田心阁	24	6
033	安源(南站)—马塘村	安源(南站)	马塘村	县际	二类	高坑、沙湾、宣凤、盘田村、京口村、里山村	44	1
034	安源(南站)—南坑镇	安源(南站)	南坑镇	县际	二类	丹江、五陵下、王坑、沙园、太岭村	20	6
035	安源(南站)—南岭村	安源(南站)	南岭村	县际	二类	高坑、沙湾、宣凤、万龙山、长岭村	64	1
036	安源(南站)—坪村	安源(南站)	坪村	县际	二类	丹江、五陵下、王坑、沙园、大岭村、南坑、窑下、株村下	31	4
037	安源(南站)—青龙山	安源(南站)	青龙山	县际	二类	五里牌、十里铺、茶亭里、高坑、路行、新田、沙湾、聂家店、新泉、华云、黄江	64	2

续表

序号	线路名称	起始地点	终点地称	经营区域	班线类型	线路走向	千米数	日发班次
038	安源（南站）—三星村	安源（南站）	三星村	县际	二类	高坑、沙湾、宣风、万龙山、陇上村	59	1
039	安源（南站）—上埠镇	安源（南站）	上埠镇	县际	二类	五里亭、十里铺、茶亭里、高坑、路行、新田、沙湾、聂家店、上埠转盘、阪埠桥	32	4
040	安源（南站）—石灰岭	安源（南站）	石灰岭	县际	二类	丹江、五陵下、王坑、大岭、南坑	22	2
041	安源（南站）—吐下村	安源（南站）	吐下村	县际	二类	高坑、沙湾、田心阁、珠亭山、宣风	41	1
042	安源（南站）—武功山	安源（南站）	武功山	县际	二类	五里牌、十里铺、茶亭里、高坑、路行、新田、沙湾、聂家店、山口岩、坑口、新泉、麻田、大江边	59	2
043	安源（南站）—武功山	安源（南站）	武功山	县际	二类	五里牌、十里铺、茶亭里、高坑、路行、新田、沙湾、聂家店、山口岩、坑口、新泉、麻田、大江边	59	3
044	安源（南站）—宣风镇	安源（南站）	宣风镇	县际	二类	五里牌、十里铺、茶亭里、高坑、路行、新田、沙湾、田心阁、江机、珠亭山	36	4
045	安源（南站）—源南乡	安源（南站）	源南乡	县际	二类	五里牌、十里铺、茶亭里、高坑、路行、新田、沙湾、石北	27	4
046	安源（南站）—张家坊	安源（南站）	张家坊	县际	二类	五里牌、十里铺、茶亭里、高坑、路行、新田、沙湾、聂家店、坑口、三江口	44	3
047	安源（南站）—白竺乡	安源（南站）	白竺乡	县际	二类	桐田、三山、源并、壁湖、红星、山口	37	4
048	安源（南站）—长坑	安源（南站）	长坑	县际	二类	三山、源并、白竺	42	1
049	安源（南站）—崇源	安源（南站）	崇源	县际	二类	三山、源并	26	2
050	安源（南站）—横岗	安源（南站）	横岗	县际	二类	井冲、善洲桥、桐田、麻山、景新、株木桥、下横岗、上横岗	16	8
051	安源（南站）—黄堂	安源（南站）	黄堂	县际	二类	井冲、善洲桥、桐田、诗源、上洲	16	6
052	安源（南站）—江口	安源（南站）	江口	县际	二类	桐田、麻山、津源	16	6
053	安源（南站）—腊市镇	安源（南站）	腊市镇	县际	二类	井冲、善洲桥、桐田、麻山、庙岭、黄土坳	19	6
054	安源（南站）—浏市	安源（南站）	浏市	县际	二类	水口、青山、大城、五里亭、峡山口、大江边、浏市、金万、麻山、桐田	37	7

续表

序号	线路名称	起始地点	终点地称	经营区域	班线类型	线路走向	千米数	日发班次
055	安源（南站）—龙台	安源（南站）	龙台	县际	二类	井冲、桐田、麻山、船形、塘口	31	3
056	安源（南站）—麻山镇	安源（南站）	麻山镇	县际	二类	井冲、小桥、桐田	10	10
057	安源（南站）—水洋	安源（南站）	水洋	县际	二类	井冲、桐田、麻山、船形、塘口	31	3
058	安源（南站）—桃源	安源（南站）	桃源	县际	二类	井冲、善洲桥、桐田、幸福村、汶泉、斜塘	17	6
059	安源（南站）—乌岗	安源（南站）	乌岗	县际	二类	井冲、桐田、麻山	20	6
060	安源（南站）—峡山口	安源（南站）	峡山口	县际	二类	桐田	21	3
061	安源（南站）—新湄	安源（南站）	新湄	县际	二类	桐田、黄堂	22	6
062	安源（南站）—新塘	安源（南站）	新塘	县际	二类	桐田、日马	12	10
063	安源（南站）—柘村	安源（南站）	柘村	县际	二类	桐田、三山、源并、大古坳、红星、白竺	44	3
064	安源（南站）—中村	安源（南站）	中村	县际	二类	桐田、三山、平台源、源并、壁湖、菜坑、红星、白竺路口、山口、白竺乡政府、黄岗	47	3
065	安源（南站）—竺园	安源（南站）	竺园	县际	二类	井冲、桐田、麻山、救塘、竺园	18	6
066	安源（西站）—陂头	安源（西站）	陂头	县际	二类	水口、青山、大城、湘东、河洲、火烧桥、前进、仁村	29	4
067	安源（西站）—登官	安源（西站）	登官	县际	二类	水口、青山、大城、沙里塘、河洲、黄花、长春埠、灯芯桥、油塘埠、渡口	33	4
068	安源（西站）—东桥镇	安源（西站）	东桥镇	县际	二类	水口、青山、大城、峡山口、陈家塘、大路里、排上	48	3
069	安源（西站）—凫田	安源（西站）	凫田	县际	二类	青山、大城、峡山口、凤凰、大路里、排上、上珠、沸水	48	2
070	安源（西站）—福寿	安源（西站）	福寿	县际	二类	萍乡西站、青山、大城、五里亭、湘东、河洲、美建、火烧桥、荷尧、青云	33	2
071	安源（西站）—官陂	安源（西站）	官陂	县际	二类	青山、峡山口、陈家塘、凤凰、大路里、排上、东桥	56	2
072	安源（西站）—官桥	安源（西站）	官桥	县际	二类	青山、泉湖坳、峡山口、陈家塘、虎山、东洲、凤凰、大路里、排上、毛园	45	2

续表

序号	线路名称	起始地点	终点地称	经营区域	班线类型	线路走向	千米数	日发班次
073	安源(西站)—官溪	安源(西站)	官溪	县际	二类	水口、青山、大城、泉湖垅、峡山口、陈家塘、虎口、凤凰、大路里、排上、东桥	56	2
074	安源(公交西站)—横溪	安源(西站)	横溪	县际	二类	水口、大城、峡山口、下埠、光华、马已坳、江萍瓷厂、横溪	28	4
075	安源(西站)—厚田	安源(西站)	厚田	县际	二类	水口、青山、大城、泉湖垅、峡山口、陈家塘、虎口、凤凰、大路里、排上、东桥	56	2
076	安源(西站)—黄土岗	安源(西站)	黄土岗	县际	二类	青山、大城、峡山口、陈家塘、凤凰、大路里、排上、东桥、官陂	62	2
077	安源(西站)—江边	安源(西站)	江边	县际	二类	青山、大城、峡山口、陈家塘、凤凰、大路里、排上、东桥、沿塘	56	2
078	安源(西站)—郊溪	安源(西站)	郊溪	县际	二类	青山、大城、峡山口、凤凰、大路里、排上、东桥、塘溪	59	2
079	安源(西站)—界头	安源(西站)	界头	县际	二类	青山、大城、峡山口、凤凰、大路里、排上、东桥、边山	56	2
080	安源(西站)—金鱼石	安源(西站)	金鱼石	县际	二类	水口、青山、大城、湘东、河洲、美建、火烧桥、大义口	26	4
081	安源(西站)—巨源	安源(西站)	巨源	县际	二类	水口、青山、大城、五里亭、新村、峡山口、泉塘	22	6
082	安源(西站)—老关镇	安源(西站)	老关镇	县际	二类	水口、青山、大城、沙里塘、河洲、黄花、长春埠、灯芯桥、油塘埠	29	4
083	安源(西站)—老关镇	安源(西站)	老关镇	县际	二类	水口、青山、大城、沙里塘、河洲、黄花、长春埠、灯芯桥、油塘埠	29	4
084	安源(西站)—梅林	安源(西站)	梅林	县际	二类	青山、大城、泉湖垅、峡山口、陈家塘、虎山、凤凰、大路里、排上、毛园	45	2
085	安源(西站)—桥头	安源(西站)	桥头	县际	二类	水口、青山、大城、泉湖垅、峡山口、陈家塘、虎口、凤凰、大路里、排上	45	3
086	安源(西站)—泉陂	安源(西站)	泉陂	县际	二类	水口、青山、大城、湘东、河洲、美建、火烧桥、荷尧、青云	33	5
087	安源(西站)—泉陂	安源(西站)	泉陂	县际	二类	水口、青山、大城、湘东、河洲、美建、火烧桥、荷尧、青云	33	4
088	安源(西站)—上云	安源(西站)	上云	县际	二类	水口、青山、大城、沙里塘、湘东、裕升、福溪、横江、马冲	25	4
089	安源(西站)—檀梓	安源(西站)	檀梓	县际	二类	水口、青山、大城、五里亭、湘东、河洲、黄花、长春埠	25	2
090	安源(公交西站)—铁冲	安源(西站)	铁冲	县际	二类	峡山口、泉塘、陈家塘、大陂、杨家田、杞木	31	4

续表

序号	线路名称	起始地点	终点地称	经营区域	班线类型	线路走向	千米数	日发班次
091	安源（西站）—五峰	安源（西站）	五峰	县际	二类	青山、大城、峡山口、陈家塘、凤凰、大路里、排上、东桥、鸭路	62	2
092	安源（西站）—小坑	安源（西站）	小坑	县际	二类	青山、大城、峡山口、陈家塘、凤凰、大路里、排上、东桥、鸭路	59	2
093	安源（西站）—新华	安源（西站）	新华	县际	二类	水口、青山、大城、沙里塘、河洲、火烧桥、前进、仁村、红星	31	4
094	安源（西站）—沿塘	安源（西站）	沿塘	县际	二类	水口、青山、大城、泉湖坳、峡山口、陈家塘、虎山、凤凰、大路里、排上、东桥	56	2
095	莲花（琴亭）—安源（北站）	莲花（琴亭）	安源（北站）	县际	二类	南岭、坊楼、罗市、六市、白竺、源并、五陂下、安源	81	3
096	上栗（龙合）—峡山口	上栗（龙合）	峡山口	县际	二类	长平、芭蕉塘、福寿、青云、萍株、荷尧、火烧桥、河洲	43	2
097	安源（公交西站）—下埠工业园	下埠工业园	安源（公交西站）	县际	二类	龙发实业镇水泥厂碳酸钙厂火星村峡山口	26	5
098	峡山口—白源镇	峡山口	白源镇	县际	二类	峡石、大城、河洲、湘东	26	6
099	安源（南站）—凤凰	安源（南站）	凤凰	县际	二类	井冲、桐田、麻山、腊市	23	6
100	安源（南站）—万龙山西海温泉	安源（南站）	万龙山西海温泉	县际	二类	五里牌—十里铺—茶亭里—高坑—路行—新田—芦溪—东阳—瑞泉—仁里—三勤—万龙山	46	4
101	安源（南站）—银河镇	安源（南站）	银河镇	县际	二类	五里牌、十里铺、茶亭里、高坑、路行、新田、沙湾、江机、珠亭山、226队	36	4
102	安源（公交西站）—下埠工业园	安源（公交西站）	下埠工业园	县际	二类	水口—青山—大城—五里亭—泉湖珑—湘东中学—区政府综合大楼—河州—黄花—下埠工业园（长春埠）—正大陶瓷—铁冲	25	10
103	安源（西站）—下埠工业园	安源（西站）	下埠工业园	县际	二类	水口—青山—大城—五里亭—泉湖珑—湘东中学—区政府综合大楼—河州—黄花—下埠工业园（长春埠）—正大陶瓷—铁冲	25	10
104	莲花—高铁萍乡北站	莲花	高铁萍乡北站	县际	三类	坊楼—六市—萍乡市人民医院	83	4
105	萍乡市—水山村	萍乡市	水山村	县际	二类	芦溪县—田心阁—更田村—高楼村	37	2—4

续表

序号	线路名称	起始地点	终点地称	经营区域	班线类型	线路走向	千米数	日发班次
106	萍乡市—吐霞村	萍乡市	吐霞村	县际	二类	宣风镇—盘田村—马塘村—里山村—吐霞村—竹恒村—宣风镇	40	2—5
107	萍乡市—芦溪县	萍乡市	芦溪县	县际	二类	安源汽车站、市医院、白源、卫校、泉江路口、路行、新田、沙湾、田心阁	26	5
108	萍乡市—杨家湾	萍乡市	杨家湾	县际	二类	芦溪、九州、坑口、新泉、麻田、武功山、河坑、乔岭	72	2
109	萍乡市—陈家坊	萍乡市	陈家坊	县际	二类	芦溪、九州、坑口、新泉、麻田、武功山、檀树下、东安里	69	2
110	萍乡市—东江	萍乡市	东江	县际	二类	芦溪、九州、坑口、新泉、麻田、武功山、蔡下	65	2
111	萍乡市—万龙山	萍乡市	万龙山	县际	二类	五里牌、茶亭里、新田、珠亭山、宣风、桥头、沂源、黄州	61	2
112	萍乡市—长竹	萍乡市	长竹	县际	二类	五里牌、十里铺、茶亭里、高坑、路行、新田、沙湾、田心阁、江机、珠亭山、宣风、河下、陇田、天柱岗、邓家田	45	2
113	萍乡市—横塘	萍乡市	横塘	县际	二类	市中医院、亚州宾馆、水口、青山、大城、樟里村、泉湖珑、峡山口、阳干村、泉塘村、大陂村、下埠村、西源村	29	2
114	萍乡市—善山	萍乡市	善山	县际	二类	市中医院、亚州宾馆、水口、青山、大城、五里亭、沙里塘、泉湖珑、香帝谢景、云程中学、河州、美健、火烧桥	25	2
115	萍乡市—乾村	萍乡市	乾村	县际	二类	丹江、五陂下、王坑、沙园、大岭村、南坑、塘口	25	3
116	东桥镇—高仓	东桥镇	高仓	县内	四类	预约响应		
117	上栗汽车站—赤山镇	上栗汽车站	赤山	县内	四类	卯田、桃文、清溪村、彭高、华源、韶陂	33	3
118	上栗县—宫江	上栗汽车站	宫江	县内	四类	杨岐;清溪;东源	39	2
119	田心—上栗汽车站	田心	上栗汽车站	县内	四类	小枧—东源—清溪—文岐	37	3
120	上栗汽车站—塘上村	上栗汽车站	塘上	县内	四类	夭埠村、永红村、万石村、妙岭村、流江村、佛溪村	20	4
121	汽车站—杨岐寺	上栗汽车站	杨岐寺	县内	四类	班竹桥、火石桥、关下、关下路口、青草坡、黄泥坳、杨岐寺	17	6
122	桐木镇—枣木村	桐木镇	杨岐寺	县内	四类	雅溪村、周田村、杨坊村、枣木村	8	3
123	莲花—安泉	莲花县	安泉村	县内	四类	望山村、垄里冲、长曲湾村、双岭村、楼下村、庙下村、寒山村、安泉村、白竹村	25	2

续表

序号	线路名称	起始地点	终点地称	经营区域	班线类型	线路走向	千米数	日发班次
124	莲花—文塘	莲花县	文塘村	县内	四类	望山村、垒里冲、长曲湾村、双岭村、楼下村、庙下村、文塘村	28	2
125	莲花—小水	莲花县	小水村	县内	四类	北门村、西边村、六模村、金家村、汤渡村、斜天村、湾溪村、田心村、下坊村、白渡村、清塘村、富民村、岐下村、黄源村、泉水村、良坊村、井一村、井二村、下布村、新田村、布口村、山下村、小水村	25	2
126	莲花—曾家	莲花县	曾家村	县内	四类	北门村、西边村、六模村、金家村、汤渡村、斜天村、湾溪村、田心村、下坊村、白渡村、清塘村、富民村、岐下村、黄源村、泉水村、良坊村、井一村、井二村、下布村、新田村、布口村、南村村、曾家村	22	2
127	莲花—同坑	莲花县	同坑村	县内	四类	北门村、西边村、六模村、金家村、汤渡村、斜天村、湾溪村、田心村、下坊村、白渡村、清塘村、富民村、岐下村、黄源村、泉水村、良坊村、井一村、井二村、下布村、新田村、布口村、路口村、庙背村、湖塘村、阳春村、汤坊村、同坑村	31	2
128	莲花—邑田	莲花县	邑田村	县内	四类	北门村、西边村、六模村、金家村、汤渡村、斜天村、湾溪村、田心村、下坊村、白渡村、清塘村、富民村、岐下村、黄源村、泉水村、良坊村、井一村、井二村、下布村、高丘村、邑田村	19	2
129	莲花—白沙	莲花县	白沙村	县内	四类	北门村、西边村、六模村、金家村、汤渡村、斜天村、湾溪村、田心村、下坊村、白渡村、清塘村、富民村、岐下村、黄源村、泉水村、良坊村、井一村、井二村、白沙村	18	2
130	莲花—棋盘山	莲花县	棋盘山村	县内	四类	南门村、花塘村、莲花村、升坊村、浯二村、浯一村、桃岭村、棋盘山黎族村	22	2

(萍乡市交通运输局)

【赣州开通往返于都定制客运快车助力春运】 1月21日,赣州开通往返于都定制快车助力春运,方便广大旅客出行。定制快车赣州城区内运行线路分为A、B线,具体运行停靠站点如下:A线:汽车南站始发—赣南医学院附属医院黄金院区—章江新区范围接送(先近后远)—赣州火车站—于都。B线:赣州西站—赣州黄金机场—老城区范围接送(先近后远)—于都。定制快车为9座豪华商务车,实行多点接送,多个停靠点上下车服务。旅客无需到汽车站购票乘车,在线上下单、约车即可,司机接收到订单后,便会开车到附近的停靠站点接人,方便又快捷。赣州—于都定制快车每日共发40班,6:30至22:00,约20分钟一班,票价35元。

(省运管局)

【江西靖安开通2条临时特殊人群专用客运班线】
自2月3日起,宜春汽运股份有限公司靖安分公司按照新冠疫情防控工作要求,开通靖安高速至昌北机场、靖安高速至南昌西客站2条临时特殊人群专用客运班线。

1月26日起,靖安县所有客车班车、公交车停运,有效地切断了新冠疫情道路运输传播途径。但由于部分岗位特殊人群急需返岗投入一线工作,考虑到私家车往返输送人员会增加交叉感染风险,靖安县新冠疫情防控办公室按照疫情防控要求,决定开通靖安高速—昌北机场、靖安高速—南昌西客站2条临时特殊人群专用客运班线,由宜春汽运股份有限公司靖安分公司投入营运客车3辆,其中靖安高速至昌北机场班线投入1辆客车,每天安排2班;靖安高速至南昌西客站投入2辆客车,每天安排5班。客车临时停靠点设置在昌铜高速靖安出入口附近,客车禁止驶入城区,每天发班前和收班后进行全面消毒。对驾驶员采取隔离措施,安排在临时停靠点附近住宿。所有乘客自行前往停靠点乘车,送客人员严禁靠近客车,严禁客车运行途中上下客及返回靖安载客。同时,对乘客严格落实疫情防控措施,所有乘客必须戴好口罩,不正确佩戴口罩一律禁止乘车;上车前必须接受信息登记和体温检测,上车时必须接受酒精对双手喷雾消毒,并实行隔位乘坐;所有旅客严禁携带活禽及其他违禁物品上车。

(省运管局)

【宜春开通多条道路客运专线满足节后返程需求】 针对春节后部分特殊群体的返程出行需求,经当地党委政府及行业管理部门同意,2月3日至11日,宜春市陆续开通了靖安至南昌、宜丰至南昌、宜丰至宜春、奉新至南昌等多条单向客运专线,已运送旅客850多人次。为确保疫情防控措施到位,让旅客安全到达目的地,宜春汽运严格车站车辆消杀和人员体温检测工作,保持车站售票厅、候车室、母婴室、卫生间等场所通风透气,实施车站封闭式管理,固定班线车辆和驾驶员,并在车站合适位置设立了临时隔离区。同时,配合政府部门加强对进站旅客逐一进行体温检测,杜绝未戴口罩人员进入站场范围和上车,省际、市际班线严格按照规定做好了所有人员(包括途中站点上车旅客)的信息登记。乘客如需购票,可通过运输企业(宜春汽运股份有限公司)微信公众号,进行网上下单,预定车票,定制出行。

(省运管局)

【湾里山区开通了两条"村村通"出租车线路】 由于湾里管理局部分村庄的道路条件难以通行公交车,为方便山区村民出行,南昌公交湾里出租汽车有限责任公司多次深入南岭村、牛岭村、太平镇、南溪村等地实地勘察,并于2020年6月26日正式开通了两条"村村通"出租车线路,以实际行动解决当地老百姓出行难问题。由于地处偏远,如遇急事很难打到出租车。有了"村村通"出租车后,可以在每周二、周五提前两个小时预约出租车,收费按公交车标准,一人只需要花2块钱,既方便又实惠。目前,湾里开通了两条"村村通"出租车线路:南岭村—洗药湖管理处—牛岭村往返,运营时间为每周一、周三7:30至17:40;太平镇—南溪村—枫林村往返,运营时间为每周二、周五7:30至17:40。

(南昌市交通运输局)

【宜春公交开通温汤镇至谢坪村公交专线】 7月1日,宜春公交集团正式开通温汤镇至谢坪村公交专线,有效解决了当地2000余村民乘车难问题。谢坪村位于温汤镇东面,位置偏远,村民进集镇、城区需步行近4千米,花费40多分钟才能坐上公交。这对于当地村民,特别是老、幼年群体来说,出行极为不便。在获悉谢坪村村民出行困难情况后,宜春公交集团根据行业管理部门关于加强线路优化的工作要求,与明月山管委会加强对接,先后多次开展实地调研和线路勘察工作。鉴于乡村道路和村民实际出行情况,最终选定谢坪村"龙下组"为发车点,并安排每日2个班次往返温汤镇,下一步,宜春公交集团还将根据村民出行需求调整班次,以更好地服务村民出行"最后一千米"。

(省运管局)

【宜春汽运开通靖安至南昌定制客运班线】 7月1日起,宜春汽运股份有限公司正式开通靖安至南昌定制定制客运班线。乘客可通过"宜春客运"微信公众号或拨打电话,随时预约高级商务车出行,享受出行"私人定制"服务。定制客运班线采用全新高级8座福特商务车,票价为35元/人,高速直达往返南昌,发班时间为早上6点首班,晚上7点末班,每小时1—2班。定制客运班线能够提供随时随地下单,点对点接送的运输服务,充分满足不同乘客群体出行的期待和需求,为乘客提供安全、舒适、快捷的个性化服务新体验。

(省运管局)

【南昌开通出租车短途返程优先通道】 2020年11月10日,南昌市第一条出租车短途返程优先通道在南昌昌北机场出租车营运站点投入试运行。该通道是按照南昌市交通运输局党组的部署,本着"以人为本、优化服务"的原则,由南昌市交通运输局、南昌公用物业管理有限公司共同建设管理,主要是让乘客目的地为机场收费站周边、机场宾馆等不超过5千米范围的轮排驾驶员送客后进入优先通道候客。

（南昌市交通运输局）

【上饶开通葛仙山旅游定制客运班线】 12月12日,上饶市中心城区至葛仙山旅游客运定制班车正式开通。该旅游客运定制班线按照"集约化经营、专业化运输、高品质服务"要求,采用"互联网+班线+旅游"模式,统一运营标识、统一高档车型、统一服务标准,向乘客提供必要的应急药品、饮用食品等便利服务和个性化的旅游指南、门票(酒店)预订等融合服务,积极打造"运游"一体的精品路线、景区靓丽窗口。

（省运管局）

运输站点

【概况】 截至2020年底,全省共有三级及以上客运站222个。其中,一级客运站23个,二级客运站71个,三级客运站128个。客运站全年平均日发班次2.63万班次,同比减少12%,其中一级站0.39万班次/日,二级站1.23万班次/日,同比分别减少8%和15.8%。

（省公路局）

表13：　　　　　　　　　　　　2020年全省道路客货运站　　　　　　　　　　　计量单位:个

单位名称	三级及以上客运站数量合计						其他客运站数量合计		货运站数量合计
	客运站数量合计	配备危险品安全检测仪	一级站	二级站	三级站	配备危险品安全检测仪	便捷车站	招呼站	
全省合计	222	130	23	71	128	36	1009	14195	56
南昌市	6	6	3	3	0	0	52	971	0
景德镇市	4	2	2	0	2	0	65	248	0
萍乡市	7	2	1	1	5	0	50	616	0
九江市	17	10	3	4	10	3	173	1170	0
其中:共青城	1	1	0	1	0	0	2	0	0
新余市	3	2	1	1	1	0	5	385	0
鹰潭市	3	3	1	0	2	2	40	510	0
赣州市	51	25	2	19	30	4	45	2621	44
其中:瑞金市	4	1	0	1	3	0	0	0	0
吉安市	64	19	2	13	49	4	391	2041	1
其中:安福县	13	1	0	1	12	0	81	0	0
宜春市	26	26	3	11	12	12	29	2336	11
其中:丰城市	3	2	1	1	1	0	30	467	0
抚州市	18	12	1	10	7	1	43	1044	0
其中:南城县	1	1	0	1	0	0	9	133	0
上饶市	23	23	4	9	10	10	116	2253	0
其中:鄱阳县	2	2	1	0	1	1	7	530	0

（省运管局）

【省运管局全力推进全省客货运输站场建设】 为落实"六稳""六保"有关部署,省运管局以"项目提速年"活动为契机,全力推进道路运输基础设施建设。截至8月底,全省道路运输基础设施建设完成投资5.04亿元,占全年计划完成投资(5亿)的100.8%。一是精心组织,完善机制。建立定期调度、工作专班、信息报送、台账管理等系列工作机制,由局主要领导挂帅,专班专人负责调度项目推进工作情况,对重点项目、难点问题坚持每周调度、及时跟踪督导,加强技术服务和指导。各设区市管理部门和项目建设单位明确专人对接,每月报送枢纽场站项目月度投资计划表、前期工作时间节点表和任务进展情况。二是分解任务,狠抓落实。将具体项目建设任务及建设目标分解到项目建设单位及各设区市交通运输主管部门,明确各项目年度投资目标及各时间节点进度目标,有的放矢、实施精细化管理。三是靠前调度,分类施策。针对项目所处不同阶段不同特点,加强项目调度和动态监管。对已列入"十三五"规划的在建项目,加强现场调度,做好相关协调工作和技术服务;对符合申报资金计划的项目,积极做好相关衔接工作;对跨"十三五"建设项目加强跟踪调研,做好站场建设补助政策的宣贯,督促地市加大前期工作力度,扩大项目储备。四是强化督导,严格考核。根据项目实施进展,对进度滞后的项目加强现场督导,并按照时间节点,定期下发通报,晒出工作"成绩单",督促各项工作抓早、抓深、抓实。配合省厅审计部门开展交通建设项目跟踪审计,多维度督促项目各方确保建设目标任务完成。

(省运管局)

【上高县汽车站搬迁至上高汽车西站】 根据政府规划及上高汽车站改造进程的安排,上高汽车站于6月6日起,整体搬迁至上高汽车西站。原上高汽车站于2020年6月5日18时起关闭,停止营运。搬迁后,所有班线运行车辆始发站点由上高汽车站改为上高汽车西站,上高汽车站原址保留一个上下车停靠点,去往宜春方向的车辆,出站后往斜口方向行驶,南昌方向车辆出站后经上高大桥到原址停靠点往镜山口方向行驶。

(傅丽娟)

【井冈山市汽车南站正式投入营业】 井冈山市汽车南站装修、设备采购、运营设备安装、停车场地硬化工程于6月20日全面完工,7月1日正式投入营业。

(吉安市交通运输局)

【芦溪县城市客运站项目完成主体建设】 芦溪县城市客运站总用地面积26666.8平方米(约40亩),总建筑面积23166.33平方米,总投资约9500万元,于2020年开工并已完成主体施工。

(萍乡市交通运输局)

运输工具

【概况】 截至2020年底,全省营运车辆拥有量达到324775辆,同比减少2.15%,其中载客客车12167辆、377329座位,同比减少7.98%、6.09%。拥有载货货车312608辆、4252371吨位,同比减少1.91%和增长4.37%。

(省公路局)

运输生产

表14:

2020年全省营运载客汽车（合计）

单位名称	合计		其中:		其中: 卧铺车		班车客运客车 小计		班车客运客车 大型		班车客运客车 中型		班车客运客车 小型		旅游客车 包车客车	
			汽油车	柴油车												
	辆	客位	辆	辆	辆	客位	辆	客位	辆	客位	辆	客位	辆	客位	辆	客位
全省合计	12167	377329	259	11395	19	785	8873	247592	3050	127563	5050	112498	773	7531	3222	129320
南昌市	1291	49286		1291	6	231	472	14299	234	9876	168	3929	70	494	819	34987
景德镇市	442	14103	5	434			308	8952	105	4842	193	4028	10	82	134	5151
萍乡市	535	15611	3	519			379	9632	81	3590	274	5869	24	173	156	5979
九江市	2187	58332	117	2040	7	272	1511	36048	286	12287	994	21394	231	2367	676	22284
其中:共青城	27	1142		14			22	977	20	939	2	38			5	165
新余市	176	6436	7	166			72	1943	27	1020	37	860	8	63	104	4493
鹰潭市	274	7503	14	260	5	233	231	6072	68	2591	159	3431	4	50	43	1431
赣州市	2439	79178	19	2323			2080	63704	954	40327	890	21004	236	2373	353	15450
其中:瑞金市	164	4463		164			164	4463	49	2254	71	1549	44	660	0	0
吉安市	1378	47757	32	1280			954	29383	400	17644	460	10758	94	981	419	18290
其中:安福县	97	2748		92			84	2440	49	1820	35	620			8	224
宜春市	702	23470		579			569	17751	329	12862	174	4258	66	631	133	5719
其中:丰城市	47	2240		45			28	1260	28	1260					19	980
抚州市	662	19721	41	582	1	49	514	15454	184	7705	316	7593	14	156	107	4061
其中:南城县	57	1223		57			57	1223	6	250	51	973			0	0
上饶市	2081	55932	21	1921			1783	44354	382	14819	1385	29374	16	161	278	11475
其中:鄱阳县	333	8716		333			311	7848	58	2649	253	5199			22	868

（省运管局）

表15: 2020年全省营运载货汽车(合计)

单位名称	营运载货汽车		汽油车	柴油车	牵引车	挂车	
	辆	吨位	辆	辆	辆	辆	吨位
全省合计	312608	4252371	161	144895	76003	91534	2477976
南昌市	21511	271782		14406	6639	466	13984
景德镇市	11950	141886	91	5254	2441	4164	80168
萍乡市	10321	176520	3	2975	2972	4371	140013
九江市	20082	263909		11319	4103	4658	145499
其中:共青城	239	3223		186	18	35	1077
新余市	26586	439022		11240	4789	10557	313281
鹰潭市	16867	287822	39	4752	2482	9594	231684
赣州市	25225	312422	28	16880	3837	4471	140920
其中:瑞金市	1983	14810		1756	131	96	3034
吉安市	33883	512719		13330	9608	10941	351313
其中:安福县	829	9685		447	221	161	4676
宜春市	83084	939291		35628	24576	22880	458500
其中:丰城市	7857	115550		3098	2280	2479	79004
抚州市	37689	605593		13600	10820	13269	432479
其中:南城县	10419	168774		2671	3816	3932	127844
上饶市	25410	301405		15511	3736	6163	170135
其中:鄱阳县	1606	22719		1260	120	226	6544

(省运管局)

表16: 2020年全省城市(县城)公共汽电车

地区名称	运营车数(辆)						标准运营车数(标台)	运营线路条数条	运营线路总长度(千米)	客运量(万人次)	运营里程(万千米)
	合计	汽油车	柴油车	天然气车	纯电动车	混合动力车					
全省合计	15403	25	3953	1332	8551	1542	16997.8	2170	48781.0	94184.2	62774.0
南昌市	4381	0	1957	600	1280	544	5090.1	494	11849.9	21573.5	17529.7
景德镇市	484	0	88	78	244	74	544.9	68	1147.9	2721.7	1902.7
萍乡市	776	0	52	50	592	82	851.6	100	1623.5	7393.6	3097.2
九江市	1267	0	213	109	829	116	1390.6	170	2995.2	9841.3	5082.9
其中:共青城	44	0	0	0	43	1	46.7	11	178.0	266.1	202.9
新余市	599	0	40	174	337	48	670.4	90	1521.0	2469.1	2117.7
鹰潭市	353	0	108	0	215	30	386.0	37	456.6	1376.5	869.4
赣州市	1816	13	639	170	804	190	1969.3	273	6701.4	7628.7	6588.5
其中:瑞金市	51	0	5	0	46	0	49.5	9	165.0	50.2	95.2
吉安市	1266	0	200	0	1006	60	1299.1	208	4701.9	7506.5	6697.6
其中:安福县	77	0	3	0	74	0	73.7	19	410.0	221.0	744.5

续表

地区名称	运营车数(辆)						标准运营车数(标台)	运营线路条数条	运营线路总长度(千米)	客运量(万人次)	运营里程(万千米)
	合计	汽油车	柴油车	天然气车	纯电动车	混合动力车					
宜春市	1800	0	379	91	1225	105	1968.9	265	7888.4	7830.7	7733.6
其中:丰城市	288	0	74	0	212	2	301.5	69	2378.0	1405.0	1368.9
抚州市	1552	12	112	0	1307	121	1626.4	338	8094.3	19474.5	7386.0
其中:南城县	164	0	6	0	158	0	162.2	16	393.0	2546.3	477.2
上饶市	1109	0	165	60	712	172	1200.5	127	1800.9	6368.1	3768.7
其中:鄱阳县	56	0	0	0	56	0	56.0	4	49.5	510.0	278.0

(省运管局)

表17: 2020年全省城市(县城)巡游出租汽车

地区名称	运营车数(辆)					客运量 万人次	运营里程 万千米	载客里程 万千米
	合计	汽油车	天然气车	双燃料车	纯电动车辆			
全省合计	17445	13151	75	3138	322	21671	136101	83087
南昌市	5649	5560	0	0	89	5581	39124	20926
景德镇市	892	0	0	762	0	1406	7648	4013
萍乡市	726	0	4	706	16	1317	7019	3719
九江市	2707	2626	0	0	81	4547	22198	15220
其中:共青城	62	60	0	0	2	42	474	352
新余市	593	58	0	535	0	1026	5831	3343
鹰潭市	450	374	0	76	0	345	2932	2106
赣州市	1703	1148	25	471	19	1999	13492	8265
其中:瑞金市	90	50	0	0	0	42	380	213
吉安市	936	835	46	0	55	715	5789	3477
其中:安福县	65	39	0	0	26	38	675	531
宜春市	1340	1056	0	77	27	2112	11563	9529
其中:丰城市	190	190	0	0	0	274	2804	2636
抚州市	982	542	0	0	31	1189	7859	4935
其中:南城县	65	65	0	0	0	68	470	290
上饶市	1467	952	0	511	4	1435	12648	7555

(省运管局)

【南昌市千辆巡游车保障春节返程"最后一千米"】 为应对疫情防控和春节返程高峰,南昌市城市客运管理处统筹安排千余辆巡游车正常营运,畅通旅客返程"最后一千米",并要求所有营运巡游车驾驶员必须做好自身防护工作,身体不适、未佩戴防护口罩的驾驶员,一律不得上路营运。营运巡游车驾驶员在营运中需要求乘客必须佩戴防护口罩乘坐出租车,拒不佩戴防护口罩的不予搭乘;同时做好搭乘人员的个人信息登记,所有乘客个人信息应定期收集整理并妥善保存。南昌市城市客运管理处充分利用出租汽车调度服务中心平台,合理调配运力,避免乘客滞留,并派现场指导组做好跟踪督导工作,确保了春运期间旅客出行安全。

(省运管局)

【九江投入 2305 辆客车满足旅客春运出行需求】

2020年春运期间,九江市道路运输企业投入客运车辆2305辆,其中班线车辆1594辆,旅游包车约711辆,满足道路旅客出行需求。客运企业加强与铁路、民航的对接,综合调度道路客运班线、公共电汽车与高铁车站、铁路临客列车、民航加班机等的衔接,积极开展道路客运定制、预约巴士等服务,科学调配各种运力,做好短途接驳。各县(市、区)根据本地实际,加大节假日期间城乡、镇村道路客运运力投入力度,积极开通预约响应式农村客运服务,增开农民赶集、庙会班车和公交车辆,最大限度保障农村群众节日出行和生活生产需要。

(省运管局)

【新余市区巡游出租车启用 4G 视频设备】

为提高新余市城区巡游出租车服务质量,规范行业秩序,新余市区内531台巡游出租车已经全部在车内安装配备4G实时视频监控系统。该系统可对巡游出租车内外情况进行图片抓拍、音频视频实时采集、传输和存储,强化对出租车运营全过程的监督,精准查处整治违规行为,全面提升出租车行业整体服务质量。

(省运管局)

【吉安 59 辆纯电动公交车助力春运】

日前,吉安市新购置59辆纯电动公交车投放到12路、13路、22路、60路、61路公交线路助力春运。该市购置的宇通纯电动公交车,车内与原来的公交车相比,减少了前排座位,能够容纳更多的人。塑料椅子呈磨砂状,坐起来也更舒适。乘坐公交的支付方式也更多样,可以投币,也可以通过公交服务APP、美团APP支付,还可以刷支付宝、银联卡,微信支付也即将开通。

(省运管局)

【吉安 42 辆微循环公交 4 月 28 日上新】

4月28日,吉安市微循环公交2号线(吉州区城北片区)正式开通运营。当天,吉安公交公司新购置的42辆微型公交车替换微循环公交1号线(吉州区城南片区环线)和微循环公交3号线(青原区河东片区环线)老旧车辆。"微循环"公交线的开通实现了公交车开进社区、开进学校、开到百姓家门口,将机关、学校、医院、商场等社会机构和服务网点进行串联,让广大市民能够在家门口就能乘坐公交车出行,为市民上班、上学、就医、购物提供交通便利,真正做到了畅通出行"最后一千米"。此次上线的微公交车辆,外形圆润流畅、造型精致灵动,采用"流体雕塑"设计手法和行业首创的6米级纯电动公交一级踏步车型,加宽乘客门设计,车辆座位为9座,非常适合在微循环等支路和巷道上行驶,外形深受市民喜爱。微循环公交线实行全程一票制,票价1元/人次,开启空调期间票价为2元/人次。学生卡6折优惠,持"敬老卡""爱心卡"可免费乘坐。

(省运管局)

客货运价

【萍乡市公路运价】

萍乡2020年客运运价。县际班线票价计算方式:千米 * 0.204 + 燃油附加费(31千米以下1元,31千米以上1.5元),出租车票价计算方式:起租价6元/2千米,车千米单价为1.80元/千米,红灯等候和其他等候(等候每10分钟加收该车型1千米租价)调整为低速等候费,即当时速低于12千米每累计5分钟加收1千米租价;载客行驶8千米以外部分,每千米租价加收50%空驶费调整为载客行驶6千米以外部分,每千米租价加收50%空驶费;夜间23时至次日5时,每千米租价加收20%驾驶费维持现行标准。

(萍乡市交通运输局)

【樟树市 1 元城乡公交服务升级】

樟树市采取城市公交、城市公交延伸线、班线客运三种通车方式相结合,共计投入141辆纯电动公交车日常固定班线运营,保证所有建制村发车频率最少在日发两班以上,乘车票价无论远近均为1元。发班时间充分听取乡镇、村委的意见,对不足之处进行改进,尤其是在班线首班、末班时间上,以当地意见建议为主,及时予以调整,最大限度满足群众的出行需求。为让每一位群众知晓公交运行情况,2020年8月,市交通运输局组织对全市镇村公交候车亭或招呼牌进行了更新完善,共新制公交招呼牌104块,重新贴膜招呼牌125块,招呼牌上明确标识公交车途经线路、站点、时间,大大方便了群众乘车。

(邓杨飞)

道路旅客运输

【概况】 截至 2020 年底,全省完成公路客运量 3.36 亿人次,旅客周转量 180.89 亿人千米,同比分别减少 26.76% 和 25.94%。

(省运管局)

表18: 2020年全省公路旅客运输量完成情况

单位名称	旅客运输量	
	客运量(万人)	旅客周转量(万人千米)
全省合计	33643	1808853
南昌市	1892	193728
景德镇市	1135	64443
萍乡市	3985	70942
九江市	5561	298604
新余市	787	42883
鹰潭市	1235	47125
赣州市	5548	385523
吉安市	2991	206805
宜春市	2624	170229
抚州市	2743	117071
上饶市	5142	211500

(省运管局)

表19: 2020年全省农村道路客运情况

单位名称	乡镇总数	通客运车辆的乡镇数	建制村总数	通客运车辆的建制村数	农村客运站数量	三级及以上客运站	农村客运线路	平均日发班次	农村客运车辆
	个	个	个	个	个	个	条	班次/日	辆
全省合计	1399	1399	16930	16930	10776	116	2860	21730	7789
南昌市	80	80	1163	1163	1026	0	0	0	0
景德镇市	40	40	473	473	287	0	75	946	116
萍乡市	47	47	640	640	671	5	147	3439	680
九江市	179	179	1742	1742	24	7	345	1380	1394
其中:共青城	5	5	40	40	3	1	0	0	0
新余市	26	26	414	414	4	0	63	499	293
鹰潭市	34	34	342	342	522	0	151	1755	378
赣州市	285	285	3461	3461	2716	50	649	3125	1265
其中:瑞金市	17	17	221	220	4	3	30	210	118
吉安市	209	209	2518	2518	109	43	389	2501	932
其中:安福县	19	19	256	256	13	13	91	326	0
宜春市	159	159	2193	2193	2365	0	73	1264	658
其中:丰城市	30	30	471	471	30	0	0	0	196
抚州市	153	153	1793	1793	1087	0	365	2063	616
其中:南城县	12	12	150	150	0	0	74	217	93

续表

单位名称	乡镇总数	通客运车辆的乡镇数	建制村总数	通客运车辆的建制村数	农村客运站数量	三级及以上客运站	农村客运线路	平均日发班次	农村客运车辆
	个	个	个	个	个	个	条	班次/日	辆
上饶市	187	187	2191	2191	1965	11	603	4758	1457
其中:鄱阳县	30	30	530	530	151	1	92	277	199

（省运管局）

【江西省道路运输继续全力以赴保障复工复产】 2月18日，为期40天的2020年春运结束。春运40天，江西省道路春运共发送旅客1084.14万人次，比去年同期下降69.49%。受新冠肺炎疫情影响，江西省道路运输将继续严格落实疫情防控措施，按照"一断三不断"要求，全力以赴做好复工复产运输保障，坚决阻断疫情通过道路运输工具传播。

受疫情防控、春节假期延长、各地延迟企业复工、推迟学校开学等因素影响，江西省道路春运特点明显，客运总量急剧下降，节前（1月10日—1月24日），全省共发送1037.71万人次，比去年同期下降23.76%，日均运力13682辆，433852座位。节后（1月25日—2月18日），全省共发送46.43万人次，比去年同期下降97.88%，日均运力2140辆，62500座位。

为做好新冠肺炎疫情防控和运输保障工作，春运期间，全省道路运输行业4000余名干部职工奋战在疫情防控一线，主动担当作为，严格落实防控措施，完成应急运力调运528辆次，运输应急人员215名，运输口罩、帐篷、防护服、消毒液等疫情防控物资，以及近万吨生产防控物资的设备和原材料，举全行业之力践行好了"战疫情、保运输"使命。

（省运管局）

【江西省3月16日全面恢复道路旅客运输经营】 自3月16日18时起，江西省所有县（市、区）新冠肺炎疫情风险等级均为低风险。省运管局要求各地根据《交通运输部关于分区分级科学做好疫情防控期间城乡道路运输服务保障工作的通知》（交运明电[2020]80号）精神，立即全面恢复辖区内道路旅客运输经营（包括班线客运、包车客运、旅游客运、城市公共汽电车客运、出租汽车客运以及客运场站）。

（省运管局）

【江西省道路运输系统扎实做好学生复学运输服务保障工作】 按照江西省统一安排，4月7日，高三、初三年级学生和中等职业学校毕业年级学生率先返校学习。为确实做好学生上下学的运输服务和疫情防控工作，江西各级道路运输系统纷纷组织开通公交定制专线，为高三、初三返校学生提供"点对点""一站式"公交安全出行服务。

南昌:3月27日以来，南昌公交运输集团立足民生服务，方便学生出行，对先期开学的高三和初三学生复课情况进行仔细调研，通过前期与学校和家长的深入沟通，目前已完成第一批33条"家校专线"的规划设计，其中家校7线、家校8线、家校9线、家校10线将于4月6日开通，其余专线4月7日开通。

赣州:为保障学生安全、有序乘坐公交车返校学习。赣州公交在疫情期间开通校家直通车4条，执行常规公交票价，4月7日起开始运行，车辆满载率不超过50%，并要求学生在指定公交站点上下车，乘车时必须佩戴口罩。

宜春:4月7日起，宜春公交为中心城区各学校高三、初三返校学生提供"点对点""一站式"公交安全出行服务。"定点公交"采取在原有线路上增加"定点公交"方式保障，结合中心城区实际，共开设线路22条，安排公交车辆73辆。为做好疫情防控工作，每辆"定点公交"还配备了一名跟车人员，全程测量学生体温，做好登记，要求乘车学生规范佩戴口罩，有序乘车。

抚州:4月7日起，抚州在市中心城区主要线路开通"复学号"学生接送专用公交，由抚州市公交总公司选派身体健康、责任心强的驾驶员执行专车服务,对运营公交车进行严格消毒,为高三初三和中等职业学校毕业年级学生上学、放学、返校提供"定车、定线、定站、定人、定防疫措施"的专属服务。共开设线路10条,安排公交车40辆。

九江:4月7日起,九江市公交公司严格实行"点对点"(家庭与学校)闭环管理。在22条公交线路中每条线路设置1—2台学生专车,在上学(6:20)、放学(17:30—17:40)时段营运,车辆头牌处有"学生专车"标识,沿途停靠各公交站点。学生、教师在乘坐公交车时必须全程佩戴口罩,学生穿校服刷学生卡或义务教育卡乘车,教师凭教师证扫"赣通码"乘坐,同时,学校可根据需求与市公交集团公司联系定制学生专线。

上饶:4月7日起,上饶市运管部门相继推出返校直通车、开通公交专线、出租汽车网约车爱心送学等举措,保障开学学生安全出行。为了满足学生的出行需求,中心城区将临时开设6条学生定制公交线路。

景德镇:为保障疫情防控期间学生安全乘车,落实"点对点"(家庭与学校)闭环管理,景德镇市公交公司开通返校学习学生公交定制专车。4月7日至20日(不含星期六、星期日)的早中晚上放学高峰时段,每天80辆公交定制专车接送学生。专车在市区1、2、3、4路等18条主要公交线路上运行,一天320趟,通达城区28所复学的初、高中以及中职学校。公交学生专车严格按照疫情防控标准,每天消毒、通风,并配备管理员测体温、登记信息。

鹰潭:4月7日起,周一至周五上课期间(法定节假日除外),鹰潭市开通"复学号"定制公交,师生需乘坐"复学号"专车一律须佩戴口罩乘车,有发热发烧身体不适等情况不得乘车。上车主动出示相关证件及刷卡或投币;必须遵守乘车规定,并按照在规定的时间和站点候车上下。

萍乡:为切实保障各学校复学通勤出行需求,萍乡市公交总公司开通了"点到点"的定制公交,为高三、初三年级学生上学和中等职业学校毕业年级学生返校提供"定车、定线、定站、定人、定防疫措施"的专乘服务。整个投入运力近100辆,可满足4000多名学生乘车需求。学生在乘坐公交车时全程佩戴口罩,对不佩戴口罩的,驾驶员将劝导其佩戴口罩;学生须使用学生IC卡刷卡乘车,以便溯源。

(省运管局)

【端午期间江西省道路运输发送旅客94余万人次】 2020年端午节期间,江西省累计投入营运客车3.1万辆,发送旅客94.3万人次,道路运输市场运行情况平稳有序。节日期间,全省道路运输企业积极落实常态化疫情防控工作要求,严格按照疫情防控指南,做好了站场和交通运输工具消毒通风、人员防护、体温检测、发热人员移交等防疫措施,严防新冠肺炎病毒通过道路运输环节传播。同时,紧盯重点领域安全,强化危化品道路运输安全管理,加强危化品道路运输企业资质及从业人员、专用车辆资格资质管理,保障了假期运输安全。

(省运管局)

【双节期间江西省道路客运安全有序】 国庆、中秋假期,江西道路运输系统根据实际需求,精心组织运力,统筹做好常态化疫情防控下道路运输服务保障和安全生产各项工作,未发生道路运输行车伤亡事故,全省道路客运安全有序。双节期间,江西省道路旅游客运量上升幅度明显,在国内疫情趋稳、景区游客最大承载量上调、旅游促销加大等多重利好因素叠加下,旅游市场回暖加速,旅游客运出行量上升明显。10月1日至8日,全省累计投入运力98400辆,其中班车82257辆,包车16143辆,累计发送旅客484.4215万人次。受新冠肺炎疫情、高速公路通行免费、铁路(高铁)运能相对充足等因素叠加影响,客流向私家车、铁路分流明显,客流量较去年同期总体下降33.99%。

(省运管局)

【南昌春运客运安全有序】 2020年春运40天,全市安全运送旅客3392.1万人次,同比下降58.33%。节前春运15天(1月10日至1月24日),全市运送旅客2979.2万人次,同比下降5.09%。其中城市公交运输1409.22万人次,同比下降9.89%;出租车运输523.6万人次,同比下降32%;地铁运输730.49万人次,同比增长42.4%;公路运输39.85万人次,同比下降24.75%;民航运输91.93万人次,同比增长8.91%;铁路运输184.11万人次,同比增长19.1%,其中南昌站运输

95.68万人次,同比增长7.9%,南昌西站运输88.43万人次,同比增长34%。节后春运25天(1月25日至2月18日),受疫情影响,全市运送旅客402.9万人次,同比下降91.89%。其中城市公交运输178.96万人次,同比下降92.41%;出租车运输75.6万人次,同比下降94%;地铁运输72.61万人次,同比下降91.39%;公路运输0.827万人次,同比下降98.68%;民航运输35.67万人次,同比下降75%;铁路运输39.23万人次,同比下降86.86%,其中南昌站运输17.85万人次,同比下降88.23%,南昌西站运输21.38万人次,同比下降83.17%。春运期间未发生一起责任旅客伤亡事故、火灾爆炸事故及重大道路客运交通事故,确保了平安春运;未发生群体的旅客滞留现象和影响较大的旅客投诉事件,实现了和谐春运。

(南昌市交通运输局)

【萍乡公路旅客运输】 萍乡市公路运输完成客运量3986万人,旅客周转量70943万人千米。2020年春运,萍乡市各客运企业投放总客车10635辆,投入客位数26.66万座,包车数量403辆,完成客运量55.26万人次,与去年同比下81%。在春运期间未发生旅客滞留及重大安全责任事故,保证了居民生活必需品、重要物资运输。

(萍乡市交通运输局)

【景德镇长运临时开通预约应急包车服务】 为统筹做好春节后错峰返程疫情防控和运输保障工作,景德镇长运公司根据市民出行需求,2月8日,在乐平长途汽车站开通预约应急包车服务。此次预约应急包车服务主要到达地点是南昌高铁站、昌北机场、景德镇机场、景德镇高铁北站、上饶高铁站,乐平市民可提前一天通过电话预约第二天的出行。采取以市内出租车为主、客车为辅的模式运营,工作人员携政府开具的通行证,佩戴口罩,严格消毒车辆,返程后接受政府统一的防疫监管。继此应急措施受到许多外出务工人员的咨询预约后,景德镇长运公司营运部携乐平车站及时对接景德镇高铁北站和罗家机场,详询班次、航班运行情况和时刻表,并积极展开调研分析市场,为后一步开通乐平至景德镇高铁北站和乐平至景德镇罗家机场专线做准备。

(省运管局)

【上饶多个地方免费包车送复工人员】 2月18日,首批满载38名弋阳籍外出务工人员的"弋阳—义乌"就业直通车和满载21名广丰籍外出务工人员的"广丰—义乌"就业直通车分别从弋阳县、广丰区正式开拔。19日上午,上饶—宁波就业直通车发车,弋阳—义乌就业直通车发车,连日来,上饶市采取"点对点"包车方式,确保外出务工人员返岗复工。一批批满载上饶外出务工人员的就业直通车从上饶信州区、广丰区、弋阳县、横峰县等地开拔前往义乌、宁波等返岗务工目的地。为做好疫情期间企业复工复产人员保障及外出务工人员就业工作,上饶市人社、就业部门通过和浙江省义乌、宁波等地市人社部门对接联系,免费为去往义乌市、宁波市求职复工群众提供复工专车。上饶道路运输部门负责提供直通车辆、驾驶员,严格落实车辆消毒、通风、体温检测等制度,严格落实入座率不超过50%的要求,为乘客隔位、分散就座提供空间。为避免中间环节带来的不便和风险,直通车采取点对点的方式,直达务工目的地。

(省运管局)

【宜春汽运"开学直通车"运输1.5万多名高校生返校】 4月下旬以来,宜春汽运有限公司开通"开学直通车"专线100余条,覆盖省内70多所高等院校,安全运输1.5万多名高校学生顺利返回校园。为做好返校运输工作,宜春汽运各分公司认真做好车辆例检工作,确保车辆技术状况良好。对每趟车做好清洁、消毒、通风等工作,尤其对学生易碰触的扶手、栏杆、座位等位置进行反复消杀,从严从紧从细抓好防控措施落实。同时,督促参运驾驶员严格遵守交通法规,谨慎驾车,不超速行驶,全程佩戴口罩,并引导学生有序乘车,主动帮助提放行李。发车前对上车学生进行体温测量,做好扫乘车码、佩戴口罩、系好安全带等提醒,强化车辆运行过程中的安全管理,对参运车辆实行24小时动态监控,做到车在运行人在岗的监控制度。

(省运管局)

【南昌公交"五一"运送乘客350万人次】 南昌公交五一期间安全运送乘客350万人次,班次发放近6万班。为进一步确保五一期间客运工作顺利开展,南昌公交集团于节前制定周密详细的客运组织方案。节日期间,针对南昌"两站一场"的客流以及对接地铁1、2号线,南昌公交集团与机场、火车站、轨道等建立信息联动机制,及时根据航班列车等客源情况,适时加密了公交班次,确保无缝接驳、乘客不滞留。

(省运管局)

【冬至期间南昌公交祭扫专线运送乘客4.5万余人次】 12月20—21日,南昌公交冬至祭扫专线市区和瀛上墓区实行双向对发1600余班,共运送乘客4.5万余人次。此次冬至祭扫两天共抽调300余台祭扫专线车、300余名管理人员进行保障。期间,南昌公交通过公交智能调度系统和车载4G视频实时监控车辆运行,合理调度车辆发放,确保客运高峰时间段公交车辆不断档,车辆进出平稳有序;同时,充分利用公交车尾屏及站台LED屏等媒体平台,滚动播放倡导文明祭扫等信息,并安排专人检查疫情期间乘客扫码戴口罩乘车的情况,并对携带易燃易爆危险品及鞭炮、纸钱等物品的乘客进行劝阻,有力有序地保障了祭扫专线运行安全顺畅。

(省运管局)

【南昌地铁3号线开通首日客运量11.08万人次】 12月26日下午14时,南昌地铁3号线正式载客初期运营。开通首日,运营平稳有序,从14时运营开始至晚间运营结束,客运量总计为11.08万人次。开通当日南昌地铁3号线列车正点率100%、运行图兑现率100%,信号系统、列车系统、供电系统运转正常,客运服务、设备运行、安全文明乘车秩序良好,南昌地铁全日线网客运量76.93万人次。其中,1号线线路客运量42.42万人次,2号线线路客运量23.43万人次,3号线线路客运量11.08万人次,线网换乘量23.02万人次,当日进出站最大客流卫东站,进出站客流高峰时间段17:00—18:00。

(省运管局)

【宜春汽运在全市范围内开展定制客运试点】 经江西省交通运输厅和宜春市交通运输局同意,辖区客运企业江西宜春汽车运输股份有限公司在全市范围内开展定制客运试点工作。前期试点由江西宜春汽车运输股份有限公司在其现有的铜鼓—宜春、宜丰—宜春、上高—宜春、万载—明月山机场共计4条客运班线上进行改造,共投入15辆9座小型客车,车身安装车载4G视频监控系统和驾驶员行为主动分析系统并全部接入政府监管平台和宜春市第三方监管平台,车辆外观统一喷涂"定制客运"标识。乘客根据需要通过"宜春客运"微信公众平台预约乘车,并可以选择就近的上下车接送点,车辆驾驶员使用手持式安检仪对乘客和行李进行三品安全检查,以确保行车安全。

(伍 可)

道路货物运输

【概况】 截至2020年底,全省完成货运量14.2亿吨,货运周转量3247.1亿吨千米,同比分别增长4.7%和6.8%。客运平均运距53.8千米,货运平均运距228.7千米。

(省公路局)

表20: 2020年全省公路货物运输量完成情况

单位名称	货物运输量	
	货运量(万吨)	货物周转量(万吨千米)
全省合计	141899	32470914
南昌市	13157	2510923
景德镇市	1694	462649
萍乡市	4391	988468
九江市	10232	2458596
新余市	12095	2225277
鹰潭市	5832	967651
赣州市	17994	1313927
吉安市	9245	2793555
宜春市	40355	11671554
抚州市	12374	3780870
上饶市	14530	3297444

(省运管局)

表21: 2020年全省道路危险货物运输

单位名称	道路危险货物运输车		载货汽车		挂车		道路危险货物运输业户数	
							营业性	非营业性
	辆	吨位	辆	吨位	辆	吨位	户	户
全省合计	12897	281623	7615	114935	5282	166688	387	20
南昌市	485	11554	191	2930	294	8624	16	16
景德镇市	226	7407	0	0	226	7407	24	0
萍乡市	999	20823	449	2462	550	18361	24	0
九江市	506	10109	262	3226	244	6883	43	2
其中:共青城	50	649	50	649	0	0	2	0
新余市	382	6575	211	1196	171	5379	21	1
鹰潭市	130	1918	83	543	47	1375	12	0
赣州市	404	9134	184	2157	220	6977	47	0
其中:瑞金市	0	0	0	0	0	0	0	0
吉安市	1776	21072	1537	13602	239	7470	0	0
其中:安福县	17	26	17	26	0	0	1	0
宜春市	5483	148921	3027	70329	2456	78592	95	0
其中:丰城市	1140	37332	570	18666	570	18666	7	0
抚州市	1146	22433	629	6590	517	15843	34	0
其中:南城县	276	6254	111	1052	165	5202	4	0
上饶市	1360	21677	1042	11900	318	9777	44	1
其中:鄱阳县	0	0	0	0	0	0	0	0

（省运管局）

【分宜农村物流项目入选交通运输部首批农村物流服务品牌】 6月8日，交通运输部公布了全国首批25个农村物流服务品牌名单，其中分宜县"城乡公交+物流电商+共同配送"服务品牌成功入选，是江西省唯一入选项目。分宜县创新"城乡公交+物流电商+共同配送"服务模式，实现站场、线路、运力资源共建共享，打造了农村物流服务新供给。着眼客货同网一体化发展，加快服务网点建设，利用乡镇100%通公交优势，建设集公交客运、物流快递、电商仓储功能为一体的"分宜公交物流园"项目，可实现一天多次城乡往返运输，物流费用节约超过50%以上。同时，壮大市场主体规模，扶持重点龙头企业江西慧驰供应链管理有限公司，创新"公交+电商+居家养老"互联网生态圈项目，实现物流、电商等产业协同发展。建立乡村农产品2公斤/3元，续重0.5元/公斤即可到达城市入户的亲民物流服务，解决了农产品销售、流通难题。此外，分宜县还创新特色服务，在建立线上、线下协同联动，集试验运行、教学、平台开发、品牌推广应用于一体的农村综合物流电商教育基地，推出为离家偏远、身体不适的老年人提供送餐、网络代购、送货上门等服务。

（省运管局）

【宜春汽运与极兔速递合作助力农村电商发展】 近日，宜春汽运公司与极兔快递通过多轮协商和跟班进点考察，签订了合作协议。第一批起网县市为万载、铜鼓、靖安、奉新、樟树，其他县市将逐步推进，极兔正式搭乘宜春汽运登陆宜春市场。极兔速递已经对接苏宁、拼多多等电商平台，主推目标是农村市场的快递进村入户和农村商品输出。宜春汽运公司在宜春地区发达的客运网络以及班线车辆的公营属性，给极兔快递带来了搭桥便利。

（省运管局）

【樟树物流产业实现提质升级】 2020年,樟树市注册在案的道路货运企业271家,其中普货企业263家,普货车辆5200余辆;危货企业7家,普货车辆154辆;网络货运公司1家。拥有100辆货车以上的规模货运公司有5家,其中规模最大的江西旭东物流运输有限公司拥有313辆货车,主营快递物流,业务遍及全国。特色物流公司有江西医药营销有限公司,一家集电子商务平台、智能仓储分拣、药品终端直配以及药品第三方现代物流配送服务一体,从事中药材、中药饮片、中西成药、医疗器械销售、保健食品等综合服务的医药流通企业,企业规模在江西省医药流通行业排第三位。

(周 欣)

【丰城市交通运输局谋划加大扶持物流产业力度】 2020年,丰城市交通运输局严格落实《物流安全管理工作实施方案》,通过走访各企业单位详细了解该市交通物流中存在的问题和实施的措施,并针对存在问题、结合正在实施的措施,制定落实扶持物流产业工作方案,一是打造枢纽物流业态,二是完善基础设施建设,三是培育壮大物流企业,四是推进物流信息升级,五是大力实施精品项目,六是加大要素保障力度。下半年,根据"十四五"现代服务业发展规划编制的要求,对激发运输市场活力,推进该市物流园区创特色;规范物流行业管理,提升城市品位,助推全市经济高质量发展这一主题,对丰城市物流业进行了调研总结。12月,在市政府组织的关于"十四五"发展规划编制会议上,将有关情况进行了报告,一是介绍了该市物流业发展现状,二是分析了该市物流业发展目前存在主要困难,三是为该市物流业发展提供了发展思路和建议。

(黄 昆)

【南城打造物流运输业"航母"】 12月30日,南城县汽车综合服务中心建成并投入运营,这标志着该县物流运输业有了支撑其再次腾飞的"航空母舰",对规范物流运输市场经营行为、推动该县城市功能与品质提升,有着重要意义。

南城素有"江南运输大县"美誉,物流运输业发达,货运车辆及从业人员众多。全县拥有物流企业319家,其中规模以上企业42家、3A企业9家、4A企业4家;拥有货运车辆10419辆,运力16.88万余吨,从业人员3.7万人;在长三角、珠三角建立了物流配货网点236个。但物流运输业的发展,也带来了一些问题。这些年车辆乱停乱放、占道经营现象日益突出,不但影响市容市貌,也给文明城市创建和群众便捷出行带来不利影响。

为解决这一城市管理顽疾,该县认真谋划、高位推动汽车综合服务中心建设。该项目总投资2.2亿元,占地面积12万平方米,通过市场化运作,由社会资本投资建设。项目于2019年动工,2020年底全部建成并投入运营。项目建设内容主要分为车辆检测中心、加油站及物流服务中心三个区域,可提供包括车辆检测、车辆加油、车辆维修、汽车交易、汽配件销售、物流商务及餐饮等多种综合服务,可停放货运车辆400余辆,配套入驻汽车交易、汽配件销售、维修、物流电子商务、餐饮等企业及商户100余家。

南城县物流运输业保持强劲发展态势,拥有50辆以上货车的企业76家,年纳税上百万的企业36家,全年营业额40多亿元,实现物流税收1.87亿元,占当年全县财政收入的12.98%,物流运输成为南城县支柱产业之一。

(陈根玲)

城市公共交通

【概况】 截至2020年底,江西省城市公交完成客运量94184.2万人,同比减少30.6%,日均运送乘客258万人次;营运城市公交车辆15403辆,同比增加10.3%。营运线路2170条,同比增长28.2%。营运线路总长度48781千米,同比增长33.4%。

江西省巡游出租汽车完成客运量21671万人次,同比减少61.5%,日均运送乘客59万人次;共有营运出租汽车17445辆,同比减少1.5%,营运里程达136101万千米,同比减少31.6%。其中载客里程达83087万千米,同比减少31.2%,里程利用率达61%。

南昌轨道交通线网共开通3条运营线路,拥有车站70座,其中换乘站4座,开通运营里程88.85千米,轨道交通线网共计配属车辆105列。共完成客运量13593.13万人次(含3号线),同比下降

22.3%,日均运送乘客37.14万人次;旅客周转量93050.5万人千米,同比下降25.6%,运营车千米3862.5万车千米。

（省公路局）

表22: 2020年全省城市(县城)公共交通管理情况

地区名称	公交专用车道长度	公共汽电车经营业户数	出租汽车经营业户数		
			合计	企业	个体
	千米	户	户	户	户
全省合计	483.0	154	2490	167	2323
南昌市	175.0	5	595	35	560
景德镇市	20.3	5	4	4	0
萍乡市	32.0	12	6	6	0
九江市	38.2	17	29	29	0
其中:共青城	0.0	1	1	1	0
新余市	18.0	16	533	2	531
鹰潭市	29.0	6	6	6	0
赣州市	68.6	23	22	22	0
其中:瑞金市	0.0	1	1	1	0
吉安市	21.8	21	445	21	424
其中:安福县	0.0	1	35	2	33
宜春市	29.5	15	17	17	0
其中:丰城市	0.0	1	2	2	0
抚州市	29.7	19	16	16	0
其中:南城县	0.0	3	1	1	0
上饶市	20.9	15	817	9	808

（省运管局）

【赣州公交实行扫码实名登记乘车】 为强化疫情防控期间乘车信息登记和溯源工作,2月12日,赣州公交推出公交乘车实名登记微信小程序,乘客无需另外下载手机APP,上车前或乘车时扫描二维码进入微信小程序,输入手机号即可完成乘车实名制登记。该实名登记小程序已覆盖赣州市公共交通有限责任公司所有公交车,采取"一车一码"登记制度,登记的相关信息使用专用服务器予以加密保存,既杜绝了登记信息泄露的风险,又可有效减少因手工登记带来的接触风险和提高市民乘坐公交实名登记的效率。未携带手机或不会使用智能手机的乘客,可联系司乘人员协助完成实名乘车登记。完成初次登记后,再次乘车仅需3秒授权确认便可完成登记。

（省运管局）

【上饶公交集团开通学校定制公交和学生专乘车】 疫情防控期间,为解决学生上下学乘车问题,上饶市交通、上饶公交集团分析统计每个学校学生乘公交的流量和流向,组织好"点到点"的定制公交,为高三、初三年级学生上学和中等职业学校毕业年级学生返校提供"定车、定线、定站、定人、定防疫措施"的专乘服务,分方向设计6条定制公交线,满足学生乘车需求。

（上饶市交通运输局）

【宜春市正式成为江西省"公交城市"创建示范城市】 近日,宜春市正式被江西省交通运输厅和省财政厅联合命名为江西省"公交城市"创建示范城市。自2017年入选江西省"公交城市"创建示范城市以来,经过三年的创建,城市公交事业得到优先快速发展,公交基础设施建设和公交车辆更新速度明显加快,中心城区交通拥堵状况明显缓解,公共交通在城市交通系统中的主体地位更加突出,城市公交引领城市发展的格局已基本确立。截至年底,宜春市中心城区共拥有公交线路47条,启用公交专用车道两条。此次创建成功,标志着宜春市公共交通形象和服务水平实现了整体提高,也为下一步申报创建国家"公交都市"奠定了基础。

(谭 军)

【上饶市成为省"公交城市"创建示范城市】 4月9日,上饶市正式被江西省交通运输厅和省财政厅联合命名为江西省"公交城市"创建示范城市。截至目前,上饶市中心城区共拥有线路44条,设置公交专用车道14.5千米,单向总里程数591.6千米;拥有车辆601辆,公共交通车辆保有量达13.8标台/万人。上饶市获批省"公交城市"创建示范城市,为下一步加快推进国家"公交都市"创建奠定基础。未来,上饶市将不断健全创建体系,加快基础设施建设步伐,逐步落实公交路权优先,完善公交线路网络,优化绿色智能服务系统,实现公交服务提质增效,满足广大市民高效便捷、安全舒适、经济可靠、绿色低碳的多元化出行需求。

(上饶市交通运输局)

【景德镇市乐平长运调整公交线路迎开学】 5月10,景德镇乐平市乐港镇的陈家村,新设的乐平公交3路公交车始末站——陈家村站,传来了当地村民自发为庆祝公交车开到本村而点燃阵阵爆竹声,这阵爆竹声的响起,标志着乐平长运公交3路公交车乐平汽车站至乐港镇陈家村的延伸公交线正式开通。

5月11日,乐平市各中小学全面进入陆续开学季。为配合学校学生返校后上、下学乘车方便,乐平长运公交公司及时对部分公交线路布局进行了优化调整。在乐平市交通局、乐港镇政府和沿线村委会的帮助下,将原来的3路公交车乐平汽车站至港口信用社公交线延伸至陈家村,增加了乐港镇政府、港口中学、里汪村、大路边村、陈家村等多个公交站点,为沿线群众包括周边的谢家、传芳等村群众出行带来了极大的方便,使沿线数千群众直接受益,有效地解决了当地村民出行"最后一千米"的问题。

另据了解,自5月11日起,乐平长运公交公司还有包括6路公交原港口信用社至新乐平中学公交线,延伸至金山中专学校,1路公交火车站至接渡镇的公交线的班次进行加密调整等。多条公交线路进行的班线延伸和班次加密,有效地保障了各校学生返校学习和市民出行方便,也受到了社会各界的普遍欢迎。

(林移青)

【景德镇市公交助力双创推出免费乘车日活动】 为助力双创,缓解交通拥堵,景德镇公交有限公司和市广播电视台将于6月6日开展"绿色公交、共享出行"为主题的免费乘车日活动,旨在倡导绿色出行、绿色交通的出行理念。

近年来,景德镇公交根据该市双创和城市发展的需要,逐年对以燃油驱动为主的公交车进行更新换代,目前,清洁能源和新能源及纯电动公交车已占据绝大部分线路,今年,又将添置60台纯电动公交车,将宣告该市公交车全部步入纯电动时代。此次推出免费乘车日活动,既是让广大市民感受公交日新月异的变化,同时,倡导全社会树立"公交优先、低碳出行"的理念,为治理城市交通拥堵做贡献。活动当天,该公司所有公交车实行免费乘坐,同时,推出赠送10000张(每人20张)免费乘坐公交车活动(到高铁北站领取,时间6月7日至7月31日)。

(巢喜生)

【南昌地铁乘车码实现跨区域互联互通】 7月5日,南昌正式接入城市轨道交通行业互联互通平台,实现与苏州、福州、无锡、常州轨道交通二维码出行的互联互通,市民异地出行只要使用"鹭鹭行"APP即可在四地扫码乘车、便捷出行,而上述四个城市市民来到南昌亦可使用当地地铁官方APP在南昌地铁直接扫码乘车。南昌地铁官方APP"鹭鹭行"目前已经与多个城市完成互联互通接入,首批开通苏州、福州、无锡和常州等四个城市的轨道交通。区别于以往传统购票乘车需要接触纸钞硬币和单程票,扫码乘车不仅可以全程无接触进出站,还能结合大数据能实时精准追溯疫情同程乘客,极大限度地保证了每一位乘客的出行安全。此外,"鹭鹭行"还支持微信、银联、银票、支付宝等所有主流支付方式,满足乘客多元化支付需要,提升了乘客出行幸福感及地铁运营效率。南昌市民只需要下载最新版1.7.2版"鹭鹭行"APP,一次开通漫游功能便可以一码畅行"苏锡常榕昌"五座城市的任意站点。同时,其他四地的乘客通过高铁来到南昌,都可以使用当地地铁 APP 扫码乘坐南昌地铁,极大提升了出行的便利性和体验感。自 2018 年 10 月正式上线至今,"鹭鹭行"APP 累计有超过 150 万名注册用户,上半年疫情期间新增注册用户 49.3 万,鹭鹭行乘车码累计为乘客提供 1343 万乘次服务,扫码支付占比已经上升到 40%。

(省运管局)

【南昌开通海昏侯国遗址公园公交专线】 为方便市民前往南昌汉代海昏侯国遗址公园,南昌市于 9 月 23 日 12 时起开通多条公交专线。

南昌市区至海昏侯国遗址公园的 4 条公交线路分别为 666 路、137 路、海昏侯国遗址公园旅游定制公交(老福山线)、海昏侯国遗址公园旅游定制公交(八一桥线)。其中,666 路公交始发站为红谷滩配套中心,终点站为海昏侯国遗址公园,途经碟子湖大道、春晖路、丰和北大道、金山大道、昌九大道、紫金大道等,票价 10 元/人;137 路公交始发站为红谷滩配套中心,终点站为铁河乡,途经碟子湖大道、文化大道、广兰大道、玉屏东大街、庐山北大道、国道 105、乡道 043,票价 5 元/人;两条海昏侯国遗址公园旅游定制公交线路的始发站分别为老福山和八一桥,上车可直达海昏侯国遗址公园,中途无站点停靠,票价均为 10 元/人。

此外,南昌市还于 9 月 22 日发布 4 条海昏侯国遗址公园旅游公交网络定制专线,由乘客在掌上公交 APP 定制平台采取预约购票的方式,发起自主拼团出行。南昌公交运输集团将针对海昏侯国遗址公园开园期间人流激增的情况,随时调配车辆,确保游客出行。

(省运管局)

【江西都市城际公交有限公司开通节假日大学校园直通车】 国庆、中秋期间,为方便广大在昌学生返乡出行需求,江西长运旗下江西都市城际公交有限公司开通大学校园直通车,为高校学生提供"一站式"出行服务。10 月 1 日上午 9 点 30 分,江西都市城际公交有限公司首趟校园直通车从南昌理工学院出发,途经南昌理工学院—华东交通大学等高校园区,随后直达目的地鄱阳,为学生们提供"一站式"出行服务。校园直通车的终点方向分别是崇仁、抚州、鄱阳、乐安等地。

(省运管局)

【景德镇公交增开 2 条临时线路保障群众出行】 中秋、国庆期间,景德镇公交有限公司科学调度运力,合理安排班次,增开 2 条临时公交线保障群众出行,安全运送乘客 126 万人次。该公司针对高铁站高峰期乘客增多的情况,该公司及时在原有 6 条高铁公交线的基础上,增加了 2 条临时公交线,确保不发生旅客滞留现象。对一时出现的局部路段交通拥堵,科学应对,通过采取卸客转运、增加车辆、加密班次等措施,有效化解了运力压力,保证了广大乘客的正常出行。

(省运管局)

【吉安市"公交城市"创建工作顺利完成省级考核验收】 2020 年 11 月 16 号至 18 号,江西省"公交城市"创建工作考核组,对吉安市"公交城市"创建工作进行考核验收。验收期间,考核组听取了关于"公交城市"创建工作的汇报并进行了资料查询,实地察看了具体工作落实情况,结合实地查看情况,对该市创建工作开展情况进行了质询,对该项工作的开展提出了建设性的意见和建议,对创建工作开展情况给予了中肯的评价。

朱新堂副市长代表市政府作表态发言,表示将组织相关政府部门,认真研究落实考核验收组的考核意见,以政策为依据,以指标为导向,查缺补漏,逐步完善各项公交行业中存在的不足,不断加大城市公交基础设施建设的投入,切实改善城市公交出行条件,更好地满足城市建设、经济发展及社会出行需求,努力打造一个优质、高效、节能、环保的城市公交运行体系,实现全市城市公交行业的跨越式发展。

(吉安市交通运输局)

【南昌公交开通多条冬至公交祭扫专线】 为方便市民冬至扫墓,南昌公交运输集团于 12 月 20 日、21 日开通祭扫专线,在市区设塘子河、军转、江电停车场、庐山南大道地铁站 1 号口 4 个发车点;在瀛上设墓区北面(松鹤路北口)、瀛上老路口(庐山南大道)2 个返回点。其中,塘子河、江电停车场发车点直达墓区北,军转、庐山南大道地铁站 1 号口发车点直达瀛上老路口。12 月 21 日冬至当天,还将开通至西山万寿陵园等祭扫专线。

专线票价不变,坐票 4 元/人次,站票 2 元/人次,洪城一卡通、免费乘车证等均无效。因象山路、叠山路升级改造,为鼓励市民选择"低碳+公交"方式出行,庐山南大道地铁站1号口祭扫专线票价统一为2元/人次。此外,南昌公交将在今年祭扫专线中首次支持移动支付。乘客可通过现金或扫码(仅支持微信、支付宝)两种方式找现场售票员购票。

(省运管局)

【萍乡市公交简况】 2020年市公共交通总公司企业营运收入完成3306.21万元;客运量完成6500万人次;运营行驶里程完成2112.94万千米;安全事故间隔里程达到88.04万千米;油气电材消耗总值890.83万元。

(萍乡市交通运输局)

表23: 2020年萍乡城市公交企业一览

序号	县(区)	业户名称
1	市辖区	萍乡市公共交通总公司
2		萍乡昌荣公交有限公司
3	湘东区	萍乡市湘东区国湘运公共交通有限公司
4	芦溪县	芦溪县公共交通有限公司
5		江西萍乡长运有限公司公交分公司
6	上栗县	上栗县城市公共交通有限公司
7		上栗县安平客运有限公司
8		上栗县栗安客运有限公司
9	莲花县	莲花县公共交通汽车运输有限公司
10		莲花县恒达汽车运输有限公司
11		莲花县联顺客运有限公司
12		莲花县长兴汽车运输有限公司
合计		12家

(萍乡市交通运输局)

表24: 2020年萍乡城市出租企业一览

序号	业户名称	车辆数
1	萍乡市运发汽车出租有限公司	169
2	萍乡市大众出租汽车服务有限公司	100
3	萍乡市优客出租汽车服务有限责任公司	125
4	萍乡市绿城出租汽车服务有限公司	146
5	萍乡市交通出租汽车有限公司	160
6	莲花县公共交通汽车运输有限公司	26
合计	6家	726

(萍乡市交通运输局)

【萍乡市推进城乡公交一体化改革】 萍乡市积极推动公交化改造工作,累计完成萍乡至宣风、萍乡至上埠、萍乡至麻山、萍乡至石溪、萍乡至下埠、萍乡至老关6条客运班线公交化改造工作。

(萍乡市交通运输局)

【新余实现城乡公交一体化】 近年来,新余市大力实施城乡公交优先发展战略,推进城乡公交事业可持续健康发展,实施城乡公共交通资源均等化,打造智慧、绿色、共享的城乡公交体系,城乡公交成为惠及民生、绿色发展、全域旅游、脱贫致富、创新社会治理的强大"引擎"。

公交覆盖所有乡镇。经过多年"四好农村路"建设和公交事业的发展,全市38个乡镇(办事处),通客车率100%,396个建制村已实现通客车;公交车服务范围覆盖所有乡镇,园区公交和旅游公交被纳入公交网络,实现乡村与城市、工业园区、景区的无缝换乘,农民进城到景区、园区等务工经商可当天来回,实现居民家门口就业。

公交普惠城乡居民。自2006年8月1日起,新余公交对主城区"四类人员"实行免费乘车、中学生实行优惠乘车;2017年起对道德模范和优抚对象实行免费乘车;2020年新增五星志愿者实行免费乘车;推行"财政兜底、城乡一体"民生公交模式,城乡公交低票价运营。有效满足群众进城购物、就业、上学和就医等多样化、多时段、不定时的出行需求,切实解决城乡居民出行难。

科技引领安全建设。全市城市公交和城乡公交已全部安装4G视频监控系统,不仅可以规范驾驶员行车过程中的具体行为,还能全面监控存储车内情况,遇有群众的投诉举报可以调取视频监控进行核对。

常态化监管保服务质量。出台农村客运服务规范,确定了以"三化"和"五定四统一"为主要内容的服务质量标准,并将服务质量纳入了对客运企业和驾驶员的诚信体系考核内容。依托12328交通运输服务监督电话和12345市长热线等投诉渠道,及时收集反馈群众意见建议,建立服务质量常态化监督考核机制。通过信息化手段对客运服务质量进行动态监管,将服务质量与财政补贴策挂钩,提升客运服务水平。

"公交+"助力脱贫攻坚。积极探索"公交+扶贫",依托城乡公交站资源,推进公交、物流"三站合一",探索"交通+物流+电商+扶贫"等运营模式,打造开放共享的农村物流配送网,激发乡村发展新活力。

(省运管局)

【上饶公交推出中心城区内定制公交"点对点""一站式"预约服务】 为积极配合做好新型冠状病毒疫情防控工作,减少人员聚集,阻断疫情传播,保障交通运行企业复工复产,方便市民便捷出行,在线路未完全恢复前,上饶公交推出中心城区内定制公交"点对点""一站式"预约服务,为各类企业复工复产提供安全优质的定制公交服务。该服务根据客户需求,进行点对点专属定制服务,出发地及目的地在中心城区(信州区、广信区、广丰区、经开区内)满足车辆通行条件的,均提供11—50座车辆保障出行。

(上饶市交通运输局)

道路环保节能

【江西省道路运输行业节能减排成效显著】 2020年是打赢蓝天保卫战的决战决胜之年,江西省道路运输行业坚持"创新、协调、绿色、开放、共享"发展理念,以节约资源、提高能效、控制排放、保护环境为目标,扎实推进道路运输绿色、循环和低碳发展,上半年工作成效显著。一是加强道路运输车辆节能降耗。严格实施道路运输车辆燃料消耗量限值标准,上半年对全省2.6万辆道路运输车辆进行了核查,不满足标准限值要求的车型禁止进入运输市场,从源头上把好了道路运输车辆的节能减排技术关口。二是加快淘汰营运老旧车辆。综合运用道路运输班线资质审批及复核、道路运输证年度审验、道路运输车辆技术等级评定及复核等手段,督促经营业户按规定及时报废更新车辆,2020年上半年淘汰营运老旧车辆4498辆,其中营运老旧货车3460辆。三是推进绿色城乡客运体系建设。推广电子站牌、手机APP等智能化手段在城市公共交通管理中的应用,全省1860个智能公交电子站牌,为公众提供公交实时运行信息、车辆到站提醒等信息。稳步推进城乡交通运输一体化,积极发展定制公交和城市微公交,全省向城市外延伸公交477条,提高了公共交通出行分担率,极大方便了老百姓的出行。四是推广应用道路运输绿色装备。推广新能源汽车在道路运输行业领域的应用,鼓励在道路客运、城市公交、出租汽车、城市物流配送和驾驶员培训等领域应用新能源车辆。截止6月底,全省共有13984辆公交车,其中清洁能源公交车10773辆,占比77.1%;新能源公交车9401辆,占比67.2%。五是推进道路运输结构化升级。推进综合客运枢纽建设,协调指导赣州港"一带一路"多式联运示范工程建设,构建畅通便捷的客货运服务网络。促进"互联网+货运物流"新业态、新模式发展,江西四顺物流等14家网络货运企业已获得线上服务能力认定。优化接驳运输网络,大力发展定制客运,更好地满足人民群众多样化、个性化、多层次出行需求。六是强化科技创新和示范引领。加强道路运输信息化建设,推进物流信息平台系统建设,促进运输网络化发展,提高运输效率和效能。鼓励驾培机构应用驾驶模拟器开展培训,江西省投入使用7031辆驾驶模拟器,并在江西蓝天驾校试点开展了AI人工智能驾驶培训,有效降低教练车尾气排放和培训油耗。大力推广出租汽车新型服务模式,889辆出租车安装了拼乘计价器,提供预约服务的出租比例达到了50%。

(省运管局)

【南昌、赣州、上饶三市成为绿色出行创建城市】 日前,江西省交通运输厅、江西省发展和改革委员会联合发布公告,确定南昌市、赣州市、上饶市为该省绿色出行创建城市。到2022年,这三市的绿色出行比例要达到70%以上,绿色出行服务满意率不低于80%。据了解,绿色出行创建行动作为绿色生活创建行动的节约型机关、绿色家庭、绿色学校、绿色社区、绿色出行、绿色商场、绿色建筑等七个重点领域之一,目的是倡导简约适度、绿色低碳的生活方式,引导公众出行优先选择公共交通、步行和自行车等绿色出行方式,降低小汽车通行总量,整体提升各城市的绿色出行水平。

(省运管局)

【萍乡市新增及更换的公交车新能源车辆比例保持100%】 2020年,萍乡市主城区(安源区、经开区)新增及更换公交车131辆,上栗县新增及更换公交车3辆,芦溪县新增及更换公交车1辆,莲花县新增及更换公交车18辆,共计新增及更换公交车153辆,其中新能源车辆153辆,新能源车辆比例达100%。

(萍乡市交通运输局)

【萍乡市交通运输局积极推进新能源和清洁能源车辆应用】 萍乡市交通运输局对运营时间超过8年的客车出租车和排放不达标的老旧公交车进行强制淘汰,鼓励购置新能源和清洁能源车辆,要求所有公交车、进城班线客车更新必须是新能源车辆。2020年更新了158辆新能源公交车和客车,以及55辆双燃料出租车。全市公交车现有天然气30辆,气电混合动力31辆,油电混合动力51辆,纯电动676辆,占公交车总数的94.1%。中心城市出租车700辆全部为"油气混合"清洁能源车辆,达100%。

(萍乡市交通运输局)

【都昌县公交车完成油改电】 12月3日,都昌县公交车油改电工作顺利完成,44辆新能源公交车投入运营。

(都昌县交通运输局)

【吉安市推进绿色智慧交通建设】 2020年,吉安市交通运输局配合吉安市城市建设投资开发公司启动吉安高品质公交(JRT)项目。根据项目规划,采取无偿供地、免费使用等方式在青原区及吉安县三山岗新建两个集公交作业与车辆充电为一体的公交枢纽站,扩建城北临时车站充电实施及配合建设高铁西站公交枢纽。由市城投公司负责的四个公交场站预计2021年6月前建成投入使用;同时,推进清洁能源车辆的应用。截至2020年底,全市新能源公交车1069辆,其中中心城区新能源公交车463辆,新能源车占比83.5%,全市天然气货车56辆,新能源营运客车42辆。

(吉安市交通运输局)

【奉新县加大财政投入支持公交绿色出行】 2018年,奉新全面取缔县城机(电)动三轮车后,大力推进"绿色交通""绿色出行"工作,全面开通了4条城市客运公交线路,组织客运企业投资1400余万元购置40辆宇通牌E—K6805纯电动汽车,投入城市公交运营。此前,奉新已经对全县上富以下农村班线实行公交化改造,加大了班线密度,扩大了班线覆盖面,提高了出行效率,方便了居民出行,推动绿色交通、绿色出行落地生根。2020年,交通主管部门根据城市公交运行2年来的情况,在充分听取社会各方面意见建议的基础上,针对市民进工业园区务工、学生入学、老年人出行等问题,对4条城市公交线路的具体营运路线、站点、经营时间、发班班次进行优化和完善,较好地满足社会各方面对城市公交的需求。为保证城市公交开通和平稳运营,奉新县人民政府每年向公交运输企业提供近400万元财政补助。

(岳 军)

【铜鼓县致力打造城市绿色交通出行】 2020年以来,宜春汽运总公司铜鼓分公司共投入16辆公交车运营,开通了2条城区内线和2条绕温泉外线。汽运总公司还推出了一系列优惠卡活动,有学生、教师、医务工作者的优惠卡,低保、残疾人员的优惠卡、至9月底共办理65岁以上老人免费乘车卡2105张。随着公交站台等配套设施的完善,越来越多的铜鼓人民喜欢上了这种绿色出行方式,仅10月份,载客量就达到5万6千多人次。越来越多的铜鼓人民放下自己的爱车,选择公交出行,低碳出行,让铜鼓的天更蓝、水更清、空气更清新、道路更畅通。

(李 燕)

【宜丰县交通运输局扎实开展《打赢蓝天保卫战三年行动计划》】 2020年,宜丰县交通运输局认真落实环境有关规定,对照三年行动方案,狠抓各项工作落实,为宜丰打赢蓝天保卫战、创造优良的气候环境打下了坚实基础。一是调整优化运输结构,加强机动车污染防治。优化运输车队结构,推广使用新能源和清洁能源汽车。2018—2020年更换公交车,全部为新能源公交车50辆,更换比例为100%。更换出租车50辆,新建充电桩9个。其中新能源出租车为12辆,汽柴油车38辆,新能源车的比例为24%。二是狠抓汽车维修行业污染防治。该县有一类汽修企业3家,二类汽修企业13家,三类汽修企业81家。为减少污染排放,该局和县生态环境局不定期召开维修企业工作会,动员和布置环保工作,同时采取联合执法加强监管,2020年共出动执法车辆26台次,执法人员104人次,对整改不到位企业进行停业整顿,使汽车维修行业的环境治理明显改观。

(漆志勇)

水路运输

【概况】 2020年,江西省港航系统以落实"三大攻坚行动、三大提升工程"和水运改革发展实施意见为抓手,统筹推进疫情防控、规划编制、机构改革、"两江"三级通航、安全生产、环境保护等重点工作,全年水运工作稳步推进。

突出精准防治,疫情防控成效显著。疫情发生以来,全系统闻令而动,听令即行,团结一致,共克时艰。一方面,全力做好防控物资采购和调配,严格落实"日报告、零报告"制度,确保工作人员自身安全,全系统实现"零病例"。另一方面,全力做好水运领域疫情防控工作,严格落实旅客体温监测、清洁消毒等措施,水运领域未发生新冠肺炎病例感染、扩散、传播事件。加快助推水运企业复工复产,通过开辟业务办理绿色通道、开展线上服务、争取资金补助等措施,4月下旬全省水运企业全面复工复产。2020年完成港口吞吐量1.88亿吨,集装箱75.4万TEU,同比增长17.4%和6.2%,完成船舶客运量113.2万人,旅客周转量1767万人千米,同比下降42.7%和35.8%,完成货运量10696.7万吨,周转量266.4亿吨千米,同比增长3.5%和4.3%。

理顺管理机制,体制改革有序推进。深化事业单位改革,省高等级航道事务中心已挂牌成立。理顺船闸管理体制机制,组建赣江、信江船闸通航中心。推进航道管理体制改革,推进全省原11个设区市港航分局、23个航道管理处按流域整合为5个片区航道事务中心。完善搜救管理体制,推动省政府办公厅出台《关于加强全省水上搜救工作的实施意见》,加快推进省水上救助服务中心组建。提前完成经营类事业单位改革,省港航设计院、省航务勘察设计院、路港工程局划转省港口集团管理。推动渔船检验职能划转,完成省本级渔检资料移交以及实船查验工作,各设区市已就5032艘渔船检验资料移交和实船查验工作进行交接。

强化规划引领,水运规划抓紧编制。内河水运规划方面,编制完成《江西省内河航道与港口布局规划》《浙赣运河(江西段)规划研究》《赣粤运河(江西段)规划研究》《袁河航道规划》《昌江航道规划》《抚河航道规划》《乐安河航道规划》和《江西省水运"十四五"发展规划》送审稿,完成《江西省内河航运发展规划》大纲。港口规划方面,加强督促和指导,鹰潭港、宜春港、上饶港、赣州港总体规划获批复,南昌港总体规划(修订)通过部省联合审查,吉安港总体规划(修订)正征求交通运输部意见。

聚焦重点难点,不断优化两江通航环境。加快推进水运基础设施建设,2020年全省水运完成投资65.3亿元(不含疏港公路)。信江枢纽界牌船闸和八字嘴枢纽东大河船闸主体工程已完工,双港枢纽船闸基本建成,信江具备三级通航条件。完成了井冈山航电枢纽和红光码头PPP项目合规性整改工作,正式终止PPP模式。积极协商水位运行调度问题,与万安水利枢纽和峡江水利枢纽管理单位就枢纽水位运行达成了基本共识。着力推进全省船闸统一调度管理,龙头山水电站枢纽船闸已统一交由省港航局进行管理,与峡江水利枢纽已签订了统一调度协议。抢抓交通强国建设试点机遇,推进赣鄱黄金水道智能航运建设。《推进赣鄱黄金水道智能航运发展试点实施方案》已通过专家评审即将印发实施;信江智慧航道施工图设计已取得批复。试点建设的鄱阳湖赣江航道225座遥测遥控航标及管理系统投入试运行,实现了全天候24小时实时监控。试点建设的京九线南昌赣江铁路大桥净高实时测报系统并已完成建设并投入试运行,全省船闸智能调度系统已完成招标即将开工建设,信江高等级航道整治工程信息化支撑保障系统正开展招标。

强化检查监管,安全防线及时筑牢。深入开展安全生产三年行动,全省各级监管部门共开展检查1100余次,发现问题375条,督促整改到位372条,行政处罚84次。全面完成港航系统"一图一牌三清单"工作,全省187家水运企业、95家港口企业、

5家航运枢纽(船闸)建立"一图一牌三清单"。大力开展"僵尸船"清理整顿,共摸排"僵尸船"629艘、拆解509艘,走锚险情同比大幅下降。持续强化"超限"船舶管控,查处超限船舶166艘次,行政处罚94起,有效保障了桥梁桥区通航安全。加强风险管控和隐患排查,全省16家水路危险品运输企业视频监控系统平台建成运行,提升了水路危险品运输企业船舶科技监管水平。加强汛期航道维护,全省共计出动人员1800余人次、船艇600余艘次,及时调整航标1040座次,确保航标配布合理,标位准确,赣江、鄱阳湖干线航道安全畅通,通航保证率达95%。强化险情灾情处置,科学处置鱼山枢纽缓冲管涌、检修闸门移位等险情,协助处置"赣集1号"走锚等四起重大险情,保障了汛期港航安全形势持续稳定。

攻坚污染防治,绿色水运加快构建。全省现有1785艘100总吨以上船舶全部完成生活污水防污染改造,全省132座港口完成自身环保设施改造,21个船舶污染物接收站、九江港化学品洗舱站已建设完成并投入运行,九江港湖口港区船舶LNG加注站已开工建设,实现了港航企业船舶水污染物联合监管与服务系统全覆盖,建立和运行了船舶污染物接收、转运、处置联单制度,船舶水污染物监管与服务信息系统接收转运处置实现闭环管理。提前3个月完成《港口岸电布局方案》改造任务。船舶港口污染防治突出问题整治工作任务已基本完成。

(省港航局)

水路运输企业

【概况】 2020年,江西省共有水路运输经营户206家,其中水运企业174家,个体经营户32家。运输辅助业企业68家,其中,省际危险品水路企业16家(南昌1家,赣州1家,宜春4家,丰城2家,九江3家,抚州5家),省际普货水运企业125家(内河企业117家,沿海企业8家),省内普货水运企业14家,省内旅客运输企业19家。

(省港航局)

【江西省交通运输厅、商务厅一行对南昌市水运企业开展推动水运经济高质量发展现场调研座谈】 1月13日,江西省交通运输厅水路运输处处长邹爱华、省商务厅空港口岸管理处处长赵群一行分别对南昌市龙和国际物流公司、鄱阳湖航运公司进行现场调研。调研座谈会上,调研组首先听取当前南昌地区水运发展的情况介绍及今后一个时期推动水运高质量运行的措施建议,随后分别听取了两家企业负责人有关企业基本情况的介绍,了解了水运企业在发展过程中存在的困难和问题,以及对江西省水运高质量发展的意见和建议,这为研究出台促进江西省航运业发展的优惠政策提供一定参考。

(刘 洁)

【南昌市港航处为企业复工复产保驾护航】 3月6日,南昌市港航处接到厚新港务公司报告,称该码头年前停靠的6艘湖北黄冈籍煤炭船舶已过疫情隔离期,船上所载货物待卸,但船员因回家过年已被隔离,无法来昌,目前货主单位强烈要求卸货,并且货代和码头方已组织人员准备卸载。为避免影响企业生产,统筹做好疫情防控和企业复工复产工作,南昌市港航处立即采取措施,派出执法人员,协同新建区港航所、新建区厚田乡防疫人员前往码头现场,现场督促做好船舶消毒工作,并向码头、货主、货代、船主宣传防疫工作的相关要求,保障企业复工复产安全有序。

(邓 庆)

【上饶分局、信江航道整治项目办走访企业助改革】 4月20日,上饶分局、信江航道整治项目办主要负责同志深入园区企业实地走访调研,倾听企业对航道事业改革发展的意见和建议。在江西哈迪威实业有限公司,调研组与省人大代表、公司董事长就公司生产经营、货运仓储情况进行深入交流,调研组企业介绍了当前国家对促进水运发展的政策措施、赣东北地区航道发展形势及信江高等级航道的建设情况。同时,调研组就企业提出的关切和问题,现场一一作了解答。此次走访,加强了航道部门与相关企业的沟通了解,让受访企业对江西水运发展更加充满信心,也为进一步提升航道公共服务能力打下坚实基础。

(赖普文)

【抚州市交通运输局组织召开船企与邮政银行融资交流对接会】 为破解抚州市船舶运输企业融资难、融资贵问题，助力水路运输业稳健发展，7月7日上午，抚州市交通运输局积极搭建银企沟通桥梁，组织该市船运企业、邮政银行召开融资交流对接会，深入研究讨论船舶融资贷款问题。抚州市交通运输局党委书记、局长丁国华，副调研员胡晓涛，市邮政银行副行长刘民及其三农部、营业部负责人、全市七家船运企业代表和市港航管理处主要领导参加会议。

（抚州市交通运输局）

【南昌市水路运输】 2020年南昌市共有水运企业30家，省际、省内运输船舶，省内客船共142艘，运力（载重吨）达37.3万吨，与去年同期比上升了3.21%，其中有集装箱船32艘，船舶运力78707吨（3806TEU）；化学品船18艘，船舶运力21354吨；省内客船2艘，共398客位。港口企业9家，码头12座，泊位34个，最大靠泊能力2000吨级。2020年南昌港完成吞吐量4865.8万吨，同比上涨27.16%，其中集装箱吞吐量完籍水运经营业户的船舶2020年完成水路货运量1250.2万吨，同比上涨1.49%；完成水路货运周转量472083万吨千米，同比上涨1.5%。

（南昌市交通运输局）

【赣州市水路运输】 赣州市交通运输局积极引导水上运输企业规模化、公司化发展，推动辖区内个体砂石运输船舶企业化经营，截至年底已批准3家市区内短途砂石运输企业。截至年底，赣州航道通航里程789.25千米，拥有水运港口1个，泊位119个；运输船舶总数92艘，其中货运船舶64艘，客运船舶28艘。2020年完成水运货运量1059.3万吨，水运货运周转量74002万吨千米；水运旅客运输量13.7万人，水运旅客运输周转量165万人千米。

（赣州市交通运输局）

港口码头

【概况】 2020年江西省完成港口吞吐量1.88亿吨，集装箱75.4万TEU，同比增长17.4%和6.2%。

（省港航局）

【刘奇到南昌龙头岗综合码头调研】 4月24日，省委书记刘奇在南昌调研开放工作。他强调，要深入贯彻落实习近平总书记视察江西重要讲话精神，坚持问题导向，对标国际一流，打通物理、制度、观念等各类障碍阻隔，持续壮大企业、搭建平台、畅通渠道、优化服务，高水平高质量建设江西内陆开放型经济试验区，加快构建内外并举、全域统筹、量质双高的开放格局，奋力推进江西省高质量跨越式发展。省领导赵力平、吴晓军一同调研。

南昌综合保税区设立了28个办事服务窗口，可一站式办理所有通关业务。"订单如何、运输畅不畅通、价格有没有波动、通关效率高不高"……刘奇来到办事服务大厅的海关、外贸综合服务平台等窗口，与外贸企业工作人员互动交流。在南昌海关，刘奇听取了贸易便利化平台建设情况汇报，他指出，贸易便利化是优化营商环境的重要内容，要积极依托综保区等各类开放平台，优势集成、资源整合、专业分工，不断推进通关一体化、便捷化建设，大力优化通关效能、降低企业成本，提升江西省外贸的竞争力、集聚力。要加快内陆口岸建设，推进基础设施互联互通，打造内陆双向开放大平台，逐步实现"进境与沿海同价到港、出境与沿海同价起运、通关与沿海同等效率"的目标。

江西邮政跨境电商产业园内，一批批出口货物正在等待查验，这些货物都将通过航空货运走出国门。刘奇十分关注航空货运的发展，详细了解了去年以来运营情况。听说疫情发生以来货邮包机航线稳定开行，深受外贸企业欢迎，业务大幅提升时，他给予肯定，勉励企业再接再厉，实现常态化运营、高速度增长，为临空经济、航空产业发展注入生机和活力。刘奇还考察了铁路物流园，了解多式联运和现代物流平台建设情况，他指出，江西区位四面逢缘，优势得天独厚。要水陆空并进、线上线下齐发力，持续畅通人流、物流、资金流通道，不断将区位优势转化为发展优势。

在南昌龙头岗综合码头，刘奇了解了全省水运能力建设和江海联运情况，察看了码头管理。他指出，发展到了这个阶段，平台建设不能仅仅满足有没有的低层次要求，而是要追求强不强、优不优的高标准、高水平。要持续强化码头基础设施建设、提升运营管理水平，为充分发挥江西省发达水运资源提供坚强保障。在码头的海关查验点，海关工作人员正在对出口货物进行查验。刘奇看到一辆辆江铃皮卡、江铃轻卡经查验后，缓缓驶入集装箱，十分高兴。刘奇说，提升外贸水平，说到底还是以制造业为基础。要抢抓国际产业链和供应链重构的机遇，不断提升江西省制造业水平，让更多的江西造走出国门、走向世界。

调研中，刘奇强调，在奋力夺取疫情防控和经济社会发展双胜利的关键阶段，江西内陆开放型经济试验区的获批，是及时雨，更是强心剂，充分体现了习近平总书记和党中央、国务院对江西革命老区的关心厚爱。要充分认识试验区建设的重大意义，切实增强责任感使命感，感恩奋进，抢抓机遇，担当实干，乘势而上，高水平高质量推进试验区建设。

刘奇强调，要紧紧围绕试验区建设目标任务、关键环节，坚持问题导向，深入查找短板弱项，不行的就改，不足的就补。要树立世界眼光、立足全域范围，勇于"向好的学、向强的比、向高的攀"，对标一流水平，遵循科学规律，高标准、高起点推进试验区建设。江西不沿海、不沿边，开放不足不仅仅体现在物理上的障碍阻隔，更体现在制度上、观念上的障碍阻隔。不以江西为世界，而以世界谋江西。要切实以开放的思维推动开放，解放思想、改革创新，打通物理、制度、观念等各类障碍阻隔，努力走出一条内陆省份双向高水平开放，以开放促改革、促发展、促创新的新路子。

（江　厅）

【南昌港姚湾综合码头工程港口岸线使用获交通运输部批复】　8月6日，南昌港东新港区姚湾作业区综合码头工程使用港口岸线获交通运输部批复，标志着姚湾综合码头建设正式进入实施阶段。姚湾综合码头位于南昌市富山乡赣江右岸，使用港口岸线1905米，建设2000吨级件杂货泊位5个，散货泊位5个，多用途泊位6个，舾装泊位1个和船台滑道1条，设计年通过能力1040万吨、15万标准箱。

（南昌市交通运输局）

【九江红光国际港正式开港】　10月28日，九江红光国际港开港动员会在彭泽县举行，省委常委、常务副省长殷美根出席并宣布开港。殷美根实地考察了九江长江港口集团，并在码头前沿见证红光国际港开港第一箱吊装作业。他指出，九江红光国际港作为江西省投资最多、规模最大、标准最高的集装箱港口项目，它对江西进一步打造多式联运的立体交通，整合沿江港口资源，加快形成畅通、高效、平安、绿色的现代水运体系具有重要意义。要抢抓深入对接融入"一带一路"建设和长江经济带发展战略的重大历史机遇，高起点、高水平做好港区综合规划，加快九江江海直达区域性航运中心建设，助力江西打造内陆开放型经济试验区新高地。

（省港航局）

水路运输船舶

【概况】　江西省营运船舶共1946艘317.7万载重吨、12553客位、5003箱位。其中，普通货船1511艘、271.8万载重吨；拖轮4艘；客船（含高速客船）225艘、12553客位；散装化学品船105艘、10.6万载重吨；成品油船33艘、15.8万载重吨；油/化二用船27艘、9.1万载重吨；集装箱船（含多用途船）41艘、5003箱位。船舶运力平均载重吨为1633吨，较去年增加24.3%。船舶持续向大型化、标准化和专业化方向发展。

（省港航局）

【吉安市营运船舶简况】　吉安市在册营运船舶361艘，比2019年增加52艘，其中新增4艘万吨级货船；有营运船舶运力52.7载重吨，比2019年增加19.1载重吨，增加57.1%；全市普货船的平均单船载重吨由2019年的1114吨上升至1448吨。

（吉安市交通运输局）

【宜春市400总吨以下船舶防污全部改造到位】　2020年，宜春市启动400总吨以下船舶加装生活污水处理装置工作。3月以来，市港航处在全面摸底的基础上，积极动员相关企业联系供应商为适装船舶安装设备，协调船检部门开辟加装生活污水处理装置临时检验绿色通道，确保加装工作顺利推进。截至5月底，该市辖区30艘100至400总吨船舶加装生活污水处理装置已全部改造到位。

（周亚萍）

【丰城海事处积极推动渡船更新改造】　丰城海事

处积极与当地交通主管部门、渡口属地乡镇协调沟通,向政府汇报争取资金,大力推动老旧渡船更新改造。截至年底,丰城市已投入资金近 300 万元,完成老旧渡船更新改造 8 艘。

(简志军)

【抚州分局首艘标准化航道巡查艇"赣航巡 501"顺利下水】 9 月 25 日,抚州分局一艘新购的航道巡查艇"赣航巡 501"在城区水域顺利吊装下水并交付航道部门使用。该艇采用钢铝混合材料,长 13.80 米、总宽 3.00 米、型深 1.20 米、设计航速 36 千米/小时,主机功率 300 马力,装配甚高频电话、避碰撞自动识别仪、高精度测深仪等先进的航行设备,具有稳性好、操作性强、噪音小等显著特点。"赣航巡 501"航道巡查艇的成功下水,将进一步强化该局航道养护管理能力,提高航道应急处置和通航保障水平。

(省港航局)

水路运价

【概况】 2020 年,江西省运价标准为:普通货物 0.021 元/吨千米,危险品 0.104 元/吨千米,集装箱运价为南昌至南京以上 580 元/标箱,南京以下则 680 元/标箱。与公路、铁路、航空等运输工具相比,水路运输价格明显偏低。

(省港航局)

水路旅客运输

【概况】 2020 年,江西省完成船舶客运量 113.2 万人,旅客周转量 1767 万人千米,同比下降 42.7% 和 35.8%。

(省港航局)

【宜春市交通运输局全力保障水路春运平安畅通】 为切实维护春运期间水上交通安全,市港航管理处结合辖区实际,多措并举,全力保障水路平安畅通。一是市、县两级分别制定了《2020 年水路春运工作方案》,成立了春运工作小组,召开会议贯彻研究落实省局春运工作电视电话会议精神。二是加强春运安全宣传。为了营造春运气氛,增强春运期间安全生产意识,向广大船员发放安全宣传单 200 多份,在港口码头张贴安全宣传画册和标语,并通过手机微信平台及时发送天气预报和大雾提醒服务。三是加强春运安全检查。对企业在春运期间的船舶运力准备、码头及船舶上救生和消防设施配备、运输船舶航行前检查执行情况、值班人员安排、应急预案完善等进行了专门检查。特别要求对旅客携带行李进行防爆安全检查。四是加强春运现场值守。坚持领导带班值班制度,保持 24 小时通讯畅通、信息畅通。

(周亚萍 何少波)

【丰城海事全力保障学生返校复课的水路交通安全】 5 月 11 日,丰城海事出动执法人员 6 人、派出执法车 2 辆,护送学生 120 余人安全返校。该处提前安排执法人员对渡口水域开展安全巡查,对停靠在渡口码头上游的无关船舶进行清理,对渡船进行全面"体检",确保了渡船的适航、船员的适任。丰城海事结合实际,提前谋划,精心组织,积极应对拖船渡口学生和家长客流高峰,全力保障学生返校复课的水路交通安全。

(简志军)

水路货物运输

【概况】 2020 年江西省完成货运量 10696.7 万吨,周转量 266.4 亿吨千米,同比增长 3.5% 和 4.3%。

(省港航局)

【丰城海事为一艘湖北籍货船进港保驾护航】 4 月 9 日,丰城市地方海事处为一艘湖北籍货船保驾护航。该货船装载 900 吨瓷土从湖北荆门始发,于 4 月 10 日 14 时左右进入赣江丰城水域,需靠泊曲江码头卸货。丰城海事高度重视,严格落实国家对离鄂离汉通道管控措施解除后的交通运输保障工作要求,全力保障该船在辖区的航行作业工作和防疫安全。从该船进港到卸完货离港,海事执法人员全程严密监控,严格按照疫情防控闭环管理的要求执行到位,确保整个过程无疏漏,为水上运输复工复产做好服务保障。

(简志军)

水路环保节能

【江西"绿色水运"发展】 2020年,全省1785艘100总吨以上船舶全部完成生活污水防污染改造,在全国率先完成100至400总吨船舶加装生活污水收集处理装置,132座港口完成自身环保设施改造,21个船舶污染物接收站,九江港化学品洗舱站建成运行,九江港湖口港区船舶LNG加注站已开工建设。实现了港航企业船舶水污染物联合监管与服务系统全覆盖,船舶港口污染防治突出问题整治工作任务已基本完成。

(省港航局)

【南昌市交通运输局开展船舶和港口污染治理专项整治工作】 2020年,南昌市交通运输局按照《江西省船舶和港口污染突出问题整治工作方案》,开展船舶和港口污染治理专项整治工作,成效明显,得到了交通运输部等国家四部委组成的长江经济带船舶和港口污染突出问题整治工作抽查组的充分肯定。全市码头全部完成防污染设施设备的改造提升,与第三方签订了转运协议,具备船舶污染物接收、转运、处置能力;南昌港建设港口岸电设施14套,其中集装箱码头已全覆盖,均可正常使用;南昌216艘100总吨以上船舶的生活污水收集或处理装置全部完成改造。南昌船舶污染物接收站完成建设,两艘船舶污染物接收船均已完工下水,市水投公司组建的南昌联帆环境工程有限公司,对姚湾船舶污染物接收站进行试运营;新建区船舶污染物接收站进行试运营准备工作。全市港航(海事)监管部门、2座污染物接收站、12座营运码头及144艘正在营运船舶已按要求全部注册船e行账号,系统服务处于试运行阶段。

(南昌市交通运输局)

【南昌100至400总吨内河运输船舶全部完成生活污水收集储存装置加装】 南昌辖区内100—400总吨需要安装防止船舶生活污水污染设施的船舶共计8艘,已安装2艘,剩余6艘需要安装,涉及两家水路运输企业。截止2020年6月4日,在南昌市交通运输局督促和指导下,剩余的6艘100至400总吨内河运输船舶已全部完成生活污水收集储存装置加装工作,并取得内河船舶防止生活污水污染证书。

(南昌市交通运输局)

【泰和县船舶污染物接收处置船顺利交付】 9月22日,泰和县第一艘船舶污染物接收处置船"赣吉防污船3号"顺利下水试航并交付。该船由县造船厂历时4个月建造完成,总长24.95米、宽6米、型深1.8米、空载吃水0.615米、满载吃水1.7米、空载排水量74.6吨、满载排水量220吨,在甲板上设置有垃圾箱和污油水舱,可同时接收船舶运营过程中产生的固体垃圾、生活污水、油污水等污染物。船舶污染物接收处置船投入使用后,将能极大提升赣江石虎塘库区的船舶污染防治水平,进一步净化泰和县赣江水域环境。

(吉安市交通运输局)

【九江市港口航运管理局深入开展船用燃油质量专项整治工作】 11月27日,九江市港口航运管理局海事直属大队联合庐山市、都昌、濂溪区等执法大队,对鄱阳湖水上加油站成品油产品质量进行抽样检查,深入开展船用燃油质量专项整治行动。此次检查共计出动执法船艇车辆7艘(辆)次、执法人员24人次,抽查水上加油站3家,对60余吨船用燃油进行了抽样检测,所抽样品均送至第三方专业检测机构检测。此次行动有利于进一步提高各企业、船员的法治意识和防污染意识,督促企业、船员严格落实防污各项规章制度,守护碧水蓝天。

(省港航局)

【吉安市交通运输部门大力推进吉安绿色水运发展】 吉安市交通运输部门深入行业水污染防治一线、建立绿色发展长效机制、抓细抓实污染防治工作措施,努力打造零污染船舶与低碳绿色水运,积极实现港航绿色发展与吉安水环境改善的共赢目标。

一是深入开展船舶污染物防治专项整治。目前全市共有22千瓦以上船舶644艘,已安装油水分离装置或油污水收集容器的644艘,安装率100%;100—400(不含400)总吨船舶318艘,已安装生活污水处置(收集)装置的318艘,安装率100%;400总吨运输船舶299艘,已安装生活污水处置(收集)装置的299艘,安装率100%。

二是纵深推进老旧船舶更新换代。全力推进运力结构调整,淘汰老旧运输船舶。近年来,吉安市拆解了老旧船舶49艘,船舶生活污水防污染改造113艘,补助资金共计1160.81万元,已全部发放到位,对到了强制报废年限的船舶进行强制报废、拆解,有效推动了船舶节能减排工作。

三是有力助推船舶污染物接收站建设。严控船舶和港口环境治理工作,全市5个船舶污染物接收站于今年开工建设,总投资三千余万,分别位于全市5大库区,承担各库区的船舶污染物接收重任,于9月底基本完成,现已陆续进入运营阶段,为实现赣江船舶污染物零排放全接收提供有力保障。

四是铁心硬手抓好非法码头整治工作。按照上级统一部署,深入开展非法码头专项整治行动,还赣江沿岸一片绿。目前,全市非法码头整治任务共28座,拆除非法码头27座,共拆除吊机47台,完成规范提升类1座,圆满完成非法码头整治任务,牢牢守住赣江最美岸线,坚决打赢污染防治攻坚战。

(吉安市交通运输局)

【樟树积极推广应用船舶水污染联合监管与服务信息系统】 为加强船舶港口污染控制,增强船舶含油污水、化学品洗舱水等接收、转运、处置能力,樟树港航管理处依据《江西省港航管理局关于印发船舶与港口污染防治专项行动实施方案(2015—2020年)》已制定樟树市船舶污染物接收转运处置联单制度。市海事处多次召集航运公司、沙场船主、船舶经营人、船员代表召开专门会议,推进船舶水污染联合监管与服务信息系统(船E行APP)安装,用科技手段对船舶污染进行防控。外港进入樟树港的船舶均已正常安装和使用船E行APP,船舶污染物都能到港在码头接收。樟树本港的华东诚通物流有限公司、垃圾转运公司、处理公司已按上级求完成船舶水污染联合监管与服务信息系统注册,并且已经测试操作完毕,已录入26条船舶信息。

(邓杨飞)

国道220东深线铜鼓江头至带溪段示范路
(省综合交通中心供图)

交通运输附属产业(含服务区)

【概况】 截至2020年底,全省共有机动车维修经营业户9795户,比上年末减少6.5%。从结构看,一类汽车维修398户,同比增加2户,占4.1%;二类汽车维修1684户,占17.2%;三类汽车维修6225户,同比减少892户,占63.6%。全年完成维修量407.84万辆(台)次,比上年减少14.3%。从业务类型看,完成整车修理110476辆次,同比减少12.7%;总成修理273686台次,同比减少1.1%;二级维护1254690辆次,同比减少15%;专项修理2200589辆次,同比减少19.8%;维修救援69995辆次,同比减少5.4%。

全省共有汽车综合性能检测站201个,比去年增加24个。全年完成检测总量46.1万辆次,同比减少18.6%。

全省机动车驾驶员培训业户共有785户,同比增长6.5%;拥有教学车辆25500辆,同比增长4%;全年培训人次80.4万人次,同比减少3.7%。

(省公路局)

表25: 2020年全省机动车维修业

单位名称	机动车维修业户						完成主要工作量					
	合计	一类汽车维修	危险货物运输车辆维修	二类汽车维修	三类汽车维修	摩托车维修	合计	整车修理	总成修理	二级维护	专项修理	维修救援
	户	户	户	户	户	户	辆(台)次	辆次	台次	辆次	辆次	辆次
全省合计	9795	398	59	1684	6334	1379	4078407	110476	273686	1254690	2200589	69995
南昌市	598	70	9	209	319	0	1030786	37732	21243	427306	417834	4671
景德镇市	132	27	0	46	52	7	69821	15232	15662	14421	13722	121
萍乡市	313	45	6	53	215	0	292147	3997	19525	27852	233084	7689
九江市	939	17	3	227	662	33	274517	17049	37637	30078	175780	13973
其中:共青城	17	0	0	3	14	0	5617	72	325	0	5124	96
新余市	197	15	2	57	120	5	177450	1742	6857	67541	55647	5918
鹰潭市	123	8	3	82	32	1	189762	1974	14806	29340	91553	3948
赣州市	2591	48	3	274	1811	458	657319	4688	12940	120996	514921	3774
其中:瑞金市	102	2	0	16	70	14	116685	325	2566	3228	109651	915
吉安市	1122	26	0	183	732	181	562327	6929	15714	231677	292568	15368
其中:安福县	213	3	0	0	152	58	5428	168	416	2154	2677	13
宜春市	1780	68	13	187	1177	348	142331	8367	7904	99376	23924	2760
其中:丰城市	157	1	1	17	139	0	33534	807	913	15712	16000	102
抚州市	477	18	6	93	261	105	195943	3497	13670	94789	88184	3437
其中:南城县	35	1	1	5	29	0	35450	848	1550	16565	20550	65

续表

单位名称	机动车维修业户						完成主要工作量					
	合计	一类汽车维修	危险货物运输车辆维修	二类汽车维修	三类汽车维修	摩托车维修	合计	整车修理	总成修理	二级维护	专项修理	维修救援
	户	户	户	户	户	户	辆(台)次	辆次	台次	辆次	辆次	辆次
上饶市	1523	56	12	273	953	241	486004	9269	107728	111314	293372	8336
其中:鄱阳县	132	6	0	43	83	0	56579	1022	38845	15986	122	605

(省运管局)

表26: 2020年全省汽车综合性能检测站

单位名称	汽车综合性能检测站						
	数量合计	完成检测量合计	维修竣工检测	等级评定检测	维修质量监督检测	其它检测	质量仲裁检测
	个	辆次	辆次	辆次	辆次	辆次	辆次
全省合计	201	461082	173204	252454	11090	18299	157
南昌市	19	95176	49748	34284	3671	7473	0
景德镇市	7	22981	15221	6721	0	0	0
萍乡市	4	7300	0	7300	0	0	0
九江市	26	25017	0	24695	0	322	0
其中:共青城	1	126	0	126	0	0	0
新余市	10	7258	0	6236	0	0	0
鹰潭市	3	21908	14284	8148	0	0	0
赣州市	29	78458	42491	29233	2090	4560	84
其中:瑞金市	2	4068	2975	1305	0	0	0
吉安市	22	57963	19139	35671	1814	1324	0
其中:安福县	3	4109	1178	1475	1456	1245	0
宜春市	37	56738	9273	45230	1627	608	0
其中:丰城市	5	4027	0	4027	0	0	0
抚州市	18	30201	0	27768	0	2105	0
其中:南城县	3	7621	0	5516	0	2105	0
上饶市	26	58082	23048	27168	1888	1907	73
其中:鄱阳县	4	7655	0	7655	0	0	0

(省运管局)

表27:　　　　　　　　　　　　　　　　　2020年全省机动车驾驶员培训情况

单位名称	机动车驾驶员培训业户					教练员人数合计	管理人员人数合计	培训人次合计	教学车辆合计	机动车驾驶模拟器	教学场地(含租赁场地)面积
	总计	其中:普通机动车驾驶员培训									
		合计	一级	二级	三级						
	户	户	户	户	户	人	人	人次	辆	台	平方米
全省合计	785	755	41	193	521	23151	4700	803547	25500	5567	16387953
南昌市	82	82	9	38	35	2456	501	187631	4661	897	2733126
景德镇市	16	16	1	9	6	876	118	28416	911	170	687466
萍乡市	21	21	1	2	18	673	133	39179	671	132	411948
九江市	83	83	3	15	65	2479	714	71785	2343	521	1851667
其中:共青城	2	2	0	1	1	69	13	4364	70	16	55139
新余市	25	25	0	4	21	656	185	35880	1071	343	607460
鹰潭市	23	23	0	12	11	741	120	26780	681	170	234720
赣州市	165	156	5	49	102	5800	1130	186495	4848	1125	2865996
其中:瑞金市	8	0	0	0	0	374	87	12058	358	145	21312
吉安市	79	71	2	3	66	1849	334	59216	1931	569	1489005
其中:安福县	7	7	0	0	7	169	8	5715	9	35	175316
宜春市	142	129	6	14	109	2263	485	23692	3669	132	2688632
其中:丰城市	22	22	0	2	20	605	110	18351	581	125	418039
抚州市	42	42	2	17	23	2522	261	50706	1786	410	1006537
其中:南城县	5	5	0	1	4	204	50	5170	145	35	91872
上饶市	107	107	12	30	65	2836	719	93767	2928	1098	1811397
其中:鄱阳县	12	12	5	5	2	815	183	14333	544	215	314120

（省运管局）

【陈小平调研雷公坳文体产业园】 2月19日上午，江西省政府副省长陈小平一行莅临雷公坳文体产业园调研。陈小平首先观看了雷公坳文体产业园的宣传短片，详细了解产业园的改造理念和功能布局。随后依次参观体育文化展厅、足球场、羽毛球场、网球场等场馆，对园区将体育功能与展览、活动、配套服务等文化元素相结合的运营模式表示肯定，并详细询问了产业园西区的建设进度情况。

（省高速集团）

【新余市交通运输局交通运输综合行政执法支队到仙女湖维修企业开展调研】 5月15日下午，执法支队仙女湖大队负责人一行对仙女湖区维修行业工作进行了调研。

调研组在仙女湖汽车流通协会会议室召开了座谈会，与21家维修企业负责人对维修行业发展、维修企业服务质量、疫情期间维修经营情况、维修安全情况、维修行业建设、疫情防控及复工产情况等方面进行座谈，针对维修行业目前状况、存在困难进行梳理，对企业现行困难的原因进行了讨论分析，为企业保驾护航做好服务工作。

会议强调，作为维修企业经营者，在经营中，要严格遵守行业各项规章制度，规范经营，本着"服务第一、质量第一、信誉第一、用户至上"的经营理念，提升服务质量服务客户，通过行业协会全体会员充分发挥行业带头作用、骨干作用、表率作用，用质量赢得市场，用诚心争取客户。

（廖小武　刘亮）

【全省创新驾培试点项目AI人工智能教学在蓝天驾校正式启动】 5月31日，全省创新驾培试点项目AI人工智能教学在江西蓝天驾校正式启动。活动现场，200余名社会各界人士分4次现场体验了AI人工智能教学模式，江西都市频道全媒体直播平台——"2 直播"对活动进行了现场直播,平台在线观众突破600万,观众留言不断刷屏,表达了对AI人工智能教学模式在提升驾培行业教学质量和服务水平上的期望。在驾培行业探索试点AI人工智能教学工作,旨在加强全省驾培行业智慧引领,加大大数据、互联网、人工智能新技术和驾培行业的深度融合,提升教学质量与服务水平,推动驾培行业新旧动能转换,促进行业转型升级和高质量发展。

(省运管局)

【新余市普通国省干线公路最大服务区华丽亮相】
8月初,分宜公路分局凤阳服务区各项基础设施已全部完工,华丽亮相。据悉,该服务区为新余市普通国省干线最大的服务区。

该服务区位于省道222(棋河线)凤阳至双林段公路右侧,占地面积3万余平方米,设有停车位110个,可为车辆提供停车、休憩、如厕、充电、加水、购物服务,给来往司乘人员提供一个安全舒适的休息场所。服务区于2019年6月份开工建设,总投资约2600余万元,参建各方克服疫情、原材料、天气等困难,终于确保该项目顺利完工。

(郭义民 蔡 瑞)

【全省高速公路服务区提质升级动员会召开】 8月19日,全省高速公路服务区提质升级动员会在万年县召开。省交通运输厅党委书记、厅长王爱和出席会议并讲话,厅党委委员、副厅长王昭春主持会议,省高速集团党委书记、董事长王江军出席会议并发言,省运管局局长易宗发,省高速集团党委委员、副总经理段卫党,中石油江西销售公司、中石化江西石油分公司等单位相关负责同志出席。会上,王爱和、王昭春、王江军等共同启动服务区服务软件"行吧"APP上线。畅行公司泰和东服务区、萍乡服务区、三清山服务区、庐山西海服务区主要负责同志分别作交流发言。畅行公司、上武高速分别就落实高速公路服务区提升行动作了表态发言。会前,与会人员集中观摩了景鹰高速万年北、万年西服务区提质升级改造情况。厅机关有关处室、厅直有关单位、集团总部有关部门、各高速公路经营管理单位、江西高速石化公司、江西赣粤实业公司以及各服务区负责同志参加会议。

(高速集团)

【畅行公司首批"司机之家"通过省级验收】 近日,畅行公司横市、三清山、永修服务区首批"司机之家"试点,经专家组实地查看项目现场及各功能区域设置,并查阅有关资料后,顺利通过省交通运输厅、省总工会专家组验收评定,达到试点建设预期目标。"司机之家"试点建设工作于2018年7月启动,以"喝口热水、吃口热饭、洗个热水澡、睡个安稳觉"为目标,分阶段实施推进。"司机之家"建成,实现了服务更加优良精心到位,尤其在春运期间,将进一步增强货车司机幸福感和获得感。下一步,首批试点将接受交通运输部、中华全国总工会专家组评估验收。

(省高速集团)

【江西省部署开展机动车维修市场专项整治活动】
近日,省运管局部署在全省范围内开展为期4个月的机动车维修市场专项整治活动,严厉打击机动车维修行业未备案从事经营、非法改装、超范围经营等违法行为,并对高速公路服务区汽车维修企业的经营行为进行重点整治。此次专项整治活动坚持"全覆盖、零容忍、严执法、重实效"的原则,严厉查处未按规定进行备案的维修企业、不符合机动车维修经营业务标准和超范围经营的维修企业,严厉打击承修已报废的机动车或者擅自改装机动车的违法行为,维修企业使用假冒伪劣配件维修机动车的违法行为,依法处理未按规定公布收费项目、工时定额和收费标准等损害消费者权益的违法经营行为,督促维修企业按规定处理经营过程中产生的废气、废水、废机油、废轮胎、废铅酸蓄电池等废弃物,以及检查维修企业按规定建立维修电子档案。对整治发现的问题,将纳入2020年度维修企业信用考核,并及时将有关线索问题移送相关部门处理,全力营造"依法经营、公平竞争、服务优良、诚实信用"的机动车维修市场环境。

(省运管局)

【江西推广开展汽车驾驶培训模拟器计时培训】
近日,省运管局下发通知,在全省驾校开展汽车驾驶培训模拟器(以下简称:模拟器)计时培训。

通知明确,省运管局计划利用一年的时间,分部署安排、稳步推进和总结完善三个阶段,组织和督促全省驾校根据培训需求配置模拟器,按国家大纲要求开展计时培训。自2021年11月1日起,未开展模拟器计时培训的驾校,模拟器学时由学员利用实车训练完成。

通知强调,模拟器相关技术应符合交通运输行业标准,并一体化配置计时终端,具备活体检测、人脸自动识别、数据防篡改等功能,能够实时采集、储存、传输培训图像或视频信息。驾校应按照适度超前、高质量发展原则,逐步淘汰非互动型模拟器,推广应用互动型和动感型模拟器,加快发展应用大数据、虚拟现实、人机交互、智能传感、三维建模等新技术,营造高仿真、沉浸式、可交互的驾培新体验。要根据国家大纲要求,在科目二、科目三相关训练科目中采用模拟器教学,使用信息化系统与模拟器互联,接入驾培监管平台。

通知要求,要充分发挥行业协会的桥梁纽带作用,加强沟通协调,凝聚业内共识,维护合法权益,促进行业发展。要加快研究制定新的、符合模拟器培训规律的教学方法,把模拟器作为传统培训方式的有效补充,实现理论教学到实操教学的有效衔接,弥补实车训练在时间、空间、环境等方面的限制,不断提高培训效率和质量,促使学员综合素质进一步提升。

(省运管局)

【全省驾校教学与服务质量评估工作启动】 12月7日,省驾培协会在南昌召开行业专家第一次全体会议,宣布成立江西省驾培行业专家组,启动全省驾校教学与服务质量评估工作。

驾校教学与服务质量评估工作坚持"三公"原则,严格执行回避制度,严格遵照评估体系开展评估并及时向社会公布评估结果,确保评估工作公正、公平、公开。同时,将对照评估体系逐项查找问题,深挖问题根源,提出解决问题的办法,帮助驾校在评估工作中树立新的发展理念、有获得感。期间,围绕"完善一套制度、打造一支队伍、树立一个品牌"目标,组建了专业过硬、作风优良、保障有力的专家队伍,在评估工作中检验评估体系的科学性、合理性和规范性,逐步推动评估工作形成品牌效应,建立健全驾校教学与服务质量评估的长效机制。

(省运管局)

【驾培行业探索驾培服务新模式】 南昌市交通运输局积极推动驾培行业积极探索智慧、高效、便民、绿色的驾培服务新模式。2020年,江西蓝天驾校率先在全省启动新能源汽车考训一体化。新能源汽车考训一体化的启用将降低教练车能耗及碳排放,有效保护环境,为企业降本增效。

(南昌市交通运输局)

【奉新县多措并举推动驾校培训业健康发展】 2020年,为规范全县驾培市场经营行为,切实提高学员培训质量,促进驾培市场规范有序发展,奉新县交通运输局按照公安部、交通运输部《机动车驾驶员培训管理规定》和上级驾培管理工作要求,加大驾培市场监管力度,提升驾培服务质量,促进全县驾培市场规范、文明、有序发展。一是推进驾校规范化建设。督促驾校严格对照新国标的要求进行整改,引导驾校完善培训设施,健全管理制度,提高管理水平,塑造驾校品牌形象。二是规范驾校教学行为。定期召开驾校负责人、安全员工作会议,定期开展驾校教练员教育培训活动,提升驾校整体素质。对驾校学员档案、培训学时、教学日志和教练车辆的技术检测,强化源头静态监管审核,进一步规范驾校教学行为。同时,加强路面动态监管,强化路面执法力度,清理整顿驾培市场,净化市场环境。三是提升驾校服务水准。组织开展教练员技能竞赛活动,提高教练员综合素质。积极探索个性化、多样化教学,提高培训质量,解决学员"培训难、考试难"问题,建立自学员预约和评价机制,逐步形成诚信经营、公平竞争、优胜劣汰的市场环境。四是引导行业转型升级。推进互联网和行业管理服务深度融合,采取"网络预约、随到随学、计时收费"的新模式,形成以学员为中心,以提高学员驾驶能力为核心的驾培管理新机制,推动行业改造升级。

(周 鹏)

建设经营

【刘奇到省高速集团调研】 9月17日,省委书记刘奇到省高速集团调研。他强调,要深入学习贯彻习近平总书记关于国有企业改革发展和党的建设的重要论述,牢牢把握新时代国有企业的战略定位,主动适应发展形势变化,全面贯彻新发展理念,扎实做好"六稳"工作,全面落实"六保"任务,毫不动摇做实做强做优做大国有企业,全力推动国有经济高质量跨越式发展,为决战决胜全面小康、开启全面建设现代化新征程提供强有力支撑。省领导赵力平陪同。调研中,刘奇了解了全省高速公路投资建设运营等情况。他强调,要聚焦主责主业,积极发挥基础设施投资省级队作用,不断夯实江西省交通的基础。要聚焦集疏运体系建设,强化铁路、公路、航空、水路等各类运输体系的互联互通,最大限度提升交通效能、降低企业运输成本。

(省高速集团)

【江西省高速集团路网运营管理公司挂牌成立】 1月6日上午,江西省高速集团路网运营管理公司举行揭牌仪式。省高速集团党委书记、董事长王江军出席仪式并揭牌。受集团党委委托,省高速集团党委委员、副总经理段卫党现场致辞,集团相关部门、单位主要负责同志及路网运营管理公司全体干部员工共计70余人参加揭牌仪式。

(省高速集团)

【江西省高速置业发展有限责任公司挂牌成立】 1月9日,江西省高速置业发展有限责任公司举行揭牌仪式。省高速集团党委书记、董事长王江军出席仪式并揭牌,受王江军同志委托,省高速集团总经理助理李占荣现场致辞。

李占荣在讲话中指出,成立高速置业公司是推动集团全面深化改革、实现高质量发展的重要举措,是集团推进路域资源板块整合的重大成果,标志着集团多元化发展又迈出了坚实的一步。

(省高速集团)

【景德镇市公路局与浮梁县签订战略合作框架协议】 3月27日上午,景德镇市公路局与浮梁县人民政府战略合作框架协议签约仪式在浮梁县茶文化传播中心举行,标志着景德镇市公路局与浮梁县的深度合作打开了新的篇章、进入了新的起点、开启了新的里程。景德镇市副市长孙鑫,浮梁县委书记胡春平,景德镇市公路局和浮梁县委县政府相关领导出席仪式。

据悉,本次战略合作内容主要有三项:一是浮梁县境内国、省、县、乡、村道路的升级改造和养护工程项目;二是浮梁县4个乡镇(浮梁镇、寿安镇、湘湖镇、王港乡)及景瑶公路沿线的路网、水系、山体、村庄综合整治项目;三是交通产业延伸项目,包括设计、监理、施工、检测、预制件、搅拌站等企业落户浮梁。当前重点推进的10项工程是:湘官公路沿线综合整治工程;白居易路沿线综合整治工程;湘湖高岭大道沿线综合整治工程;新港大道景观、村庄改造提升工程;县衙路综合整治工程;滨江景观带改造提升工程;浮梁镇教场村片区综合整治工程;朝阳大道、新昌路街景美化工程;景樟线茶科所—南城村沿线综合整治工程;景瑶沿线村庄提升改造工程。

(景德镇市公路管理局)

【南昌市政府领导到省高速集团洽谈项目合作事宜】 3月31日下午,南昌市委常委、常务副市长杨文斌,副市长宋铀一行到省高速集团洽谈项目建设合作事宜,集团党委副书记、副董事长、总经理谢德强,集团党委委员、副总经理俞文生,南昌市有关单位和集团有关部门负责同志参加座谈。杨文斌指出,省高速集团作为省属大型国企,近年来在推动高速公路项目建设、服务全省经济社会发展上作出了重要贡献,在高速公路运营管理、服务人民群众出行上提供了坚实保障,高速公路通车里程、运营服务水平位居全国第一方阵,这些成绩充分体现了省高速集团是一个有情怀、有责任、有担当的企业。下一步,希望双方加大高速公路项目建设、交通基础设施投资建设等领域的合作力度,为打造南昌市立体交通网络、推进大南昌都市圈建设提供更大助力。谢德强表示,感谢南昌市政府对高速公路发展的关心和重视,对高速公路项目建设给予的支持和帮助。他简要介绍了集团目前承担的项目建设任务、债务和经营等情况,表示集团将加大与南昌市政府在交通基础设施建设等方面的合作力度,全力支持大南昌都市圈建设和省会城市经济社会发展。希望南昌市政府继续在项目建设征地拆迁、治安维护、建材保障等方面给予更大支持,为项目建设推进营造良好的建设环境。

(省高速集团)

【省高速集团成功发行20亿元中期票据利率创全省最低纪录】 4月21日,省高速集团成功发行20亿元中期票据,期限5年,发行利率3.0%,为江西省同期限同品种发行最低利率、全国地方企业同期中期票据发行最低利率。今年以来,集团有效应对新冠肺炎疫情对资本市场影响,提前筹划,积极与各金融机构开展"不见面"融资洽谈,争取金融机构支持,把握有利窗口期,已发行债券180亿元,利率在1.6%~3.1%之间,各债券品种发行利率屡创新低,大幅降低了企业融资成本,为江西省高速公路基础设施建设提供了有力资金支撑。

(省高速集团)

【省高速集团项目建设管理公司举行揭牌仪式】
4月21日上午,省高速集团项目建设管理公司举行揭牌仪式。省高速集团党委书记、董事长王江军出席仪式并揭牌,受王江军同志委托,省高速集团党委委员、副总经理俞文生现场致辞。集团相关部门、单位主要负责同志及项目建设管理公司全体员工参加仪式。俞文生在讲话中指出,成立项目建设管理公司,旨在对集团投资建设的高速公路项目实行"专业化管理、集成化作战、扁平化协调、一体化办理"集中管理模式,推行项目党建纪检、前期工作、招标采购、技术管理、造价管理、财务结算及扫尾工作等"七个统一",全面提高建设管理水平和项目投资效益。

(省高速集团)

【王江军为赣皖界至婺源高速公路建设项目办揭牌】 5月19日上午,省高速集团赣皖界至婺源高速公路建设项目办公室举行揭牌仪式。集团党委书记、董事长王江军出席仪式并揭牌。受王江军同志委托,集团党委委员、副总经理俞文生讲话,婺源县委书记吴曙,集团有关部门、单位主要负责同志及祁婺项目办、代建监理部、施工单位代表参加揭牌仪式。

(省高速集团)

【省高速集团与新力控股集团签署战略合作协议】
5月21日,江西省高速集团与新力控股(集团)有限公司在新力上海总部举行战略合作协议签约仪式。江西省高速集团党委书记、董事长王江军,新力控股董事长张园林出席并致辞,江西省高速集团总经理助理李占荣,新力控股联席董事长兼总裁陈凯、副总裁余润廷出席,集团有关部门、江西高速置业公司负责同志参加。王江军介绍了江西省高速集团有关情况,并对新力控股集团在房地产开发领域取得的业绩表示赞赏。他说,同饮一江水,携手共发展。江西省高速集团十分重视并珍惜与新力集团的此次合作。在前期的商洽中,双方都表现出了极大的诚意,构建了平等互利、合作共赢的合作关系。此次合作不仅是双方在资源、业务领域的优势互补,也是在企业文化等方面的互动交流。预祝双方的合作取得圆满的成功,结出丰硕的成果,希望此次合作只是一个良好的开端,会蕴育更为广阔的前景,期待双方在今后的发展道路上携手共进、共创辉煌。张园林在致辞中介绍了新力控股经营战略、发展态势以及近年来的经营业绩。他表示,江西省高速集团和新力控股都是各自领域的领军者和先行者,且同样在各自的领域深耕十年,稳健发展。本次战略合作必将实现优势互补、战略目标共赢,携手迈进下一个十年。根据协议,双方将本着平等互利、合作共赢的原则,充分发挥江西省高速集团在资源、资金方面的优势,以及新力控股集团在房地产开发管理、营销方面的优势,共同在江西省境内合作开发房地产项目。

(省高速集团)

【省高速集团与新城控股集团开展合作洽谈】 5月22日,省高速集团与新城控股集团在上海新城总部开展合作洽谈。集团党委书记、董事长王江军,集团总经理助理李占荣,新城发展总裁吕小平,新城控股住宅开发事业部副总裁徐刚、陈雷出席,集团相关部门、单位负责同志参加。王江军介绍了集团在抓好交通基础设施投资建设运营核心主业的同时,大力推进多元发展、转型升级的相关情况,并对新城控股集团近年来业务发展所取得的成绩表示赞赏。他说,地产开发是江西省高速集团路域资源开发板块的重要组成部分,是集团新的利润增长极。省高速集团与新城控股集团对地产开发的发展战略和合作理念十分契合,合作空间广阔。通过充分的交流,双方表示,未来可以在地产、康养、文旅等多领域展开深度合作,充分发挥双方优势,实现共赢。据悉,新城控股集团1993年创立于江苏常州,总部设于上海,是跨足住宅地产和商业地产的综合性房地产集团,2020年位列中国房地产行业第8位,截至2020年第一季度末,公司总资产超4700亿元人民币。

(省高速集团)

【广发银行到省高速集团考察交流】 5月27日,广发银行党委书记、行长尹兆君一行到省高速集团考察交流。集团党委书记、董事长王江军,财务总监喻旻昕,集团总部有关部门负责同志陪同考察。当天下午,尹兆君一行前往庐山西海服务区实地考察。王江军介绍了集团服务区经营、产品招商及路域资源开发板块等有关情况,表示希望双方加大在资金债券、金融服务等领域的合作,携手开创银企合作新局面。尹兆君对省高速集团近年来的发展成绩表示赞赏,希望与省高速集团加强沟通协作,共同打造精诚合作、互利共赢的典范。考察过程中,双方就证券牌照、金融支持、战略发展等事项进行了探讨,并达成了共识。

(省高速集团)

【省公路投资有限公司与景德镇市公路局签订战略合作协议】 6月5日,省公路投资有限公司与景德镇市公路局签订《战略合作框架协议》,正式达成了战略合作伙伴关系。省公路投资有限公司将深度参与到景德镇市交通基础设施项目的投资建设中去,推进当地普通公路建养规模,助力景德镇市经济社会发展。

根据协议,未来5年,省公路投资有限公司充分发挥项目管理、材料供应和项目融资等竞争优势,持续投入资金参与景德镇普通公路建养。同时,双方将以所属全资企业合作建立合资公司,在公路应急储备基地、服务区、驿站等建设运营、材料加工与仓储、土地矿产资源开发、公路养护工程等方面开展深度合作。

(李 易)

【省公路投资有限公司与赣州市公路管理局签署战略合作框架协议】 6月11日,省公路投资有限公司与赣州市公路管理局《战略合作框架协议》签字仪式在赣州市公路管理局举行,公司党委副书记、总经理与赣州市公路管理局局长分别代表双方签字。省公路投资有限公司、路信建材、赣州市公路管理局及赣州公路投资集团有限公司相关领导参加签字仪式。双方就下一步具体落实框架协议进行了友好磋商,一致同意以项目为基础,加强沟通,共同推动战略合作落到实处。

(李裕洪)

【宜春至遂川高速公路建设项目办公室正式揭牌】 7月15日上午,省高速集团宜春至遂川高速公路建设项目办公室举行揭牌仪式。集团党委书记、董事长王江军,吉安市人大常委会副主任、永新县委书记肖兵出席仪式并共同揭牌。受王江军同志委托,集团党委委员、副总经理俞文生讲话。永新县委副书记、县长孙劲涛,吉安市交通运输局局长谢海泉及集团有关部门、单位负责同志,宜遂项目办、监理单位、施工单位代表参加揭牌仪式。

(省高速集团)

【河南交通投资集团到省高速集团考察交流】 8月6日,河南交通投资集团党委书记、董事长程日盛,副总经理刘芮华一行到省高速集团考察高速公路运营管理、服务区经营等工作,并在庐山西海服务区召开座谈会。省高速集团党委书记、董事长王江军,集团财务总监喻旻昕和程日盛一行进行了会谈,双方有关单位、部门负责同志参加座谈。双方还围绕高速公路投资建设、企业债务风险防控、多元化经营等方面进行了交流探讨。

(省高速集团)

【省高速集团成功注册200亿元公司债券】 2020年8月,中国证监会批准集团200亿元公司债券注册申请,有效期2年。此次公司债券的成功注册,标志着集团继2016年后再次获得在上海证券交易所发行公司债券的资格。公司债券注册期间,集团积极与证券公司及上海证券交易所沟通,提前获得优化融资资格,并遴选组建了由中信证券、平安证券等12家证券公司组成的主承销商团,高质高效地完成了本次公司债券注册。集团本次公司债券注册,具有注册规模大,注册效率高等特点。一方面,集团本次公司债券注册金额为200亿元,是目前省内注册规模最大的公司债券;另一方面,集团本次公司债券注册,从上交所受理审核到证监会批准,仅用时24天。本次公司债券注册是集团贯彻落实省政府着力提升企业直接融资规模和比重的重要举措之一,有利于拓宽集团融资渠道,强化资金筹措,降低融资成本,优化债务结构,防范债务风险。

(省高速集团)

【寻乌至龙川高速公路建设项目办公室揭牌】 9月11日上午,省高速集团寻乌至龙川建设项目办公室举行揭牌仪式。集团党委书记、董事长王江军,赣州市政协副主席、寻乌县委书记柯岩松出席仪式并为寻龙项目办揭牌。受王江军同志委托,集团党委委员、副总经理俞文生讲话。赣州市市政府副秘书长温江涛,赣州市交通运输局、寻乌县、协调办有关负责同志及集团有关部门、单位负责同志,寻龙项目办、设计、监理、施工单位代表参加揭牌仪式。寻龙高速位于原中央苏区和革命老区,东接济广高速,西连广东境内在建的河惠莞高速,全长26.855千米,全线桥隧占比达41.2%。寻龙项目是江西省高速公路又一出省大通道,也是被列入《江西内陆开放型经济试验区建设实施方案》的一个项目,对于江西省打造内陆开放型经济试验区、推动赣南快速融入粤港澳大湾区、带动寻乌县区域经济发展具有重要意义。

(省高速集团)

【省高速集团LPR转换工作顺利完成】 近日,集团与11家银行的LPR转换协议签署完毕,这也标志着集团超过600亿元存量贷款LPR转换工作全部完成。转换后集团存量贷款利率较原执行利率大幅下行,预计每年可节约财务费用超过1亿元,存续期内可节约财务费用超过15亿元。期间,省高速集团高度重视LPR转换工作,积极与11家银行就存量30个项目超过600亿元项目贷款LPR转换工作进行协商,最终形成LPR转换方案。集团本次LPR转换利率在全省乃至全国均处于较低水平,且是一次性实现整体转换。此外,集团还与国开行就后续融资再安排工作达成共识,并签署备忘录,后续将通过融资再安排,进一步延长集团存量项目贷款期限,降低贷款利率和实现债务"短改长"。本次LPR转换及后续的融资再安排工作是集团推进利率市场化改革和防范债务风险的重要举措,有力降低了集团财务费用,改善了债务结构,为集团高质量发展提供有力保障。

(省高速集团)

【省公路投资有限公司与浮梁县人民政府签署战略合作框架协议】 9月7日,省公路投资有限公司与浮梁县人民政府《战略合作框架协议》签字仪式在浮梁举行。公司党委书记、董事长朱能维与浮梁县人民政府县长程新宇分别致辞;党委副书记、总经理龙华春与程新宇县长代表双方签字;公司党委委员、副总经理张换水及相关部门负责人参加。

据悉,与地方政府的战略合作在省公投尚属首次。此次双方签约,既是贯彻省委、省政府"坚定不移抓好重大项目"精神的具体体现,也是双方凝聚发展共识、深化战略合作的务实举措。公司将以此次签约为契机,进一步深化双方长期、务实、高效、诚信合作,支持浮梁完善"一环三纵四横"交通路网格局,助推"国家全域旅游示范区"和国家"四好农村路"示范县的创建。为加快推进浮梁县交通基础设施建设,服务好浮梁县经济社会发展贡献一份力量。

(李裕洪)

【省公路投资有限公司与万年县人民政府签署战略合作框架协议】 9月23日,省公投与万年县人民政府《战略合作框架协议》签约仪式隆重举行。公司党委委员、副总经理张换水主持签约仪式,公司党委副书记、总经理龙华春与万年县人民政府县长毛奇发表讲话,并代表双方签字。省公投及万年县人民政府公司相关同志参加签约仪式。

此次双方战略合作框架协议的签约,是贯彻省委省政府"坚定不移抓好重大项目"精神、落实省交通运输厅与江西省农发行《政策性金融支持全省交通运输高质量发展合作框架协议》、双方凝聚发展共识、深化投资战略合作的务实举措。通过此次协议的签订，必将进一步加快推进万年县交通基础设施建设，助推万年国家"四好农村公路"示范县创建，为万年县经济社会高质量发展提供强有力的交通支撑。

（舒　澄）

【省高速集团与中国交通广播签署战略合作协议并为融媒体中心揭牌】10月29日，省高速集团、中国交通广播战略合作签约仪式暨"江西省高速集团融媒体中心"揭牌仪式举行。中央广播电视总台央广传媒发展总公司董事长、总经理王跃进，省高速集团党委书记、董事长王江军在仪式上致辞并共同揭牌。央广传媒发展总公司副总经理、中国交通广播总编辑杨博，省高速集团党委副书记李建红出席仪式并代表双方进行签约。央广交通传媒有限公司副总经理贺开锋，以及省交通运输厅、省国资委相关处室负责同志出席仪式。集团有关部门及单位负责同志、在昌单位分管宣传工作的负责同志等参加仪式。据悉，融媒体中心成立后，将大力推进"中国交通广播江西频率"建设，同时打造短视频等视听融媒体矩阵。中国交通广播江西频率预计将于2021年上半年进行试播，成为中国交通广播全国覆盖网络的重要部分。

（省高速集团）

【省高速集团与吉安市举行座谈】11月24日，省高速集团与吉安市在永新县举行座谈。集团党委书记、董事长王江军，集团党委委员、副总经理俞文生、刘朝东，吉安市委常委、常务副市长毛顺茂，吉安市副市长朱新堂出席座谈会，集团有关部门和单位、吉安市有关部门和县（区）负责同志参加。座谈会上，双方就樟吉改扩建、吉康改扩建、宜遂、遂大等高速公路项目推进以及昌宁、东昌、广吉等项目4.5%建设配套资金落实有关事宜进行了沟通协商。期间，王江军、俞文生、刘朝东还出席了宜遂项目建设第一阶段动员大会，并为宜遂项目10月检查评比优胜单位和大临设施检查评比先进单位颁奖。动员会上，俞文生指出，宜遂项目开工以来，施工进展较快、工程整体形象较好、管理团队精神面貌好。他要求，要以品质工程建设为抓手，打造新时代美丽高速新典范；要以平安工地建设为抓手，打造平安百年品质工程；要以人民为中心，打造路地和谐关系典范；要以目标为导向，全面完成年度目标任务；要以党建为引领，打造廉洁示范工程。

（省高速集团）

【省高速集团召开"十四五"规划暨企业改革三年行动座谈会】12月10日下午和11日上午，省高速集团召开"十四五"规划暨企业改革三年行动座谈会，深入学习领会习近平总书记重要讲话精神以及中央、省委关于"十四五"和国企改革三年行动部署要求，在我国进入新发展阶段、贯彻新发展理念、构建新发展格局的宏观背景下，认真研究谋划集团未来五年和改革三年行动工作目标和思路。集团党委书记、董事长王江军出席会议并讲话。他强调，要深入贯彻落实习近平总书记重要讲话和党的十九届五中全会、省委十四届十二次全会精神，按照中央和省委关于做强做优做大国有企业新的部署，坚持新发展理念，坚持深化改革，以推动高质量发展为主题，以满足人民日益增长的美好生活需要为根本目的，统筹发展和安全，努力把集团打造成影响带动力大、社会贡献度高、保障重大战略能力强，能够体现国有经济战略支撑作用的坚强力量；打造成公司治理优、生产经营优、品牌形象优、人才队伍优、党的建设优，能够在严峻复杂环境中持续创造优秀业绩、实现高质量发展的坚强力量，为全面建设社会主义现代化国家江西篇章作出更大贡献。

（省高速集团）

疫情防控

【易炼红检查重点交通运输场所和交通工具疫情防控工作】 2月3日，省长、省委应对疫情工作领导小组组长易炼红检查了重点交通运输场所和交通工具疫情防控工作，他强调，要深入贯彻落实习近平总书记重要讲话和重要指示批示精神，按照党中央、国务院决策部署和省委、省政府工作安排，以对党和人民高度负责的精神，以非常时期的非常之举把好每个环节，周密有序做好错峰返程和疫情防控，保障正常交通秩序，坚决防止疫情进一步传染和蔓延。在南昌北高速公路出口，易炼红检查了联防联控措施落实情况，了解交通保障工作，向战斗在疫情防控一线的工作人员表示慰问。易炼红指出，所有交通枢纽和通道要慎之又慎、严之又严、细之又细落实好体温检测、健康登记等防控措施，为返程人员提供文明便利服务，做到"不漏一车、不漏一人"，全力防止疫情输入和输出，为全省乃至全国打赢疫情防控阻击战贡献更大力量。

（省高速集团）

【省交通运输厅部署做好新型冠状病毒感染肺炎疫情联防联控工作】 1月22日，江西省交通运输厅召开新型冠状病毒感染肺炎疫情联防联控工作部署会，传达学习贯彻习近平总书记、李克强总理重要指示批示精神，传达贯彻省委书记刘奇、省长易炼红和省委常委、副省长吴晓军指示批示精神，按照交通运输部紧急通知和全省应对新型冠状病毒感染的肺炎疫情联防联控工作机制会议要求，专题部署做好全省交通运输系统新型冠状病毒感染肺炎疫情联防联控工作。厅党委书记、厅长王爱和要求各有关单位和部门按照党中央国务院和省委省政府、交通运输部的部署要求，拿出具体举措，即刻实施。厅党委委员、副厅长罗文江主持会议并讲话，厅直属有关单位、厅机关有关处室负责同志参加会议。

会议指出，当前正值春运期间，大量旅客通过交通运输工具大范围大面积流动，疫情防控工作尤其困难复杂。防控新型冠状病毒感染的肺炎疫情，事关人民群众健康，事关社会和谐稳定。全省交通运输系统要提高政治站位，以对党和人民认真负责的态度，强化组织领导，层层压实责任，树立底线思维，增强风险意识，全力以赴做好联防联控工作。

会议要求，一要提高认识，以高度的政治责任感做好疫情联防联控工作。各部门、各单位要高度负责、高度警醒，从严、从实、从细贯彻落实好交通运输系统的疫情联防联控工作，确保春运工作安全平稳有效。二要积极主动做好联防联控工作，配合卫生健康等部门做好各项防控工作。要严格落实交通运输行业的疫情防控要求，按照属地管理原则，因地制宜落实交通运输工具和车站、港口客运站等场所通风、消毒和旅客体温检测等必要措施，配合农业农村、市场监管等部门，做好活禽运输的查验和禁运工作，坚决防止疫情扩散蔓延。要加强运输管理，做好应急运力准备，确保疫情防控人员以及防治药品、器械等急用物资和有关标本、病员运送及时、准确到位。对已经购买涉及武汉车票的旅客，当提出退票要求时，要督促客运企业办理免费退票，不得收取任何费用。三要加强应急值守和信息报送工作。各有关单位和部门要严格执行24小时值班制度，确保联络畅通、响应高效。要实行每日"零报告"制度，有事报事、无事报平安。要在系统内广泛开展爱国卫生运动，清整环境，加强设施通风、消毒，尤其要做好参与春运管理服务一线人员的自我防护。要配合做好舆论引导，教育引导行业干部职工客观理性看待疫情，不信谣、不传谣、不造谣，坚决维护社会大局稳定。

（江 厅）

【省交通运输厅应对新型冠状病毒感染肺炎疫情工作指挥部第一次全体会议召开】 为切实做好全省交通运输系统新型冠状病毒感染的肺炎疫情

联防联控工作,省交通运输厅成立应对新型冠状病毒感染肺炎疫情工作指挥部(以下简称指挥部),指导各级交通运输部门做好疫情防控工作,统筹解决疫情防控相关重大事项和问题,研究部署相关重点工作。1月28日上午,指挥部召开第一次全体成员会议。厅党委书记、厅长、指挥长王爱和主持会议并讲话,厅领导、副指挥长胡钊芳、王昭春,厅领导、第一副指挥长罗文江出席会议。

会议传达学习了习近平总书记27日作出的重要指示精神和交通运输部应对新型冠状病毒感染肺炎疫情工作领导小组第一次会议精神。

王爱和要求,要把疫情防控工作作为当前最紧迫、最重要的政治任务来抓。各单位要认真思考谋划交通运输系统疫情防控工作。单位主要负责同志直接抓、抓直接,分管负责同志具体抓、抓具体。指令就是命令,各单位要坚决做到有令即行、有禁即止,对省指挥部下达的指令,不讲条件,不论职责范围,照单全收,立即执行。

王爱和指出,指挥部要明确职责分工,确保运转高效,全力以赴做好各项工作。要深入分析、科学研判涉及交通运输领域的疫情防控工作,做足做细应对措施。要狠抓落实,精准施策,保障防控物资绿色通道、应急运力调配、人员筛查、交通运输工具和场站消毒等各项工作落到实处。要积极和属地党委、政府及指挥部沟通,在属地党委、政府及指挥部领导下开展工作。

王爱和强调,要切实做好保通保畅保运工作。按照交通运输部要求,进一步加强交通运输服务保障工作,做到"一断三不断",即坚决阻断病毒传播渠道,公路交通网络不能断、应急运输绿色通道不能断、必要的群众生产生活物资的运输通道不能断。要切实做好应急运力保障工作,一有任务,立即投入运输。

王爱和要求,要强化信息报送和宣传工作。实行疫情防控有关信息日报告和零报告制度,大力宣传一线干部职工放弃休假、坚守岗位,奋战在疫情防控一线的感人事迹,大力宣传基层党组织和党员干部在疫情防控一线发挥战斗堡垒作用和先锋模范作用的典型事迹。

会议要求,要关爱一线干部职工,对奋战在疫情防控一线人员的安全防护和保障要到位,确保他们自身的安全。要做好防范工作,进一步摸排各单位工作人员外出情况、人员接触情况及身体状况,加强办公场所人员进出管理,加强疫情防控知识宣传。要严明工作纪律,确保防控工作和日常运转有序有力有效。

(练崇田)

【王爱和调度部署全省交通运输系统疫情防控工作】 2月1日中午,省交通运输厅党委书记、厅长、厅应对新型冠状病毒感染肺炎疫情工作指挥部指挥长王爱和来到厅应急指挥大厅,就全省交通运输系统疫情防控工作进行调度部署。

王爱和指出,春运返程高峰即将到来,交通运输行业面临的疫情防控和保通保畅保运工作任务更加繁重。各单位要坚决贯彻落实省委省政府和交通运输部部署要求,进一步狠抓各项措施落实,全力以赴做好疫情联防联控和交通运输保障工作。

一要全力阻断病毒传播渠道。督促有关单位严格做好机场、车站和码头等进出旅客的体温检测,确保双向进出人员全覆盖。继续配合卫生健康、公安等部门,严格做好路网车辆的筛查工作,细化高速公路出口、普通国省道卡口、车站、码头等通道管控和过往司乘人员体温检测工作。

二要切实保障公路网有序运行。要采取有力措施保障公路交通网络不中断、应急运输绿色通道不中断、必要的群众生产生活物资运输通道不中断。不得随意关闭高速公路出入口,确因疫情防控需要关闭的,要按程序报批。同时,经批准关闭的高速公路出入口,相关经营管理单位必须安排人员值守,保障疫情防控物资及生活必需品的运输畅通。

三要切实强化交通运输保畅工作。要与公安交警、卫生检疫部门协同作战,做好交通疏导工作,在确保春运交通安全的同时,保障疫情防控车辆和人员优先通行。要进一步简化工作流程,确保疫情防控人员及防治药品、器械、医疗器械生产原料等急用物资和有关标本、病员运送及时、准确到位。

四要进一步加强科学研判。提前研判春运大客流变化趋势,针对重要时间节点,不断优化完善综合交通运输服务保障方案,做好春运返程高峰各项准备工作,避免因春运返程、疫情检测等因素造成的车辆大规模积压、拥堵。对可能产生拥堵的路段要提前增加人员和设备,采取复式检测等手段,确保道路畅通。

(江 厅)

【江西对口支援湖北随州首批防疫物资启运】 2月14日下午15时36分,江西对口支援湖北随州首批防疫物资启运。为了保障随州疫情防控一线防治物资,该省开通江西到随州的货运专线,每3天一趟,主要运输疫情防控物资。为确保道路运输和防疫安全,省运管局积极调度运力,采取专人专车、中途不停留的方式,挑选了两名政治素质、驾驶技术过硬、主动请缨的驾驶员担负此次任务。首批运往湖北省随州市的防疫物资包括消毒用品、防护用品、生理盐水、羽绒服、摄像器材等,总计约5吨。

(省运管局)

【江西11辆满载防疫物资车队启程驰援随州】 2月19日中午,11辆满载千万元的防控和生活物资运输车队,从江西南华医药物流中心启程,向湖北省随州市进发。这批捐赠的医疗防控和生活物资包括10万套医用隔离衣、20万只医用外科口罩、医用呼吸机等医疗防控物资和100吨粮油蔬菜等生活物资,捐赠物资总价值约1000万元。

2月18日上午10时,接到省新冠肺炎疫情指挥部做好运输保障指令后,省运管局立即着手部署,派专人主动联系,了解运输物资类别,依据货物性质调配不同车型运输车辆。此次物资包含防护用品、医疗器械、消毒用品、生活物资等4大类20余品种,且分散在南昌市各县区和九江等10个不同地点,有的还在采购及集货过程中。

时间紧任务重,为了做好运输保障工作,省市运管部门上下联动、灵活处置,根据应急车辆调运预案,征调了3家不同运输企业的11辆货车,按照不同物资的种类、数量、装货地点动态调整装载运输方案,并做好了疫情期间运输和驾驶员安全防护。经过连夜作战,19日凌晨0点30分,全部物资装车集结完毕。

为确保运输安全畅通,省运管局协调沿途交通运输部门在沿途接力保障,开启"绿色通道",确保疫情防控物资运输车辆在运输过程中"不停车、不检查、不收费、优先便捷通行"。

(省运管局)

【王爱和赴吉安调研疫情防控和复工复产工作】 3月3日,省交通运输厅党委书记、厅长王爱和赴大广高速吉安服务区、井冈山航电枢纽、石虎塘航电枢纽、华通物流园、吉安高铁西站等地,调研疫情防控、复工复产和项目进展情况。省交通运输厅副厅长刘震华、吉安市副市长朱新堂及省港航局、省港口集团、厅机关有关处室负责同志参加调研。

在大广高速吉安服务区,王爱和现场察看了服务区经营场所的疫情防控措施落实情况,详细询问了服务区车流量、区内疫情防控设施设置落实、工人复工复产等情况。他强调,当前仍然处在疫情防控的关键时期,大家一定不要有麻痹松懈思想,要把防控措施做得更加精准有效,持续巩固成果、扩大战果,严防疫情输入。要增强服务意识,为群众出行提供温馨服务。

井冈山航电枢纽是全省实施"三大攻坚行动"、全面建成赣江高等级航道的关键项目。王爱和十分关心项目进展情况,在工地防疫卡点进行体温测量后,他来到施工现场,仔细察看人员设备进场情况。他强调,枢纽主体施工处在汛前的关键阶段,项目办要提高政治站位,强化责任担当,在疫情防控和复工复产上作表率、勇争先;要进一步督促总包单位抢抓枯水期施工黄金季节,严格合同履约,加大资金、人员和设备投入,高效组织复工复产,在严格落实各项疫情防控措施的基础上,精心组织、科学调度,尽最大努力拓展施工作业面,统筹推进电站、泄水闸、库区工程施工;要认真落实品质工程创建措施,压紧压实疫情防控、安全生产和质量管控工作责任,抓好施工一线工人身体健康和生活保障,确保疫情防控和复工复产两手抓、两手硬、两手赢,努力实现枢纽早日蓄水、发电目标。

在华通物流园和吉安公交、客运西站,王爱和向运输企业负责人详细了解了企业复工复产、疫情防控等情况,与企业负责人分析交流了企业面临的实际困难。他强调,要统筹推进疫情防控和服务经济社会发展工作,继续毫不放松地抓紧抓细抓实各项疫情防控工作,持续推进道路客运和城市公交有序运营,全力做好企业人员返岗运输服务保障,切实保障应急物资和重点生产生活物资运输通畅。

王爱和还强调,吉安市交通运输局要突出抓好建制村"双通"、交通运输行业安全生产和赣江船舶污染物收集处置等工作。

(畅行公司 省港口集团 吉安市交通运输局)

【江西道路运输防疫保运两不误】 江西道路运输行业深入贯彻落实省委、省政府决策部署,按照"一断三不断"的原则,统筹做好疫情防控与道路运输保障工作,落实疫情防控措施,分区分级精准有力有序推进道路运输复工复产,打通"大动脉"、畅通"微循环",全力支撑经济社会发展。

一是多项举措"硬核"出击战"疫"。为阻断病毒通过道路工具输入和传播扩散,全省道路运输系统按照习总书记坚决打赢疫情防控的人民战争、总体战、阻击战的指示,树牢一盘棋思想,始终站在疫情防控第一线。党建引领。新冠疫情发生以来,全省道路运输行业4000余名党员干部主动请战,主动担当作为。他们戴党徽、亮身份、冲在前,积极落实防控措施,每天奋战在国省道、高速路口、机场、汽车站等疫情防控检测站,一身身运管蓝,无惧风雨,始终坚守防控阵地,一面面党旗,鲜艳醒目,始终飘扬在防控一线,构筑起一道道安全屏障。严密防控。客运场站和道路运输工具是人员密集场所,疫情传播风险较大,必须严格落实防控措施。为此,全省汽车客运站、地铁、客运(公交)枢纽等旅客集散场所和公交车、长途客运车、出租车、地铁等公共交通工具实行100%消毒、通风、卫生清洁制度。严格落实"两查一测"(查来源、查去向、测体温)以及客座率不超过50%、包车后部预留观察区的防控措施要求,强化车辆源头管理和动态监管,坚决阻断疫情通过道路运输工具传播扩散。科技助力。2月20日,全省道路运输系统启用"道路客运乘客信息登记系统",实现旅客乘车信息可追溯,进一步保证了乘客信息的准确性和信息登记的快捷化。为规避从业人员集中学习可能存在的交叉感染风险,省道路运输协会搭建线上安全教育课堂,免费培训道路运输从业人员。为提高乘客疏散通行效率,部分汽车客运站启用红外线热成像人体测温仪,对进出站乘客进行快速筛查。

二是分区分级有序有力推进复工复产。根据疫情实际和群众出行需求,该省道路运输企业对目的地集中、具备一定规模的农民工出行需求,积极组织包车运输企业至乡镇、村,开展"点至点"直达包车客运服务,采取"专人、专车、专厂、专线"直接将务工人员运至企业,让务工人员直接安全从"家门"抵达"厂门"。据悉,该省赣州、吉安、上饶、宜春等地陆续开通跨省"点对点"返岗包车,南昌、九江等地推出派专车接外省员工返岗举措,助力复工复产。截至3月5日,全省道路运输企业累计开展"点对点"包车运输农民工达2256趟,共45417人,其中省际包车返岗主要集中在广东、福建、浙江等地域。除了推行"点对点"直达包车客运服务,全省道路运输行业在坚持做好疫情防控工作的前提下,有序有力恢复省、市、县际班线客运和农村客运等运输服务,全面恢复城市公共交通接驳火车站、机场的客运班线,畅通最先和最后一千米,确保群众正常出行和生活物资正常流通,全面恢复正常生产生活秩序。截至3月5日,全省已恢复客运站143个,省际客运班线464条,市际客运班线343条,县际客运班线604条,恢复率为77.3%,有力保障了企业复工复产和群众日常出行需求。此外,各地运管服务窗口开通电话预约、微信预约、网上预约等方式提供错峰、延时服务,全省维修企业、综检机构、驾校有序复工。

三是全力保障防疫应急运输为保障防疫物资应急运输,该省道路运输行业启动一级响应机制,用最快的速度建立起一支包括694辆普货,117辆危货,18辆冷链运输车在内,总吨位约17000吨的应急货运车队。该省调用应急运力541辆次,运输口罩、帐篷、防护服、消毒液等疫情防控物资,以及生产防控物资的设备和原材料9704吨,其中30%运往湖北武汉、随州。除了防疫物资应急运输,该省客运应急车辆也时刻整装待发,全程保障江西援鄂医疗队和省内新冠肺炎定点医院医护人员的道路运输。自1月27日起,南昌公交开通了连接南大一附院、南大一附院象湖分院新冠肺炎医疗专线,南昌公交周建军等7名驾驶员肩扛责任,勇担风险,守住"天使专线"这条动脉。此外,该省道路运输还紧急送返了因疫情封锁无法直飞武汉的94名湖北武汉籍游客和22名滞留宜春景区外地游客。

(省运管局)

【省运管局多举措服务运输企业防疫复运】 省运管局在严格落实防控措施的前提下,主动靠前服务,强化协调保障,精准施策推动道路运输企业复工复运,确保疫情防控和经济发展"两手抓、两不误"。

一是抓牢安全,下好防控"先手棋"。为保障全省道路运输企业安全有序复工,保障客运场站、道路运输车辆消毒等防护工作,省运管局靠前服务,主动了解和收集道路运输企业在疫情期间采取的防控措施和防疫物资需求,多次向省疫情防控应急指挥部申请调拨,对调拨物资严格管理、科学分配,有效缓解了企业一线疫情防护物资紧缺的燃眉之急。续调拨21万多个防疫口罩后,省运管局向全省道路运输企业发放了1000公斤84消毒液原液。为提高道路运输企业本质安全水平，省运管局进一步强化疫情防控关键期安全监督指导服务，指导运输企业完善安全防护措施、应急处置方案，做好客运场站、运输工具的通风、消毒、卫生清洁、乘客体温检测以及信息登记工作，严格执行客座率控制规定以及客运车辆凌晨2—5时停运制度。同时，开展"安全宣传进企业"活动，协调省道路运输协会通过江西省道路运输企业安全培训教育系统平台免费为道路运输企业主要负责人、安全管理人员、驾驶员及其他从业人员开展线上安全教育培训，助力企业筑牢安全生产防线。

二是精准施策，打好复运"主动战"。围绕做好复工复产道路运输保障工作，省运管局积极作为，精准施策。2月6日，明确了根据疫情防控情况和群众出行需求，适时恢复农村客运、接驳火车站和机场班线，对目的地集中、具备一定规模的农民工出行需求，组织包车运输企业至乡镇、村，开展"点对点"的直达包车客运服务。截至2月28日，全省道路运输企业累计开展"点对点"包车运输农民工达1454趟，共28374人，进一步助力生产企业复工复产。为统筹疫情防控与道路运输秩序恢复，2月21日，全省道路运输经营企业、道路运输相关业务经营企业复工复运，实行报备制。2月26日，督促运输企业尽快复工复运。根据各地疫情实际，实行分区分级、精准防控。疫情低风险地区要全面复工复运，恢复正常道路运输秩序。连日来，道路客运迅速有序恢复，车次班次多了，旅客出行更从容了。

三是共谋良策，弹好发展"协奏曲"。受疫情影响，全省道路运输企业营收急剧下降，资金运转紧张，加之市场需求严重不足，预计一季度全省道路运输业将出现较大幅度下滑。调查显示，认为疫情对道路运输业"有重大负面影响"和"有较大负面影响"的占74%。当前疫情防控形势出现积极变化，道路运输正在恢复之中，为有效应对疫情稳定行业发展，省运管局问需问计，加强沟通协调，积极帮助企业争取帮扶政策和措施，和企业共克时艰。及时调研道路运输企业受疫情的影响、冲击和存在的问题和困难，从减轻企业负担、缓解资金压力、稳定生产经营、优化政务服务四个方面提出支持运输企业复工复产政策17条建议，有效对冲疫情影响，稳定全省道路运输行业发展。

(省运管局)

【南昌市交通运输局督导检查场站守好防控线】2020年5月26日，南昌市交通运输局工作人员深入徐坊客运站和南昌长途汽车站督导检查场站深化全国文明城市创建、全国"两会"期间道路运输安全生产及常态化疫情防控工作，要求场站：一是严格按照《全国文明城市(地级以上)测评体系操作手册》等内容，对标对表，细致排查，抓好落实，确保高质量完成创建工作；二是严格落实"三不进站、六不出站"管理制度，切实加强车辆安全例检及出站登记等源头安全管理，确保道路运输安全稳定。三是严格按照《交通运输部关于印发客运场站和交通运输工具新冠肺炎疫情分区分级防控指南(第三版)的通知》要求，慎终如始，把严关口，守好防控线，确保道路运输疫情防控各项工作落实到位。

(南昌市交通运输局)

【景德镇市交通运输局多措并举防控新型冠状病毒肺炎疫情】景德镇市交通运输局认真落实省、市新型冠状病毒感染的肺炎疫情防控会议精神，及时应对各类突发情况，全力做好新型冠状病毒感染的肺炎疫情防控工作，确保瓷都市民生命安全。

该局多措并举保障疫情防控效果，团结协作，全力以赴坚决打赢疫情防控攻坚战，一是成立防控工作领导小组，由主要领导挂帅，靠前指挥、层层压实责任。二是召开紧急会议进行专题部署，强化思想认识、提高政治站位，打一场联防联控、群防群治的防疫战。三是与疾控系统密切合作，在站场设置专门检测站点，强化对重点地区输入性旅客和车辆的重点监测，对有疑似症状人员及时开展有效防控。四是全面加强站场环境卫生管理，拆除客运站场内全部防蝇帘以保证空气流通，反复开展站场区域及班车消毒，设置专门服务点劝导来往人员勤洗手，同时为一线员工发放防护用具，切实保障员工和旅客的安全。

(洪耀祖)

【景德镇市交通运输局定制公交专车保障学生复课安全】4月7日，景德镇市高三、初三年级和中等职业学校毕业年级学生将按照全省统一部署，开始返校复课。为切实保障好疫情防控期间学生返校复课的乘车安全，景德镇市交通运输局精心组织，认真摸底，在圆满完成返工复工人员运送的基础上,组织专门力量做好返校学生的运送工作,通过调配最好的车辆、责任心强的司机,开通返校学习学生公交定制专车,实现"点对点"(家庭与学校)闭环管理。该局本着安全第一、准时运送的原则,对车辆进行定时消杀。同时切实落实车辆通风、消毒等各项防疫措施,从根本上确保学生安全。

该局把安全运送学生作为当前重要的政治任务抓紧抓实抓好,协调指导景德镇公交有限公司科学制定了《景德镇市公交学生定制专车运行安排表》,确定了具体线路。4月7日至20日,在学生运输高峰时段,每天将有80辆定制公交专车在市区18条主要公交线路上运行,对全市城区28所复课的初、高中以及中职学校实现了全覆盖。景德镇市交通运输局要求,公交专车必须严格按照疫情防控标准,按要求落实体温检测、信息登记等措施,让学生放心乘车。同时,该局温馨提示各位返校学生要按照教育部门的要求,穿好校服、戴好口罩、就近择站、有序上下、服从管理,切实做到安心上学、平安回家。

(洪耀祖)

【萍乡市交通运输局坚持疫情防控和复工复产"两手抓""两不误"】 在新冠肺炎疫情防控方面,萍乡市交通运输局统筹兼顾、防运并举。在新冠肺炎疫情防控工作中,全市交通运输系统广大干部职工积极响应、冲锋在前,筑成一道坚强的交通运输防线,全系统未出现一起疫情感染情况。克服了重重困难,高标准落实"一断三不断""三不一优先"要求,全力保障交通畅通,坚持疫情防控和复工复产"两手抓""两不误",为全市经济社会发展提供坚实有力的交通运输保障。落实机关楼院、交通站场和车辆消杀、通风、控制上座率等制度,切实做到精准防控,全力保障复工复产,去年2月下旬交通重点在建项目率先实现100%复工。创新运输方式,开展"点对点"定制包车,优化"一条龙"服务,助推企业复工复产。推出"公交实名制乘车码",较早实现实名乘车可追溯,交通运输行业"先行官"作用得到充分发挥。严格落实省委、省政府"两个尽量""两个严禁""两个一律"的疫情防控工作要求,坚持底线思维,强化风险意识,制定周密方案,全力做好交通运输行业常态化疫情防控各项工作。

(萍乡市交通运输局)

【九江市实施抗疫期定制化租车助力复工复产】 为加快疫情期间的复工复产,市交通运输局实施"点对点、一站式"客运定制化租车服务,2月23日7时30分,九江市经济技术开发区园区艾美特有限公司27名员工返岗复工,这是九江市首批抗疫期间外省农民工集中返浔复工。

(九江市交通运输局)

【新余市交通运输局战"疫"中全力做好交通运输物资保障任务】 新冠肺炎疫情发生以来,疫情就是命令,防控就是责任,企业的需求就是任务,为保障企业的正常生产,根据市新冠肺炎疫情防控应急指挥部要求。2月3日,市运管处立即抽调党员干部、业务骨干成立了疫情防控应急保障分队,全力做好企业复工复产,实行24小时交通运输保障任务。

防疫应急保障分队在接到企业复工复产物资运输保障任务以后,迅速启动预案,根据卸货地点安排合理路线,湖北籍车辆到达新余境内后,第一时间对车辆进行消杀,对人员进行体温测量,在做好防疫流程后引导车辆前往卸货场地卸货,整个运输过程防疫应急保障分队全过程进行监控,在做好防疫流程的同时也减少了人员的接触,尽可能地降低疫情防控风险。2月5日起,该分队先后为新余钢铁集团有限公司、江西赣锋锂业股份有限公司、新余市烟草专卖局等市内重点企业的复工复产保驾护航。

市运管处负责人多次深入疫情防控第一线督导疫情防控及交通运输保障工作,并对保障生产物资、民生保障车辆进行现场指导,特别是帮助协调湖北籍货运运输车辆进新余的相关事宜。同时强调,要严格按照疫情防控规定要求,认真做好相关人员、车辆、货物的消毒检疫工作,确保运输物资安全有序进入辖区内,筑牢安全屏障,保障企业复工复产物资的需求,做好湖北籍运输车辆来余接驳保障工作,对车辆在新余市境内运输进行全过程监管。

疫情期间,该局共出动15人/次,引导运输车辆21辆/次,运输物资635吨,为企业的生产经营提供强有力的保障。

(钟 磊 廖小武)

【鹰潭市交通运输局全力出击疫情防控阻击战】
鹰潭市交通运输局全员发动,全面部署,全力做好疫情防控工作。

一是精心部署疫情防控工作。认真研究部署交通运输系统疫情防控措施，成立工作领导小组，建立健全联防联控机制，完善防控工作方案，明确职责分工，细化任务措施，落实工作责任，24小时值班值守，全力做好辖区疫情防控工作，坚决把党中央、国务院和省委、省政府，市委、市政府的决策部署落实到位。

二是广泛开展疫情防控社会宣传。充分利用宣传平台和阵地，广泛开展疫情防控社会宣传，印制并张贴《鹰潭市关于实施新型冠状病毒感染的肺炎疫情一级响应的通告》，通过宣传栏、宣传单、横幅、LED、手机短信等方式广泛开展宣传。全市客运企业（站）、货运企业、公交企业、出租车公司、网约车公司、驾培机构均悬挂宣传横幅、张贴一级响应通告，全市交通运输行业疫情防控宣传全覆盖。

三是全力做好疫情防控联防联控。交通执法人员持续在火车站、汽车站、高铁北站安排值勤，坚持24小时不间断工作，维护场站运输秩序，帮助旅客排忧解难；负责在汽车客运站建立体温筛查检测站，配合医护人员开展进出站旅客的体温检测工作；局属路政支队全力协助龙虎山景区在国道206圩上开展体温筛查检测工作；协调督促全市21个体温筛查检测站工作，每日汇总上报检测情况。各体温筛查检测站坚持每日24小时工作，严密筛查过往车辆和人员，平均每天投入医护人员及工作人员240人，截至目前为止，检查过往车辆3.5万余辆，人员14万余人，树起了疫情防范的"屏障"。同时做好应急运输的储备，每日可调度客、货应急运力40余辆。

（鹰潭市交通运输局）

【赣州市疫情防控工作成绩显著】严格落实联防联控机制，因时因势调整防控策略，全面落实交通运输部"一断三不断"要求，第一时间组织设置检疫卡点941个，累计检测车辆33万辆次，全市交通运输行业未发生一起新冠肺炎病例。畅通应急物资"绿色通道"，成立115辆客车和210辆货车组成的应急保障队伍，办理疫情防控应急物资及人员运输车辆通行证55件，跨省、市调运防疫物资及生活必需品800余吨。及时恢复公共交通服务，全市20家二级以上客运站、79家客运企业、25家公交企业以及21家出租企业在规定期限内全面复工。全力服务农民返岗复工，组织131辆次客车运送3300余名农民工前往广东、福建、云南等省返岗复工。及时协调解决原材料短缺等问题，30天内全市交通建设项目复工率100%。赣州市道路运输管理局被省委、省政府评为全省抗击新冠肺炎疫情先进集体，寻乌公路分局刘荣蓉同志荣获全国交通运输系统抗击新冠肺炎疫情先进个人。

（赣州市交通运输局）

【吉安市交通运输系统全力做好疫情防控工作】
2月2日，记者从吉安市交通运输局了解到，在防控新型冠状病毒感染的肺炎疫情的严峻斗争中，该局将疫情防控作为当前最紧迫、最重要的工作来抓。截至2月1日24时，全市交通运输系统累计投入干部职工2.2万余人次，检查旅客17万余人次，移交发热人员16人。

据了解，根据市委、市政府和省交通运输厅工作要求，该局成立了以主要负责人为组长的交通运输行业疫情防控工作领导小组，全力以赴，严防严控，坚决遏制疫情蔓延势头。该局会同卫健部门，在长途汽车站、码头设置了体温检测点28个，在全市高速公路所有路口设立了38个体温检测点，与外省接壤的井冈山市、遂川县、永新县在国、省道上设立了30个检测点，对乘坐交通工具的人员进行体温检测，一旦发现发烧病人及时隔离和转送医院。

该局采取运输企业自主防控与联防联控检疫监测、暗访抽查相结合方式，督促全市交通运输系统认真落实行业防控疫情有关措施，以及客运车辆疫情防控期间"三不进站、七不出站"规定。全市交通运输企业对汽车站、港口码头、运输车船开展通风消毒及保洁工作，协调解决一线防控工作人员防护用品，努力确保从业人员的安全。同时，及时调整防控方案，自1月29日13时起，全市道路客运（含包车）和城市、城乡、城际公交暂停运营，全力做好疫情防控工作。

该局还组织全市交通运输部门对该市公路进行摸底排查，确保公路畅通。对未经批准擅自设卡拦截、断路阻断交通等违法行为，依法予以处置。全市交通运输系统加强24小时值班值守，严格执行每日16时前疫情"零报告制度"和防控工作信息日报机制，梳理汇总每日防控工作情况、存在困难问题、有关意见建议，形成每日工作动态。发挥门户网站、微信公众号等作用,及时发布疫情防控工作信息,主动回应群众关切。

(吉安市交通运输局)

【宜春火车站强化秋冬季出租车行业疫情防控】 为扎实做好秋冬季疫情防控工作,宜春市运管局直属分局严格贯彻落实关于疫情防控工作部署,积极行动,在持续落实好常态化疫情防控举措的基础上,进一步强化宜春火车站出租车上客区疫情防控措施,筑牢交通运输行业疫情防控线。一是严格落实企业主体责任,强化教育,把开展出租车驾驶员疫情防控知识宣传教育培训作为常态化工作,采取微信工作群信息发布、发放宣传单等多种方式进行宣传教育,使出租车驾驶员提高疫情防范意识,掌握疫情防控各项措施,及时了解疫情动态。二是对宜春火车站内排队出租车驾驶员免费发放口罩、对车辆进行消毒、做好体温检测登记,要求驾驶员在营运期间开窗通风,自觉规范佩戴口罩,提示乘客乘坐后排座位,保持好司乘人员距离等常态化防控措施,进一步营造健康、安全的公共交通环境。三是通过出租车电子屏推送、上客区设置海报、电视播放防控视频等,进一步加强宣传引导,强化出租车行业常态化疫情防控工作。

(谢桂斌)

【上饶市疫情防控工作有力有序】 上饶市交通运输局牵头负责202个入饶卡口防疫工作,坚决阻断疫情传播,为上饶市人民生命安全筑起坚实防护屏障。坚持按照"外防输入,内防反弹"要求,加强常态化疫情防控。疫情防控工作得到市委、市政府及市防防指的充分肯定。

(上饶市交通运输局)

【上饶市就业直通车助力复工复产】 为做好疫情期间企业复工复产人员保障及外出务工人员就业工作,有针对性地为外出务工者规划好出行计划。上饶市交通、人社等部门通过和浙江省义乌、宁波等地市对接联系,在加强疫情防控的同时,采取"点对点"包车方式,免费为去往义乌市、宁波市求职复工群众提供复工专车,确保外出务工人员返岗复工。2月18日,首批满载38名弋阳籍外出务工人员的"弋阳—义乌"就业直通车和满载21名广丰籍外出务工人员的"广丰—义乌"就业直通车分别从弋阳县、广丰区正式开拔。

(上饶市交通运输局)

S519 奉新路段
(省综合交通中心供图)

交通管理

法治交通建设

【概况】 2020年,江西省交通运输厅以习近平新时代中国特色社会主义思想为指导,坚持习近平法治思想,认真宣贯落实《民法典》,法治交通建设工作取得了显著成效。交通扶贫、交通强国建设及试点、"四好农村路"高质量发展、普速铁路沿线环境安全整治、交通工程投资建设、港口资源整合、水毁火后重建等重点工作得到省委省政府和交通运输部主要领导的充分肯定。全厅8个定点帮扶村均已达到贫困村退出的标准和条件,并顺利脱贫摘帽。今年先后获得"全国'信用交通省'建设十大典型省份""全国交通运输法治政府部门建设优秀集体""全省政府系统'五型'政府建设先进集体""第三批及时奖励集体一等奖"等表彰。此外,交通运输发展成就连续5年入选江西经济十件大事;在江西省社会信用体系建设第三方评估中连续5年获得优秀;连续4年被评为全面依法治省、全省法治政府建设先进单位。

(厅执法监督处)

【特色亮点工作】 1. 持续强化信用体系建设,被交通运输部、国家发改委评为全国"信用交通省"十大典型省份,得到省委副书记、省长易炼红批示肯定。2. 谋划长远深化改革任务,争取省委省政府印发了《关于推进交通强省建设的意见》。3. 推进交通运输基础设施高质量发展,10月底,全省公路水路固定资产投资完成727.3亿元,同比增长38%,提前2个月完成全年700亿元投资目标,得到省委副书记、省长易炼红批示肯定。4. 深化投融资体制改革,构建三大融资平台,共融资约851亿元,争取交通运输部车购税资金80.7亿元,争取到11亿元(全国共100亿元)用于公路水毁灾毁重建(为全国最高省份),为灾后重建提供强有力的资金保障,得到省委副书记、省长易炼红批示肯定。5. 推进公路管理体制现代化,交通运输部党组书记杨传堂、部长李小鹏致函江西省领导刘奇、炼红、吴浩同志,表扬江西省交通运输系统"四好农村路"发展取得的显著成效,并得到省委书记刘奇、省委副书记、省长易炼红批示肯定。6. 推动交通运输治理体系和治理能力现代化,省交通运输厅执法监督处(政策法规处)获2020年全国交通运输法治政府部门建设通报表扬。

（厅执法监督处）

【加强法律法规规章宣传贯彻实施】 深入宣传贯彻《民法典》《江西省公路条例》《江西省道路运输条例》《江西省货运车辆超限超载治理办法》《交通运输行政执法程序规定》《江西省行政规范性文件管理办法》等法律法规规章。制定《全省货物运输车辆超限超载治理攻坚行动实施方案》和落实细则,全面加强源头治理、路面管控和科技治超,成立了以省长为组长的省政府治超领导小组。组织开展全省治超领域"查实情、办实事、抓实效"活动31次,强化监督检查。推动建立完善高速公路入口治超联勤联动工作机制。普通公路方面,全年累计查处违法超限超载货运车辆2.41万辆,监督卸载货物88万吨,恢复改装车辆1568辆。全省各治超站点公安交通管理部门查处超限超载货运车辆1.05万辆次,累计记分5.25万分。高速公路方面,高速入口违法超限超载率由去年的6.8%下降到目前的0.001%,列全国第一,远低于交通运输部要求的0.5%。

（厅执法监督处）

【规范行政执法】 进一步推动执法源头标准化,编制《江西省交通运输行政执法文书格式》《江西省交通运输行政执法案件案号编制规则》;进一步细化自由裁量标准,编制《江西省货运车辆超限超载治理行政执法自由裁量权细化标准》《江西省交通运输行政处罚自由裁量权细化标准(2020年版)》。进一步聚焦行政执法的源头、过程和结果环节,编制《江西省交通运输行政执法公示制度》《江西省交通运输执法全过程记录制度》《江西省交通运输重大行政执法决定法制审核制度》。完善交通运输行政执法综合管理信息系统需求调研,推进系统建设。10月26日至11月2日,省交通运输厅对各设区市交通运输局、公路局等单位开展了2020年法治交通评议,强化了法治政府建设督查考核。12月中下旬,举办了法治交通建设暨行政执法骨干培训班和交通运输信用体系建设培训班;指导各设区市和厅属单位开展执法人员培训,共培训2270余人。

（厅执法监督处）

【持续深化"放管服"改革】 一是进一步简政放权。编制全省交通运输系统统一行政权力清单154项,实现同一行政权力事项在省、市、县三级交通运输部门名称、类型、依据、编码相统一,清单已经省政府常务会审议通过即将正式印发。按照新修订的《国内水路运输管理规定》,推动调整江西省水路运输经营许可权限,将省际普通货船运输、省内水路运输经营许可(含客船、普通货船、危险品船)下放给设区市交通运输部门实施。积极指导萍乡、新余等地方相对集中行政许可权改革。

二是加强事中事后监管。统筹推进"互联网+监管"和"双随机、一公开"监管工作,编制监管事项目录清单403项,坚持构建以双随机为基础的新型监管方式,结合工作实际将其中106项行政检查纳入省交通运输厅2020年双随机检查工作,科学制定检查实施清单和计划,全部20项任务已经提前完成。

三是不断提升服务效率。全年共受理办结业务71536件,其中一次不跑事项71026件,只跑一次事项510件,获赠13面锦旗,办件数量在各派驻单位中排名第一。大力推进"赣服通"3.0建设,将5个行政许可事项实行"投资审批+容缺备案"审批,梳理企业群众经常咨询的问题及其解答题库9件,形成本业务领域政务服务知识库清单,编制《中介服务事项清单》含中介服务事项14项,《中介服务超市服务资质》两大类共8个等级。认真做好大件运输许可办理工作,制定大件运输许可管理和监督办法,持续加强宣传力度和"四有四免"服务,及时通过微信群、电话互动等方式提供查询审批进度、咨询调整路线、路段施工情况通告等。

（厅执法监督处）

【稳步推进交通运输信用体系建设】 一是以"四个率先"推进全省交通运输信用体系建设。率先在全省推行交通运输全领域信用承诺。研究制定了《江西省交通运输信用承诺办法(试行)》,明确承诺事项、承诺内容、承诺程序和承诺应用。率先在全省"治超"工作中推行全环节信用监管。落实货运信用信息归集全覆盖,2020年完成对2000多家工程从业单位、463家道路客运企业、301家危货运企业、173家出租车企业、630家驾驶培训机构、10665家机动车维修企业,58万道路客货运驾驶员信用评价。率先在全省落实告知制度,保障信用主体权益,编制了《拟列入严重违法超限超载运输失信当事人名单告知书》,切实保障失信主体的知情权、异议申诉权和信用修复权。率先在全省对失信主体积极开展信用修复,出台《信用信息异议处理及信用修复管理办法(试行)》,鼓励主动纠错,2020年已完成修复案例16起。被交通运输部、国家发改委评为"信用交通省"创建典型省份。

二是加快推进信用平台和制度建设。加快推进"江西省公路水路建设与运输市场信用信息服务系统升级改造工程"建设,归集江西省全行业信用信息,完成工可批复、初步设计编制,本年度项目建设资金1123.8万元已经落实到位。制定《江西省公路养护施工企业信用评价实施细则(试行)》《江西省公路工程施工分包企业信用评价实施细则》《江西省交通运输公共信用信息资源目录(2019年版)》,为开展信用等级评价提供了重要依据。

(厅执法监督处)

【持续深化交通运输领域综合行政执法改革】 省交通运输综合行政执法监督管理局获中央编办批准。目前,机构已挂牌,人员已基本划转到位。争取省委办公厅、省政府办公厅印发了《关于调整省交通运输厅职责机构编制事项的通知》,明确5个下属单位行政管理职能划归厅机关。2020年初,厅机关内设机构职责和人员就已调整到位。市县综合行政执法改革已基本到位。常态化跟踪调度全省交通运输综合行政执法改革推进情况,定期对全省改革情况进行通报。对改革推进较慢的设区市进行实地督促、指导,加快推进各项改革任务落地落实。2020年9月底,11个设区市、涉改的74个县(市)就已全部印发改革方案和"三定"方案,综合行政执法机构也全部挂牌。

(厅执法监督处)

【省运管局召开全省道路运输行政执法工作座谈会】 9月25日,省运管局召开全省道路运输行政执法工作座谈会,局长易宗发出席会议并讲话,副局长傅友华主持会议。会议指出,推进交通综合执法改革是行业治理体系和治理能力现代化的需要,是交通运输高质量发展、供给侧结构性改革的需要,是建设人民满意交通的需要。全省道路运输行政执法单位要提高站位,强化认识,创新思路,勇于担当,勇于负责,攻坚克难,确保综合执法改革措施落实到位。会议强调,在推进交通综合执法改革工作中,各地要做到"三个把握"。即把握好中央和省委省政府的改革精神,理顺关系,强化监管,提高执法效率;把握好改革的目标,通过整合执法资源,充分解决交通运输行政执法领域机构重叠、职责交叉、多头多层重复执法等深层次问题;把握好改革的重点,建立顺畅、灵活的体制和运行机制,厘清执法机构职责边界,梳理执法事项清单。

就进一步规范行政执法工作,会议要求,一是要加强法治教育,建设一支"爱学习、能学习、会学习"的执法队伍;二是要加强队伍建设,努力提高执法队伍职业化、专业化水平;三是要加强执法管理,通过系统梳理执法机构法定职责、明确执法办案流程、提升执法案卷管理和科技支撑水平等推进执法规范化;四是要加强执法监督考核,开展执法作风整治,建立健全权责明晰的执法责任体系和责任追究机制;五是要保证办案质量,始终将执法办案问题作为第一导向,办铁案、办精品案;六是要保证竞争公平,以监管公正、处罚公正促市场主体公平竞争。会议听取了各地运管机构、执法支队关于综合执法改革推进情况汇报,邀请省司法厅行政复议审理处处长周靖就推进综合执法改革进行了专题辅导。

(省运管局)

【景德镇市运管处开展景德镇、鄱阳多部门跨区域联合执法行动】 8月中旬,景德镇市运管处收到群众举报,南昌籍车辆涉嫌从事南昌至景德镇的非法营运,该处领导高度重视,立即抽调精兵强将对该项工作进行部署,确保取得实效。

经过与高速交警三支队一大队、五大队布控系统查询,发现该车为躲避景德镇市运政人员执法,从高速凰岗收费站下高速。景德镇市运管处分管领导立即协调鄱阳运管所,决定采取联合执法的方式对该车进行布控。

8月19日,景德镇市运管处联合高速交警三支队一大队、高速交警三支队五大队、鄱阳运管所、乐平运管所、浮梁运管所,对凰岗高速收费站、乐平高速收费站、景南高速收费站、景西高速收费站、景北高速收费站实行全面排查,并通过高速交警布控系统实时查询定位,进行精准打击。抓获车辆号牌为赣 AWV732 涉嫌非法营运的车辆。

同时,景德镇市运管处将交通安全宣传融入到了行动中来,积极向乘客宣传交通安全知识以及乘坐"黑车"带来的危害,提高广大群众的交通安全意识和自觉守法意识。全体联合执法人员切实做到严格、公正、文明执法,在查处过程中积极使用执法记录仪等设备进行取证,树立了良好的形象,规范景德镇市道路客运市场秩序,保障人民群众生命财产安全。

(刘 苑)

【萍乡市交通运输局履职尽责、依法行政】 萍乡市交通运输局始终将法治政府部门建设作为一项全局性和长期性的工作来抓,认真履行"第一责任人"职责,以法治思维和法治方式助推交通运输高质量发展,不断健全完善重大行政决策工作机制,全年未发生重大违法行政案件。推进"双随机一公开"抽查制度化、规范化,持续做好"互联网+监管"。加强重点领域执法力度和行政执法监督力度,严格落实交通运输行政执法公示、全过程记录和重大行政执法决定法制审核制度,进一步规范行政执法自由裁量权。建立交通运输行政执法与刑事司法衔接机制,健全完善交通运输执法机关与刑事司法机关信息共享、案情通报、案件移送制度,实现行政处罚和刑事处罚无缝对接。持续强化执法队伍建设,严格落实执法人员资格准入和岗前培训制度,实施执法人员动态管理,现有在编在岗执法人员全部通过网站向社会公布,接受社会监督。深入推进普法宣传,扎实开展国家宪法日、民法典等专题法治宣传活动,进一步营造全系统学法、懂法、守法、用法的浓厚氛围。全力推动"一次不跑""只跑一次"改革,积极落实"网上办",将所有行政审批事项和依申请类政务服务事项纳入市公共政务服务中心窗口统一办理,做到了"一窗式"服务。完成16项"电子证照"前期准备工作,推动工程建设项目"六多合一"审批改革。编制政务服务事项办事指南,在省政务服务网和局网站等予以公布并接受社会监督。推动政务服务创新,制定了系列管理制度。推行局驻市政务服务中心窗口实行延时预约服务,方便群众办事。全年办理政务服务事项28422件,其中审批事项2632件,其他政务服务事项25790余件。

(萍乡市交通运输局)

【吉安市交通运输局积极强化法制部门建设】 吉安市交通运输局不断深化放管服"改革"。持续深化简政放权工作,积极开展容缺事项梳理,简化办事程序,积极开展"一次不跑""只跑一次"工作,目前共有"一次不跑"事项28项,"只跑一次"事项76项,共办理"一次不跑"事项14件,"只跑一次"事项2765件;全面加强事中事后监管,完成"互联网+监管"153个事项清单管理,调整检查名录库企业13家、检查人员名单8名,开展"双随一公开"监管工作,共完成9任务;持续提升服务水平,推行容缺受理审批工作,共梳理出60项可容缺事项,提升政务服务水平;及时组织开展规范性文件清理,规范交通运输部门制定的地方性法规、市政府规章、规范性文件和其他政策文件,修订出台《吉安市港口岸线管理办法》《吉安市网约车管理实施办法》。

切实加强信用体系建设。开展信用交通宣传月活动,建立交通运输信息共享机制,定期向市发改委报送企业的守法和违法等信息。建立交通运输信用评价制度和诚信"黑名单"制度,实行守信优待、失信惩戒。初步形成以交通运输信用信息的归集共享为基础,以交通运输信用信息的公示为方法,以相关部门协同监管、联合惩戒为手段,以提高企业自律、诚信意识为目的,激励与约束并举的长效机制。截至目前确定了"信用信息事项"16项,收集整理企业、车辆信息8000多条;累计对严重违章的道路客货运输驾驶员103人,列入"黑名单"管理。

(吉安市交通运输局)

【安福县交通运输局扎实推动"双随机一公开"工作】 安福县交通运输局扎实推动"双随机一公开"工作,落实执法"四统一"的工作要求,狠抓队伍建设,强化执法监督,执法公开,结合工作与创新并重,执法与服务并举的原则,提高交通运输行政管理能力和水平,促进交通法治建设,为加快发展该县现代交通提供可靠的法制保障。2020年该局通过"双随机一公开"的检查方式,共派出检查人员100多人次,随机抽取运输企业、驾培机构、维修业户等60户次,出动检查人员300余人次,排查出安全隐患100多处,隐患整改率100%,管辖范围内的运输行业保持稳定,未发生重大维稳事件及安全生产责任事故;加大力度整顿交通运输市场秩序,严厉打击非法营运、超限运输、货车非法改装和货车扬撒等违法行为。2020年处罚案卷共计347宗,其中治超案卷342宗(含联合执法案卷5宗),运政案卷5宗。

(吉安市交通运输局)

【抚州市交通运输局全面推进体制改革】 抚州市交通运输局严格交通运输行政执法从业资格管理。对交通运输行政执法的职权范围进行规范化的处理,基本完成了市级层面交通运输综合行政执法改革,抚州市道路交通运输行政执法支队和抚州市水路交通运输行政执法支队已组建完成。持续推进"四基四化"建设。严格履行《交通运输行政执法程序规定》,全面贯彻落实行政执法"三项制度",制定细化措施,逐步建立健全综合执法队伍制度体系、实施体系、监管体系和保障体系。落实双随机、一公开制度,加强监督,强化执法能力建设和执法监督。持续深化交通运输"放管服"改革。交通政务实现"一门、一窗、一次"办理,研究制定行政审批内部联审制度,积极推进掌上办,多措并举持续提升"赣服通"服务群众能力,打通指尖服务最后一千米,异地办事项达75项,实现率约70%,让更多事项由"最多跑一次"向"一次不跑"转型,群众足不出户就能办理便民事项。

(抚州市交通运输局)

【宜春市召开公路行政执法职能划转移交工作会】 12月11日上午,宜春市召开公路行政执法职能划转移交工作会,市交通运输局、市公路局、市委编办、市人社局、市财政局和各县(市、区)政府分管及交通运输局、公路分局等负责人参加了会议。在会上,市公路管理局与市交通运输局签署了宜春市公路行政执法职能划转移交备忘录,标志着宜春市交通综合执法改革进入到全面收尾的关键阶段。会议要求,共同落实好职能划转移交工作。已移交事权的县市,交通运输部门要尽快合理安排调度人员,加快工作融合,积极创造条件,确保公路方面转隶人员心安得下、事扛得起,保证有足够的执法力量将公路部门移交的事权担起来。在宜春早日形成权责统一、权威高效、监管有力、服务优质的交通运输综合行政执法体制,建设一支政治坚定、素质过硬、纪律严明、作风优良、廉洁高效的交通运输综合行政执法队伍,更好服务宜春经济社会发展。

(陈 欣)

【樟树城市公交职能移交交通运输部门】 12月18日,樟树市政府副市长黄云辉、李国平组织市政府办、交通运输局、城管、编办、财政、发改、审计、人社、公交公司等部门单位召开市城市公交管理职能移交会议,决定自2021年元月20日起,将城管局现行管理的11条城市公交线路以及城市公交车辆整体移交交通运输局管理,包括线路、班次、时间调整、运行监控、投诉信访、行政处罚以及财政补贴测算、发放预审,以及城市公交站台的建设、运营、维护等具体实施工作。今后城市公交线路规划设置、公交站台建设和命名、智能公交建设等相关事宜,由交通运输部门牵头,城管、住建、规划、交警、应急、公交公司等相关部门单位依据各自职能,加强部门合作,共同组织实施。

(王志勇)

【上饶市交通运输局深入推进法治交通建设】 上饶市交通运输局深化"放管服"和"一网一门一次"政务服务事项改革,政务服务事项实现"应进必进""一窗式"受办理和"一站式"服务。交通运输窗口连续五年被评为年度"优质服务窗口"。加强执法监督,规范执法行为,严格落实行政执法"三项制度"。认真做好过渡期间地方海事(船检)各项工作。

(上饶市交通运输局)

行政管理

【优化"三服务"工作】 厅办公室加大日常行政保障工作,加强对机关财务预算和采购管理,科学合理安排机关预算经费,提高资金使用效益。严格规范机关办公用品管理,规范机关办公用品采购、保管和领用工作,严格标准做好各项公务接待活动。加强与厅属单位及地市交通运输部门沟通联系指导,2020年11月份,举办了全省交通运输系统办公室业务培训班。抓好群众接待和群众上访诉求工作,确保了全厅信访秩序稳定。信访总量为237件批次/149件人次。初信初访办结率96%,停访息诉率达95%以上。每日制定《厅领导活动日程安排》,进一步合理、高效统筹厅领导会议及活动安排。加强与省委办公厅、省政府办公厅和交通运输部办公厅等单位联系,及时做好上传下达,传递时效信息。积极做好省领导走访国家部委对接工作,为厅领导争取项目、资金、政策提供周到服务。高标准做好重要文稿起草工作,全年共完成110余篇重要文稿起草。

(厅办公室)

【加强督查考核】 通过每月印发督查通报、提请厅务会听取重点工作汇报等方式,推动年度各项目标任务落地见效。出台《关于进一步加强政务督查工作狠抓重大决策部署落实若干措施的通知》,构建上下联动、左右协同、职责明晰、齐抓共管的大督查工作格局,让抓落实的鲜明特质在全省交通运输系统充分彰显。对"6+1"方案推进情况实行"月通报"制度,直面突出问题,狠抓推进整改。对省委省政府、交通运输部领导以及厅领导批示、交办事项列入必督项目。督办领导批示件46件,办结30件,正在办理16件。全年协调办结省委民声通道督办件25件,办结率100%。采取指标差异化方式,对各设区市交通运输局和厅直属各单位实施精准考核。

(厅办公室)

【政务工作亮点纷呈】 修订完善《江西交通运输政务信息工作办法》,组建了20个人的特约信息员队伍,提高政务信息质量和服务水平。2020年向省委、省政府和交通运输部办公厅报送信息523条,采用130条,得分排名情况分别进入省委办公厅、省政府办公厅和交通运输部办公厅先进单位行列。编发《江西交通运输信息》24期,采编基层各单位信息352篇,积极反映基层单位工作创新做法和意见建议。深入推进政务服务"放管服"改革,政务服务中心受理办结业务73016件,办件数量在省政务服务中心各派驻单位中排名第一。进一步加大公开力度,政府网站新增公开信息数3562条,处理公众留言699条。向交通运输部江西子站报送信息数3151条,向江西省政府信息公开平台报送信息数1287条。全年协调办结提案及建议共156件,办结率达到100%,满意率和基本满意率达100%,得到省人大和省政协办公厅认可。及时做好档案归档和移交工作,厅机关档案室新增档案1100件,资料7000余件。分别向省档案馆和省抗洪抢险应急指挥部移交320件疫情档案和82件抗洪档案。扎实做好《江西交通年鉴(2020)》和《江西省志·交通运输志(1991—2010)》的编撰工作。健全保密人员管理制度,全力做好涉密人员入岗入职、在岗在职、离职全过程保密管理。

(厅办公室)

财务审计

【统筹抓好资金筹措】 坚持多渠道筹集资金,保障交通运输建设和养护资金。

积极把握债券扩大规模机遇。一是积极申请政府收费公路专项债券,防范系统性债务风险。2020年已申请到收费公路专项债券额度60亿元,并已成功发行，期限20年，利率3.56%。二是成功发行江西省首笔水运项目政府专项债。2020年1月14日，赣江井冈山航电枢纽工程政府专项债成功发行，发行额度10亿元，债券期限10年，发行利率3.37%，实现了江西水运基础设施项目利用政府专项债资金历史"新突破"。三是8月份成功发行一般债券10亿元，用于普通公路建设，并于10月份发行再融资债券8亿元，用于归还普通公路到期本金。

支持三大公司开展多元化融资，开展相互贷款融资支持工作。一是支持省高速集团抓住市场利率持续走低的契机，多举措降低资金成本。截至9月底，省高速集团本年累计实施各项融资769亿（含60亿专项债），直接间接融资方式并重，融资手段品种丰富。上半年省高速集团积极抓住国家出台的多项疫情融资政策，向各金融机构争取疫情优惠贷款，获得多家银行优惠贷款超30亿元，发行疫情债券12亿元，省高速集团200亿公司债券注册申请获证监会批准，是目前省内注册规模最大的公司债券。通过存量项目贷款利率LPR转换，大幅节约财务成本，预计每年可节约财务费用超过1亿元，二是支持省港口集团拓宽融资渠道和规模，保障水运建设资金需求。省港口集团今年累计完成融资62.25亿元，其中：争取财政性资金10.88亿、通过银行贷款等间接融资方式筹集31.37亿元、通过公司债等公开市场直接融资方式筹集20亿元。目前，省港口集团正在协调评级机构进行外部评级，争取实现首次AA+评级。三是支持省公路投资公司开展融资工作。省公投公司今年累计融资42亿元。省公路投资有限公司自成立以来已与国开行江西省分行签订九批贷款合同，贷款合同金额合计113.6亿元，已累计提取贷款并投入普通公路建养项目60.43亿元。四是推动省高速集团、省港口集团、省公投建立贷款融资支持战略合作关系。目前，三方已签订融资支持战略合作协议。

（厅财务处）

【强化预算管理工作】 加强预算监管，进一步加强预算执行力。一是加快预算执行。要求各厅属预算单位分部门、分项目落实预算执行工作任务，实时掌握各厅属单位2020年预算执行情况，监督各厅属单位严格按照压减支出后的预算执行，减少结余结转资金。目前，各单位预算执行情况良好。

二是落实省政府过紧日子要求，部署召开了贯彻落实严把财政支出关口坚持过紧日子专题会议，层层传导过紧日子压力，大力压缩一般性支出，2020年压缩全厅会议费、差旅费、培训费以及三公经费等支出共计498.47万元，压缩支出资金重新安排，用于安全管理等其他急需的刚性支出。三是布置厅属预算单位做好实有账户资金清理自查工作，经自查，各单位共上报实有账户143个，形成了规范预算编制和开展资金清理相结合的常态化管理模式。

盘活存量资金，提高资金使用效率。清理普通公路未开工建养项目省级补助资金14977万元，其中收回未开工项目省级补助资金6851.64万元，推动8125.36万元省级补助资金未开工项目开工建设，清理2019年及以前年度普通公路建设项目车购税资金23454万元，通过收回资金进一步传导推进项目建设压力，有效提高资金使用效益。

进一步推进全面实施预算绩效管理。完成了"车辆购置税收入补助地方"等5项中央对地方专项转移支付绩效目标自评、2019年度部门预算项目支出绩效自评工作、部门整体支出绩效评价工作。各项自评情况良好，基本实现了年初设定的目标。同时，持续扩大绩效运行监控范围，实现了200万元以上项目绩效运行监控全覆盖。

加强信息化建设，提高财务管理水平。一是继续完善财务信息化平台建设，完成网上报销模块的优化工作，把事前审批、费用报销等经济事项逐一落实到各个节点。二是进一步完善固定资产管理信息系统，以信息中心为试点单位，对实物资产标签化管理，将所有固定资产贴上标签，实现了一物一码管理。

（厅财务处）

【推行会计集中核算制】 成立会计集中核算中心，对集中在交通监控大楼办公的厅本级、规划办、信息中心、厅后勤中心、联网中心、档案馆等6家单位实行会计集中核算。一是加强制度建设，制定了《江西省交通运输厅会计集中核算管理办法》。二是加强对日常报销的管理力度，针对差旅费报销、其他费用报销、按照合同管理的业务分别制定了报销单，进一步规范了会计核算和财务管理。

（厅财务处）

【加强收费管理】 做好取消普通公路收费后续补偿工作。做好取消普通公路项目收费后续补偿工作,进一步督促南昌、赣州、新余、景德镇市加快取消普通公路收费项目后续补偿有关的审计认定、谈判补偿等工作。完成了抚州市东临公路项目取消收费补偿相关工作,推动湘官一级公路取消普通公路收费后续补偿工作,保障公路投资主体的利益。

落实高速公路通行优惠政策,推进高速公路差异化收费。一是落实鲜活农产品运输"绿色通道"、重大节假日免费、ETC卡支付优惠等多项优惠政策,1—9月共计减免通行费76.97亿元。根据交通运输部统一部署,自2月17日零时起至5月5日24时,免收高速公路车辆通行费。其中疫情期间,免收车辆通行费61.5亿元,免费放行5959万辆次车辆,极大降低了物流成本。二是积极推广高速公路差异化收费,出台了三项差异化收费政策,分别为:继续对昌栗高速公路实行货车8.5折优惠、自2020年1月1日起在广吉路吉安支线、铜万、井睦、祁浮、泰井5条高速公路开展分时段差异化收费试点,在凌晨到4点对合法装载的货车,实行通行费8.5折优惠、对江西省高速公路部分车型实行差异化收费。

加强收费服务保障工作。处理2起收费舆情,处理与收费有关的信访件2起。走访座谈快递行业、危化品运输企业,听取对江西省收费服务有关的意见建议。配合高速公路处做好收费公路统计公报工作。会同省发展改革委、省财政厅等部门批复增设昌栗高速桐木收费站,昌金高速公路分宜收费站移站,宜丰联络线项目设站审批。

(厅财务处)

【加强企业监管】 完成了划转部分国有资本充实社保基金工作。按照省委省政府有关文件精神,将省高速集团国有股权的10%划转至江西省行政事业资产集团有限公司,修订了省高速集团《公司章程》,做好了国有股权划转工作及国有资产产权变更登记,完成了省高速集团作为首批非国资委监管的省属国有企业之一划转部分国有资本充实社保基金工作。

做好企业改革方面工作。完成了对省高速集团支持昌铜公司持续经营方案、慧通公司划入省交通科研院、江西交通职业技术学院所属企业体制改革工作实施方案的批复工作。

做好企业管理日常工作。完成了2020年国有资本经营预算编制、2019年度国有企业财务会计决算报告编制、企业月报报送等工作。同时组织厅监管企业上交2020年度国有资本收益20323.4万元。

【强化政府采购管理】 做好运用政府采购政策助力脱贫攻坚相关工作。一是拓宽销售渠道。落实各单位组织定点帮扶村扶贫产品入驻网络平台,积极运用网络平台提高贫困地区农副产品宣传推介力度。二是强化采购力度。定期监控采购情况,提升各单位采购贫困地区农副产品的预留份额,督促加快采购进度,截至目前,全厅46个采购账号均已激活,预留采购份额85万元,较年初提高6.85%,已完成交易额102.21万元,较上月底提高34.2%,已超额完成采购。

强化政府采购预算管理,保障项目实施。一是积极调整政府采购预算,保障项目顺利实施,通过与省财政厅沟通,争取了一次追加调整机会,为省普通干线路网运行监测与应急处置平台(二期)等6个项目办理了调增政府采购预算手续,累计调增政府采购预算2.43亿元。二是规范信息化项目预算管理,加快预算执行,2020年1—9月,14个信息化建设项目计划支出12603.79万元,实际支出11553.14万元,支出计划完成率91.66%。

做好政府采购项目日常监管工作。通过政府采购信息统计系统和江西省公共资源交易系统,做好政府采购项目日常的信息统计、计划审批、合同备案等工作。

(厅财务处)

【做好重大决策落实情况跟踪审计】 为推动省厅"6+1"实施方案及重大决策部署的贯彻落实,厅审计处对全省交通建设项目实施跟踪审计全覆盖。今年全省纳入跟踪审计的项目投资总额1949.80亿元,其中:高速公路项目9个,水运项目15个,综合客货运枢纽项目5个,普通国省道项目321个,农村公路项目498个。建立全省交通建设项目跟踪审计定期报告机制,推动全省各设区市交通运输局、公路局及厅属建设项目单位对所属建设项目每月进行跟踪审计。厅本级负责完成了铜万高速宜丰联络线、大广高速南康至龙南扩容段、信江八字嘴及双港航电枢纽、界牌船闸改建、技工学校校建二期房建工程等6个项目的跟踪审计。

(厅审计处)

【开展建制村通客车专项审计】 重点对退坡专项资金用于农村客运情况进行审计。通过下发《江西省交通运输厅办公室关于开展建制村通客车跟踪审计工作的通知》,全面部署专项审计工作。一是要求各设区市交通局报送自查报告进行全面摸底,二是省厅派出四个审计小组于8至9月对全省11个设区市38个县区开展了现场审计调查,共审核退坡资金12.19亿元,发现了专项资金沉淀、数字通车、台账管理不规范等问题。并对建制村通客车两项机制的建立及运行情况进行全面摸底,将审计成果与相关处室共享,为进一步加强行业监管提供助力,为建立建制村"双通"长效机制提供信息支撑。

(厅审计处)

【开展对2019年全省交通扶贫资金专项审计调查"回头看"】 按照部财务司统一部署,对交通扶贫资金专项审计调查开展"回头看",强化对审计发现问题的整改落实。通过汇总各设区市交通局、公路局开展"回头看"自查报告及问题整改台账,并经核实,全省审计发现问题30项已完成整改26项,其中地方建设资金未能按时足额到位、长期借款未收回等4项问题尚未完成整改,将持续追踪整改情况。

(厅审计处)

【开展已完工建设项目的竣工决算审计】 完成南昌龙头岗综合码头一期工程、九江水上应急指挥中心项目及配套工程竣工决算审计,审计金额总计99763.58万元,审计核减节约投资成本3161.42万元。初步完成省交通监控指挥中心项目竣工决算审计,审计核减节约投资成本126.76万元,并将进一步报送省财政厅审核后,办理概算调整和竣工验收手续。已完成省公路局科技综合大楼竣工决算审计报告初稿,预计可节约项目投资成本160万元。江西交通职业技术学院第二批校建项目竣工决算审计已进点开展,预计在今年12月底前完成,可在规定的时限完成对该项省委巡视反馈意见的整改任务。对已具备竣工决算审计条件的昌宁、昌栗、船广、安定及定南联络线等重点工程项目,省高速集团已完成公开招标委托社会审计机构开展竣工决算审计,目前各项审计工作正在有序开展。

(厅审计处)

【开展信息化项目竣工决算审计及过程跟踪审计】 对"十三五"信息化建设已完工项目,根据项目建设单位申请,及时安排竣工决算审计。今年完成了省运管局交通运输物流公共信息平台及危险货物道路运输安全监管系统项目、省交科院交通运输环境监测网络试点工程等项目的竣工决算审计。有序开展对省联网中心"一中心三平台"9个信息化项目的竣工决算审计,其中:智慧交通云平台及高速公路骨干通信网升级改造项目已完成现场审计,其余项目将按竣工验收流程逐一开展。对尚未验收的信息化项目,抽取部分重点项目进行跟踪审计。今年开展了对省联网中心高速公路货车ETC及标准化ETC专用车道改造工程、高速公路联网收费路径识别系统升级改造工程等项目跟踪审计工作。审计发现了信息化项目普遍存在系统平台功能与设计建设方案不符、系统集成度使用度不高、清标流程缺失等问题,摸清省厅信息化建设方面存在的短板,并为进一步规范信息化建设提供依据。

(厅审计处)

【稳步推进领导干部经济责任审计工作】 根据年度审计工作计划及厅组织人事处委托,已完成对厅办公室主任、省交通科学研究院院长、厅外经办主任、省质监局局长、省港投公司总经理、省路政总队总队长,抚州、吉安、赣州高速路政支队支队长,省港航管理局界牌航电枢纽管理处处长、省港航管理局吉安分局局长、省运管局后勤中心主任等12名同志的离任经济责任审计及省港投公司董事长的任中经济责任审计工作,并出具审计报告。对审计发现存在的内控建设不完善、资产管理不规范、项目管理不合规、预算资金使用不规范等问题,督促被审计单位按要求进行整改,对部分涉嫌违纪的问题正在进一步梳理形成专报移送相关部门处理。

(厅审计处)

【全面推进预算执行及财务收支审计】 按照"三年一审"的要求,全面推进对厅属单位预算执行及财务收支审计全覆盖。今年安排了对省公路局、省港航局、省运管局、省交通质监局、省交通科学研究院、省路政总队等6个厅属二级单位的预算执行及财务收支审计。目前已完成审计出具审计报告的单位3个,完成现场审计工作的3个,正在对审计报告征求意见。审计发现厅属单位普遍在预算安排、项目资金使用绩效、资产管理、政府采购、往来账清理核销等方面存在的问题。

（厅审计处）

【推进审计信息化平台建设】 为推进全省交通运输行业审计工作信息化,已争取审计信息化平台项目纳入省厅"十三五"信息化建设项目。今年开始搭建并统筹推进审计信息化平台系统,已完成门户搭建部署及功能模块安装、静态资料收集及分析、首轮系统演示测试及需求调研分析沟通等相关工作,目前系统进入试运行阶段,将在年内实现系统正式上线应用。按照审计信息化系统建设方案,该平台涵盖厅本级内部审计工作全流程,包括决策支持系统、审计管理系统、在线作业系统三大模块,可实现项目审计日常监管、档案管理、考核评价等内容,进一步提高工作效率。

（厅审计处）

【宜春市交通运输局建立全市交通建设项目跟踪审计机制】 按照省交通运输厅要求,该局从2020年4月起对全市108个重点项目进行跟踪审计,其中县道升级改造项目29个、乡道双车道改造49个、窄路面拓宽改造项目30个。要求各县市区根据本单位的项目管理职责,对照交通建设项目审计清单,每月20日前向市局财审科报送交通建设项目跟踪审计情况月报表。审计要点有项目建设进度、资金到位及使用、项目管理等方面存在的问题,分析项目进展缓慢的原因,了解项目建设所遇到的用地、融资、人员、材料供应等方面存在的困难,资金使用方面是否真实、合法、合规及绩效评价情况,项目管理方面是否执行了基本建设程序、招标管理、合同管理等规定。截至2020年12月,108个重点项目中有完工项目59个、在建34个、未开工9个（县道升级项目8个、乡道改造项目1个）、预调整计划5个,项目未开工原因有:财审、招投标工作缓慢影响工程进展;土地使用权限报批问题影响开工。要求各地交通运输局强化责任担当意识,与当地政府协商,多措并举筹措配套资金;加快推进项目招标等各项审批手续,推动项目尽快开工。

（李汇瑶）

【樟树市交通运输局强化政府采购管理】 一是进一步健全完善政府集中采购内部各项管理制度和运行机制,所有采购实行2000元以内分管领导审批、2000—20000元主要领导审批,20000以上集体讨论决定制度。局办公室负责具体执行,财审科进行监督。二是加强法律法规学习,正确理解和把握政府采购法,严格执行《江西省县市区2020年采购目录》要求,规范采购操作管理,对每种采购方式制定出详细明确的工作流程,确保采购人员依法依规实施采购活动。三是严格采购行为监管。严格按照财政、国资等部门要求,进行采购时先向市国资中心申请审批,再到财政采购部门进行备案,优先从宜春市政府采购电子商城进行采购,必要时进行公开招投标,采购情况及时录入地方政府采购信息系统,接受监管。

（邓杨飞）

【靖安县交通运输局切实规范公务接待用餐管理】 一是规范公务消费平台管理,公务用餐专人预先登记并录入公务消费平台,三天内分管领导对录入单审核完成;二是认真遵守公务接待规定和要求,做到"五个不准",即:不准到平台以外餐点用餐,不准超陪客人数要求,不准超消费标准,不准上烟酒野味等名贵菜品,不准铺张浪费。三是严格报账手续,公务用餐报支严格实行"五单"审核报账,即接待公函+审批单+商家明细账单+消费发票+公务卡消费刷卡小票,分管领导把关审核后,四人签字方可报销出账。

（余久明）

【宜丰县交通运输局多措并举狠抓农民工工资清欠工作】 一是成立组织机构,压实工作责任。成立以局长任组长,分管领导任副组长,局属各单位、股室主要负责人为成员的保障农民工工资支付工资领导小组,并设立办公室,落实专门人员负责农民工工资清欠工作,全面压实工作责任。二是开展专项整治,认真整改问题。按照"分片包路、分人定责"的原则,认真梳理全县交通建设项目,组织干部深入到各项目办开展欠薪摸排工作,对农民工实名制、农民工工资保证金收取、农民工工资专用账户以及农民工工资直发等制度落实情况进行专项清理,开展专项督查2次,督查建设项目13个,对发现的问题及时书面通报相关单位,督促责任单位认真整改。三是加大法制宣传,畅通举报渠道。深入开展送法进工地活动,张贴宣传标语、悬挂横幅30余幅,提高广大农民工运用法律手段维护自身合法权益的能力。同时,严格落实项目信息及举报电话公示制度,公开农民工维权投诉举报电话,积极受理、办理涉及农民工权益保障的投诉举报。

(漆志勇)

交通建设管理

【**统筹抓好全省交通建设领域疫情防控和复工达产工作**】 全省交通建设领域在实现工地零疫情的同时,2月下旬在建项目实现100%复工,3月上旬所有施工标段100%复工,3月中旬厅管重点项目日产值基本恢复至正常水平。一是严格落实工地疫情防控措施,分别向交通运输部、省重点办申请解决口罩8万个,制定印发了《江西省交通建设项目工地新型冠状病毒感染肺炎疫情防控指南》,获得交通运输部在全国交通运输系统转发推广。二是全面推行在线办事,建管处负责实施的行政审批事项全部实现一次不跑、在线办理。三是加速项目招标,提前介入指导招标文件编制,南昌交易中心恢复提供服务后的一个月内完成招标累计达到60亿元。四是出台援企措施,明确项目单位可以合理承担疫情防控费用,疫情防控有关投入纳入工程建设成本,要求项目单位合理提高支付比例,加快资金支付。

(厅建管处)

【**助力项目建设提速**】 一是加大协调力度,厅分管领导多次带队赴有关部门沟通协调,推动宜遂EPC招标方案审批、祁婺施工接电、大广压矿赔偿、9个项目水保验收、7处涉铁工程推进等难点问题得到解决。二是加大放权力度,对养护工程招标,以及省高速集团、省港口集团限额以下招标取消事前备案,加快招标进度,确保了二季度"井喷式"的迎国评养护招标顺利推进。三是简化审批流程,加速审批速度,施工许可前置审批关系由"串联"改为"并联",全面落实容缺审批制度。

(厅建管处)

【**助力优化营商环境提速**】 全面开展交通建设领域工程建设项目审批制度改革,进一步优化了非重大公路水运工程审批流程,简化审批程序,压缩审批时限,编制了《江西省非重大公路水运工程建设项目审批全流程图示范文本》(以下简称《范本》),做到了审批时限能压尽压,审批流程能优尽优。同时在《范本》的基础上,制定了《江西省非重大公路、水运工程建设项目审批各阶段办事指南、申请表单、申报材料清单示范文本》,做到了"一个阶段一张清单一张表单",方便项目建设法人能知晓非重大公路水运工程全审批阶段需办理的审批事项及提交的办事材料。

(厅建管处)

【**完善施工分包管理制度与招投标监管制度体系**】 将分包企业纳入信用评价,完成《公路施工分包人信用评价实施细则》并经厅务会审议,修改完善后将印发实施;印发了《信息化项目招标标准文件》,已拟定《江西省交通工程电子招标投标管理办法》,正在征求意见,正在拟定《江西省水运工程施工监理招标示范文本》和《江西省水运工程勘察设计招标示范文本》。

(厅建管处)

【**推进平安百年品质工程**】 编制了《江西省交通强国建设试点—打造"平安百年品质工程"示范工程实施方案》,方案明确了公路水运工程标准化设计、工程耐久性提升、工程数字化建管等24项具体工作任务和46项预期指南、标准等成果,方案获得交通运输部评审得到充分肯定。积极推进典型示范工程,德州至上饶国家高速公路赣皖界至婺源段项目开展了四项绿色生态公路设计专题研究。

（厅建管处）

【推进民生实事加快落实】 启动了全省交通建设领域涉民生问题排查活动，依托厅门户网站开通交通建设项目涉民生问题网上反映专栏，有序推进项目自查阶段各项工作，形成民生问题清单台账，正在编制《江西交通建设领域涉民生问题管控手册》，为今后全省交通项目民生问题的管控提供参考标准。贯彻落实国务院年初出台的《保障农民工工资支付条例》，组织开展了条例线上培训，将农民工工资保障最新要求纳入招投标管理制度。

（厅建管处）

【推进竣工验收管理工作】 为解决试运营项目竣工验收滞后问题，开展了全面摸排工作，召开了专题调度会，督促省高速集团等项目法人单位采取切实有效措施，进一步压实工作责任，细化节间点节，加快专项验收、缺陷修复、审计等工作。今年以来完成了金抚项目、昌九改扩建通远段、昌樟改扩建项目、李渡互通4个项目的竣工验收，目前船广、安定及定南联络线等7个项目已基本具备竣工验收条件。

（厅建管处）

【赣州市交通运输局推进全市交通建设管理工作有力有序开展】 一是加大工程建设和综合协调力度，扎实做好"六保六稳"工作。聚焦交通运输工程建设领域，组织开展项目建设涉民生问题全面排查。二是完善制度，加强建设管理制度建设。建立健全了29项相关管理制度，进一步加强公路规范运行和工程项目管理，确保公路领域的安全和项目建设的规范。三是抓好工程项目监管，规范招标市场。建立全市招标项目台账管理制度，促进赣州市交通工程招标工作进一步规范。四是统筹安排，推动项目竣工验收工作。完善项目基本建设程序，督促项目建设单位及时提交竣工验收申请，摸排制约竣工验收存在的困难问题，研究具体解决措施。五是依法履职，认真按时完成各项行政审批、许可等工作，推进全市交通建设管理工作有力有序开展。

（赣州市交通运输局）

【宜春市交通质监站全力加强全市农村公路及桥梁建设工程在建项目质量管理】 宜春质监站从5月11日开始，在宜春辖区开展为期一周的农村公路及桥梁建设工程在建项目质量安全抽查。一是划出抽查范围。这次抽查范围重点放在各县（市、区）大桥建设项目、三级以上（含三级）公路建设项目、部分中、小桥梁建设项目。二是明确抽查内容。抽查内容重点放在在建桥梁及公路项目参建单位质量安全管理行为、工程实体质量、施工工艺、安全生产（含施工安全、电气安全）、试验检测、监理工作等方面。三是突出抽查方式。这次抽查，由分管领导带队，抽调了公路处、质监站、检测中心等人员组成了两个检查组，采取了"四不两直"的方式对各在建项目就重点内容进行了抽查。据统计，此次共对宜春辖区在建农村公路及桥梁建设工程在建项目45个进行抽查。质监站将针对抽查发现问题的在建项目将建立台账资料并下发通报，并督促整改，市站对整改情况作逐一销号处理。

（宜春交通质监站）

【铜鼓县交通运输局加强项目招投标监管】 2020年铜鼓县农村公路招投标项目共计32个，其中线上电子标4个（施工单项合同估算价400万元以上电子标2个，400万元以下电子标2个），施工单项合同估算价400万元以下邀请招标28个。为确保工程招投标活动依法依规进行，一是严格履行招标文件审查制，重点审查投标资质、人员、业绩等条件，核查对不同所有制企业设置的各类不合理限制和堡垒问题，杜绝以不合理条件限制或排斥潜在投标人行为。二是加强项目招投标事中事后监管，依法依规进行投诉件的查处。今年受理投诉件1起，为10月14日进行招投标的高桥乡胆坑至大感桥县道升级改造项目，投诉人质疑第一排序人项目负责人有在建工程问题，经询证涉事项目当地交通主管部门并由其提供相关佐证材料，该事件已得到了有效及时处理。

（丁　平）

【上饶市交通工程质量监管不断加强】 上饶市交通运输局着力抓好"平安工地"创建及"施工安全标准化"推广，创建农村公路市级品质工程项目9个，江西省平安百年品质工程推进会在上饶市婺源召开。持续发挥"刷脸考勤"作用，加强对关键岗位、关键人员的监督管理。对上饶市近三年完工农村公路质量情况进行抽查。开展"高空坠落"应急演练。开展上饶市在建交通建设项目质量安全行政执法综合大检查。上饶市和德兴市列入江西省"智慧质监"试点。

(上饶市交通运输局)

公路交通管理

【省公路局"四联"做好防疫防控＋保通保畅工作】 自新冠毒肺炎疫情发生以来，省公路局深入学习贯彻落实习近平总书记关于疫情防控的重要指示批示精神，坚决落实党中央、国务院决策部署，在省委省政府和省交通运输厅的坚强领导下，坚持把防疫防控作为当前首要任务抓紧抓实抓好，迅速响应，成立了应对新型冠状病毒感染肺炎疫情工作领导小组，科学组织、有序开展，联通联动、联防联控，抓好防疫防控＋保通保畅工作，确保全省普通公路路网运行安全平稳有序，取得了防疫防控和保通保畅阶段成效。

路网联通无阻，信息联动顺畅。疫情发生以来，省公路局按照"一断三不断""三不一优先"的总体要求，多措并举，全力保障普通公路通行顺畅。2月2日、5日，省公路局连续下发了《关于切实保障疫情防控应急物资运输车辆顺畅通行的紧急通知》《关于进一步做好普通国省干线公路疫情防控和保通保畅等工作的通知》，要求全省各级普通公路管养单位按照交通运输部"一断三不断"要求，对未经批准擅自设卡、拦截、断路等阻断交通违法行为，积极向当地党委、政府报告，依法恢复正常交通秩序，切实保障节后返程和疫情防控期间普通公路正常通行。为及时、全面掌握全省普通公路疫情防控和通行保畅情况，各地市每天11点前向省公路局汇总《国省干线疫情防控和通行保畅日报表》《农村公路疫情防控和通行保畅日报表》，收集汇总拥堵信息，分析原因，及时指导调度，同时利用沿线情报板，微信、公众号等多种方式发布路况信息。截至2月12日中午，国省干线公路阻断为零。

以点带线联防，以线织网联控。针对普通公路线长、面广的特点，各地公路部门在保障交通顺畅的同时，积极配合当地政府联防联控阻断疫情传播渠道。积极配合农业农村、市场监管等部门，认真做好活禽运输的查验和禁运工作，保障所有应急救援车辆以及应急医疗物资、生产生活必需品运输车辆的顺畅通行，联防联控防范疫情扩散，为保障物资流通筑起了安全防控网。战"疫"还在进行，保通保畅在进行中。面对返程人员高峰期、防疫防控关键期，全省公路部门三管齐下，抓疫情防控、抓保通保畅、抓项目复工和开工，确保"防疫防控、保通保通、公路工作"不间断。

(路 宣)

【新余市交通运输局严查长途客车"宰客"等乱象】 连日来，针对媒体报道的长途客车"宰客"等乱象，新余市道路运输管理处迅速开展联合执法工作，依法依规严处相关行为，同时深刻吸取教训，结合春运工作部署道路客运专项整治，切实加强行业监管，督促辖区内客运企业履职尽责、依法经营、诚信服务，为旅客提供"安全、畅通、有序、温馨"的出行服务，切实保障旅客的合法权益。

1月17日上午，为进一步规范新余市道路运输长途客运经营行为，杜绝擅自变更线路、强行旅客消费等违法违规现象，新余道路运输管理处执法人员重拳出击，对辖区高速公路出口沿线的就餐点进行深入摸排，并迅速锁定隐蔽在分宜县高速公路出口附近的交通饭店和渝水区罗坊高速公路出口附近的荷园饭店存在长途客车就餐、停车休息现象。下午，新余市道路运输管理处即联合市场监管、应急等部门对荷园饭店开展监督检查，市场监管部门立即对荷园饭店无证经营行为进行了现场取证，但现场未发现有客运车辆停靠。

1月17日晚，新余市运管处再次对分宜高速公路出口附近交通饭店开展突击检查，现场查获违规经营客运车辆3辆,对其证件进行了证据登记保存。

18日凌晨,新余市道路运输管理处组织辖区运管所开展了对罗坊高速出口的荷园饭店联合执法,现场查获违法客运车辆1辆,对其证件进行了证据登记保存。

截至18日凌晨,新余市共查获违法违规长途客车5辆,联合市场监督部门查获高速路口非法经营饭店2家,进一步净化了春运道路运输市场环境,还旅客一个安心舒适的春运旅程。

(钟 磊)

【奉新路政开展国省道公路沿线路域环境整治】3月19日至20日,奉新公路分局组织路政人员对管养的国道354线奉新至干洲段、奉新至上富段和省道518线天工大道段公路沿线违法条幅广告进行一次集中清理,共清除各类违法条幅广告21条,拆除违法非公路标志牌3块,切实净化国省道公路沿线路域环境,为公路"美容"。该局路政执法大队在每天抽调两名路政人员到社区参加防疫卡点值勤的同时,加强上路巡查,针对公路沿线出现违法设置条幅广告较为普遍的现象及时进行处理,既维护了路产路权,又消除了交通安全隐患。

(帅德平 龚付生)

【丰城治超站召开治超工作部署会助推复工复产】为维护公路交通运输秩序,有序促进复工复产,服务社会经济发展,3月26日上午,丰城治超站召开治超工作部署会。会议要求,一要持续保持治超工作严管严控的高压态势,在保障疫情防控物资运输安全畅通的前提下,以严厉打击短途超限超载为重点。加大国省干线巡查频率,对已经开工运行的企业和上路运输的货车进行严格治超管控。二要加强安全防范,保障安全治超,执法人员做好各种防范措施,提高各自安全意识。同时,加强执法车辆的维护管理,排除安全隐患,保证安全执法。三是强化执法风纪,执法人员必须严格执行治超各项规定,做到规范执法、严守纪律,杜绝违法乱纪行为的发生。四是严格遵守考勤制度,不得无故迟到、早退,请假期间要保持通信畅通,严肃处理工作期间脱岗、离岗等行为。

(丰城公路分局 欧阳榕军 刘 赞)

【新余市交通运输局严厉查处非法营运车辆】3月26日下午,市交通运输综合行政执法支队执法人员深入一线对"无证"非法运营车辆开展专项整治行动,执法人员在高铁北站巡查时,查处违规营运网约车1辆,并对司机进行行政处罚。

执法人员巡查时,发现有一辆赣K(蓝)众泰牌小轿车涉嫌非法营运,随后到渝水区劳动北路与沿江路交叉口进行设卡拦截。经检查发现,李某某为该车驾驶员,车辆他为本人所有,车上有一名乘客,是从新余北站前往仙来东大道电信营业厅的,司机通过打车出行软件联系接单,司机出示的从业资格有效,无经营许可证明,未取得经营许可,驾驶车辆属未经许可擅自从事网约车经营活动。在证据面前,驾驶员对通过打车平台接单,违规从事网约车事实供认不讳。随后,执法人员对驾驶员进行了批评教育,要求当事人在未取得合法手续之前,不得擅自从事网约车经营。

网约出租汽车必须要取得相关经营许可,办理道路运输证,驾驶员也要取得相应的从业资格证,未达到条件的属于非法营运。当"网约车"乘客发现线上提供服务驾驶员与线下实际提供服务驾驶员不一致或驾驶员违反规定,可以通过12328热线进行举报,来保障乘客的权益。

据悉,截至目前累计查获非法营运车辆48辆;查获违规接单网约车4辆;移交交警私自改装私家车1辆;查获异地经营出租车1辆;未按规定注册的出租车驾驶员6人;未获取从业资格证驾驶出租汽车1人;公安机关行拘阻碍执行职务2人。

(廖小武 周春根 钟磊)

【高安治超站严查货运车辆恶意超限超载违法行为】为进一步加强复工复产期间道路交通安全隐患治理工作,高安治超站于4月9日凌晨1点开展夜间联合检查行动,严查货运车辆恶意超限超载违法行为。经过公路、交警、交通共12名执法人员的通力合作、联合奋战,此次行动共查获超限超载货运车辆8辆,其中"百吨王"2辆,最重一辆核载49吨的货车车货总重竟达到了126.04吨。

(杨 武 熊田芳 杨金华)

【婺源公路分局开展路域环境整治行动】4月9日,婺源公路分局积极开展路域环境整治行动,对管辖的普通国省干线公路沿线顽固"非标"进行了大清除。

在公路两侧用地范围内设置非公路标牌，不仅"抹黑"了路容路貌，还存在较大安全隐患。为预防和减少道路安全事故，进一步美化路域环境，该局路政执法人员对在公路边违规设置标志牌的业主进行了公路法律、法规的宣传教育，详细讲解了设置公路"非标"的危害，劝导当事人自行纠正违法违规行为，对劝导无效的，予以强制拆除清理。据统计，当天共拆除 G237 济宁线和 S303 浙临线等公路沿线 30 余块非公路标志牌，路域环境得到进一步净化，道路安全隐患被消除在萌芽状态。

（俞群超）

【**全省普通国省干线公路迎"国评"视频调度会召开**】 为加快推进迎接交通运输部"十三五"全国干线公路养护管理评价各项准备工作，4月16日下午，省公路局组织召开全省普通国省干线公路迎"国评"视频调度会。省交通运输厅党委委员、副厅长王昭春出席会议并讲话，省公路局局长、迎"国评"领导小组组长曾晓文对下一阶段工作作部署，省交通运输厅公路处处长朱晗出席会议，局一级调研员、"迎评办"主任陶久选主持会议，局一级调研员王林水出席会议。

王昭春指出，近 4 个月来，全省公路系统积极作为，不等不靠，主动担当，全面启动了迎"国评"各项工作，尤其是克服了抗击疫情的困难，总体上朝着预定的目标与时间节点推进，取得了初步成效。

王昭春强调，当前，全省迎"国评"各项准备工作已经全面进入决战阶段，各级交通公路部门务必提高政治站位，迎难而上，咬紧目标不放松，采取坚决有力措施，努力提高公路管理和路况水平。

王昭春要求，一要坚持全省一盘棋，齐心协力迎"国评"。全省各级交通公路部门要站在讲政治的高度，齐心协力找差距、补短板、促提升、出亮点。坚决杜绝"木桶"效应，各项工作要补齐短板。进一步压实责任，统一思想，把迎"国评"工作作为 2020 年的首要任务和中心工作，切实把思想和行动统一到省厅的安排部署上来，形成各司其职、协调一致、齐抓共管的工作格局和强大合力。二要坚持上下一心，攻坚克难迎"国评"。倒排工期抢进度，按照省厅"三大攻坚行动、三大提升工程"落实细则明确的任务指标，确保 8 月底前完成养护各项目标任务。同步推进抢时间，各项工作要同步推进，交叉进行。多方努力筹资金，要创新思路，拓宽筹资渠道，做好资金保障，积极与地方政府汇报，解决地方政府自筹部分的资金。三要坚持内外兼修，全面提升路况水平和治理能力。要充分调动各设区市的积极性，省厅将对各地各有关部门干线公路养护管理，包括迎"国评"实行奖惩机制，将各设区市目标完成情况纳入年底省委省政府对市县高质量发展综合考核评价范围。强化监督检查，省厅和省公路局将开展督查，督查情况作为省级补助资金拨付依据。着力改善路域环境，各设区市公路局要督促地方政府落实主体责任，力争今年底前均制定出台普通公路实行"路长制"实施意见，形成"政府主导、行业牵头、部门联动、社会参与"的养护管理工作格局。保持治超工作高压态势，严厉打击公路"四违"现象，为人民群众营造"畅安舒美"的公路出行环境。着力建设人民满意公路，加强迎"国评"宣传工作，讲好公路故事，通过提升路况水平、管养水平、服务水平，不断提升公众满意度和获得感。

曾晓文对下一阶段的迎评工作进行了部署，一是提前备足施工原材料。为保障项目工程进度和质量打下有利基础，省局将每半个月对各地备料情况进行一次精准调度，实时掌握全省备料情况。二是加快提升公路路况水平。各地加快推进路面养护工程项目前期工作，加大工料机投入，抢抓晴好天气加班加点施工，加强公路日常养护巡查和小修保养，加大预防性养护和重交通、大流量路段养护资金投入，全面消除次、差路，提升中等路。三是持续加大路政治超工作力度。加快推进全省不停车检测点建设，保持治超工作高压态势，严厉打击"四违"现象。四是全面提升桥梁管养水平。加大危桥改造力度，加强桥梁日常养护管理，加大日常巡查和管护力度，加强和规范长大桥隧和公跨铁立交桥运行管理。五是要坚决保障公路安全通行。积极开展公路隧道提质升级、公路桥梁安全防护和连续长陡下坡路段安全通行能力提升专项行动，加快公路安全生命防护工程、灾毁恢复重建工程和灾害防治工程实施进度，提高预防安全事故和防灾减灾能力，加快公路应急保障基地和养护中心建设，完善普通干线公路路网监测与应急处置体系。六是不断提升行业治理能力和治理水平。完善养护管理内业资料，加大老旧道班维修改造力度，优化道班布局,整合道班资源,开展示范道班、养护中心创建活动,加大养护机械设备投入,加快推进"互联网+公路"建设。七是要着力提高公众满意度。通过提升示范公路、应急保障基地和公路服务设施品质,加快建设普通公路养护服务设施,建立健全服务设施运营管理制度和服务标准体系,不断提升普通公路服务水平,切实增强人民群众的获得感、幸福感。

会上,赣州市公路局、南昌市公路局、九江市交通运输局主要负责人作表态发言。

厅机关有关处室负责人、省局相关处室主要负责同志及局"迎评办"工作人员、省公路投资有限公司、局信息数据中心、省公路工程检测中心主要领导,分管领导及相关业务部门负责同志在主会场参加会议。

各设区市公路局主要领导、分管养护和路政治超工作领导及相关业务部门负责同志,九江、萍乡、新余、鹰潭、吉安市交通运输局分管路政治超工作领导及业务部门负责同志,各县(市、区)公路分局主要领导、分管养护和路政治超工作领导及相关业务部门负责同志通过视频的方式在各分会场参加会议。

(梁　燕)

【江西试点道路运输重点营运车辆动态监控违法违规信息闭环处理】 5月29日,全省道路运输重点营运车辆动态监控违法违规信息分类闭环处理试点建设工作现场会在宜春召开。按照全省道路运输安全隐患整治攻坚行动部署,2020年江西省启动了道路运输重点营运车辆动态监控违法违规信息分类闭环处理建设工作,将赣州市、宜春市和上饶市列为先行试点地市,并决定在宜春召开试点建设工作现场会。落实动态监控违法违规信息分类闭环处理工作,旨在通过健全工作制度、规范操作流程、完善基础信息、强化部门联动等措施,分类明确动态监控违法违规信息的处罚主体、处罚程序和处罚标准,实现"两客一危"车辆及驾驶员动态监控违法违规信息的分类闭环处理,从而全面落实行业安全监管责任和企业安全主体责任。

(省运管局　黄云)

【省公路局开展"走实地、查实情、抓实效"活动】
近日,省公路局下发通知,在全省公路系统开展"走实地、查实情、抓实效"活动(以下简称"三实"活动),动员全省公路系统广大干部职工深入基层一线,狠抓公路工作落实,解决一批影响人民群众出行的操心事、烦心事、揪心事。

通知要求,"三实"活动从今年6月15日至12月31日,分动员部署、组织实施、总结提升三个阶段实施,采取省、市、县三级联动推进,全面覆盖的方式进行。各单位要结合活动要求出台具体行动方案,重点围绕人民群众关心的货运车辆超限超载治理、干线公路养护管理、农村公路提质升级等开展有针对性的调查研究及数据摸排,全面排查全省公路行业作风建设存在的问题,持续解决人民群众反映强烈、侵害群众切身利益、影响公路行业形象、制约公路发展的突出问题,推动行业作风建设不断取得实效。

通知明确,"三实"活动以狠抓项目前期工作、加快国省道项目建设、提升养护管理水平、推动农村公路高质量发展、加大公路治超力度为主要内容。省公路局将成立由局领导分片负责的7个工作组推进此次"三实"活动,采取现场走访和信息化方式进行。省公路局原则上每两个月安排一次现场走访,运用明察暗访、邀请第三方等进行检查。信息化主要是利用全省公路路网运行监测与应急处置系统、江西公路综合管理平台、江西公路e路通APP、省治超综合管理平台和省厅新开发的APP平台等,实时动态掌握工作完成情况,帮助解决实际问题。

通知强调,各单位要加强组织领导,持续跟踪督办。聚焦"三大攻坚行动、三大提升工程"推进中的问题,加强问题调度,建立工作台账,制定有效整改措施,持续跟踪推进,推动工作落实落地。省公路局将把此次"三实"活动开展情况纳入年度目标管理考核范畴。

(梁　燕)

【全省普通干线公路迎"国评"现场推进会召开】
7月3日,全省普通干线公路迎"国评"现场推进会在抚州召开,对全省普通干线公路迎"国评"工作进行再动员、再部署。省交通运输厅党委委员、副厅长王昭春出席会议并讲话,抚州市副市长方百春出席会议并致辞,省公路局局长曾晓文作会议总结并布置下一阶段工作。厅机关有关处室、厅直有关单位、各设区市交通运输局、公路局负责同志参加会议。

会议期间，与会人员来到抚州市资溪境内国道316科技示范路现场观摩公路养护管理工作成果。重点观摩了赣闽省界处驿站、不停车检测点、许坊驿站、高田服务区。大家一致认为，G316科技示范路工程建设质量良好，路域环境优美，服务设施、安全设施齐全，抚州市在普通干线公路养护管理工作上取得了良好成效，形成了许多好的经验做法，受到了很多启发。

王昭春肯定了前一阶段全省普通干线公路建设养护和迎"国评"取得的工作成效，指出了存在的问题。他强调，各级交通、公路部门要把迎"国评"工作作为当前的首要任务、中心工作和头等大事来抓好抓实，严格按照省厅的统一部署和迎"国评"实施方案、责任清单明确责任分工，进一步压实责任，各司其职，各尽其责。全面查缺补漏，提升行业治理能力，认真对照交通运输部印发的《"十三五"公路养护管理治理评价标准》《交通运输部"十三五"公路养护管理发展纲要》，全面梳理和完善"十三五"期以来江西省普通干线公路机制创新、制度创新、管理创新等21个评估指标52项评估内容相关内业资料和佐证材料，一条一条找差距、一项一项补遗漏。坚持多措并举，千方百计提升路况水平，加大工料机投入，抢抓晴好天气加班加点施工，要倒排工期，挂图作战，调动一切有利因素，在保证工程质量的前提下，千方百计加快建设和养护工程项目施工进度，确保项目按期完工。积极打造特色亮点，加强基层站所标准化建设，按照一流的形象、一流的管理、一流的服务的要求，开展示范道班、星级治超站点创建活动。全面提升普通干线公路路况水平、养护管理水平和服务水平，全力以赴推进"国评"各项准备工作。

王昭春要求，要积极争取地方政府支持，主动对接公路部门做好路政、治超、县乡道安全生命防护工程和交通质量监管等相关工作。加强明察暗访，实时掌握各地各单位迎接全国干线公路养护管理工作与干线公路建设养护工作进展情况。加强对公路建设和养护管理的宣传力度，提高人民群众的爱路护路意识，提高社会公众对公路的认知度和满意率，不断提升江西省公路形象和水平。

会上，省公路局负责同志通报了全省普通干线公路迎"国评"工作进展情况，抚州市公路局、赣州市公路局、新余市交通运输局、省交通运输厅信息中心负责同志汇报了迎"国评"工作进展情况并作表态发言。

（练崇田　温　静）

【**浮梁公路分局路政建立"一对一"服务机制提升大件运输许可服务水平**】　连日来，浮梁公路分局路政大队在大件运输许可工作中，本着"高效便民、服务至上"的原则，多次组织力量深入相关企业开展宣传、走访，建立"一对一"联络服务机制，推行全面网办、"一网通办""一次办结"，实现了大件运输许可网上办理"一次不跑"。路政人员依法提供高效率、高品质的精准服务受到社会广泛赞誉。

为切实提升大件运输许可工作服务水平，促进大件运输行业降本增效、高质量发展，该局路政大队经常开展以"深度调研、精准对接、主动服务"为主题的大件运输许可服务大走访活动。通过上门走访、问卷调查、座谈交流等方式，深入相关企业和单位，开展全面调查摸底；了解企业生产和经营状况，摸清企业在办证和运输过程中存在的困难和问题，倾听企业对大件运输许可工作的意见建议，帮助解决大件运输难题；宣传大件运输惠民相关政策措施，引导企业用足用好政策，增强企业发展信心。同时，浮梁公路分局路政执法人员与大件运输企业建立"一对一"联络服务机制，着重向大件运输企业介绍相关政策法规，普及注册办理大件运输许可时所需申报材料，引导其进行网上注册申报，让数据多跑路、群众不跑路，实现了大件运输许可网上办理"一次不跑"，达到了"便企利民、降本增效"的效果，有力推动了景德镇市交通运输行业高质量、跨越式发展。

（鲍建琴）

【**樟树公路分局持续推进"放管服"改革着力优化营商环境**】　为进一步优化营商环境，着力提高路政执法及窗口服务质量、办事效能，自8月4日起，樟树公路分局路政执法大队对辖区大件运输企业开展走访活动。

路政执法人员通过走访管辖路段沿线的物流公司等大件运输企业，为他们送去关于大件运输审批的相关法律法规，并以此次"优环境、促发展"活动为契机，向企业发放征求意见表，听取企业心声，以便更好地为他们提供政务服务。

大件运输企业对路政执法大队高效、快捷的服务和文明执法、为企业排忧解难的好作风表示感谢。

下一步，樟树公路分局将以打造"四最"一流的公路营商环境为目标，以服务企业发展为切入点，持续做好辖区重点企业，尤其是大件运输企业的服务保障工作，与企业加强协调配合，共同打造良好的营商环境。

（刘洪涛　杨阳　彭冬林）

【南昌市交通运输局召开驾培机构收费专项整治工作布置会】 2020年8月14日，南昌市交通运输局召开驾培机构收费专项整治工作布置会，各县区运管所分管驾培工作的负责人参加会议。会议对进一步规范驾培机构收费等经营行为进行了布置，并对下阶段重点工作进行了安排，会议强调，一是各单位要高度重视；二是要不折不扣按照会议要求抓好落实工作，重点打击驾校、教练员乱收费、学时造假等行业突出问题；营造公平竞争，健康有序的市场环境。

（南昌市交通运输局）

【万载公路分局路政主动上门服务助力打造一流营商环境】 8月14日，万载公路分局大队和宜春市公路局路政执法支队一起来到万载县三兴镇，为江西玉春山生态农业科技有限责任公司提供上门审批服务。

"审批过程中你们有什么需求可以直接和我们联系，审批通过后，道路硬化有技术方面的需要，我们将竭尽全力给予帮助……"路政大队长对江西玉春山生态农业科技有限责任公司负责人说。

"优环境、促发展"大讨论活动开展以来，万载路政大队结合路政治超工作实际，为建设中的企业主动开展上门服务，联合市支队工作人员给企业负责人发放了《一次性书面告知单》，详细告知了提交审批申请时需要准备的材料，叮嘱企业在7个工作日内到市行政审批局交通农林水审批处审批。此举措为提高企业办事效率，创造万载一流营商环境助力，赢得企业称赞。

（汪小玲）

【万载公路分局实行"1+2+3"模式着力优化营商环境】 为切实采取有效措施优化营商环境，提升行业服务水平，万载公路分局主动聚焦企业、群众的操心事、烦心事，积极实行"1+2+3"模式，推进"优环境、促发展"大讨论活动走深走实。

抓好一个"契机"。该局抓住此次"迎国评"的契机，聚焦提升养护管理治理能力方面，结合大讨论活动，班子成员走访了一批公路沿线企业和服务对象，向他们征询境内国省道在服务地方经济发展中存在的不足，及时对企业或服务对象提出的问题进行详细解答、就地解决，暂不能解决的记录下来，制定工作方案，尽可能最快地帮助解决难题。

加快两个"推进"。当前正值高温天气，该局抢抓有利时机，组织精干力量，开展G220东深线6千米路树截顶修枝和G220万载电子商务产业园段路面排水设施修复工作，加快推进群众反映问题尽快落地见实。此外，针对分局在建的G220万载绕城段公路改建工程、G320上高墨山至万载段改建工程以及罗城小桥危桥改造等重点项目建设，该局采取增加作业机械、班组人员、加班加点等方式，加快推进在建工程项目建设。

坚持三个"联合"。该局着力开展"三个联合"工作助力营商环境优化。即联合开展道路安全隐患排查、超限超载车辆治理和路域环境整治。为切实保障群众出行安全，该局加强对路面、边坡、桥涵、临水临崖路段巡查工作，并联合交通、城管等部门开展治超专项行动和路域环境综合整治，对损坏公路行为进行集中治理。

该局通过一系列举措的落实，有效消除了公路沿线安全隐患和改善了公路路域环境，为优化县域营商环境提供了有力保障。

（万路宣）

【省运管局进一步规范和加强道路运输驾驶员继续教育及管理相关工作】 为提升驾驶员职业素质，从源头上防范事故发生，近日，省运管局下发通知，进一步规范和加强江西省道路运输驾驶员（含客货运输驾驶员、危货运输驾驶员和出租汽车驾驶员）继续教育及管理服务工作。

《通知》指出，在江西省依法取得从业资格证的驾驶员，应当按规定接受面授培训、网络培训或面授、网络培训相结合的继续教育。继续教育要按照交通运输部制定的大纲要求，科学编制课程内容和教学计划，加强过程管理，保证培训质量；要加强驾驶员身份识别，严格考勤管理，全程录音录像，做好留档备查；要规范签章手续，运管机构除要查验材料外，还要查验培训过程照片或录音录像等，确认学时真实有效，并将相关信息及时录入运政管理系统；要强化监督约束，对继续教育工作中出现的教育机构、运管机构及其工作人员涉嫌违规违纪违法行为，按相关法律法规处理。

据悉，为贯彻便民利民原则，设区市运管机构将通过网站、窗口、公告栏等，公布继续教育机构基本信息，方便驾驶员自行选择。为减轻从业人员负担，《通知》明确，同时具有客运、货运或危货从业类别的驾驶员，一个周期内只需参加一次继续教育，无需重复培训；出租汽车驾驶员的继续教育由出租汽车经营者组织实施；客货运输驾驶员、危货运输驾驶员因超期180日未换证而被注销证件的，在证件到期后的两年内，完成不少于24学时的继续教育后，参加从业资格理论考试并通过的，可以免实操考试，恢复原从业资格；出租汽车驾驶员取得从业资格证后超过3年未注册的，完成不少于27学时的继续教育后，可予以注册上岗。

（省运管局）

【**江西214名教练员学时造假进"黑名单"**】 为规范驾驶培训行为、保证学时真实有效、维护学员合法权益，省运管局在全省范围内严厉打击学时造假行为。目前，已查处违规驾培机构142所，214名教练员被列入禁止执教黑名单，213辆教练车被解除计时终端并限期停训。

为加强机动车驾驶员培训监管，省运管局建立了省、市、县三级运管机构联动机制，充分利用信息化手段，实行教学日志抽查全覆盖，对视频截图、照片打卡、停车打卡、副驾打卡、后排打卡、车型不符、遮挡车窗、遮蔽摄像头、直视摆拍等违规造假行为，依法依规严肃处理，做到有假必查、有假必罚。下步，省运管局将进一步完善防范与打击学时造假技术，持续保持高压态势，强化惩戒力度，建立长效机制，促使驾校规范使用计时系统及设备，如实记录培训全过程，全力保障培训质量。

（省运管局）

【**省运管局严把"四个关口"提升车辆技术管理治理能力**】 为推动道路运输车辆技术管理各项标准、规范、制度等有效落实，近日，省运管局从严把道路运输车辆准入关、维护关、检测关和营运客车例检关入手，进一步加强全省道路运输车辆技术管理，提升行业车辆技术管理治理能力。省运管局针对近期在道路运输安全督查中发现的车辆技术管理问题，专门下发通知，在全省道路运输行业开展提升车辆技术管理治理能力专项行动。各级运管机构严格按照《道路运输达标车辆核查工作规范》对车辆进行实车核查，对未通过核查的车辆，不予办理营运手续。运输企业科学制定车辆维护周期和维护计划，并确保按计划维护到位，二级维护企业严格按照《汽车维护、检测、诊断技术规范》对车辆进行二级维护作业。综检机构严格按标准实施车辆检测和技术等级评定，重点加强对车辆外观检查项目的核查，严禁未经检测出具检测报告，严禁给外观核查不合格、非法改装的车辆出具检测报告。汽车客运站经营者强化客运站源头监督作用，强化未在客运站例检车辆的技术状况检查，对未按规定进行安全例检或安全例检不合格的车辆，客运企业和客运站经营者不得安排运输任务。通知要求，各级运管机构要进一步落实行业监管责任，压实道路运输相关经营者车辆技术管理主体责任，采用现代信息技术、定期检查和随机抽查等方式，强化对道路运输车辆逾期检测情况的隐患排查，加强对道路运输企业车辆技术管理工作的指导和监督，检查结果纳入企业质量信誉考核，与客运班线招标和车辆审验挂钩，坚决杜绝车辆"带病"上路。

（省运管局）

【**樟树市加强汽车维修和车辆技术管理**】 一是准确把握行业发展改革方向，加强汽车整车维修企业质量信誉考核，推进汽车维修市场备案管理，督促汽修企业开展好复工防疫工作，促进行业规范经营服务。二是做好道路运输车辆综合技术性能检测，技术等级评定审核工作，督促两客一危运输企业、幼儿园校车车辆二级维护和技术性能检测等工作。三是做好柴油货车污染防治专项治理等有关工作，促进汽车维修市场健康发展。

（殷早红）

【**奉新县强化管理推动汽车维修质量提升**】 2020年，奉新县交通主管部门依据《江西省汽车维修企业质量信誉考核办法》，对全县1家一类、6家二类维修企业逐家进行了现场考核。在考核中发现部分企业设备老化，消防设施配置落实不到位、维修建档台账和安全管理制度不规范现象,均逐一责令其在限期内整改到位。此次共考核合格维修企业7家(其中AA级1家,A级6家)。同时加大对机动车维修市场的动态监管,及时受理消费者的投诉,查处各种违法经营行为,维护消费者的合法权益,保障市场公平竞争,推动全县汽车维修企业经营行为不断走向规范化轨道,服务质量稳步提升。

(刘　强　魏振宇)

【萍乡市运管处强化维修企业质量信誉考核引导诚信经营】　近年来,萍乡市运管处将机动车维修企业诚信建设作为行业管理工作的重点,通过强化维修企业质量信誉考核,建立机动车维修企业信息发布制度,积极引导企业诚信经营,营造公开、透明的维修环境。萍乡市江西省联达博联汽车服务有限公司、萍乡运通汽车技术服务有限公司、萍乡运通汽车销售服务有限公司和萍乡经济开发区蓝盾汽车修理厂四家维修企业荣获2017—2018年度全国汽车维修行业诚信企业称号,其中萍乡经济开发区蓝盾汽车修理厂为全国汽车维修行业连续六届诚信企业。此次评选是中国汽车维修行业协会首次通过全国汽车维修行业诚信企业网上申报系统进行公开申报审核,经过各省、市牵头单位的严格评估、审查和推荐等程序,最终全国1048家汽修企业从全国四十多万家汽车维修企业行业中脱颖而出获得"2017—2018年度全国汽车维修行业诚信企业称号"。两年一度的"全国汽车维修行业诚信企业"表彰作为全国汽车维修行业诚信建设的最高荣誉平台,得到了各方公认和高度认识,旨在倡导机动车维修企业依法经营、诚实守信、公平竞争、优质服务,促进汽车维修业转型升级,提升服务质量,努力打造群众满意、政府放心的行业。

(萍乡市交通运输局)

高速公路管理、收费

【概况】　2020年以来,高速公路收费管理工作受取消省界站、收费政策变动、联网系统磨合、疫情免费通行等因素影响,收费运营压力较大,通行费断崖式下降。初步统计,疫情期间共减收通行费约40亿元,占比去年通行费的26%。截至9月底,高速公路通行费收入88.1亿元,同比-23.3%。经综合测算,明确并下达2020年度通行费收入计划为127亿元(路网公司99亿元,赣粤公司28亿元)。

(省高速集团)

【王爱和调度高速公路恢复收费相关工作】　5月5日晚11时30分许,省交通运输厅党委书记、厅长王爱和来到应急指挥大厅,调度高速公路恢复收费相关工作,慰问节假日期间坚守岗位的一线干部职工。

在听取了省高速路联网中心负责人关于全省高速公路恢复收费准备工作情况介绍后,王爱和对前期工作成效给予了充分肯定。他指出,围绕5月6日恢复收费目标,江西省持续开展了系统测试、数据分析,发现问题及时解决,完成了实车测试发现的所有问题整改,多次升级优化车道软件,为高速公路恢复收费做了大量的工作。下一步,要严格落实"技术保障、投诉处理和保通保畅"三大工作机制,确保江西省高速公路恢复收费后系统稳定、通行顺畅、服务高效、宣传引导有力。

随后,王爱和通过视频连线方式调度了省高速集团、南昌东收费站和九江收费站恢复高速公路收费相关准备工作。他强调,各经营管理单位要高度重视,形成合力,各级领导干部要靠前指挥,加强组织协调,随时解决出现的问题,确保人员正常到岗、设备正常运行,落实24小时设备监控值守及维护制度,保证路网安全畅通;要提前研判,抓好问题整改,落实责任,全力保障服务;要强化宣传引导,及时回应社会公众关注的热点焦点问题,主动引导社会预期。

(郭　萍)

【省高速集团召开高速公路治超非现场执法试点工作推进会】 6月4日,江西高速公路治超非现场执法试点工作推进会在省高速集团一楼会议室召开,省高速集团党委委员、副总经理段卫党,省路政总队党委委员、副总队长黄炬出席会议并讲话,来自集团路网公司、赣粤公司,相关路段单位、收费站及路政总队南昌支队、大队等单位人员40余人参加了会议。会议肯定了路企双方在推动收费站治超非现场执法的工作成效,会议明确,双方要继续加大联勤联动力度,推动非现场执法落地实施,要尽快出台治超非现场执法相关制度和办法,形成可借鉴、可复制的经验做法,在全省高速公路推广,推动江西省货车超限超载治理水平不断提升。会议指出,要持续加深路企合作力度,要继续深化"集团(路网公司、赣粤公司)/路政总队—路段单位/路政支队—收费站/路政大队"三级会商机制,加强在打击逃费、联合应急处置等方面合作,更好地服务群众安全便捷出行。会上,非现场执法试点单位南昌北收费站、杨家湖收费站,南昌高速路政支队二大队、三大队根据各自工作职责,分别汇报了高速公路治超非现场执法工作推进情况;并就非现场执法会商联席机制、高速公路治超非现场执法工作规范进行了解读说明,与会人员围绕非现场执法流程、证据采集规范、治超非现场执法APP功能等进行讨论交流。据悉,此次高速公路治超非现场执法以"收费站事前证据采集+路政事后跟踪处置"的模式开展,通过信息化采集和推送的方式,共享超限车辆数据,形成齐抓共管的高速公路超限超载治理局面,共同维护高速公路出行安全。

(省高速集团)

【省交通运输厅调度高速公路收费站通行服务保障工作】 8月4日,省交通运输厅党委书记、厅长王爱和主持召开专题会议,调度部署高速公路收费站通行服务保障工作。厅领导陈兵、王昭春出席会议并布置相关工作。

厅高速公路管理处、省高速集团、省高速公路联网管理中心负责同志分别汇报了当前高速公路收费站通行服务保障工作中存在的问题及下一步整改措施。

会议要求,一要提高政治站位。为人民群众出行提供畅通、优质、快捷的通行服务,是高速公路部门应尽的基本职责,是司乘付费通行高速公路的应有权利,是维护交通运输部门良好形象的必然要求。各相关单位要提高站位,高度重视,大力提升高速公路通行能力,不断增强人民群众获得感。二要找准问题。要全面排查收费站设备设施运行情况,分门别类列出问题清单。三要迅速整改。要坚持结果导向、目标导向,对ETC车道一次过车率不高、部分收费站拥堵等问题,立行立改、边查边改。要综合施策、因站施策,加快ETC车道老旧设备升级改造和新建ETC车道调整优化工作。要完整现场应急处置措施,针对可能出现的情况,逐一细化应急处置流程。ETC车道要安排专职疏导员,并加强培训,确保能及时处置ETC车道的各种特情。四要完善机制。厅机关相关处室、厅直相关单位要强化配合协同,建立例会、会商机制,及时研究相关问题解决方案,坚决避免相互推诿现象发生。高速公路路段管理单位、所站和高速公路联网管理分中心要加强联动,定期组织对收费设备进行巡检,发现问题立即解决,基本杜绝收费站拥堵,确保不发生严重拥堵。五要压实责任。要进一步厘清职责,建立考核通报和责任追究机制,确保各项工作落到实处,以实实在在的成效向人民群众交份满意答卷。

(练崇田)

【省高速集团召开收费站通行服务保障工作部署会】 8月6日,省高速集团在昌西南收费站召开收费站通行服务保障工作部署会。集团党委委员、副总经理段卫党主持会议。针对当前收费站保通保畅存在的问题和短板,会议强调,各单位要做到思想认识到位、设备维护到位和人员保障到位,努力提高ETC车道一次性通过率,确保收费站基本杜绝拥堵,确保不发生严重拥堵。会议传达了省交通运输厅关于收费站保畅通调度会会议精神,通报了集团所辖收费站拥堵缓行情况,各路段管理单位、保畅重点收费站围绕保通保畅工作,认真分析存在的问题,深刻剖析具体原因,并提出了针对性解决措施。

(省高速集团)

水路交通管理

【江西省港口集团有限公司挂牌成立】 1月18日上午,江西省港口集团有限公司(以下简称"省港口集团")成立揭牌仪式在南昌举行。

根据省政府印发的《江西省港口资源整合工作方案》《关于同意组建江西省港口集团有限公司的批复》等文件精神,省港口集团作为省属国有企业,由省政府授权省交通运输厅依法行使出资人的权利和履行出资人的义务,按照"统一规划、统一建设、统一经营、统一管理"发展模式要求,实现全省港口"一省一港一主体"发展目标。主要经营港航基础设施投资建设、港口运营管理、港口和航运配套服务、货物运输及物流贸易、港口及临港产业投资、港区土地开发利用以及经批准的其他业务。

（省港航局）

【吴浩到九江市调研港口资源整合工作】 4月14日,副省长吴浩到九江市调研港口资源整合工作。省政府副秘书长刘晓艺,省交通运输厅副厅长罗文江,九江市政府副市长彭敏,省港口集团党委书记、董事长李国峰陪同调研。

吴浩先后来到瑞昌市码头工业城公用码头、九江城西砂石集散中心、九江城西港、彭泽县红光作业区综合枢纽码头一期工程、红光至白莲疏港通道及彭郎矶作业区疏港通道等项目现场,详细了解复工复产情况和港口资源整合过程中遇到的问题与困难。

在红光综合枢纽项目现场,吴浩现场听取了建设单位对枢纽的总体规划布置及码头一期工程、物流园一期工程建设情况的汇报,详细询问了红光综合枢纽的功能定位、投资规模、区位优势及当前项目进展情况。吴浩指出,九江拥有得天独厚的长江黄金岸线资源,九江港红光综合枢纽的建设,对发挥九江航运核心优势、释放水运潜能,助力地方乃至全省经济社会发展具有重大意义。当前码头一期项目建设到了攻坚冲刺的关键阶段,各参建单位要提高政治站位,精心组织调度,合理倒排工期,全面挂图作战,坚决做到疫情防控和复工复产两手抓、两手硬,形成进度、质量、安全齐抓共管、协同推进的良好局面,全力推动项目早日建成、早日发挥效益。

吴浩强调,要深入贯彻落实省委省政府决策部署,深化认识,咬定目标,持续发力,攻坚克难,进一步推进港口资源整合融合,助力全省经济高质量跨越式发展。

（江 厅）

【罗文江一行到吉安就水路运输管理等工作开展专题调研】 4月21日—22日,省交通运输厅党委委员、副厅长罗文江一行到吉安就水路运输管理等相关工作开展调研,并组织召开专题座谈会。市政府副市长朱新堂,省港航管理局党委书记陈鹏程,副书记、副局长丁光明,省港口集团董事长李国峰,总经理彭东领,市交通运输局党委书记、局长谢海泉等领导陪同调研。

罗文江一行先后来到赣江上在建的万安枢纽二线船闸、赣江井冈山航电枢纽等项目进行调研,每到一处,他都会现场查看厂房、泄水闸,听取项目负责人相关情况汇报,并要求各单位压实防汛责任,严把质量和安全关。

在现场调研后,罗文江一行又乘船从吉安至峡江沿赣江沿线查看航道,并在船上组织召开了专题座谈会。会上,各相关负责同志就港口资源整合、船舶污染防治、"僵尸船"清理、非法码头整治及复绿、渡船渡运、建制村通客车等当前交通运输重点工作作了现场汇报。罗文江在听取介绍和发言的同时与相关同志进行充分交流,详细了解工作进度及落实情况。

罗文江对吉安前阶段工作表示肯定,并就做好下一步工作提出了具体要求,他强调:就做好港口资源整合工作,要切实统一思想、明确时间节点、成立专班对接,完成现有码头整合,对照"一企一策、一项目一政策"的整合原则,配合港口集团做好资产清理、审计、划转等工作;就做好船舶污染防治工作,要请求市级层面高位推动,平行推进,压实各县(市、区)人民政府及相关单位责任,建立和市防汛办、市水利局、市环保局等单位及社会的联动工作机制,形成责任链条,扎实有效推进船舶污染物分类处置,并纳入城市垃圾处理体系;就做好"僵尸船"清理、非法码头整治、渡口渡运等工作,要不断提高政治站位,理清工作思路,加大排查整治力度,保障日常工作所需经费,防止次生舆情,切实建立长效机制;就做好建制村通客车工作,要深化专题研究,加强工作调度,保证经费预算,及时摸清底数和未通车原因,规范客车运行线路、停靠站点、发车时间等具体工作。不断修改完善运行、监督、管理、处罚等工作机制,确保客车运行的持续性、长效性,真正把好事办好、实事办实。

(吉安市交通运输局)

【省港航局组织参加交通运输部海事局水上无线电秩序管理专项整治工作动员视频会】 6月4日,省港航局组织参加交通运输部海事局水上无线电秩序管理专项整治工作动员视频会,共100余人参会。会上部局相关部门宣读讲解了全国水上无线电秩序管理专项整治方案和相关法律法规依据,最后部局杨新宅副局长讲话强调开展水上无线电管理专项整治工作的重要意义,要求全国各级海事管理机构认真组织部署整治工作。下一步省港航局将深入贯彻落实交通运输部海事局水上无线电秩序管理专项整治工作动员会精神,部署全省专项整治工作,严厉打击为逃避海事监管故意关闭AIS信号、篡改或冒用无线电台识别码、擅自改造船载无线电设备、恶意实施信号干扰等突出违法行为,重点整治船舶法定证照配备不齐、"一码多船"、"一船多码"、非法占用频道、违反通信秩序等突出问题。

(李 卿 万 涛)

【江西海事部门启动水上交通管制实施汛期"超限"船舶管控】 6月11日,全省进入主汛期,部分河段水位暴涨。为保障汛期赣江、信江下游水域桥梁、码头和船舶航行安全,省港航局启动"超限"船舶管控,对赣江、信江下游部分航段进行水上交通管制,严禁"超限"船舶进入赣江、信江下游水域。在启动水上交通管制前,南昌、九江、宜春、上饶等相关设区市海事部门已对外公布"超限"船舶管控尺度并通过发布航行通告、上船检查发放宣传资料、高频播报和短信平台告知等方式及时告知相关船舶船东、船员有关交通管制的要求,从源头对超限船舶进行管控。为确保管控工作顺利进行,航道部门及时发布了通航水域水位、航道水深、有关桥梁等跨河建筑物通航净空高度等航道信息,为汛期管控和船舶合理配载、安全航行提供参考依据。相关海事部门加大对管制水域巡查力度,对不听劝阻违反航行通告进入管制水域的"超限"船舶依法依规进行了查处。

(李 卿 万 涛)

【吴浩到信江双港航运枢纽调研督导防汛工作】
6月15日,副省长吴浩深入信江双港航运枢纽调研督导防汛工作。省政府副秘书长刘晓艺、省交通运输厅副厅长罗文江及省港航局、省港口集团负责人陪同调研。

吴浩来到施工现场,认真听取了信江双港航运枢纽项目防汛情况汇报,详细了解项目工程建设情况,对项目防汛工作表示肯定,对项目建设"一样的船闸不一样的做法"给予了高度评价。吴浩说,要进一步提高政治站位,严格防汛责任,落实防汛措施,切实抓紧抓实抓细防汛各项工作,确保人民群众生命财产安全。要立足于防大汛、抢大险、救大灾,进一步加强项目监管,确保涉水工程平安度汛。要积极配合省防汛总指挥部的统一调度,强化与气象、水利等部门沟通对接,加强安全运行监管和工程巡查防守,做到险情及时发现、及时处置。

吴浩指出,今年是全省"项目建设提速年",也是"十三五"规划的收官之年,各单位要站在贯彻落实省委、省政府重大决策部署的高度,紧紧围绕信江确保2020年底实现三级通航的总体目标,通力协作、精心组织,优质高效、安全廉洁完成项目建设各项目标任务。

(张 鹏)

【交通运输部等五部(局)检查组现场察看南昌市非法码头专项整治情况】 2020年9月8日,交通运输部等五部(局)检查组苏杰副司长一行,到南昌检查非法码头专项整治完成情况。省交通运输厅副厅长罗文江,市政府副市长李松殿,市交通运输局局长熊保良,市自然资源、生态环境、水利局相关负责同志,以及东湖区副区长万明、经开区管委会副主任王励参加活动。当天上午,苏杰副司长一行从市交通运政码头登船,乘船顺赣江而下,沿江查看滕王阁水域船舶乱停乱放整治情况,认真听取了市交通运输局党委书记、局长熊保良关于南昌市非法码头专项整治工作情况的汇报,观看了专题汇报片,随后来到扬子洲、鸡山港区现场察看非法码头拆除及岸线复绿情况,听取东湖区、经开区关于非法码头整治情况汇报。

(南昌市交通运输局)

【省港航局开展全省水路危险化学品运输企业视频监控系统建设与运行有关情况监督检查】 9月8日至30日,省港航局开展全省危险品运输企业视频监控系统专项监督检查。此次检查采取现场察看、查阅资料、现场询问等多种方式,以视频监控系统覆盖运行情况、规章制度建立及执行情况和安全隐患整改落实情况为重点,对全省16家危化品航运企业及165艘船舶进行全覆盖检查。对检查中发现的问题,向被检企业进行了现场反馈,由企业所在地港航管理部门负责督促整改,并在全省范围内通报。下一步,将对检查发现的问题进行跟踪整改,防止各类运输安全事故的发生,筑牢水路危险品运输安全生产底线。

(局海事处)

【省港航管理局安委办督查冬季水上交通安全重点工作】 12月,省港航管理局安委办对九江、南昌、上饶冬季水上交通安全重点工作情况进行专项督查。重点督查内容打击辖区非法载客运输情况、船舶防污染监督检查工作开展情况、配合农业农村部门打击涉渔"三无"船工作开展情况。督查组实地查看部分码头、船舶,与当地港航、海事、交通运输管理部门及部分港口企业进行座谈交流,对督查中遇到的问题和存在的不足进行分析,提出改进完善要求,并下发督查整改意见书。

(万 涛)

【国家四部委到九江市开展船舶和港口污染突出问题整治工作联合检查】 12月22日,由交通运输部海事局二级巡视员胡锡润担任组长的国家四部委检查组来到九江市,对该市船舶和港口污染突出问题整治工作情况进行了专项检查。检查组一行查看了九江港化学品洗舱站项目、LNG加注站项目的建设情况,检查了彭泽港区红光国际港码头的船舶和港口污染防治设施设备的建设运行情况,对九江市船舶和港口污染防治工作给予了充分肯定。检查组指出下一阶段九江市要做好船舶和港口污染防治相关事项的收尾工作,树立系统治理的观念,创造性地完善运行机制,加强联合执法力度,形成四方合力有效闭环。检查组希望九江市要继续发挥勇于争先的精神,结合长江最美岸线打造,力争九江港打造成长江流域船舶和港口污染防治工作的样板示范点。

(孙月义 高 超)

【省港航管理局深入推进"僵尸船"清理整顿】 截至2020年,江西省共摸排出"僵尸船"(不含采砂船、渔船、农自用等其他船舶)610艘,已拆解船舶475艘,明确停靠点46个,长期无人值守船舶集中停靠132艘,杜绝了"僵尸船"走锚险情事故,整治取得明显成效。接下来,省港航管理局将认真总结"僵尸船"清理整顿工作经验,巩固整治工作成果并形成长效管理机制,保障全省水上交通安全形势的持续稳定。

(郑志鹏 屠文仲)

【全省港口管理水平不断提升】 江西省政府出台《江西省港口资源整合工作方案》,全省完成码头整合60个,"一省一港一主体"加快构建。全面开展非法码头整治工作,共拆除非法码头105座,规范提升20座,非法码头整治工作基本完成。

(省港航局)

【陈鹏程深入港口企业督查安全生产和污染防治工作】 4月30日,省港航管理局党委书记陈鹏程实地检查南昌港口企业安全生产和污染防治工作。陈鹏程指出,港口码头企业要增强环保责任意识,依法依规经营,加强设施建设,严格日常管控,狠抓措施落实,切实将船舶港口污染防治工作落实到行动上;要完善制度、台账,落实专人,做好港口作业、船舶污染废弃物接收、防风抑尘等动态管理工作,切实做到认真履行企业责任、全面掌握工作要求,扎实抓好排查整改;相关部门要加强监管,做到发现问题及时整改,全面提升港口生态环境,进一步巩固和提升码头整治效果。陈鹏程最后强调,安全生产责任重于泰山,要始终坚持生命至上、安全发展的理念,强化安全生产红线意识,保持高度警惕,狠抓安全责任落实,加强安全生产隐患排查,发现隐患,立即整改,消除隐患,坚决防范和遏制重特大事故发生,确保人民群众的生命和财产安全。

（局港口处）

【宜春市多管齐下扎实推进船舶港口污染防治】
2020年以来,宜春市多管齐下,扎实推进港口船舶污染防治工作。一、强化领导促统筹。成立了由市政府分管副市长为组长,市长督查室主任、市交通运输局局长为副组长,市交通运输局、市发展和改革委员会、市生态环境局、市综合行政执法局、市财政局、市工业和信息化局、市水利局分管领导为成员的领导小组,统筹推进全市船舶和港口污染突出问题整治工作,领导小组办公室设在市交通运输局。同时,明确了宜春市船舶和港口突出问题整治工作联席会议机制。二、凝心聚力抓落实。市交通运输局、市发展改革委、市生态环境局、市综合行政执法局四部门联合印发了《关于印发宜春市船舶和港口突出问题整治工作方案的通知》,并迅速组织召开了联席会议。市交通运输局制订了宜春市船舶和港口突出问题整治工作计划,明确了八项工作任务的具体内容、完成时限、责任单位和配合单位。三、明确重点出实效。一是大力推进船舶污染物接收站建设,樟树河东港区船舶污染物接收站主体工程已建设完成,预计2021年6月投入使用。二是在全市范围开展码头环保设施整改和船舶配备生活污水处置装置情况排查。该市新建400总吨以上船舶全部配备生活污水处置装置,现有100总吨至400总吨(不含400总吨)船舶未加装生活污水收集或处理装置的船舶要求6月前加装完毕。三是在现有港口码头配全配齐船舶污染物接收设施的基础上,继续运行船舶水污染物联合处置监管制度和联单,保障船舶污染物接收、转运、处置全过程监管。

（周青兰　周亚萍）

【省四部门联合对宜春市非法码头专项整治工作进行专项督查】 2020年6月8日,由江西省港航管理局调研员张国平带队,省交通运输厅、省水利厅、省自然资源厅、省生态环境厅有关人员组成联合督查组,对宜春市非法码头专项整治工作开展情况进行实地督查。督查组现场察看了曲江码头2号泊位、中油港燃同田水上加油站、新越沥青专用码头各自职责对三座非法码头规范提升手续完善情况进行了详细检查,对码头环境保护措施给予了重点关注。督查组仔细察看了该市非法码头专项整治工作台账,包括工作机构成立情况、整治方案制定和责任落实情况、巡查机制建立及开展巡查情况等,对该市非法码头整治工作给予了充分肯定。

（周亚萍）

交通安全管理

【江西省交通运输安全生产总体情况】 2020年,全省各级交通运输部门以安全生产专项整治三年行动为抓手,全力防风险、除隐患、遏事故,全省交通运输安全生产形势总体保持平稳。全省共发生交通运输事故34起、死亡61人,同比分别下降19%和15.3%;其中较大事故起数和死亡人数同比分别下降36.3%和18.4%;全年未发生重特大安全生产事故。

安全风险隐患管控。2020年,全行业共辨识安全风险1.63万条,制定管控措施1.72万条,整治安全隐患32438个,建立制度措施50余项。道路运输领域,将道路运输安全专项整治三年行动和道路运输安全隐患整治攻坚行动有机结合起来,共排查发现各类安全隐患10385个,整改完成9922个,排查4.3万辆9座以上客运车辆登记信息,将1.7万辆车辆列为重点管理对象。组织开展了包车客运企业源头排查,查处包车客运车辆不按核定线路、途经地点运营和异地经营行为16起。深刻汲取温岭"6·13"事故教训,开展危险货物道路运输安全隐患排查整治专项行动,排查整治突出问题隐患300余个。水上交通领域,扎实推进"僵尸船"清理整顿,有效解决汛期船舶走锚问题。积极推进危货水路运输企业视频监控系统建设,全省16家水路危险品运输企业全部建立视频监控系统平台。全面摸排省内通航建筑物和航运枢纽大坝数量、规模、安全鉴定结果等情况,分类推进除险加固工作。公路水运工程建设领域,大力推进平安工地建设,督促在建重点公路水运工程建设项目进行安全生产风险全面辨识,组织开展安全暗访督查,排查整改安全隐患,并运用信用评价手段对相关企业进行处理。普铁沿线环境安全整治方面,江西省交通运输厅认真履行牵头协调职责,报请省政府分管领导召开了动员部署会,以省政府办公厅名义印发了《整治实施方案》和隐患问题清单,建立了整治工作联席会议制度,全面推进整治攻坚战,整改销号4339件隐患问题,提前一个月完成2020年度整治任务。

安全基础保障。加强规章制度建设。报请省政府办公厅印发了《关于加强全省水上搜救工作的实施意见》,修订印发了《江西省交通运输突发事件信息报告和处理程序》,制定下发了《关于进一步加强高速公路在役隧道突发事件应对处置工作的通知》,细化明确了具体措施。提升公路安防水平。全年完成乡道及以上公路安全生命防护工程8543千米,改造普通国省道危桥244座,改造农村公路危桥1015座。扎实开展隧道提质升级、桥梁安全防护设施提升、连续长陡下坡路段整治三大专项行动。强化从业人员教育。组织开展了"安康杯"安全生产知识网络竞赛,全面部署道路运输企业负责人和安全管理人员安全考核工作,持续开展"送安全教育进工棚"活动。

安全监管。大力推进科技兴安。推动全省1.22万辆营运客车、1.3万辆危货车辆升级安装主动安全智能预警设备,积极运用4G视频实时监控设备和第三方安全监测平台,对"两客一危"重点营运车辆进行动态监测,全年共处理超速、疲劳驾驶、离线位移等违规报警信息27万余条。推进安全监管监察、危货道路运输安全监管等系统的开发应用,在道路客运领域推广"全省交通运输安全隐患随手拍"微信小程序,发动社会公众力量参与安全监督。积极推进治超攻坚行动,高速公路治超成效位居全国前列,普通公路建成不停车检测点197个,强化非现场执法。积极推广自动液压定型、隧道施工等新设备、新工艺。探索创新监管举措。通过购买服务的方式,组织第三方安全机构对行业重点领域开展了8批次的抽查调查。在工程建设领域全面推行施工区域网格化安全管理,推动施工现场安全生产由少数人抓向全员合力抓的转变。积极参与部"平安交通"创新案例评选,"宣教管一体化施工安全体验教育培训中心"获评"平安交通"特别推荐案例。

应急管理。有效应对重大突发事件。面对突如其来的新冠肺炎疫情,全省交通应急指挥系统充分发挥作用,提供24小时应急运输服务咨询,调度防疫物资运输,传达各项防疫指令,在疫情防控中作出了交通贡献。面对鄱阳湖流域超历史大洪水,先后启动了交通运输防汛Ⅲ级、Ⅱ级应急响应,全面加强交通基础设施巡查检查,强化公路抢险保通,实施船舶通航管控,对达不到安全通行和作业保障的,严格执行"四个坚决"措施,有效保障了汛期全省交通运输总体安全畅通。认真做好应急备勤各项准备。省厅先后组织开展了2次防汛应急演练,各地、各单位组织开展了危化品运输车辆事故应急处置救援、隧道事故应急处置等一系列应急演练。强化应急物资储备和队伍建设,严格执行关键岗位24小时值班和重要时段领导带班制度,加强与相关部门的联勤联动,形成了信息互通、资源共享、应急联动的良好局面。

2020年各项工作任务的完成,标志着"十三五"全省交通运输安全生产工作顺利收官。五年来,省交通运输厅深入贯彻落实习近平总书记关于安全生产重要指示批示精神,坚持安全发展、坚守底线红线,着力防风险、保稳定、建体系、补短板,安全发展水平不断提升。与"十二五"相比,全省交通运输事故起数和死亡人数同比分别下降33.3%和47.5%,重特大事故得到有效遏制。坚持完善机制、压实责任,构建起安委会+安全专业委员会的"1+N"安全监管体系,安委会统筹下的"三管三必须"机制更顺畅,"一岗双责"落实更严格。坚持源头管控、精准施策,持续开展重点领域专项整治,梳理发布重大风险清单,深化隐患排查治理,安全生产双重预防机制初步建立。坚持依法治安、规范管理,提请出台《江西省交通建设工程质量与安全生产监督管理条例》《江西省货物运输车辆超限超载治理办法》等地方性法规,发布行业安全事故隐患排查分级实施指南,法规制度保障更坚实,标准规范覆盖更全面。坚持夯实基础、科技兴安,累计完成乡道及以上公路安防工程4万多千米,改造危桥5825座,公交车驾驶区域安全防护设施实现应装尽装,平安百年品质工程持续推进,现代信息化手段广泛应用,安全监管和应急救援装备设施增量提质。

(厅安监处)

【吴晓军检查部署春运工作】 1月9日上午,省委常委、副省长吴晓军在南昌市检查春运部署情况,向奋战在春运一线的干部职工致以亲切的慰问。省政府副秘书长熊科平,省交通运输厅党委书记、厅长王爱和,副厅长罗文江,省高速集团党委书记、董事长王江军等陪同。吴晓军一行先后来到昌北机场、南昌西收费站、南昌长途汽车西站、南昌西高铁站及公交西枢纽等地,详细了解春运各项工作部署情况,检查安全措施落实、应急保障和旅客服务情况。他指出,要始终把安全放在春运工作首位,落实安全生产责任制,深入开展安全隐患排查,加强安全运输监管,抓好应急运输保障,坚决遏制重大安全生产事故发生。要调度好运力资源,做好运输服务衔接,加强路网通行管理,切实提高运输服务能力。要坚持以人为本,从购票、乘车、餐饮等重点环节着手,千方百计提高运输服务品质,让旅客出行更加温馨。吴晓军强调,春运是一项重要民生工程,事关人民群众切身利益。各地、各有关部门要加强组织领导,精心组织实施,全力以赴保安全、保畅通、优服务,确保旅客度过一个安全、畅通、祥和、快乐的春节。

(省高速集团)

【省运管局加大行业安全监管力度保障复工复产道路运输安全】 复工复产以来,江西省运管局利用政府监管平台加大行业安全监管力度,保障复工复产道路运输安全,让返岗出行更安心。

一是科技创"安",动态监管不间断。随着疫情风险降低和道路运输经营活动全面恢复,为统筹做好疫情防控和行业安全监管工作,防止营运车辆发生超速行驶、疲劳驾驶、途中随意上下客以及凌晨2时至5时运行等违法违规行为,江西各级运管机构通过政府监管平台,每天对所有营运客车运行动态情况进行抽查,及时发现和处理各类违法违规行为,严格对企业和驾驶员实施处罚并进行通报,警示教育相关客运经营者,真正做到"车辆一动,全程监控;车辆不停,监控不断"。自3月1日以来,共抽查900台营运客车,发现并纠正驾驶员玩手机、不戴口罩、遮挡摄像头等违法违规行为132起。此外,江西还积极推进客车和危货运输车安装智能视频监控装置。该装置能对驾驶员不安全驾驶行为进行自动识别、自动监控和实时报警,大大减少了行车安全隐患。

二是制度保"安",严守底线不懈怠。为全力保障返岗复工人员安全出行,全力支撑经济社会发展。江西省运管局在全面推行道路客运班线"线长制"管理的基础上,实施道路安全"网格化"监管模式,使安全生产监管体系延伸到最基层,切实打通安全生产监管"最后一千米"。各地运管机构对辖区内重点道路运输企业实行了分片包干监督检查制度,明确分片包干责任人员以及所监管的重点运输企业名单,与道路运输企业签订安全责任状,实施"责任到人"。同时,江西省运管局压紧压实安全责任,认真落实安全生产党政同责、一岗双责和"三个必须"要求,严格落实督导检查制度,派出由局领导带队的8个督导组,对全省县(市、区)运管机构落实分区分级管控、道路运输企业复工复运和安全生产工作进行调研指导。此外,江西省运管机构还加强了与安监部门和公安交警部门的协作,对重大安全风险失控和重大安全事故隐患整改不到位的企业,联合安监部门实施联合处罚;对驾驶员的违法违规行为,联合公安交警部门实现联合惩戒。促使企业遵守安全生产法律法规,驾驶员规范驾驶。三是执法查"安",打非治违零容忍。在疫情防控的关键时刻,部分车辆非法营运,前往湖北等新冠肺炎疫情重点区域接送人员,加大了疫情防范风险。为保障人民群众安全便捷出行,维护道路运输市场秩序,严厉打击"黑车"、营运车辆站外揽客、不按核定线路行驶等违法违规行为,全省运管部门联合公安交管人员深入机场、汽车站、火车站、高速公路出口和服务区、城乡接合部等重点区域,实施联合执法,确保道路运输市场秩序良好。截至目前,全省共查处非法营运车辆43辆,客运班车途中随意上下客案件16起,出租车违规经营案件

57 起。

（省运管局）

【万载公路分局开展"应急抢险暨处置公路突发事件"应急演练】 4月8日，万载公路分局在该局管养的S308K25+500处展开应急抢险暨处置公路突发事件应急演练活动。此次演练项目分三项：沥青路面坑槽修补作业、桥梁应急抢险演练作业和消防安全演练作业。主要包括施工准备、切除病害路面、清理坑槽、涂刷黏结材料、添加热料、压实等，引导职工熟练使用各类养护设备和消防器材，加强职工对突发事件的应对处理能力。组训人员严格按照《公路养护技术规范》《公路沥青路面养护技术规范》《公路养护安全作业规程》《江西省消防条例》和相关设备操作手册等要求进行施训，全体职工精神饱满、克服各种不良因素影响，圆满完成了各项训练科目。

（何 琳 龙思婷）

【景德镇市港航处开展节前安全检查】 4月29日，景德镇市港航处及市渡口所、景德镇海事处工作人员深入镇村渡口一线检查水上交通运输安全生产工作。该局一行先后来到浯溪口水利枢纽、胜湖渡口等地，实地检查船舶安全设施的配备、安全生产制度的落实情况，叮嘱渡口工作人员密切关注气象预报，认真落实恶劣天气和汛期停航停渡的安全措施，有效保障生命和财产安全。

该局强调，要以"查风险、除隐患、防事故"为主线，强化红线意识，坚守底线思维，全面落实好疫情防控和安全生产各项措施。他指出，汛期即将来临，全市渡口和海事部门要进一步强化水上交通安全监管，从严落实企业主体责任，督促县乡政府落实渡口渡运安全管理责任，确保全市水上交通运输安全平稳。

（洪耀祖）

【江西省交通运输厅举办全省交通运输防汛应急桌面演练】 6月12日，省交通运输厅在厅应急指挥中心举办2020年全省交通运输防汛应急桌面演练。厅党委委员、副厅长王昭春出席，并就做好当前防汛工作进行再安排再部署，厅直属有关单位、厅机关有关处室负责同志参加。此次演练以高速公路防汛保通为背景，分启动Ⅳ级防御响应、Ⅳ级防御响应行动、解除Ⅳ级防御响应、启动Ⅲ级综合应急响应、Ⅲ级应急响应行动、响应升级为Ⅱ级应急响应、Ⅱ级应急响应行动和后续处置等科目。内容覆盖综合协调、公路抢通、运输保障、通信保障、后勤保障、新闻宣传和总结评估等工作。

演练结束后，王昭春就演练进行了点评。他认为，本次演练针对性强、重点突出、覆盖面广，要认真总结这次演练经验，进一步完善应急预案，在后续工作中加以改进完善。就进一步做好当前防汛工作，王昭春强调，一是思想认识要再提高。要充分认清形势，保持高度警醒，强化责任担当，细化防范措施，全力以赴抓好防汛抢险保通和汛期安全生产各项工作，确保安全度汛。二是应急预案要再完善。要立足于实战，对预案作进一步修订和完善，加强预案的学习培训，确保应急处置高效有序。三是应急演练要再深入。要从防汛组织、物资供应、装备调运、调度指挥、抢险救灾、人员撤离等各个环节，及时制定应对措施，确保事故险情发生后能够有效应对、果断处置。四是基础保障要再夯实。要加强应急抢险队伍建设，加强应急物资和客货运力储备，确保备得足、调得动、运得出、用得上。五是抢险保通要再加力。对重大公路水毁灾害，要加大对抢险设备和人员力量投入，迅速抢通道路。要采取切实有力措施保障高速公路、普通国省道、公路桥梁、隧道等重要交通基础设施安全畅通。六是防范措施要再严格。要加强公路、航道、在建工程和养护工程项目的巡查力度，加强汛期超限船舶通航管控，加强涉水工程度汛安全管理。要加强道路运输安全管理，强化"两客一危"等重点车辆的动态监控，继续严格落实"四个坚决"，全力保障交通运输安全稳定。七是应急值守要再加强。要继续坚持领导带班和24小时专人值班制度，严肃防汛纪律要求，畅通信息报送渠道，发现险情灾情及时处置和上报。

（黄 金 王嫄嫄）

【景德镇市交通运输局召开危化品运输安全生产工作部署会】 6月15日，景德镇市交通运输局召开系统危化品运输安全生产工作部署会，深刻吸取"6·13"浙江温岭槽罐车爆炸事故惨痛教训，督促行业、企业认真落实安全生产责任。该市运管处、各县(市、区)交通运输局及部分危化品运输企业负责人参加会议。

会议通报了"6·13"浙江温岭槽罐车爆炸事故情况，要求系统各单位采取果断措施，迅速组织开展行业安全生产事故隐患全面排查和突出问题治理，全力补短板、固底板、强弱项、堵漏洞，坚决防范和遏制交通运输安全生产重特大事故发生。

（张港林）

【**江西省港航系统安全生产专项整治三年行动动员部署会**】 6月22日，省港航局召开全省港航系统安全生产专项整治三年行动（2020—2022年）动员部署会。深入学习贯彻习近平总书记关于安全生产重要论述精神，全面部署安全生产专项整治三年行动。本次行动共分动员部署（6月份）、排查整治（2020年6月至12月）、集中攻坚（2021年）和巩固提升（2022年）四个阶段。

会议强调，要提高政治站位，全面落实企业主体责任，推动港航企业由被动接受监管向主动加强管理转变。狠抓重点领域隐患治理，进一步突出水上客渡运、危险货物水路运输、港口装卸作业、航运枢纽运行、重点水域通航安全、超限（载）船舶、长期逃避海事监管船舶、"僵尸船"整治、水上无线电通信秩序、船舶救生设备检查等重点领域，突出"三类重点船舶"和"五区一线"重点水域安全监管。强化重大风险预防预控，按照"一图一牌三清单"要求，对重大风险进行安全评估，对重大风险监测管控实行"一企一策""一项一案"，分级管理、动态管控。

各单位迅速结合实际制定三年行动工作方案，成立相应的领导机构和工作推进组，健全完善并落细落实相关工作制度，主要领导亲自抓，分管领导具体抓，扎实有效推动专项整治各项工作任务的落地落实。

（冯雪辉 万 涛）

【**景德镇市交通运输局检查督导建制村通客车及"僵尸船"整治工作**】 6月23日，景德镇市交通运输局一行到乐平市洪岩镇检查督导建制村通客车及"僵尸船"整治工作。

该局一行实地察看了建制村通客车沿途停靠站点情况，详细了解了乐平市建制村通客车的相关线路审批、资金落实等情况。他指出，实现具备条件的乡镇和建制村通硬化路、通客车是交通运输行业脱贫攻坚的兜底性任务，是交通运输行业向全社会作出的庄严承诺，要以更高标准、更严要求抓好工作落实，建设人民满意交通。

该局强调，各县（市、区）交通运输部门作为建制村通客车工作的第一责任主体，要进一步增强工作紧迫感，对存在的问题逐乡逐村抓好落实。要坚持目标导向、对照验收目标要求，开展建制村通客车督导排查，坚决杜绝"通返不通、虚假通车、数字通车"现象。同时，要坚持问题导向，加快建立地方政府保障机制和科学高效的运行机制，强化农村客运安全保障和安全监管，提升农村客运安全运营水平，确保6月底全部完成所有具备条件的建制村通客车工作。

（洪耀祖）

【**景德镇市交通运输局召开安全生产专项整治三年行动专题部署会**】 6月28日上午，景德镇市交通运输局召开集中学习习近平总书记关于安全生产重要论述专题会暨全市交通运输安全生产专项整治三年行动动员部署会。各县（市、区）交通运输局、局属各单位、景德镇长运公司、景德镇公交有限公司等单位主要领导参加了会议。

会议学习传达了习近平总书记关于安全生产系列重要论述精神，乐平市交通运输局、景德镇市运管处和景德镇市交通运输局应急管理科结合本地区、本行业实际和本单位工作职责就如何做好安全生产专项整治三年行动进行了发言。

会议指出，抓好专项整治三年行动，是解决交通运输安全生产突出问题的迫切需要。要汲取乐平"4·19"客车侧翻事故和"6·13"温岭槽罐车爆炸事故教训，举一反三，全面排查整治安全隐患。会议要求，系统各单位要提高政治站位，增强思想自觉和行动自觉，把握工作要求，高标准严要求推进安全生产专项整治三年行动，强化组织保障，确保全市交通运输安全生产专项整治三年行动取得实效。

会议强调，当前正值防汛关键时期，系统各单位要进一步加强应急值守，加强公路、航道、在建交通重点工程的巡查密度，特别是要强化"两客一危"等重点车辆的动态监控，对达不到安全通行或作业条件的，该停班的坚决停班、该停航的坚决停航、该停工的坚决停工，确保全市交通运输行业持续稳定。

（徐 轩）

【景德镇市交通运输局督导浮梁县建制村通客车及水上交通安全工作】 6月28日,景德镇市交通运输局主要负责同志带队督导浮梁县建制村通客车及水上交通运输安全工作。

该局一行检查了峙滩镇、蛟潭镇建制村通客车情况,实地查看了峙滩镇大河里村客运站点标识,并现场检查了浮梁农村客运车辆的运输情况。他强调,建制村通客车工作是交通运输行业脱贫攻坚的兜底性任务,交通运输行业各部门要进一步提高政治站位,进一步强化宣传,把工作做实做细,确保如期完成建制村通客车任务。

在蛟潭镇,该局一行详细查看了鹿湖旅游开发有限公司安全生产台账,并仔细了解了该公司防汛值守安排情况。该局指出,当前正值防汛关键时期,企业要认真落实安全生产主体责任,高标准严要求做好各项防汛措施。系统各单位要按照"一岗双责"的要求,结合全市交通运输安全生产专项整治三年行动方案,全面开展隐患排查,切实抓好问题整改,确保全市交通运输形势持续稳定。

(洪耀祖)

【南昌交通运输局力保汛期水上交通安全】 2020年6月下旬至7月上旬,南昌地区发生连续强降雨,导致赣江南昌段水位快速上涨,汛情紧急,南昌交通运输局港航、海事部门按照上级有关防汛指令,迅速做出水上防汛应急响应,采取限航禁航等有力措施力保汛期水上交通安全。截至7月24日,在多部门通力配合下,赣江南昌段限航禁航规定总体执行情况良好,执法部门共计对10艘违反限航禁航规定船舶实施管控,其中8艘违规船舶被实施行政处罚。

(南昌市交通运输局)

【景德镇市交通运输局多措并举防汛保平安】 7月9日凌晨,在接到景德镇市防汛指挥部紧急通知后,该市交通运输局主要领导高度重视,立即部署应急运力参与防汛抢险。第一时间赶赴公交公司,调集大型公交车3辆,及时运送防汛应急队员100余人至观音阁抢险,在任务完成后彻夜值守、随时待命,保障了人民群众生命财产安全。

7月9日上午,在获悉因昌江水位猛涨导致昌江区鱼山码头建设项目部被水围困成为孤岛,面临停水断电缺米少粮的情况后,该市交通运输局主要领导亲自指挥和协调,景德镇市交通运营投资建设有限公司党支部充分发挥基层战斗堡垒作用,迅速组织党员和入党积极分子采购大批矿泉水、方便面及肉蛋蔬菜等生活物质,克服重重困难,爬上地势较高并已停运的铁路线,通过肩扛手提的方式,步行三千米将这批物质送到项目部,解决项目部被困人员的燃眉之急,被困人员十分感动、情绪稳定。

今年防汛工作启动以来,景德镇市交通运输局多措并举助力防汛保平安。一是全面开展汛情隐患排查,对公交车辆、客运车辆和水上交通运输开展摸排,结合汛情形势第一时间停运所有渡船和部分客运班线,及时消除安全隐患,已停运公交班线4条、临时改线班线25条。二是再次开展"僵尸船"加固,做好水运在建工程人员撤离工作。组织海事、港航部门逐船排查安全情况,加固"僵尸船"80余艘,撤离人员60余人,切实保障水上交通运输安全。三是切实保障应急抢险运力,组织汽运集团开展应急抢险大型货车准备工作,目前已准备好应急抢险货车10余台、大型公交车辆20余台,确保召之即来、来之能战。

(洪耀祖)

【省公路局督导组调研指导公路水毁保通工作】 7月13日至16日,省公路局应急办组成督导组先后深入九江市、景德镇市、上饶市等受灾严重的地市现场察看了公路水毁情况,并指导水毁公路的抢修保通工作。

近期连续强降雨导致江西省普通国省干线公路遭受不同程度毁损,多处路基坍塌,边坡塌方,桥涵受损,路面受损(病害)严重。截至7月15日,九江、景德镇、上饶三个地市公路受损尤为严重。

督导组重点察看了九江市庐山分局S402(威庐线)两处塌方和武宁分局S406(南巾线)、G220(东深线)路面冲毁、路基坍塌,景德镇市浮梁分局S302(紫曲线)路基坍塌,上饶市铅山分局S204多处路基冲毁等情况,并听取了三个地市公路局水毁抢修、保通等工作措施和恢复方案汇报。

现场察看后,督导组要求,要全力以赴抢修水毁公路,保障公路安全畅通。一要科学制定抢修方案,迅速妥善处置水毁路段。同时,做到灾后公路标志标线及波形护栏等安保设施要按规范及时更换到位。二要尽快打通未通车路段的交通,尤其要优先保障唯一出入通道的村庄的道路畅通,打通

"生命通道",方便群众出行,为灾后重建提供有利条件。三要加强汛期应急管理,坚持24小时和领导带班值守制度,强化应急联动,做好抢险人员、机械设备、物资储备工作,提升应急保障水平和能力,确保管养公路安全度汛。

(洪满英)

【全省道路运输行业安全指标三季度实现"双下降"】 在暑运、洪灾、夏季高温、常态化疫情防控等多重因素的影响下,今年第三季度,全省道路运输安全生产形势保持平稳,全省安全生产事故和与死亡人数去年同比实现"双下降",其中,事故起数同比下降了0.83%,死亡人数同比下降了21.05%。

据悉,三季度以来,全省道路运输行业一是以整治行动为抓手,持续推进道路运输安全隐患整治排查工作,开展了等级汽车客运站专项整治行动、危险货物道路运输安全隐患排查整治专项行动、全省城市公交行业安全隐患专项治理行动,加大营运老旧车辆淘汰力度,第三季度共淘汰老旧营运车辆8335辆,排查安全隐患4198个,已整改到位3780个,整改率90.04%。二是以科技手段为支撑,深入推进安全监管机制创新工作。做好"两客一危"车辆主动智能预警设备安装工作,截至9月底,全省共有12147辆道路客运车辆、11465辆道路危险货物运输车辆安装到位。推进公交车驾驶区安全防护装置和视频监控装置安装工作,全省已安装全包结构的驾驶区域安全防护隔离设施公交车辆11658辆、占应安装车辆总数的94.49%,已安装视频监控装置公交车辆12259辆、占应安装车辆总数的94.27%。推进江西省危险货物道路运输安全监管系统建设,该系统已在全省11个设区市的42家危险货物道路运输企业投入试运行。全面应用危货电子运单系统,已完成电子运单59657单。三是以日常监管为依托,进一步筑牢安全管理基础。选择赣州、宜春和上饶三地,开展"两客一危"车辆动态监控违法违规信息的闭环处理试点工作。做好道路运输企业负责人和安全管理人员安全考核,已有2408人通过考核。在全省道路客运和出租汽车行业开展规范使用安全带示范活动,进一步增强道路运输行业驾乘人员安全意识。

(省运管局)

【省运管局开展中秋国庆期间道路运输安全生产督查】 9月20日至25日,省运管局由局领导带队10个督查组分赴各设区市和省直管县(市)开展中秋、国庆期间道路运输安全生产督查活动。

此次督查采取"四不两直、直插一线"的方式,分片对全省道路运输行业安全生产工作开展现场督查。重点检查各设区市和省直管县运管机构对党中央、国务院、省委省政府关于安全生产重要指示批示精神的贯彻、传达和落实情况,全面督查各设区市、省直管县运管机构针对"十一"节日期间道路运输安全生产督查工作部署和今年安全生产专项整治三年行动、安全事故隐患整治攻坚行动工作进展情况,重点抽查危险化学品道路运输企业对全面加强危险化学品道路运输安全生产工作的落实情况和县(区)级运管机构、道路客运企业和城市客运企业针对"十一"节日期间道路运输安全生产工作部署情况,暗访汽车客运站安全生产、班线车辆运行过程中驾驶员的驾驶行为和旅客佩戴安全带、旅游包车线路牌管理及车辆按规定线路行驶、公交车辆的运行安全等情况,以及检查重点营运车辆的动态监控情况。针对在检查中发现的问题,各督查组将及时反馈各地运管机构和相关企业,责令督促限期整改,确保国庆、中秋节日期间全省道路运输安全有序。

(省运管局)

【省运管局部署做好"中秋、国庆"期间道路运输安全生产工作】 9月26日,省运管局下发通知,要求全省道路运输系统认真贯彻习近平总书记关于安全生产工作的重要指示批示精神,统筹做好道路运输安全监管和疫情常态化防控工作。

通知指出,全省道路运输系统要提高政治站位,结合当地实际,科学部署安排,突出工作重点,找出薄弱环节,制定有力措施,切实做好双节期间的道路运输安全生产工作,确保节日期间不出较大及以上道路运输安全事故,减少一般道路运输事故发生。

通知强调,各级运管机构要层层传导压力,将上级部署和要求传达到基层和企业一线人员,强化安全教育培训,加强节日期间汽车客运站的安全监管和运输车辆的动态监控,落实驻站管理,严格"三不进站、六不出站"制度;要通过网上抽查、现场督查的方式严格安全执法,对已经发现的问题要责令企业整改到位,形成安全闭环管理。对重大的违法违规行为要坚决实行挂牌督办、公开曝光,依法依规严格落实责任追究。

通知要求,全省道路运输系统要加强应急值班值守,严格执行领导带班、关键岗位24小时值班制度,确保值班人员在岗、电话畅通。遇到突发事件,要及时处置,严格执行信息报告制度,坚决杜绝漏报、迟报、瞒报和谎报等现象,保持信息畅通,确保中秋、国庆期间道路运输畅通、安全、有序。

(省运管局)

【省运管局进一步加强全省道路运输行业秋冬季节安全生产工作】 省运管局根据第四季度秋冬季节雨雪极端天气易发多发和常态化疫情防控要求,紧密结合本行业、本单位实际、预防重点和安全生产工作规律,加强形势研判,立足超前防范,提前谋划,周密部署,切实强化重点领域、重点企业、重点时段的安全监管,全力做好恶劣天气的应对准备工作。

一是压实安全监管责任。紧紧围绕"三年整治行动和安全隐患攻坚行动",深入开展安全隐患排查整治工作,重点做好已排查隐患的整改落实,加快推进主动智能预警设备、公交车辆驾驶区安全防护装置的安装工作。督促各级运管机构深入一线,对辖区内重点道路运输企业实行重点监管,强化客运站源头管理,严格落实实名制购票制度、"三不进站、六不出站"制度和车辆安全例检制度。

二是加强重点车辆动态监管,督促企业充分利用主动安全智能预警设备和4G实时监控设备加强对运行车辆的实时监控,严格落实企业动态监控主体责任。同时,以省交通运输厅开展的重点营运车辆动态监控违法违规行为闭环处理试点应用为契机,充分发挥运输企业监控平台、运管机构政府监管平台、第三方监测平台和主动安全智能预警监控设备的作用,实施全天候、全过程、不间断监控,始终保持对违法违规行为的高压监管态势。

三是加强部门联勤联动,主动联系市场监管部门和公安交通管理部门,加强部门间的联勤联动、联合执法,重点打击"黑服务区""黑站点""黑企业"和"黑车辆"等四类违法违规经营行为。

四是严格值班值守。严格执行领导带班、中层值班、工作人员值守的三级值班制度,确保信息畅通,应急响应到位。

(省运管局)

【赣皖两省高速联合举行跨省隧道应急处置实战演练】 12月24日上午,江西省高速集团景德镇管理中心联合安徽省交控集团黄山管理中心在杭瑞高速赣皖省界隧道开展应急处置实战演练。省高速集团党委委员、副总经理李柏殿出席,集团有关部门、单位负责同志在景德镇管理中心路网监控大厅远程观摩。此次应急演练模拟景德镇管理中心路网监控大厅通过AI事件检测系统,发现在G56杭瑞线景婺黄段赣皖隧道内安徽往江西方向K243+290公桩附近,一辆小货车与大货车发生侧面碰撞事故,大货车着火,小货车驾驶员受困,造成交通阻断,情况非常紧急。该中心发现险情后迅速开展先期处置,并会同养护、清障救援、交警、消防、医疗等相关部门赶赴现场开展救助工作。演练现场,各参演单位密切配合,按照各自工作职能,妥善处置事故现场。江西高速交警总队三支队、江西路政总队上饶支队、景德镇支队、黄山交警支队、安徽高速路政支队徽杭大队、婺源县消防救援大队、婺源县中医院、婺源县应急管理局共10家单位参与演练。演练旨在进一步提高应对突发事件的风险防范意识,增强对突发事件的应急反应和协同能力,为即将到来的春运、春节、恶劣天气的保畅工作打下坚实基础。

(省高速集团)

【南昌市交通运输局着力抓好水上交通安全监管】 2020年南昌市交通运输局严格履行安全监管职责,着力抓好水上交通安全监管,加强对春节、国庆等重要节假日、汛期等重点时段、"两会"等敏感时期,对港口、码头、桥区、渡口、取水口等重点水域和"三类重点船舶"的巡航检查和现场监管,督促港航企业全面履行安全管理主体责任,全面排查水上安全隐患,深入开展了安全专项整治三年行动、船舶和港口污染专项整治、危险货物安全综合治理、僵尸船清理清理整顿、水上无线电秩序管理、超限船舶管控、安全生产集中整治、"打击非法装卸、运输野生动物行为、"整治、安全生产大检查、打击"三无渔船"和非法捕鱼等各类水上专项整治行动,共出动船艇2130艘次,出动执法人员10205人次,检查船舶2054艘次,行政处罚38起,罚金47.51万元,严厉打击水上交通安全违法行为,保障了港航安全生产形势总体稳定。

(南昌市交通运输局)

【南昌市交通运输局严格履行对南昌港区的安全监管职责】 2020年南昌市交通运输局着眼建立长效管理机制，采取包干网格化管理、定期与突击检查相结合的方式，加强对南昌港区的巡查频率与监管力度，保持高压态势，严厉打击侵占岸线、非法建设、偷装偷卸行为，坚决杜绝违法港口建设和利用关闭拆除后的码头场地的违法港口经营行为，防止非法码头死灰复燃。同时督促全市符合规范提升条件码头开展规范提升工作，相关工作由市水投公司统一处置。保质保量完成船舶检验，全年完成辖区营运检验船舶330艘次，总吨位481790，建造检验船舶4艘，总吨位3245，完成图纸审查工作5套。推进船型标准化，淘汰老旧船舶3艘。积极配合市农业局就渔船检验职责交接事宜进行对接，对南昌市各县（区）渔业船舶检验档案进行了核查，共计完成内河渔船检验档案29艘、渔业辅助船舶档案9艘；待开展渔船108艘、渔业辅助船3艘。

（南昌市交通运输局）

【南昌市交通运输局积极应对新冠疫情和赣江超历史大洪水】 2020年，面对突如其来的新冠疫情和赣江超历史大洪水，南昌市交通运输局深入习近平总书记有关疫情防控和防汛工作的重要指示精神，按照中央、省、市各级领导部门有关工作部署，凝心聚力，攻坚苦难，全力打赢"疫情、防汛"两大攻坚战。一方面采取有力措施，全力防止了疫情通过水上扩散和传播。全年累计出动船艇1355艘次，参与疫情防控人员5275人次，检查船舶2585艘，测量船员体温7175人次，单位内部未发生干部职工传染新冠肺炎的事件，南昌市水运行业从业人员未发生一起疫情传染事故，保证了疫情防控时期辖区水上交通安全畅通有序，保障了干部职工和人民群众的身体健康。另一方面严防死守做好防汛工作。根据省、市防总指示精神，及时召开防汛会议，部署各项防汛工作，成立防汛应急指挥部，制定防汛预案。成立了防汛突击队，圆满完成全市第三轮防汛抗洪任务；落实2艘总客位140座的客船，10艘运输船，总运力为2万吨以上的应急运力；实行领导带班制和24小时值班，确保上级指令能及时、准确到位；开展汛期安全生产大检查，对检查中发现的安全隐患及时整改，做好应急预案和应急保障，确保汛期安全。

（南昌市交通运输局）

省道223黄禾线袁州路段
（省综合交通中心供图）

科技 教育 卫生

科 技

【概况】 2020年,江西省交通运输厅深入实施创新驱动发展战略,坚持科技兴交、科技强交,以创新发展为引领,以科研攻关为抓手,依托重大科技项目,提升行业创新能力,加大科技人才培育力度,提高科技管理效能,为推动全省交通运输高质量跨越式发展发挥了积极作用。

科技项目管理规范有序。2020年,江西省交通运输厅结合省内交通运输行业特点,确定交通运输科技计划项目44项,安排科技计划补助经费627万元。其中,一般性科技计划项目39项,对松散破碎地层高速公路隧道支护理论与施工、桥梁健康监测系统智能化评估等关键技术开展攻关研究;重点工程科技项目计划5项,为交通运输行业重点工程建设提供了科技支撑。成功申报省部级科技计划项目9项,获补助资金195万元。其中,《仿生态鱼道设计及其监测技术应用推广》获批交通运输部科技成果推广类项目,《考虑环境湿度的沥青路面结构层设计参数研究》被列入交通运输部重点项目清单,《侧面内嵌CFRP加固单轨交通混凝土轨道曲梁的力学性能及可靠性研究》《基于计算机视觉的桥梁检测装备与损伤识别方法研究》等5项被列入省级科技项目计划,《移动物联网5G技术下的智慧交通智能识别系统研发及产业化》《基于5G的公路桥梁检测监测云智平台研究及工程示范》等2项被列入江西省03专项及5G项目计划。

科技成果多项获奖,成果丰硕。全年共有8项科技成果获得省级以上奖励。其中,《南方残积土路基智能建养技术》获江西省科学技术进步二等奖,《提高视觉成像对比度的关键技术与应用》获江西省技术发明二等奖,《高速公路岩溶及下伏洞穴路基安全评价与处治关键技术研究》获江西省科学技术进步三等奖;《江南丘陵过湿区沥青路面服务功能提升关键技术》获中国公路学会科学技术一等奖,《多雨地区高速公路双层排水沥青路面关键技术研究》《智慧高速公路协同技术与主动管控关键装备研发及集成应用》获中国公路学会科学技术二等奖,《重载交通乳化沥青冷再生路面疲劳性能评价及提升技术研究》获中国公路学会科学技术三等奖;《高速公路货运车辆通行安全和畅通保障关键技术研究及应用》获中国交通运输协会科技进步一等奖。

2020年通过鉴定或验收共登记各类科技成果30余项。其中《高速公路建设项目数字化竣(交)工验收管理关键技术研究》《一种桥梁伸缩缝区灌缝混凝土及其制备方法》被认定为江西省科技成果;《装配式桥涵工业化建造关键技术》《高速公路货运车辆通行安全和畅通保障关键技术研究及应用》等5项研究成果经鉴定,总体达到国际先进水平。《公路建设项目竣工环境保护验收指南》《公路水运工程施工扬尘污染防治技术管理指南》等6项江西省地方标准被批准发布;《基于振动测试法桥梁检测与评定技术规程》《普通公路网交通运行状态监测规范》等21项标准被列入江西省地方标准制修订计划。

加强科研基地及重点科技工程建设。江西省交通运输行业公路机电工程技术研究中心、江西省道路材料和结构工程技术研究中心、江西省桥梁智能养护工程技术研究中心顺利通过江西省科学技术厅验收,江西省公路科研设计院有限公司成功申报2020年度江西省企业技术中心,江西交通职业技术学院被国家邮政局认定为邮政行业技术研发中心,江西交通职业技术学院、江西省公路管理局信息数据中心获批江西省科普教育基地。

宁都至定南高速公路智慧运营与服务提升科技示范工程创新运用物联网、云计算、移动互联网等新一代信息技术,有效提高了该路段乃至全省路网的运行效率,提高了运营管理和指挥调度的水平,顺利通过交通运输部科技司评审验收。江西省"5511"重大研发专项《装配式桥涵工业化建造关键技术研究与应用》顺利通过江西省科学技术厅验收,研究成果达到国际先进水平,推广价值高,预期经济和社会效益显著。

着力培养科技人才。2020年,1人荣获国务院政府特殊津贴,1人获评中国质量工匠,2人获评交通运输部青年科技英才;安排教育培训专项经费153万元,制定培训计划17项。开展了2020年度江西省交通运输行业网络安全检查通报及专题培训,170余名管理和技术骨干参加培训。落实交通运输部调训计划,安排12名设区市、县(区)交通运输局、公路管理局、港航管理局主要负责同志参加培训;按照交通运输部培训计划安排,组织170余人参加了航道养护管理和普通国省干线公路隧道养护管理技术培训班;组织240余人次参加了交通运输部相关网络培训。

产学研合作与交流快速发展。支持行业院校积极申报交通强国建设试点,引导院校加快高质量人才培养、高水平学科发展、高素质师资队伍建设、高效能技术成果转化,进一步提升服务行业高质量发展的能力。与中交第一公路勘察设计研究院、中国电信、南昌轨道交通集团等十余家大型企业签订了校企合作协议,与阿里巴巴、京东集团合作成立"现代学徒制"创新班,与华为公司建立华为二级产业学院,与南昌融创文旅集团共同创办"欢乐工程师"订单班,与中国江西国际经济技术合作有限公司合作探索建设海外"鲁班工坊"。经江西省人力资源和社会保障厅批准,江西交通技工学校由普通技工学校升格为高级技工学校,于2020年9月正式挂牌。组织全省交通运输行业科技工作者参加2期交通运输部科技大讲堂和1期交通科技云论坛活动。

(厅科教处)

表28: 2020年厅科技项目验收情况表

2021年1月20日

序号	项目编号	项目名称	承担单位	负责人	验收编号
1	2015C0003	高速公路大中型桥梁桥面沥青铺装结构及其材料组成优化研究	高速公路投资集团、南昌工程学院、昌栗项目办	胡文华	赣交科验字〔2020〕01号
2	2016D0035	纳米TiO2光催化在蒙脱土/环氧树脂改性沥青路面中的研究	华东交大、高速集团景德镇管理中心	王少会	赣交科验字〔2020〕02号
3	2017D0035	水平循环荷载作用下高承台桩基轴向承载性能演变机理研究	华东交大	王宇	赣交科验字〔2020〕03号

续表

序号	项目编号	项目名称	承担单位	负责人	验收编号
4	2017D0039	基于计算关联成像技术的防雾防尘高清红外监控系统研究	华东交大	罗春伶	赣交科验字〔2020〕04号
5	2017D0038	基于智能优化理论的现代物流车调度与路径规划技术研究	华东交大	夏学文	赣交科验字〔2020〕05号
6	2016D0039	衬砌裂缝对隧道稳定性影响与整治技术研究	华东交大	耿大新	赣交科验字〔2020〕06号
7	2014C0015	重载交通乳化沥青冷再生上基层疲劳性能研究	高速公路投资集团、同济大学	黄智华	赣交科验字〔2020〕07号
8	2017F0059	昌九高速公路加宽改造路基路面综合处治技术研究	省公路桥梁公司、武汉理工、省交工集团建设公司、省交工集团	彭爱红	赣交科验字〔2020〕08号
9	2016Q0043	预应力梁采用智能大循环压浆施工技术研究	省公路桥梁公司、省交工集团建设公司、省交工集团、华东交大	彭爱红	赣交科验字〔2020〕09号
10	2018S0013	江西省船闸运行管理机制研究	省航务勘察设计院	吴彬	赣交科验字〔2020〕10号
11	2016H0016	基于LS-DYNA公路桥梁车桥耦合振动响应研究	江西交通职业技术学院、华东交大	陈晓明	赣交科验字〔2020〕11号
12	2015D0066	复杂背景下稀疏车牌识别系统设计与实现	华东交通大学	范自柱	赣交科验字〔2020〕12号
13	2015D0062	基于声源分离及定位的道路交通流状态检测系统研究	华东交通大学	刘海涛	赣交科验字〔2020〕13号
14	2016H0019	复杂环境下特大跨径预应力混凝土连续刚构桥整体受力分析	萍乡市公路管理局、华东交大	宋庆辉	赣交科验字〔2020〕14号
15	2017H0011	《改性沥青中SBS、SBR类改性剂含量测定（红外光谱法）》江西省地方标准编制	江西省交通质监局、省交通科学研究院	彭东领	赣交科验字〔2020〕15号
16	2016D0034	新型城镇化背景下南昌都市区公交一体化规划对策研究	华东交通大学	尹洪妍	赣交科验字〔2020〕16号
17	2016H0020	特大跨径预应力混凝土连续刚构桥空间预应力精细化张拉技术	萍乡市公路管理局	宋庆辉	赣交科验字〔2020〕17号
18	2016Q0042	"三定"体系控制桥梁梁钢筋保护层厚度施工技术研究	江西省公路桥梁工程有限公司	查群旗	赣交科验字〔2020〕18号
19	2017D0034	破解无车承运发展困局的政策规制研究	华东交通大学	甘卫华	赣交科验字〔2020〕19号
20	2016R0032	"互联网+"时代江西出租汽车行业管理改革方案研究	江西交通职业技术学院	万义国	赣交科验字〔2020〕20号

续表

序号	项目编号	项目名称	承担单位	负责人	验收编号
21	2017R0032	交通运输安全生产监管责任体系研究	江西交通职业技术学院	朱长根	赣交科验字〔2020〕21号
22	2014Y0018	桥梁新型高效加固技术与示范	江西赣粤高速公路股份有限公司、东南大学	邹友泉	赣交科验字〔2020〕22号
23	2015H0071	基于不中断交通的公路桥梁支座更换技术研究	江西赣粤高速公路股份有限公司	王德山	赣交科验字〔2020〕23号
24	2018C0001	岩溶地区综合枢纽码头桩基施工技术与承载特性研究	九江红光码头一期项目办	姚红良	赣交科验字〔2020〕24号
25	2015C0004	基于GIS的公路平面纵断面关联优化技术研究与应用	南昌至上栗高速公路建设项目办	吴福泉	赣交科验字〔2020〕25号
26	2017J0049	"互联网+"环境下高职院校预算管理研究——以江西交通职业技术学院为例	江西交通职业技术学院	贺美兰	赣交科验字〔2020〕26号
27	2019R0021	江西省公路桥梁现状和运行情况调研报告及建议	省公路学会	卢少鹏	赣交科验字〔2020〕27号
28	2018H0007	精表处技术在江西省公路沥青路面预防性养护中的应用研究	新余市公路管理局	邱绍辉	赣交科验字〔2020〕28号
29	2017Q0043	高速公路改扩建路基搭接工艺技术研究	江西省公路桥梁工程有限公司	张诚	赣交科验字〔2020〕29号
30	2018X0001	面向国家交通控制网的人车路协同智慧高速公路成套技术研究	江西省高速公路联网管理中心	王爱和	赣交科验字〔2020〕30号
31	2016H0015	大悬臂箱梁空间受力分析及设计参数优化研究	江西省交通设计研究院有限责任公司	裴辉腾	赣交科验字〔2020〕31号
32	2017X0023	基于多源数据分析的江西省科技治超站点规划研究与评价研究	江西省公路管理局	王林水	赣交科验字〔2020〕32号
33	2016C0009	新型除冰抗剥离沥青添加剂的应用	修平项目办	何忠义	赣交科验字〔2020〕33号
34	2016J0049	《江西交通职业技术学院岗位设置与聘用实施办法》研编	江西交通职业技术学院	张和平	赣交科验字〔2020〕34号
35	2016H0013	基于多场耦合随机动态响应的公路桥梁损伤识别方法研究	江西交通职业技术学院	宋金博	赣交科验字〔2020〕35号
36	2017D0036	爆破荷载作用下的深部岩体隧洞围岩结构特征分析及其对岩爆灾害的影响机制研究	华东交通大学	于洋	赣交科验字〔2020〕36号
37	2018H0045	光伏及智能化监控系统在高速公路闲置场地资源的综合应用研究	江西省高速电建新能源有限责任公司	刘小龙	赣交科验字〔2020〕37号

续表

序号	项目编号	项目名称	承担单位	负责人	验收编号
38	2018J0031	江西省水运发展史研究	江西省交通干部学院	刘晓兰	赣交科验字〔2020〕38号
39	2016C0057	折线配筋预应力混凝土先张梁工程应用研究	都九项目办	旷小林	赣交科验字〔2020〕39号
40	2017Q0041	三维动画技术在桥梁桩基标准化施工质量管理的应用研究	江西省公路桥梁工程有限公司	俞冬旺	赣交科验字〔2020〕40号
41	2017H0060	江西省二级公路沥青路面早期裂缝防治关键技术研究	交通运输行业公路施工与设备工程技术研究中心	俞冬旺	赣交科验字〔2020〕41号
42	2014C0003	基于物联网的高速公路不利气候条件下运行监测关键技术研究	昌樟高速改扩建项目办	叶轩宇	赣交科验字〔2020〕42号
43	2016H0012	钢桥面环氧沥青铺装养护维修材料与施工	江西省交通科学研究院	俞喜兰	赣交科验字〔2020〕43号
44	2017Q0048	混凝土桥梁抗爆设计与应用	江西省公路科研设计院	肖琦	赣交科验字〔2020〕44号
45	2016R0030	江西省旅游排筏检验技术规范研究	江西省港航管理局	万晓华	赣交科验字〔2020〕45号
46	2016C0053	江西赣江新干航电枢纽工程库区浸没评价与控制关键技术研究	赣江新干航电枢纽项目办	郭生根	赣交科验字〔2020〕46号
47	2017H0058	基于颗粒离散元法(DEM)的旧沥青混合料循环利用施工均匀性研究	江西赣粤高速公路工程有限责任公司	黄浩波	赣交科验字〔2020〕47号
48	2017G0055	监管一体化管理模式高速公路建设项目廉政监管研究	江西交通咨询有限公司	刘振宇	赣交科验字〔2020〕48号
49	2015C0024	山区生态与智慧型高速公路建养一体化关键技术研究	安定项目办	徐立红	赣交科验字〔2020〕49号
50	2016C0058	公路边坡非线性失稳能耗分析及其加固机理研究	宁安项目办	戴程琳	赣交科验字〔2020〕50号
51	2017C0003	广昌至吉安高速绿色公路建设适宜性技术研究与示范应用	广吉项目办	李柏殿	赣交科验字〔2020〕51号
52	2017C0004	江西省高速公路工程施工质量监督信息化技术规范研究	广吉项目办	李刚	赣交科验字〔2020〕52号
53	2017C0005	钢混组合结构在高速公路常规桥梁中的应用研究	广吉项目办	李柏殿	赣交科验字〔2020〕53号
54	2015X0069	面向安全高效与节能的高速公路智慧管控关键技术研究与示范	江西公路开发总公司	陈立新	赣交科验字〔2020〕54号
55	2017Q0045	环保型高性能胶粉改性沥青关键技术研究	江西省高速公路投资集团材料有限公司	赖文华	赣交科验字〔2020〕55号

续表

序号	项目编号	项目名称	承担单位	负责人	验收编号
56	2017T0033	江西省高速公路早期凝冰预警及高危路段凝冰自动化处置技术研究	江西省高速公路投资集团有限责任公司景德镇管理中心	陈海兵	赣交科验字〔2020〕56号
57	2013X0004	江西省高速公路养护基础信息管理系统研究与开发	江西省高速公路养护工程技术研究中心	林天发	赣交科验字〔2020〕57号
58	2013Y0014	江西省高速公路路面环保型沥青混合料研发与应用	江西省高速公路养护工程技术研究中心	仰建岗	赣交科验字〔2020〕58号
59	2015H0033	多孔混凝土基层沥青路面结构与材料研究	江西省高速公路养护工程技术研究中心	周昌	赣交科验字〔2020〕59号
60	2016T0033	公路水泥稳定碎石振动搅拌抗裂技术推广应用研究与工程示范	江西省交通工程集团有限公司	邹玉春	赣交科验字〔2020〕60号
61	2017R0031	昌九高速公路改扩建工程取弃土场与施工便道生态恢复研究	江西省交通工程集团有限公司	张诚	赣交科验字〔2020〕61号
62	2016H0017	桥梁施工质量动态控制管理系统的研究与开发	江西省公路桥梁工程有限公司	彭爱红	赣交科验字〔2020〕62号
63	2016Q0041	三维动画技术在预制梁标准化施工质量管理的应用研究	江西省公路桥梁工程有限公司	王国强	赣交科验字〔2020〕63号
64	2017Q0040	振动搅拌技术在高温多雨地区水稳施工中研究与应用	江西省公路桥梁工程有限公司	彭爱红	赣交科验字〔2020〕64号
65	2017Q0042	高速公路改扩建项目施工期交通安全研究与应用	江西省公路桥梁工程有限公司	杨文	赣交科验字〔2020〕65号
66	2017Q0044	基于表面能理论的酸性火成岩集料定向改性技术研究及其高性能沥青混凝土制备与应用	江西省公路桥梁工程有限公司	程继顺	赣交科验字〔2020〕66号
67	2014Y0011	无侧漏粘性土渗透仪研制	江西省交通设计研究院有限责任公司	嵇其伟	赣交科验字〔2020〕67号
68	2016H0021	基于超前地质预报定量化解译的隧道围岩分级修正方法及工程应用研究	江西省交通设计研究院有限责任公司	洪英维	赣交科验字〔2020〕68号
69	2016H0022	降雨型灰岩区土质滑坡GMD预测模型研究及其在公路边坡工程中的应用	江西省交通设计研究院有限责任公司	曾茂宗	赣交科验字〔2020〕69号
70	2017H0010	基于GIS的公路BIM数字化模型交付技术研究	江西省交通设计研究院有限责任公司	陈国	赣交科验字〔2020〕70号
71	2017H0018	基于三维激光扫描的岩体特征快速识别与监控技术在公路隧道中的应用研究	江西省交通设计研究院有限责任公司	胡盛明	赣交科验字〔2020〕71号
72	2017Q0046	江西省高速公路沥青路面就地热再生技术养护效果及长期性能研究	江西省天驰高速科技发展有限公司	周昌	赣交科验字〔2020〕72号

续表

序号	项目编号	项目名称	承担单位	负责人	验收编号
73	2016Q0045	激光监测技术在隧道施工中的研究与应用	交通运输行业公路施工与设备工程技术研究中心	严敏	赣交科验字〔2020〕73号
74	2012H0042	节能环保型聚烯烃/乙烯共聚物功能材料在公路中的推广应用	江西省交通科学研究院	邓磊	赣交科验字〔2020〕74号
75	2013X0003	江西省交通运输能源消耗统计、监测与考核信息系统研发	江西省交通科学研究院	彭明	赣交科验字〔2020〕75号
76	2014Y0013	基于图像处理技术的桥梁振动位移监测研究	江西省交通科学研究院	张冬兵	赣交科验字〔2020〕76号
77	2014Y0015	江西省沥青路面集料加工、质量控制及路用性能研究	江西省交通科学研究院	王超	赣交科验字〔2020〕77号
78	2015H0037	电磁波吸收沥青路面材料制备与应用关键技术研究	江西省交通科学研究院	赵华	赣交科验字〔2020〕78号
79	2015H0038	桥面铺装高韧性热固树脂防水粘结层的开发和应用技术研究	江西省交通科学研究院	俞喜兰	赣交科验字〔2020〕79号
80	2015H0039	火灾混凝土桥梁损伤评估关键技术及处治对策研究	江西省交通科学研究院	俞博	赣交科验字〔2020〕80号
81	2016H0018	桥梁改造后评价综合评价理论与方法研究	江西省交通科学研究院	赖毅	赣交科验字〔2020〕81号
82	2016H0023	基于施工扰动－渗透－蠕变耦合的隧道洞口段结构设计计算理论研究	江西省交通科学研究院	荣耀	赣交科验字〔2020〕82号
83	2016H0024	高速公路边坡远程实时在线动态监测预警预报系统研究	江西省交通科学研究院	马江锋	赣交科验字〔2020〕83号
84	2016H0025	隧道病害力学模型及安全性评价研究	江西省交通科学研究院	张承客	赣交科验字〔2020〕84号
85	2017F0058	全组分废弃混凝土再生微粉的性能评价及其运用研究	江西省交通科学研究院	李晓宝	赣交科验字〔2020〕85号
86	2017H0007	湿热地区耐久性沥青胶浆组成设计及混合料性能研究	江西省交通科学研究院	黄祯敏	赣交科验字〔2020〕86号
87	2017H0008	沥青路面弯沉发展规律及对路面使用性能影响研究	江西省交通科学研究院	郭威	赣交科验字〔2020〕87号
88	2017H0009	城市生活垃圾焚烧炉渣在道路路面工程中的试验研究	江西省交通科学研究院	刘栋	赣交科验字〔2020〕88号
89	2017H0015	基于WIM数据交通荷载及斜拉桥钢箱梁正交异性板受力分析研究	江西省交通科学研究院	曾国良	赣交科验字〔2020〕89号
90	2017H0017	随机车辆荷载作用下高墩桥梁车桥耦合振动研究	江西省交通科学研究院	张卫国	赣交科验字〔2020〕90号

续表

序号	项目编号	项目名称	承担单位	负责人	验收编号
91	2017R0025	江西省高速公路沿线 $PM_{2.5}$ 及其重金属污染研究	江西省交通科学研究院	李晓宝	赣交科验字〔2020〕91号
92	2017R0026	基于残差修正的组合模型在水上服务区的需求量预测研究	江西省交通科学研究院	朱利晴	赣交科验字〔2020〕92号
93	2017X0020	交通科技人员职称信息智能评审系统研究	江西省交通科学研究院	谢德强	赣交科验字〔2020〕93号
94	2017X0021	基于微波相位干涉的边坡监测关键技术研究	江西省交通科学研究院	石春苗	赣交科验字〔2020〕94号
95	2017X0022	基于窄带物联网的交通安全设施智能监测关键技术研究	江西省交通科学研究院	糜江	赣交科验字〔2020〕95号
96	2016H0011	国省干线公路改扩建工程路基高边坡稳定性评价及加固技术研究	抚州赣东公路设计院	曹细春	赣交科验字〔2020〕96号
97	2017H0059	南方气候条件下山区国省干线公路沥青路面结构、材料设计及施工一体化研究	抚州赣东公路设计院	曹细春	赣交科验字〔2020〕97号
98	2016C0004	红砂岩地段路基与边坡修筑关键技术研究	赣州高速公路有限责任公司	许景春	赣交科验字〔2020〕98号
99	2016C0005	湿热地区SBS改性沥青老化机理及质量控制技术研究	赣州高速公路有限责任公司	郭名春	赣交科验字〔2020〕99号
100	2016C0006	上覆中风化红砂岩陡坡桥梁双排桩柱式基础受力机制与设计计算方法研究	赣州高速公路有限责任公司	陈罡	赣交科验字〔2020〕100号
101	2016J0046	服务交通运输业发展的高素质技术技能人才培养体系研究与实践	江西交通职业技术学院	王敏军	赣交科验字〔2020〕101号
102	2016J0047	江西交通职业技术学院二级管理体制改革研究与实践	江西交通职业技术学院	李智	赣交科验字〔2020〕102号
103	2016J0048	高等职业院校部门绩效考核体系研究	江西交通职业技术学院	洪芙蓉	赣交科验字〔2020〕103号
104	2016J0050	基于交通行业文化的高职校园文化研究与实践——以江西交通职业技术学院为例	江西交通职业技术学院	徐佩英	赣交科验字〔2020〕104号
105	2016J0051	江西交通职业技术学院校企合作长效运行机制的创新与实践	江西交通职业技术学院	李俊彬	赣交科验字〔2020〕105号
106	2017J0050	高职院校校内大实训场建设方案设计与研究	江西交通职业技术学院	朱学坤	赣交科验字〔2020〕106号
107	2017J0051	校企共建的高职生产性实训基地建设与运行机制的研究与实践	江西交通职业技术学院	黄侃	赣交科验字〔2020〕107号

续表

序号	项目编号	项目名称	承担单位	负责人	验收编号
108	2017J0052	产教融合、校企合作职业教育模式下高职生养成教育研究与实践——以江西交通职业技术学院为例	江西交通职业技术学院	刘桂云	赣交科验字〔2020〕108号
109	2017J0053	供给侧改革背景下高职院校教师教学考核研究与实践——以江西交通职业技术学院为例	江西交通职业技术学院	宋喻	赣交科验字〔2020〕109号
110	2017J0054	基于节约型校园背景下高校水电管理的探索与实践——以江西交通职业技术学院为例	江西交通职业技术学院	王立明	赣交科验字〔2020〕110号
111	2017X0024	基于物联网的交通运输企业SCM线上电子交易平台研究	江西交通职业技术学院	曾周玉	赣交科验字〔2020〕111号
112	2016R0031	江西省高速公路车辆救援监督与管理研究	江西省公路路政管理总队	李旷	赣交科验字〔2020〕112号
113	2014X0004	基于多网融合的江西省高速公路联网监控系统研究	江西省高速公路联网管理中心	何耀忠	赣交科验字〔2020〕113号
114	2015X0042	江西省高速公路联网信息安全体系的关键技术应用研究	江西省高速公路联网管理中心	何耀忠	赣交科验字〔2020〕114号
115	2014R0009	江西融入长江经济带的综合立体交通系统经济适应性研究	华东交通大学	陈磊	赣交科验字〔2020〕115号
116	2014X0014	交通需求突变背景下基于物联网智能交通的疏散路径优化	华东交通大学	曾明华	赣交科验字〔2020〕116号
117	2014X0015	面向智能交通的交通流自组织交互预测	华东交通大学	杨刚	赣交科验字〔2020〕117号
118	2015D0061	基于大数据的江西省物流信息平台发展策略研究	华东交通大学	陈磊	赣交科验字〔2020〕118号
119	2014X0001	江西省新一代高速公路联网收费系统设计研究	江西省高速公路联网管理中心	何耀忠	赣交科验字〔2020〕119号
120	2019H0012	公路桥梁的车辆荷载统计模型及疲劳寿命评估研究	江西交通职业技术学院	柳伟	赣交科验字〔2020〕120号
121	2017C0063	复杂环境下钢桥面铺装复合体系及其施工技术研究	江西赣鄂皖路桥投资有限公司	杨亚林	赣交科验字〔2020〕121号
122	2018Q0023	基于横向均匀受载的旧桥加固方法研究	江西省公路科研设计院有限公司	何凌坚	赣交科验字〔2020〕122号
123	2018Q0021	较大纵坡梁桥纵向下滑机理及处置对策	江西交通咨询有限公司	叶鹏飞	赣交科验字〔2020〕123号
124	2018H0005	交通荷载作用下刚、柔地基上道路的差异沉降控制方法	江西交通职业技术学院	邓超	赣交科验字〔2020〕124号

(厅科教处)

表29:　　　　　　　　　　　　　2020年度厅科技项目预安排计划表

项目序号	项目编号	项目名称	申报单位	承担单位	合作单位	起止年限	项目总资金（万元）	其中厅补助资金安排（万元）
1	2020Z0001	松散破碎地层高速公路隧道支护理论与施工关键技术研究		华东交大		2020—2022	40	40
2	2020Z0002	考虑湿度环境的沥青路面结构层设计参数研究	省交通科学研究院			2020—2022	100	100
3	2020Z0003	基于大数据的桥梁健康监测系统智能化评估研究与应用	省交通科学研究院			2020—2022	100	100
4	2020H0001	江西省轻荷载农村通组等外公路建设技术指南		江西省交通运输厅规划办公室		2020—2022	15	10
5	2020H0002	公路工程机制砂高性能混凝土制备与耐久性关键技术研究		江西省交通工程集团有限公司	武汉理工大学、江西省桥梁智能养护工程技术研究中心	2020—2022	95	10
6	2020H0003	重载路段灌注式半柔性抗车辙路面的研究与应用		江西省交通工程集团建设有限公司	河海大学、江西省公路桥梁工程有限公司	2020—2022	25	10
7	2020H0004	基于天然岩沥青条件下的废旧沥青混合料回收利用关键技术研究与示范		江西省公路学会	南昌工程学院、省高速集团抚州管理中心进贤养护所、吉安公路勘察设计院	2020—2022	70	10
8	2020H0005	新型主动消能防护网系统关键技术与工程应用		江西省公路科研设计院	西南交通大学	2020—2022	50	10
9	2020H0006	复杂荷载作用下山区斜坡高路堤差异沉降演化规律及控制技术研究		江西省交通工程集团有限公司	江西省桥梁智能养护工程技术研究中心、浙江景文高速公路有限公司	2020—2022	20	10
10	2020S0007	内河穿浪式灯浮标应用		江西省航道工程局	大连海事大学	2020—2022	30	10

续表

项目序号	项目编号	项目名称	申报单位	承担单位	合作单位	起止年限	项目总资金(万元)	其中厅补助资金安排(万元)
11	2020H0008	隧道精准聚能减震爆破成套技术及应用		江西省交通工程集团建设有限公司	华东交通大学、浙江景文高速公路有限公司	2020—2022	30	10
12	2020H0009	基于分布式长标距FBG传感的中小跨径公路桥梁快速监测评估方法研究		江西省公路工程检测中心		2020—2022	30	10
13	2020H0010	公路应急抢险装配式桥梁关键技术研究		江西省交通工程集团有限公司	重庆交通大学、江西公路工程检测中心	2020—2022	50	10
14	2020H0011	公路边坡高位崩塌预警监测技术研究		江西省公路科研设计院	西安中交公路岩土工程有限责任公司	2020—2022	45	10
15	2020X0012	基于相似交通流识别的高速公路短时交通流预测研究		江西交通职业技术学院		2020—2022	10	10
16	2020X0013	基于高精度北斗通信的高速公路边坡监测的应用研究		江西省高速公路联网管理中心	江西省交通科学研究院	2020—2022	40	10
17	2020X0014	基于移动智能终端的高速公路360°全景影像路产路权信息采集系统		江西省公路路政管理总队		2020—2022	30	10
18	2020R0015	基于红色文化资源开发的乡村振兴路径研究——以井冈山市柏露乡长富桥村为例		江西交通职业技术学院		2020—2022	16	8
19	2020R0016	江西公路运输应急救援效果评价体系研究		江西交通职业技术学院		2020—2022	28	8
20	2020R0017	《公路桥梁检测与维修加固指南》专著研编		江西交通职业技术学院	江西公路工程检测中心	2020—2022	20	8
21	2020Q0018	物联网智能车道控制器		江西方兴科技有限公司		2020—2022	60	8
22	2020Q0019	表面活性泡沫沥青温再生混凝土技术及应用		江西省交通工程集团建设有限公司	同济大学、上海道淳工程技术研究有限公司	2020—2022	20	8

续表

项目序号	项目编号	项目名称	申报单位	承担单位	合作单位	起止年限	项目总资金(万元)	其中厅补助资金安排(万元)
23	2020Q0020	湿热地区沥青路面裂缝深层次处理技术研究		江西赣粤高速公路股份有限公司	江苏中路工程技术研究院有限公司	2020—2022	90	8
24	2020H0021	S218安义互通公路BIM施工管理综合应用研究		南昌市公路管理局	南昌航空大学BIM研究所、慧航工程咨询有限公司	2020—2022	50	8
25	2020H0022	公路交通反光标线抗滑性能研究及热熔抗滑型新材料研发与应用		宜春交通投资集团有限公司	江西省交通建设工程质量监督管理局、中路高科交通检测检验认证有限公司	2020—2022	70	8
26	2020H0023	废轮胎热解炭黑改性沥青机理、制备方法和规模化生产应用技术		宜春市公路管理局	长沙理工大学	2020—2022	120	8
27	2020H0024	基于绿色环保、经济实用的抗车辙复合改性沥青混合料技术研究与工程示范		抚州赣东公路设计院	南昌工程学院	2020—2022	75	8
28	2020H0025	基于无损智能检测技术的旧水泥混凝土路面性能综合评价和改造决策系统研究		江西赣北公路勘察设计院	同济大学、上海道淳工程技术研究有限公司	2020—2022	100	8
29	2020H0026	路堑高边坡全寿命周期智能维护技术与工程示范		吉安市公路勘察设计院	招商局重庆交通科研设计院有限公司	2020—2022	116	8
30	2020H0027	湖相软土台后高填土引起桥头跳车的理论与防控技术研究		省鄱余高等级公路开发有限公司	华东交通大学	2020—2022	49.8	8
31	2020H0028	利用地下水循环调控公路桥面铺装温度的除冰系统研究		省鄱余高等级公路开发有限公司	华东交通大学	2020—2022	99.8	8
32	2020H0029	萍钢钢渣沥青混合料设计与施工技术及示范工程		萍乡公路勘察设计院	长沙理工大学、江西联达白源冶金有限公司	2020—2022	120	8

续表

项目序号	项目编号	项目名称	申报单位	承担单位	合作单位	起止年限	项目总资金(万元)	其中厅补助资金安排(万元)
33	2020H0044	智慧交通数据中心暨展示平台系统项目(一期)		赣州市交通局通信信息中心		2020—2022	80	3
34	2020H0045	美丽生态文明农村公路建设标准		上饶市农村公路服务中心	上饶市宏优公路勘察设计院有限公司、上饶市赣东公路工程咨询有限公司、广丰区公路管理站、婺源县农村公路管理所	2020—2022	50	3
35	2020H0046	江西省高速公路智慧云收费系统		江西省高速公路联网管理中心	安徽皖通科技股份有限公司	2020—2022	50	3
36	2020H0047	复杂环境下桥隧构筑物开裂机理及修复加固研究		江西赣粤高速公路股份有限公司	南京航空航天大学	2020—2022	60	3
37	2020H0048	高粘高弹橡塑合金TPE改性沥青同步薄层罩面技术研究		江西省高速公路物资有限公司	中路高科(北京)公路技术有限公司、江西省恒瑞交通科技有限公司	2020—2022	80	3
38	2020H0049	基于BIM的公路交通安全设施智慧运维管理		江西省公路工程检测中心	上海海事大学	2020—2022	30	3
39	2020H0050	汽车电控自动防误踩加速踏板装置的研究		江西交通职业技术学院		2020—2022	12	3
40	2020H0051	基于AdaBoost算法公路隧道火灾初期视频火焰检测系统开发及运用		江西交通职业技术学院		2020—2022	10	3
41	2020H0052	基于绿色公路建设的弃土场选址规划及安全管控技术研究		吉安市公路勘察设计院	吉安市公路局、招商局重庆交通科研设计院有限公司	2020—2022	126	3
42	2020H0053	高铁影响下的公路客运运营优化研究		江西省交通运输厅规划办公室	华东交通大学	2020—2022	10	3

续表

项目序号	项目编号	项目名称	申报单位	承担单位	合作单位	起止年限	项目总资金（万元）	其中厅补助资金安排（万元）
43	2020C0001	航道工作用艇船型标准化系列化技术研究		省港航局、省港口集团		2020—2022	48	0
44	2020C0002	面向建养一体化的路基智能建设与数字运维技术		省高速公路投资集团有限责任公司、南康至龙南高速公路扩容工程建设项目办公室		2020—2022	150	0
45	2020C0003	隧道建养安全快速感知技术与装备研发		省高速公路投资集团有限责任公司、南康至龙南高速公路扩容工程建设项目办公室		2020—2022	150	0
46	2020C0004	江西省公路工程代建+监理一体化建设管理模式标准化研究		省高速公路投资集团有限责任公司、赣皖界至婺源高速公路建设项目办公室		2020—2022	99	0
47	2020C0005	全风化砂页岩软弱地层隧道大变形机理及施工控制关键技术研究		省高速公路投资集团有限责任公司、萍乡至莲花高速公路建设项目办公室		2020—2022	48	0

（厅科教处）

【省港航局科研成果丰硕】 2020年，省港航局完成省厅重点科技项目《内河船闸枢纽工程大体积混凝土全过程质量控制》、《智慧航道建设》、《航道工作用艇船型标准化系列化研究》和一般科技项目《内河穿浪式灯浮标的研发与应用》的网上申报工作，并通过了交通运输厅组织的专家立项论证。2月，江西航电枢纽绿色智慧科技示范工程通过了交通运输部组织的专家评审和现场考察，符合科技示范工程立项的相关要求，准予立项。12月底，省港航局一般科技项目《江西省旅游排筏制造及检验技术规范研究》通过了厅科教处组织的科技项目验收，相关部门开展并撰写了《赣粤运河规划报告》和四个专题报告《赣粤运河水资源综合利用研究》《赣粤运河通航技术标准与通航船型研究》《赣粤运河综合效益研究》《赣粤运河环境影响评价》，已经按要求完成了初稿，取得了阶段性成果。

（省港航局）

【赣粤高速两个科研项目顺利通过验收】 1月18日，赣粤高速承担的"基于不中断交通的公路桥梁支座更换技术研究"和"桥梁新型高效加固技术与示范"两个科研项目顺利通过验收。"基于不中断交通的公路桥梁支座更换技术研究"项目结合江西省情况,研发了桥梁支座无人机检测技术装备,提出了基于深度学习理论的支座病害评估方法,为检测桥梁支座提供了一种新的方法;还研发了位移同步高精度的分泵组液压同步顶升系统、承压3000吨的高度可调楔形临时支撑装置以及支座顶升更换全过程的"监测—控制—预警"智能管控集成平台。该项目获得国家发明专利3项,发表学术论文7篇,项目研究成果总体达到了国际先进水平。"桥梁新型高效加固技术与示范"项目从我国桥梁加固的现状出发,围绕"高效""组合""智能"等新思路,对新型预应力主动加固技术、组合式加固技术以及智能加固技术等进行了系统研究与应用示范,取得了多项创新性成果。该项目获得国家发明专利2项、实用新型专利2项,发表学术论文5篇。

(省高速集团)

【交工建设公司两项 QC 成果荣获一等奖】 在2020年全省工程建设优秀质量管理小组竞赛活动中,交建公司定远 QC 小组的《提高隧道初支湿喷混凝土质量合格率》和方创 QC 小组的《提高钢混组合梁预制桥面板质量合格率》两项成果荣获一等奖。此次质量管理小组竞赛活动,全省共有三百多个小组参赛。定远 QC 小组的《提高隧道初支湿喷混凝土质量合格率》采用了隧道初支机械手湿喷施工,有效降低了隧道初支喷射混凝土质量问题,优化了施工工艺,提高了设备工作效率。经工程实践运用证明,采用机械手湿喷在一定程度上减小了隧道洞内的粉尘污染,符合国家节能环保的建设理念,具有推广价值。方创 QC 小组的《提高钢混组合梁预制桥面板质量合格率》采用定位胎架法绑扎钢筋工艺,有效地提高了钢筋骨架成型质量,采用新型组合式模板设计工艺,彻底解决了桥面板底部漏浆和板底无棱角问题,提高了预制桥面板施工技术水平,为创建品质工程打下坚实基础。

(省高速集团)

【省交通科学研究院2项研究成果获第三届江西公路科技进步奖项】 省交通科学研究院2项研究成果"高速公路边坡综合生态保护技术研究与应用"和"高速公路施工期和运营期环境监测指标和技术方法(规范)的研究"荣获第三届江西公路科技进步奖项。"高速公路边坡综合生态保护技术研究与应用"项目以南昌至上栗高速公路工程为依托,系统开展公路综合生态防护技术研究,在涵洞式过鱼通道改造设计技术、赣西岩溶地区公路生态排水沟设计技术和赣西地区红砂岩边坡生态防护技术三方面取得创新成果,对路线所在区域生态防护具有重要借鉴价值。"高速公路施工期和运营期环境监测指标和技术方法(规范)的研究"通过十余条高速公路的环境监测实例,形成地方部分标准《高速公路环境监测技术规范》。同时,该项目产生的论文《高速公路运营期污染源调查及特征分析》荣获第三届江西省公路学会论文三等奖。

(省交通科学研究院)

【《普通国省道改扩建及大中修工程路面材料资源化高效利用研究》列入2019年度交通运输行业重点科技项目清单】 交通运输部科技司公示了《2019年度交通运输行业重点科技项目清单》,由省交通科学研究院承担的省厅重点科技项目《普通国省道改扩建及大中修工程路面材料资源化高效利用研究》获批为基础设施性能提升领域面上项目,是2019年度江西省交通运输系统唯一获批的项目。本项目针对沥青混合料回收料和无机回收料再生利用中的几个关键问题开展研究,包括沥青混合料回收料中旧沥青与新沥青的混溶行为、无机回收料附着砂浆对再生混合料设计和性能的影响、两层或三层再生混合料沥青路面结构的服役行为等。项目研究内容主要包括沥青路面回收料性能、再生混合料设计、再生混合料性能、再生沥青路面结构设计和施工技术等。项目预期形成普通国省道沥青路面回收料质量管理体系、再生混合料组成设计方法和相关施工技术指南,对于实现普通国省道沥青路面回收料的资源化高效利用、提升普通国省道养护水平具有积极意义。

(省交通科学研究院)

【省公路科研设计院有限公司举办 BIM 设计应用交流会】 6月3日下午,省公路科研设计院有限公司举办 BIM 设计应用交流会。会议邀请了江苏狄诺尼信息技术有限责任公司 BIM 技术研发专家,在公司的技术人员和领导参加。

会上,专家介绍了 BIM 技术在高速公路设计过程中的最新进展与应用,把技术人员最关心的

BIM 技术问题和存在疑虑逐一进行解答。

该公司在工程设计领域积极推广和应用 BIM 技术，利用该项技术进行设计，形成以三维形式表述的设计成果，根据需要提供平面图纸或其他形式的设计文件。今年，该公司再次在宜遂高速项目设计中充分运用 BIM 技术，施工图阶段采用 BIM 技术进行全专业 BIM 模型建立及应用，基本实现了构建编码信息集成、碰撞检查、方案优化、图纸错漏校核、可视化交底等目标，为后期公路工程信息化施工和管理维护创造了基础条件，也进一步提高该公司的工程设计质量和效率。

（黄沙路）

【省交通科学研究院开展"超高性能混凝土的生态化发展与应用挑战"学术交流】 6月9日，武汉理工大学硅酸盐建筑材料国家重点实验室研究员、博士研究生导师余睿教授，应邀到省交通科学研究院进行"超高性能混凝土的生态化发展与应用挑战"学术交流。

（省交通科学研究院）

【省公路局组织直属单位赴赣州参观交流】 6月10日至12日，省公路局组织直属单位一行11人，赴赣州参观交流。大家先后参观了大广高速安全培训体验中心、龙南国道105路面共振碎石化施工工地和赣州南河大桥拓宽改造施工工地。

在大广高速安全培训体验中心，通过 VR 模拟、实操模拟、工艺展示等方式，参观人员亲身感受了违规操作带来的危害，深刻领会了安全生产的重要性，提高了安全防范意识，从而达到安全教育的目的。

在施工工地，大家对国道105路面共振碎石化技术和赣州南河大桥钢箱梁顶推法施工工艺进行深入探讨研究，为大力推动江西省"四新技术"的应用打下了基础。

（陈 涛）

【赣粤股份公司方兴科技公司成功研发全国首个高速公路隧道巡检机器人并投入使用】 高速公路隧道巡检机器人由江西方兴科技技术研究院历时近8个月时间完成，并在济广高速江西段焦家岭隧道投入试运行。该项目是通过运用人工智能、物联网、大数据等前沿技术，集成轨道、通信、充电及检修等系统模块，进行信息采集处理、无线数据传输、网络数据通讯、自动控制等。

该机器人能以1至30千米/小时的可控速度在隧道进行巡检作业，自动进行环境监测、事件监测、视频采集等，可将突发情况及时上传报警至隧道运行平台，同时自动进行提醒和声光报警，提醒过往司乘谨慎行驶。该机器人还首次采用双机器人系统，实现主备互用。如主机器人发生异常时，备用机器人可自主牵引主机器人至检修站检修，并代替主机器人临时进行应急巡逻，实现对高速公路隧道"不间断"自动巡检，隧道路况信息实时采集监测，异常情况自动预警提醒，辅助处理突发事故等功能，为高速公路智慧隧道的管养提供智慧化、一体化的解决方案。

（省高速集团）

【新余市公路局精表处技术科研项目验收通过】 8月20日，新余市公路局与新余公路勘察设计院、重庆交通大学合作完成的精表处科研项目顺利通过江西省交通运输厅组织的专家评审验收。该科研项目针对江西省路域环境，沥青路面长期在荷载、水及温湿环境下服役、早期病害较多的情况，选用新型预防性养护精表处技术，依托新余市 G33 樟树—分宜、省道528 南安—罗坊、省道311 建山—排上等3外实体示范工程进行试验实铺，以试验研究、理论分析与工程实践相结合的方法，对精表处的路用性能评价体系、原材料选择、组成设计、施工工艺展开研究，形成《精表处技术在江西省公路沥青路面预防性养护中的应用研究》《江西省沥青路面预防性养护精表处技术应用指南》等成果。

精表处技术相较传统技术，有超高性价比，且施工便捷、对交通影响小，材料安全环保、可循环利用，符合国家绿色、环保的发展理念，该成果的推广将弥补江西省预防性养护精表处领域标准与技术的空白，为江西省沥青路面预防性养护的科学化、标准化提供可操作性手册。

（艾泰武略）

【《基于振动测试法桥梁检测与评定技术规程》通过省级标准立项评审】 省交通科学研究院负责起草的《基于振动测试法桥梁检测与评定技术规程》省级标准，成功通过江西省市场监管局组织的立项评审。该标准是一种关于无损、快速的桥梁检测方法的标准。振动测试法能快速检测桥梁,能准确定位桥梁损伤程度及损伤位置,振动测试法具有智能性、无损性、快速性,可不中断交通,很大程度上缓解了城市桥梁、高速公路桥梁检测时易堵车的现象。该标准的编制,将有利于规范桥梁运营期间的病害检测及评估标准,指导桥梁检测标准化、规范化,为合理开展桥梁检测提供可靠的依据,保障桥梁运营期间的人身与财产安全,具有重要的经济效益和社会效益,对助推江西省交通运输事业发展具有重要的意义。

（省交通科学研究院）

【《高速公路岩溶及下伏洞穴路基安全评价与处治关键技术研究》荣获 2019 年度江西省科学技术进步奖三等奖】 省交通科学研究院作为主要完成单位之一的科研项目《高速公路岩溶及下伏洞穴路基安全评价与处治关键技术研究》,荣获 2019 年度江西省科学技术进步奖三等奖。该项目依托江西省南昌至上栗高速公路路基修筑开展,针对岩溶塌陷一般规律进行研究,对溶洞顶板稳定性和溶洞覆盖层稳定性进行研究,提出覆盖层固结注浆等处治技术,并付诸实体工程,最后通过触探试验等方法对处治效果进行验证。研究成果已成功应用于国内多条高速公路岩溶地区路基工程,有助于保障岩溶路基安全施工、安全运营,实现勘察处治一体化、处治技术多样化,对指导江西省甚至全国范围内岩溶地区路基建设有重要的参考作用,对处治防治不良地质灾害有重要的意义。

（省交通科学研究院）

【省交通科学研究院自主研发的智慧护栏撞击预警系统完成安装并试运行】 省交通科学研究院自主研发的智慧护栏撞击预警系统,在山东省京台高速泰枣段顺利完成安装并运行。智慧护栏撞击预警系统终端设备具有体积小、重量轻、易安装、高精度、智能化、全天候预警等优点,支持 NB-Iot 与 5G 通信方式,采用极低功耗算法,一次充电,可使用 3 年。系统通过 MEMS 传感技术全天候对护栏状态进行监测,并且采集车流及环境数据。护栏被撞击时,MEMS 传感器结合 AI 智能算法能够准确定位防护栏的撞击位置与撞击当量,通过新一代无线技术将信息上传至管理平台,同时联动附近摄像头与 F 情报板,结合车流量数据发布事故信息或者导流信息,系统配套的 APP 也将自动推送报警信息给管养人员,及时完成交通引导、事故处置、清障、养护等业务流程,实现更为准确高效的事故处理。智慧护栏撞击预警系统实现对交通设施全天候智能化监测,同时兼具交通综合环境数据采集功能,为后续改扩建交通导行提供了成功案例,更为打造高速改扩建"交通设施+感知+物联网"模式迈出了实质性的一步。

（省交通科学研究院）

【省交通科学研究院自主研发的高速应急系统——结冰预警子系统通过验收】 该系统安装在安徽省岳西县 G35 济广高速岳西段老鸭村大桥,由环境视频监控、雾灯应急引导、融雪液喷淋等系统组成,通过现场环境的实时采集,为业主提供决策依据,在桥面结冰前提前喷洒融雪液,通过融雪液降低桥面结冰点,达到提前防冻的目的,降低冬季高速公路桥梁结冰产生的交通事故发生率。

（省交通科学研究院）

【《环境敏感区高速公路生态保护关键技术研究与应用》通过科学技术成果评价】 省交通科学研究院与省高速集团、交通运输部规划研究院等单位合作完成的研究成果——《环境敏感区高速公路生态保护关键技术研究与应用》,经中国公路学会组织召开的科学技术成果评价视频会议评价,达到国际先进水平。该研究针对公路工程建设实际遇到的生态环境问题,对环境敏感地区生态保护关键技术进行探讨,为高速公路环境监测技术、红壤丘陵区弃土场和施工便道的植被恢复技术、红砂岩边坡生态防护技术、岩溶地区公路水沟生态排水技术及公路涵洞式鱼道改造技术提供科学指导。该研究成果丰硕,已发布地方标准 2 项,获授权专利 12 项,获得软件著作权 5 项,发表论文 18 篇。成果在昌栗、广吉、昌九改扩建等高速公路工程得到成功应用,经济、社会、环境效益显著,推广应用前景广阔。

（省交通科学研究院）

【《海水高耐腐蚀钢筋制备及耐蚀机制研究》获得江西省科学技术厅 2020 年度省自然科学基金项目立项】 省交通科学研究院申报课题《海水高耐腐蚀钢筋制备及耐蚀机制研究》,获得江西省科学技术厅2020年度省自然科学基金项目评审批准立项。该课题关注钢筋成分组织调控与优化设计,制备生产成本较低、腐蚀抗力水平高的海工结构用高耐腐蚀钢筋,并从腐蚀全寿命角度研究耐蚀钢筋蚀行为特性,揭示耐蚀钢筋腐蚀行为发展规律,明晰耐蚀钢筋耐蚀机理,并建立基于可靠度理论的耐蚀钢筋混凝土结构服役寿命预测模型,为促进耐蚀钢筋在土木工程中推广运用提供科学理论依据和技术支撑,具有重要意义。

(省交通科学研究院)

【《高压缩性土层段隧道洞口围岩与管棚相互作用及仰坡失稳机制研究》获得2020年度国家自然科学基金批准立项】 省交通科学研究院申请项目《高压缩性土层段隧道洞口围岩与管棚相互作用及仰坡失稳机制研究》获得2020年度国家自然科学基金申请项目评审批准立项。该项目围绕隧道建设的关键环节——隧道进洞,综合采用现场调查、试验研究、现场监测、数值模拟、理论分析等研究方法,从高压缩性土层段洞口岩土体的变形特性、隧道开挖过程中洞口初期支护受力和变形特征、施工扰动—渗流—蠕变耦合作用下仰坡失稳过程等三个方面开展研究,建立管棚套拱基础的承载力计算方法,揭示高压缩性土层段隧道洞口仰坡的失稳机制,提出仰坡失稳过程中初期支护结构变形的阈值,预期成果可为高压缩性土层段隧道洞口结构设计和隧道进洞施工提供更符合实际的理论支持。

(省交通科学研究院)

【省交通科学研究院牵头编制的3项交通环保地方标准经江西省市场监督管理局批准发布】 这3项地方标准是《公路建设项目竣工环境保护验收指南》《公路水运工程施工扬尘污染防治技术管理指南》《高速公路服务区污水处理(A/O工艺)运维指南》,分别对公路建设项目自主竣工环保验收、交通行业施工扬尘防治及服务区污水处理设施运维管理提供技术指南。同时,省交通科学研究院负责起草的《水运工程环境监测技术规范第1部分:施工期环境质量监测》《水运工程环境监测技术规范第2部分:运营期环境质量监测》也获批立项,将填补江西省在水运工程环境监测标准方面的空白。

(省交通科学研究院)

【"装配式桥涵工业化建造关键技术研究与应用"项目通过验收】 9月14日,江西省科学技术厅组织专家对江西省创新驱动"5511"工程重大研发专项"装配式桥涵工业化建造关键技术研究与应用"项目进行验收。验收专家组认为项目完成了科技计划任务合同书规定的各项研究任务,一致同意通过验收。该项目于2017年立项,是江西省首批创新驱动"5511"工程重大研发专项之一。项目创新性突出,工程示范情况良好,有很好的推广应用价值。研究成果总体达到国际先进水平,其中"凸榫+波纹管灌浆墩身节段新型连接方式"和"后结合和部分结合预应力组合梁结构体系"研究成果达到国际领先水平。项目重点对常规跨径桥梁开展装配式混凝土桥涵、装配式钢混组合梁桥工业化建造关键技术及其信息集成技术进行研究,创新性提出了装配式混凝土桥面板及墩身拼装连接技术、新型钢混组合梁桥合理结构形式与连接构造等,成果已在昌九改扩建、抚州东外环和铜万宜丰联络线等3个示范项目中成功应用,经济和社会效益显著。

(省高速集团)

【省交通科学研究院一科技项目获江西省03专项及5G项目立项】 江西省科学技术厅公布2020年省级科技计划项目(第三批),省交通科学研究院申报的江西省03专项及5G项目(定向委托类)——《移动物联网5G技术下的智慧交通智能识别系统研发及产业化》获批立项。该项目在移动互联网5G技术下将人工智能及大数据等新一代信息技术引入到智慧交通领域,进行移动物联网5G技术下的智慧交通智能识别系统研发及产业化研究,利用大数据和人工智能图像识别技术对驾驶员的日常驾驶行为进行多维度分析和预警,确保驾驶员行车安全,帮助政府掌握交通行业安全营运的动态,实施精准执法,同时提醒运输企业落实监控主体责任,消除事故隐患。该项目有助于加速江西省智慧交通发展进程,提速"智慧江西"建设,为打造可复制、可借鉴、可推广的江西样本,提供技术支撑。

(省交通科学研究院)

【信江船闸通航中心参加信江智慧船闸通航管理系统软件专家评审会】 11月24日至25日,江西信江航运枢纽工程项目建设管理办公室在界牌项目办主持召开了信江船闸智慧通航管理系统专家评审会。会上,设计单位及实施单位分别对信江智慧船闸通航管理系统软件设计方案、实施方案进行了汇报,中心与会人员结合船闸运行实际就船舶申报、船闸联合调度、设备管理、安全记录等模块提出修改意见。智慧船闸具有"高效省时、安全便捷、以人为本、节能环保及可视可预测"的特征,通过"统筹、开放、效能、创新"的建设理念,最终实现信息的互联互通。下一步,信江船闸通航中心将继续配合信江项目办完善船闸智慧通航管理系统软件的实施,为实现信江船闸统一调度、统一管理提供智慧平台。

(俞梦婷)

【赣粤工程公司参建项目获"国家优质工程金奖"】
12月1日,中国施工企业管理协会公布2020—2021年度第一批国家优质工程奖评选结果,由交通工程集团所属赣粤工程公司参建的京港澳高速公路驻马店至信阳(豫鄂界)改建工程项目,荣获第一批"国家优质工程金奖"。

(省高速集团)

【省交通科学研究院通过公路工程综合甲级和水运工程结构(地基)甲级等级评定】 12月6日,省交通科学研究院同时通过交通运输部工程安全与质量监督管理司公路工程综合甲级和水运工程结构(地基)甲级等级评定。公路工程综合甲级资质参数由173个增加为526个,标志着该院试验检测能力及范畴有较大幅度的提高。同时该院作为江西省首家通过水运工程结构(地基)甲级资质的单位。此次同时获得"公路工程综合甲级和水运工程结构(地基)甲级"等级资质后,该院以综合性检测类机构的高度上拓展业务,大力推动公路、水运、桥隧、轨道交通、市政、铁路等领域的技术服务,拓展相关港航业务,以雄厚的专业技术力量为支撑,以匠人精神服务于社会,为工程建设服好务,为工程质量把好关。

(省交通科学研究院)

【省交通科学研究院荣耀博士荣获"中国质量工匠"称号】 12月11日至13日,2020年度中国质量协会年会在北京召开,省交通科学研究院荣耀博士荣获"中国质量工匠"称号。

(省交通科学研究院)

【省交通科学研究院科技项目《考虑湿度环境的沥青路面结构层设计参数研究》入选交通运输部《2020年度交通运输行业重点科技项目清单》】
该项目基于江西省高速公路和国省道高品质的建—管—养发展需求,以湿度为出发点,旨在提高沥青路面耐久性,开展考虑湿度环境的多场耦合作用下沥青路面材料与结构性能研究,评价沥青路面实际服役环境下的永久变形和疲劳开裂发展规律,获得沥青路面结构设计中疲劳开裂和永久变形的湿度修正参数。该项目的研究成果将梳理沥青混合料疲劳开裂和永久变形规律,优化沥青路面结构评价方法,有助于江西省沥青路面设计过程更加全面地考虑全天候因素的作用,为江西省沥青路面的使用品质提供有力的保障。

(省交通科学研究院)

【省交通科学研究院"江西省道路材料和结构工程技术研究中心"通过验收】 12月22日,省交通科学研究院组建的"江西省道路材料和结构工程技术研究中心"顺利通过江西省科学技术厅验收。自2017年批准组建以来,该中心开展了道路路基路面材料及结构性能增强技术、养护新技术、路面材料再生新技术等研究,承担了20余项科研项目,构建了较完善的实验条件平台,吸引国内学者组建了结构较合理的研究团队,开展了技术交流、人才培训活动及社会服务,促进了江西省公路交通基础设施品质提升和道路工程应用技术的发展。

(省交通科学研究院)

【省公路科研设计院获得岩土工程乙级专业资质】
2020年省公路科研设计院通过审核,顺利获得工程勘察岩土工程乙级专业资质等级证书。

据悉,该院于2017年开始启动工程勘察岩土工程乙级专业资质申报工作,历经三年之久,在专业人员引进、培养、仪器设备等建设方面进行了大量投入。在各级领导和各单位的关心支持下,不负众望,最终在2020年立春之际,喜获此项专业资质。

该资质不仅成为省公路科研设计院勘察事业发展的助推剂,还增强了该院实现持续稳定发展的动力和实力,向工程勘察综合资质方向迈出重要一步。

(周佩仪)

【高安市交通运输局运用智能科技治超系统探索非现场执法模式】 高安市治理超限超载工作,自9月份开始,利用省治超平台在该市筠阳、村前、石脑、大城、相城设立的智能科技治超系统,由高安交通运输局信息中心将系统检测的数据进行比对核定,再将核定的违法超限超载车辆超载重量等违法详细信息推送到高安交通运输局非现场执法中队,作为行政处罚依据,弥补路面执法工作的不足。同时将违法信息上传至车辆所属交警指挥中心智能交通平台,由交警部门对违章车辆依法处罚和记分。通过上述治超非现场执法模式,充分利用科技手段,旨在改变治超的人海战术方式。并对重点货运源头企业单位加强监管,以提高行业安全工作水平。

(郜世泗)

信息化

【概况】 2020年,江西省交通运输厅"一中心、三平台"基本建成,统筹发展、开放融合、运转高效、重视服务的交通运输信息化发展总体格局基本形成。

修订了《江西省交通运输厅信息化项目建设管理办法》,规范了信息化项目建设的全过程;制定了《江西省交通运输厅信息化工程标准招标文件》,指导、规范了信息化项目招投标管理工作;印发《江西省交通运输厅关于进一步加强信息化项目预算支出管理、加快预算执行的通知》,提高了信息化项目财政性资金使用绩效,强化了对信息化建设项目的审计工作。制定了《江西省交通运输政务信息资源共享和开放管理办法》《江西省交通运输信息数据组织规范》《江西省交通运输信息资源采集交换体系》,加强信息系统数据治理,确保信息数据真实、准确、完整、及时和有效。"江西省综合交通运输运行协调和应急指挥系统工程"等3个项目,获交通运输部固定资产投资信息化建设计划补助资金6350万元。

建成江西省公路治理超限超载综合管理平台,实现了省、市、县、站四级治超部门共用,平台具备称重检测数据接入、治超案件信息汇聚、案件抄告、"一超四罚"等功能,并与全国治超管理信息系统和全省大件运输并联许可系统、高速公路入口称重检测和运管系统数据完成对接,实现了公路治超从"人海战术"到"机器换人"的转变,有效遏制了全省货运车辆超限超载。建成江西省公路水路建设与运输市场信用信息服务系统,实现了区域、行业管理全覆盖,为省、市、县三级行政区划范围内总计127个交通运输主管部门提供信用管理和应用服务,提升了信用动态监管能力;实现了信用信息归集、共享和交换,打通了国家、部、省和厅四级信用信息交换共享渠道,已向部级平台推送530多万条数据,向省级信用平台共享交换了交通运输行业近300万条数据;规范和优化了信用评价体系,实现了信用评价"一次不跑"和绿色通道机制,提升了行政办事服务效率。实现了诚信考核协调应用和联合奖惩应用,成效显著。

按照江西省03专项办《2020年推进新一代宽带无线移动通信网国家科技重大专项成果转移转化试点示范工作要点》要求,推进"智赣行"智慧交通运输应用示范。加快推进了新一代国家交通控制网和智慧公路示范工程、江西省交通监控云联网工程项目建设;完善了基于北斗定位、图像识别及大数据分析的高速公路辅助收费体系;实现了全厅数据资源共享,推动了智慧交通数据中心平台与省级公共平台互联互通。

组织召开全厅网络安全专题部署会4次,对节假日等重点时段的网络安全工作加强部署;认真组织开展"网络安全为人民,网络安全靠人民"为主题的网络安全宣传周活动;聘请第三方对江西省交通运输厅信息安全进行网络安全风险评估;认真组织开展了联防联控和复工复产数据安全与个人信息保护工作,开展全省交通运输行业专网调研,摸清行业专网的底数；加强了全厅计算机使用和管理，开展了弱口令整改等工作，为行业信息数据安全提供了坚实保障。组织"江西打造'赣鄱黄金水道'建设现代水运体系"等专题参与交通运输部政府网站在线访谈3期。

（王 超）

【**省公路局着力提升公路路网信息化水平**】 2020年，省公路局加快推动普通干线路网运行监测与应急处置平台（二期）项目建设，完成投资3.18亿元。打造智慧公路示范路段，加快推进新一代国家交通控制网和智慧公路试点。大力推广运用各类信息化手段，加强对公路业务数据的分析研究，切实提高江西省普通公路行业管理信息化水平。

（省公路局）

【**省公路局推进普通干线路网运行监测与应急处置平台（二期）项目建设**】 为了全面推进全省普通干线路网运行监测与应急处置平台（二期）项目建设，3月5日，省公路局召开视频会议，对项目建设进行部署，局调研员王林水出席会议并讲话。

会上，各设区市公路局报告了路网平台（二期）项目建设进展情况及下一步打算，局信息数据中心对各设区市的工程量及补助金额进行了明确。王林水指出，建设路网平台二期项目是提升行业治理能力和治理水平的迫切要求，是解决行业发展一些"难点"，实现公路管理养护服务的科学化、精准化、个性化的良好手段，是转变单位职能，更好履行公益服务职能的需要，也是省厅"智慧交通综合监管平台"的重要组成部分和"十三五"全国干线公路养护管理评价的重要内容。各设区市公路局一要咬住目标，倒排工期。制定详细的时间表、明确责任人，尽快组织招标，尽快开工建设，强力推进项目建设，确保在规定时间内完成任务。二要强化管理，规范操作。把好项目准入关、施工关、验收关，对项目进行全方位管理；强化资金管理，严格执行资金管理的有关规定。三是要强化调度，严格奖惩。精心安排，采取有力措施，切实推进项目建设，全力配合实施好省级工程项目。省局将对项目推进情况实行台账管理，每月进行调度和通报，并纳入今年全省公路目标考评。

江西省普通干线路网运行监测与应急处置平台（二期）项目主要有六大建设内容：一是建设完善路网综合管理、路网运行监测管理、应急处置、路网运行管理辅助决策、公路信息服务等5大系统；二是建设完善公路数据中心；三是构建省市县三级路网管理中心；四是建设路网外场终端系统；五是完善硬件支撑平台；六是建设智慧公路服务示范路段。项目建成后，将实现普通国省道重要节点运行实时监测覆盖度达到75%，重要路段、特大桥梁、长隧道实时监测覆盖率达100%；提升省、市、县三级路网管理的协同效率、应急处置效能和信息服务能力。按照"统一设计规划、统一技术标准、统一工程监理、统一质量检测"的原则，实行省市共建，将于年内全面完工。

（丁 喆）

【**省局信息数据中心完成路网平台省市专线带宽扩容**】 为保障疫情期间路网平台的平稳使用，省局信息数据中心会同江西联通公司于3月20日顺利完成全省省市专用宽带线路扩容升级工作。疫情期间，省局各处室大量通过省市视频会议模式与各市局、县局进行业务联系和工作部署，视频会议需求激增。为保障疫情期间路网平台的平稳顺畅，信息数据中心与联通公司进行友好协商，将3至5月省市专线带宽由165M免费扩容升级到500M。此次扩容升级全面提升了省市专线的网络速率，有效保障了省市进行视频会议的流畅性、外场图像及相关业务软件的稳定性。

（万 磊 范 涛）

【**省局信息数据中心举办江西公路e路通APP应用交流会**】 4月15日和16日，省局信息数据中心分别在南昌和宜春召开了江西公路e路通应用交流会。南昌、宜春市公路管理局计划、建设、养护、信息化负责人及下属分局、路网中心的相关技术人员参加会议。会上，首先中心强调了该款软件业务数据安全的重要性。其次详细讲解了该款软件的安装步骤、主要功能和具体作用。接着大家积极参与，交流互动的情况下，解决了各用户系统安装、使用方面存在的问题，最后收集各类建议，圆满完成了本次的应用交流。此次应用交流会，为下一步在全省正式推广江西公路e路通app奠定了良好的基础。

（甘梁刚 程国海）

【省公路局启动"江西公路e路通APP"全面推广工作】 为充分发挥移动办公的便捷性,进一步提升全省公路管理信息化水平,5月26日,省公路局启动了"江西公路e路通APP"全面推广工作。"江西公路e路通APP"是一款整合了党建、OA、计划、养护、农村公路等多款APP的公路综合业务平台,可在移动端实现公路系统各项业务的可视化、信息化、便捷化管理。该平台经南昌、宜春公路局的试点使用及反馈收集,已进行了针对性完善,现已基本稳定成熟。

为加快"江西公路e路通APP"在全省公路系统的推广应用,使相关业务人员更好地掌握该平台的操作方法,省公路局以网络在线直播方式向全省各设区市公路局开展了培训推广。该次培训推广重点围绕"江西公路e路通APP"的安装步骤、主要功能和具体作用等内容进行了直播培训,在线指导、现场解决了各用户在APP安装、使用等方面遇到的问题;重点针对全面推广"江西公路e路通APP"及确保数据安全的重要性进行了强调,明确了各使用单位的安全保密责任。通过培训推广,全省各设区市公路局有关业务人员对"江西公路e路通APP"的相关知识有了较为深入的了解,较好掌握了该平台的各项功能。据悉,省公路局将以提升"江西公路e路通APP"使用便捷性为核心,针对全面推广过程中发现的问题及使用单位的需求,进一步改进完善该平台,不断实现公路行业管理的效率和效益的提升。

(甘梁刚 丁 喆 彭高钟)

【省公路局信息数据中心加快高分遥感技术行业推广应用】 近日,江西省公路局信息数据中心赴各设区市开展高分遥感应用培训,加快了该技术在公路行业的应用推广。

中心为各设区市公路局、交通局,各县(市、区)公路分局、交通局共230余家单位的公路业务人员开展技术培训并深入调研需求,旨在让遥感技术更贴近公路业务,进一步发掘遥感技术的潜在应用点,共同助力全省公路行业向好向优发展。

据悉,该省将高分遥感影像和公路电子地图进行叠加,并同步接入各项公路业务数据,实现了"路网+遥感+数据"的应用模式,在查看遥感影像的同时能够获取公路基础数据和"建、管、养"等信息,已将遥感技术应用于摸底调查、规划选线、计划审核、项目进度监管等各公路业务,公路业务全过程应用态势逐渐形成。

(汤俊钦)

【九江市普通国省干线公路首座桥梁健康监测系统投入使用】 近日,九江市普通国省干线公路首座桥梁健康监测系统在国道105永修县境内的虬津大桥上投入使用。该系统投入使用后,将根据设定结构安全预警值,对桥梁运营环境、结构损伤及内力状态进行检测,并追踪其演变过程,对桥梁结构状态、安全状况进行评估,进而对结构实施等级制预警。当桥梁性能或局部结构特性退化,超过相应阈值时,监测系统将预警需对桥梁结构进行检查或维修。

据了解,该系统运用在虬津大桥后,将以应变监测、扰度监测、温湿度监测、振动监测、伸缩缝监测、轴载称重为主,用于推测桥梁其预期的发展,有效地掌控运营期桥梁的结构使用状态及其发展演化趋势,预警结构可能存在的安全隐患或质量衰退。

(甘 霖)

【新余市公路局建设路网中心为新余社会经济发展和人民群众出行需求提供信息支持】 "十三五"以来,新余市公路局充分考虑管养公路实际情况,按照"广覆盖、勤维护、严管理、重运用"的思路,建设了新余市普通干线路网运行监测与应急处置中心(以下简称"路网中心"),不断提升路网中心的服务功能,为新余社会经济发展和人民群众出行需求提供信息支持。

该中心于2016年4月1日正式建成运行,外场设备主要有:2个路网分中心、9个固定监测点、1个超载预检点、5个不停车检测点、2个养护应急管理中心监测点和7辆移动监测车及4座大桥16个重要部位监控点。目前正在建设路网二期,到时将再增加外场视频监控点14个、交调点9个。该中心对各监控点的道路桥梁运行信息、交调信息、超载预检信息和情报板登载信息等进行统计分析总结,4年来共在各种媒体发布路网运行月度简报50余期、周报200余期、节假日出行攻略20余期,实现了交通运行数据资源的社会共享、信息互通,得到了广大交通参与者的认可。

(石龙萍)

【新余市公路局引进桥梁结构健康监测系统护航桥梁安全】 为加强桥梁尤其是大桥运行情况监测，近期，新余市公路局首次在国道220线丹江大桥引进桥梁结构健康监测系统，实现了桥梁运行及结构监测从碎片到系统，从采集到处理、全过程智能化监测告别人工，省时省力。

据了解，该系统集环境监测、结构监测、数据分析处理、报警与评估为一体的桥梁运营安全监测系统，采用当今先进的科技手段，通过在桥梁主要部位设置传感器，对车辆荷载、应力、桥箱梁挠度、箱梁应变、桥梁裂缝等参数进行实时监测，然后利用有线或无线网络将采集的数据传回后方计算机，最后经过相关软件及人工辅助分析对数据做出判断及对比分析，精准分析病害成因。该系统可以较为全面地把握桥梁建设及服役全过程的受力与损伤情况，并对地震、台风、船撞等造成的突发性异常事件快速报警。桥梁结构健康监测系统正式运行后，桥梁工程师在办公室就可以实时掌握桥面温度，在线为桥梁进行基础结构体检，快速评定桥梁运营期状态，为桥梁的维修、养护等提供数据依据。

（郭义民）

【安福县完善4G动态监控系统】 全县147辆客车全部安装4G动态监控系统，利用4G监控对所有驾驶员驾驶行为和乘客不系安全带进行动态全程监控；将"4G"视频违章违规图像，汇总制作安全教育宣传片，安全宣传活动中播放，曝光不规范驾驶行为，起到警示教育作用；公安交警派员进驻汽运总公司抽查，利用4G平台监控排查情况，制订了"线上线下视频违法行为台账"；全面推进动态监控安全上一个新台阶。

（吉安市交通运输局）

【宜春市运管局推进全市主动安全防御系统安装工作】 为进一步加快推进该市危货车辆主动安全智能预警装置安装进度和全面推行宜春市道路运输重点营运车辆动态监控安全隐患闭环管理工作，6月2日，宜春市运管局召开全市道路运输危险货物运输安全管理工作会议，推进主动安全智能预警装置及"宜安行"手机APP安装使用。并就相关工作进行了再部署，再安排。此项工作已在省局要求时间内圆满完成。

（赵云海）

【宜春公交集团完成公交信息化网络安全升级】 9月3日，宜春公交对公交信息化系统进行网络安全升级。为了最大限度地减小升级对公交日常营运及管理工作的影响，本次升级需在深夜完成。集团工作人员克服数据备份量大、数据迁移庞杂、系统重构时间紧的困难，经过5个小时的紧张升级与调试，于次日凌晨顺利完成升级工作。公交信息化系统的网络安全升级，主要涵盖公交IC卡消费系统、APP扫码支付系统、公交调度系统、集团ERP系统等，涉及的网络服务多、对外端口多、业务数据多。本次升级是严格按照国家网络安全保护对信息建设的相关要求进行，主要升级网络安全防火墙和核心交换机，升级后将有效保障宜春公交近50万IC卡和手机端用户的信息安全。

（葛 曦）

【抚州市交通运输局加快推进行业信息化建设】 一是加快科技治超步伐。在原有15个不停车治超检测系统的基础上，今年将新建22个不停车治超检测系统，同时加大市、县两级治超信息管理平台建设，推进和公安交警等信息系统互联互通、信息共享，将治超工作实现由"人海战术"向"科技治超"转变。二是加快执法队伍管理平台建设。通过应用现代信息和通信技术，将执法人员的教育培训、工作成效、执法考核融为一体，全面提升全市交通运输系统综合执法人员的素质及能力。三是全面推广诚信信用体系平台应用。通过强化从业单位、从业人员等方面的监管，规范行业诚信守信义务，让失信者在交通运输领域无从立足。四是有序推进普通货物运输车智能视频监控设备安装工作。

（抚州市交通运输局）

交通教育

【概况】 2020年,江西省交通教育培训工作围绕交通强省建设对人才的需求,服务于交通运输发展全局,进一步强化管理干部培训、专业人员知识更新和行业教育培训与技能型人才培养工作,为推动全省交通运输高质量发展提供强有力的人力资源和人才保障。

一是全年设立教育培训专项预算,省交通运输厅下达教育培训专项经费158万元。

二是积极开展干部教育培训工作。下发2020年度厅办干部培训班计划18个,已全部办结;落实部办调训计划,安排全省设区市、县(区)交通运输局局长12人参加了全国交通运输局局长培训班,全省管理和技术骨干170余人参加了省航道养护管理和省普通国省干线公路隧道养护管理技术培训班;组织240余人次参加了部相关网络培训,210余人次参加了部2期科技大讲堂活动,均达到了预期成效。

三是指导厅属院校教育工作。督促江西交通职业技术学院、交通高级技工学校认真做好疫情防控常态化工作,做到了疫情防控和教育培训工作两不误。引导行业院校加快高质量人才培养、高水平学科发展、高素质师资队伍建设、高效能技术成果转化,进一步提升服务行业高质量发展的能力。江西交通职业技术学院全力推进双高建设,较好完成了江西省高水平高等职业院校中期建设绩效报告,与中交一公院、大广高速公路建设项目、亚龙智能装备集团等签订校企合作协议。组织教师参加省职业院校技能大赛教学能力比赛,并获一等奖3项、二等奖3项、三等奖2项,一支队伍成功晋级全国比赛。省交通高级技工学校组织教师积极参与职业技能比拼,在第二届全国技工院校教师职业能力大赛中喜获1名二等奖,在首届江西省技工院校教师职业能力大赛中喜获2名一等奖、2名二等奖、3名三等奖,在2020年江西省职业院校技能大赛教学能力比赛决赛中喜获1个团体一等奖、2个团体二等奖、2个团体三等奖,在"振兴杯"竞赛中喜获1个第一名、1个第三名、1个团体第三名。经省人社厅批准,交通技工学校由普通技工学校升格为高级技工学校,2020年9月正式挂牌。

(厅科教处)

【江西交通职业技术学院2020年发展概况】 2020年,江西交通职业技术学院在校生13884人。其中,全年招收大专新生5088名,本科新生60名。大专毕业生3824人,初次就业率83.74%。2020年学院共计完成了46个岗位68名教师的招聘工作,完成了学院2020年度102名同志的岗位设置聘任工作。学院16人职称获得晋升,新增1名高职教授、4名高职副教授。学院推荐了1名副处级干部到省厅机关任职,新提任了27名副科级干部。

是年,该院教学科研成果丰硕。2月,该院成功入选教育部"智能制造领域中外人文交流人才培养基地项目"第二批筹建合作院校。6月,该院申报的课题《汽车运用与维修技术专业"课程思政"的载体与方法创新研究》获教育部立项研究,并获得20万元的科研资金。7月,该院教师郑卫华与华东交大、天津大学等合作的《提高视觉成像对比度的关键技术与应用》荣获2019年度江西省科学技术发明奖二等奖。9月,该院申报的12门课程全部通过省级精品在线开放课程认定。9月,该院南昌市交通与市政工程可视化仿真重点实验室、交通地理信息(GIS)中心、大学生创新创业孵化基地、路桥BIM技术应用中心等四个研发(技术)中心正式成立。9月,该院检测中心顺利通过南昌市市场监督管理局"双随机"监督抽查。11月,该院与江西省天驰高速科技发展有限公司、江西省公路工程检测中心、中国电信股份有限公司南昌分公司联合申报的《基于5G的公路桥梁检测监测云智平台研究及工程示范》课题成功立项 2020 年 03 专项及 5G 定向择优项目。11 月,该院"全国公路科普教育基地"顺利通过复核。12 月,该院申报的"江西交通职业技术学院宋金博名师工作室"获批命名。12 月,该院申报的"邮政安全管理技术研发中心"获批认定。

是年,该院教师和学生在各类竞赛中屡创佳绩。6 月,该院教师在全省高校"战疫思政课堂"教学比赛中获三等奖 2 项。8 月,该院教师代表队在 2020 年江西省职业院校技能大赛教学能力比赛中获一等奖 3 项,二等奖 3 项,三等奖 2 项。10 月,该院教师原创歌曲《满城樱花》在教育部举办的"共抗疫情、爱国力行"主题宣传教育和网络文化成果征集展示活动中获歌曲类优秀奖;在庆祝农工党成立 90 周年原创歌曲和音乐短片征集活动中获优秀作品一等奖。11 月,该院学生在 2020 年江西省大学生科技创新与职业技能竞赛"成图技术与产品信息建模"比赛中获一等奖 1 项、二等奖 1 项和三等奖 1 项。11 月,该院代表队 2020 年江西省职业院校技能大赛中获团体一等奖 1 项、团体二等奖 3 项、团体三等奖 1 项,个人三等奖 1 项。11 月,该院学生在 2020 年全国职业院校技能大赛改革试点赛中获个人二等奖 1 项、三等奖 1 项,获团体二等奖 1 项。11 月,该院学生在江中利活杯"2020 年人民优选直播大赛江西赛区总决赛中获"金牌带货官"特等奖 1 项、一等奖 1 项、二等奖 4 项,该院获最佳组织奖。11 月,该院代表队在第三届全国交通运输职业教育"升拓杯"学生无损检测技能大赛中获团体一等奖 1 项、团体二等奖 1 项,教师孟丛丛和陈元勇获优秀指导教师奖。11 月,该院代表队在第十三届"高教杯"全国大学生先进成图技术与产品信息建模创新大赛中获团体二等奖,该院学生获三维建模赛项一等奖 1 项。11 月,该院教师在 2020 年度江西省高校思想政治理论课青年教师教学基本功比赛中获一等奖 1 项、三等奖 1 项。12 月,该院在"防疫期间线上教学优质课评选"中获一等奖 3 项、三等奖 4 项。12 月,该院教师在江西省第七届高校辅导员职业能力大赛(高职高专组)中获三等奖。12 月,该院学生在 2020 年全国行业职业技能竞赛——"中国建设杯"第三届全国装配式建筑职业技能竞赛装配式建筑施工员赛项(学生组)全国总决赛中获二等奖 3 项。

(江西交通职业技术学院)

【江西省交通高级技工学校 2020 年发展概况】江西省交通高级技工学校(江西省交通运输学校)是经江西省人民政府批准,隶属于江西省交通运输厅,实行"两块牌子一套人马",集中职教育、技能培训、职业技能鉴定为一体,致力于培养交通类技能型人才的全日制公办、综合型技工学校和中专学校。学校是国家级高技能人才培训基地、江西省职业院校"双师型"教师培训基地、南昌市高技能人才培训基地、南昌市高技能人才公共实训基地、南昌市职业技能竞赛基地。2020 年,在校学生 2078 人,在职教职工 102 人。学校加大人才引进力度,通过高层次人才引进和社会招聘招录 14 名教师。学校 10 人职称获得晋升,新增 6 名中级岗位、4 名初级岗位。选拔了一批想干事、能干事的人员任中层管理岗位,选拔了 10 名科级干部,其中正科 3 名,副科 7 名。

是年,该校基础设施建设加紧推进。二期校园建设项目 10#、13#、14#三栋六层连廊学生宿舍楼已交工,10#学校已使用。18#、19#宿舍根据调整方案进行室内装修施工,外接专电工程争取已验收并通电。综合教学楼工程可行性研究报告已获省发改委批复,该工程总建筑面积 30996 平方米(5 + 1 框架结构),总投资为 1.18 亿元,工程项目列入 2020 年省重点工程,目前本工程已经开工建设。

是年,该校进一步优化组织机构。为全面提高教育教学质量,提高教学管理水平和质量,建立科学、规范的教学管理工作机构,学校对原有 8 个各教研组进行调整,同时组建了汽车工程系,通过机构优化,不断加强内涵建设,提升人才培养质量。为进一步规范招标采购流程,改善资产实物管理现状,建立资产管理部门,制定《江西省交通技工学校招标采购管理制度》,规范采购项目的闭环管理,构建合理的资产管理运行机制,为学校内涵提升打好组织基础。

是年,该校不断拓宽鉴定业务范围。为适应职业资格从"鉴定"向"认定"转型需要,积极申报了汽车综合检测与诊断、汽车美容两个项目的专项职业能力考点。完成职业技能鉴定所备案工作,新增并获批茶艺师、电工、焊工三个职业工种。申报江西省退役军人就业创业承训机构,成功申报并获批汽车维修工、公路养护工、工程测量员、职业健身教练等 4 个专业。组织并顺利完成江西省危险货物水路运输从业人员资格(港口)考试。全年完成鉴定3800余人次。

是年，该校大力开展职业能力提升行动。积极承接省厅第十二期青干班、全省国防交通潜力数据、省厅工勤人员考核、汽修类考评员资格考核、厅离退休干部党建工作等各类培训班。学校发挥在职业技能提升培训上的优势，先后组织开展多期企业防疫培训和线上业务培训，上线30余课时的培训课程，开展12期线上培训，组织1600余名一线企业员工参加线上技能培训。承办11家企业卫生防疫知识培训、1期岗前培训，共500余名企业员工参加培训。为10余家企业提供培训授课师资，有效提升行业职工技能水平，助力企业复工复产。

是年，该校教育教学成果丰硕。开展"暑期大学习、大培训、大提升"活动，承接振兴杯、洪城杯、新能源等技能竞赛，鼓励教师积极参与职业技能比拼，在第二届全国技工院校教师职业能力大赛中喜获1名二等奖，在首届江西省技工院校教师职业能力大赛中喜获2名一等奖、2名二等奖、3名三等奖，在2020年江西省职业院校技能大赛教学能力比赛决赛中喜获1个团体一等奖、2个团体二等奖、2个团体三等奖，在"振兴杯"竞赛中喜获1个第一名、1个第三名、1个团体第三名。5名老师获得江西省技术能手，1名老师获江西省中等职业学校班主任能力大赛二等奖，1名老师获评2019—2020年度全国交通运输行业优秀思想政治工作者。学生在"振兴杯"竞赛中喜获1个第一名、1个第三名。2名学生获得国家奖学金。

（江西省交通高级技工学校）

【江西交通职业技术学院成功入选教育部"智能制造领域中外人文交流人才培养基地项目"第二批筹建合作院校】 2月，教育部中外人文交流中心下发《关于智能制造领域中外人文交流人才培养基地项目2020年入选院校的通知》，江西交通职业技术学院成功入选第二批筹建合作院校。学院将以机电工程系智能制造专业群（涵盖机电设备维修与管理、电气自动化技术、智能控制技术、汽车制造与装配技术、数控技术、模具设计与制造6大专业）为依托，以加强国际合作交流、促进产教融合为目标，重点聚焦产教融合平台建设、人文教育课程开发、教学资源共建、"双语、双师、双能"教师队伍建设、国际合作交流、毕业生国际就业创业等工作，构建以培养智能制造领域高端技术技能人才的平台和高地。本次入选"智能制造领域中外人文交流人才培养基地"，是学院"双高"建设的一项重要成果，有利于学院进一步推动专业建设和教育教学改革，进一步服务"一带一路"国际合作，促进江西省产业转型升级，推进区域经济跨越式发展。

（江西交通职业技术学院）

【江西省投资规模最大的全域研学旅游综合体项目今日开工】 3月28日上午，江西省投资规模最大的全域研学旅游综合体、全国红色研学旅行示范基地——省高速集团畅行公司景行研学项目在赣州市兴国县开工建设。省高速集团党委书记、董事长王江军，赣州市委副书记刘文华，省高速集团总经理助理李占荣，省高速集团有关部门、畅行公司、赣州市教育局、兴国县负责同志出席开工仪式。景行研学项目位于兴国县城北片区，规划面积0.61平方千米，总投资额预计达12.8亿元，由省高速集团畅行公司投资建设，是畅行公司基于国家"素质教育""研学旅行"战略导向，落实江西省"项目建设提速年"目标要求，围绕全省路域资源孵化及产业多元化战略布局，不断融入和服务地方社会经济发展的重要举措。兴国县是我国著名的将军县，有着悠久的革命历史传统和厚重的红色文化底蕴，2016年被教育部列为全国中小学研学旅行江西省唯一试点。该项目作为全域研学旅游综合体和全国红色研学旅行示范基地，致力于进一步挖掘兴国县红色文化资源，传承红色基因。项目由中心生态区、探索体验区、研学综合区和红色兵工区四大板块组成，分为红色与历史、科技与人文、自然与环境、社会与生存四大特色主题，涵盖红军长征、自然探索、汽车高速、农林劳动、科技创新、生命安全、传统文化等近50个研学学子项目。项目计划2022年建设完工，建成后可容纳约2万名学员同时开展研学旅行活动，将显著提升当地核心景区建设水平和服务能力，带动餐饮、住宿、娱乐、购物等旅游配套产业发展，有力推动赣南苏区经济繁荣振兴。

（省高速集团）

【江西省交通高级技工学校师生在全国啦啦操短视频大赛（江西赛区）中获佳绩】 3月，由全国啦啦操委员会指导、江西省啦啦操协会举办的"居家啦啦操健康你我他"啦啦操短视频大赛落下帷幕，江西省交通高级技工学校19中专工程造价班谢雨丹荣获中学组个人啦啦操三等奖,康荷艳老师荣获优秀教练员和优秀领队称号。

(江西省交通高级技工学校)

【江西省交通高级技工学校教师荣获2019年全省职业院校技能大赛"优秀工作者"称号】 3月,省教育厅印发《关于公布2019年省职业院校技能大赛"突出贡献单位""优秀工作者"名单的通知》,表彰在2019年全省职业院校技能大赛中做出突出贡献的单位和工作者,江西省交通高级技工学校教职工毛建峰荣获"优秀工作者"称号。2019年全省职业院校技能大赛从10月至12月历经两个月,共完成了89个项目的比赛,其中中职27个、高职52个。学校于2019年12月初承办了大赛中职组的"新能源汽车检测与维修"和"新能源汽车动力电池系统检修"两个赛项,艰辛的劳动、周到的服务得到参赛师生的充分肯定和赞誉。

(江西省交通高级技工学校)

【江西省公路系统疫情期间多种形式开展线上培训学习】 疫情期间,各级公路部门切实做到疫情防控和学习两不误、两提升,利用"赣路党建""学习强国"等网络平台开展线上学习,提升干部职工的抗疫意识,丰富防疫知识,推动重点工作开展。

开展线上理论学习。新冠肺炎疫情发生以来,省公路局党委坚持一手抓好疫情防控工作,一手抓好政治理论学习不放松,做到"两不误、两促进"。局党委积极创新学习方式方法,及时跟进学习。一是依托赣路党建APP,组织在线开展一次党委中心组理论学习,全体党员在线专题学习了习近平总书记关于疫情防控重要讲话和重要指示批示精神,省委书记刘奇相关讲话要求,党中央关于加强党的领导、为打赢疫情防控阻击战提供坚强政治保证等文件精神。二是依托学习强国平台,每个党员每天自觉开展学习,及时跟进学习习近平总书记重要讲话精神。三是各党支部依托微信、QQ工作群,组织党员干部在线开展理论学习,切实做到工作、学习两不误。

用"学习强国"开展线上学习。为切实抓好广大党员干部在疫情防控关键时期的思想政治教育,2月18日晚,宜春公路勘察设计院党支部巧用"学习强国"视频会议系统,组织全院27名党员干部开展线上视频会议学习,开启了党员课堂新模式。会上,大家共同学习了习近平总书记在中央政治局常委会会议研究应对新型冠状病毒肺炎疫情工作时的讲话精神和中共宜春市纪委《关于7起聚集性疫情防控工作履职不力典型问题的通报》文件精神,并要求广大党员干部:提升思想认识。在防控疫情攻坚战中主动配合居住地社区做好疫情排查各项工作,切实做到基本信息不漏报、重要信息不盲报、发现问题及时报,不串门、不待客、不聚餐;做好自身防护。上班途中选择步行、骑行或乘坐私家车,戴口罩、勤洗手、勤消毒、常通风;推进重点工作。主动发挥党员先锋模范作用,干在前、想在前,加速推进樟树市葛玄路改扩建工程、万载南部新城路网、万载老城区7条道路改建等项目测设工作落细落实。

开展"网上党员活动日"活动。2月28日上午,省公路科研设计院党支部运用学习强国视频会议,以创新形式组织开展第一次"网上党员活动日"。该活动就目前防控形势与企业复工事项相结合,以解读政策和该院防疫期间的工作向全院传递出坚定防控的信心,做到以官方政策为指引,以科学防控为手段,多措并举推进防疫与复工。活动中,大家学习了《关于7起聚集性疫情防控工作履职不力典型问题的通报》文件精神,督促全体党员干部杜绝厌战情绪、侥幸心理、松劲心态。通过党员志愿服务事迹分享和重温党史,将革命精神融入到防疫的坚定决心之中,以实际行动做到防疫不松、工作不乱、学习不断。

举办"江西公路e路通app"试运行网络直播培训会。2月25日,省公路局信息数据中心在南昌市召开了"江西公路e路通app"软件试运行网络直播培训会。为加强疫情防控,避免人员集中,本次培训会采用网络在线直播方式进行。参加会议的有南昌市、宜春市公路局及下属分局、路网中心的相关工作人员。会上,中心工作人员首先强调了该款软件及数据安全的重要性,明确使用单位安全保密责任。其次通过网络直播方式详细讲解了该款软件的安装步骤、主要功能和具体作用,并共享了教学视频及操作手册。最后在线解决了各用户安装、使用方面的问题,圆满的完成了本次直播培训工作。"江西公路e路通app"整合了各公路业务系统,可以在移动端实现公路计划、建设、养护等业务的可视化管理,能够进一步地提升江西省公路行业管理水平,为全省正式推广打下坚实基础。

用网络学习平台开展新冠肺炎疫情防控知识学习。疫情期间，寻乌公路分局的领导干部职工积极依托各类网络平台。学习中，干部职工运用电脑和手机登录"学习强国"和"寻乌融媒"等网络平台，通过平台每天更新的内容，及时了解时事新闻、疫情动态，密切关注党中央最新部署，了解国家抗"疫"政策，准确把握官方信息，进一步提高认识、凝聚共识，为打赢疫情防控阻击战筑牢思想基础。此外，该局还动员干部职工运用"江西干部网络学院"平台中的"赣州市领导干部打赢新冠肺炎疫情防控阻击战网络专题学习班"来学习新冠肺炎防控、流行病学、突发公共卫生事件、舆论传播、心理调适等知识，要求大家做到学用结合，进一步掌握科学疫情防控知识和心理压力调适方法，更好地投入到疫情防控阻击战当中，为打好打赢疫情防控阻击战提供智力支撑。

（梁　燕）

【全省公路系统迎"国评"视频培训会议召开】　为加快推进迎接交通运输部"十三五"全国干线公路养护管理评价工作，4月15日上午，省公路局组织召开全省公路系统迎"国评"视频培训会议。省局一级调研员、"迎评办"主任陶久选主持会议并讲话，省局"迎评办"所有成员，各设区市公路局主要领导、分管领导、相关部门负责人及迎"国评"工作人员，九江、吉安、萍乡、鹰潭、新余市交通运输局分管路政治超工作领导及相关部门负责人参会。

会议解读了交通运输部"十三五"国评相关政策和江西省迎"国评"工作安排及要求，并通报了全省迎"国评"工作进展情况，陶久选指出，通过全省各级公路部门的共同努力，全省公路系统迎"国评"工作总体进展顺利。

会议强调，省厅、省局将加大对各设区市迎"国评"工作的考核，奖优罚劣，相关部门和单位要提高政治站位，统一思想，压实责任，加强组织领导，将迎"国评"工作作为2020年的首要任务和中心工作，确保2020年8月底前，全面完成迎"国评"各项准备工作。

会议对各设区市迎"国评"工作提出五点要求，一要查漏补缺，完善内业。严格按照要求整理内业资料，确保6月底前，全面完成迎"国评"内业资料的整理完善工作。二要多措并举，提升路况。在保证工程质量的前提下，加快前期工作进度，力争4月底前完成第一批路面养护工程项目招投标工作，5月中旬完成第二批路面养护工程项目招投标工作。三要因地制宜，打造亮点。2020年8月底前，全省完成609千米"畅安舒美"示范路建设、500千米迎"国评"示范路亮点品质提升工程；基本完成7个省级应急保障基地、44个综合养护中心建设，新改建公路道班121个。四要加强养护，保障畅通。充分利用晴好天气，及时修补路面病害，保持路况稳定。五要着力提升公众满意度调查。各设区市公路局要采取多种形式开展问卷调查，对症下药，采取有针对性举措，加强正面宣传，积极做好舆情应对，着力提升公众满意度。

（洪满英）

【省高速集团举办首期ETC门架系统运行管理与维护培训班】　4月18日至19日，省高速集团举办ETC门架系统运行管理与维护培训班（第一期），省高速集团党委委员、副总经理俞文生出席开班式并讲话。集团有关部门、有关单位共计90余人参加培训。在开班仪式上，俞文生充分肯定了去年取消高速公路省界收费站建设所取得的成绩。就做好机电管养和本次培训工作，俞文生要求，一是要提高站位、深化认识。"一张网运营"是交通行业兑现"交通强国"的答题，也是"智慧交通"发展的必经之路，要充分认识新形势下ETC全国联网收费的重要意义，将机电设施管养工作摆放到突出位置，进一步理顺机电管理职责，明确责任部门、责任人；不断加强技术人才培养，建立梯队型人才队伍。二是要加强学习，提升机电管养能力。要加大对机电技术人员的培训、实训、考核，以此次培训为契机，积极组织业务学习，逐步建立起制度化的技术培训体系；科学制定应急处置预案，定期演练，备足机电备品备件，确保设备不间断稳定运行，着力提升机电管养的应急处置能力。三是要再接再厉，圆满完成迎国检任务。要以迎国检为契机，以高度的责任感，克服困难，持续作战，加快项目批复，尽早启动建设，提前工程准备，合理安排工期，如期完成取消省界收费站交工验收。四是要加强管控，确保安全有序。要落实安全生产责任，确保施工现场安全有序。特别是在通车路段、隧道内、高空作业等开展施工时，要特别注意施工现场的安全管控；积极抓好安全教育知识培训，加强作业人员岗前教育。严格要求按安全操作规程作业；配备专职安全员负责施工现场安全的日常检查、指导、监督。据悉,本次培训采用了专业技术人员现场讲解与管理软件线上实操相结合的方式,既有理论知识,又有实践操作。培训结束后,还针对参加培训的人员安排了结业考试,并为成绩合格者颁发结业证书。

(省高速集团)

【省公路局机关举办迎"国评"培训会】 4月22日,省公路局机关举办"十三五"普通国省干线公路迎"国评"培训会。局"迎评办"相关成员参加培训。培训会上,养护管理处、政策法规处的相关工作人员详细讲解了养护管理评价体系、外业督查内容、路政治超督查内容。据悉,为进一步压实责任,从4月底至8月,省公路局组成7个督查组,每月至少对各设区市迎"国评"工作开展一次督查,齐心协力打好迎"国评"攻坚战,全力提高江西省普通公路管理和路况水平。

(路　宜)

【省交通运输专业人员资格评价中心来江西省交通高级技工学校调研交流】 5月20日,省交通运输专业人员资格评价中心副主任余明华一行到江西省交通高级技工学校调研交流,校长欧阳娜、副校长廖胜文陪同。余明华表示,学校在技能人才培养、职业竞赛、软硬件建设等方面所取得的成绩显著,希望双方能够利用好当前国家职业资格改革的契机,共同探寻新形势下的合作模式,积极争取更多的政策支持,为交通运输行业高质量发展提供人才保障和智力支撑。此次调研深化了双方的友好合作关系,为该校进一步推动职业资格评定等工作打下了坚实基础。

(江西省交通高级技工学校)

【省港航管理局选派船闸运维人员赴外省船闸跟班学习】 5月20日至6月20日,省港航局选派30名船闸运行管理人员分两组赶赴安徽省巢湖船闸和苏北航务管理处淮阴船闸开展跟班学习。通过一个月的跟班学习,学员们掌握了船闸信息化建设、船闸运维规章制度、船闸智能调度系统等理论内容,进行了船闸运行调度、设施设备保养维修、航道管理等实操锻炼,为组建赣江、信江船闸通航中心培养了后备干部力量。

(局信息处)

【省公路工程检测中心承办宜万同城快速通道项目桥梁施工技术培训班】 6月4日,省公路工程检测中心组织承办了宜万同城快速通道改建工程项目桥梁施工技术培训班。该项目参建单位桥梁技术人员共计50余人参加了此次培训。

该中心检测工程师邓会鹏结合自身工作实践,生动讲授了公路施工建设中,桩基、墩柱和桥梁上部结构等施工环节常见病害,分析了各类病害产生原因及解决措施,并与参训学员进行了现场相互交流。

(邓会鹏　李雪)

【全省普通国省干线迎"国评"路政治超工作推进会暨内业资料培训会召开】 6月5日,全省普通国省干线公路迎"国评"路政治超工作推进会暨内业资料培训会在南昌召开。省交通运输厅治超办常务副主任、省公路局一级调研员王林水主持,厅执法监督处、组织人事处、公路管理处相关负责同志参加会议。

会议通报了省交通运输厅5月份对各地迎"国评"工作督查情况,要求各单位要加强认识,提高政治站位;加强沟通对接,同步推进内业、外业资料的整理和收集。会议强调,各地各部门在交通综合执法改革过程中要做好迎"国评"工作平稳有序移交衔接,确保"思想不乱、工作不断、队伍不散、干劲不减"。会议要求,各级交通公路部门要迎难而上,进一步压实责任,咬紧目标不放松。一要目标明确。各单位要围绕省厅确定的"走在中西部前列、进入全国第一方阵"目标,补短板强弱项,全力推进各项工作开展;二要职责明晰。各单位不能因为改革而影响工作,要学习赣州、吉安等地的方法,加强部门间沟通对接,明确各自职责任务,共同打好迎"国评"攻坚战;三要抓落实。以清单式管理各项工作,设立好时间节点,稳步推进各项工作落实到位。

各单位分管领导汇报了本单位迎"国评"工作进展,并就下一步工作做了表态性发言。下午,省公路局政策法规处相关工作人员解读了迎"国评"路政治超工作责任清单,并对相关内业资料规范和整理开展了集中培训。九江、萍乡、新余、鹰潭、上饶、吉安市交通运输局,各设区市公路局分管领导,相关部门负责人,业务骨干等60余人参加了会议。

(姜　炜)

【全省普通国省干线公路养护管理规范化培训会在宜春召开】 为进一步提升全省普通国省干线公路养护管理规范化水平，做好迎接交通运输部"十三五"全国干线公路养护管理评价各项准备工作，6月10日，全省普通国省干线公路养护管理规范化培训会在宜春召开。省公路局一级调研员陶久选出席会议并讲话。各设区市公路局养护科长、迎"国评"工作人员，各县（市、区）公路分局迎"国评"工作人员，省公路局相关处室人员、"迎评办"相关工作人员，省公路局信息数据中心相关工作人员共计160余人参加会议。

会议通报了5月份全省迎"国评"内外工作督导情况，解读了"十三五"养护管理评价治理能力评价指标体系和评分标准，讲解了江西公路e路通APP主要功能，宜春市公路局介绍了迎"国评"养护管理资料收集整理的经验做法。

会议就进一步加快推进全省公路系统迎"国评"工作进行了部署：一是紧盯总体目标，压实工作责任，积极争取地方政府支持；二是认真查漏补缺，限期整改到位，进一步规范完善公路交通标志；三是坚持多措并举，全面提升路况，做好普通国省干线公路穿越城区路段迎"国评"工作；四是坚持因地制宜，积极打造亮点；五是加强雨季养护，保障安全畅通。

会后，与会人员现场参观了宜春市公路局直属分局南山道班，观摩了宜春市公路局养护资料整理、归档情况。

(胡羿璇)

【九江市治超办举办全市非现场执法培训班】 6月11日，九江市治超办举办全市非现场执法培训班。各县（市、区）治超办业务骨干30余人参加培训。系统培训了公路治理超限超载平台的功能与运用，以及超限超载治理案件制作、一超四罚、非现场处罚等内容，为九江市治理公路治理超限超载平台全面运行提供了技术支持。

(九江市交通运输局)

【宜春市农村公路养护管理工作业务培训会在万载县举办】 2020年6月12日下午，宜春市农村公路养护管理工作业务培训会在万载县交通运输局六楼会议室举办。宜春市交通运输局有关领导、各县（市、区）明月山分管农村公路建设、养护领导，公路所长、养护所（站）长参加，培训会由宜春市交通运输局副局长晏国繁主持。首先，市局公路处副处长晏勇就《国务院办公厅关于深化农村公路管理养护体制改革的意见》（国办发〔2019〕45号）有关政策，如何规范做好养护资料整理工作，农村公路养护管理工作成效考核评估办法进行解读。接着奉新就如何利用农村公路综合服务站，发挥乡镇养护机构作用，高安就做好农村公路养护管理和日常养护检查，万载就如何做好农村公路市场化养护、乡镇养护机构标准化建设等作法进行经验交流。此外，培训会还就落实交通扶贫、"路长制"等工作进行了部署。

(李德全)

【抚州市公路局举办公路治超非现场执法系统培训】 6月15日，抚州市公路局在四楼会议室举办了公路治超非现场执法系统培训班。来自市、县（区）41名平台管理员、一般业务人员参加了培训。培训期间，授课老师仔细讲解了江西省公路治理超限超载综合管理平台应用软件系统中案件管理（路政查处）、案件管理（现场处罚）、检测数据查询统计、案件管理（非现场处罚）、基础管理、统计分析、系统管理、指挥调度管理等八个方面操作流程，以及注意事项。通过培训，进一步推进了该局非现场执法系统的应用，提高了公路超限非现场执法系统操作熟练程度，为尽快推动全市公路治超非现场执法奠定了基础。

(刘文华)

【省高速集团代表队勇闯国资系统知识竞赛总决赛夺佳绩】 7月20日，省委组织部、省国资委党委、省广播电视台共同举办的全省国资系统国有企业基层组织工作条例知识竞赛总决赛圆满落幕。集团党委副书记李建红带队参加并观摩。最终，集团代表队从54支队伍中脱颖而出，以总排名第四名的成绩荣获三等奖。

(省高速集团)

【省高速集团开展2020年新员工岗前培训】 7月25日至27日，省高速集团举行2020年新员工岗前培训，集团副总经理邝宏柱出席结业式并讲话。本次培训以视频的形式开展，集团所属各单位2020年新员工共计220余人，分别在主会场和各视频分会场参加培训。

（省高速集团）

【江西省交通技工学校升格为高级技工学校】 7月，省人社厅发文批复同意设立江西省交通高级技工学校，江西省交通技工学校由普通技工学校正式升格为高级技工学校。近年来，在省交通运输厅的正确领导下，在南昌市人社局的大力支持下，学校人才培养水平稳步提高、专业建设不断加强、办学条件显著改善。构建了汽车维修、公路工程、交通物流三大专业群，开设了汽车运用与维修、电子商务等十多个专业。在校生人数已连续三年实现翻番。学校是国家级高技能人才培训基地、南昌市高技能人才培训基地、南昌市高技能人才公共实训基地、南昌市职业技能竞赛基地，已为行业、社会输送和培训技术技能人才1万余人。

（江西省交通高级技工学校）

【江西省交通高级技工学校获批江西省职业院校"双师型"教师培训基地】 7月，江西省交通高级技工学校获批江西省职业院校"双师型"教师培训基地。据了解，省教育厅于今年3月启动了江西省职业院校教师素质提高计划第二批省级项目任务承担基地遴选工作，经自主申报、专家评审和公示，共确定了省级"双师型"教师培训基地26个。一直以来，学校都高度重视师资培训工作，通过创新师资培训工作制度、多措并举推进各级各类培训项目，不断完善教师培养体系和基础环境，为江西职业院校的"双师型"教师队伍建设贡献力量。

（江西省交通高级技工学校）

【省交通运输厅机关事业单位工勤人员岗位等级考核在江西省交通高级技工学校开考】 7月23日，2020年省交通运输厅机关事业单位工勤人员岗位等级考核在学校开考。省交通运输厅一级巡视员胡钊芳到现场巡视督导，省交通运输厅直属有关单位工勤人员共109人参加了考核。本次考核共设有18个工种，涉及初级、中级、高级和技师四个级别，分理论考核、操作技能考核和综合评审（技师）3个科目，共7个考场，理论考核采取纸笔作答的方式进行；技能操作考核采取讲解和实操方式进行；综合评审采取论文陈述和答辩方式进行。最后经理论知识考试与操作技能考核，109人考核全部合格。据悉，本次考核是省交通运输厅举办的首次工勤人员岗位等级考核，也是贯彻落实"放管服"改革的重要举措。

（江西省交通高级技工学校）

【江西省交通高级技工学校教师团队在2020年江西省职业院校技能大赛教学能力比赛中荣获"大满贯"】 8月1日—3日，2020年江西省职业院校技能大赛教学能力比赛决赛在南昌举行，江西省交通高级技工学校五组参赛教师团队全员获奖，获得1个一等奖，2个二等奖，2个三等奖。此次比赛由省教育厅主办，分为中职组和高职组两个类别。中职组共有286个教师团队参加比赛，其中公共基础课组110个教师团队、专业课程一组110个教师团队、专业课程二组66个教师团队。

（江西省交通高级技工学校）

【2020年江西省危险货物水路运输从业人员资格（港口）考试在江西省交通高级技工学校开考】 8月8日，2020年江西省危险货物水路运输从业人员资格（港口）考试在学校开考。省交通运输专业人员资格评价中心副主任余明华到场巡考，副校长廖胜文陪同。此次考试采取无纸化机考方式进行，共有上、下午两场。考试严格按照交通运输部资格中心、省厅资格评价中心相关要求和部署进行。据了解，此次考试共有94人参加，其中36人成绩合格，合格人员将获得危险货物水路运输从业资格证书。

（江西省交通高级技工学校）

【省社会主义学院、省交通干部学院整合动员部署会召开】 8月20日，江西省社会主义学院、江西省交通干部学院整合动员部署会在南昌召开。省委常委、省委统战部部长陈兴超出席会议并讲话，省政协副主席、民盟省委会主委、省社会主义学院院长刘晓庄出席，省委统战部副部长、省社会主义学院党组书记胡志平主持，省交通运输厅党委书记、厅长王爱和出席并讲话，省国资委党委书记、主任陈德勤，省交通运输厅一级巡视员胡钊芳，省社会主义学院党组成员、副院长李荣祥，二级巡视员、办公室主任易玲等出席，省社会主义学院、省交通干部学院全体教职工及离退休人员代表参加会议。

陈兴超指出，省委、省政府在综合研判的基础上，决定将省交通干部学院整体并入省社会主义学院，这是巩固和发展最广泛的爱国统一战线的重要举措，是顺应新时代社会主义学院改革发展的必然要求。两院整合有利于培训资源的有效利用，有利于教职工队伍的优化，有利于凝聚社院发展的合力，必将有力推动全省统一战线教育培训工作迈上新台阶。大家要把思想和行动迅速统一到省委、省政府的决策部署上来，从讲政治、讲大局的高度，深刻领会这次整合改革赋予省社院的新使命。

陈兴超要求，整合后的新社院要以队伍建设为重点，凝心聚力，固本强基，锤炼过硬新队伍，为大家干事创业、施展才华创造更加优良的条件和环境。要始终坚持作风强院，坚持民主集中制原则，以更加务实、更加廉洁、更加高效的作风，团结带领全院教职工共同把社院建设好、发展好，积极培育全院上下和谐共事的氛围，不断汇聚干事创业正能量。要始终坚持从严治院，找准党建与业务工作深度融合的切入点，结合江西省统战工作新实践、党外人士新特点，不断推动省社院全面从严治党向纵深发展。要始终坚持人才兴院，把政治标准放在第一位，教育引导广大干部职工牢记初心使命，安心本职岗位，切实提升社院工作制度化规范化科学化水平。

陈兴超强调，要以此次整合为契机，进一步解放思想、开拓创新，努力实现新社院新面貌新作为。一要坚持"社院姓社"，牢牢把握正确办学方向。要突出政治培训，强化政治引领，把习近平新时代中国特色社会主义思想、习近平总书记关于加强和改进统一战线工作的重要思想、党的十九届四中全会精神等纳入教学培训全过程。二要立足主责主业，不断提高教培质量。重点培育统一战线、多党合作、中华文化等特色学科，完善建立共识教育和中华文化现场教学体系，打造富有统战特色、江西特点的社院教学品牌。三要推动科研改革，不断深化理论研究。积极推进教学科研一体化，发挥好"智库"的作用，加强对全省经济社会发展全局性、战略性、前瞻性问题的研究，为新时代统一战线事业发展提供智力支持。

王爱和说，这次省交通干部学院与省社会主义学院顺利"联姻"，既是落实省委省政府关于省属国有培训疗养机构脱钩移交深化改革部署的具体举措，也是提升两院办学水平和综合实力的有益探索。省交通运输厅坚决拥护改革，全力配合改革，将努力把两院整合打造成全省培训疗养机构改革的"样板工程"。一是统一思想，提高站位，深刻认识整合划转重大意义。推进两院整合是适应新时代发展，优化全省干部教育培训资源配置的重要抓手。对加快资源整合升级具有重要的现实意义。省交通干部学院要自觉服从组织安排，顾全改革大局，真心实意拥护改革。二是强化担当，把握重点，全面推动整合划转落实落地。要严格按照整合要求的时间节点，加强对接协调，正确处理好改革与发展稳定的关系，确保工作不断、队伍不乱、干劲不减。三是加强建设，严明纪律，全力保障整合划转取得实效。要严明各项工作纪律，强化监督和执纪问责，确保整合任务顺利完成。

据悉，省交通干部学院成立于1984年5月，原名江西省交通干部学校，2010年12月更名为江西省交通干部学院，是全国交通运输行业第一家更名的省级干部学院。近年来，该学院坚持以习近平新时代中国特色社会主义思想为指导，深入贯彻落实党的十九大、十九届二中、三中、四中全会精神，秉承"教书育人、管理育人、服务育人、服务交通"的宗旨，认真践行"适应形势、规范办学、严格管理、质量至上"的办学理念，先后完成干部培训3万余人次，培养大中专毕业生7000余人，成功打造成为省内知名的集教学、培训、会议、住宿等功能为一体的现代化干部教育培训基地。

（黄　金　钟恢万）

【胡钊芳调研交通强国"传承红色文化，培育交通文明"试点项目】　8月26日，省交通运输厅一级巡视员胡钊芳顶着炎炎烈日来到吉安市永新县调研交通强国"传承红色文化，培育交通文明"试点项目——永新县龙源口大捷景区红色旅游公路项目。厅直机关党委专职副书记贺一军、吉安市交通运输局局长谢海泉、永新县县长孙劲涛陪同调研。

永新龙源口大捷景区红色旅游公路项目全长12.88千米，总投资4300万元，项目分两个标段实施，即秋溪至龙源口大捷桥段，龙源口大捷景区与井冈山旅游区的红色旅游通道，是永新南翼红色旅游聚集区的交通环线的重点项目。

胡钊芳强调，要从讲政治的高度充分认识抓好交通强国试点项目建设的重大意义，规范施工，在抓好施工进度的同时，确保质量。要做好项目沿途红色旅游资源的挖掘整理开发,利用永新县龙源口镇作为井冈山旅游圈重要组成部分的优势,依托永新县龙源口大捷景区旅游公路项目,将项目区域内的红色文化资源和综合旅游产业配套开发,完善景区对外交通条件,进一步加强与景区周边的交通联系,围绕丰富的红色资源和深厚的文化底蕴,大力弘扬社会主义核心价值观,深入挖掘其中的交通文明精神,提升旅游交通服务能力和文明服务水平,提高群众参与文明交通建设的自觉性,全面推动社会文明出行。

（吉安市交通运输局）

【省港航管理局举办船舶防污染监督检查专项培训班】 9月2日,省港航局在南昌举办为期三天的船舶防污染监督检查培训班。省局邀请了全国海事系统内河危防专家进行授课讲解,共安排了内河船舶防污染相关法律法规规范及行政处罚,船舶垃圾、船舶生活污水以及船舶油污水处置监督检查,船舶污染物接收单位作业监督检查,船舶燃油质量监督检查等六个学习内容。来自全省基层海事执法人员共55名学员参加了培训,并在课程结束后,进行了闭卷考试测试。

（晏芳蕾）

【王爱和到江西省交通高级技工学校调研】 9月7日,值第36个教师节来临之际,省交通运输厅党委书记、厅长王爱和到江西省交通高级技工学校调研,看望慰问学校教职员工和2020级新生,并出席江西省交通高级技工学校揭牌仪式。省交通运输厅一级巡视员胡钊芳一同调研。王爱和实地察看并现场听取了校园二期项目建设情况,他强调,要坚持高起点科学规划,不断加快项目建设力度,确保新的学生宿舍和学员公寓如期投入使用,全力承担好全省交通运输系统的教育培训任务。他勉励学校教师要坚定发展信心,奋力拼搏、攻坚克难,把学校发展的蓝图描绘得更加美好、更加出彩。调研期间,王爱和为江西省交通高级技工学校揭牌。他希望学校要牢牢把握住升格为高级技工学校、获批为国家级培训基地等发展机遇期,稳步提升人才培养水平、不断加强专业建设、持续改善办学条件。加快建设好汽车维修、公路工程、交通物流等具有鲜明交通特色的专业群,努力为社会、为交通运输行业培养出更多、更好的技能人才。厅机关有关处室负责同志、学校班子成员参加调研。

（江西省交通高级技工学校）

【新余市交通运输局举办2020年度交通执法(法制、平安建设)培训】 9月7日至12日,新余市交通运输综合行政执法支队组织全体执法人员在市委党校举办2020年度交通执法(法制、平安建设)培训班。此次培训内容包括交通执法理论与实务、交通执法的法律法规、行政处罚、交通行政处罚程序规定及文书制作使用、党风廉政建设等,还进行了军事队列及交通手势指挥训练。此次培训,既增长了执法人员的见识,又开阔了视野,为今后大家进一步提升自身综合执法素质和开展综合执法工作打下了坚实的基础。

（廖小武　廖兵俊）

【江西省交通高级技工学校教师在首届江西省技工院校教师职业能力大赛中喜获佳绩】 9月14日,首届江西省技工院校教师职业能力大赛在南昌举行。江西省交通高级技工学校共有7位老师获奖,其中李小武、罗红彬获得交通类一等奖;曹恬获得财经商贸类二等奖,蔡嘉薇获得电工电子类二等奖;章波获得服务类三等奖,王慧琴获得服务类三等奖,陶国武获得信息类三等奖。学校精心组织、认真备赛,获得优秀组织奖。本次大赛由省人社厅主办,省医药技师学院承办。大赛启动以来,共推荐272名教师参加省赛,大赛分教学设计和说课与答辩两个环节,通过专家评审,共有28支代表队115名教师入围省级决赛,角逐一、二、三等奖。

（江西省交通高级技工学校）

【全省道路运输管理人员培训班圆满举办】 为加强全省道路运输管理工作,提升道路运输安全管理水平,提高道路运输行业管理人员综合素质,9月15日至9月17日,省交通运输厅在九江武宁县举办为期三天的全省道路运输管理人员培训班,重点学习了危险货物运输安全监管、新修订的《道路旅客运输及客运站管理规定》和道路运输安全监管责任等内容。厅党委委员、副厅长罗文江出席培训班并讲话。

罗文江全面回顾了近些年全省道路运输工作取得的成绩,并对今年的重点工作提出六项具体要求:一是要持续巩固通客车工作成果,各地要进一步落实保障措施,强化监督考核,确保乡镇和建制村通客车"开得通、留得住、可持续";二是要稳步提升城乡客运服务水平,继续开展省级镇村公交发展试点,积极引导道路客运创新发展,推广定制客运等客运新模式;三是要持续做好城市客运管理工作,鼓励和规范发展定制公交、网约车、共享单车和分时租赁等交通运输新业态;四是要狠抓道路运输安全整治,各地要认真落实好今年道路运输安全隐患攻坚行动的目标任务;五是切实做好常态化疫情防控,持续开展新冠肺炎疫情防控查隐患、堵漏洞、抓整改等行动,对工作中暴露的短板及时补齐完善;做好行业稳定工作,国庆将至,十九届五中全会即将召开,道路运输行业社会性强,触及的矛盾比较多,各地要采取有效措施,整顿和规范道路运输市场秩序,形成稳定和谐的社会环境。

(省运管局)

【江西省公路投资有限公司开展"债券资本市场直接融资"专题培训】 9月16日下午,省公路投资有限公司特邀中信证券全球投资银行综合行业组就"债券资本市场直接融资"专题进行培训。公司领导、各部门骨干人员、财务部全体成员、所属企业分管财务领导及财务负责人共计30余人参加了本次培训。培训会上,中信证券张静文从宏观市场经济、债务资本市场动态等方面进行系统的阐述,详细讲解各个债券品种间的区别和产品特色,让大家对债券市场相关规则有更加清晰的认识。随后,中信证券陈迪锋针对公司实际情况进行深入剖析,并列举市场同类企业发债案例,为公司今后发债业务提供非常好的建议。

(杨　宾)

【江西省交通高级技工学校汽车维修专业被确定为南昌市技工学校特色专业】 10月,江西省交通高级技工学校汽车维修专业被南昌市人社局确定为2020年南昌市技工学校特色专业。据悉,南昌市人社局于今年6月启动遴选工作,经组织申报、初审推荐、现场陈述、专家评议、实地考察、社会公示等程序,共确定了4所学校的4个专业为2020年南昌市技工学校特色专业。学校一直坚持以行业为依托,围绕区域经济和行业发展需求,专业设置凸显服务交通特色,以汽车维修为学校主干专业构建了汽车专业群,以"工学结合"课程体系为重点实施人才培养,近三年汽车维修专业毕业生就业率达100%。下一步,学校将全面优化教学管理体制机制,培养更多职业技能强、综合素质高、具有可持续发展能力和创新思维的汽车维修应用型人才。

(江西省交通高级技工学校)

【江西省交通高级技工学校教师在2020年江西省职业院校技能大赛中等职业学校班主任能力比赛中喜获佳绩】 10月16日—18日,2020年江西省职业院校技能大赛中等职业学校班主任能力比赛决赛在南昌举行,江西省交通高级技工学校班主任刘振虎老师荣获业务能力组二等奖。此次比赛由江西省教育厅主办,高等教育出版社承办,来自全省各地市近50位班主任同场竞技,比赛分班级活动方案策划、模拟情景处置、班级建设方案和答辩四个方面,主要考察选手对班级建设、人际沟通和职业指导、临场应变等方面的能力。

(江西省交通高级技工学校)

【江西省交通高级技工学校首期"企业新型学徒制"培养班顺利开班】 10月28日,江西省交通高级技工学校与江西省福翔汽车有限公司企业新型学徒制——汽车维修工培养开班仪式在福翔公司举行。江铃海外集团人力资源总监刘畅、江西省福翔汽车有限公司总经理胡烈敏、学校副校长廖胜文出席开班仪式并讲话,企业相关部门负责人、导师代表和学员共60余人参加。通过前期调研、洽谈、申报开班等程序,学校与江铃海外集团旗下江西省福翔汽车有限公司、江西省智隆汽车有限公司、江铃海外马自达汽车有限公司等5家企业签订企业新型学徒制培养协议。

(江西省交通高级技工学校)

【江西省职业技能鉴定专家委员会汽修专业委员会首次全体会议在江西省交通高级技工学校召开】 11月3日,江西省职业技能鉴定专家委员会汽修专业委员会首次全体会议在学校召开。省职业技能鉴定指导中心副主任易难、省交通高级技工学校校长欧阳娜等相关委员会负责同志参会。会上,学校被授予"江西省职业技能鉴定专家委员会汽修专业委员会依托单位"称号并揭牌。成立江西省职业技能鉴定专家委员会,是江西省人社系统职业技能鉴定改革发展的一件大事,其主要目的是建立一整套科学决策机制,推动全省技能人才评价工作规范化、制度化、专业化,更好地为全省企业和社会评价机构提供技术指导、咨询和服务。

（江西省交通高级技工学校）

【2020年振兴杯职业技能大赛交通运输行业职业技能竞赛在江西省交通高级技工学校开幕】 11月9日,2020年振兴杯职业技能大赛交通运输行业职业技能竞赛在江西省交通高级技工学校开幕,省人力资源和社会保障厅党组成员、副厅长肖国军宣布竞赛启动,省交通运输厅党委委员、副厅长罗文江致辞。省人力资源和社会保障厅职业能力建设处处长汪剑莹、省职业技能鉴定指导中心副主任钟阳萍、省交通运输厅组织人事处处长娄鸿雁、省公路运输管理局副局长龚文峰、南昌轨道交通集团有限公司副总经理贺斯进出席,校长欧阳娜主持开幕式。此次竞赛由江西省人力资源和社会保障厅、江西省交通运输厅共同主办,江西省交通运输专业人员资格评价中心、江西省交通高级技工学校共同承办。竞赛共有机动车驾驶教练员、铁路线路工、城市轨道交通信号工、汽车维修工等4个工种5个组别赛项,每个赛项均由理论知识竞赛和技能操作竞赛两部分组成。

（江西省交通高级技工学校）

【省交通运输厅第十二期青年干部培训班在江西省交通高级技工学校开班】 11月9日,省交通运输厅第十二期青年干部培训班开班式在江西省交通高级技工学校举行。省交通运输厅党委委员、副厅长罗文江出席并讲话,省交通运输厅组织人事处处长娄鸿雁主持,校长欧阳娜致辞,省交通运输厅组织人事处副处长王绍卿出席。据了解,本期培训班为期3个月,全厅各下属单位共49名青年干部参加。

（江西省交通高级技工学校）

【国务院教育督导组专家莅临江西交通职业技术学院督查指导工作】 11月16日,由国家督学顾问、国务院教育督导委员会办公室副主任、教育部教育督导局副局长杨宇为组长的的国务院教育督导组专家一行莅临江西交通职业技术学院督查指导工作。督导组成员有教育部教育督导局督学管理处二级调研员高磊、上海教育科学研究院研究员田健、教育部教育督导局义务教育督导处干部张达。江西省交通运输厅一级巡视员胡钊芳,学院党委书记吴克绍,在家班子成员陪同调研。督导组了解了学院党的建设、统筹好疫情防控与推进教育改革发展、毕业生就业创业等教育重点工作情况,并对学院的办学成绩和鲜明的交通运输行业特色给予了充分肯定。

（江西交通职业技术学院）

【江西省交通高级技工学校教师在第二届全国技工院校教师职业能力大赛中获得佳绩】 11月21日,第二届全国技工院校教师职业能力大赛在杭州闭幕,江西省交通高级技工学校教师李小武荣获交通类二等奖,刷新了学校在该项赛事上的纪录。全国技工院校教师职业能力大赛是由人力资源和社会保障部主办的国家级一类竞赛,是进一步提升技工教育教学质量的途径,更是促进技工院校教师交流和成长的平台。此次共有全国30个省份和新疆生产建设兵团的282名优秀技工院校教师同台竞技。

（江西省交通高级技工学校）

【景德镇市运管处举办危险货物道路运输企业电子运单培训班】 11月24日上午,景德镇市公路运输管理处举办了全市危险货物道路运输企业电子运单培训班。培训采取"专家授课+现场提问"方式进行,邀请了相关专家为全市24家道路危险货物运输企业电子运单业务系统操作人员详细讲解和演示了危险货物道路运输电子运单管理系统的系统功能、操作流程、操作要点、规范填报电子运单以及注意事项,并对电子运单日常填报工作当中遇到的困难进行了解答。

通过培训,加深了参训人员对此项工作的了解,提高了参训人员的实际操作能力,为规范行业管理、提升危货安全运营水平夯实了基础。

（石中华）

【景德镇市交通运输系统举办平安建设(应急救护)培训班】 按照景德镇市委政法委培训工作要求,进一步普及应急救护知识,11月26日,该市交通运输系统平安建设(应急救护)培训班在局十一楼会议室举办,邀请景德镇市应急救护培训中心专业老师授课,系统干部职工30余人参加培训。

培训学习了现场应急救护、心肺复苏、出血与止血、伤口与包扎等理论知识,并在培训老师的指导下进行实际操作。参培人员认真听讲,并积极参与实操练习,取得了预期培训成效,参训系统干部职工通过了理论知识和心肺复苏实操考核,同时提高了安全防范意识和自救互救能力。

(吴小红)

【**江西交通职业技术学院"全国公路科普教育基地"顺利通过复核**】 11月,江西交通职业技术学院顺利通过中国公路学会考评,继续保留"全国公路科普教育基地"称号,也是24所考评合格的复核单位中的唯一一所高职院校。"全国公路科普教育基地"是中国公路学会为充分挖掘和综合利用公路行业基础设施与教育资源,促进公众对公路科学知识的正确理解和认识,推动"四个交通"事业的健康发展一项重要举措。学院作为高职院校中唯一的全国公路科普教育基地,紧贴交通运输行业需求,深化产教融合、校企合作,积极举办科普活动、宣传科普知识,促进了公路科普的大众传播,吸引了广大学生与交通行业从业者参与科普知识学习,为提高全民科学素质做出了积极的贡献。

(江西交通职业技术学院)

【**江西交通职业技术学院科研项目获省科技厅重大科技项目立项**】 11月,省科技厅公布了2020年03专项及5G定向择优项目立项结果,江西交通职业技术学院与江西省天驰高速科技发展有限公司、江西省公路工程检测中心、中国电信股份有限公司南昌分公司联合申报的《基于5G的公路桥梁检测监测云智平台研究及工程示范》课题成功立项。学院成为江西省唯一获得03专项立项的高职院校,也是今年省交通运输厅唯一一项获得定向择优项目资助的厅直属单位,此次立项是学院在江西省科学技术领域中的重大突破。近年来,学院积极贯彻落实国家创新驱动发展战略,紧紧围绕服务交通强国战略和交通运输行业发展需求,始终坚持走创新发展之路,搭建科技创新平台,注重创新人才培养,取得了一批技术研发成果。

(江西交通职业技术学院)

【**江西交通职业技术学院首个省部级技术研发中心获批认定**】 12月,国家邮政局下发《国家邮政局关于公布2020年度邮政行业技术研发中心认定结果的通知》文件,江西交通职业技术学院申报的"邮政安全管理技术研发中心"获批认定,成为全国首个申报国家邮政行业技术研发中心成功的高职院校。此次获批是学院在重点科研创新平台建设方面的重大突破,标志着学院在邮政安全技术研发领域有了更高的平台,是学院"双高"建设的又一重大成果。

(江西交通职业技术学院)

【**江西交通职业技术学院教工党支部书记工作室入选第二批高校"双带头人"教师党支部书记工作室**】 12月,教育部办公厅公布了第二批全国高校"双带头人"教师党支部书记工作室建设名单,江西交通职业技术学院路桥教工党支部书记工作室成功入选。此次遴选经过资格审查、专家评审、教育部党建工作领导小组成员单位集中审议等环节,共有100所高校入选。其中,高职院校仅10所、省内高校仅2所入选。此次入选是学院在基层党组织建设工作中的重大突破。学院将按照教育部全国高校"双带头人"教师党支部书记工作室建设要求,围绕抓好党建主责主业、强化支部政治功能、提升思想政治工作质量、促进学院事业发展、抓好支部班子建设五个方面做好工作室建设,切实发挥支部堡垒作用和党员先锋模范作用,为学院"双高计划"建设提供坚强的基层组织保障。

(江西交通职业技术学院)

【**2020年江西省职业院校技能大赛两个赛项在江西省交通高级技工学校举行**】 12月11—13日,2020年江西省职业院校技能大赛中职组新能源汽车检测与维修、新能源汽车动力电池系统检修两个赛项在江西省交通高级技工学校举行。两个赛项共有来自全省的20余个团队、43名选手参赛。本次大赛由江西省教育厅主办,江西农业大学职教师资培训基地协办。

(江西省交通高级技工学校)

【**省水上搜救工作培训班在昌召开**】 12月24至25日,省搜救中心举办了一期水上搜救工作培训班。各设区市交通部门、九江市港口航运管理局、省水上救助服务中心分管水上搜救工作领导及部门负责人共计25人参训。

(局组人处)

【樟树市交通运输局强化专业技术人员继续教育】
2020年,樟树市交通运输局坚持把专业技术人员继续教育作为提升干部业务素质的重要途径。严格落实《专业技术人员继续教育规定》。一是参加集中培训。按照樟树市人社局《关于开展继续教育公需科目骨干培训的预备通知》,7月29日—31日,派出1名骨干到宜春参加了集中培训,并订购了一批学习资料。二是开展辅导宣讲。以参加宜春培训的骨干人员为师资依托,通过发放学习资料、建立微信辅导交流群、个人点对点解答等方式,从8月1日至11月1日,对全局其他专业技术人员开展培训宣讲。三是强化考试验收。11月2日到11月30日,指导督促全局专业技术人员参加继续教育网络考试,确保全员考试过关。

(付 涛)

卫生、职工防病治病

【省交通医院较好完成各项健康保障工作任务】
2020年,省交通医院全院干部职工较好地完成了各项工作任务。主要完成了一是参与制定学院新冠肺炎疫情防控应急预案、开学预案。二是设立了学院应急隔离区,并安排医务人员值班,投入正常使用,全年共接收发热患者及其他传染病患者200余人进行隔离治疗。三是积极开展各种传染病防治宣传知识讲座,组织师生现场宣讲1000余人次。四是完成了医务室医疗设备招标采购,并将设备顺利投入使用。五是完成了学院2020年秋季新生5000余人次体检工作。完成了厅机关、学院及下属各兄弟单位各种会务、考试保障300余人次。全年完成学生、其他社会人员就诊人次10000余人次,完成医疗收入130余万元。六是加强政治学习、业务学习,努力提高职工的职业技能、服务水平,全心全意做好上级交办的各项任务。七是完成学生医保直报改革,极大地方便了学生就医报销。

(省交通医院)

【景德镇市交通运输局迅速落实创建国家卫生城市工作部署会精神】 3月20日下午,景德镇市交通运输系统召开创建国家卫生城市暗访反馈问题整改暨迎接技术评估工作部署会,贯彻落实"双创双修"指挥部部署,推动系统创卫工作。会上,该局创建办对《市交通运输系统创建国家卫生城市暗访反馈问题的整改方案》《市交通运输系统创建国家卫生城市技术评估职责分工表》进行了解读并部署创建国家卫生城市需整改的问题、要完成的任务及样本点打造的标准。

会议指出2020年是双创工作的决战决胜年,这次会议旨在进一步统一思想、凝心聚力、铆足干劲、全力冲刺。会议要求:一要辨证看待当前创卫形势,以更坚定的信心开展百日大会战。各单位要紧急动员起来以决战决胜的信心,进行百米大冲刺。二要以问题为导向,举一反三狠抓整改。此次暗访反馈的交通系统问题主要包括健康教育和健康促进,病媒生物防制等难点问题,这些问题尤其要重点抓突出抓,制定解决方案迅速完成整改。三要以创建标准为要求,精准、精细抓创建。要以国家卫生城市标准作为创建标准,抓好具体条目的创建工作,同时打造好2个重点场所卫生样本点位和1个病媒防控点位。四要强化组织领导,把创卫各项工作落到实处,做到领导重视、任务分解、全民动员、协调工作、技术指导、经费投入、长效管理、问责问效八个到位。

(温哲雷)

【新余市交通运输局开展环境卫生整治志愿服务活动】 为进一步推动全市城乡环境综合整治工作常态化，营造良好的环境，共建美丽和谐的社区环境。4月10日下午，执法支队机关党支部组织党员和志愿者来到网格帮扶单位新钢含笑社区参加环境卫生整治志愿服务活动。此次活动由社区工作者、志愿者以及共建单位人员参加，含笑小区绿化带杂草、垃圾、废旧杂物以及卫生死角进行了集中清理。志愿者们拿着扫帚、畚斗，推着板车，仔细清理，从小事做起、从细节做起，用自己的实际行动教育和倡导居民讲文明、讲卫生、树新风、摒弃乱扔陋习，规范文明行为习惯，营造和谐文明社会新风尚，进一步提升居民思想认识，倡议居民爱护环境卫生。此次整治活动充分体现党员和志愿者"做行动派，促大变样"立标杆、做表率模范带头作用，有效发挥志愿者作用，进一步增强居民群众的文明意识、卫生意识、环境意识，不断推进环境卫生整治常态化、长效化，使得小区环境更加优美和谐。

(廖小武　周春根)

【景德镇市交通运输局机关党支部开展"党员进社区报到"暨"防疫有我、爱卫同行"爱国卫生活动】 4月29日，该局机关党支部举行"党员进社区"的主题活动暨"防疫有我、爱卫同行"爱国卫生月志愿活动，守初心、担使命，充分发挥党员先锋模范作用。景德镇市交通运输局党支部购买了大米、食用油、牛奶等物资捐赠给百眼井社区贫困居民，以实际行动解决因疫情导致生活困难的贫困群众。捐赠物资后，该局机关支部党员来到百眼井社区开展以道路、小区环境卫生整治为重点的爱国卫生运动。活动中党员干部听从社区工作人员的统一安排，结合重点区域及公共场所疫情防控指南要求，对社区背街小巷、公共场所、绿化带内垃圾进行清理，为广大社区群众提供良好生活环境，为打赢防控阻击战贡献自身力量。

(温哲雷)

【景德镇市交通运输局开展"垃圾分类进公共场合"活动】 7月1日，景德镇市交通运输局联合市商务局、市体育局在南门头华达百货、西客站开展"垃圾分类进公共场合"活动。活动通过向现场群众发放垃圾分类知识传单、手册、购物袋等方式介绍了开展垃圾分类的意义和方法，并仔细讲解了如何进行生活垃圾分类、生活中常见垃圾分类种类等基础知识。本次活动鼓励了更多的群众了解垃圾分类，并参与到生活垃圾分类工作中，进一步树立垃圾分类、循环利用和绿色环保理念，取得了良好的宣传效果。

(温哲雷)

【景德镇市交通运输局组织干部职工开展无偿献血活动】 "无偿献血、奉献爱心"，7月15日上午，景德镇市交通运输局组织干部职工开展无偿献血活动。该局领导高度重视无偿献血工作，广大干部职工踊跃参与，23人参加活动共无偿捐献8800毫升血液，通过学习无偿献血政策和献血知识，大家对无偿献血有了进一步认识。这次无偿献血活动，展现了交通运输系统干部职工良好的精神面貌和社会形象，也为全市文明创建工作助添了一份交通活力。

(陈志华)

【宜丰县交通运输局展开灭蚊除虫防控登革热行动】 7月，该局按照县委县政府召开的登革热防控紧急调度会议要求，在前期做好预防登革热宣传活动的基础上，组织该局工作人员，与请来的专业灭蚊除虫防控服务人员共同开展灭蚊除虫防控登革热传染病行动。行动中，工作人员在该局办公场所、家属小区周围水沟、局内停车场、食堂、花坛草地、公共厕所等地进行了全方位无死角的消毒。同时，在县内公用型汽车站内也全面开展灭蚊行动，做好登革热防控工作。通过此次灭蚊除虫防控登革热传染病的行动，进一步提升了广大群众的生活环境，保障了群众在日常出行中的公共交通场所的卫生条件，营造了一个良好的灭蚊驱虫、预防登革热的氛围。

(漆志勇)

【奉新县交通运输局积极搞好城乡环境卫生整治】 为营造干净、整洁、畅通、有序的路域环境，让人民过上了环境优美、欢乐祥和的节日，2020年1月开始，奉新县交通运输局大力抓好城乡环境综合治理工作，共出动各型车辆56辆次，人员178人次，加强对路容路貌等路域环境，乘候车环境，及机关办公环境的整治。一是联合公安、城管对中心城区出租车、公交车乱停乱放进行专项整治，长途汽车站等客流密集区域划定候客区,并安排执法人员现场引导规范。约束维修企业经营行为,落实"门前五包",禁止占用公路路面修车和随意摆放配件工具及污染场地的行为,确保街面整洁。二是联合各乡镇集中开展公路沿线环境整治工作。调用挖机整平坑洼地段,公路两旁的垃圾清理干净,彻底消除裸露垃圾。三是组织机关干部职工开展了"全民大扫除,清洁迎新春"义务劳动,清扫办公庭院内杂物,改善和美化办公环境。

(张青山)

【宜丰县交通运输局积极开展爱国卫生运动】 为做好国家文明城创建,5月起,宜丰县交通运输局积极开展爱国卫生运动,展示宜丰干净卫生、整洁有序的县城形象。一是深入开展环境卫生整治活动。组织机关干部对本单位监管路段进行卫生秩序专项整治行动,确保责任区卫生环境整洁,无任何卫生死角;交通秩序良好,车辆摆放有序,无占道经营、乱停乱放等现象,定期组织志愿者督查、清理、值守监管路段。二是深入开展"1+1"牵手共建文明店铺活动。每名干部主动对口联系本单位监管路段的一家店铺店主,在店铺门前张贴《宜丰县"门前三包"责任牌》,严格落实包卫生、包绿化、包秩序责任,即:做到门前无垃圾杂物,无污水污垢,店面干净整洁;爱护门前花草树木和公共设施,不在树上钉钉子和乱挂杂物等;门前无乱搭建、乱占道、乱堆放、乱张贴等行为,对影响市容的行为有监督、劝阻和举报的责任。通过深入开展爱国卫生运动,进一步提升了市民素质和社会文明程度。

(漆志勇)

学会协会

【省公路学会各项工作成果丰硕】 2020年,江西省公路学会充分发挥学会及专业(工作)委员会的学科优势,积极开拓创新,提升学会服务质量,进一步转变工作思路和工作方式,有效推进学会各项工作的开展。

一、学术交流质量和水平进一步提升。2020年自主举办学术交流活动4次。10月15—16日,在江西萍乡召开了"2020年泛长三角公路发展论坛",论坛以"聚焦交通建设的品质提升工程"为主题,依托萍乡至莲花高速公路项目,围绕打造卓越品质工程、提升泛长三角区域公路水运工程建设水平交流互鉴。邀请了来自赣苏浙皖沪的9位专家为与会代表作学术报告,公路交通行业的工程技术人员和公路学会代表近300人出席会议。本次论坛深入探讨了品质工程的科学内涵,进一步分析了品质、造价、进度的辩证关系,分享了各省(市)品质工程建设的经验和亮点,论坛举办圆满成功。11月27日在南昌召开"交通科技前沿"学术年会,邀请了中国工程院外籍院士邓文中先生和中国智能交通产业联盟理事长、国家智能交通系统工程技术研究中心首席科学家王笑京研究员出席年会并作学术报告;11月18—21日组织江西省交通科技人员赴浙江安吉考察学习"四好农村公路";12月22—24日组织科技人员赴广东中山学习考察深中通道这个集"桥、岛、隧、水下互通"于一体的世界级集群工程的建设和发展,并召开主题为"创新引领世界级工程"的研讨会,邀请了两位建设专家作专题报告。

协办全国性高端学术交流活动2次。例如9月份协助中国公路学会在江西南昌举行"2020全国公路治理车辆超载超限研讨会暨第九届全国公路法律与综合执法管理研讨会"。

组织全省科技人员参加中国公路学会等单位组织的全国性学术交流活动6次。例如8月份组织参加了中国公路学会举办的"中国高速公路信息化大会暨技术产品展示会";9月份组织参加了江苏省综合交通运输学会举办的"第四届交通信息化论坛暨智慧交通产品技术博览会";11月份组织参加了由世界交通运输大会(WTC)执委会、中国公路学会联合相关单位举办的世界交通运输大会成都论坛等,全省交通科技工作者参与人数达500余人。

全省各地市公路学会及学会各专业(工作)委员会以多种形式积极开展学术交流活动,并取得了良好的效果,有力推动了全省交通科技创新的推广应用。例如上饶市公路学会以推进农村公路高质量发展为方向,精心组织基层公路科技工作者赴江苏"溧阳1号公路"学习建管养运先进经验、福建福州考察"四好农村路"路长制信息平台、浙江东阳考察石金玄武岩纤维新材料在公路上的应用技术等,大力推进了农村公路建管养运的建设,为巩固上饶农村公路"金"字招牌注入了新活力;赣州市公路学会举办了"钢波纹涵管技术宣贯培训会"并成立了学会钢波纹涵管调研组、召开"岩沥青技术宣贯培训,为赣州市公路交通科技工作者提供了很好的学习平台;道路工程专业委员会组织相关单位到赣州龙南国道105路面共振碎石化工地施工现场进行观摩,并与技术人员进行技术应用经验交流;6月份,建设工程检测专业委员会成功举办了试验检测技术培训班;11月份,公路施工与养护专业委员会举办了新技术规范宣贯会,邀请了《公路桥涵施工技术规范》(JTG/T3650—2020)的主编田克平教授对规范修订内容进行逐一宣贯;11月份,结构与设计专业委员会在萍乡举办了"道路生态绿色边坡与工程创面环境恢复技术介绍"交流大会,来自各地市公路学会会员代表及工程技术人员100余人参加了培训,效果显著,反响良好。

二、科学普及和科技推广工作取得新成果。科普工作计划稳步实施。8月份,江西省公路学会与省高速集团抚州管理中心在南新科普教育基地共同开展了主题为"科技战疫创新强国"的2020年全国公路科技活动周活动;9月份,在省高速集团抚州管理中心南新养护基地开展了2020年全国科普日高速公路养护知识普及活动暨南新养护基地"江西省科普教育基地"揭牌仪式;8月科技活动周和9月全国科普日期间,开展了系列科普活动。该学会荣获中国科协"2019年全国科普活动优秀组织单位"表彰。该学会科技普及工作委员会联合江西交通职业技术学院科普教育基地积极开展了科普讲座、举办科技宣传活动周、印制和发放科普宣传材料等科普活动,也收到较好社会反响。

结合科普基地,尝试科技推广新模式。去年9月份,学会组织专家对省高速集团抚州管理中心南新养护基地的建设提出了"三基地一窗口"的定位,对大众了解公路建设知识、感受公路行业发展,促进公路科普教育发展和公众科学素质的提高将起到了积极作用。今年受南新科普教育基地委托,该学会在全国公路交通领域甄选进驻基地推广展示的科技成果,针对江西省公路交通行业发展的重点、热点和难点问题,该学会为该基地先后引进了三项"四新技术"成果展示。此外,该学会联合萍乡市交通运输局采用了白+黑复合路面防止反射裂缝处治新工艺,目前正在X104竹垣—万龙山(芦溪段)组织实施,道路材料循环利用技术在萍乡落地研究和示范推广也达成了共识。

三、积极承接政府转移职能工作。承接省交通运输厅科技项目结题验收工作。受省交通运输厅委托,今年共承接厅科技项目44项。其中重点工程研究课题7项;华东交通大学专项研究课题10项;桥梁工程建养技术研究课题7项;道路工程建养技术研究课题3项;行业院校教改专项课题7项;水上项目研究课题1项;改扩建工程研究课题1项;企业研发专项课题3项;软科学研究课题3项;信息化技术研究课题2项。

承接省交通运输厅科技项目公开招标工作。承接《考虑湿度环境的沥青路面结构层设计参数研究》和《基于大数据的桥梁健康监测系统智能化评估研究与应用》两项厅科技项目的公开招标工作。于今年8月份完成两项科技项目的招标工作。

完善标准研制,助力行业发展。起草了《江西省公路学会团体标准草案》;受省科技厅委托,3月份草拟了《江西公路水路交通运输科技成果在线对接会方案》,10月份通过了省技术标准评审中心组织的审定工作;由学会起草的地方标准《公路水运工程BIM技术应用管理导则》于今年10月份完成标准审定工作。

四、课题研究和技术咨询工作成效显著。充实专家库建设,提高智库服务的供给能力和水平。上半年,学会推荐5名专家充实至江西省高端科技创新智库;推荐13名专家分别至中国公路学会路政行业专家库和省科协学会工作专家库。4月,学会专家委员会召开主任会议,完成学会专家库专家基本信息的更新工作,并对专家库进行了扩容,新增道路运输与安全、工程试验检测、汽车工程、水上运输(物流)等方面的专家,为服务交通强国建设提供强有力的智力保障。

课题研究和技术咨询工作稳步发展。一是今年上半年启动了省交通运输厅立项的"布敦岩沥青性能改进"项目研究及相关课题的组织编写和调研工作,编写完成《基于天然岩沥青条件下的废旧沥青混合料回收利用关键技术研究与示范》,被省交通运输厅列入2020年度第一批科技项目计划,7月份,该课题与江西省交通运输厅科教处签订《江西省交通运输厅科技项目合同》。二是学会检测专业委员会联合会员单位天驰公司申报了《江西省公路隧道环境检测技术规程》《公路沥青路面就地热再生技术规范》两项地方标准,完成了江西省地方标准《易密实薄层沥青混凝土技术应用指南》立项工作,申请中国公路学会2020年度团体标准项目《公路隧道环境检测技术规程》;三是学会公路施工与养护专业委员会联合省交通工程集团有限公司积极推进《公路应急抢险装配式桥梁关键技术研究》《复杂荷载作用下山区斜坡高路堤差异沉降演化规律及控制技术》等课题研究,并形成相应的技术指南,编写出版了《桥梁施工监测与控制》专著。四是各地市公路学会积极开展课题研究等相关工作,6月份,省公路局、公路养护专业委员会到赣州调研碎石化施工工艺,参观了龙南县国道105线K2267+018～K2282+000段路面大修工程碎石化施工现场,对赣州市公路学会推广碎石共振工作给予了充分肯定。

五、科技奖励与人才举荐工作成绩突出。今年完成了2020年中国公路学会科学技术奖、中国公路学会"交通BIM工程创新奖"、第十八届中国土木工程詹天佑奖、第十五届中国公路青年科技奖、第二届全国创新争先奖、首届江西省创新争先奖、中国公路学会长寿命路面奖、全国科普先进集体、全国科普先进工作者及典赞2020科普中国、2020年江西省科普教育基地等推荐申报工作。

成功举荐文林同志当选江西省"2020年最美科技工作者"、黄志刚同志当选"第四届中国公路学会优秀科技工作者"、张明锋同志当选"2020年度新时代赣鄱先锋·担当有为好干部",举荐的江西畅行高速公路服务区开发经营有限公司G60沪昆高速梨温段三清山服务区"司机之家"获评5A级司机之家、G45大广高速泰赣段横市服务区"司机之家"获评4A级司机之家、G70福银高速昌九段永修服务区获评3A级司机之家。

六、切实服务广大会员和公路科技工作者。疫情期间,江西省公路学会动员和组织会员单位和广大科技工作者戮力同心齐上阵做好防疫"保卫战"。2020年初,在疫情防控第一时间,学会成立了疫情防控工作组,研究疫情防控和业务工作。防疫期间,学会全体人员轮流值班,保证了日常工作的开展,同时积极组织会员单位捐款捐物,宣传疫情期间的先进事迹,为打赢疫情防控人民战争总体战积极贡献力量。上半年,该学会积极发挥行业智库作用,开展相关领域的调研和政策研究,提出应对疫情促进发展的建议报告,收集会员单位复工复产情况以及存在的问题和困难向主管部门反映,力所能及地服务会员单位复工复产。5月份组织召开了跨界融合会企座谈会,推动学会会员单位跨界交流合作,促进不同所有制、不同产业间的企业优势互补、互利双赢。

组建了科技志愿者服务分队,充分发挥江西省公路科技工作者在推动社会文明进步中的积极作用。该学会于今年6月份组建了"江西省公路学会科技志愿服务支队",并向省科协提出申请,作为团体代表加入江西省科技志愿服务总队。根据学会不同专业(工作)委员会,支队下设置了4支分队,分别是江西省公路学会专家委员会分队、江西省公路学会道路工程专业委员会分队、江西省公路学会交通建设工程检测专业委员会分队、江西省公路学会青年工作委员会分队,分队长分别由各专业(工作)委员会主任委员担任。截至2020年11月份,该学会科技志愿服务队伍共有人数185名,并将科技志愿服务列入学会常态化工作。

七、扎实做好内部建设。扎实做好"一刊一网一讯一号"刊网互动、功能互补工作。截至目前收到论文162篇,全年出版学术期刊《江西公路科技》4期,刊登论文90篇,免费赠阅会员4000册,完成2019年度期刊年审工作。微信公众号及时推送学会工作动态、通知公告、行业资讯、党建工作等内容,全年推送63次,累计推送171条新闻,关注该学会公众号的人数较去年增长15.31%,达1920人。完成《学会通讯》3期的出版工作,按时寄发上级单位、各会员单位、兄弟省市学会900册。全年,中国科协、中国公路学会、江西省科协、省交通运输厅等各个宣传媒体登载省公路学会活动及新闻报道20余篇。

学会凝聚力进一步加强,会员规模进一步扩大,会员的产业链进一步延伸。为了进一步加强江西省各地市公路学会以及学会各分支机构的凝聚力,学会于12月11日在宜春召开了全省公路学会秘书长工作会暨学会联络员联席会。会上,与会人员结合自身工作情况,交流了经验,为2021年的工作开展提供了良好的意见和启发。今年发展了江西省路桥隧道工程有限公司等14个单位成为学会的会员单位,目前学会共有会员单位108家,比九届理事会期末会员单位增长率提升26%。截止12月份已基本完成了2020年度团体会员单位会费收纳工作。

学会进一步强化内部管理,对历年形成的各项规章制度进行了全面梳理,并依据新形势进行了修改和补充,《江西省公路学会制度汇编》已在修订阶段;6月份,经十届三次常务理事会审议通过了《江西省公路学会开展江西省交通运输科技成果评价方案(草案)》,在下半年的科技项目评价中实践,此项目研究具有创新性,填补了学会科技项目评价工作开展的空白。

学会实体科力咨询监理有限公司2020年中标宜春至遂川高速公路新建工程项目施工监理RC2标段、萍乡市中环东路(S533绕城)EPC施工监理项目,公司检测业务中标九江市公路管理局2020年养护大中修工程第一批项目和第二批项目。科力公司取得了良好的经营成绩,为学会的持续发展夯实了经济基础。

2020年以来,学会工作得到了各级领导的高度重视和关心。省科协副主席孙卫民、省纪委省监委驻省科技厅纪检监察组组长邓季芳、中国公路学会副理事长兼秘书长刘文杰、省交通运输厅一级巡视员胡钊芳等领导同志多次莅临该会视察指导,省民政厅社会组织管理局刘石呈同志对学会提出了进一步增强学会工作力度与创新思路的意见,省交通运输厅党委书记、厅长王爱和同志11月16日专题听取了学会工作汇报,让学会全体工作人员备受鼓舞和鞭策。

(省公路学会)

【江西交通会计学会各项工作稳步推进】 2020年,江西交通会计学会在会员单位的大力支持与配合下,较好地发挥了桥梁和纽带作用,努力为社会、为交通系统、为企事业单位搞好服务。

一、尽职尽责,参与抗疫。一是及时转发抗疫的指示、规定。学会通过微信群及时将各级政府、行政主管部门的有关抗疫的指示、规定转发下去。让交通系统财务人员及时了解疫情动态,知晓各级各地有关要求,懂得抗疫的基本知识,自觉地投入到抗疫工作中来。二是坚守岗位,坚持值班。按照上级要求,在春节假期之后,学会即安排人员每日到岗,坚持值班,所有人员能自觉遵守防疫有关规定,及时掌握动态,处置抗疫复工复产中的相关问题。

二、开展学习党的十九届五中全会精神教育活动。7月25日,为贯彻落实党中央"不忘初心、牢记使命"教育活动总要求,引导党员干部与职工提高思想认识,加强党性修养,坚定理想信念,增进学会、协会之间的联系与交流,该学会积极努力,提高自身素质。先后组织学习新《党章》、习总书记新时代中国特色社会主义思想以及形势、传统教育,引导党员和群众讲党性、树正气,充分发挥正能量,踏踏实实做好本职工作。

三、主动降低会费为系统单位减负担。该学会严格按学会《章程》明确的缴纳标准收取,为响应"我为企业减负担"专项活动,该学会经过六届一次理事会决议同意对经费紧张的17家常务理事单位和61家理事单位,在会费标准上降低一个标准,共减免8.1万元。

四、持之以恒抓好财务培训工作。学会及时转发"中国交通会计学会"、北京(上海)国家会计学院培训的通知,并督促各单位积极组织财务人员出省学习,开阔视野提高了会计人员素质。据统计,一年来江西交通系统赴外省参加不同类型的学习培训班人数达76人次。

五、完成上级学会交办和本系统单位委托的各项工作。协助中国交通会计学会做好《交通财会》杂志订阅工作。根据通知要求,学会及时转发通知,联系落实,在各会员单位的支持和配合下,共订阅《交通财会》56份;2020年10月,受省交通运输厅的委托,对江西省交通运输厅本厅整体支出进行绩效评价,撰写绩效评价报告并针对检查中发现的问题提出了整改意见和建议;2020年12月22—28日,受省交通运输管理局的委托,对"四好农村路"(镇村公交)发展试点县(区)进行考核验收,同时对2020年省财政厅下达江西省四好农村路(镇村公交)省级示范县建设项目3700.005万元补助资金使用情况进行调查,查阅了德安县、靖安县、吉安县、莲花县、会昌县、章贡区镇村公交省级补助资金的相关会计凭证和内业资料等。撰写财务检查报告并针对检查中发现的问题向有关部门提出了整改意见和建议,圆满完成了考核验收工作。

六、做好学会日常工作。会费收缴工作。按照《江西交通会计学会章程》和《江西交通会计学会会费管理办法》的规定,学会秘书处在各会员单位的大力支持下,顺利完成此项工作。按时完成社团年检工作。按照省民政厅的要求,按时完成《2019年度社会团体年度检查报告书》填报工作和年检手续,民政厅发布关于全省性社会团体2019年度检查和年度报告工作情况的通报,学会年检合格。对入会会员单位进行登记。目前学会现有会员单位110个。

(蔡 虹)

【江西省公路学会和省高速集团抚州管理中心共同开展2020年全国公路科技活动周活动】 8月28日—9月1日,江西省公路学会和抚州管理中心在南新科普教育基地共同开展了主题为"科技战疫创新强国"的2020年全国公路科技活动周活动,抚州管理中心所辖收费单位等相关单位干部职工参加了活动。本次活动紧扣新时代智慧公路主题把公路科普宣传知识以宣传册、视频、展板、历史展览馆等形式体现,普及高速公路养护知识,倡导科学方法,传播科学思想,弘扬科学精神,内容活泼轻松、通俗易懂。一位长期从事收费工作的职工高兴地说:"此次参观学习让我们体验到了高速公路行业不一样的领域,也感受到了江西高速发展的辉煌历史,真是不虚此行。"

(江西省公路学会)

【江西省公路学会召开2020年度泛长三角公路发展论坛】 10月15日—16日,2020年泛长三角公路发展论坛在江西萍乡成功召开。论坛以"聚焦交通建设的品质提升工程"为主题,依托萍乡至莲花高速公路项目,围绕打造卓越品质工程、提升泛长三角区域公路水运工程建设水平交流互鉴。来自江西、江苏、浙江、安徽、上海四省一市公路交通行业的工程技术人员和公路学会代表近300人参加会议。

来自赣、苏、浙、皖、沪的9位专家学者作学术报告。论坛还组织与会人员前往江西省高速公路投资集团有限责任公司萍乡至莲花高速公路建设项目、萍乡市美丽乡村公路现场考察。与会人员对萍莲高速的高品质建设、精细化施工、信息化管理留下了深刻印象,对麻山幸福大道美丽乡村公路赞不绝口,纷纷表示此次大会是一次珍贵的学习体验。

(江西省公路学会)

【江西省公路学会组织学习"四好农村公路"建设】 11月18—20日,江西省公路学会组织省内各地市交通运输局、公路管理局共计130余人赴浙江省安吉县学习考察四好农村公路建设并召开"四好农路建设与发展研讨会"。

研讨会邀请杭州市交通运输管理服务中心农村公路处处长胡俊、安吉县交通运输局总工程师秦连群分别作主题为《杭州"四好农村路"助推乡村振兴》和《推进"两山"理念转化,激发"四好农村路"活力》的主讲报告。学习期间,重点考察了安吉县余村和目莲坞村以及余杭区县道漕雅线。

本次活动学习了"四好农村公路"建设的先进理念,为进一步推动江西省"四好农村路"发展迈向新台阶,建设宜居宜业宜游的"美丽农村路"提供了可借鉴的经验和范例。

(江西省公路学会)

【江西省公路学会召开2020年学术年会】 11月27日,江西省公路学会2020年学术年会在南昌召开。本次学术年会主题为"交通科技前沿",特邀美国国家工程院院士、中国工程院外籍院士、桥梁结构工程师邓文中,原交通运输部公路科学研究院总工程师、中国智能交通产业联盟理事长王笑京研究员作学术演讲,吸引了省内公路交通科技工作者代表近300人参会。

(江西省公路学会)

【江西省城市公共交通协会第二届第五次会员大会召开】 12月3—4日,江西省城市公共交通协会第二届第五次会员大会在萍乡市举行。省运管局、省公交协会、全省公交企业和省内外相关行业代表150余人参加会议。会议听取、审议了2020年工作报告和2021年工作思路,通过了关于调整省协会理事、副会长和会长的议案和免收2020年度省协会会费相关事宜的决议。

2020年,江西省公交行业、省公交协会全面贯彻落实习近平新时代中国特色社会主义思想,统筹做好了城市公交领域的疫情防控、运输保障和民生服务工作,推进了诚信体系建设,颁行了《江西省城市公共交通协会信用承诺办法》,开展了"绿色公益出行"活动,做好了行业政策和企业发展信息的全面统计和数据积累。积极组织参加了中国公交大学第一届"好讲师"大赛,对萍乡、鄱阳和分宜公交驾驶员举办了订单式集中岗位培训,较好发挥了参谋助手作用和桥梁纽带作用。2021年,江西省公交协会将继续坚持以《交通强国建设纲要》为统领,认真落实《交通运输部综合运输服务"十四五"发展规划》,宣传公交优先理念,推动国务院2012年64号文件落地,发挥好桥梁、窗口、标准和服务作用,引导企业执着追求公交优秀,以公交优秀促进公交优先,奋力开创新时代公交发展新局面。

会上,萍乡市、南城县公共交通运输企业和3家汽车生产企业分别作了典型发言,30多家县级公交单位代表就县级民营公交发展及做好协会工作进行了充分的沟通交流。

(省运管局)

【**中国交通产业经济联席会议正式成立**】 12月17日,中国交通产业经济联席会议在河南郑州正式成立,原交通部部长黄镇东、河南省副省长戴柏华、原交通部副部长胡希捷、落马官员交通运输部财务审计司副巡视员张建宏等为联席会议揭幕。

联席会议是由中国公路学会牵头,全国交通运输行业省级大型企业和交通行业中央企业共同发起并组成的非营利、非法人的行业性专业智库平台。旨在建立成员单位协同协作、共商共享的沟通机制,以高水平的学术引领、政策研判、信息共享,为政府制订产业政策提供参考,为企业经营决策提供服务,并为国际交流合作提供支撑,助力交通运输企业综合实力和竞争力提升,推动交通产业经济高质量发展。

12月16日召开的中国交通产业经济联席会议第一次工作会议,审议通过了联席会议章程、组织架构及机构名单。

经过现场表决,河南交通投资集团任首届联席会议轮值主席单位,河南交通投资集团党委书记、董事长程日盛担任联席会议首届轮值主席;江苏交通控股有限公司及其党委书记、董事长蔡任杰和江西省高速公路投资集团及其党委书记、董事长王江军分任首届联席会议候任轮值主席单位及候任轮值主席。

招商局公路网络科技股份有限公司、天津高速公路集团、河北交通投资集团公司、黑龙江省交通投资集团、安徽省交通控股集团、湖北省交通投资集团、广东省交通集团、重庆高速公路集团、四川省交通投资集团、陕西省交通投资集团、甘肃省公路交通建设集团、内蒙古高等级公路建设开发有限责任公司、湖南省高速公路集团、广西交通投资集团、新疆交通投资有限责任公司等15家单位及其董事长、企业负责人为首届联席会议组成单位及代表。

国际道路联合会(IRF)副主席,中国公路学会党委副书记、副理事长兼秘书长刘文杰任联席会议秘书长。

(省高速集团)

【**江西省公路学举办深中通道学习考察及"创新引领世界级工程"研讨会**】 12月23—25日,江西省公路学会组织省内交通科技工作者共计50余人赴广东省中山市学习考察深中通道(又称"深中大桥"),学习期间举办了主题为"创新引领世界级工程"的交流研讨会。

研讨会邀请两位深中通道建设专家分别以《深中通道设计和施工关键技术》和《深中通道BIM技术应用》为主题进行座谈交流,介绍了深中通道的项目概况、设计和施工关键技术,根据项目管理实际需求利用先进的BIM技术提高工程管理的信息化、自动化和智能化水平及在项目品质工程创建过程中发挥的关键作用。考察人员参观了深中通道S05标段伶仃洋大桥施工现场和中山西环高速公路预制场,项目负责人从工程概况、施工重难点、施工进展情况、标准化施工、工程创新与亮点、信息化施工等方面做重点介绍。通过此次学习,省内科技工作者拓展了视野,受益匪浅,收获颇丰。

(江西省公路学会)

【**高安市老科协交通分会充分发挥老科协老干部助推器作用**】 瑞阳新区到碧山水库路段近年来一直路窄、车多、行人多,交通复杂,与该市快速发展的城市规划建设极不协调,严重影响建设功能。该市老科协交通分会得知这一舆情,及时组织调研，迅速向局党委等有关方面提出意见建议。在得到政府部门认可和支持下，他们又跟进督促工作。2020年，在疫情期间，仍然坚持会同公路部门及业主单位和建设单位的职工奋战工地一线，最终仅用三个月的时间，终于解决了瑞阳新区到碧山水库九千米路段这一民生问题，得到了群众的一致好评和普遍赞誉。

高安市老科协交通分会成立十余年来，先后三次改选，成员也不断发生变化，但他们一直不忘初心守本职，围绕百姓所关注的民生问题开展工作，坚持调查研究，坚持建言献策，积极发挥老科协促进经济社会发展的助推器作用、生力军作用、智囊团作用和传帮带作用，较好地完成了市老科协所布置的工作，为高安市交通建设发展发挥了较大的作用。交通分会成立伊始，会员仅有十人，如今已发展到17人，他们个个身怀一技之长。十余年来，他们先后向有关部门提出各种意见、建议百余条，得到认可、采纳的有23条，亲自参加或指导建设工程20余项，为政府部门节约成本200余万元，教出门徒六人都能独立工作，较好地发挥了老党员、老干部、老科协工作者应有的思想品德和作用。他们中先后有两人被宜春市老科协予以表彰，有21人次被高安市老科协评为先进个人，交通分会年年被市老科协评为先进单位。该局原副局长余继铜充分发挥本人工程技术特长，在深圳、珠海、宜春、南昌、高安等地援建公路、桥梁等工程项目建设达八年之久，为当地交通建设做出了较大的贡献。工程师毛交生利用自己的专业知识，先后二十多次指导该市渡改桥、民间桥梁建设工程以及村村通工作，并培养了一批新生力量，较好地发挥了传帮带作用。原科协委员刘善元有着一首很好的书法特长，退休后，他被选聘负责局机关"三老"工作，同时被聘为市老体协门球裁判员工作，并负责日常事务，身兼多职，但他始终不忘笔耕，不仅利用自己的特长为单位、为"三老"工作书写标语、板报、宣传栏等，还为身边的同志书写春联、字画，同时指导年轻的书法爱好者练习书法。多年来，他不仅加入了国家、省、地、市各级书法家协会组织，而且自己的书法作品也多次入选、入展、入编。2017年，荣获"一带一路"全国书法家百米长卷制作工程成就奖，被授予国家"一级书法师、高级书法师"等荣誉。去年，再度被聘为中国书法家协会理事、名誉副主席。

（陈思球）

【第十届中国城市物流发展年会将在高安召开】中国交通运输协会和江西省高安市人民政府共同举办的第十届中国城市物流发展年会定于2021年1月16—17日在"中国物流汽运之都"江西省高安市隆重召开，本次大会由中国交通运输协会物流技术装备专业委员会与江西高安货运汽车产业基地管理委员会共同承办，年会将重点关注发展城市绿色物流，后疫情时代城市配送的新格局、新物流的建设与发展，无人机、无人车、无人仓等新技术在城市物流中的创新应用，城市应急物流体系的建设与发展，以及国六时代轻卡与新能源汽车等城市物流配送运力资源新发展等内容。

（邰世泗）

【宜丰县交通运输局县老科协分会积极参与新型冠状病毒肺炎疫情防控】一是严格执行防控政策，做好自身防护。在社区封闭管理期间，交通分会会员认真按照上级要求，待在家里，不串门，不请客。出门买菜按要求戴好口罩。疫情期间，没有出现违犯防控规定的现象，没有出现任何感染或疑似病例，也没有出现一例纠纷。二是以微薄之力，积极支持疫区防控。疫情期间，分会组织会员积极为疫情防控及疫区人民捐款献爱心。共捐3850元，其中党员会员卢秀英同志捐出2000元，为疫情防控尽力而为，起到了示范与带头作用。三是不听信谣言，自觉为疫情防控传播正能量。疫情期间，谣言满天飞。该分会会员注重观看央视节目和党报党刊，积极传播正能量，通过微信和短信等途径，宣传上级的防控政策。做到不是正规媒体的信息不相信，不传播。特别是李建昌等2位会员，通过多种正规渠道与非正规渠道的信息对比，辨别不实信息和谣言，并在分会员微信群和老干部微信群中指出信息的真伪，为稳定老科协会员和老干部思想作了大量的工作，取得了积极的成效。四是助力复工复产，努力开展适合自身特点的工作。围绕交通运输建设重点，开展了建言献策活动，并撰写文字报告。

（漆志勇）

党群工作

党建工作

【持续加强党的政治建设】 2020年交通运输厅直属机关党委紧跟党的创新理论步伐，将《习近平谈治国理政》一、二、三卷作为学习贯彻习近平新时代中国特色社会主义思想的权威读本，跟进学习习近平总书记重要讲话和重要指示批示精神，开展了党章党规学习研讨，及时印发学习贯彻十九届五中全会精神通知和学习安排，着力抓好党委理论学习中心组、青年理论学习小组、基层党支部三个层面的学习，推动全覆盖、见实效。2020年，全厅各级党组织集中学习《习近平谈治国理政》第三卷等各类学习7000余次。全面落实意识形态工作责任制要求，围绕新冠肺炎疫情防控、复工复产、法治教育及交通运输中心工作，组织开展了一系列主题鲜明、形式多样的宣传活动，在中央和省主流媒体发稿数量创历史新高。加强厅网站、"两微一端"宣传阵地管理，及时掌握舆情动态，发现和处理倾向性、苗头性问题，妥善提前处置10余起苗头性舆情。弘扬长征精神、井冈山精神和"两路"精神，开展了"传承红色文化，培育交通文明"交通强国试点，重点实施"红色基因传承、特色项目打造、文明服务提升、文明交通宣传"四大工程。

（鄢玲琳）

【坚定推进全面从严治党】 对标《党委（党组）落实全面从严治党主体责任规定》和《中共江西省委落实全面从严治党主体责任2020年度责任清单和任务安排》文件精神，突出政治引领、突出全面贯彻、突出严字当头、突出落地见效，制定印发了《省交通运输厅党委落实全面从严治党主体责任实施方案》，将其作为加强党建工作管总、汇总、抓总的文件，系统健全了全面从严治党各项制度规定，提升了全厅党建工作水平。年初，厅党委主要负责同志与班子成员和厅机关处室、直属单位主要负责人签订了党风廉政建设责任书，明确责任内容，强化责任考核和责任追究。在推动全面从严治党责任内容、责任主体、责任部门全覆盖的基础上，结合巩固深化"不忘初心、牢记使命"主题教育成果有关精神,既着眼于面上的要求,对厅党委、厅党委书记、厅领导班子其他成员需要履行的责任内容进行了梳理和细化,明确了厅党委责任的牵头部门和落实单位,又着眼于具体需要开展、落实的工作,制定了重点任务清单,明确了党委重点任务18项、党委书记重点任务20项、领导班子其他成员重点任务14项。

(鄢玲琳)

【着力推进党的组织建设】 2020年全面建立了党支部联席会议制度,交通运输厅直属机关党委专门下发文件、提出要求,并将其纳入党建考核重要内容;健全了工作机制,制定了联席会议规程,明确了主持召集、牵头承办、组织筹备、主要任务等事项,印制了专门的联席会议记录本。厅党委书记和其他班子成员带头落实党建工作新要求,及时主持召开党支部联席会议,推动全面从严治党和业务工作深度融合、互促互进,做到工作分管到哪里,管党治党职责就延伸到哪里。党员领导干部带头参加双重组织生活,7名厅领导落实建立基层联系点要求,深入所联系的基层支部讲党课、走访调研,帮助基层解决实际困难和问题。组织912名党委、支部书记和新时代赣鄱先锋、优秀共产党员上党课。组织开展了"主体责任"大家谈活动,厅主要领导、分管领导带头示范,自8月下旬至12月中旬,14个厅直属单位党委(支部)书记在分别在厅网站和微信公众号刊发落实全面从严治党主体责任体会文章,每周一期,积极凝聚全厅上下从严从实谋党建、履职责、抓落实的思想政治共识。成立了以厅党委书记为组长、机关党委书记为副组长的"三化"建设领导小组和办公室,加强工作领导和协调。厅党委把基层党建"三化"建设纳入2020年度全厅全面从严治党工作全局,作为厅党委落实全面从严治党主体责任的责任清单和重点任务之一,统筹推动落实。厅直属机关党委召开全体会议,调度有关情况,审议重点工作,研究推进举措。进一步明确了"三化"建设任务要求,明确了2020年推进年、2021年提升年、2022年巩固年三年达标创建任务。在"四个标准化、六个规范化"的基础上,将该厅开展的"三亮三明"活动("亮身份、亮岗位、亮职责,明承诺、明流程、明监督")、"走实地、查实情、抓实效"活动纳入"三化"建设指标体系,彰显交通运输系统"三化"建设的特点。2020年,先后通过召开重点建设项目党建现场会、全厅党支部书记培训会、厅直机关党委会等形式,部署推动党支部"三化"建设。2020年7月,厅直属机关党委到南昌、九江、景德镇等地对部分基层单位开展了"三化"建设专题调研督导,督促下属单位按照标准和规范加强基层党建工作。加强机构改革中的党建工作,上半年结合厅机关机构改革情况,第一时间对厅机关14个机关处室党支部进行调整充实,配齐配强了支部书记和支委班子成员,建设了标准的党员活动室。认真做好事业单位改革中的党建和党组织设置,及时报请省直工委划转了交通干部学院党组织隶属关系,推动全厅"三化"建设走深走实。

(鄢玲琳)

【江西交通职业技术学院教工党支部入选"全国党建工作样板支部"】 1月,教育部公布了第二批全国党建工作示范高校、标杆院系、样板支部培育创建单位名单,江西交通职业技术学院路桥党总支教工党支部入选"全国党建工作样板支部",这是学院在加强基层党组织建设工作中取得的重大突破。近年来,学院党委深入贯彻落实习近平新时代中国特色社会主义思想和党的十九大精神,认真落实新时代党的建设总要求,突出基层党组织政治功能,强化党建引领作用,积极探索新形势下基层党建的新思路、新途径,以建设"五型"党支部建设为抓手,以提升基层党组织指引力、凝聚力、战斗力、创新力为重点,深入开展了"三联三创""五星创评""对标争先"等主题党建活动,扎实推进基层党组织标准化、规范化、信息化建设,努力推动学院基层党组织全面进步、全面过硬。此次入选充分体现了学院基层党建工作取得的成效。

(田 慧)

【省公路局党委举行《党委(党组)落实全面从严治党主体责任规定》专题研讨交流】 3月31日,省公路局党委召开中心组理论学习(扩大)会,专题学习研讨交流《党委(党组)落实全面从严治党主体责任规定》,研究贯彻落实意见。局党委书记熊华武主持会议并讲话。局领导班子成员、二级巡视员、一级调研员,省公路投资有限公司、局直属各单位主要负责同志和机关各处室负责人参加会议。会议强调,各级党组织、机关各处室、全体党员干部要准确把握主体责任的重要意义和具体内容，紧紧扭住主体责任这个"牛鼻子"，强化守土负责、守土担责、守土尽责的政治担当，健全完善主体责任清单和工作落实机制，强化监督检查，努力把制度优势转化为治理效能，以全面从严治党新成效推进全省普通公路治理体系和治理能力现代化。会议要求，通过深入学习贯彻《规定》，要更加深刻地认识自己肩负的责任重担，切实担负起落实全面从严治党主体责任，将党建工作与业务工作同部署、同推进、同考核；要更加准确地把握落实全面从严治党的四个原则，加强和改善党的全面领导，确保落实主体责任各领域、各方面、各环节的全覆盖，真管真严、敢管敢严、长管长严，真正实现过程和效果相统一；要更加全面地了解主体责任的内容，认真思考，逐条研究内容，逐条落实措施，确保主体责任落地落实落细；要更加严格地执行好保证责任落实的各项措施，对照工作职责，列出责任清单，逐条提出落实的具体措施；要更加有效地进行主体责任的监督追责，加强对落实全面从严治党主体责任情况的监督检查，加大对不作为、乱作为的责任追究。

（方宏龙）

【江西交通职业技术学院各级党组织在战"疫"中创新开展党建工作】 为加强疫情防控期间的基层党组织建设，在特殊时期落实好党内学习、"三会一课"、主题党日等组织生活制度，学院各级党组织坚持一手抓疫情防控，一手抓学习教育，灵活运用"学习强国"学习平台、腾讯会议、学习通等网络平台，创新开展"云党日""云党课"等活动，将党建活动从线下转移到线上，在战"疫"中守初心、担使命，筑牢坚强防疫战斗堡垒。3月26日，信息党总支通过腾讯会议平台，在线上开展支部委员会。汽车学生党支部多次依托新媒体平台采用线上学习和讨论等方式，学习习近平在疫情期间的讲话精神，《习近平给北京大学援鄂医疗队全体"90后"党员的回信》等。此外，学院各党支部充分运用线上平台，积极开展疫情防控工作。组织全体党员进行了《新型冠状病毒防疫安全公益课》网络课程学习、线上捐款支援疫情防控、线上统计全院师生健康情况等工作。

（黄绍舒）

【省交通技工学校开展系列活动向党的生日献礼】 为热烈庆祝中国共产党成立99周年，连日来，学校在师生中开展丰富多彩的主题活动，向党的生日献礼，抒发听党话、颂党恩、跟党走的真挚情感。"历史照亮未来，征程未有穷期"，在党的生日来临之际，学校组织开展慰问退休老党员活动，与他们一起重温过去的峥嵘岁月，向他们送去节日的问候和祝福。"当我再次握拳面向党旗，重温起入党誓词，心情依然如几十年前一般激动"。已经白发苍苍、党龄60年的退休职工肖水晶激动地说道："青年一代要有理想、有本领、有担当，要在中华民族伟大复兴征程中加速成长。"学校党委书记廖辉给全校青年师生上了一堂生动的"七一"专题辅导课，他用党领导全国人民同心抗疫的故事串联起抗疫背后的文化力量和文化自信，教育和引导学校青年，永远听党话、跟党走，做新时代的"奋进者"。学校各党支部通过召开党员大会，开展讲微党课、重温入党誓词、朗诵红色经典等形式多样的主题党日，从党的艰苦奋斗历程出发，到新时代党员肩负的使命和责任，结合疫情防控中的党员先进事迹，给学校全体党员带来一场精神的洗礼。学校积极组织开展了知识答题活动，题目涵盖党史、团史等，广大学生踊跃参与，通过老师线上专题教和课后学生自主学，比赛现场出现了不少"对答如流""秒出答案"的精彩表现。为深入党员"一对一"帮扶活动，七一期间，学校党员教师还与学校贫困学生进行了面对面的交流座谈，倾听他们内心的声音，了解他们学习、生活等困难，以下课堂、下寝室等举措，从物质和精神两方面给予关怀，引导贫困学生树立信心、学好本领、练好技术。

（省交通技工学校）

【省港航系统开展机关"三实"走访调研活动】 7月起，省港航系统开展为期半年的机关"三实"走访调研活动，推动机关全体党员深入航道船闸一线摸情况、查问题、转作风、抓落实，对江西省赣江、信江干航道及全省船闸开展分段式走访调研全覆盖，全面了解走访航道（船闸）现状，及时发现、研究、解决问题。围绕港航改革发展稳定中的热点难点问题和重点工作，加大了调查研究，形成调研报告。通过召开座谈会，听民声解民意，切实回应民生关切。活动以处室支部为单位，各走访调研组充分发挥党员先锋岗作用,践行党员承诺,开展岗位建功活动等,推动机关党员把服务基层摆在首位,更好发挥党员先锋模范作用。

(省港航局党办)

【赣州市交通运输局全面加强基层党组织"三化"建设】 赣州市交通运输局荣获全市党建红旗单位,全省公路系统党建和行业文明现场会在赣州市召开,兴国公路分局党支部列为第二批全省公路系统基层党支部规范化试点,瑞金公路分局党支部荣获全国公路行业先进基层党组织称号,市局"交通战疫显担当"主题党课获评市直机关工委网络片区竞赛第一名,以"党建引领聚合力,结对共建暖人心"主题,作为全市唯一代表参加全省党务技能大赛。坚决贯彻全面从严治党要求,加强党风廉政建设和意识形态工作,狠抓巡视巡察反馈意见整改,全系统风清气正、干事创业的氛围更加浓厚。深入推进"五型"政府建设,坚决纠治"四风"和"怕慢假庸散"等作风顽疾,"三亮三明"公开承诺活动荣获全省交通运输系统先进。

(邱 珍)

【吉安市交通运输局党委书记带头讲党课】 7月2日,吉安市交通运输局党委书记谢海泉同志以"坚守初心、勇担责任,争做新时代合格党员"为题,为全体机关党员干部上了一堂生动的党课。

谢海泉同志指出,"责任"是古代仁人志士的重要标志,是共产党人初心和使命的内核。对于如何把"责任"落实到思想和行动当中,谢海泉强调:一要始终坚定理想信念。理想信念是中国共产党人的政治灵魂,是共产党人精神上的"钙",必须始终做马克思主义和共产主义的坚定信仰者。二要始终勤奋学习。学习是进步的不二法门,学习上的问题解决了,工作问题就好解决。三要始终拼搏奋斗。奋斗是实现人生价值的阶梯,要积极向上、敢于拼搏、勇于创新。四要始终见贤思齐。榜样的力量是无穷的,要多向先进典型学习,不断纯洁心灵。五要始终不畏艰难。只有见过大风大浪、承担责任的肩膀才会更硬。谢海泉同志的讲课主旨鲜明,有理有据,深入浅出,鞭辟入里,对党的政治理论认识深刻,对党各个时期的历史故事信手拈来,同时理论联系实际,结合近年来的交通运输工作阐述作为交通人该如何履职尽责担当,践行初心使命,引发了与会众人的深思自省和热烈讨论。

(邹 勇)

【景德镇市交通运输局机关党支部开展"党员进社区报到"暨"防疫有我、爱卫同行"爱国卫生活动】 4月29日,景德镇市交通运输局机关党支部举行"党员进社区"的主题活动暨"防疫有我、爱卫同行"爱国卫生月志愿活动,守初心、担使命,充分发挥党员先锋模范作用。景德镇市交通运输局党支部购买了大米、食用油、牛奶等物资捐赠给百眼井社区贫困居民,以实际行动解决因疫情导致生活困难的贫困群众。捐赠物资后,该局机关支部党员来到百眼井社区开展以道路、小区环境卫生整治为重点的爱国卫生运动。活动中党员干部听从社区工作人员的统一安排,结合重点区域及公共场所疫情防控指南要求,对社区背街小巷、公共场所、绿化带内垃圾进行清理,为广大社区群众提供良好生活环境,为打赢防控阻击战贡献自身力量。

(温哲雷)

【新余市公路局党员"挂点"法激发公路工作活力】 新余市公路局深入贯彻落实建设交通强国战略目标,彩色示范路、现代化服务区(停车区)、公路景观点等公路基础设施日趋完善,如何做好日常养护工作,是当前公路中心工作中的重中之重,也是工作的"难点"。为切实破解难题,该局党委"一班人"通过"做行动派、促大变样"活动,开展深入调研,一致决定将机关党员干部撒向点多、线长、面广的公路一线,分小组到14个基层道班和养护中心挂点,岗位前移提升工作能力,职责前移加强服务指导,工作前移发挥模范作用,推动公路养护工作落到实处、抓出实效。

在公路养护一线,机关党员干部与道班养护职工并肩除杂草、清水沟、补坑槽,工作间隙聚在草地上谈心聊天,休息时间围坐在一起探讨,"面对面"式的接触,让机关党员干部感到,在实践中才能发现平时注意不到的问题,才能发现更深层次的问题,才能听到基层职工的心里话;普遍反映,通过下基层干工作的方式,工作能力和主动性有了很大提升,执行力进一步增强,工作效率更高,解决了部分日常养护工具老化、劳保用品不够用、夏季工作时间调整不合理等10余项问题,职工们对机关党员干部更加信任。

党员"挂点"工作法，以党建带群建，汇聚了促公路"大变样"的浓厚氛围，已成为新余市公路局机关和基层携手共建美丽新余公路的重要渠道，成为公路事业发展新的"活力点"。

（石龙萍）

【中国共产党江西交通职业技术学院第二次代表大会召开】 中国共产党江西交通职业技术学院第二次代表大会于12月5日胜利召开。省交通运输厅一级巡视员、厅直属机关党委书记胡钊芳出席开幕会并讲话，全院100名党员代表，以及列席人员参加了大会。学院党委书记吴克绍作了题为《奋进新时代勇担新使命谱写建设全国一流交通特色鲜明的高水平高职院校新篇章》的报告。党委副书记、院长黄明忠主持开幕会。

胡钊芳在开幕会上讲话，他代表江西省交通运输厅党委向大会的召开表示热烈的祝贺，向各位代表和全院共产党员、师生员工致以诚挚的问候。大会听取了党委书记吴克绍所作的党委工作报告。大会选举产生了中共江西交通职业技术学院第二届委员会和纪律检查委员会。审议了党委工作报告，纪委工作报告和党费收缴、使用和管理情况报告，经过全体代表充分讨论审议，大会通过了《中共江西交通职业技术学院第二次代表大会关于中共江西交通职业技术学院委员会工作报告的决议》和《中共江西交通职业技术学院第二次代表大会关于中共江西交通职业技术学院纪律检查委员会工作报告的决议》。

（冀星辰）

【宜春市交通运输局着力提增"党建+"工作效能】
宜春市交通运输局211名党员主动捐款2.2万元支持疫情防控工作，1260余干部职工签订《拒绝酒驾醉驾承诺书》，53名党务干部赴方志敏干部学院进行培训。为持续推进基层党组织"三化"建设，先后6次召开研究部署会议，下发了12份整改承诺函，印发了《宜春市交通运输局推进基层党建标准化规范化信息化建设工作实施方案》，明确了聚焦问题、示范、成效三个导向，有力地激发了党建创新活力。全面落实意识形态工作责任制，加大对外宣传，先后4次召开新闻发布会，发布重点工作落实情况；在人民网、交通运输部网、《江西日报》等省部级以上主流媒体发稿310篇次，凝聚了宜春交通正能量，发出了宜春交通运输"好声音"。

（宜春市交通运输局年鉴办）

【宜春公交加强"智慧党建"平台建设】 2020年，宜春公交着力开拓互联网+党建的实践探索，不断加强集团"智慧党建App"平台建设，自党建App上线以来，广大干部职工自觉下载使用，在集团宣传、组织工作及党建业务开展方面发挥了积极作用，但也存在部分功能发挥作用不大、更新不及时、内容缺失等问题。对此，集团党委进一步作出"智慧党建"工作部署，结合驾驶员和一线员工居多的实际情况，大力推进党建App应用，实行线上线下结合抓党建。一是开展"双百"活动。要求集团员工App下载率100%、每天点击率100%；二是着力把App建成集团思想宣传的阵地、提升学习的工具、党建工作的载体、民意诉求的通道；三是进一步完善App模块设计，不断强化智慧党建引领经营生产的作用。同时，为加强考核运用、做好党务公开、政务公开和党组织生活，集团党委还从宣传的主要内容、职责分工、法规制度、完善学习题库、组织在线考试、畅通民意诉求通道方面提出具体要求。

（葛　曦）

【南城着力"三化"建设夯实党建工作基础】 2020年，南城县交通运输局党委着力"三化"建设，全面加强党的基层组织建设，夯实党建工作基础。在党建工作标准化建设方面：一是组织设置标准化。南城县交通运输局党委辖11个党支部，现有党员220人（女性党员33人，大专以上学历101人），将党组织机构设置图在宣传栏及时公开。二是领导班子建设标准化。该县交通运输系统党支部书记11名，副书记2名，平均年纪48岁，均为大学以上学历。三是经费保障标准化。由局财审股同志负责党员教育培训经费管理，本年度按每人200元进行预设，后续视需求进行调整，要求此项经费必须用于党组织活动专用，不得用作其他用途。四是活动场所标准化。将党员活动室确定为局三楼会议室和局四楼会议室，按照"六有"标准，扎实推进各党支部活动场所的建设。在党建工作规范化建设方面：一是党员队伍建设规范化。严格落实党员发展全程纪实制度，发展党员每一个流程都有严格进行考核，确保发展党员质量，当年审批通过1名入党积极分子、2名新发展对象。二是组织活动规范化。严格落实"三会一课"、组织生活会、民主评议党员、谈心谈话和主题党日等制度,有效实现了组织生活制度化、主题教育常态化。三是运行机制规范化。制定完善了党委议事规则,重大决策事项集体研究,坚持党务、政务、财务公开,设立公开栏,对局党务、政务、财务、重大人事任免等事项进行及时公示,接受党员群众监督;四是服务群众规范化。继续在里塔渔良村和沙洲镇黄狮村局开展结对帮扶工作,局班子成员和驻村连心小分队同志与11户贫困户"一对一"实行精准扶贫,与拥护路居委会贫困户建立"1+2""1+1"帮扶对子,在春节、"七一"及国庆节前夕,积极开展慰问困难党员,困难职工等活动。五是工作任务规范化。创新"党建"+思维,突出党的领导核心作用,进一步夯实党的执政基础,构建以党建为核心、党建工作与中心工作有机融合、统筹推进的新机制;六是党建责任建设规范化。局党委严格落实党建主体责任,主要领导切实履行党建第一责任人职责,班子成员认真履行"一岗双责",各党支部书记履行直接责任,并将党建工作纳入绩效考核内容,年终党支部书记党建述职,确保党建责任落实到位。

(王素红)

【广昌县交通运输局实施"党建+"活动取得显著成效】 广昌县交通运输局党委在精准推进基层党建"三化"的前提下,着力打好党建工作创新牌,以"党建5+"活动为党建工作注入鲜活内容,取得明显的工作成效。

一是实施"党建+疫情防控"。在抗击新冠肺炎疫情斗争中,党委旗帜鲜明地号召共产党员"带头上",设立党员先锋岗,组建巾帼党员先锋队,昼夜不分在抗疫斗争中锤炼党性,发挥了党员的先锋模范作用,涌现出一批先进模范人物,他们的政治品格也在抗疫斗争中得到升华。

二是实施"党建+复工复产"。疫情缓解之后,局党委立刻组织全局党员马不停蹄投入复工复产,党员们进企业下工地搞调研、拿举措、解难题,尽心竭力为运输企业和项目建设单位尽快复工复产排除困难,清除障碍,解决问题,确保了客运线路迅速恢复运营,项目建设快速复工推进。

三是实施"党建+脱贫攻坚"。组织工程技术人员加班加点抓好交通扶贫项目的勘测设计,督促加快前期工作进度,强化现场质量监管,推动项目建设进程。工程技术人员中的党员以身作则,发挥一不怕苦、二不怕累的革命精神,以精益求精的标准服务交通扶贫项目建设。在共产党员的带动下,其他职工群纷纷跟进,形成了心往一处想、劲往一处使的强大工作合力,为全面取得脱贫攻坚收官战的胜利奠定了坚实基础。

四是实施"党建+行业治理"。为巩固提升扫黑除恶斗争成果,进一步深化推进行业治理,局党委结合围绕"好人主义之害"开展解放思想大讨论活动,以党员为中坚力量组织开展了"打非治违"、安全生产专项整治三年行动、维修企业专项整治等多项行业治理行动,累计查处非法营运"黑车"14辆,超限超载货车1210辆;查处路政违法违规案件89起,排查整改各类安全隐患257个;查处非法阻工案件1起,处置非法阻工人员8名,有效维护了交通运输市场的正常秩序。

五是实施"党建+文明创建"。鼓励党员积极参加志愿行动和创卫活动。邹颜聪、曾淑琴等共产党员义务组织中小学生暑假防溺水宣传、义务为防疫值守人员送爱心早餐等事迹在全县广为流传,并多次被《中国应急救援报》等媒体宣传。邹颜聪同志还被评选为2020年度全县"最美莲乡人",成为该局被评选为全县"最美莲乡人"第一人。党员在创卫活动中身先士卒,手持扫把锄头在街头巷尾整治环境、打扫卫生已成为一道亮丽风景。"党建+文明创建"的推进为该局文明创建活动增添了浓墨重彩的一笔。

(胡 刚)

【上饶市交通运输局机关党支部赴德兴市程家湾红色教育基地开展革命传统教育活动】 为进一步增强党组织凝聚力和战斗力,激励广大党员坚定理想信念,传承红色基因,弘扬红色精神,7月份,上饶市交通运输局机关党支部组织党员赴德兴市程家湾红色教育基地开展革命传统教育活动。在程家湾红色教育基地,参观"程家湾突围指挥部",在讲解员的引导下解方志敏等革命先烈参加江西地方党团组织创建、领导农民运动的先进事迹和红十军团北上抗日先遣队顽强不屈、浴血奋战的光荣革命史。在程家湾红色教育基地,大家面对鲜红的党旗重温入党誓词,整齐嘹亮的誓言回荡不息。随后,在"乌风洞革命烈士纪念碑前",党员们身穿正装、佩戴党员徽章,排着整齐的队伍向革命先烈们敬献花圈,向革命先辈表达缅怀之情。通过此次活动,大家追思、缅怀烈士的丰功伟绩和革命精神,进一步感悟信仰的力量。

(韩晓艺)

纪检监察工作

【驻省交通运输厅纪检监察组强化精准监督】 2020年,驻省交通运输厅纪检监察组紧紧围绕交通基础设施建设等驻在部门重要职责使命,主动监督、跟进监督、精准监督。通过发函督促提醒、召开调度会、实地调研督导等方式,推动厅党委和职能单位(处室)扎实履行"六稳""六保"主体责任。加强对脱贫攻坚专项巡视"回头看"等反馈问题整改工作的监督检查,督促各项整改措施落实落细。认真履行疫情防控监督责任,督促全厅各级党组织和党员领导干部扎实做好交通运输疫情防控工作。强化监督检查和督促提醒,推动广大党员干部职工自觉杜绝餐饮浪费。

(朱宏宇)

【驻省交通运输厅纪检监察组从严执纪问责】 加大对党员干部违纪违法问题的惩处力度,持续保持反腐败斗争高压态势,全厅各级纪检部门全年共处置问题线索34件,给予诫勉谈话1人次,提醒谈话5人次,批评教育4人次;给予党纪处分10人,政务处分6人。认真践行"三不"一体推进的思路理念,统筹做好查办案件前后半篇文章,督促相关责任单位举一反三、查漏补缺,深入开展警示教育,做到以案示警、以案促改、以案促建。强化追责问责,树立有权必有责、有责要担当、失责必追究的鲜明导向,倒逼党员干部知责于心、担责于身、履责于行。

(朱宏宇)

【驻厅纪检监察组督查厅属单位疫情防控工作】 2月13日上午,驻厅纪检监察组领导在厅应急指挥中心以视频电话方式,对省公路管理局、省港航管理局、省公路运输管理局等单位值班值守及高速公路、国省道通行情况进行督查。从督查情况看,各单位带班领导和值班同志均在岗。组长对下一步工作提出三点要求:一是要更加严格执行纪律,认真落实好值班值守、信息报送、请示报告等制度,特别是要在做好疫情防控工作上下功夫;二是更加严格抓好落实,坚决克服慢、散等不良作风,进一步强化作风建设;三是更加严格抓好队伍建设,在做好自我防护的同时,严格按要求带好队伍,充分发挥基层党组织战斗堡垒和党员先锋模范作用。组长还了解了各单位在应对返程高峰、复工复产方面制定预案相关情况,以及存在的问题和主要矛盾,要求各单位积极、稳妥应对,及时将相关情况报送厅疫情防控指挥部和驻厅纪检监察组。

(朱宏宇)

【景德镇市交通运输局驻局纪检监察组督查国道206升级改造建设工程】 3月9日,景德镇市交通运输局驻局纪检监察组深入该市交通重点建设项目国道206升级改造建设工程进行督查,了解贯彻落实省政府《关于以"两好"推进日常性新冠肺炎疫情防控工作的实施意见》文件精神落实情况,确保各项防控措施精准落地,坚决防止疫情反弹风险。

督查采取不发通知、不打招呼、不听汇报、不用陪同接待的方式展开,直奔国道206升级改造施工现场,查看疫情防控及复工复产情况,督查中督察组提出:一要进一步认清当前疫情防控面临的严峻形势。以更加严格、更加精准、更加到位的防控措施严防疫情反弹,必须咬紧牙关,持续做好"外防输入"各项工作,抓实抓细抓到位,筑牢疫情防控安全防线,既要抓好复工复产,也要抓好疫情防控。二是要全面加强联防防控群防群治工作。各项目建设点,要按照"谁主管、谁负责""谁用工、谁负责"原则,严格落实本单位疫情防控主体责任,各项目建设单位切实肩负起部门监管责任，指导企事业按照"一项目一方案""一单位一方案"的要求，监管本行业企业单位的疫情防控工作落实。三要进一步压紧压实防控责任落实。目前全市的疫情防控形势良好，但是要增强风险意识和自我防护能力，坚决克服麻痹思想。严格做好返工人员的登记，体温监测，食堂分餐等疫情防控工作，严防疫情输入。

该组还分别深入综合监督单位社区联络点、下属各企业及部分开工建设项目等开展了明察暗访，直插基层一线、直插项目建设一线开展监督检查，确保疫情防控责任落实到位。

(江 剑)

【萍乡市纪委市监委驻市交通运输局纪检监察组推动脱贫攻坚整改政治责任落实】 5月20日，驻局纪检监察组采取"四不两直"形式走访驻在单位挂点帮扶村，全面检查驻村工作队工作履职、扶贫扶志、发展产业扶贫等，督促了解村（社区）廉洁工作平台建设情况。深入贫困户家庭了解生产生活状况和帮扶干部工作落实情况。期间，重点踏看了产业扶贫项目"成蹊园"基地建设实况，该果园基地占地4.67公顷，建设资金50万元，引进蜜梨、桃李、柚子、沃柑橘等多品种果苗，能惠及大丰村17户（54人）贫困户，现场抽查该村"组组通"农村公路项目建设和管护情况。针对调研和监督中发现的问题，向驻在单位党委下发工作提示函2份，并在下一阶段的监督工作中，重点进行跟踪问效，对整改不力的党员干部，驻局纪检组将精准运用四种形态予以严肃处理。

(傅骥川)

【省公路工程监理有限公司深入项目一线开展"四个一"廉政专题教育活动】 5月21至22日，省公路工程监理有限公司成立作风纪律督查小组，前往大广高速扩容工程R1总监办开展了"四个一"廉政专题教育活动，通过纪律督查、讲专题党课、赠送廉政小卡片、开展"两个责任"约谈等方式，持之以恒正风肃纪，坚决遏制"四风"问题发生，营造了风清气正的公司内部环境。

一是开展了一次纪律督查。此次纪律督查中，重点核查了该机构7台车辆使用及油耗记录、46名人员考勤及请销假手续、15台办公电脑浏览记录情况等，及时发现并纠正了《派车单》设计不规范等问题，通报表扬了部分人员常抓线上学习的良好习惯，并协助解决了该机构遇到的实际困难。二是讲授了一堂专题党课。公司纪检干部组织传达学习了上级纪委监委有关"五一""端午"期间查纠"四风"问题的通知，以及近期公开曝光的违反中央八项规定精神典型问题通报，并为一线监理人员讲授了一堂题为《坚定信念、廉洁奉公，永葆共产党人的政治本色》的专题党课。坚持以案为鉴、警示教育，提醒大家对项目监管不力、违规"挂证"、审批报告不及时等问题引起高度重视，坚定理想信念，牢记职责使命，正确看待手中的公权力，用心监造"品质工程"，努力建设人民满意交通。三是组织了一次责任约谈。公司纪检干部先后组织与该机构总监进行了任前廉政谈话，与该机构副总监、各部门负责人、各党小组长开展了"两个责任"落实情况约谈，共计约谈13人，及时了解掌握一线党风廉政建设情况，教育他们认真落实"两个责任"，严格管好自己、从严带好队伍，全面梳理工作中的廉政风险点，研究制定防范措施制度，切实做到守土有责、守土尽责。四是赠送了一份廉政卡片。公司纪检干部给每位监理人员赠送了一张印有《公司改进工作作风、提高服务效能"十个不准"》的廉政小卡片，要求他们将"小卡片"常带身上、常记心上、常抓手上，坚持严以律己、廉洁奉公，始终做到心中有戒、心中有责，严格遵守廉洁从业各项规定，坚决守住纪律"红线"。

(吕 博)

【黄永茂深入省高速集团调研指导工作】 5月28日，省监委委员黄永茂和省纪委省监委第六监督检查室负责人等一行来省高速集团，调研省委巡视反馈意见整改落实和全面从严治党等工作。集团党委书记、董事长王江军，党委委员、纪委书记、省监委驻省高速集团监察专员吴连平，总部有关部门负责同志参加调研座谈。座谈会上，王江军汇报了集团巡视整改、内部巡察和落实全面从严治党主体责任等情况，吴连平汇报了集团纪检监察工作情况，与会人员围绕调研主题进行了交流。黄永茂对省高速集团巡视整改和全面从严治党等工作给予了充分肯定。他说，近些年来，省高速集团党委和纪委坚决贯彻中央和省委决策部署，认真落实全面从严治党"两个责任"，巡视整改措施全部完成，内部巡察扎实深入开展,助推了企业发展,促进了党建提升,引导了责任下沉,激发了内生动力,党风廉政建设和反腐败工作取得明显成效,来之不易。

(省高速集团)

【省公路科研设计院有限公司将"纪律课堂"开在项目上】 6月12日,省公路科研设计院有限公司纪检深入项目外业驻地一线,给外业人员上了一堂"特别纪律课",把纪律之网进一步延伸覆盖。本次"特别纪律课"坚持理论先行,认真贯彻落实上级关于加强党章党规党纪学习要求,组织学习了《新时代爱国主义教育实施纲要》《关于新形势下党内政治生活的若干准则》。通过以爱国主义为切入点,深化纪律意识形态教育,以严肃党内生活为着力点,提升党员政治意识、纪律意识。

公司纪检指出,应融合爱国之大爱与爱公司之小爱,坚持把纪律落在项目各个环节中,并在"课堂"上对大家提出三项要求:一是不断提高思想境界,坚定理想信念,树立正确的世界观、人生观、价值观,增强反腐拒腐能力,做到补钙固本培元;二是善于学习,经常以正、反两面案例教育反思自身,对纪律永葆敬畏之心。三是继承和发扬公路"排头兵"精神,党员要切实发挥出模范带头作用,团员和其他群众紧紧跟上,凝聚合力,团结一致以实际行动确保工作高质量、高效率完成,优化行业作风。

在此次纪律走进一线中,公司纪检做到以学习深化意识、以意识促进行动,以行动带动风气,进一步筑牢大家的思想防线。

(段雪惠)

【景德镇市交通运输驻局纪检监察组督查建制村通客车情况】 6月28—29日,景德镇市纪委监委驻市交通运输局纪检监察组深入乐平市、浮梁县监督检查建制村通客车情况,市运管处相关负责同志配合开展督查。

督查中,该组认真听取相关负责人的情况汇报,检查工作台账,深入实地查看等方式,了解建制村通客车情况,以及存在的问题和工作举措。督查中,该组提出,一要提高政治站位。建制村通客车是脱贫攻坚的一项兜底性任务,是连通民意、凝聚民心的基础工程,务必要提高政治站位,进一步明确责任分工,压紧压实责任,不折不扣完成建制村通客车任务,各县(市、区)务必要扛起建制村通客车的政治责任。二要真抓实干,真改实改。省交通运输厅、市交通运输局分别开展脱贫攻坚建制村通客车督查工作,就督查中的情况形成了通报,各县(市、区)要分别对标对表,建立整改工作台账,一个节点一个节点加以推进,一个问题一个问题加以解决;要将建制村通乏客车工作调度常态化,对工作中出现的情况认真梳理,逐一解决;要充分借鉴兄弟县(市、区)好的经验做法,多学习、创新工作思路,扎实推进各项工作。三要改进作风,务求长效。要坚决防止虚假通车、数字通车、通返不通等问题,要坚持"实"字当头,切实做到审批合法、手续规范、分类监督、服务到位,制章立制确保客车线路畅通,切实解决群众出行问题,服务群众。该组对督查中发现的问题向相关单位进行了反馈督促整改。

(柯 敏)

【省交通运输厅党委巡察组巡察省交通技工学校党委工作动员会召开】 6月29日,省交通运输厅党委巡察组巡察省交通技工学校党委工作动员会召开。会上,省交通运输厅一级巡视员、厅直机关党委书记胡钊芳对学校配合做好厅党委巡察工作提出了明确要求,巡察组组长黄强作动员讲话,学校党委书记廖辉作表态发言,校长欧阳娜主持会议。厅党委巡察办负责同志,巡察组人员,学校全体教职员工参加会议。全体与会人员填写了问卷调查表与民主测评表。动员会后,召开了三个专题汇报会,巡察组分别听取了学校党委工作情况、纪检监察工作情况和组织人事工作情况专题汇报。

(郭 俊)

【蓝丽红到省港航管理局调研】 10月12日,省交通运输厅党委委员、省纪委省监委驻省交通运输厅纪检监察组组长蓝丽红一行莅临省港航局调研指导工作。蓝丽红指出,港航各级党组织要重点围绕"六稳""六保"监督职责,推进全面从严治党、脱贫攻坚、党风廉政建设和反腐败各项工作,压紧压实工作责任,持续深化落实中央八项规定及其实施细则精神,加大执纪问责,强化纪律监督,建设清正廉洁干部队伍,以过硬作风为港航高质量发展提供坚强的纪律保障。

(局监察室)

【驻厅纪检监察组实地调研督导交通运输"六稳""六保"工作】 10月中下旬,厅党委委员、驻厅纪检监察组组长蓝丽红带领调研组,前往省公路管理局、省港航管理局等10家厅属单位,和井冈山航电枢纽、大广高速南康至龙南段扩容工程等6家项目建设基层单位,以及厅属单位扶贫点赣州市崇义县竹溪村,对各单位落实交通运输"六稳""六保"任务进展情况开展实地调研督导。

在厅属单位走访调研时,蓝丽红详细了解各单位党委落实习近平总书记关于做好"六稳""六保"工作、制止餐饮浪费等重要讲话和指示批示精神,履行党风廉政建设主体责任情况,以及纪委履行监督责任有关情况。座谈会上,蓝丽红对各单位前期工作成效给予肯定,强调要进一步提高政治站位,认真学习领会和贯彻落实习近平总书记重要讲话和指示批示精神,以高度的政治责任感和使命感,扎实做好交通运输"六稳""六保"和党风廉政建设等各项工作任务。

在交通项目建设施工现场,蓝丽红实地察看了解工程项目现场管理、建设进度、党建与业务深度融合等方面的情况,并和现场项目办及施工单位管理人员进行了座谈交流。蓝丽红指出,交通重大项目建设是落实交通运输"六稳""六保"任务的重要抓手,要坚决扛起这一政治责任,持续加大交通重大项目建设推进力度。一是要强化党建引领。充分发挥好基层党支部战斗堡垒作用,认真抓好思想政治建设,督促党员干部带好头、作表率。二是要履行好"一岗双责"。要扎实抓好党风廉政建设和全面从严治党各项工作,党委负好主体责任,纪委履行监督责任,"两个责任"贯通协同、相互配合。三是要确保"三个安全"。在工程质量安全、现场人员安全和廉政风险安全等方面,要下大力气、做足功夫、不出纰漏。特别是在秋冬季疫情防控方面,要慎终如始,不断强化疫情防控常态化各项措施。

在崇义县竹溪村,蓝丽红实地察看了竹溪村基层党建"三化"建设、交通基础设施建设、村庄环境整治、万长山有机茶场扶贫产业基地和上堡梯田旅游开发等情况,并向驻村帮扶干部详细询问了解当地贫困户、基础设施建设和产业扶贫等相关情况。随后,蓝丽红走访慰问了几户贫困户,了解他们的家庭基本情况、家庭收入、日常开支和生活中遇到的困难等,鼓励他们要树立信心,勤劳致富。蓝丽红充分肯定省公路运输管理局驻村帮扶工作队取得的成绩,要求要认真学习近平总书记关于脱贫攻坚的重要论述,落实党中央关于脱贫攻坚工作的各项决策部署,特别是学习领会习近平总书记近期对脱贫攻坚工作作出的重要指示精神,继续保持攻坚态势,持续巩固提升脱贫成果,为全面推进脱贫攻坚和乡村振兴的有效衔接贡献力量。

(朱宏宇)

【王辉一行到省高速集团调研纪检监察工作】 10月16日,省直机关纪检监察工委副书记王辉一行来到省高速集团调研纪检监察工作。省高速集团党委委员、纪委书记、省监委驻集团监察专员吴连平,集团纪委有关同志,集团直属部分单位纪委书记、纪检监察室主任参加座谈。调研座谈中,王辉详细了解了省高速集团纪委的机构设置、人员配备以及日常工作开展情况,特别是对审查调查工作进行了详细了解。会上,结合案例,共同交流探讨了案件查办中的常见问题,并有针对性地对办案流程、谈话技巧、案件事实认定、定性量纪、文书撰写等工作进行了解读,面对面进行答疑解惑。

(况单云)

【江西交通职业技术学院纪委加强对人才招聘、干部选拔任用的工作监督】 2020年,江西交通职业技术学院纪委参与完成学院人才招聘和干部选拔任用的监督工作。加强干部选拔任用工作监督,是保证选贤任能、纯洁用人风气的重要举措。学院纪委严格把好人选廉政关,严格按制度选人用人,大力营造风清气正的用人环境。

(扈帅帅)

【鹰潭市交通运输局举办廉政教育课堂】 12月3日,鹰潭市交通运输局举办了廉政教育课堂。市交通运输局、市邮政管理局副科级以上干部、长运公交公司负责人、市交通运输局机关干部职工70余人参加了学习。课堂邀请了市委十九大精神宣讲团成员、市纪委市监委驻市委政法纪检监察组长洪卫授课。洪卫从《政务处分法》出台的重要意义、遵循的要求、适用范围、覆盖人群、有关条款内容等方面进行系统全面讲解。

(张立松)

精神文明建设

【概况】 2020年,省交通运输厅紧紧围绕学习宣传贯彻习近平新时代中国特色社会主义思想这个首要任务,以社会主义核心价值观建设为引领,深入推进交通运输行业文明创建,全面提升行业软实力,树立交通运输好形象,为推进交通强省建设、推动全省交通运输事业高质量跨越式发展提供坚强的思想保证和强大的精神力量。

(厅宣传处)

【扎实推进文明单位创建】 省交通运输厅机关和全省交通运输系统110余家单位创建工作扎实有效,在省文明委开展的复查中成绩合格,继续保留第十五届江西省文明单位称号。举办了2020年春节团拜会等活动,丰富文化生活,极大增强干部职工的成就感、幸福感、归属感、自豪感。围绕乡村振兴主线,扎实开展"文明生态村"帮建活动。中共江西省委组织部、江西省扶贫办公室通报2019年度省派单位驻村工作队和驻村干部考核结果,江西省交通运输厅6个定点帮扶工作队的考核等次均为"好",6个驻村第一书记兼工作队长的考核等次均为"优秀"。

(厅宣传处)

【深入推进社会主义核心价值观宣传教育】 4月份,紧紧围绕"爱岗敬业 明礼诚信"活动主题,省交通运输厅开展系列学习宣传和实践教育活动。深入贯彻习近平总书记"厉行节约、反对浪费"重要批示精神,利用微信号、楼宇电视加大宣传,举办了"厉行节约 杜绝浪费"为主题的道德讲堂活动,开展了签名承诺活动,倡导干部职工养成良好的节约习惯,减少"舌尖上的浪费",做文明风尚的传播者、践行者。组织开展以"无偿献血,血浓情更浓"为主题的无偿献血活动,以实际行动支持疫情防控阻击战。广泛刊播防疫指南宣传标语和"文明健康有你有我""保护野生动物""公筷行动"等公益广告,营造全民防疫的浓厚氛围。

(厅宣传处)

【做好"培育现代交通文明,弘扬红色交通文化"交通强国试点】 省交通运输厅明确了吉安市交通运输局为实施单位,完善了工作方案,成立了领导小组,开展了现场调研,大力推进试点项目永新县龙源口大捷景区红色旅游公路项目建设。集中开展文明交通文明出行专项宣传教育,以"车、船、路、港、站"等交通工具和收费站、服务区、客运场站等服务场所、窗口单位为载体,持续开展形式多样的专项宣传教育和主题实践活动。

(厅宣传处)

【省交通运输厅发掘培树行业先进典型、讲好交通故事】 加强典型选树和宣传,宣传了"感动交通年度人物"——省运管局驻村第一书记沈小敏、吉安市公路局泰和分局老营盘道班钟仁先等一批先进典型事迹。积极参与"感动交通年度人物""最美公交司机"、学雷锋活动示范点和岗位学雷锋标兵、交通运输文化品牌等推荐评选活动,交通系统1人获"2018—2019年度江西省优秀志愿者"称号。持续开展"身边好人"推荐评议和学习宣传活动。

围绕中心、服务大局,组织开展了一系列主题鲜明、形式多样的宣传活动,取得了扎实成效。据不完全统计,2020年,在新华社(新华网)、《人民日报》(人民网)、中央电视台(央视网)等中央主流媒体发稿近200篇,在《中国交通报》、《江西日报》、江西广播电视台等省内、行业主流媒体发稿650余篇,在中国江西网、《江南都市报》、《江西日报》新闻客户端等其他媒体发稿550余篇。特别是《人民日报》头版、央视新闻联播头条、《中国交通报》头版头条连续刊发了江西交通复工复产、扶贫等方面的文章,有力展示了江西交通运输部门形象。春运期间,开展了《春运家书》《春运小视频》等征集活动,展现了全省交通运输系统干部职工春运(春节)期间坚守岗位、默默奉献的精神风貌。

(厅宣传处)

【省委宣传部领导走访慰问"中国好人"李小英】 在新春佳节来临之际,1月15日,省委宣传部副部长黎隆武一行来到新余走访慰问新余公交驾驶员"中国好人"获得者李小英及其患病家属,为他们送去党和政府的关心关爱。新余市文明办主任胡永良、市交通运输局工会主席王伟力、新余公交总经理陈九芽、工会副主席胡军陪同走访。

听闻李小英爱人病情复发正在住院,黎隆武副部长一行专程来到新钢中心医院看望慰问他们。在医院,黎隆武详细询问了李小英爱人的病情及家里生活情况,叮嘱他要好好养病,对李小英临危不乱巧妙处置乘客抢夺方向盘,保障了乘客的生命财产安全的敬业奉献精神给予了高度赞扬和肯定,鼓励他们保持乐观向上的生活态度,祝愿他们度过一个快乐幸福的春节,黎隆武嘱咐相关部门及公司要切实帮助解决好其家庭中的实际困难,李小英对省委领导的关心表示感谢。

(刘凤英)

【景德镇市公交有限公司工作人员拾金不昧暖人心展美德】 1月20日上午,景德镇市公交有限公司8280111热线电话接到乘客龚女士电话,称有一个黑色女士背包遗失在开往豪becoming方向的10路公交车上,营运管理部监控中心负责人根据失主上下站点及时间迅速开展查找工作,确定了失主乘坐的公交车(赣H97951),同时热线电话话务员也与车辆所属二分公司取得联系,得知司机江政熊师傅在投币箱旁边发现一个遗失的黑色背包,经在监控下查看有多张卡证、若干现金等物品,已向分公司报备寻找失主,遂立即与失主取得联系,得知失物被找回,失主龚女士十分高兴。

在10路车终点站景德镇市委党校站,江师傅在与龚女士核对了背包内物品信息后,亲手将背包交还到失主手中,龚女士说没想到能这么快就找回来,"真的太感谢我们公交车师傅了,感谢江师傅帮我保管,天气这么冷,但是心里真的很暖和!"说着还从包里拿出现金要感谢江师傅,"这是个小事,我们应该做的,真不用谢!"江政熊连连摆手表示这都是他的本分,任何一个公交司机捡到乘客遗失的东西都会及时上报给公司寻找失主,这是公交司机的职业道德。

(陈志华)

【省公路局深入桃苑社区开展爱心防疫物资捐赠活动】 2月21日,省公路局副局长谈勇一行来到共建社区——西湖区桃苑社区,向他们捐赠了一批防疫物资,支援社区疫情防控工作。桃苑社区位于老城区,人口较多,社区防疫压力大。自新冠肺炎疫情发生以来,口罩、消毒液等防护用品一度脱销,桃苑社区一线工作人员时常面临防护物资短缺的难题。省公路局了解这一情况后,迅速行动,克服困难,多方筹措,及时为社区送去了酒精、消毒液、口罩等防疫物资。

(路 宣)

【景德镇市交通运输局开展学雷锋志愿服务活动】 3月5日上午,景德镇市交通运输局志愿服务队一行来到结对共建的百眼井社区,开展学雷锋志愿服务活动。

该局一行看望了奋战在"抗疫"一线的社区干部,并为他们送上了消毒液、便携式体温计、方便面等物资。志愿者们还来到贫困户家中,送去了口罩和生活物资,并与社区干部一起,向居民们宣讲防疫知识,提醒大家疫情防控工作进入了最关键的阶段,仍然不能放松警惕,要严格做好个人防护,不要扎堆。在临街商铺,志愿者们向经营户发放宣传单,并请他们一定注意经营秩序,严禁出现聚集性排队的情况。

该局一行还实地察看了社区出入口的疫情防控措施,并协助社区工作人员为来往居民测体温。他表示,疫情防控形势仍然严峻,系统广大党员干部要充分发扬雷锋精神,尽最大努力帮助社区做好疫情防控工作,用实际行动为打赢防疫阻击战贡献力量!

(徐小明)

【省公路局开展线上道德讲堂活动祭英雄】 4月3日,省公路局联合省公路科研设计院、信息数据中心、省公路投资有限公司和路通公司以线上模式开展了"致敬·2020清明祭英雄"主题活动。

追忆革命先烈。全体人员隔着屏幕重温了那

段用信仰和鲜血书写的斗争史,学习革命先烈前仆后继为建设新中国的伟大壮举和舍生取义的精神力量。大家通过在自己岗位起立默哀、网络留言等形式向英雄寄托最诚挚的尊崇。

致敬抗疫英雄。全体人员在线学习了战疫英雄热血铸初心、实践担使命的事迹,深刻感受这一场疫情防控人民战争中众多凡人英雄的温情大义。

通过此次网络祭扫追思,大家纷纷表示,要以英雄为榜样,立足岗位实际,对照检查自身的不足和差距,不断提高自身素质、不断转变工作理念,以无私奉献的精神和优良的作风干好本职工作,为打赢疫情阻击战、建设交通强国贡献自己的力量。

(黄　菲)

【上饶市政务服务中心获群众送感谢信】　7月,上饶市政务服务中心交通运输局窗口收到一封出租车司机送来的亲笔感谢信,主要表达对窗口帮助办理出租车辆的经营权正式变更工作中给予的全方位帮助的感激,对窗口工作人员"急民之所急,想民之所想"的贴心服务表示感谢。上饶市交通运输行政服务窗口全面落实首问责任制、一次性告知制度、限时办结制度,努力降低业户的时间成本、精力成本;全程推行微笑服务,来有迎声、问有答声、走有送声,努力提高业户的舒适度、获得感。

(上饶市交通运输局)

【省公路局前往吉安市永新县开展送温暖活动】
9月17日至18日,省公路局及局属各单位前往吉安市永新县龙门镇吟秋村开展"凝聚爱心点燃希望"志愿活动。

志愿者们首先来到永新县小学为孩子们上了一堂"爱国奉献"专题道德讲堂,活动在全体学生齐唱《我和我的祖国》中拉开序幕,共同观看了抗日英雄潘冬子、狼牙山五壮士、排雷英雄杜富国的感人视频,深切地感受到了革命英雄的无私无畏、勇于奉献的精神,给孩子们带来了灵魂触动。在最后一个"送吉祥"的环节,志愿者们向全体学生送上了书包、铅笔、文具盒等学习用品。随后,志愿者们还走访了当地的五户孤寡老人,亲切地与他们交流,耐心地向他们询问。此次活动,送出的不仅是物质,更是精神的关爱,温暖着每一位村民。志愿者们也纷纷表示,这次活动意义深远,将以此为契机,今后积极开展文明帮建志愿活动,主动做到把服务社会与实现个人价值有机结合起来。

(魏璐佳)

【吉安市交通运输水路行政执法支队峡江大队开展"保护母亲河我们在行动"为主题的工会活动】
9月,吉安市交通运输水路行政执法支队峡江大队工会小组为丰富职工业余生活、增强单位凝聚力、结合精神文明创建工作,开展了"保护母亲河我们在行动"为主题的工会活动。

职工们在领略赣江之美的同时,拿出事先准备好的垃圾袋在渡口码头、河边、草丛中对散落地下的烟头、塑料袋等各种垃圾进行全面清理。通过此次活动使职工时刻牢记环境保护从我做起理念,同时也向渡口旅客宣传了保护母亲河重要性,为保护赣江生态环境,巩固精神文明建设成果贡献微薄之力。

(邹　勇)

【南昌市文明办、南昌市交通运输局联合开展"最美出租车司机"评选活动】　9月,南昌市文明办和南昌市交通运输局在全市在岗巡游出租汽车驾驶员中组织开展了推荐评议2020年度"最美出租车司机"活动。经各出租汽车企业与属地县区文明办共同推荐和网上评议等程序,南昌市文明办和南昌市交通运输局组织专家评审会对"最美出租车司机"进行了综合评审。最终,评选出江西大众交通运输有限责任公司出租车司机黄强等10名南昌"最美出租车司机"。

(南昌市交通运输局)

【抚州市交通窗口获全国交通运输行业文明示范窗口称号】　12月14日,全国交通运输行业精神文明建设工作电视电话会议通报,抚州市交通运输局行政审批科(交通窗口)荣获2018—2019年度全国交通运输行业文明示范窗口称号。

(陈根玲)

【抚州长运不断为企业精神文明创建注入新动能】
抚州长运以"满足旅客需求,主动变革创新,提升服务体验"为活动主题,全体动员、周密部署、精心组织,在全司范围内开展"2020服务质量提升年"相关活动,持续为企业精神文明创建注入动能。

一是结合自身实际,编制抚州长运"2020服务质量提升年"宣贯材料印制成册,发放到每位员工手中,便于开展学习,各单位相应成立工作小组,各部室、各单位制订详细学习计划,明确学习时间,认真组织学习,要求每位员工做好学习笔记。

二是完善城乡公交公司服务规章。制定《城乡公交运营驾驶员服务行为规范(试行)》《城乡公交营收管理规定(试行)》《抚州长运城乡公交驾驶员岗位薪酬考核方案(试行稿)》等一系列长效监督管理创新机制,从而促进企业可持续高质量发展;重新修订《首问责任制管理办法》《旅客投诉处理管理办法)》《旅客意见调查方法》《服务质量定期评价制度》等管理制度,服务行为和服务质量得到明显规范和提升。

三是从创新形式和丰富内容上塑造亮点。抚州长运2020年以创新服务文化为先导,以构建服务品牌为核心,制定了《江西抚州长运有限公司创新工作管理办法(试行)》,并结合实际情况对服务规范内容进行大胆的探索、创新,推出的一系列创新课题,激发各单位开展创新活动的积极性和创造性,满足不同需求的旅客,增强旅客的幸福感。

四是从经营领域上寻找服务新拓展。抚州长运先后开通了"校园直通车""企业通勤班车"等服务项目,同时投入24.8万元新添了一台自动洗车设备,为旅客提供一个干净、舒适的乘车环境。为方便市民出行并与时俱进,以及丰富旅客支付方式,抚州长运花费近百万元购置了350台非现金支付设备,支持旅客使用支付宝、微信、投币等支付方式,满足旅客多元化需求,企业形象得到进一步提升。

五是加强宣传引导,树立文明意识。积极参与文明城市建设,注重宣传信息工作,经常性报送工作信息,创建工作档案资料较齐全,利用OA网、宣传栏、QQ群等开展文明城市创建宣传,营造"全民齐参与、共创文明城"的浓厚氛围。先后开展了班组建设规范、纯电动车技能竞赛、站务人员优质服务竞赛、安检人员安检仪业务培训等文明创建相关内容培训和竞赛活动。

六是加强服务建设,促进文明提升。改造硬件设施,创造良好环境。在创建国家卫生城市工作中,抚州长运积极履行创建单位主体责任,按照创建国家卫生城市标准,集中整治企业在环境、卫生等软硬件方面存在的问题,包括车站公厕改造、停车场地面硬化、排水系统改造、墙体刷白、违章搭建等,顺利通过了创卫工作验收。组建星级班组,打造精品班线。抚州长运先后组建了"秀谷女子驾驶组"、"玉茗班组"、"心悦班组"、"黎川香榧售票班组"。班组成员均为女性,要求淡妆上岗,佩挂工作牌,准确运用"十字"文明用语。将抚州至宜黄、崇仁至南昌、抚州至金溪等班线列入精品班线打造范围,为驾驶员发放统一工作服与工作白手套,班线车辆均配备了医药箱、充电电源等。严格要求车辆驾驶人员仪容仪表端正、车容车貌整洁、文明礼貌待客等规定。建立爱心母婴室,提供温馨服务。在各车站规划并建立爱心母婴室,各站统一配备婴儿护理台、婴儿摇床、洗手台(用具)、沙发、热水、冷水、废水桶、尿不湿、奶瓶、奶粉、玩具等一应俱全,满足了哺乳期女性和儿童乘客的需求。

2020年,抚州长运荣登"中国道路运输企业百强诚信榜",获得了"江西省抗击新冠肺炎疫情先进集体""中国道路运输行业抗击新冠肺炎疫情优秀集体""江西省优秀企业""抚州市第十届文明单位"、2020服务质量提升年活动"客运类优胜单位一等奖"等荣誉称号。

(抚州长运公司)

【宜春公交7路外线荣获全国三八红旗集体荣誉称号】 宜春公交7路外线自2010年创建以来,培养出全国优秀车长、江西省妇女十二次代表大会代表、宜春市三八红旗手等新时代优秀的女驾驶员代表。在2020年开展的"江西好司机"帮扶活动中,全线累计帮扶老年人、残疾人、帮抬婴儿车、拾金不昧共1225次。易娜作为全国巾帼文明岗7路外线的线长,安全行车30多万千米,未发生一起交通事故,未收到一次投诉,出勤、产值、班次在集团名列前茅。2020年元旦,她在车上捡到8000元现金,第一时间将钱归还给失主。疫情期间,她主动假日应急车队,始终坚守岗位。工作之余,她作为微爱公益志愿者,积极推动关爱公交司机"清凉行动",还参加市共青团的点亮微心愿、拥抱新时代"活动,认领微心愿,帮助贫困学生。2020年8月,7路外线驾驶员尹爱红在行驶中发现一私家车起火,她立即停车开展救火,待消防队赶到又悄悄离开。7路外线2020年荣获"2020年全国三八红旗集体"荣誉称号。

(谭 军)

行业作风建设

【建强领导机构】 成立全省交通运输行业作风建设领导小组,厅党委书记、厅长王爱和同志亲自挂帅、担任组长,厅直单位主要领导,各设区市、省直管试点县(市)交通运输局党委书记、局长担任成员,明确细化省市县三级主体责任,层层压紧责任链条,形成了"一把手"亲自抓动员、抓检查、抓推动、抓落实工作格局,为深化全省交通运输行业作风建设提供了坚强的组织保障。

(厅直机关党委)

【加快制度建设】 聚焦推动实现行业治理体系和治理能力现代化,围绕行政执法、政务服务、运输管理、工程建设、高速公路运营等领域,先后出台《进一步规范江西省公路建设项目招投标管理若干规定》《江西交通建设市场从业资质审查管理办法》《公路工程设计变更管理办法》等40余项制度规定,在工程建设领域推行电子化招投标等措施,从源头上规范市场建设行为,以制度筑牢关口,把权力关进制度笼子,切实保障工程项目建设领域公正、廉洁。建立行业作风建设提升工程月通报制度,定期对全省行业作风推进情况进行汇总通报,营造争当先进、争创一流良好氛围。

(厅直机关党委)

【强化各项监督】 一是创新监督机制。引入行业作风建设第三方社会监督评价,认真落实行风监督员聘请工作,召开省交通运输厅首批行风监督员聘任仪式,2020年全省交通运输系统共聘请行风监督员276名,处理完结11起执法投诉案件,协查处理相关案件14起。二是加大监督执纪问责。持续加大违反中央八项规定精神、侵害群众利益问题整治力度,在全系统形成了严抓严管的高压态势。紧盯关键岗位和节点,五一端午、中秋国庆、元旦春节期间,深入全省交通运输系统开展明察暗访,重点督查落实中央八项规定精神、制止餐饮浪费、上下班纪律等情况,2020年,厅直机关纪委共通报迟到人员8名,违反会场纪律人员19名,约谈厅属单位领导班子1次。三是开展政治巡察。对标中央和省委关于开展巡视巡察工作新要求,成立厅党委巡察工作领导小组,全面巡察各级党组织在党风廉政建设、作风建设等方面的情况,定期开展政治"体检",狠抓问题整改落实。2020年,重点巡察了省港航局、省运管局、省联网中心、省交通高级技工学校4家单位党委,共查找问题78个,实现了厅属14家单位巡察全覆盖。

(厅直机关党委)

【提升能力水平】 一是抓实事提升群众满意度。问题在哪里,作风建设就延伸到哪里,2020年,全厅上下以开展"走实地、察实情、抓实效"活动为抓手,深入重点项目施工一线,开展交通建设领域涉民生问题专项督查。召开全省高速服务区提质升级动员大会,以小"窗口"打开"大服务",确保服务区污水处理100%达标,供水问题100%解决,充电桩100%覆盖。加大重大舆情处置力度,江西广播电视台都市频道报道万安县"罗塘乡村背村至百嘉镇塘上村渡船暂时无法重启"的问题,48小时以内恢复正常渡运。二是抓服务提高工作质效。群众在哪里,我们的服务就延伸到哪里,加快推进"一次不跑""只跑一次",在全系统创新开展"亮身份、亮岗位、亮职责,明承诺、明流程、明监督""三亮三明"活动,打通服务群众最后一堵墙。开辟起重机等专项作业车超限运输申请绿色通道,精简办事流程,提高办事效率。省高速路政总队通过信息化平台,在全省试行"5+2"全天候服务制度,获得社会各界一致好评。及时梳理涉及民生类的信访案件,建立台账,跟踪问效,2020年协调办结省委民声通道督办件25件,办结率100%。三是抓整改杜绝安全隐患。隐患在哪里,整改落实就延伸到哪里,牢固树立"隐患就是事故"的预防理念,持续推进平安工地建设。2020年以来,全省在建重点公路水运工程项目共排查风险5397处,制定管控措施6223条，共排查隐患7154个，目前均已整改到位。创新开展治超非现场执法，建成197个治超不停车检测点。加强源头治超工作，明确重点源头单位586家。高速治超成效进入全国第一方阵。船舶和港口污染治理能力明显增强，建成21个船舶污染物接收站，在全国率先完成100至400总吨船舶加装生活污水收集处理装置，全省干线港口如期实现了船舶垃圾、生活污水、含油污水接收设施码头全覆盖率。

（厅直机关党委）

【全省交通运输系统开展"走实地、查实情、抓实效"活动】 2020年，全省交通运输系统开展"走实地、查实情、抓实效"活动（以下简称"三实"活动）。"三实"活动坚持以习近平新时代中国特色社会主义思想为指导，深入贯彻落实习近平总书记视察江西重要讲话精神，认真贯彻今年全国两会精神，按照省委省政府部署要求，以"五型"政府建设为统揽，以"三大攻坚行动、三大提升工程"和水运改革发展为抓手，动员全省交通运输系统干部职工走出机关、深入基层，狠抓各项工作落实，积极营造在基层一线大抓落实的鲜明导向，确保"6+1"方案落地见效，推动全省交通运输高质量发展，确保"十三五"规划圆满收官，"十四五"规划良好开局。

"三实活动"通过开展基层大走访行动，重点对全省公路水运重大交通运输基础设施建设、道路运输安全隐患整治、货物运输车辆超限超载治理、农村公路助力脱贫攻坚和乡村振兴、普通国省道养护管理提升、行业作风建设、加快水运改革发展、中央脱贫攻坚专项巡视"回头看"反馈意见、"不忘初心、牢记使命"主题教育检视问题、成效考核指出问题整改落实等推进情况进行实地调研督导，推动重点工作落到实处。通过开展数据大排查行动，围绕公路、水路、道路运输等方面，对底数不清、排查不准的行业重要数据进行全面梳理，实地复核及查验。并创新管理模式，充分运用APP等科技手段，实现对数据随时更新和校验，确保行业重要数据底数清、情况明，如实掌握行业数据现状。通过开展作风回头看行动，对行风大督查排查发现的问题整改情况进行回头看，确保在规定时限内全部整改落实到位。充分运用APP，引导干部职工在APP上晾晒工作业绩，反馈问题解决情况，形成你追我赶的良好局面。

（厅直机关党委）

【省交通运输厅聘任首批行风监督员】 7月15日，省交通运输厅举行行风监督员聘任仪式。厅直机关党委书记、一级巡视员胡钊芳为7名行风监督员颁发聘书、监督证并讲话。

胡钊芳指出，推进"五型"政府建设，持续整治"怕、慢、假、庸、散"作风顽疾，是凝聚干事创业精气神的关键举措，是实现全省交通运输高质量发展的重要保障。为实施好行业作风建设提升工程，省厅引入第三方社会监督评价，从各界选聘一定数量的行风监督员，就是要虚心真心接受社会各界的监督。希望各位行风监督员聚焦重点、找准要害，做到真督严查。加大对交通工程建设、交通行政执法、道路运输管理等重点领域的督查力度。针对社会公众和媒体关注的热点、难点，主动深入调查研究，及时提出改进工作的意见和建议。重点对廉洁守纪、工作状态和工作纪律情况加强检查。厅机关有关处室要加强联动、集思广益，切实发挥好行风监督员的作用。建立健全联络机制，加强与行业各单位的联系，为顺利开展督查工作提供坚实保障。要切实抓好问题整改，建立清单台账，做到举一反三、即知即改、立行立改。

（厅直机关党委）

【省交通运输厅创新开展"三亮三明"活动】 省交通运输厅聚焦"五型"政府建设，在全系统组织开展"亮身份、亮岗位、亮职责，明承诺、明流程、明监督""三亮三明"活动。

一路指引缩短群众距离。省交通运输厅精准定位"痛点""堵点"，对标"作示范、勇争先"目标定位，在全省交通运输系统精心开展"三亮三明"活动。按照责任到岗到人的原则，各单位重新梳理职责，明确岗位分工，围绕行政执法、行政审批、咨询接待等工作，设立了专门的服务群众岗。通过推行"开门办公"，正确悬挂办公门牌，在大厅、楼梯口等醒目位置，张贴党员干部的个人图片、姓名身份、岗位职责、公开承诺、门牌号码、监督渠道，做到一进大厅有提示、一出电梯有索引、一到场所有岗位，让前来办事的群众少走几步路、多省几份心。

两行承诺彰显为民初心。"功成不必在我，功成必定有我，一心一意建设人民满意交通"，这是省交通运输厅党委书记、厅长王爱和的公开承诺。短短两行字，饱含了一名老党员对党的无比忠诚，铭刻了一位交通人对人民的历史使命，可谓是字短情长、重若千钧。此次,省交通运输厅开展"三亮三明"活动,由厅领导亲自带头,率先对自己的工作提出要求,向人民群众作出承诺,自觉接受社会各界监督,充分发挥了示范引领作用。同时,各机关党支部至少评选出一个党员示范岗,推动产生设立一个岗、树立一面旗、引领一大片的效果。

千锤百炼锻造过硬行风。省交通运输厅将"三亮三明"活动融入中心工作大局,注重收集群众反馈,倾听群众呼声,不断完善工作方式方法,提高服务质量水平。创新引入第三方调查机制,面向全省司机、运输企业、媒体记者,聘请7名厅本级行风监督员,254名高速路政行风监督员,着力构建党内、群众、第三方全方位监督体系,推动全省交通运输行业作风建设走深走实。

万众一心描绘交通蓝图。省交通运输厅此次开展"三亮三明"活动,以改进行风为导向,以基层窗口为重点,力戒形式主义、走过场,前期已对九江、鹰潭、赣州、抚州市交通运输局,以及省公路局、省港航局、省运管局、江西交通职业技术学院等单位,进行了明察暗访和实地调研,并建立问题清单,要求逐项整改。目前,除个别单位进度相对滞后外,厅直属各单位和绝大部分设区市交通运输局都已严格按照省厅要求,认真组织开展本系统"三亮三明"活动,层层压实责任。今年年底前,力争做到全行业全覆盖、全开展,基本形成省厅主导、市县联动、责任具体、同步推进的工作格局,为描绘交通运输高质量发展蓝图提供有力保障。

(厅直机关党委)

【省港航局荣获全省交通运输系统"三亮三明"活动先进单位】 2020年以来,省局聚焦"五型"政府建设,在全系统组织开展了"亮身份、亮岗位、亮职责,明承诺、明流程、明监督""三亮三明"活动,荣获全省交通运输系统"三亮三明"活动先进单位。

开展"三亮三明"活动以来,该局领导率先垂范,对自己的工作提出要求,向人民群众作出承诺,自觉接受社会各界监督,充分发挥了示范引领作用。在党员领导干部的引领下,全局党员干部职工纷纷作出承诺。通过岗位楼层指引牌、党员示范岗桌牌和服务群众岗桌牌的设立,进一步细分了干部职工的工作职责,公开了服务承诺,增加了人员去向牌,使群众上门办事更加便捷,为广大群众提供了公开、便捷、优质、高效的服务。该局还开展了"正行风、我监督"活动,要求全局干部职工每人每年至少提供1条港航系统行业作风建设方面存在问题线索或工作建议。公开监督电话,引入群众监督,干部职工自觉遵守各项工作纪律和规章制度,分局行业作风环境得到了持续改善。

(路 宣)

【九江市交通运输局着力提升行风建设】 九江市交通运输局对照《全省交通运输行业作风建设提升工程实施方案》,结合工作实际,制定并印发了《九江市交通运输局行业作风建设提升工程实施细则》,成立了领导小组,建立工作台账,与驻局纪检组联合组成督查组,对各县(市、区)行业作风建设提升工程开展情况进行督察,并将检查发现的问题现场予以反馈。

(王 俊 吕蓓蓓)

【鹰潭市交通运输局开展"以案释法"活动】 9月28日下午,市交通运输局海事部门组织了中层以上干部对《江西省重点普及法律法规以案释法读本(2020年)》进行集中学习。一是充分利用《江西省重点普及法律法规以案释法读本》,将其中的典型案例、重点知识、热点问题进行摘选讲解,紧紧围绕"以案释德、以案释纪、以案释法"这一主题,强化干部理想信念,增强纪律规矩意识,倡导公正文明执法。二是进一步提升普法宣传的实效性和群众参与度,督促各海事处充分利用宣传栏、悬挂横幅、张贴宣传标语、发放宣传材料,提高水上从业人员的法律水平和法治观念,形成"人人学法、人人普法、人人守法"的良好氛围。三是督促各海事处在中秋国庆节假日期间,充分运用学习成果,与水上交通安全监管工作紧密结合,及时消除安全隐患,增强防控能力,防止水上事故发生,保障人民的生命财产安全,确保辖区内水上交通安全和谐稳定。

(张立松)

【吉安市交通运输局组织召开深化行业作风建设暨推进扫黑除恶专项斗争会】 近日,吉安市交通运输局组织召开深化行业作风建设暨推进扫黑除恶专项斗争会,局领导班子成员、机关各科室负责人、各县(市、区)交通运输局主要领导参会。

会议指出,通过开展作风纪律建设、"五型"政府建设、"不忘初心、牢记使命"主题教育等专项活动,全局干部职工面对交通建设项目建设资金筹措难、行业监管矛盾多、社会稳定压力大等困难,扎实工作、勤政敬业,推动交通运输事业取得了长足发展。但也在存在工作标准不够高、担当实干不到位、行政执法不规范、廉洁自律不够严、部门联动不够实等问题。

就做好下一步行业作风工作,会议要求,一是从政治高度开展行业作风建设。作风问题的核心是党性问题,要切实贯彻落实市委、市政府关于深入推进作风建设的部署,把作风建设作为检验全市交通运输行业党员党性观念强不强和宗旨意识牢不牢的重要尺子,旗帜鲜明地把作风建设作为纪律问题和政治任务摆在首位,引导党员干部不断提高政治站位和政治觉悟、增强政治能力和政治水平,树牢"四个意识",坚定"四个自信",坚决做到"两个维护",自觉用习近平新时代中国特色社会主义思想武装头脑、指导工作、推动实践,通过狠抓党性教育、理论教育和廉政教育,引导党员干部不断提高政治站位,自觉遵守党的政治纪律和政治规矩,坚决防范"四风"问题反弹回潮。二是从提升执法能力强化作风建设。要按照《吉安市人民政府办公室关于实施"三大攻坚行动、三大提升工程"推动全市交通运输高质量发展的意见》中"全市交通运输行业作风建设提升工程实施方案"要求,对照具体工作措施,抓好任务的落实。不断加强行政执法力度,强化行业乱象整治,打掉黑恶势力保护伞。确保全局上下形成风清气正的良好工作氛围。三是用严明纪律保障行业作风建设。紧紧围绕脱贫攻坚、高速公路建设、农村公路建设养护、建制村通客车、科技治超等中心工作,重点查找服务意识不强、工作作风浮躁、工作纪律散漫、担当意识不强等问题,紧盯不敬畏、不在乎、喊口号、装样子等行为,深入推进作风问题专项治理,对于违纪违规行为,要做到发现一起,查处一起。切实为交通运输事业高质量跨越式发展提供坚强的作风保证。

(邹 勇)

【上饶市交通运输局举办"加强工作作风建设"学习班】 9月28日,上饶市交通运输局利用一天时间组织开展"加强工作作风建设"学习培训,局机关及市港航局、海事局、城客处等局属单位党风廉政建设工作分管领导和部分干部职工代表共20余人参加学习培训。市交通运输局党组成员、副局长、局机关党委书记赖勇同志在学习班上做动员,要求全体参训人员深刻认识新形势下加强和改进党的作风建设的紧迫性和重要性,认真剖析当前本单位作风建设存在的不足,积极争取学有所得,学有所获的同时,把学习班的精神带回去,坚持"长""常"结合,推动作风建设动真格、见实效。

学习班对市交通运输局工作"一日两报告"制度执行情况进行通报。以习近平新时代中国特色社会主义思想和《中国共产党纪律处分条例》《事业单位人事管理条例》等法律法规为重点,开展思想理论学习、政策制度解读和党纪法规案例剖析。并组织全体参训人员进行座谈讨论,谈学习心得,谈下步打算,进一步统一思想,凝聚共识,认真剖析作风建设方面还存在的问题,明确作风建设努力方向。

(韩晓艺)

工会工作

【概况】 2020年,全省各级交通工会紧紧围绕新冠疫情防控、"六稳""六保"、脱贫攻坚等重大决策部署,聚焦全厅"6+1"中心大局,在讲政治、谋全局、强服务、解民忧上持续发力,为全省交通运输高质量发展提供了坚强保障。

【全省各级交通工会充分发挥工会服务先锋作用】
新冠肺炎疫情防控期间,全省交通工会干部职工踊跃报名支援结对社区、高速公路服务区,深入开展疫情防控宣传,组织参与疫情防控,及时下拨防疫资金,为交通抗疫一线职工提供物资保障。扎实推进"六稳""六保",在全省开展"促进消费、助力内需"活动,抗洪抢险期间,定点向复工复产企业采购物资,慰问交通抗洪一线职工,全力助推全省经济发展行稳致远。

围绕省厅"6+1"四梁八柱工作,动员广大交通职工积极投身劳动竞赛,举办"安康杯"安全生产知识网络竞赛,全系统2万余人参与答题,并择优推荐一批集体和个人参加全国竞赛,共有7个集体、11名个人获奖。扎实做好劳模推选工作,全系统共有9个集体、8名个人获得全国和省级劳动模范、先进集体和先进个人荣誉称号。提升职工素质,组织参与江西省第六届全民健身运动会,举办了健身行、羽毛球、乒乓球、气排球等系列比赛,参赛选手共计2000余人。组织参与全国摄影展、网络正能量系列活动及"三微"作品比赛,进一步丰富了全省交通职工精神生活。

时刻把职工冷暖放在心上,精准开展元旦春节"送温暖"活动,为困难职工发放慰问金,并对省级困难劳模、全国级困难劳模进行特殊慰问。持续开展"金秋助学铸魂圆梦"活动,资助建档困难职工子女顺利入学。深入开展夏季"送清凉"活动,到基层、道班、项目一线和扶贫驻点单位西龙岗村,及时为职工、群众送去慰问和防暑降温用品。助力脱贫攻坚,开展消费扶贫活动,号召厅属单位主动购买扶贫点扶贫物产作为工会福利。积极开展职工互助保障工作,办好职工互保惠民工程。举办首届交通大聚缘线上交友联谊会,与厅团委共同举办交通聚缘现场联谊活动,系统内、外600余名单身职工参与。

持续开展"公开解难题,民主促发展"活动,依法保障职工知情权、参与权、表达权和监督权,高速集团昌西南所被省总评为全省厂务公开民主管理工作先进单位。加强职工队伍稳定工作,指导基层单位扎实做好职工思想稳定工作,及时回应和解决职工利益诉求。2020年,首次聘请律师法律顾问,受理职工来信来访共计4件(次),均得到妥善处理解决,有力维护了职工合法权益。

(胡 莎)

【省交通工会助力抗击疫情】 自新型冠状病毒感染的肺炎疫情发生以来,交通战线各级党组织、党员、干部职工积极行动、迅速响应,带头冲在一线,坚决打赢疫情防控攻坚战。

省交通工会高度重视抗击新冠疫情工作,通过开展形式多样的慰问活动助力抗疫,如通过下拨防疫专项资金给高速收费站、高速服务区、高速路政等一线单位工会,将防疫物资直接送往交通一线职工所在基层工会,督促落实疫情防控一线职工安全防护措施和待遇保障,结合劳模评选活动,激发交通干部职工抗疫信心,要求各级工会积极做好防疫一线同志及其家庭特别是有困难家庭直系亲属的关心和关爱,想办法第一时间送上对他们的慰问。2—3月,省交通工会共向基层下拨慰问金近20万元,发放慰问物资2.5万元。

(胡 莎)

【省港航管理局开展春节"送温暖"活动】 1月7日—15日,省港航局开展春节"送温暖"活动,看望慰问了局机关、局属单位、九江市港口航运管理局、各设区(市)港航管理处(局)困难群众50多名,共送出慰问金6万多元。

省港航局领导到困难职工家里与他们面对面交流,及时掌握职工所需、所忧、所虑,有针对性地解决他们一些实际生活困难。该次走访慰问活动不仅给予他们物质上的帮助,情感上的温暖,更给予他们精神上的鼓舞。

(黄文平)

【首届交通大聚缘线上联谊会圆满举办】 6月19日至20日,由省交通运输厅直属机关党委、省交通工会主办,省高速集团、我主良缘南昌分公司承办的"共聚交通佳缘有约——首届交通大聚缘线上联谊会"举办。来自厅直属各单位、中国铁路南昌局集团公司、中国邮政系统等单位的460余名单身职工参加了联谊会。省交通运输厅一级巡视员、厅直属机关党委书记胡钊芳在线致辞。

该次活动以新颖的线上+线下形式为单身职工们搭建了一个拓宽交际、展示自我和结识朋友的平台,使更多的单身职工相互认识、相互沟通,由相识、相知、相爱到喜结良缘,共创美好幸福生活。

(张雅琪)

【江西省交通运输系统广泛开展全民健身运动会】
7—9月,江西省第六届全民健身运动会在全省交通运输系统全面展开,各基层单位陆续举办了羽毛球、乒乓球、健步行等比赛。

该次全民健身运动会共设广场舞、门球、瑜伽、乒乓球、羽毛球等 16 个项目。从 6 月至 11 月分两个阶段进行。第一阶段由各单位组织开展本单位全民健身运动会(6 月至 9 月);第二阶段组织全系统(南昌地区)健身行比赛、羽毛球、篮球比赛等赛事活动(10 月至 11 月上旬)。第一阶段的运动会共 20 个单位 2242 人参加,竞赛内容涵盖了 13 个项目。

(孙　明)

【省交通工会"关爱职工·夏送清凉"活动圆满结束】 7 月中旬至 9 月上旬,省交通工会成立送清凉慰问小组,赴 11 个设区市,40 余个基层单位开展了"关爱职工·夏送清凉"活动。省交通工会"送清凉"慰问小组,由省交通工会主席方向同志带队,赴交通基层单位慰问高温下户外工作的职工和坚守在防汛工作一线的职工,并为他们送去了绿豆、冰糖、矿泉水、凉茶等防暑降温物品。"送清凉"活动是按照省交通工会年度工作安排,关爱职工工会"三送"活动中的一项重要内容,该次"送清凉"活动发放物资共 40 余万元。

(高　梅)

【胡钊芳看望慰问防汛一线值守人员】 8 月 3 日,省交通运输厅一级巡视员、厅直属机关党委书记胡钊芳,看望慰问九江永修公路分局防汛一线值守人员并调研抗洪情况。

胡钊芳感谢大家为防汛抗洪作出的重要贡献,希望大家一鼓作气,夺取防汛抗洪最终胜利。在马融河桥防汛处,胡钊芳察看汛情,并为防汛一线值守人员送上慰问物资。厅机关党委副书记贺一军、省交通工会主席方向等陪同看望慰问。

(胡　莎)

【省港航管理局 4 个集体和 2 位个人在公路水路行业安全生产竞赛中荣获优秀称号】 8 月,中国海员建设工会全国委员会对 2019 年全国公路水路行业班组、船舶安全生产竞赛成绩优异的集体和个人进行通报。省港航管理局 4 个集体和 2 位个人获得优秀称号。

江西省水上搜救中心鄱阳湖中心"江龙号"船、江西省航道工程局"江洪号"挖泥船荣获优秀船舶;江西省港航运输有限公司"赣远36"轮班组荣获优秀班组;江西省水上搜救中心鄱阳湖分中心潜水组组长田洪水及江西省港航运输有限公司"赣远36"船长邓晶华荣获优秀个人。

(黄文平)

【省交通工会组织劳模先进赴井冈山开展疗休养活动】 8 月,省交通工会分两批组织全省交通运输系统 45 名市厅级以上劳模先进和一线优秀职工赴井冈山疗休养。此次疗休养人员主要是市厅级以上劳模先进和疫情防控、汛期防汛及近五年来参与农村脱贫攻坚工作的一线优秀职工。

疗休养期间开展了"不忘初心传承红军精神"户外拓展等爱国主义教育活动,参观了毛泽东旧居和南山火炬广场。省交通工会主席方向同志专程前往疗休养住地,看望疗休养人员,并召开了劳模座谈会,与大家亲切交谈。

(高　梅)

【省第六届全民健身运动会暨交通运输厅省路政总队乒乓球比赛在赣州举办】 9 月 13 日至 14 日,江西省第六届全民健身运动会暨交通运输厅省路政总队乒乓球比赛在赣州举办,共有来自全省路政系统的 12 支代表队参加,省交通工会主席方向、赣州市体育局副局长钟涛、省路政总队领导唐晓鸣、万杰兵、黄炬出席开幕式并观看比赛。

通过 2 天紧张角逐,上饶、赣州、吉安、宜春、九江、鹰潭支队 6 个代表队分获团体总分前六名,九江支队张莹、吉安支队胡馨文等 8 人分获女子单打前八名,南昌支队王笑春、上饶支队张明峰 8 人分获男子单打前八名,赣州支队邱小平、宜春支队肖仁义等 8 人分获领导干部组单打前八名。

(刘志江　付朝强)

【抚州市公路局举办职工羽毛球比赛】 9 月 25 日,由抚州市公路局承办的职工羽毛球比赛在抚州举行,来自全市公路系统共 14 支队伍、60 余人参加了比赛。该次比赛共设男子、女子单打两个比赛项目。乐安分局陈桂财获男单一等奖,广昌分局魏纪军、市局机关何大泉获二等奖,金溪分局王荣昌、黎川分局赵小波、临川分局官胜斌获三等奖;市局机关陈文霞获女单一等奖,赣东路桥公司封亚妹、吴丽珍获二等奖,博信监理公司陶梦圆、路网中心黄美兰、戴燕萍获三等奖。

该次羽毛球比赛展现了抚州市公路职工积极向上、勇于拼搏的精神风貌,同时也愉悦了身心、增强了体质、增进了友谊。

(舒晓芳)

【省交通工会举办全省交通运输系统基层工会干部培训班】 10月9日至11日,省交通工会在江西省总工会干部学校举办全省交通运输系统基层工会干部培训班,交通各基层工会主席(分管领导)、副主席、工会干事等50余人参加了培训。省交通工会主席方向、省总工会干部学校副校长欧阳华出席开班仪式。

该次培训邀请了省总工会干部学校高级讲师宋敬涌、易磊,省总办公室郑娇,省电信软件公司项目经理李凯,分别就《江西省企业工会条例》、职工代表大会操作实务、工会统计、会员服务管理平台运用等内容进行专题辅导。

(孙 明)

【江西省交通运输系统一批先进个人获"江西省劳动模范"荣誉称号】 10月12日,省委、省政府召开2020年江西省劳动模范和先进工作者表彰大会,表彰了一批先进模范人物。江西省交通运输系统共有3名先进个人获"江西省劳动模范"荣誉称号:吉安市公路局吉安分局办公室主任兼永阳养护中心副主任肖武生、江西昌泰高速公路有限责任公司吉安南养护所清障理赔员刘隽健、九江长途汽车运输集团有限公司庐山市出租汽车服务部驾驶员汤云姣(女)。

(张雅琪)

【省公路局工会举办职工健步行活动】 10月24日上午,省公路局工会在瑶湖森林公园组织开展"公路追梦绿色同行"职工健步行的活动。来自局机关及下属单位100余名职工参加活动。

该次健步行活动在愉悦心情、锻炼身体的同时,还为局属单位职工之间交流沟通提供了平台,增强了集体凝聚力和向心力,展示了广大干部职工积极向上的良好形象,带动更多职工参与体育健身活动、拥抱健康生活。

(魏璐佳)

【全省交通运输系统"公路投资杯"职工羽毛球比赛在昌举行】 10月25日至27日,江西省第六届全民健身运动会暨交通运输系统"公路投资杯"职工羽毛球比赛在南昌举行。来自全省交通运输系统20个单位157名运动员参加比赛。省交通运输厅一级巡视员、厅直属机关党委书记胡钊芳,厅二级巡视员彭瑜、王继东,省体育局副局长王勇等出席活动。经过激烈对抗比拼,分别角逐出五个项目前八名。省高速集团、宜春市公路局、吉安市公路局分获团体总分第一、二、三名。

该次比赛由省交通工会主办,省公路投资有限公司承办。通过此次活动,促进了全省交通运输系统职工之间交流、互动,弘扬了不懈奋斗、健康向上的体育精神,同时也展现了交通人顽强拼搏、团结合作的良好精神风貌。

(孙 明 罗 祎)

【江西省交通高级技工学校举行2020年秋季教职工趣味运动会】 11月6日上午,秋高气爽、阳光明媚。为鼓励广大教职工积极参与全民健身活动,增强全体教职工的凝聚力,促进教职工身心健康发展,在校工会的全力组织下,江西省交通高级技工学校教职工趣味运动会在田径场举行。本次趣味运动会将全体教职工分为六队,设置有拔河、4×100混合接力、接力投篮、两人三足绑腿跑四个项目。现场气氛紧张热烈又趣味十足,运动员们斗志昂扬。近年来,校工会坚持以人为本,服务教职工,保障教职工权益。举办有趣有益的趣味运动会是校工会服务教职工、关爱教职工的一个生动缩影。趣味运动会因其趣味性、娱乐性和广泛参与性,深受广大教职工的喜爱。在全体教职工的共同努力下本届趣味运动会取得圆满成功。

(郭 俊)

【景德镇市公路"畅通杯"职工男子篮球赛圆满落幕】 11月19日下午,景德镇市公路系统"畅通杯"职工男子篮球比赛在恒大综合体育馆圆满落下帷幕。比赛历时10天,共有来自全市公路系统的11支代表队100余名运动员参赛。经过激烈角逐,机关联队、景泰路桥、应急中心分别获冠、亚、季军,浮梁分局、直属分局、乐平分局、设计监理联队、通途公司、畅通公司以及中建一局、中建五局分别获优秀组织奖、道德风尚奖。

该次比赛展示出全市公路队伍坚韧不拔、永不言弃、战斗到最后一刻的顽强作风,增强了广大干部职工凝聚力、战斗力、向心力和集体荣誉感,为公路事业再创新辉煌注入了新动力。

（吴亮桃）

【省公路局工会举办职工乒乓球比赛】 11月22日,由省公路局工会主办,省公路工程监理有限公司工会承办的首届职工乒乓球比赛在南昌国际体育中心举办。来自局机关及下属单位的6支队伍、58名运动员参加了比赛。

通过该次活动,进一步增强了全局干部职工之间的交流和互动,弘扬了敢打敢拼、奋勇拼搏的体育精神,充分展现了江西公路人积极的进取态度和蓬勃的精神面貌。

（康晨琳）

【省高速集团抚州管理中心举行全民健身运动会暨第五届气排球比赛】 12月8日至10日,省高速集团抚州管理中心全民健身运动会暨第五届气排球比赛隆重举行。来自各路段6支代表队近百名干部员工参加比赛。

该次气排球赛实行男女混合五人制,6支球队循环按积分直接排出名次。赛事从12月8日鸣哨,经过3天15场次激烈鏖战后,养护队、乐温队和温沙队分获冠亚季军。比赛既赛出了技能水平,更赛出了风格和友谊,展示出员工健康向上的精神风貌。

（姚小林）

【江西交通职业技术学院工会采购扶贫农产品、助力脱贫攻坚活动】 为进一步巩固脱贫成效,调动扶贫点贫困群众依靠自身努力脱贫致富积极性,创新消费扶贫的工作思路,学院工会分别在学院驻井冈山柏露乡长富桥村扶贫点和省交通运输厅驻上饶县湖村乡西龙岗村扶贫点,采购扶贫农产品4批次,产品涉及农家土鸡、玉米、红薯、大米、小香薯等绿色生态农特产品,同时在832扶贫网组织采购因受疫情影响销售的湖北农产品,合计采购金额近34万元,为扶贫点贫困户销售农副产品出了力,同时又丰富了职工福利的品种,达到双赢的目的。

（张和平）

【新世纪汽运集团公司工会举办全员健步行活动】 12月19至20日,江西新世纪汽运集团公司工会在蓉江新区滨江公园举办"全民健身健步行,共筑健康抗疫情"全员健步行活动,近200名员工参加。活动中大家健步如飞、你追我赶,以最昂扬的姿态向终点进发,大家一边欣赏公园美景,一边与同伴互相鼓励前行,一路上欢声笑语。员工们在锻炼身体的同时,为新一年工作提振了士气。

（胡 珍）

【赣州市公路管理局举办围棋象棋比赛】 12月21日至22日,赣州市公路管理局在赣州棋院举办全市公路系统围棋、象棋比赛,共22支代表队54名选手参加比赛。经过7轮精彩角逐,比赛圆满落幕,赣县分局沈小龙获得围棋组第一名,安远分局唐玉民获得象棋组第一名,寻乌分局获得了团体第一名。

该次比赛为棋类爱好者提供一个交流展示的舞台,增进了相互之间的友谊,同时加强了公路系统的凝聚力和向心力,提升了干部职工归属感。

（郑丽娜）

共青团工作

【组建青年理论学习小组】 逐级建立青年理论学习小组，积极组织本单位青年干部开展理论学习。厅机关成立了1个青年理论学习小组，将年龄45周岁以下的干部（含挂职锻炼干部）全部纳入青年理论学习小组名单。厅直各单位也相应成立了青年理论学习小组。各单位领导小组按照要求，有序组织开展本单位青年干部学习活动。全厅共成立青年理论学习小组200余个（含厅属2家国有企业），实现各单位全覆盖，参与人数近6400人。

（崔建林）

【组织形式多样学习交流】 厅机关本级组织开展了5次青年理论学习小组集中学习，与厅属单位青年理论学习小组开展了1次视频理论教育连学。"五四"青年节期间，举办了江西交通青年战疫故事分享会活动，推动资源共享、上下联动，取得了较好的学习效果。探索开展"平语近人催奋进、匠心筑梦大交通"示范主题党日暨青年干部理论学习分享活动，发挥党建带团建作用，通过现场访谈、阅读分享的形式，学习习近平总书记的执政智慧，感受平"语"近人。

（崔建林）

【积极投身重大斗争】 动员全厅团员青年组建20余支青年突击队，奋战在高速公路收费站、服务区等疫情防控一线，中青报头版报道了省交通运输厅青年突击队有关情况。省交通运输厅1名青年干部荣获全国交通运输系统抗击新冠肺炎疫情先进个人。厅机关及直属单位组建了10支防汛救灾青年突击队，积极投身全省高速公路、普通国省干线保通保畅工作当中，厅机关派出1支青年突击队参与赣江巡堤，切实保障了汛期安全稳定。

（崔建林）

【举办专题业务培训班】 组织厅直属各单位团委、青工办负责同志，厅直属各单位2019—2020年度省级青年文明号创建集体号长约60人赴井冈山参加培训。培训期间安排了团青干部业务知识、青年文明号创建实务、结构化研讨等课程，组织实地观摩了省级青年文明号创建集体，持续增强做好团青工作的责任感和使命感，以创建青年文明号为抓手，团结带领团员青年爱岗敬业、创新创优。

（崔建林）

【深化推进青年文明号创建】 积极做好推荐申报工作，组织各单位择优推荐，确定省高速联网中心12328电话服务中心等38个集体取得创建资格。并结合行业特点和工作实际，深入创建集体实地调研，拟制定印发《深入开展"青年文明号"活动创建工作的指导意见（试行）》，进一步完善和规范青年文明号活动相关工作，推动全厅创建青年文明号活动广泛、深入、持续发展。

（崔建林）

【开展青年联谊交友活动】 举办了"爱在赣鄱团团有约——第九届交通聚缘交友联谊会"，全省交通运输系统以及省司法厅、省广播电视台等省直单位的近200名单身男女青年参加。着力引导青年职工树立正确的恋爱观、婚姻观和人生观，为单身青年职工搭建一个安全可靠、信息真实的婚恋交友平台。

（崔建林）

【江西交通职业技术学院学子参加武汉火神山医院建设】 2020年春节，新冠病毒肺炎疫情席卷而来，江西交通职业技术学院路桥工程系18级公路（7）班黄伟峰放弃了返乡与家人团聚的机会，在近一个月时间里，先后参加了火神山医院建设和执勤、武汉体育馆方舱医院改造等施工任务。

在火神山医院的建设中，黄伟峰先后参与了道路平整、排水、管道施工等项目。经过10天的日夜酣战,武汉火神山医院于2月2日如期交付使用。随后,他又第一时间参加到了火神山医院的执勤与方舱医院改造施工中去。

这段日夜工作在抗击疫情第一线的特殊经历,也让他的实习变得不一样,黄伟峰说,"看到那么多人义无反顾地投身战"疫"工作中,作为一名路桥专业的学生,能把自己所学的专业知识学以致用,为抗击疫情尽一份绵薄之力,我感到万分自豪!"

(舒小莉)

【江西交通职业技术学院号召返乡团员青年积极投身社区防疫、参加学雷锋志愿服务行动】 自疫情发生以来,江西交通职业技术学院团委迅速行动,号召返乡团员青年积极投身社区防疫、参加学雷锋志愿服务行动,据统计,全院共有40余名团员青年参与志愿服务,涉及全国6个省份和全省11个设区市,为构筑疫情防控的人民防线贡献了青春力量,充分彰显了新时代共青团员的责任担当和奉献精神。

(谢玉星)

【江西交通职业技术学院创作歌曲致敬抗疫一线白衣天使】 在疫情期间,由江西交通职业技术学院团委盛夏老师作词、丁钰老师作曲的歌曲《长大后我要像您一样》录制完成,由学院教师子女演唱,孩子们用歌声表达出对最美逆行者的崇敬和爱戴。4月初,由学院副院长刘勇作词、团委丁钰老师作曲、盛夏老师演唱的歌曲《满城樱花》录制完成并制作MV,交院人再次用歌声向抗疫一线的白衣天使致以崇高的敬意。

(谢玉星)

【"庆五一、迎五四、走一线"省公路局志愿者进道班上工地】 4月24日,省公路局团委组织20余名青年志愿者,深入南昌市公路局昌北分局道班和工地,开展"庆五一、迎五四、走一线实践体验"活动,体验了一线公路人的生活。

志愿者们首先在西山道班管养的国道320旁体验了清理边坡、除杂草、清边沟等养护工作。随后来到省道416乔乐至西山段公路改建工程施工现场,学习参观公路建设过程。通过实践体验养护工作与学习参观施工现场,结合专业技术人员的讲解,志愿者领悟到了"建一方工程,树一方丰碑"这句话的真实含义。作为新一代公路人,要不断学习掌握新的科学管理方法,把更强的服务本领运用到公路建设中去。

活动开展期间,省公路局团委还为养护职工送去了口罩、微波炉、电水壶、云南白药等防疫慰问品。

(洪满英)

【省港航局开展"我为社区做好事"志愿服务活动】 5月28日,省港航局联合南昌港航分局组织团员青年到东湖区滕王阁社区开展"我为社区做好事"志愿服务活动。志愿者深入到社区广场,对广场树叶、烟头、纸屑等杂物和卫生死角进行了全面清扫,并向沿街商户、来往群众宣传环境保护、疫情防疫小知识,引导群众养成爱护环境、保护环境的好习惯。同时,组织开展治安巡逻、排查安全隐患,为社区居民营造了一个卫生、整洁、干净、安全的休闲环境。通过开展此次志愿服务活动,使讲文明、讲卫生、重安全、防疾病的生活知识进一步得到传播,有力地倡导和弘扬了文明健康、绿色环保、安全出行的生活理念。

(倪 磊 何 敏)

【团省委讲师团队携特色课程来省高速集团开展培训交流】 6月11日,团省委讲师团队深入集团开展省青年文明号特色课程试讲会,并为集团2019—2020年度省级青年文明号创建集体培训创建实务。集团党委委员、副总经理段卫党出席并全程聆听课程。活动特邀省交通运输厅组织人事处处长、一级调研员娄鸿雁现场指导并分享青年文明号创建优秀经验。团省委青年发展部部长葛李保,省直团工委书记唐颖罡到会指导。集团所属各单位团组织负责人、青年文明号号长及相关特邀人员70余人参加了特色课程试讲会。省级青年文明号特色课程分为《青年文明号品牌创建的内涵和时代价值》《省青年文明号创建工作实务》两讲。在《青年文明号品牌创建的内涵和时代价值》课程中,团省委青年文明号授课导师从青年文明号的历史背景、基本内涵、发展历程、时代价值、对今后创建工作的启示等方面带领参训人员深入了解青年文明号,并带领大家从习近平总书记对新时代青年的殷切希望中探讨青年文明号品牌创建的时代价值。在《省青年文明号创建工作实务》中,授课导师创新授课方法,用一张创建地图沿着省级青年文明号创建的时间线,将创建工作划分为开始创建期、准备期、创建期、评选期等四个时间段,并将每个时间段的工作内容、工作标准概括为"七步走",让创建集体对青年文明号创建规定动作一目了然,切实增加了创建集体对创建工作的直观认识和把握。据悉,自2019—2020年度省级青年文明号创建工作开展以来,集团团委大力推动"交通+旅游""服务区+加油站"等区域联创工作,旨在推动青年文明号创建工作取得新的开拓,集团所属各单位创建集体积极申报,目前已申报预创建集体40个。

(况单云)

【江西省交通高级技工学校组织开展《论语开篇大智慧》专题讲座】 11月24日下午,学校组织团员青年代表在多功能报告厅开展《论语开篇大智慧》专题讲座,华东交通大学图书馆馆长、孔目湖书院院长石初军授课。石初军以独特的吟唱方式开场,领读《论语·学而第一》篇章,抑扬顿挫的唱腔音调、别具一格的肢体动作,迅速带领在场的团员青年们融入中华传统文化博大精深的思想意境。团员青年们纷纷表示:《论语》被尊为"五经之辖辖,六艺之喉衿"。作为新时代青年的我们,通过勤读《论语》、善悟思想,要坚定文化自信、传承中华文明,为中华民族伟大复兴的中国梦不懈奋斗、砥砺前行。

(郭 俊)

【萍乡市交通运输局共青团工作为党建工作助力】 2020年,萍乡市交通运输局团委不断健全和完善下级团组织机构,进一步精简专兼职团干,对年龄不符合要求的团干进行及时清理。同时,按照上级团组织要求,积极开展创建全国文明城市工作,号召系统党员积极参与城市创建志愿服务活动,全年开展志愿活动3000余人次。

(傅骥川)

【宜丰县交通运输局团总支开展"微心愿·爱同行"爱心助学】 12月,该局团总支响应团县委号召,开展了"微心愿·爱同行"为主题的爱心助学活动。对崇文中学两名中学生和芳溪镇两名小学生分别以孩子们的心愿统计出来并以"心愿包"的形式进行发放,"心愿包"礼物主要包括:复读机、手表、密码行李箱、羽绒服等。此次活动以帮助儿童实现"微心愿"的形式,温暖孩子们的内心,并通过此次活动激发团员青年参加志愿服务的热情。

(漆志勇)

老龄工作

【概况】 2020年,省交通运输厅紧紧围绕中心工作,积极抗击新冠肺炎疫情,不断推进离退休干部管理工作信息化、精准化、规范化。全厅共有离退休干部2222人,其中离休干部24人。共有离退休干部党员1486名,设有离退休干部党总支1个、党支部14个。厅机关共有离退休干部101人,其中离休干部4人。共有离退休干部党员85名,设有离退休干部党总支1个、党支部3个。

(田 闻 胡 菁)

【省交通运输厅用心用情为老同志办实事做好事】 一是做好走访慰问工作。厅主要领导及各单位主要负责同志带头到老同志家中、病房中走访慰问。在普遍走访的基础上,增加对离休干部、高龄、失能和参加抗战、抗美援朝等老同志的重点关怀,全年对100多人上门慰问,其中专题慰问抗战老兵5人、抗美援朝老兵9人、特困老干部6人。厅机关对75岁以上老同志全部上门慰问。二是做好服务保障工作。精准施策,做到疫情防控与服务保障两不误。全厅各级领导和老干部工作部门把老同志的安危冷暖挂在心间,主动为行动不便老同志送上口罩、药品、消毒液等急需物品。厅机关科学计划文体活动,下半年适当加密垂钓、门球等活动次数,确保全年文体活动计划完成;通过工作群推送新冠疫情防控知识,组织"成语接龙""猜灯谜"等游戏竞赛活动,丰富居家隔离期间老同志文化生活。三是以信息化带动服务管理规范化精准化。全面对接江西省"银耀赣鄱"信息化平台建设,实行一月一调度,确保老干部信息更新管理工作更规范、更准确。组织全厅老同志安装使用"银耀赣鄱"微信小程序,方便老同志了解自己的社保、医保情况和学习健康养老、惠老政策等方面的知识。四是推进老干部活动阵地建设。厅机关未雨绸缪,在集中居住小区新建标准门球场1座,在社区用房中预先安排老干部活动室6处,总面积近800平方米。省公路局安排资金近50万元,对老干部活动室进行全面升级改造。

(田 闻 胡 菁)

【省港航管理局领导走访慰问离退休老同志】 春节来临之际,省港航管理局领导上门走访慰问方志敏烈士的女儿、江西省第二届最美老干部方梅等局属离退休老同志,局班子成员分别带队奔赴各地市基层,为他们送上新春的慰问,祝愿他们度过一个平安祥和的春节。领导们在走访过程中频频嘱咐工作人员,要扎实做好离退休服务工作,把涉及老同志的每件事做实、做细、做好,帮助他们解决实际困难和问题。

(杜宇剑)

【省港航管理局开展老年健康知识培训】 11月5日,江西省港航管理局离退休干部处特邀请南昌市第二附属医院张笠副主任医师为该局离退休老同志做专题健康知识讲座。专题讲座向老同志们深入浅出地普及了高血压、糖尿病、甲状腺疾病形成的原因、常见的症状等健康知识及防诈骗安全知识。内容涵盖健康饮食、戒烟限酒、预防和控制常见的内分泌疾病等。此次专题健康教育讲座,使老同志们对老年人常见的疾病及预防应对等知识有了更全面的认知。

(杜宇剑)

【江西省交通高级技工学校开展"八一"慰问退伍军人教职工活动】 7月31日,"八一"建军节到来之际,学校开展慰问退伍军人教职工活动,给他们送去组织的关怀和节日的问候。学校工会、组织人事科相关同志组织退伍军人教职工们坐在一起,与他们话过往、拉家常,关切询问退伍军人教职工的身体和生活情况,向他们介绍学校近期的发展成就,叮嘱他们保重身体,保持积极乐观的生活态度。"虽然脱下了军装,离开了军营,也离开了工作岗位,但我们退伍不褪色、离岗不离心。听到学校近几年不仅双挂牌,还升格成为了高级技工学校,我们打心底里觉得高兴。我们将不忘初心、牢记使命,心系学校变化,争取再为学校发展贡献自己的力量。"退伍军人教职工赵武敬说道。一直以来,学校都高度重视拥军优属工作,着力帮助退伍军人、残疾军人等重点优抚对象解决实际问题。目前,学校实现了优抚对象全员覆盖,应保尽保;定期开展慰问活动,提供帮助和服务,与退伍军人教职工共享学校改革发展成果。

(郭 俊)

【萍乡市交通运输局提升老龄工作服务质量】 2020年,萍乡市交通运输局组织离退休老干部参加了各项党支部建设活动;组织全市老科技工作者观摩萍乡交通辉煌成就;组织全体退休干部职工开展重阳节活动,30名退休老同志一起参观新建的杨宣公路、国道319上栗县绕城公路、昌栗高速上栗东连接线等,感受交通发展变化,体验出行的方便快捷。

(傅骥川)

扶贫救灾工作

【概况】 2020年，江西省交通运输厅围绕"两不愁、三保障"薄弱环节，精准帮扶、持续发力，定点帮扶各项目标任务有效完成。

全厅共有定点帮扶村8个，分别是厅机关定点帮扶广信区西龙岗村、省公路管理局定点帮扶安福县连村村、省港航管理局定点帮扶鄱阳县永丰村、省公路运输管理局定点帮扶崇义县竹溪村、省高速集团定点帮扶德安县义门村、交职院定点帮扶井冈山市长富桥村以及会昌县中坝村、赣县区木栅村（不需派工作队）。所有帮扶村均已达到贫困村退出的标准和条件，并顺利脱贫摘帽。全厅上下高度重视定点帮扶工作，始终把精准扶贫、精准脱贫作为重大政治责任，严格选派驻村工作队，积极筹备和争取定点帮扶资金和项目，并做好联系、协调、指导定点帮扶村工作，使脱贫工作取得了显著成效。各定点帮扶村建档立卡贫困户从帮扶前2015年的437户1457人降至0户0人，贫困发生率降至0。

各驻村工作队不仅扎实做好日常工作，在各项考核工作中，也取得不错的成绩。2021年5月，省委组织部、省扶贫办联合下发文件，通报2020年度省派单位驻村干部和驻村工作队及2018—2020年度省派单位定点帮扶工作考核结果，2018—2020年度省交通运输厅、原省公路管理局、原省港航管理局、原省公路运输管理局、原省高速公路投资集团公司、江西交通职业技术学院定点帮扶工作考核等次为"好"，6个定点帮扶工作队2020年度考核等次为"好"，6名驻村第一书记兼工作队长及1名工作队员考核等次为"优秀"，其他16名驻村工作队员考核等次为"称职"。

【省高速集团驻村工作队在义门村开展脱贫攻坚"三讲一评"颂党恩教育活动】 1月2日，为进一步激发贫困户内生动力，集中力量打赢2020年脱贫攻坚战，省高速集团驻义门村工作队同村两委一道，组织义门村所有在村贫困户召开脱贫攻坚"三讲一评"颂党恩教育活动。义门村党支部书记黄承林代表义门村所有贫困户、所有村民感谢党的好政策，感谢高速集团这么多年来的投入。与会的贫困户也纷纷表示："现在我们都弄清了扶贫政策，对今后的生活更有信心了，感谢政府对我们全家无微不至的关心和帮助。"

（胡 伟）

【省港航局定点帮扶村老年驿站投入使用】 1月13日，省港航局定点帮扶上饶市鄱阳县侯家岗乡永丰村老年驿站正式投入使用。驿站面向全村老年人，向他们提供休闲娱乐、知识讲座、文体健身、餐饮等服务，保障了部分失能老人的物质生活，更丰富了全村老年人的精神文化生活，使老年人真正老有所依、老有所乐。

为提供更好的服务，在省港航局驻村工作队指导下，永丰村成立了一支志愿服务队伍，建立了一套运营管理制度，在村内营造互助互爱、敬老孝老的良好氛围，受到老年人的热烈欢迎，也解除了很大一部分在外务工创业年轻人的后顾之忧。

（省港航局驻村工作队）

【省运管局赴定点帮扶村走访慰问困难群众和帮扶干部】 为深入推进定点帮扶工作，帮助困难群众度过一个温暖祥和的春节，近期，省运管局副局长罗志明一行3人来到定点扶贫村——崇义县上堡乡竹溪村开展精准扶贫调研和春节慰问活动。

罗志明一行走访慰问了部分贫困户和驻村工作队员，给他们送去了慰问金和新春祝福。在贫困户家中，罗志明与困难群众进行了亲切交谈，详细询问其生产生活情况和下一步打算，鼓励他们坚定信心，直面困难，祝愿他们在新的一年生活越过越好。罗志明给每名工作队员送去了慰问金，对驻村工作队的辛勤付出给予了充分肯定，希望大家在脱贫攻坚工作进入决战决胜的关键阶段，再接再厉，全力以赴配合当地党委、政府做好精准扶贫各项工作,努力为创造"秀美竹溪"作出应有贡献。

(陶国栋)

【省交通运输厅定点帮扶村西龙岗村开展"迎新春,送春联,拍全家福"活动】 1月18日,小年之际,省交通运输厅与省摄影家协会、上饶市摄影家协会、南昌市书法家协会赴省交通运输厅定点帮扶村——上饶市广信区湖村乡西龙岗村,联合开展走访慰问和"迎新春,送春联,拍全家福"活动。省交通运输厅组织人事处处长、省摄影协会副主席娄鸿雁一行实地察看了杨水源高位饮水工程,走访慰问李忠义、陈星标等贫困户,跟他们聊家常、话发展,赠送慰问金和慰问品,并要求驻村工作队再接再厉,抓实抓牢精准扶贫工作,助推西龙岗村乡村振兴。

此次活动,营造出喜庆祥和的节日氛围,既让西龙岗村民们享受到文化扶贫的成果,也让其感受到党和政府对西龙岗村民们的真诚关怀和真挚祝福,使贫困户对脱贫致富的美好生活充满信心。

(徐 迎)

【省交通运输厅驻村工作队发挥"三大员"作用筑牢战"疫"防线】 新型冠状病毒肺炎疫情的发生受到全社会关注,近期以来,省交通运输厅驻上饶市广信区湖村乡西龙岗村工作队不忘初心、勇担使命,在保证自身安全的基础上,积极发挥"三大员"作用,即:一是积极发挥疫情防控一线战斗员作用。二是积极发挥疫情防控知识宣传员作用。三是积极发挥疫情防控组织员作用。积极组织该村干部、党员同志、预备党员、入党积极分子及志愿者等力量,在疫情防控一线积极发挥战斗堡垒作用,做好各项群防群控、自防自控工作。

(徐 迎)

【省交通运输厅驻上饶市广信区湖村乡西龙岗村工作队实现疫情防控和春耕生产两手有效抓】 在新冠肺炎疫情防控最为吃劲的时期,省交通运输厅驻上饶市广信区湖村乡西龙岗村工作队抓早动快,科学部署,在全力做好村内疫情防控工作的同时,带领村两委和村民抢抓农时,开展春耕备耕工作,确保防疫工作和春耕生产两不误。

2月上旬以来,驻村工作队和村两委通过不定期召开联席会议,明确在抓好疫情防控的同时,将切实做好村级扶贫产业发展的谋划和落实;在进村入户进行防控知识宣传的同时,摸清村民的种植意向、农资储备、农技需求等信息,同时要求他们错时下地、分散干活,并及时佩戴口罩。驻村工作队和村两委还根据疫情防控实际情况,邀请相关专家开展技术培训和指导服务,实现疫情防控和春耕生产两手有效抓。

(徐 迎)

【江西交通职业技术学院扶贫工作队有力有序推进复工复产】 3月9日,江西交通职业技术学院扶贫工作队在科学防控的前提下,抓住油菜种植管理的有利时机,邀请农业专家现场指导长富桥村油菜种植的后期管理。据悉,扶贫工作队通过发展种植油菜构建集农旅观光、红色研学、产品增收的致富产业链,给当地的村民们铺就一条致富脱贫的"金色"道路。

此外,学院帮扶项目之一的"连心桥"项目建设正按下"快进键"。该项目涉及长富桥村周边农业种植产业、拓展训练基地、旅游观光产业链等资源。按照当前防疫工作有关要求,要求施工队在做好防控工作的同时,有序、有力地加快项目施工进度,满足产业建设发展需要。

(刘思远)

【江西交通职业技术学院获评2019年度支持井冈山脱贫攻坚工作先进单位】 2020年,井冈山管理局、中共井冈山市委、井冈山市人民政府联合发文通报表彰2019年度支持井冈山脱贫攻坚工作先进单位,江西交通职业技术学院榜上有名。自2018年11月该院扶贫工作队入驻井冈山市柏露乡长富桥村开展脱贫攻坚工作以来,该院党委严格按照国家相关决策部署和扶贫工作要求,在省交通运输厅党委的领导下,把扶贫工作作为重大的政治任务来抓,着力从基层党建引领、基础设施建设、扶贫项目实施、扶贫模式创新等方面扎实开展扶贫工作,有力推动定点帮扶村脱贫攻坚和乡村振兴工作。

(交职院驻村工作队)

【省高速集团定点帮扶村义门村召开食用菌产业分红大会】 4月22日上午,义门村召开食用菌产业2019年度分红大会,省高速集团监事会主席黄铮、德安县车桥镇党委书记周平军出席并分别致辞，在场的35户贫困户、部分村民共同见证了这一意义非凡的时刻。分红现场在省高速集团援建的家风堂门口举行。看到这么多得现金，贫困户心里的村民心里都乐开了花。

据悉，2019年义门村扶贫产业为35户贫困户及村集体分配收益超过20万元，预计2020年全年分配收益可达50万元。省高速集团从2015年8月进驻义门村起，致力于产业扶贫，通过发展光伏电站、苗木基地与食用菌基地，兢兢业业、艰苦奋斗，到如今，产业扶贫结硕果，贫困户受益得实惠，很好地诠释了那就话——"小木耳、大产业"。

（胡 伟）

【王爱和调研脱贫攻坚和"智慧治超"工作】 4月24日，省交通运输厅党委书记、厅长王爱和先后到厅定点帮扶村上饶市广信区湖村乡西龙岗村和鹰潭市，分别调研脱贫攻坚专项巡视"回头看"整改和"智慧治超"工作。期间，王爱和分别与上饶市委副书记、代市长陈云，鹰潭市委副书记、市长于秀明就交通运输工作交换了意见。上饶市副市长刘斌，鹰潭市副市长廖良生，省公路管理局局长、厅治超办主任曾晓文等随同调研。

王爱和先后察看了西龙岗村小香薯基地、小香薯育苗大棚和杨水源高位饮水工程，看望慰问了贫困户，并与老党员亲切交谈。王爱和指出，产业发展是实现稳定脱贫的根本之策，也是乡村振兴的首要和关键，要立足和谋划好扶贫产业，不断推动产业早见效、见实效；要注重发挥党员示范引领作用，当好脱贫攻坚带头人；要不断完善长效机制，确保脱贫可持续，助力乡村振兴。

（江西交通）

【刘震华赴西龙岗村调研脱贫攻坚工作】 5月8日，省交通运输厅党委委员、副厅长刘震华，厅规划处处长彭辉勇，省高速集团副总经理俞文生等一行来到西龙岗村，开展脱贫攻坚调研工作。

刘震华副厅长一行先后来到小香薯和马家柚基地，现场察看了小香薯和马家柚种植情况，并仔细询问了产业扶贫发展情况。随后，走访慰问了贫困群众，询问他们致贫原因、生产生活、收入支出和现实困难等情况，鼓励他们要在党和政府的帮助下努力克服困难，实现脱贫致富，让生活越来越好。

（徐 迎）

【胡钊芳赴省港航局定点帮扶村调研脱贫攻坚工作】 5月9日，省厅领导胡钊芳一行来到省港航管理局定点帮扶村——上饶市鄱阳县侯家岗乡永丰村，开展脱贫攻坚调研工作并看望驻村工作队员。

胡钊芳一行调研了永丰村便民服务中心、新时代文明实践站和农家书屋使用管理情况，现场察看了扶贫产业果园种植情况，仔细询问了扶贫产业和集体经济建设经营情况。随后胡钊芳同志一行来到贫困户许仲仪家里，看望慰问贫困群众，详细了解贫困户家中的生产生活和两不愁三保障落实情况，鼓励他们树立信心，自立自强，在党和政府的帮助下，过上更加幸福的生活。

（省港航管理局驻村工作队）

【省交通运输厅驻村工作队助力"童心港湾"建设】 "童心港湾"是共青团组织在农村开展的关爱留守儿童项目，通过组织家访校访、日常陪护、主题活动、志愿服务等，对农村留守儿童进行亲情陪伴、情感关怀、励志教育。在得知西龙岗村这些留守儿童的情况后，江西省交通运输厅驻西龙岗村工作队决定在西龙岗村小学申请建设"童心港湾"项目，经过认真谋划和多方协调，最终西龙岗村"童心港湾"项目在2020年暑假正式落地运营，陪伴西龙岗村小学的19名学生度过了一个五彩缤纷的暑假。

（徐 迎）

【省交通运输厅机关离退休干部党总支赴柏露乡开展"我看交通扶贫"主题党日活动】 8月12日，江西省交通运输厅机关离退休干部党总支来到江西交通职业技术学院挂点帮扶村——柏露乡长富桥村开展"我看交通扶贫"主题党日活动，实地感受脱贫攻坚以来农村公路建设及乡村发展给长富桥村带来的新变化。柏露乡乡长龙江辉、长富桥村驻村第一书记江志强陪同。

在坳下鹭鸣湖景区，随着村支部书记的细心讲解，老同志们切实感受到了脱贫攻坚工作开展以来长富桥村的崭新气象，了解到全域旅游项目吸引大量返乡村民再就业，老干部们纷纷表示，柏露乡丰富的生态资源与优秀的文旅项目融合，必将有力助推柏露乡村生态振兴。

（刘思远）

【胡钊芳调研扶贫工作和高速项目建设情况】 8月11日—12日，省交通运输厅一级巡视员、厅直机关党委书记胡钊芳先后到交通职业技术学院定点帮扶村——井冈山市柏露乡长富桥村和省公路局定点帮扶村——安福县山庄乡连村村调研脱贫攻坚工作，到江西交工宜遂高速SSA标调研项目建设情况。厅组织人事处、厅直有关单位负责同志随同调研。

在长富桥村，胡钊芳察看了麻冲桥项目、拓展训练基地项目、坳下民宿区，并走进长富桥村党群服务中心，与乡村干部、驻村工作队进行交流座谈。在连村村，胡钊芳走访慰问了贫困户，实地察看了稻虾合作社及休闲农庄的运行情况。他强调，驻村工作队要以高度的责任感和使命感，严格执行驻村工作纪律，坚定信心决战决胜脱贫攻坚，切实把各项扶贫惠农政策落地落细落实，不断发展和壮大村级集体经济，为贫困户稳定增收提供多元化渠道，为推进脱贫攻坚和乡村振兴注入强劲动力。

（江西交通）

【"健康扶贫"太极拳培训班开班】 为深入推进"扶贫扶志扶健康，太极文化下乡村"活动的开展，为全厅各单位定点帮扶村培养太极拳骨干教师，提高村民的身体素质与健康水平，不断巩固脱贫攻坚成果，防止脱贫返贫。11月23日，省交通运输厅太极拳培训班开班式在省公路局举行。省交通运输厅组织人事处、省公路局、南昌市混元太极拳协会、江西达行文化发展有限公司相关负责人以及全厅6个扶贫点代表队员和村民参加了活动。

据悉，此次培训班为期一周，共计18个课时，涵盖基本太极礼仪、无极桩、混元桩、缠丝功和陈氏太极拳老架13式，共有21名学员参加培训。

（江西交通）

【刘奇在新疆调研推进江西省对口援疆工作】 6月18日至20日，省委书记刘奇在新疆克孜勒苏柯尔克孜自治州看望慰问江西省援疆干部人才、企业员工，调研推进江西省对口援疆工作。他强调，做好对口援疆工作意义特殊、使命光荣、责任重大。要坚持以习近平新时代中国特色社会主义思想为指导，全面贯彻落实新时代党的治疆方略，提高政治站位，坚持精准发力，注重提质增效，紧紧依靠受援地党委政府和干部群众，奋力开创江西对口援疆工作新局面，更好服务新疆工作大局。

（省高速集团）

【省高速集团2019年定点扶贫工作成效考核获"好"评】 近日，省委组织部、省扶贫办联合下发文件，对省派单位2019年度驻村工作队和驻村干部进行考核，省高速集团驻义门村工作队考核等次为"好"。一年来，集团驻义门村扶贫工作队着力夯实党建、抓产业保增收，建立健全贫困户与扶贫产业的链接机制，帮助贫困户脱贫致富，同时发展壮大村集体经济，不断拓宽增收渠道。此次省委组织部、省扶贫办年度考核结果的公布，是对省高速集团和驻义门村工作队扶贫工作的极大肯定，提振了每位驻村扶贫干部的信心和工作热情。大家纷纷表示，将保持干劲，认真履职，圆满完成今年的脱贫攻坚收官任务。

（省高速集团）

【新余市交通运输局主动作为积极争取交通建设项目全力助推脱贫攻坚和乡村振兴】 2020年是决胜脱贫攻坚和乡村振兴提升之年，新余市交通运输局主要领导和业务部门主动作为，积极与上级业务部门对接、协调，积极争取农村公路建设项目计划，截止10月底，为该市争取农村公路项目建设共计452个879千米，争取上级补助资金17664.74万元，其中：县道升级改造项目4个11.3千米，省级补助资金1017万元；旅游路资源路产业路公益事业路路网连通路项目58个67.1千米，省级补助资金8526万元；县乡道路面改造项目5个34.5千米，省级补助资金2265万元；乡道双车道改造36个78.9千米，省级补助资金1735.8万元；窄路面拓宽改造19个17.6千米，省级补助资金123.2万元；危桥改造19座445.9米，上级补助资金502.74万元；县乡道安全生命防护工程207个430.7千米，省级补助资金868万元；村道安全生命防护工程93个118.7千米，省级补助资金223万元；美丽生态文明农村路建设项目11个120.2千米，省级补助资金2404万元。项目实施后将有利改善该市农村公路路网结构，极大方便农民群众的生产生活，推动脱贫攻坚和乡村振兴工作成效的提升，为高质量打赢脱贫攻坚战和乡村振兴战略提供坚强的交通保障。

（何勤学）

【九江市交通运输综合行政执法支队扶贫干部抢险在前勇担当】 九江市交通运输综合行政执法支队派驻都昌刘村驻村工作队主动参与土塘刘云村防汛抗洪，面对严峻汛情，驻村工作队共转移受灾群众120余人。

（九江市交通运输局）

【鹰潭市交通运输系统全力投入防汛保畅战斗】
进入汛期以来，全市交通运输系统坚决贯彻市委、市政府决策部署，立足交通运输行业实际，全员发动、全力准备、全时坚守，与全市人民群众风雨同舟、勇搏激流，全面做好防汛保畅工作。闻讯而动，迅疾吹响防汛保畅集结号。7月9日，市交通运输局接到市防汛指挥部电话通知，要求立即调动100吨位的运力和部分客运车辆运输抗汛人员和物资。局党委书记、局长费尚恒立即命令启动应急运力保障方案，2台公交车、6台货车立即向武警支队、消防救援支队物资储备点飞驰而去，按时完成运输任务。战时闻令而动，得益于平时的充分准备。进入5月份以来，在往年防汛工作的经验积累上，市交通运输局有针对性突出防汛工作重点，局党委会多次对防汛工作专题进行部署，及时传达上级指示精神，研究讨论局防汛工作预案。6月份开始，港航、海事等部门开始对辖区内渡口船只开始拉网式排查，有序清理不符合安全通航条件的船只，海事部门通过海事短信平台累计向辖区水运企业、水上在建工程、各水上从业人员发送预警信息18批次、2174条。运输管理部门结合实际迅速制定了抗汛应急运力保障方案，筹备400座位、1000吨位的应急运力，要求做到定点存放、专人管理、全时联系，全面做好防汛保畅准备。勇搏激流，奋勇担当防汛保畅生力军。7月10日，陈敏代市长深入中童、界牌视察交通重点工程建设，对汛期安全作出重要指示；当日，廖良生副市长再次到贵溪省道206了解水毁情况，对抢通复运工作提出具体要求。市交通运输局立即传达市领导指示精神，并坚决贯彻落实。7月8日至9日，该市遭遇连续强降雨，平均雨量148.4毫米，城区降雨达到240.6毫米，山塘水库达到临界，河水暴涨，多处圩堤告急。全市16个农村渡口、19艘渡船全部停运，发放航行通告100余份。临水临崖和水淹路段以及安全风险未彻底排除的19条客运班线立即停运，在汛期来临之际，全市交通运输系统一声令下，按下"暂停键"。7月11日，降雨停止以后，市交通运输局立即着手复运工作，主动对接协调公路养护部门加紧抢通，督促各运输企业科学组织运力，全面排查隐患，充分论证安全通行条件。因洪水冲毁路基导致鹰潭至资溪停运的客运班线，经2天时间抢通，在运管部门督促下立即恢复运行。截止7月12日，因汛停运的19条班线也相继恢复运行。践行初心，党旗插到防汛保畅最前沿。塔洲圩堤暴雨倾盆、脚下浊浪翻滚，局领导带防汛值班人员冒雨前行，逐点排查险情，冲在最前面的就有今年59岁的老党员——港航处处长舒政红。7月10日、11日，雨后放晴、骄阳似火，气象台连续发出高温预警，路政执法人员战高温、斗酷暑，汗流浃背开展路面巡查……积极响应市委组织部下发《关于在防汛抗洪抢险救灾中充分发挥基层党组织战斗堡垒作用和共产党员先锋模范作用的通知》精神，局党委班子成员带头深入一线，并号召全体党员在防汛保畅一线奋勇争先、担当使命。班子成员、科级干部、全体党员根据安排全部参加防汛24小时值班，成立了党员、退役军人为主的抢险救援突击队。驻局纪检监察组坚持把落实防汛纪律作为重点，深入责任圩堤现场督查，固定电话随机抽查值班人员在岗情况，防汛期间，水上交通安全应急处置、路政执法、站前秩序整治和责任圩堤巡防等任务最险重的岗位均为党员干部，党员干部把旗帜牢牢插在防汛保畅的最前沿，引领全系统干部职工奋不顾身投入到战斗当中。

（鹰潭市交通运输局）

【景德镇市浮梁县交通运输局全力组织水毁抢修保障交通畅通】 因受百年一遇的特大洪水影响，浮梁的农村公路遭受了有史以来最为严重的水毁损失，据初步统计，共冲毁桥梁166延米/7座、冲毁涵洞135道、冲毁路基912000立方米/152.1千米、冲毁挡土墙27365立方米/72处、冲毁水泥路面1188000平方米/198.8千米、冲毁沥青路面552000平方米/92.4千米、路基上边坡塌方40230立方米/165处，造成交通中断176处，累计经济损失高达4.1亿元。

浮梁县交通运输局急人民群众之所急、想人民群众之所想,技术组织技术人员分片分区赴实地进行水毁灾情调查,他们冒着大雨、淌着洪水,第一时间了解了公路水毁情况,并按照轻重缓急原则及时制订了水毁抢修方案,搭建临时便桥4座、安设圆管涵300米/50道、清理路基塌方173立方米、抢修临时路面12处,码砌临时支挡工程23处,及时地恢复了已经中断的交通,有效保障了人民群众的出行需求。

从鹅湖通往兴田乡的省道304路基被洪水冲毁500余米,一时难以恢复交通,造成鹅湖至兴田的交通中断。而从峙滩通往兴田的清溪危桥改建项目的施工钢便桥也被洪水冲毁,造成峙滩通往兴田的交通中断。一时间造成兴田乡对外交通全部中断,近万人无法出行,浮梁县交通局仅花2天时间,就将营里危桥进行了加固,将水淹公路进行了加高,及时地恢复了交通;同时、及时清除了清溪至黄金山8千米在建公路路基上的泥泞,并加铺了8千米临时路面,为兴田乡提供了一条晴雨畅通的公路。

(洪耀祖)

明月山仙巩驿站
(省综合交通中心供图)

市、县交通运输

南昌市

2020年以来，南昌市交通运输系统面对新冠疫情和洪水的双重影响，勇于攻坚克难，彰显省会担当，精心谋划部署，付出艰苦努力，取得了显著成绩。南昌市摘取全省优先发展城市公共交通考核"五连冠"；南昌市荣获交通运输部授予的"国家公交都市建设示范城市"称号；南昌市交通运输局荣获交通运输部授予的"2018—2019年度全国交通运输行业文明单位"称号，被省委省政府授予"江西省抗击新冠肺炎疫情先进集体"荣誉称号、被市委市政府授予"创建全国文明城市工作先进单位"、被省交通运输厅授予"2020年度全省交通运输安全生产工作先进单位"称号；《红色引擎交心通达》党建宣传片在全南昌市机关党建特色品牌微视频展播活动中荣获一等奖。公路方面，南昌市境内高速公路共7条，总里程429千米；国道共6条，总里程285.353千米；省道共22条，总里程663.588千米；农村公路总里程10328.192千米。其中，县道835.492千米，乡道2186.743千米，村道7305.957千米。水路方面，南昌共有水路运输企业30家，南昌地区共拥有省际、省内运输船舶、省内客船142艘，运力（载重吨）达37.3万吨。2020年南昌港完成港口吞吐量4865.8万吨，同比增长27.16%，货运量1250.2万吨，同比增长1.49%。轨道交通方面，2020年，南昌地铁线网运营线路3条，运营线路长度88.85千米（其中：3号线28.50千米），线网车站总数70个，其中换乘车站4个，客运量全年为13593.13万人次，进站量10503.54万人次，旅客周转量93050.47万人次千米。

（南昌市交通运输局）

南昌县

南昌县公路总里程3279千米。其中：高速公路125.7千米、国道82.5千米、省道181.7千米、农村公路2889千米;航道通航里程298千米;境内铁路有沪昆线、京九线、向莆(昌福)线、沪昆高速、铁路西环线、昌吉赣铁路等6条188千米;南昌轨道交通3、4号线联通市区。

全县道路运输经营业户及相关经营业户1736家、货运车辆5868辆、8.34万吨位(危货运输5家、普货运输343家、普货个体1231家、维修企业122家、驾培企业16家、综合检测企业7家、汽车租赁企业11家、出租公司1家),公交线路有162条,全县263个行政村已全部通公交,在全省率先实现农村客运班线公交化,全县覆盖公路、水路、铁路、地铁的综合交通运输体系已基本形成。

(南昌县交通运输局)

进贤县

2020年货运量12.87万千米,货运周转量4280.74万吨千米。县道三级以上公路比例全面提升。在2019年完成16.9千米基础上,大力推进实施了85.7千米(EPC项目),目前已全面建成通车,该县的县道三级及以上等级路比例达59.3%。

(进贤县交通运输局)

安义县

2020年累计完成客运量446万人、客运周转量56513万人/千米,货运量392万吨、货运周转量46993万吨/千米,道路旅客运输未发生一起重大安全责任事故,道路运输安全四项指标为零,安全形势稳定。全县农村公路在册总里程1368.6千米,其中一级公路23.5千米,二级公路5.3千米,三级公路19.8千米,四级公路969.6千米,等外公路350.4千米,全县100%的乡镇、100%的行政村和99.2%以上的自然村通了水泥公路,大中小桥梁240座,基本形成了县乡村组四级公路循环网络。道路运输较为方便,共有道路客运班线32条,其中:省际班线1条、市际班线3条、县际班线1条、市际公交线路2条(136线、136快线)、县城公交线路5条(528、529、530、530长线、567)、农村公交线路20条(覆盖全县104个行政村);全县出租车80辆,公交枢纽站1个,国家标准二级客运站1个,公交站台及候车厅144个,较好地满足了群众的安全便捷出行。

(安义县交通运输局)

西湖区

2020年西湖区共有道路运输企业共114家。其中:驾培企业2家,维修企业19家,普货运输企业85家,旅游客运企业4家,危货运输企业2家,汽车租赁企业2家,拥有货运车辆500辆,总吨位达到6483.722吨。全区共有农村公路总里程0.533千米。其中:村道0.533千米。已硬化农村公路里程0.533千米。

(西湖区交通运输局)

新建区

新建区境内农村公路在册总里程为2114.2千米,其中:县道里程226.7千米;乡道里程448.8千米;村道里程1438.7千米。2020年新建区总投资约4.2亿元,全面启动126个农村公路建设项目。完成县道051昌北至丰乐和县道055梦山至厚田总里程52千米美丽生态文明农村路建设;全面完成包括义渡大桥重建工程的省级危桥项目40座、市级危桥项目20座建设;完成2020年计划180千米县乡道路安全生命防护工程。

(新建区交通运输局)

湾里区

在全面实现城镇公交一体化基础上,2020年8月开通了镇通村C65、C66、C67、C68、C69路5条公交班线,实现了湾里所有行政村通客车的目标,通车率达100%,极大满足广大农村群众出行需求。

2020年货运车数为1160辆,同比减少3.97%;货运吨位数为17098吨,同比减少2.69%;货运量为183万吨,同比减少34.86%;货运周转量23744万吨/千米,同比减少35%。

(湾里区交通运输局)

南昌高新技术开发区

2020年全区共有道路运输企业共63家(其中:驾培企业7家,维修企业14家,普货运输企业36家,汽车租赁6家),拥有货运车辆548辆,总吨位达到8976.71吨,拥有教练车辆668辆共培训学员5.1万余人。全区共有农村公路总里程333.8千米(其中:县道63.9千米,乡道43.3千米;村道226.6千米)。已全部硬化,通达率100%。

(南昌高新技术开发区交通运输局)

景德镇市

2020年,景德镇市交通运输工作紧紧围绕"三大攻坚行动、三大提升工程"开展,"双创双修"成效显著,交通运输服务水平不断提升。

重点项目建设。紧盯鱼山码头项目建设,申报地方债2.5亿元支持码头建设,先后完成了初步设计、防洪评价等各项手续,2020年4月30日启动桩基工程,目前已基本完成义城港区桩基建设,小型构件预制场、钢筋加工场也已建成,施工单位在施工上倒排工期,挂图作战,力争提前完成鱼山码头建设任务。浮梁凤凰大桥、国道206乐平桃林至大田段公路改建工程、龙湖山庄至三龙段公路等工程建设进展顺利。港口水运基础设施不断完善,出台了《景德镇市船舶和港口污染突出问题整治工作方案》,完成了船舶污染物接收设施项目建设,协调联动发展绿色航运。

道路运输。道路运输车辆总数持续攀升,新增道路普通货运车辆105辆、道路危险货物运输车辆新增77辆,新增普通道路运输企业并发放经营许可证12家。普通货运车辆全国异地检测和技术等级评定工作全面铺开,有效降低了企业成本,先后年审道路普通货运车辆1574辆、道路危险货物车辆427辆、注销道路运输证304个。

城市客运。客运服务环境持续好转,圆满完成"省运会""瓷博会"及"市区校园搬迁的定制公交"等相关工作。购置新能源公交车30辆(另外30辆新能源公交车正在计划采购中),新建公交候车亭100座、充电桩26座,公交配套设施进一步完善。新增市区公交线路3条、定制校园公交线路6条、优化调整线路21条,目前公交站点共计586个(由成立之初的465个新增121个),形成城市公交点面相结合公交线网。

农村公路建设。全市交通运输部门坚决克服新冠疫情影响,对全市18个省级贫困村、102个市级贫困村通村公路建设重点攻坚,18个省级贫困村通村公路48条103.01千米和102个市级贫困村通村公路90条109.22千米的建设任务已全部完成,全市39个乡镇473个建制村通客车率达100%,为打赢脱贫攻坚战提供有力保障。

安全生产。扎实开展安全生产专项整治三年行动,认真排查整改事故隐患,开展了为期一个月的交通运输安全隐患大排查大整治专项行动。针对下放新增的海事水上交通运输安全,开展了"僵尸船"专项整治,切割清理"僵尸船"55艘,向2个县(市、区)下发了清理整治通知函,同10余个乡镇签订了僵尸船隐患整改责任书,水上交通运输已连续31年实现安全无事故。

(景德镇市交通运输局)

乐平市

2020年,乐平市涌临公路及吴乐秧挂线今年国庆节已完工通车;省道306A标、乐德挂线四联至临港公路、塔荷公路、前鲍至上戴坂公路主体工程基本完工;收费广场仿古牌坊搭建基本完成;国道206桃林至大田段、景鹰高速连接线公路工程正在摊铺沥青路面,接渡大桥已完成80%工程,预计2021年春节前完工;沿沟经周坑至婺源秀山正在协调征地拆迁工作。省道306C标计划采用政府和社会资本合作模式实施建设。危桥改造已完成15座。跨皖赣铁路工程、公交总站建设国庆前后相继开工,计划2021年底完成建设。

农村公路建管养。重点对双田上河至金鹅山、接渡袁家亭至礼林、德兴银城至十里岗、小坑至历居寺旅游公路等5条县乡道长44.8千米改建,施工单位已进场开工,预计2021年内完成建设。窄路面拓宽项目10.9千米,生命安全防护工程132.9千米,产业路及公益路13.7千米,县乡道路面改造72千米,上述项目设计、财政预审、招投标等前期工作基本完成,已着手实施建设。启动60千米乡村道路建设,已着手工程招投标相关工作。全市所养护的农村公路约2000千米,日常养护率达100%。

道路运输。指导和服务客货运输企业运行,3家客运企业的客运短途及长途共68条班线已全部上线运营;根据客运市场需求,乐平长运新增乐平至南京、池州、烟台等3条客运班线。全市16个乡镇266个建制村通客车采取农村班线延伸、公交线路调整、区域经营等措施运行,其中211个建制村通客运班车,7个建制村通公交,客运公司自购4台9座客运车辆,对48个偏远镇村的建制村采取区域经营模式实施客运,建制村通客车率达100%。今年新开通乐平城区至后港镇义方村公交路线,延伸乐平城区至乐港镇谢家村公交路线。

公路运行监管。完成了4家客运企业、16家货运企业、9家危货企业、6家汽车驾校、2家客运站的年度质量信誉考核,并对5400余名道路运输驾驶员进行了年度信誉考核,19家汽修企业备案管理。依法打击超限超载行为,查扣超限超载车辆162台,整治非法加油车9台,切割非法改装车辆89台,对货源企业处罚5家。组织执法人员实施"僵尸船"清理整顿,已完成"僵尸船"拆解54只。查处非法营运"黑的"和无证营运"滴滴车"43辆,客运市场经营秩序逐步规范。

安全生产。开展安全生产大排查,排查各类隐患87起,并全部有效整改。全年客运、货运、渡运安全无事故。其次,配合铁路部门组织普速铁路环境安全隐患整治,58个隐患已整改到位,剩下5个安全隐患正在组织整改。完成全市公交站台安全护栏安装,确保市民乘车安全。

(乐平市交通运输局)

浮梁县

2020年,浮梁县交通运输局凤凰大桥建设稳步推进,该大桥是建好凤凰国际会议中心,推进景德镇国家陶瓷文化传承创新试验区建设的重要交通基础设施,全长840米(其中凤凰大桥366米、两头引道约474米)。桥梁及引道宽38.5米,城市主干道标准,总投资为14124.25万元,已开工建设。三大公路(龙湖山庄至三龙段)全长改建4.406千米,按二级公路(兼顾城市道路功能)标准建设,路基宽度24米,设计速度为60千米/小时,总投资1.28亿元,目前全线路基已基本成形。车田至中洲公路(江村段)起点为江村乡中洲村,终点到达江村乡沂溪村自然村,路线全长7千米,建设标准为四级公路,路基宽度6.5米、水泥砼路面宽度6米,项目计划总投资约3100万元,除刘家组及中洲桥桥梁引道未实施外,全线基本贯通,沿线水沟施工完成,清理了汛期塌方。蛟潭至胡宅公路起点为蛟礼公路石桥村庄,终点到达胡宅村坑头自然村,路线全长13.6千米,建设标准为三级公路,即路基宽度7.5米、沥青路面宽度6.5米,项目计划总投资约4310万元。目前全线路面垫层全部铺设完成,除胡宅郎溪段水稳层未实施外,全线其他路段桥涵及第一层沥青路面已完成。浯溪口库周EPC项目全长21.549千米,其中陈家棚至福港6.586千米、桑园至梅湖3.827千米、清溪至黄金山7.504

千米、英溪至曲中3.632千米,四级公路标准建设,总投资约1.17亿元,已开工建设。

农村公路建设。结合全县农村公路网的实际状况,本着"先通、后连、再循环"的原则,按照"一环三纵四横"全域旅游交通路网进行规划:项目申报前期工作实行合理规划严格把控、对在建项目实行高标准严要求、根据工程特点制定以目标、质量、进度、安全为标准考核体系、坚决杜绝任何降低工程建设标准的行为。通过多措并举、有效落实,不断提高养护管理规范化水平,从以建设为主向建管养运协调发展转变,同时加强路产路权维护工作,确保公路安全畅通,达到"畅、洁、绿、美、安"。

安全生产。扎实开展日常安全检查和"安全隐患大排查大整治行动""安全生产月活动",加大对货运(危货)企业的检查力度,共检查企业80余次。全面完成危货车辆36辆4G车载终端主动防御系统安装。查处2辆黑车。对县内的农村公路、桥梁、临水临崖地段进行了多次安全隐患巡查,发现安全隐患问题4处,已整改到位3处,其余1处正在整改中。开展渡运安全生产检查10余次,排查、整改安全隐患6起。筹集资金5.4万元对所有渡口渡船进行了维修、保养,并配齐了渡船救生消防等设备。

路域整治。组织治超人员深入企业走访,共走访企业22家,签订责任状22份;出动执法人员4108人次,执法车辆913辆次,检测车辆20323辆次,其中查处违规车辆232辆,记1396分,罚没460520元,卸载货物11237.13吨,切割恢复原状车辆42辆,同时全面实行行政执法三项制度,做到执法全过程记录、执法行为留痕和可回溯管理。全县路域环境整治稳中向好,推动了公路环境更加优美、运输功能更加完善、交通治理更加有序。

(浮梁县交通运输局)

昌江区

2020年度,昌江区交通运输局各项工作有序推进。

公路建设。将2020年全区县、乡道列入省厅生命安全防护工程项目库,总里程100千米。申报丽阳至关山、道观桥至芦源、中团至洪家、枫林至中团、林场至宋家山、丽阳至丰田、丽阳至东岗、新凤路至洪家等拓宽改造计划,总里程20千米,总投资3893.08万元。景德镇市昌江区鲇鱼山镇乡道031金坛至沙嘴村双车道拓宽改造项目,全长5.4千米,按四级公路标准设计,路基宽7.0米,路面宽6.0米,水泥混凝土路面,工程总投资842万元,已完成招投标工作,施工单位已进场,正在进行征地拆迁工作。乐平市塔前至昌江区荷塘段公路改建工程,全长5.4千米,按三级公路标准设计,路基宽7.5米,路面宽6.5米,沥青路面,总投资2100万元,施工单位已进场,正在进行征地拆迁工作。将七星桥、程家桥以及鱼山小桥三座危桥申报列入了省危桥改造库。其中,程家桥已完工,七星桥已开工建设,已完成下部结构施工,鱼山小桥由市水利局沿昌江改造成1#阀门。同乡镇签订农村公路养护合同,安排专人定期对辖区内农村公路进行日常养护工作,提前制定2021年农村公路养护计划,合理安排2020年省级补助资金的使用。

水上交通安全。区乡两级签订了《全区渡运安全责任状》,对具体事项做了明确分工,做到各负其责。抓好安全生产监管工作,尤其是"节会"期间,组织安全大检查,排查安全隐患,对各渡口安全状况进行全面排查,共计投入15200元,用于进一步更新补齐救生衣等相关的应急救援设备设施。

运输管理工作。春运前对参加春运的车辆进行强制维护检查,排查安全隐患。确保无带病车参加春运,春运车辆运行中充分运用GPS监控,保证2020年春运安全顺利。根据新冠肺炎疫情的实际情况及区防疫指挥部的部署,及时停运所有的客运路线,在疫情得到控制,复产复工期间,督促企业做好防护和消毒杀菌工作。

安全生产工作。认真开展了"五查行动"、制定了《昌江区道路运输三年专项整治工作实施方案》和《昌江区道路运输安全隐患整治攻坚行动实施方案》,并积极开展了货运车辆超限超载集中治理专项整治行动,重点保障各"节会"期间和高温严寒、汛期时段交通运输安全形势平稳,加大监管力度,保证了2020年度全系统无安全生产事故发生。

(昌江区交通运输局)

珠山区

2020年,珠山区交通运输局稳定有序地完成了各项工作任务目标。

科学合理制定农村公路"十四五"发展思路及建设方案,总结"十三五"期发展经验,分析存在的问题及困难。同时编制2020年农村公路窄路面拓宽改造目标计划以及做好危桥库中危桥的改造计划。协助竟成镇做好两座小危桥改造设计图评审批复等前期工作。

全力做好交通运输安全生产工作,同时积极协助竟成镇对农村公路、危桥、渡口等开展安全隐患排查,特别做好春运、两会及疫情等特情况期间交通安全生产工作,抓好汛期农村公路桥梁防汛应急工作,今年以来道路交通运输工作总体安全平稳有序。

积极开展农村公路遥感技术推广应用工作,顺利完成了一年一度电子地图系统数据库的更新工作。

牵头开展珠山区普铁沿线环境综合整治工作,对24条100余处隐患(含一条平改立的情况)逐条确认落实,先后组织竟成镇、里村街道以及城管、公安等相关部门单位先后30余次到现场研判和确定具体整治措施。截至年底,除了桂峰坑平改立需地进一步落实方案,其余已全部整改到位。

(珠山区交通运输局)

萍乡市

2020年,萍乡市交通运输局全力推动交通运输高质量跨越式发展,取得了较好成绩。荣获2019—2020年度"五年新跨越"先进单位、创建全国文明城市工作集体三等功。市公交集团有限公司2路"巾帼文明线"荣获"2018—2019年度全国交通运输行业文明示范窗口"称号。

交通基础设施建设。扎实推进萍莲高速公路项目建设,完成年度投资26.3亿元,累计完成投资87.8亿元。开工建设中环东路,完成项目投资7.2亿元,融资3亿元。普通国省道升级改造,完成投资3.7亿元,完成建设里程28.9千米,完成率217.7%。农村公路项目建设、危桥改造、安防工程,全年完成投资10.8亿元,争取上级补助资金3.2亿元。交通站场建设加快推进,芦溪县客运站、武功山金顶汽车站主体工程已基本完工,上栗县汽车客运中心站正在加快推进主体工程建设。

运输服务保障民生。实现全市641个乡镇建制村通客车。完成萍乡至宣风、上埠、麻山、石溪、下埠、老关6条客运班线公交化改造线路许可,为周边百姓出行提供便利。全年添置新能源公交车100台,新能源公交车辆占比91.7%,绿色环保运力达到95.2%,两项指标均位居全省第一。新开通27路、29路和51路公交线路,调整和优化15路、18路公交线路。全市邮政业务总量8.1亿元,同比增长48%,增幅全省第二。业务收入5.1亿元,同比增长25.2%。全市新增末端快递服务网点119个,支撑网络零售额超过20亿元。在湘东区17个行政村打造"屋门口快递连锁超市"共建农村快递服务站点示范。推进"快递+产业"融合,形成"寄递+电商+产业"发展模式,带动全市数十个产业发展。打造"萍乡特色小吃+快递+金牌项目"1个,培育爱贝斯特快递服务制造业产值过亿元产业1个,助力甘源食品成功上市,带动产值超过10亿元。

交通运输行业管理。运输市场秩序不断改善,推动3家道路客运企业接入市第三方监控平台。全市700辆出租车实现司机服装、顶灯、座套、脚垫、服务监督卡支架和收纳桶等"六统一",营造了一道规范、整洁、靓丽的出租汽车流动风景线。常态化推进扫黑除恶行业清源工作,健全完善10余个行业管理长效机制,规范市场秩序,彻底铲除黑恶势力滋生土壤。

安全生产质量监督。全面完成省里下达的332件、广铁集团移交的6件普铁环境安全隐患整治销号。加强监控力度,对8个国省道项目共计81.9千米开展了监督检查60余次,发现质量问题及隐患80余处,及时复查销号,整改率100%。采取定期评价、动态评价两种方式,对监督项目参建单位的人员履约和信用行为进行检查,对16个项目的施工、监理和试验检测单位进行了通报及扣分,逐步形成"一处失信,处处受阻"的业内新常态。

新冠肺炎疫情防控。落实机关楼院、交通站场和车辆消杀、通风、控制上座率等制度,切实做到精准防控,全力保障复工复产,去年2月下旬交通重点在建项目率先实现100%复工。创新运输方式,开展"点对点"定制包车,优化"一条龙"服务,助推企业复工复产。推出"公交实名制乘车码",较早实现实名乘车可追溯,交通运输行业"先行官"作用得到充分发挥。

(萍乡市交通运输局)

安源区

2020年,安源区交通运输局全力发挥交通部门职能,坚决防范疫情风险,圆满完成各项工作任务。

重大项目建设。中环东路起点位于国道320接中环北路,终点位于国道319接中环南路,全长9.44千米,宽26米,设计速度60千米/小时。全线征迁费用总计约10.5亿,项目于5月18日挂网招标,并于7月14日在全区启动征拆工作。目前与各单位签订搬迁框架协议,搬迁工作将在2021年初全面完成。丹井大道项目全长1.805千米,原设计路面宽度26米变更为48米,设计时速60千米/小时。项目总投资约3.5亿元。目前已经完成全线施工断面清表、燃气管道、国防光缆搬迁工作,申报新增建设用地2.87万平方米,环评、水保审批报备工作。下半年不断加大施工力度,完成土方弃运施工41万立方米,完成软基处理4万立方米,全线圆管涵、盖板涵已基本完成。目前全线累计投入1.6亿元,完成47%。萍莲高速安源段6.8千米,征地拆迁工作已全面完成,其中征用土地0.65平方千米,拆迁房屋317户,签订拆迁协议进度100%,完成电力杆线搬迁40处,完成电信杆线搬迁21处,完成征地拆迁补偿款全部足额补偿到位。目前安源段路基工程已完成99%,水口上跨铁路桥桥墩建设正在加紧施工,预计2021年上半年可以完工,各项工作有序推进。

城乡交通一体化建设。2020年全区农村公路完成县道升级改造工程(大陂—安源公路)1个,里程计1.5千米;产业路项目1个,里程计1.5千米;县乡道路面改造工程4个,里程计12.7千米;乡村道拓宽改造工程19个,里程计33.3千米;共争取到省部级补助资金1154.6万元。农村公路日常养护资金投入持续加大,从原有的170万元/年的日常养护资金增加到382万元/年,增加的养护资金212万元拨付至安源公路分局用于县道日常养护承包。全年组织人员开展县乡道、桥梁状况集中检查2次,投入路面大中修项目5个,共计5.9千米,总投资407万元,争取省补资金136万元。

安全生产。2020年全区完成县乡道安防立项24个,里程共计58.7千米;村道安防立项21个,里程共计22.4千米。危桥改造加快步伐。一是2019年申报的王坑桥危桥改造项目,总投资226万元,目前正在进行招投标,计划2021年完工;二是2020年邹家桥危桥改造项目,总投资46万元,已经完工。省道533安源段竣工通车。省道533流田至桐田段公路改建,安源段起于麻山小桥村新屋组接市中环西路,长约430米,路面宽20米,按双向四车道一级公路标准建设。加强普速铁路沿线安全隐患治理。2020年接收市普铁办转发铁路沿线环境安全隐患任务183处(含市城管3处问题),截至12月10日全部完成销号,销号率100%。

超载超限治理。治超站全年共检测车辆18万余辆次,处罚超限车辆212辆次,卸载货物1920余吨,罚款76万余元,出动宣传车50辆次,散发宣传材料2万多份。治超站磅房超载率控制在1%以内,位居全省第一。

城市公交。协调划拨2.67万平方米地给市公交总公司用于支持城南公交客运站建设;投资7.87万元完成10个公交车站防护工程;对国道320、国道319边港湾式公交站台建设进行规划选址工作;完善了青福公路、高楠公路等农村公路客运班线停靠站点站牌建设。

(安源区交通运输局)

湘东区

2020年,湘东区全面完成S311张佳坊至源淅公路改建工程(湘东段)。该项目按二级公路标准建设,全长5.723千米,总投资为3898.3万元,已于8月份完工通车。顺利完成萍水河防洪工程(鲈鹚嘴至冷潭湾水厂段)鲈鹚嘴桥主体工程及配套设施建设工程。桥梁全长86米,宽度6.5米,总投资827.37万元,已于10月份完工通车。启动开工建设的重点项目:完成省道437南岗口至白竺段公路改建工程初步设计批复,目前正在组织资金及招投标工作,争取早日启动。已完成省道311麻山绕镇公路项目前期手续,目前正在准备招投标。

农村公路建设。完成县道056龙泉至黄岗(官陂至青山下段)、县道062凤凰至广寒寨(凤凰至五峰段)、县道061排上至荷尧(排上至陂田段)等县道升级改造项目6个共计29.4千米;完成县道060荷尧至老关(荷尧至塘脚上段)、县道055荷洲至太平山、县道053下山口至救塘(和平至景星段)、县道056龙泉至黄岗(官陂至江山段)等县道路面改造项目8个共计40.6千米;完成长坑至桔子湾、大江边至泉塘、白竺至长坑、东桥至界陂、罗家坪至长春埠、檀梓至油塘等乡道拓宽或改造项目15个共计58.6千米;完成危桥改造项目13座;完成县道058凫田至茶红、县道051麻山至龙头(麻山段)等5个县道升级改造项目的交竣工验收,验收合格率100%。一年来积极助力扶贫,完成6个省级贫困村和502户建档立卡贫困户入户路34.2千米建设及验收。

桥梁建设。完成危桥改造13座,鸬鹚嘴桥桥长83延米,桥宽6米,总投资404万;彭家园桥桥长18.04延米,桥宽5.5米,总投资50万;山下桥桥长16.04延米,桥宽5.5米,总投资48万;金狮桥桥长21延米,桥宽6.5米,总投资80万;源头桥桥长24延米,桥宽5.5米,总投资81万;观音桥桥长16.04延米,桥宽5.5米,总投资53万;五八桥桥长28.04延米,桥宽5.5米,总投资83万;水库桥桥长131延米,桥宽6.5米,总投资666万;五峰一桥桥长21延米,桥宽6.5米,总投资72万;杨家陂桥桥长40延米,桥宽5.5米,总投资172万;鸭路桥桥长50.04延米,桥宽7.5米,总投资128万;宋家桥桥长18延米,桥宽5.5米,总投资50万;包公庙桥桥长16.08延米,桥宽6.5米,总投资58万。

(湘东区交通运输局)

芦溪县

2020年,芦溪县"两环两横四纵"交通路网基本形成。已建成北环路、宣风产业园至芦万武公路、源南至宣风通达公路,顺利打通城市外环线和旅游大环线,已建成国道320芦溪分界埠至江机段、排楼至万龙山公路,基本建成S311张佳坊至源淅段和县道804张佳坊至杂溪段,共新建、改建三级以上公路83千米。芦溪—新泉—张佳坊二级公路新建工程已开工。

农村公路网络更加安全畅通。芦溪县"四好农村路"建设全面铺开,全县农村公路技术等级得到大幅提升、公路技术状况指数(MQI)达80.9%、路域环境更加畅安舒美、客运物流服务体系实现全覆盖。全县农村公路通车里程达1753.9千米,2020年完成县道升级改造10.9千米、乡村道窄路面拓宽73.2千米、安防工程实施168千米、危桥改造22座、美丽生态路建设35千米,全面加强了农村公路管理养护及灾后抢通,116个建制村通四级以上硬化路率100%、通客车率100%,为助力脱贫攻坚、全域旅游、乡村振兴和美丽芦溪建设提供了坚强的交通运输保障。

做优做实交通路网规划。已编制了《芦溪县"十四五"综合交通规划》(送审稿)。规划在"十四五"期间,新建绕城高速公路38.6千米、沪昆高速改扩建16千米、"五横四纵"国省干线公路路网项目14个、总投资约110.91亿元。已申报2019—2035年普通国省道国土空间控制规划项目12个、总投资达48.02亿元。

交通运输行业持续安全稳定。全面抓好了农村公路建设工程质量安全监管工作,更新了芦溪县交通工程建设行业备选库,着重对29个工程进行了质量监督,对全县33个交通项目进行了交工检测。建成标准化治超检测站、不停车检测系统、货运源头监管视频监控系统等一批科技治超的硬件设施，同时，加快推广新能源车辆投入使用（现有26辆），严格落实安全生产责任制，全年零安全事故。

（芦溪县交通运输局）

上栗县

2020年，上栗县公路工程PPP项目基本完成。2020年完成建安费37124万元，已交工验收12个，正在办理交工验收3个、在建项目2个分别是S224和S309竺塘经宫江至天台二级公路改建项目，萍乡段项目已完工，宜春段（1.2千米）正在施工。站场建设有序推进。上栗县汽车客运中心站项目和萍乡城北客运中心站项目按照计划进度有序推进。上栗县汽车客运中心站主体建设已经完工。

"四好农村路"建设。公路建设方面。县道升级改造项目完成21.7千米，累计投资约8600万元；乡村道双车道拓宽改造项目完成30千米，累计投资约5100万元。美丽生态文明路完成105千米，累计投资约3300万元，打造了新坊、楼下、高山等绿色示范路，为"宜居美县"擦亮底色。危桥改造工程完成投资1600万元，完成危桥重建18座。目前正整合相关资金，争取年底全县库内危桥全部完成改造，达到新增危桥与改造数量动态平衡。安防工程投入1900万元，完成县、乡、村道生命安全防护工程完成200千米。农村公路养护全年投入日常养护资金190万元，水毁修复资金330余万元，完成挡土墙3000余立方米，清理塌方25000余立方米，清理90余处，农村公路好路率达到83%，比往年提高了1个百分点，确保了农村公路的安全畅通。

行业管理扎实有效。全年共出动执法人员6075人次，检测30297辆货运车辆，查处货源企业8家，查处超限超载车辆455辆，卸货6846.56吨，恢复改装车辆41辆，移交交警处理326件，扣1884分，路政处罚3辆，移送运管部门处理98辆，向应急管理局通报案件28件。该县提前完成"2020年辖区内154个建制村通客车"的任务。完善全县公交站牌300余块，国道319彭高至擘龙洞拓宽改造项目同步设计同步施工建成候车厅点10个，县道160项目同步设计同步施工建成候车厅点8个。

绿色公交。新增并投入使用66辆新能源电动公交车。目前已开通了9条城乡接合部公交线路，优化和新增了7条城乡公交线路。

交通运输安全。组织开展了交通运输系统安全隐患大排查61次，排查隐患21处、整改完成20处。

（上栗县交通运输局）

莲花县

2020年，莲花县交通运输事业取得新的成绩。1月13日，萍莲高速B8标莲花县工业园高架桥全幅贯通。该桥长1088米，上部结构为36×30米预应力砼连续T梁，下部构造为双柱式桥墩、肋板式桥台、钻孔灌注桩基础，共有桩基160根，30米T梁432片。7月23日，莲花西互通连接线新建工程正式动工建设，项目建设总投资8200万元，预计将与萍莲高速同步完工，按预定时间2021年12月全线通车。9月，全县新建农村候车亭15座、设立站牌157块。11月17日，萍莲高速A6标桥梁全部双幅贯通。该标段是萍莲高速最长路基标，全长15.06千米。项目共有桥梁8座，其中特大桥1座，大桥4座，互通主线跨线桥、匝道桥、分离立交桥各1座，总长2849.5米；梁板1001片，其中箱梁89片，T梁912片。2020年12月，完成城区老旧燃油公交车辆淘汰更新，新购置10辆纯电动公交车投放运营，总投资380万元。同时，优化调整城区公交线路，共计开通线路6条。2020年12月，S538垒里冲至山斗岭段公路改建工程实现油面通车。该公路是由原县道145调整新增为省道，是莲花县通往湖南省攸县的主要跨省出境公路，也是莲花县主要经济动脉之一。起点位于南岭乡垒里冲，与国道319相接，途经超村、下益、荷塘、檀树下、九曲山、寒山等村点，终点山斗岭与湖南省攸县交界，全长16.907千米，项目总投资约18000万元。

（莲花县交通运输局）

经济技术开发区

2020年,开发区交通运输局较好地完成各项工作任务。中环北路(经开区段)南起国道320南端,全长3.22千米。全线范围内设置3座分离式立交桥,于2021年2月4日完成主路通车。光丰铁路桥改扩建钢筋混凝土框架桥工程,于2020年2月4日竣工,竣工通车后极大地缓解了新老城区的交通压力,通行时间明显缩短。国道319跨铁路桥新建左幅立交桥工程,于2020年元月1日正式通车。

(经济技术开发区安全监督交通局)

武功山风景名胜区

2020年,武功山风景名胜区交通运输局工作井然有序,景区交通路网结构进一步优化,群众出行环境持续改善,交通运输事业平稳安全发展。年度累计下达农村公路建设任务34.2千米。其中县道升级改造项目需完成任务20千米,已完成4个项目24.4千米(其中索道至牌坊段3.5千米、东坑至槽下段13.3千米、塘上桥至店里桥段5.6千米、店里桥至九龙山段2千米),完成率122%;乡道双车道改造项目需完成任务6.6千米,已完成2个项目4.1千米(其中鸟仔老至大元冲0.7千米,黄江至牛宕3.4千米),完成率62%;窄路面拓宽项目需完成任务3.9千米,已完成4个项目12.4千米,完成率318%。危桥改造项目需完成1座,完工1座,完成率100%。下达县乡村道安全生命防护工程任务47.15千米,已完成46千米,完成率98%。旅游路项目需完成2.5千米,受6月25日洪灾影响,旅游路建设项目中的蔡家至东江段、博物馆至红岩谷段路基、桥梁都被冲毁,目前市公路勘察设计院已修改并完成了三条旅游路的施工图设计,预计2021年上半年开工实施建设。

灾后重建项目及旅游道路项目。塘上桥、蔡家老桥、国公桥、铁炉下桥重建项目于十一月初完成招投标工作,现已进场施工。目前国公桥已经完成桥梁主体工作,其余桥梁倒排工期,加紧施工,争取在2021年汛期来临之前完工主体建设工作。S311武功山蔡家村至麻田村公路拓宽工程正在准备可研评审和环评工作。武功山麻田区"6·25"灾毁恢复重建工程已于2020年年底全部完工。县道301石溪段公路改建工程、东江桥恢复重建工程、武功山管委会至停车场骑行道项目等项目,正在积极对接市公路勘察设计院推动项目建议书、可行性研究报告、施工图设计等项目前期准备工作。武功山蔡家至东江公路改建工程、萍乡武功山风景名胜区管委会至公安分局道路新建工程、博物馆至红崖谷公路新建工程已作为旅游路项目正积极推动项目前期准备工作。

安全生产。严格落实质量安全隐患"销号"制度,确保发现一处,整改一处。强化"扫雷"安全隐患排查治理,完善农村公路安防设施,消除隐患道路里程9千米,完成路面修补3500余平方米,依法拆除非公路标志16块,加强隐患排查,强化危桥险路处治效率,抓好安全生产信息报送。

交通秩序整治。黑车整治,截至12月底,已扣押、处罚非法营运车辆30辆。罚款20.3万元。劝导多名外地游客前往转运中心搭乘大巴、班车,制止黑车拉客行为。安装道路中线围栏。人行道加装了爆闪灯,围栏两端加装了反光道钉,且放置了防撞桶。

(武功山风景名胜区交通运输局)

九江市

2020年,九江市交通运输局以改革创新发展为契机,紧密围绕行业发展中心目标,认真谋划、主动作为,全力推进九江交通运输事业的高质量发展。

农村公路建设。全市完成农村公路建设县道2421.672千米,乡道5166.59千米,村道13935.127千米,完成危桥改造42座,完成安防工程816.3千米。申报美丽生态文明农村路283.49千米。

重点工程项目。庐山市沙山作业区疏港公路,全长8.048千米,按一级公路标准修建,总投资约4.5亿元,2020年12月完工。都昌县三汊港至泗山作业区疏港公路,全长22.383千米,总投资约5.1亿元,2019年12月完工。通山(赣鄂界)至武宁高速公路项目已于2020年10月底开工建设,正在组织九宫山隧道施工建设。九江绕城高速至湖北省黄梅县新建工程项目已列入2020年重大项目——开展前期工作。

城市公共交通。截至2020年底,共有营运车辆718台(860标台),绿色公交车569台(695标台,占比81%),营运线路74条,跨省公交线路1条,线路总长度1245千米,线网长度378千米,中心城区公交线网密度4.59千米/平方千米,公交站点500米半径覆盖率达95%。拥有各类公交场站18个,其中自有场站9个,总面积约0.14平方千米。2020年,新增公交线路9条,调整公交线路8条。完成畅达公交收购工作。

交通运输。2020年,完成公路客运量5560万人,旅客周转量298609万人千米,公路货运量15638万吨,货物周转量3255176万吨千米,淘汰营运老旧车数量1113辆,淘汰老旧营运柴油车数量567辆。在路政治超管理上,全市交通路政部门开展横向联系591次,开展联合行动147次,出动执法人员3553人次,出动各类车辆(设备)2130台次,拆除各类违法建筑物(构筑物)204处3163平方米,清理各类非公路标志(标牌)678块,整治各类非法架设(埋设)管线5处,清理沿线违法加水洗车站点25处,查处占用、挖掘、损坏污染公路(路肩种植物、打谷晒场、路面堆积物等)5698立方米/899处,规范处置平面交叉道口设置2处,清理占路为市、摆摊设点836处/次,消除各类公路安全隐患876起。

(九江市交通运输局)

都昌县

2020年,都昌县交通运输局完成农村公路建设53千米,2个乡道双车道升级项目8.8千米、18个建制村窄改宽项目44.2千米,共投资约4475万元。

三周公路改建工程,全长22.383千米,投资约2.6亿元,10月完成交工验收。县城城区疏港公路全长约18千米,项目已完成施工招标、监理招标、施工合同的签订等工作。

2020年都昌县完成危桥改造16座,基本完工3座,已开工建设5座。新妙湖大桥建成通车,全长2292.5米,宽28.5米,双向六车道,9月28日正式通车。

都昌县城东综合车站建设,建设用地约7.35万平方米,工程投资约1.2亿元,9月16日投入运营。

完成县乡道大中修32.6千米,维修破损砼路面2272平方米,投入养护资金586万元,公路列养率达100%,好路率逐年稳步提升。投资1830万元,完成县、乡道安全生命防护工程277.3千米、村道安全生命防护工程32千米。

都昌县道路运输有客运公司5家,公交公司1家,出租车公司2家,农村客运站32个,货运企业21户,客运班线122条,客车227辆6549座。公交车44辆,出租车108辆,货运车辆473辆4618吨,危货车辆12辆147.035吨,客运量246万人次,客运周转量10824万人,货运量228万吨、货运周转量32832万吨。

（都昌县交通运输局）

湖口县

湖口县交通运输局努力打造布局合理、层次分明、优势互补、功能完善的现代交通体系。全县公路总里程达1268.77千米（国道45.419千米,省道35.651千米,县道125.589千米,乡道298.828千米,村道761.281千米）。境内共有水域岸线54千米,其中长江岸线24千米、鄱阳湖岸线30千米。水运码头33座、泊位44个。2020湖口长江港区完成货物吞吐量约为3299.7万吨,位列全市第二。全年铁路发送旅客41.4万人,同比增加14.1万人,增长152%。

完成凰村至高桥、马影至江桥等6条县道升级改造33.2千米,改造比例达64%,项目总投资12309万元;完成窄路面拓宽改造工程53.7千米,项目总投资1.8亿元;完成组组通公路建设项目128个46.6千米,总投资1855万元;投资615万完成大岭至西门全长1864米"白改黑"道路改造项目;启动银砂湾作业区至澎湖高速大坝出口疏港公路、环鄱阳湖东大道建设准备工作;完成九江至湖口过湖通道规划论证。

新建石牛山大桥、黄河新桥,付垅乡夏坂新桥独立桥3座,总长104.84延米,总投资约484万元;改造马影镇葛家桥等危桥7座,总长165.44延米,总投资约1091万元,提前一年全面完成"十三五"省、市下达的计划任务。

治超站竣工完成,6月1日投入试运行,总投入约1000余万元;两处科技治超不停车检测点位已于7月建设完成,8月12日运行使用。累计出动执法人员4639人次,出动执法车辆874辆次,共计检查检测车辆27236辆次,查处超限超载及不规范装载污染公路车辆269辆次,卸载超限超载货物1678.03吨,查处非法改装车辆108台次。

现有农村公路1185.698千米,其中县道125.589千米,乡道298.828千米,村道761.281千米。落实了农村公路日常养护资金,实现了县道、乡道、村道养护全覆盖。全年完成养护大中修3.3千米,投入资金358.4万元,完成灾毁恢复重建工程13.116千米,投入资金5204万元。

投入600余万元,新建县道边沟10千米,打造完成了省级文明示范路2条县道38.3千米,美丽生态文明农村路22条乡道37.5千米。

建成镇村公交候车亭（招呼站）40个,完成流芳、舜德两个车站的改造,总投资约70万元;新建治超站一个,占地7133平方米,总建筑面积2800平方米,主体工程全部完工,总投资约730万;新建啤酒厂停车场、修配厂停车场、农药厂停车场三座停车场,总投资约800万元。

完成客运量701.1万人次,客运周转量10579万人千米;县际以上客运班线完成客运量34.6万人次,客运周转量1720万人千米;农村客运完成客运量355.61万人次,客运周转量7823.42万人千米。

（湖口县交通运输局）

彭泽县

2020年,彭泽县交通运输局完成彭泽西互通和六条县道升级改造项目主体工程;红光至白莲疏港公路已竣工通车;彭郎矶作业区疏港公路一标段4.1千米已建成通车;矶山作业区疏港公路一期工程已完成通车;县道升级改造任务完成37千米,完成率120%;乡道双车道改造完成46千米,完成率115%;危桥改造任务完成36座,完成率100%;危桥改造项目24个,延米644.06米,总投资3348万元;安全生命防护工程完成281.5千米,完成率100%。

辖区内共有建制村158个,具备通车条件的建制村158个,已通客车的建制村158个,建制村通客车比例和公路通畅率均达到100%。辖区共有城市公交车辆57辆,客运车辆193辆,城乡道路客运车辆公交化比率为42.5%。

现有客运公司3个,公交出租车公司1个,农村客运站11个,候车亭36个,现有客车208辆,客运线24条,公交车辆57辆,江西九江长途汽车运输集团有限公司彭泽公交公司车辆7辆,出租车

65 辆,货运企业 56 家,货运车辆 2624 辆,2020 年客运量 103 万人次,客运周转量 4619 万人次。货运量 135 万吨,货运周转量 31386 万吨千米。

共有 14 道渡口,渡船 17 艘,分布在江西、安徽两省、五个乡镇,总载客数为 1090 人,净载总吨位 704 吨,年客运量 1200 万人/次;汽车渡口 4 道、渡船 5 艘,载车总数为 62 车位,总功率 1308.2 千瓦,净载总吨位 1052 吨,年运载车辆 314000 台/次,船员 42 人。

(彭泽县交通运输局)

修水县

2020 年,修水县交通运输局全年完成建设、改造公路大小工程项目 25 个,92.1 千米,其中:县乡道路面改造项目 3 个,共 8.1 千米,总投资为 1223 万元;旅游路项目 1 个 4.3 千米,总投资额 1665 万元;路网联通路项目 1 个 1.3 千米,总投资为 610 万元;乡道双车道拓宽改造项目 3 个,18 千米,总投资为 5030 万元;县道升级改造项目 3 个,10.8 千米,总投资为 5496 万元;建制村窄路面拓宽公路建设项目 14 个,总里程为 49.6 千米,总投资为 4197 万元。完成危桥改造新建项目 10 个,374.153 延米,总投资额 1715 万元。完成新建独立桥项目 6 个,1501.94 延米,总投资额为 6007 万元。

投入 3200 多万元,采购安装波形护栏 200 千米,完成安防建设 383.4 千米,19 条县道标识标牌、道口标柱、千米桩等交通标志设施全部实施到位,道路列养率达 100%。道路运输管理成效得到增强。一是争取县财政支持,为全县 95 辆公交车安装驾驶员安全防护隔离装置;二是该县 350 辆客运车辆已全部启用"两客一危"主动防御系统;三是 2020 年道路运输从业人员资格考试正常运行,报考人数 720 余人,通过培训考试发证的有 502 人,通过率达 69.7%。四是全年共办理新车经营许可证 120 件、客货车年审 1061 件、从业人员继续教育和信誉考核 2300 人次、办理维修企业备案 35 户;五是全年查处非法营运车辆 115 辆、查处三轮车 12 辆、出租车 6 辆、网约车 6 辆、查处驾培维修违规行为 27 起、查处擅自改装货车 92 辆、下达整改通知书 60 份。

2020 年,完成客运量达 54 万人次,客运周转量为 6085 万人/千米,发送长途 13986 辆次,短途 67450 辆次。完成年货运量 103.25 万吨,实现年营业额约 1.71 亿元。现有客运班线共 127 条,其中跨省线路 21 条,跨地市线路 9 条,跨县线路 7 条,县内班线 90 条;全县共有客运车辆 331 辆,其中农村客运车 214 辆,跨县以上车辆 117 辆,城区公交线路 11 条,公交车 105 辆,出租车公司 2 家,出租车 220 辆(其中挂靠经营 100 辆)。其中:2020 年新增新能源城乡公交车 15 辆。

(修水县交通运输局)

武宁县

2020 年,武宁县交通运输局完成县道升级改造 5.4 千米路基工程,建制村窄路面拓宽工程 4.7 千米,乡道双车道改造 16.5 千米,县乡道路面改造 24.6 千米,旅游路、产业路建设 12 千米,危桥改造改造 20 座,安全生命防护工程 136.1 千米,美丽生态文明农村路建设 7 条。继续推动省道 S218 宋店线盘溪至罗溪段二级公路改建工程建设,启动武宁至通山高速公路建设工作。

全县 19 个乡镇和 183 个建制村(含巾口乡 5 个建制村)通客车率达 100%,全县 19 个乡(镇)已全部通水泥路,通畅率 100%;183 个行政村全部通水泥路,通畅率 100%,全县基本实现"组组通"水泥路目标,危桥改造比例达到 100%,乡道等级以上道路的生命防护工程完成比例达到 100%;县域范围车辆超限超载率严控在 1% 以下;农村公路列养率达到 100%,路面技术状况指数(PQI)逐年上升。

(武宁县交通运输局)

永修县

2020 年,永修县交通运输局严格开启万宝路新建工程,7 月 28 日开工建设,项目总产值 29478.4 万元,完成项目总产值的 34.2%。G316 永修大桥、G316 改建工程全面完成。全县"四好农村路"建设工程实施26个项目84.8千米,总投资为2.69亿元,其中县道26.3千米,乡村道58.5千米,已累计完成70%的总投资,80%的项目已竣工通车。三角乡农村公路灾后修复重建项目县乡道路24条,里程51.352千米、独立桥梁2座、水渠1条,总投资11637.687万元,完成了群众基本出行要求建设。完成县乡道公路安全生命防护工程总里程数102.5千米,总投资1537.5万元。完成梅棠镇潜水渊桥、白槎镇张家桥、立新乡桃竹桥、马口镇渠道桥、江上乡大屋港桥及千秋桥等8座危桥改造。

2020年永修县客运车辆78辆,客运量251万人,客运周转量10210万人千米,货运车辆1145辆,货运量340万吨,货运周转量31896万吨千米;全市客运线路共46条,其中省际1条、市际0条、县际3条、县内42条;市内公交车27台,其中新能源车27台,公交枢纽站1个,公交站台192个,公交线路7条。新增12条镇村公交线路,共20条镇村公交线路,累计发放3.68万班次,承载总客运量300万人次,营运总里程410.57万千米,覆盖18个乡143村,实现了所有行政村通公交。

开展路政路域环境整治,共计清理占路摊位172处,清除非公路标牌266块,割除横幅72条,清除占路堆物32处,保障了公路安全畅通;处理损路案件33起,污染路面案件4起,涉路审批案4起。加大超限超载车辆治理力度,累计出动人员3480人次,共检测车辆12768辆次,处罚超限超载车辆105余辆,卸载超限部分货物2209.08余吨。

(永修县交通运输局)

德安县

2020年,德安县交通运输局完成了万家岭专线公路崩塌处治工程;8条公路路面改造项目,共计48.9千米,总投资20420万元;7个项目共计14.6千米窄路面拓宽改造,总投资570万元;4个项目共计10.5千米乡道双车道改造,总投资2397万元;2座危桥改造,总投资2183万元;处置安全隐患里程80.9千米,总投资960万元;282条共计192.1千米通自然村公路改造,总投资4465万元。

引进九江长运集团收购城区公交、农村通乡班线经营权,实行统一经营、统一管理。已更新投入新能源车辆14辆,开通镇村公交线路28条,日均发班次增加20%、年运行里程增加25%、票价均价下降30%。全县共81个建制村,全部实现了"两通"即通客运班线和通水泥路,行政村通畅率达到100%。

全县共有货运企业82家,客运企业2家,县城汽车站1个,农村客运站8个,镇村公交候车亭114个;现有城市公交线路4条,农村客运线路28条;跨县以上班车17辆,农村客运(镇村公交)汽车36辆,城市公交车26辆,出租车100辆,货运车辆1720辆。2020年,全县客运量22.8802万人次,客运周转量780.567万人千米。

(德安县交通运输局)

瑞昌市

2020年,瑞昌市交通运输局聚焦重点项目,源头山隧道1月18日建成通车,项目全长3.085千米(隧道长1498米),总投资1.3亿元。立肇线二级公路(肇陈段)7.6千米,改造工程10月全面完工并通车。国道220武穴大桥南互通至金丝村段改造工程2019年11月25日开工建设,完成工程量造价约9900万元。

完成通村公路建设项目89个33千米,完成乡道双车道改造4.9千米、窄路面拓宽7个12.7千米、产业路2个8.3千米。启动危桥改造项目10座,已完工9座,剩余1座开工在建。年度管养公路2075.296千米,年内大修里程6.93千米,中修20.33千米。完成8条农村公路400千米的公路安全隐患治理,全市农村公路养护管理覆盖面达100%,优良率达85%以上。

完成5项政府采购项目,节约资金40.8071万元。受理质量监督项目18个,完成交工验收质量检测项目5个。完成6条主干道不停车检测系统建设。

该市共有客运车辆148辆、货运车辆3632辆,完成客运量504万人、客运周转量24396万人千米,货运量1052万吨、货运周转量76896万吨千米;全市共有客运线路46条,其中省际1条、市际1条、县际5条、县内39条;市内公交车41台,其中新能源车36台、柴油汽车5台,公交枢纽站1个,公交站台180个,公交线路5条。

（瑞昌市交通运输局）

共青城市

2020年,共青城市交通运输局完成农村公路建设114个项目,投入资金3.09085亿元:国道532联络线三期,全长9.5千米;资源路产业路建设7.85千米;县道197关帝庙至斜田李升级改造工程全长10.5千米;县道163供销社至石山升级改造工程全长4.3千米;县道808泽泉至金湖升级改造工程全长4.2千米;县道196九江至共青升级改造工程全长11.8千米;通村小组建设60个项目24千米;窄路面拓宽18个项目19.8千米;生命安全防护工程28个项目54.8千米,其中县道生命安全防护工程6个15.2千米,村道生命安全防护工程22个共39.6千米。投入资金350余万元对农村公路进行养护,58千米乡道村道进行养护及添置减速带等安全设施。

共完成泽泉雷家桥、苏家垱水口周桥、江益镇跃进桥3座独立中小桥危桥改造项目,共60延米,总投资210万元。

共有客货运输企业50家,营运汽车保有量239辆,其中普通货车189辆,吨位数3223吨,危险品运输车辆50辆,吨位数649吨,载客汽车139辆,总座位数4734个,其中客运班车27辆,座位数1142个,公交车44辆（全部为新能源公交车）,座位数2616个。现有城市公交线路12条,客运线路5条,其中市际班线1条,县际班线4条。出租车62辆,座位数310个。全年完成公路货运量49.3万吨,货运周转量9461万吨千米,完成公路客运量480万人次,旅客周转量16500万人千米。

开展路政巡查活动150余次,重点对国省干线公路、桥梁等进行了隐患排查;排查"两客一危"重点运输车辆358车次,抽查重点车辆动态监控2321车次,查处2起客车安全带违反规定行为,共查处工程运输改装车辆107辆,非法网约车15辆,查处超载超限车辆74辆,其他案件3起,卸载货物973吨。

（共青城市交通运输局）

庐山市

2020年,庐山市交通运输局完成交通基础设施建设7688万元。投资6000余万元,全长1.9千米的G532横塘段10初完成交工通车。续建项目5.6千米沙山作业区疏港公路完成投资3943万元。投入资金3580万元,完成新建、改建农村公路148.8千米,其中县道路面改造66.3千米,村道拓宽改造16.5千米,道路生命安全防护工程50千米。新建星子镇等5个乡镇资源路、产业路、旅游路16千米。

启动危桥重建计划3座,分别为投资166.96万元32.04延米、7米宽的温泉镇吴家桥,投资146.54万元30.04延米、6.5米宽的温泉镇余家桥,投入资金157万元10米宽的白鹿镇秀峰桥,三座桥都已建成通车,庐山市危桥库中项目至此全面建设完成。

船舶生活垃圾污水接受船及专用码头泊位建设已全面完成建设任务,完成投资230余万元。其中专用泊位码头位于庐山市白鹿镇波湖村神灵湖谢师潭（神灵湖东毅码头东侧）,拉开了全市污染物治理交通项目治理的序幕。

建设乡道管养公示牌60余块,全年共投入养护资金1290多万元,好路率达90%以上。建设车站、公交站台安全防护设施6处,完成建制村通客车公示牌63块。所有农村班线及城市公交安装了安全防护隔离设施。

共有公路客运企业5家,危化品运输企业2家,城市公交公司1家,出租车公司2家,98辆,全年完成客运量52万人。水上交通运输企业7家,拥有各类营运船舶167艘,载重吨位达到25.56万吨,水上加油企业3家,散货码头1个。

（庐山市交通运输局）

濂溪区

2020年,濂溪区交通运输局共完成农村公路提质改造项目16.2千米,其中乡道双车道拓宽改造项目 4.7 千米;窄路面拓宽改造项目 3 千米;县乡道路面改造项目 3.2 千米;产业路项目 5.3 千米,完成县乡村道生命安全防护工程项目 60.65 千米。

濂溪区将养护管理经费列入了财政预算,各乡镇街道均设立农村公路管养办公室,落实了养护工作管理人员,制定了养护管理制度,养护管理经费做到了专款专用,完成养护工程 44 个,养护补助资金 107 万元。

认真开展水上交通安全专项整治活动,加强对水上交通安全重点领域和农村公路安全隐患排查及在建工程安全监管,开展了水上交通安全宣传和水路运输企业隐患自查自纠,评估了安全风险,及时消除安全隐患,共开展安全生产检查 20 余次,未发现安全隐患。

拥有客车 73 台,2250 座;货运车辆 3008 辆,31952 吨位。2020 年完成客运量 161544 人、旅客周转量 2381.07 万人千米,货运量 27624 吨、货物周转量 138 万吨千米。

(濂溪区交通运输局)

柴桑区

2020 年,柴桑区交通运输局完成庐山—毛桥等 3 个县道开工及改造项目 10.8 千米投资 2160 万元。完成乡道涵洞口—涌塘双车道改造项目 2 个 9.7 千米投资 970 万元。村道九瑞路—万家坳村道拓展项目 15 个 37.7 千米投资 1508 万元。完成组组通村部—李家 162 个项目 49 千米投资 1470 万元。危桥重建熊河桥等项目 2 个 54.05 延米投资 218 万元,于 2021 年 11 月底交付使用。

该区现有农村公路 1379.35 千米(其中县道 180.76 千米、乡道 210.38 千米、村道 988.19 千米)日常养护全覆盖,全年共完成大中修 16.35 千米,修复面积 3 万平方米,投入资金 820 万元。

结合普铁沿线安全隐患整治,大力整治农村公路路域环境,投入资金 300 万元,完成沿线房屋波顶加固 102923 平方米,更换 1978 平方米,拆除 106 平方米,增设限高杆 9 处,清理疏通排水设施 2 处,投入资金 150 万元,对沙黄路等县乡道进行了公路绿化,完善标牌、标线及波形护栏等。完成安全生命防护工程项目 13 个,处置隐患里程 43 千米,投资 598 万元。

拥有旅游客运公司 6 家,县内客车 59 台,县际 25 台,旅游车 29 台,公交 30 台,货运企业集体(独资)101 家,个体 33 户。货运车辆 580 辆,其中危货运输企业 1 家、危货运输车 49 辆。2020 年完成客运量 291 万人、旅客周转量 58.20 万人千米,货运量 433.24 万吨、货物周转量 47652 万吨千米。

(柴桑区交通运输局)

新余市

2020 年,新余市交通运输局各项工作取得了明显成效。

重点项目建设。今年市本级政府性投资交通公路建设项目 14 个,项目总投资 520774 万元,本年度计划完成投资 141464 万元。截至 12 月底,全年完成投资 109642 万元,完成率 77.5%,其中,市国省道一级公路绕城改建项目全线主体工程已基本完工,除万商红涉铁大桥,全线预计 2021 年 1 月中旬建成通车;省道 222 一级公路改建项目(分宜绕城路)总投资 6.5 亿,并于 10 月 15 日实现全线通车。

"四好农村路"建设。全年完成新改建、续建农村公路建设投资 9.37 亿元,占比目标任务 156%;完成县道升级改造 27.5 千米,占比目标任务 138%;完成乡道双车道改造 110 千米,占比目标任务 138%;完成窄路面拓宽改造 30.7 千米,占比目标任务 154%;完成县乡道路面改造 20.6 千米,占比目标任务 103%;完成旅游路、资源路、产业路、路网联通路、公益事业路67.1千米,占比目标任务336%;完成危桥改造33座,占比目标任务103%,危桥库内未下达计划的危桥改造项目26座已全部开工建设,预计春节前完工;完成安全生命防护工程197.02千米,占比目标任务131%;仙女湖区县道215肖公庙至圣寿寺公路被省交通运输厅推荐参评全国"十大最美农村公路";全市26个乡镇、396个建制村全部完成通客车,乡镇通客车率达到100%,建制村通客车率达到100%,建制村通客车公交化运营100%;积极推广更新新能源客车,2020年该市城乡公交企业共新增新能源公交车52辆。

交通运输管理水平。全面加强超限超载治理,截至12月底,共计检测货运车辆318034余辆,查处违章货运车辆2704辆,卸载超限货物48394.52余吨,恶意超限超载运输车辆得到基本杜绝,超载率控制在2%以内,路面治超平均查处率全省排名第一;稳步推进铁路沿线环境安全整治,截至目前,全市共完成任务225个,占总任务226个的99.56%;开展船舶和港口污染突出问题整治,共排查"僵尸船"30艘,切割、处置25艘,规范管理、停泊5艘,未发生"僵尸船"污染水域事故;严格落实道路运输第三方平台数据应用和管理,加大"两客一危"重点营运车辆监管力度,目前全市共许可网约车平台8家,共计上线网约车312台,巡游车和网约车全部纳入了市出租汽车智能监控服务平台实行统一管理;强化执法检查,进一步规范驾校、维修企业经营管理。

交通运输安全生产。2020年,全市交通运输行业未发生较大及较大以上安全生产责任事故,行业安全生产形势稳中向好;全市交通建设工程质量安全形势稳定,截至年底,完成竣工检测项目4个共57.483千米,交工检测项目7个共31.813千米,同时完成了市绕城路四分部省道312珠珊至仙女湖段一级公路改建工程4.287千米、市绕城路其余分部40余千米交工检测工作,有力地保证了该市环城路通车计划。

(新余市交通运输局)

分宜县

2020年,分宜县交通运输局重大项目建设顺利推进。该县绕城公路S222凤阳至山塘下一级公路改建和昌傅至金鱼石高速公路分宜互通移位工程项目是省重点项目,其中分宜绕城段路线全长15.7千米,按一级公路标准设计,总投资6.5亿元,目前已建成通车,该项目建成通车对缓解城区交通压力,改善和优化高速匝口,提升城市形象,完善城市功能,拓展县域、沿线各乡镇、园区发展空间有着积极作用。县道操场至杨桥公路16.4千米,按三级公路标准设计,总投资1.85亿元,年度计划投资7500万元,完成8000万元。县道铜锣坑至洞村公路7.9千米,按三级公路标准设计,年度计划投资4500万元,完成5800万元。S222金鸡布至峡石二级公路改建项目,分宜县境内路线全长12.78千米,按二级公路标准设计,总投资2.5亿元,年度计划投资9000万元,完成投资9200万元。高分线二级公路改建项目,分宜县境内路线全长10.2千米,按二级公路标准设计,总投资1.9亿元,年度计划投资9570万元,完成9800万元。

"四好农村路"建设。2020年,省厅下达该县农村公路建设总任务为81.1千米,危桥改造9座。分别是乡道双车道拓宽改造10千米,通建制村窄路面拓宽改造6千米,公益路、产业路、资源路等(简称五合一路)15.1千米,安全生命防护工程50千米。2020年已完成乡道双车道拓宽改造10.9千米;建制村窄路面拓宽改造6.2千米;2019年以前乡道双车道拓宽改造及窄路面拓宽改造项目60.4千米已全面完工,公益路、产业路、资源路等(简称五合一路)已完工20个15.1千米;安全生命防护工程已完成33个项目74.4千米;危桥改造项目已完工15个。

道路运输管理。目前共有6条城市公交线、19条公交延伸线,8条客运班线,7个区域经营客运线路,各线路运行正常,实现全县134个建制村通客车全覆盖,每个建制村做一块招呼站牌,也已全部完成安装。分宜县现有货运企业74家,其中50辆车以上的公司16家,货车拥有量2798辆,总载货量为3.5247万吨。12吨以上车辆1537辆。危货企业2家,共有车辆106辆。长期在分宜运营的约600辆。

农村物流。在县公交物流园建成一个3500平方米的电子商务快递物流分拣中心,打造乡村电商物流服务体系。县城区域根据街道地理位置,设立45个网格化社区快递服务点,在乡镇快递建成10

家电子商务综合服务站(快递超市)和68家村级快递揽投点,由公交车运送至10个乡镇的电商综合服务中心,再由邮政公司邮递员送到各村的电商综合服务站。2020年4月,分宜县"整合交邮电商资源,打造农村物流新供给助力乡村振兴"服务品牌被交通运输部运输服务司列为农村物流服务品牌(第一批)。

(分宜县交通运输局)

渝水区

2020年,渝水区县道升级改造建设项目有4个共计11.3千米,总投资约4833万元至目前,已累计完成投资约2883万元;窄路面拓宽改造项目17个约50千米,已全部开工建设;危桥改造计划14座,共计358.16千米,总投资约1129.4万元。目前已全部完成施工图设计,并已完成8座危桥改造项目,完成投资约200万元;生命安全防护项目26个50.7千米,总投资约760.5万元,目前已完成10.7千米;县乡道路面改造项目3个31千米,总投资约29522万元,目前三个项目均已开工建设,累计完成投资约16105万元;旅游路、资源路、产业路、公益事业路、路网连通路项目15个19.7千米,总投资约6745万元,现已全部开工建设,累计完成项目5个;养护工程项目3个3.258千米,总投资约486万元,目前正在进行施工。

道路客运。渝水区现有城乡公交客运企业7个,经营模式为公司化经营、集约化管理、公车公营模式;有205辆公交车,其中:纯电动公交车161辆,天然气公交车28辆,新能源车型占比达92%。截至目前,渝水区开通了18条城乡公交线路,2条城际公交线路,32条镇村公交线路,乡镇通公交率达100%,建制村通公交率达100%,实现了乡镇、建制村公交全覆盖,市、区两级财政按5∶5比例每年补贴城乡、镇村公交线路资金达2109万元。另有1家旅游包车客运企业,有旅游包车客运车辆18辆,从事县内、县际、市际、省际旅游包车运输经营。

货运物流。渝水区现有货运物流企业207家,其中外资运输企业107家。全区货运车辆总数9706辆,运力吨位146353吨。今年以来,新增货运企业20家,新增货运车辆1751辆,新增运力吨位26461吨。渝水区乡镇总数11个,建有农村物流节点的乡镇数量11个,乡镇农村物流节点覆盖率100%。开通货运物流、邮政、快递等服务的建制村数量182个,建制村农村物流服务覆盖率100%。

维修和驾培行业。渝水区现有一类维修企业5家,二类维修企业19家,三类维修业户100余家。机动车驾培行业发展情况。渝水区现有机动车驾驶员培训学校4所。

(渝水区交通运输局)

高新区

2020年,高新区交通运输局工作取得了显著的阶段性成效。

农村公路建管养。农村公路项目建设。乡道双车道改造及窄路面拓宽改造项目里程共32.8千米,总投资约1亿元,完成32.8千米,完成投资额约1亿元;完成危桥改造5座,其中水西大桥危桥改造工程已完成主梁现浇部分,今年完成投资额约800万元。"五路合一"新建道路共计3.1千米,完成投资2000多万元,安全生命防护工程2020年计划40.9千米,完成投资额500余万元;共争取上级补助资金510多万元。农村公路日常管养维护。全区列养县、乡、村道里程438.024千米,管养率达100%,投入日常养护资金140多万元,好路率达平均达到75%以上;完成了水毁路段处治工程2处约200立方米土方、涵洞20米、路面约100平方米,投资10余万元;开展农村公路路容路貌整治,加强道路绿化美化,清除各路线建筑控制区违法非公路标牌4块;拆除违章搭建棚屋1处,清除乱堆乱放12处,迁移垃圾点2处,排除道路安全隐患5起,绿化修剪、倾斜的大树扶正3棵,清理两侧边沟10千米左右,清除公路两侧杂草6千米左右。桥梁信息采集及危桥检测。对全区未上路网信息平台桥梁摸排了40座,涉及村委35个;核定2019年农村公路组组通建设项目4.5千米线位图,并上报省公路局。

道路运输。强化对全区所有行政村通客车情况进行调查摸底,按照实地勘查通行条件状况,对农村客运线路进行重新规划许可,共许可镇村公交线路8条,线路沿线共设立停靠点46个,并全部树立停靠点站牌。开展联合检查2次,查处了非法加油运输车1辆,检查了各类汽车销售商86家,淘汰各型老旧营运性货车228辆,该区4家机动车检测机构全部纳入机动车排污监测平台,登记非道路移动机械334辆。

交通行业安全生产。重点对客运、货运等进行监管,定期或不定期地进行督导检查,检查人员106人次,检查企业62家(次),排查出一般隐患22处,整改存在的问题36项,消除隐患18处,整改率100%。

(高新区交通运输局)

仙女湖区

2020年,仙女湖交通运输局各项工作稳步推进。

公路建设养护管理。完成县道升级改造10千米;乡道双车道改造30千米;窄路面拓宽改造9.5千米;县乡道路面改造5千米,"旅游路、资源路、产业路、公益事业路、路网连通路"项目5千米;安全生命防护工程9.1千米;仙女湖区村村通油路工程89千米;县道升级改造项目观界线、肖公庙至圣集寺项目、河良线项目。

道路运输管理。开展道路运输企业"两证"审验营业运输证核查工作,全区拥有道路运输车辆12734辆,货运企业148家,客运企业2家,维修企业27家,驾校2家,今年共办理道路运输证年审11247件,新增普通货物运输车辆道路运输证1054件,注销货运车辆92辆,车辆转户301辆,新增货运企业12家,完成道路运输证IC卡换发306张。积极开展了城乡客运一体化工作,开通仙女湖区7个乡镇公交,乡镇公交开通率达100%,开通观巢镇、欧里镇村公交;全部更换纯公交车辆30辆,环保新能源车型占比100%;三是联合公安部门开展全区道路客运市场整治。

(仙女湖区交通运输局)

鹰潭市

2020年,鹰潭市交通运输局各项工作开展顺利。

重点项目建设。鹰潭港建设稳步推进,总投资47.5亿元的鹰潭港项目逐步开工建设,鹰潭港余江中童货运码头、贵溪九牛滩码头开工建设。配套设施鹰潭市船舶污水垃圾港口接收设施建设项目中污染物接收船建造完成。公交枢纽建设全面加速,建成余江区汽车客运总站、鹰南公交枢纽站、鹰北公交调度指挥中心、余江区塘潮源林场客运站,开工建设鹰西客运综合枢纽。公路项目建设有序展开,贵资高速建设稳步推进,"一纵一横二联"高速公路形态基本形成,里程由89千米增加到101.4千米;推进G206、G320、S206、S207、S422等国省道建设,加强国省干线公路升级改造,市县级结点实现二级及以上公路网相连,乡镇结点实现三级公路相连,重要景区、客货运车站、高速公路互通实现三级以上公路相连。

行业整治。牵头承担信江流域鹰潭段"僵尸船"治理工作,对排查出的168艘长期停靠的船只,区分性质和类别,作出依法切割、引导出售、限期劝离、有序退出的处置要求,切割率达到91.6%,工作做法得到省厅高度认可。累计出动执法车辆7600台次、执法人员11600人次,检查车辆18000余台次、处理出租车违规行为千余起。逐步推进违法超限超载治理。率先提出"全域一体"的"智慧治超"理念,在充分调研论证、反复推敲的基础上制定《鹰潭市联合治理道路货物运输车辆超限超载实施办法》《鹰潭市源头治理道路货物运输超限超载实施办法》等12个规范性文件出台。

交通运输保障。基本建成了鹰潭市各乡镇10

分钟内到达国省干线公路、20分钟内上高速公路、各乡镇之间出行时间不超过40分钟、与周边地市之间60分钟互通的"12460"1小时交通圈,基本实现城乡交通网络化和一体化。中心城内居民上下班平均出行时间在30分钟以内,居民单程最大公交出行时耗不超过35分钟。公交服务水平进一步提高,城市公共交通站点500米覆盖率达到100%,具备条件的行政村客运班车通车率达100%。开通多条微公交线路,根据形势发展,增加了公交车微信、支付宝等支付功能,对全市108台老旧公交车进行强制报废,全部更换为新能源汽车。

安全应急管理。推进"互联网+交通运输安全"工作,全市共接入平台企业578家,接入车辆6130辆,分别占总数的98%和89%,引入第三方监控以来,全市道路运输车辆日报警次数由之前的1.5万余次下降到283余次。

(鹰潭市交通运输局)

贵溪市

2020年,完成县道大中修10千米,维修破损砼路面8000平方米,投入养护资金205万元,县道列养率达100%,好路率逐年稳步提升。投资280万元,完成县道安全生命防护工程15千米。道路运输有客运公司1家,公交公司1家,出租车公司2家,农村客运站6个,货运企业118户,客运班线62条,客车82辆2438座。公交车68辆,出租车138辆,货运车辆2709辆40635吨,危货车辆222辆3330吨,客运量358.2万人次,客运周转量7041万人。

(贵溪市交通运输局)

余江区

2020年,余江区道路运输有客运公司3家,公交公司1家,出租车公司1家,农村客运站11个,货运企业197户,客运班线21条,客车102辆2024座。公交车18辆,出租车41辆,货运车辆5571辆75120吨,客运量98.6万人次,客运周转量1774.8万人,货运量1425万吨、货运周转量525840万吨。

(余江区市交通运输局)

龙虎山风景名胜区

2020年龙虎山完成县乡道路面改造13.3千米,总投资2573万元,乡道双车道改造15.2千米,总投资1762万元,旅游路3.4千米,总投资626万,村道生命安全防护27.7千米,总投资826万元,村道危桥拆除重建2座,总投资148万元。2020年龙虎山景区道路运输有客运公司2家,农村客运站0个,货运企业23户,客运班线8条,客车25辆828座,货运车辆163辆3260吨,客运量85万人次,客运周转量436万人,货运量98万吨、货运周转量11568万吨。

(龙虎山风景名胜区交通局)

赣州市

2020年,赣州市交通运输事业发展取得显著成绩。被交通运输部批准为全国革命老区唯一的交通运输高质量发展试点,成功入选全国首批、全省唯一的国家物流枢纽建设城市。

交通基础设施建设。2020年,全市交通项目建设年度完成投资创历史之最,项目开工率实现100%,完成投资495.4亿元,占年度计划的155.8%,同比增长24.6%,其中,高速公路建设完成投资136.5亿元、国省道建设完成投资54.5亿元、农村公路建设完成投资50.8亿元、航空项目建设完成投资5亿元、物流基础设施建设完成投资200亿元。为该市经济实现高质量发展和全省完成交通建设任务作出了重大贡献。

高速公路建设。2020年,赣州市交通运输局紧紧围绕兴赣高速北延项目年内建成目标和大广高速扩容、寻乌南桥至龙川、信丰至南雄、遂川至大余等高速公路项目、大力开展各项征迁协调工作。截至年底,完成项目征地共计约17.33平方千米,征收房屋约38万平方米,迁移坟墓约9千穴,现场解决问题100余件,召开会议60余次,为工程建设扫清了各种障碍。兴赣高速北延年底建成通车,大广高速扩容工程半幅贯通,寻龙、信雄高速开工建设。

普通国省道建设。赣州市普通国省道纳入基础设施攻坚战项目完成投资49.5亿元,占年度计划135%,完成里程137千米。其中:国道105赣州中心城区改线项目,累计完成投资28.61亿元,占总投资的102.7%,在2020年12月23日实现正式通车,受到了市政府通报嘉奖。瑞兴于快速交通走廊项目,累计完成投资13.55亿元,占总投资18.28%。国道323章贡区梅林大桥至沙石段公路项目,已完成项目工可审批,项目A1、A3标段已进场施工。三南快线项目,累计完成投资7.2亿元,占项目总投资15%。同时,协调推进项目前期,加快项目开工建设。2020年计划新开工的10个,182千米项目中有8个,140千米项目均已开工或挂网招标;2021年计划新开工的5个,共94千米项目,赣县、石城共2个,35千米建设项目已提前于2020年完成招标。

农村公路建设。2020年赣州市全年完成投资55.4亿元,占省厅下达年度目标任务的145.8%,完成新改建农村公路1936.2千米,其中县道升级改造280.248千米,乡道双车道拓宽改造606.6千米,建制村窄路面拓宽改造806.8千米,县乡道路面改造575.5千米,资源路、产业路等235.87千米。危桥改造181座,安全生命防护工程2714.68千米,旅游公路及红色旅游公路42.4千米。

公路养护。2020年,赣州市国省道公路按照"建养一体化"模式分三批次组织实施路面大中修、示范路建设、安防工程等项目,共完成大中修506千米、危桥改造43座、三类桥维修9座,安防工程474千米、灾害防治工程37.33千米,隧道提质升级6座、连续长陡下坡隐患整治24处、桥梁防护能力提升80座,公路养护服务设施建设22个,累计完成总投资约16亿元。11月份,该市接受了"十三五"全国干线公路养护管理评价工作,得到了"国评"组的充分肯定,为实现全省迎"国评"总体目标作出了巨大贡献。农村公路方面,赣州市深入推进农村公路管理养护体制改革,寻乌县通过招投标的方式三年1795万元将农村公路交由专业养护公司管养,取得了较好的养护效果,赣州市、安远县荣获全国深化农村公路管理养护体制改革试点。章贡区被评为全省"四好农村路"示范县,安远县县道226凤山至梅屋段荣获全省"最美十大农村公路"。

道路运输。2020年,赣州市有公路营运车辆27664辆,其中客运车辆2439辆,货运车辆25225辆,客运班线通达6个省市,拥有班线992条。截至2020年12月底,完成公路货物运输量13768万吨,公路货运周转量3238410万吨千米,公路客运量5445万人,公路旅客周转量380010万人千米。2020年,赣州市全面推行定制客运,全年新增8条县际、1条省际定制客运服务。加快推进镇村公交试点,开通公交化运行农村客运班线55条、公交许可延伸线路27条。中心城区五区公交一体化加快推进,开通赣县、南康、蓉江新区至高铁西站和高铁西站连接水西片区的大站快线公交线路,赣州市被命名为省"公交城市"创建示范城市。

水路运输。赣州市扎实开展水路交通运输安全生产专项整治三年行动,提升科技监管水平,强化安全隐患排查整改,督促辖区内危货企业赣州江海航运有限公司提前完成CCTV监控系统的设备安装,并正式投入使用。建立了市船舶港口突出问题整治工作联席机制,并印发了《赣州市船舶和港口污染突出问题整治工作方案》,扎实推进船舶港口污染防治。加强联合执法检查,市县两级年内共组织现场联合检查156次,出动执法人员472人次,检查船舶累计265艘次,码头及砂石堆场79处次,督促整改未设置岸上接收设施3处。积极引导水上运输企业规模化、公司化发展,推动辖区内个体砂石运输船舶企业化经营,截至年底已批准3家市区内短途砂石运输企业。截至年底,赣州航道通航里程789.25千米,拥有水运港口1个,泊位119个;运输船舶总数92艘,其中货运船舶64艘,客运船舶28艘。2020年完成水运货运量1059.3万吨，水运货运周转量74002万吨千米；水运旅客运输量13.7万人，水运旅客运输周转量165万人千米。

（赣州市交通运输局）

章贡区

2020年，章贡区交通运输局组织实施了G105赣州中心城区改线公路改建工程，项目由章贡区、南康区、开发区等三区分段组织实施，其中章贡区段为国道二级升一级公路，设计里程5.1千米，总投资4.037亿元，路基宽度25.5米，采用PPP建设模式建设，2019年1月开工，于2020年9月完成主体工程交工，2020年12月正式通车。G323章贡区梅林大桥至沙石段公路改建工程项目分为三个标段，为国道二级升一级公路，建设里程共14.15千米，路基宽度24.5米，总投资约6.43亿。该项目于2020年12月开工，整个项目计划2022年12月交工。

全年实施农村公路升级改造项目11个，总里程29.3千米，完成投资7000万元；新建旅游路、资源路、产业路、公益事业路、路网连通路10.2千米，完成投资7500万元；扶贫资金项目5个，完成投资650万元。投入2800万元实施县乡道安全生命防护工程112.7千米；投入555万元实施村道安全生命防护工程30.7千米；投入4800万元实施县乡道路面改造26.14千米。截至2020年底，该区农村公路在册总里程417.981千米，25户以上的通组道、自然村道水泥硬化占比达100%；54个行政村村委会中已全部实现有一条宽6米以上的硬化道路从村委会通往镇政府所在地。

湖边至内潮，三级公路，2.4千米，投资1063万元、投资方式为上级补助及地方自筹，开工时间2020年6月，竣工时间2020年11月。

虔东大道、沙石农贸市场、峰山连接线1期、沿坳至赣南大道四个项目：全部为三级公路标准、合计10.2千米，累计投资7543.8万元、投资方式为上级补助及地方自筹，2020年7月4个项目同时开工建设，截至2020年11月全部完工。

沙石至峰山：三级公路，18.89千米，投资3778万元、投资方式为上级补助及地方自筹，2020年7月开工，2020年11月竣工；埠上至五爪龙、和乐新田至石珠南坑、南坑至山下等均为四级公路标准，公路里程合计7.3千米，上级补助及地方自筹累计投资1088万元，2020年7月开工、2020年11月全面完工。

全区道路运输企业共计411家，其中危货企业13家，普货运输企业203家，驾培企业14家，租赁企业14家，维修企业170家。营运性货车共计2162辆，其中危货运输车辆226辆，普货运输车辆1936辆。2020年章贡区货运量2510万吨，周转量646853万吨千米。

（章贡区交通运输局）

赣县区

2020年，赣县区交通基础设施共有乡村道窄路面拓宽改造项目10个55.3千米，截至年底全面完工。脱贫攻坚交通项目158个，总投资4713.5万元，截至年底全面完工。有县道升级改造、乡道双车道改造、窄路面拓宽、县乡道路面改造全面完成任务；旅游路、资源路、产业路、路网联通路、公益路超额完成。

该区有县道368.157千米，乡道469.214千米，村道2038.708千米，全部列入养护管理，实现农村公路养护管理全覆盖。农村公路生命安全防护工程完成214千米，其中县乡道170千米，村道完成44千米。六大攻坚战危桥改造目标任务为23座，截止12月底，完成22座、1座在建；新增村道危桥改造13座，截至12月底，完成9座、4座在建。

全区安装农村客运停靠站点公示牌276块。截至12月底，该区共有农村客运公司8家，农村客运车辆176辆，农村客运班线98条，实现了全区19个乡镇276个行政村全部通客车，通车率达100%。2020年，共完成客运量620万人次，客运周转量39680万人千米，货运量1440万吨货，运周转量353752万吨千米，新增货运企业16家，新增货运车辆537辆，新增吨位6273吨。完成了31辆私营公交车辆收购，合理调配运力，新增城北片区环城19路、城西片区环城8路公交线路，为跨江跨河、重点线路营运的20辆公交车驾驶区域安装了防护隔离设施,所有在用的公交车辆安装4G视频监控,新购14辆节能环保的纯电动公交车,运营新开高铁北站、西站以及市际公交线路,开通了赣县区至南康区和经开区的公交快线、向上申请了该区至赣州高铁西站的D11公交快线。

是年,该区共检查船舶120艘次。在客、渡运码头停靠点安装渡口守则等公示牌55块。投入资金7.8万元,对湖江、攸镇客渡运船舶安装4G视频监控,认真抓港口码头船舶污染防治工作。

(赣县区交通运输局)

上犹县

2020年,上犹县道升级改造项目任务22.3千米,完成18.1千米,在建4.2千米,完成投资11823万元。乡道双车道改造项目任务25千米,全部完工,完成投资5444万元。村道窄路面拓宽改造项目任务20千米,全部完工,完成投资2063万元。县乡道路面改造项目任务15千米,全部完工,完成投资1990万元。农村公路破损路面和"畅返不畅"整治项目任务17.2千米,全部完工,完成投资904万元。

该县南湖大桥新建工程,二级公路兼城市次干道标准,设计荷载公路—Ⅰ级,桥梁全长218米,包括桩基、下部构造、上部构造,投资6600万元,投资方式政府资金,开工时间2018年3月、竣工时间2020年12月。2020年危桥改造项目有两个:张屋桥,桥梁长度17.02米,桥梁宽度5.5米,跨径10米,总投资44.1万元。梅口桥,桥梁长度40.06米,桥梁宽度7.06米,跨径32米,总投资104.9万元。

全年清理塌方12.8万立方米,恢复水毁受阻路段40处,排查治理安全隐患路段160处。申报建设美丽生态文明农村路建设项目共6个65.6千米,总投资1968万元。是年,该县日常养护1373.243千米、中修13.513千米。公路绿化27.9千米、公路水毁防治12.393千米。

截至2020年底,全县客运企业9家(含公交、出租、租赁),营运客车199辆,客运班线39条,全县131个建制村全部实现通客运班车(或公交车)。全县汽车客运站3个,候车亭105个,全年共完成客运量330万人次,旅客周转量完成33680万人千米,较2019年下降8%;全县货运企业21家,载货汽车583辆7197吨位,是年完成公路货运量1358万吨,完成公路货运周转量162960万吨千米,较2019年上升25%。

该县水路客运企业1家,其中水路客运线路2条,营运船舶10艘,总客位584个,全年水路运输行业共完成客运输量为90707人次,完成客运周转量为907070人千米。县港航所自有客运码头1座、趸船1艘,客运企业拥有客运码头4座、趸船4艘,全年完成港口吞吐量181414人次。全县水路运输行业实现了连续50年安全无事故的目标。

(上犹县交通运输局)

崇义县

2020年,崇义县共完成公路建设项目123个,完成工程建设总投资3557.32万元,完成工程建设总里程226.28千米。重点项目:①崇义县乡村道路生命安全防护(安保工程)设施项目:四级公路标准,全长219.6千米,项目总投资932.89万元,为政府投资,于2020年6月开工,2020年12月完工。②崇义县左溪阳明寨4A级乡村旅游景区公路工程:按照四级公路标准建设,全长2.886千米。总投资1880万元,为政府投资,于2020年3月开工,2020年11月完工。

全年共完成桥渡隧建设项目3个,完成工程建设总投资7732.63万元,项目:①崇义县横水镇左溪大桥新建工程:按照中桥标准建设,全长31.04米设计长度31.04米,宽度7米,总投资140.127万元,为政府投资,于2020年4月开工,2020年6月完工。②崇义县丰州乡九零中桥工程:按照中桥标准建设,全长85.04米,桥梁设计长度85.04米,桥面宽7.0米;引道长度0.193千米,引导路线按四级公路标准设计,路基宽7米,路面宽6米。总投资462万元,为政府投资,于2019年10月开工,2020年12月完工。③横水江大桥:1号桥全长248米,按照一级公路标准建设,2019开工,2020年竣工,项目总投资3224万元。4号桥全长168米,按照一级公路标准建设,2019开工,2020年竣工,项目总投资2184万元。5号桥全长265米,按照一级公路标准建设,2019开工,2020年竣工,项目总投资1722.5万元。

全年农村公路养护路程共计1142.356千米,其中:县道314.484千米,乡道189.521千米,村道1142.356千米;全县农村公路列养率达到100%。完成"畅返不畅"路面修复4.6千米;完成了2020年度养护工程建设任务(路面大、中修)14.6千米;完成路面改造建设任务16.4千米;全面完成2020年度农村公路生命安全防护工程建设任务,建设项目共计14个,治理隐患路段129.3千米,其中县道6个,治理隐患路段55.5千米;乡道8个,治理隐患路段73.8千米。

是年,完成全县公路绿化路肩铺设草皮146006.5平方米,边坡复绿98000平方米,种植乔木3135株,完成公路塌方清理33处、38650立方米,修复路基塌陷3处,水毁路面修复50米。

全年货运量901万吨,客运量58万人次,全县共有公路客运班线35条,其中:省际班线2条,市际班线1条,县际班线4条,农村客运班线23条,城乡公交4条,公交专线2条。班线客运车辆共77台,行政村通客车率达100%。全县有出租车公司1家,共投入营运6台纯电动出租车,公交公司1家,在城区范围内投入营运纯电动公交车20辆,崇义—赣州班线投入营运定制客车13辆。

全县共有客运码头2个,分别是:水口码头、鹿湾码头;水运路线有:鹿湾—树木园—水口—过埠—陡水;全年水路运输的客运量1950人次;运价平均为60元/人次。

(崇义县交通运输局)

南康区

2020年,南康区农村公路拓宽提升改造工程项目7个,合计改造里程30千米,总投资7500万元,完成投资占比98%。一是国道105赣州中心城区改线公路(一期)改建工程于2020年12月底完工;二是康唐公路拓宽改造工程节约到征拆资金1494万元,2020年12月底完成路面主体工程,2021年3月底全面完工;三是省道226横市至十八塘段公路改建工程节约到征拆资金1650万元,2020年底完成路面垫层工程,2021年春节前完成部分路面工程,2021年6月底建成通车;四是G45南康南互通匝道拓宽改造工程2020年12月底已全面完工;五是康赤路美丽生态文明农村路改建工程长8.9千米,总投资1500万元,2020年12月底完工。

全年实施危桥改造8座,已经完工的有6座,大大超过时序进度。

该区全力完善赣州国际陆港物流功能区,重点打造以赣州国际陆港为核心的南康商贸物流体系。2020年7月1日,京九线南康站正式更名为赣州国际港站。全年开行中欧(亚)班列238列,约占全省的65%;开行"三同"班列1553列,增长40.8%;开行内贸班列1511列,增长43.63%;铁路运输吞吐量达18.6万标箱,进一步巩固了赣州"一带一路"重要节点城市地位。

全年累计投入745万元用于全区农村公路日常养护,养护里程达2480千米,其中县道16条285千米,乡道73条518千米,村道2110条1677千米;投入220余万元修复破损路面13711平方米;投入116万元创建农村公路文明样板路,实现县乡道平均好路率88%。

全年建设完成10条共108千米美丽生态文明示范路。积极开展农村公路安全隐患排查治理工作,投入资金238万元,共治理安全隐患353处,安装反光标志牌139块、凸面镜16块、设置防撞护栏3950米、急弯线形诱导标860米、减速震荡带62处。

该区现有客运经营企业8户,拥有营运客车88辆,开通客运班线54条。2020年,共查处非法运输车辆148辆,其中非法网约车9辆、非法客运车6辆、危险品运输车辆132辆、挖机1台;参加市运管局联合行动出动执法人员64人次,执法车辆26辆,有效遏制了赣州高铁西站非法客运的势头。严格按照上级要求的时间节点,通过农村班线、公交线路延伸、电话预约响应三种方式,实现242个建制村全部通客车的工作目标。投入38万元制作建制村客车停靠站点标识标牌242块、宣传单12200余份,并现场解答农村群众疑问290多次。

(南康区交通运输局)

大余县

2020年,大余县投资5600万元对国道220生龙口至南安段、省道316新城至樟斗、省道316池江至铜锣湾3条国省道50千米进行改建,目前项目主体结构基本完成,已投入使用。农村公路建设资金约2.44亿元,项目建设计划约94千米,其中农村公路建设(通自然村)23.058千米,农村公路生命安全防护工程55.03千米,路面改造16千米,危桥改造5座。农村公路项目完成投资23695万元,其中,小梅关至五洞公路已完成26.6千米,小水口至河洞完混凝土面层完成7.3千米,小水口桥下部结构已完成,预制空心梁板12片,葛浮线已基本完成并投入使用,大水口桥已完成桩基础16根,2根墩柱及两侧桥台;村道窄路面拓宽9.8千米已全部实施。红色旅游公路——河洞圩至长岭已完成施工招投标工作,施工队已完成施工放样。该县11个乡镇的农村公路生命安全防护工程138.8千米实施已完成,共投入资金1079万元。全年农村公路养护总里程1372.222千米。其中:县道211.009千米,乡道228.423千米,村道932.79千米。

危桥改造:叶墩桥已完成桩基础12根,石门桥于10月底开工建设,目前尚在进行桩基础施工。青龙一桥、石牛水桥已完成招投标工作,尚在进行前期准备工作,待开工建设。

该县有道路旅客运输企业4个、班线25条(省际班线6条、市际班线6条、县际班线3条、县内班线10条)、营运班线客车68辆,年客运量336万人,年客运周转量48720万人千米。全县105个建制村通客车完成全覆盖,城乡道路客运车辆公交化比率49.65%,以县城为中心,以乡镇为结点,辐射村组的农村客运网络初步形成。基本完成农村客运网络连通工程,改善客运网络公路38.639千米。

该县大力推进东深物流有限公司工业仓储物流园项目。该项目总投资1亿元,占地面积约1.3万平方米,共建13000平方米仓储及办公用房,2020年可完成投资3千万元,年底争取投入使用。抓好铁路物流仓储建设工作。该项目总投资10亿元,占地面积33.33万平方米,建筑面积31万平方米,新建仓库、保鲜冷冻库、修理厂、物流仓储等,年仓储量36万吨,年税金5000万元。

(大余县交通运输局)

信丰县

2020年,信丰县交通运输局主抓交通基础设施重点建设项目11个。重点项目列举如下:①省道454正平至崇仙。二级公路,路线全长41千米,按路基宽度不同分为两段,A段K0+000至K15+500路段路基宽12.0米,B段路基宽10米,沥青混凝土路面,总投资57474万元,采用PPP模式,2018年3月开工,2021年4月完工;②省道316信丰县城至铜锣湾公路。二级公路,全长38.7千米,起点至油山段路基宽12米,油山至终点路基宽8.5米,沥青混凝土路面,总投资59764万元,采用EPC模式,2020年11月开工,目前项目在建。

实施危桥改造2座。①余桥桥。桥长25.02米,桥面宽7米,桥梁上部结构采用120米预应力砼(后张)简支空心板,下部结构采用柱式台。政府投资,总投资137.0996万元。2019年9月27日开工,2020年6月25日竣工,已交工验收;②彩光桥。桥长46.06米,桥宽7.5米,上部结构为2×20米装配式后张法预应力T梁,下部结构桥台采用桩基接盖梁桥台,桥墩采用盖梁桩柱式墩。政府投资,总投资146.5612万元,于2018年10月26日开工建设,2020年8月17日竣工,已交工验收。

该县农村公路里程2798.789千米,其中县道280.1480千米(含5.2千米高速连接线)、乡道365.6950千米、村道2152.946千米,已全部列入养护范围。全年完成窄路面拓宽工程104.5千米、路面大中修4.14千米、安全生命防护工程176.7千米。

全年完成马牯山至陈坑(21.027千米)、球狮至布尾岭(12.03千米)、小江至柳塘(9.664千米)道路绿化养护提升,总计42.721千米。强化农村公路、桥梁日常巡查及安全隐患整治工作,并纳入全县农村公路养护绩效考核,全年未发生交通阻断现象。

该县全年客运量357万人次,比上一年增长1%;货运量1100万吨,比上一年增长5%;县内经营省际客运线路19条,营运客车30辆;县际客运班线8条,营运客车21辆;县内农村客运线路46条,营运客车127辆;农村客运线路上设立临时停靠站厅（牌）总计633个；县际和省际客运线路营运票价按江西省物价部门核定票价标准执行；县内农村客运运价按照县物价部门2020年调整的票价执行，根据里程越长运价标准越低的原则，上限票价最高为0.31元/千米，最低0.28元/千米，下限由市场行情调整，但不得恶意降价扰乱市场。

该县主要河流桃江河在县境内全长99千米，枯水期航道水深0.4米至0.6米，航道宽度15米至25米，最小弯曲半径180米，常年通航10吨至20吨的机动驳船。

（信丰县交通运输局）

龙南市

2020年，龙南市国道535龙南段改建工程（三南公路）：全长34.17千米，工程总投资69698万。汶龙至东江段共长17.428千米，目前该段已全面完成，建设工作并通车。龙南镇至渡江段10.73千米于2020年7月10日开工，现已完成路基、桥涵及垫层铺设，正在进行路面结构层施工。龙南市县道268杨村高速出口至X262夹湖花树公路改建工程：全长14.722千米，总投资约12000万元，其中一标段即杨村至夹湖花树公路工程已完成主体工程，正在完善路面附属设施及边坡治理；二标段即杨村高速出口至燕翼围市政工程已完工。"四好农村路"建设：项目分两期实施，第一期项目公路26条，桥梁8座，生命防护工程83个，隐患治理45个。正加快推进项目建设。"三南快线"里陂至龙秀新建工程：与在建国道535共线的12千米已建成通车。龙南里陂至龙秀段改造工程A段和B段已完成初步设计和施工图设计，林地指标已解决，其中A段已完成预算编制。程龙龙秀至全南县界段约7.4千米，已完成路面改造。

该市渡江镇象塘大桥危桥改造项目主体工程已完成，正实施桥梁引道建设。墩头村五洞桥重建工程已完成工程建设。积极落实水毁桥梁申报项目工作，将杨村镇坪上桥、员布桥等9座桥梁申报列入省农村公路危桥改造项目库。加强水毁桥梁建设，其中夹湖乡下张桥、杨村镇坪上桥、员布桥、丁坑桥、上湾桥已完成工程建设或主题工程建设，慈善桥、沙坑桥、新丰桥、畲民新村桥、阁门口桥、上周学校桥、社背桥等水毁桥梁已开工建设。"6.10"洪灾损毁道路、桥梁修建工程：第一阶段影响公路通行的损毁严重路段水毁项目已全面完成。第二阶段横黄公路横坑水段水毁抢修工程、夹杨公路花树新桥至龙源电站段水毁抢修工程、墩头村五洞桥水毁抢修工程已完成工程建设。第三阶段横岗至黄牛石等45个道路隐患治理工程已开工建设，目前已完成工程总量80%以上。

截至2020年12月份，实现客运量266万人，比去年同期增长16.67%，客运周转量17776万人千米，比去年同期增16.8%。货运量870万吨，比去年同期增长16.31%，货物周转量195030万吨千米，比去年同期相比增16.33%。持续加大超限超载治理工作力度。充分利用科技治超设备，实行非现场监管。2020年全市超限超载率控制在1%以下。

强化"两客一危"车辆安全动态管理，该市"两客一危"车辆入网率达100%、在线率达100%。精心组织完成了重要时节和重点时段的交通运输保障工作，切实增强了人民群众的安全意识，确保行业安全形势持续平稳。

（龙南市交通运输局）

全南县

2020年，全南县完成省道454全南江口（县界）至汶坑段公路改建工程建设，二级公路建设标准，44.1千米，投资约5.6亿元，PPP模式，2018年6月开工，2020年6月完工。完成县道升级改造3.3千米、乡道拓宽改造29.4千米、村道拓宽改造45.5千米，投资约11800万元，2020年1月开工，2020年12月完工。完成危桥改造10座，投资约876万元，2020年1月开工，2020年12月完工。实施了全南县全域旅游交通服务中心（汽车站和公交总站）项目建设，投资约9000万元，2020年11月开工，预计2022年5月完工。

该县1027.263千米的农村公路日常养护资金已按县道每年每千米10000元、乡道每年每千米5000元、村道每年每千米3000元的标准列入了年度财政预算，公路日常养护资金得以足额保障，实现了公路日常养护常态化，农村公路列养率100%。

全年完成客运量121万人次、客运周转量7884万人千米；完成货运量282万吨、货运周转量76414万吨千米。该县省际、市际客运班线由江西省全鑫汽运有限公司在经营，拥有全南至广州、东莞、深圳、珠海、番禺、韶关、兴宁、翁源、南雄等9条省际客运班线和全南(含大吉山、陂头)至赣州3条市际班线。县际班线有全南至龙南、陂头至龙南2条班线，全南至龙南班线由龙南县龙全公司全南分公司在经营；陂头至龙南由全南县全深客运有限公司运营，日发1趟对开班次。县内农村客运班线共有45条(含镇至村班线)，由全南县大吉汽车运输有限公司和全南县全深客运有限公司2家企业分南北片区经营。

(全南县交通运输局)

定南县

2020年，定南县G535修建至汶龙升级改造工程：二级公路标准设计，全长4.2千米，路基、路面、排水、绿化、桥涵等，总投资0.77亿元，采用PPP模式，项目于2019年12月开工建设，2020年10月1日竣工通车；国道238历市至老城升级改造工程(东莞大道段)：一级公路标准设计，全长7.9千米，路基、路面、排水、绿化亮化等，总投资2.6亿元，采用PPP模式，项目于2019年12月开工建设，2020年12月20日竣工通车；县道835鹅公田心至留輋路面改造工程：三级公路标准设计，全长13.9千米，路基、路面、排水、绿化、桥涵等，总投资0.52亿元，采用政府融资模式，项目于2019年7月开工建设，2020年12月15日竣工通车；羊陂至三乐乡道拓宽改造工程：三级公路标准设计，全长1.24千米，路基、路面、排水、绿化等，总投资0.098亿元，采用政府融资模式，项目于2020年5月开工建设，2020年10月20日竣工通车。

危桥改造项目：江背桥全长15.74米，宽6.5米，总投资68万元；石陂角桥全长20.04米，宽8.5米，总投资85.47万元；半坑桥全长33.04米，宽8.5米，总投资78.5万元；夹河桥全长20.04米，宽8.5米，总投资76.7万元，项目于2020年7月开工建设，2020年12月完工。

全年养护农村公路有1185.95千米，其中县道150.567千米(含新时代大道、龙河高速老城)、乡道240.928千米、村道794.455千米(镇养护)、专用公路1.351千米，养护率达到100%，公路技术状况评定优良路率达到75%。结合路域环境整治和路政执法，及时发现并制止破坏路面行为5起。养护公司现有装载机1辆，挖掘机1台，割草机10台，每月对局负责管养的11条县道进行路面清扫、路面回填、水沟清理、清除路基杂草等工作内容的养护，公路环境明显改善。公路灾害防治完成县道灾毁修复工程208万元，乡道九曲至长滩公路灾毁修复工程33万元，修复水毁造成的边坡、路基塌方38处。

全年公路客运量171.2万人，去年同期为382万人，同比下降55.1%；客运周转量14154万人千米，去年同期为31939万人千米，同比下降55.6%；货运量394.5万吨，去年同期为314万吨，同比增长25.6%；货运周转量76496万吨千米，去年同期为56631万吨千米，同比增长35%。该县共有各类班线28条，其中：跨省班线11条，跨县班线6条，农村客运线路11条。全县共有客运车辆100辆，其中：农村班车57辆(含新能源纯电动客车22辆)。全县7个乡镇120个行政村已全部通达班车，通车率为100%，以县城为客运辐射中心点的客运网络已基本形成。

(定南县交通运输局)

安远县

2020年，安远县路网总计2441.338千米。其中：高速公路里程128.2千米；国道里程159.311千米(二级以上公路150千米，占比约89%)；省道99.427千米(二级以上公路67千米，占比约67%)；县道196.8千米(三级以上公路为112.9千米，占比约57%)；乡道366.9千米(四级以上公路为361.1千米，占比约98%)；专用公路33.2千米，村道1457.5千米。18个乡(镇)100%通三级以上公路、100%通达客车；152个行政村100%通水泥(油)路；25户以上自然村100%通水泥路。

国道358和务至大围公路改建工程以及S317黎洞至安信亭段公路改建工程(一期黎洞至甲江

林场段)已于2020年6月完工。国道357版石互通至北方医院公路提升工程于2020年5月开工建设,并于2020年12月完工。省道317黎洞至安信亭段公路改建工程(二期甲江林场至安信亭段)于2020年9月开工建设,目前正进行路基土石方、桥梁涵洞施工,计划2021年10月份完工。启动了国道238三排至黄泥岭、国道357版石互通至松岗项目国省改建前期工作,完成了全县国省道远景空间规划编制。实施乡村公路改造14个共24.5千米,美丽生态文明农村路建设6个共41.9千米,均已全面完工。危桥改造和贫困村新建桥建设22座已全部完成,其中库内危桥9座,深度贫困村新建桥13座。

全县现有客运站场2个,其中二级客运站1个,四级站1个,境内设置有安远汽车总站,公路沿线建有候车亭156个(其中乡镇69个)。2010年10月,全县实现100%河道渡口改建桥梁。2020年县政府撤销东风水库渡口,同时设置东风湖渡口,目前全县仅东风湖渡口有渡口码头。建设16个乡镇综合服务站,单个镇级客运站建设原则上占地3333.3平方米,投资约500万元;单个乡级客运站建设原则上占地2000平方米,投资约300万元,共计5700万元,于2020年开工、2021年竣工。

该县财政安排农村公路养护资金1200万元,按每3千米一名养护员,组建县道、乡村道管养队伍,开展以"春排水、夏除草、秋整治、冬修补"为重点的日常养护。全年共实施完成安保工程项目27个169千米,完成投资3547万元。完成清扫路面40212千米,清理疏通水沟352千米,桥108座,涵洞730座,整治路肩100.6千米,整治路容150.8公顷,割除高草1688.96公顷,清理塌方9105立方米,修补坑槽6360平方米,灌缝12.4千米,修剪路树18764棵,路树杀菌除虫4次,修整灌木113160株,砍除枯死路树144棵,清整遮挡标志牌189块,扶正标志牌43块,修复损毁钢护栏620米,清洗钢护栏4684米。

全县现有营运客车96辆,座位约2957位,已开通客运班线56条,年客运量365万人次,客车乡镇通达率达100%,行政村通达率100%。出租车18辆,公交车31辆,镇村微公交12辆,营运货车399辆,总吨位4603吨,年货运量370万吨千米。

全县现有船舶共计21艘,(4艘45座普通客船、4艘50座普通客船、5艘18座、2艘垃圾打捞船、6艘座应急快艇)。客运周转量为:21.15万人千米,线路走向:凤山东风湖外码头至东风湖内码头,运价为15元。

(安远县交通运输局)

寻乌县

2020年,寻乌县境内公路总里程1997.401千米,公路路网密度84.924千米/百平方千米。其中,高速公路2条83.059千米,国道3条199.459千米,省道2条65.136千米,县道12条241.116千米,乡道67条430.208千米,专道道路2条0.812千米,村道944条977.611千米。

寻龙高速公路建设:寻龙线(江西境内段)全长约26.855千米,项目总造价(概算批复)3546850.55万元,2020年4月25日开始施工。项目主线主要技术标准为双向四车道高速公路,设计速度100千米/小时,路基宽度为26米,设计荷载等级为公路—Ⅰ级,设计洪水频率为1/300(特大桥)和1/100(大、中、小桥及路基),主线路面采用沥青砼。

国省道公路建设:省道458南桥至吊神排公路改建工程完成交工验收;国道206澄江大桥重建工程完工;国道358上坪道班主体工程完成;积极申报"十四五"普通国省道改造计划(国道206寻乌县城至牛埃石公路改建工程、国道358线河岭至罗坑夹子公路改建工程(过境规划)、国道206盘石至大路公路改建工程,省道317寻乌县城至长安公路改建工程、省道317寻乌长安至太阳关公路改建5个项目)。

县道公路建设:县道544项山至油房岗红色旅游公路改建工程,按三级公路标准改建,路线全长18.67千米,采用设计速度30千米/小时,路基宽度7.5米,水泥混泥土路面宽6.5米,总投资11140.3683万元,施工合同价格8077.2899万元,项目于2020年5月开工建设。金刚山旅游公路项目石排村至桥子窝段新建工程,按三级公路标准改建,路线全长2.28千米,采用设计速度30千米/小时,路基宽度8米,沥青混泥土路面宽7米,总投资4711.5640万元,施工合同价格3159.3226万元,项目于2020年3月开工建设。

全年完成23条县乡公路生命安全防护工程36.2千米,项目投资769.013万元。

全年完成红旗桥、东风桥、长畲桥、田螺陂桥、下门桥5座桥长70.61米的桥梁建设任务,完成投资520万元,桥梁按照四级公路标准建设,设计荷载为公路Ⅱ级。

该县新建水源乡客运综合服务站一座,五级站标准,位于寻乌县水源乡圩下段,水源乡政府东南侧800米处,占地面积1500平方米,建筑面积350平方米,总造价96.28万元,2019年10月12日开工,2020年4月12日竣工。

全年客运量213万人次,周转量14845万人千米;货运量268万吨,周转量61640万吨千米。省际班线11条,市际班线1条,县际班线4条,城市公交线路9条,农村客运班线39条,镇村公交班线13条,定制客运班线1条,15个乡镇均有一个客运站(招呼站),运价均按照发改委(物价局)核定票价执行。

(寻乌县交通运输局)

于都县

2020年,于都县公路客运量1360万人,公路客运周转量169750万人/千米;公路货运量1350万吨,公路货运周转量89123万吨/千米;水路货运量245万吨,水路货运周转量1225万吨/千米。

全年完成通组公路桥梁建设64座,共投资192万元。完成"7.14"水毁修复工程建设273个,共投资4995万元。完成危桥改造建设24座,共投资1979万元。完成新建项目47个,共投资3566万元。打造实施3条县道和2条乡道美丽生态文明农村路,共投资320万元。全面完成建制村通硬化路工作任务,全县4808个25户以上自然村已全部完成通硬化路。完成公路绿化1937千米,共投资4938万元。全县管养公路3581千米,2020年大中小修6.7千米,投入资金697万元。

全县353个建制村已全部实现了通客车、网约车、出租车,双通任务完成率已达100%。于都客运南站于2020年11月18日竣工并投入使用,该站为客运一级站,共投资10600万元。进一步完善公交基础设施建设,目前城区已拥有41辆公交车运营,全部为新能源纯电动公交车。拥有1个公交首末站(火车站广场)、2个新能源充电站(公交停车场、城南客运站)、65个公交站台,其中于都城南运站充电站投资约533万元,配有19根120KW双枪直流充电桩,可满足38辆纯电动公交车同时充电。积极推进城乡公共交通一体化建设,构建城乡客运服务均等化,更好地满足城乡居民的出行需求,县城公交已延伸至梓山、岭背、罗坳等三个乡镇。全县共有客运企业9家,客运车301辆,跨省、市长途线路29条,市内跨县线路13条,县内农村班线103条。有城市公交企业1家,公交车48辆(其中新能源纯电动公交车41辆),公交线路10条。全县共有二类维修企业12家,三类维修企业20家。汽车检测中心2家。

(于都县交通运输局)

兴国县

2020年,兴国县兴赣北延高速建成通车,兴国境内途经5个乡镇,15个行政村,路线全长40.685千米,双向4车道,设计速度100千米/小时,路基宽26.5米,连接线路基宽12米,工程投资42亿元。国道356湄西线蕉溪至均村段公路改建工程(PPP子项目之一),路线全长20.57千米,项目总投资25437.8万元,其中建安费约17851万元。2018年1月开工,至2020年底累计完成建安费约16155万元。国道319瑞金至兴国改线工程(瑞兴于快速交通走廊)路线全长49.906千米(利用G238长1.136千米、新建48.77千米),11项前期已完成9项。一级公路标准,路基宽22.5米,双向四车道,沥青混凝土路面,设计速度80千米/小时,项目总投资29.71亿元(建安费21.86亿元)。国道356均村至五里隘段公路改建工程路线全长约6.12千米,二级公路,设计时速60千米,路基宽10米,路面道宽7米。9项前期已完成6项。省道452兴国船溪至鹅公塘段公路改建工程累计完成产值6300万元;省道219兴国蕉坑至莲塘公路段改建工程累计完成产值5950万元;省道449兴国隘上至杉村段公路改建工程累计完成产值2850万元。县道801杰村至社富公路段改建工程(PPP项目子项目之一),路线全长14.24千米,三级公路标准,路基宽7.5米,路面宽6.5米,沥青混凝土路面,项目总投资5264.823万元,其中建安费3743.809万元,项目于2018年2月开工,2020年3月建成通车。乡道建设:乡道029合富至灵山段公路改建工程已完成施工图批复、稳评、环评、水保、地灾、压覆矿备案;方太乡至崇贤乡段公路工程已完成国土空间规划、正在编制工程可行性研究报告。脱贫攻坚交通项目:全县脱贫攻坚交通项目共364个,已完工335个,在建29个。其中路网连通路硬化项目39个全部已完工;维修拓宽项目287个,完工286个;38个危桥改造项目完工10个,在建28个。

全年新增客运车辆7辆195座,圆满完成了春运和其他应急车辆调配;全年完成道路客运量400万人次、客运周转量22913万人千米,分别同比下降29%、37.9%。新增普货业户249户,新增普货运输车辆620辆9892.585吨;完成货运量289万吨、货运周转量57414万吨千米,分别同比下降8.8%、17.6%。全县304个建制村100%通客车(公交),对全县186个候车亭全部维护和提升、新设停靠站牌260块。全县有公交企业1家,公交车68辆(新能源公交车46辆),新能源公交车占比67.6%。

全年市养公路列养里程305.341千米(国道152.685千米、省道152.656千米)。县养公路列养里程4000.5千米(县道453.7千米、乡道703.6千米、村道2843.2千米)。各行政村新增2个公益性岗位共626名乡村公路养护工后,全县共有658名农村公路养护人员从事农村公路日常养护。省补养护工程完成投资757.11万元,全面完成了上级下达的9条25.864千米省补养护工程计划项目。

(兴国县交通运输局)

瑞金市

2020年,瑞金市交通运输局全力实施"三大攻坚行动、三大提升工程"推动全市交通运输高质量发展,全面完成建制村"两通"工作目标任务,实现了建制村通硬化路率100%,通客车率100%,25户以上自然村通硬化路率100%。争取多元化资金投入交通基础设施建设,启动了306千米投资12.4亿元的"四好农村路"建设。2020年底,瑞金市公路通车总里程3488.912千米,其中国道234.071千米,省道93.395千米,县道285.728千米,乡道413.384千米,村道2460.023千米,专用公路2.311千米;高速公路95.409千米、一级公路32.548千米、二级公路116.782千米、三级公路168.524千米、四级公路2963.924千米,等外公路132.713千米,分别占总里程的0.93%、3.33%、4.80%、84.44%、3.78;沥青(水泥)路面公路3018.13千米。瑞兴于快速交通走廊项目:一是瑞兴于快速交通走廊瑞金机场段,完成项目投资4.8亿元;二是瑞兴于快速交通走廊G319改线工程瑞金段。7月30日取省发改委的初审意见,10月23日获得自然资源部用地预审意见文件;三是瑞兴于快速交通走廊S451瑞金瑞林至九堡段公路改建工程,已完成可研报告编制、项目选址意见书编制、永久占用林地可行性报告、稳评、环评和水土保持方案的编制等前期工作。

全年完成交通基础设施建设项目总投资1.1339亿元。其中万田至黄麟B标段农村公路项目累计完成项目投资0.0634亿元;实施完成了沙洲坝示范镇建设乡村公路白改黑等6个工程新建改造项目投资0.1421亿元;Y875湾子塘至合龙乡道拓宽改造项目完成投资0.0687亿元;瑞林镇元田桥、黄柏乡下店中桥重建工程项目完成投资0.0549亿元;实施完成了2020年度交通扶贫230个项目投资0.8048亿元。

该市拥有物流企业86家(含2家1A级和3家2A级物流企业),拥有货运车辆(含外籍)3210辆,核定货运吨位43000吨,实际载货能力78000吨;仓储面积26万平方米,物流从业人员22000人。物流载体项目有赣闽商贸物流园、经开区物流园、陆路口岸作业区、铁路货场改造工程、经开区物流港等6个项目。

该市全年完成了公路运输客运量360万人次、客运周转量22000万人千米,货运量521万吨、货运周转量8253万吨千米。加快了公交体制改革,12月21日,瑞金市文化旅游开发有限公司收购瑞金市瑞祥汽车服务有限公司,城市公交实现国有化。维修驾培市场健康规范,是年新增二类企业1家,积极引导三类维修企业规范电子档案系统服务。全面完成"两通"工作目标任务,实现了建制村通硬化路率100%,通客车率100%,25户以上自然村通硬化路率 100%。

（瑞金市交通运输局）

会昌县

2020年，会昌公路总里程2737千米。其中，国道220.9千米，高速公路84.8千米（厦蓉高速会昌段26.8千米，济广高速公路会昌段58千米），普通国道136.1千米（206国道61.8千米，323国道22.5千米，357国道51.8千米）、省道95.9千米（省道217黄麟至永隆85.8千米，SL32厦蓉高速会昌连接线10.1千米）、县道253.8千米、乡道381.4千米、村道1785千米。

该县县道七木桥至凤凰嵊公路改造工程全长7.23千米，已完成路基、基层、水泥稳定层、桥涵的施工，正在摊铺水泥混凝土路面，年度完成投资1800万元，项目计划于2021年7月完工；县道中村至长岭公路改造工程全长13.098千米（正在实施小照至长岭段5.778千米），已完成路基土石方70%，桥涵100%，年度完成投资1100万元。乡、村道升级改造项目已完工5个项目29.7千米；在建项目5个，西江至凤凰嵊（西江段）、中村至湖里（洞头段）、水口大桥至棠尾湖、半斜至芬水隘、板坑至林珠已完成水泥混凝土路面的90%，年度完成投资7765万元，计划明年2月全部完工。旅游路、产业路、资源路、公益路、路网连通路项目3个，松光岭大桥至民兵基地公路0.4千米已完工，太平墩至小照公路6.3千米在建，芙山至沿潭背公路3.4千米正在组织招投标，年度完成投资652万元。

全年完成高兰桥、老虎寺桥、山下桥、新圩桥、彭田背桥、小照桥、喇叭石灰桥、沙圹坝桥、下照桥、城门桥、霞山桥、东红桥12座桥长394.68米的桥梁建设任务，完成投资2236万元，桥梁按照四级公路标准建设，设计荷载为公路Ⅱ级。

该县农村公路总里程2420.171千米，其中：县道253.761千米、乡道381.408千米、村道1785.002千米。全县农村公路日常养护覆盖率达到100%。农村公路路面破损大中修工程3个，共11.64千米，已全部完工。

全年积极开展美丽生态文明农村路的创建活动，对美丽生态文明农村路进行绿化38.6千米，8条县乡道创建任务计66.6千米。县道818、830部分路段计8处发生水毁边坡滑坡，投入资金32万，及时对边坡进行水毁修复。

全年客运量402万人，客运周转量26738万人千米，同比客运量上涨2.5%，同比客运周转量下降0.8%；货运量494万吨，货运周转量81304万吨千米，同比货运量上涨4.6%，同比货运周转量上涨17.9%。线路54条，19个乡镇均有一个客运站（招呼站），运价均按照发改委（物价股）核定票价执行。汉仙湖水路运输旅游客运量3.3万人次，运营收入232.51万元。线路为羊子岩—盘山—虎头湾—汉仙岩，运价50元/人次。

（会昌县交通运输局）

石城县

2020年，石城县公路建设取得良好成效，县道升级改造项目屏山至大由公路、木兰至坝口公路、洒坊至黄坊公路建成通车。乡道双车道拓宽工程项目建设14.6千米/3个、村道窄路面拓宽项目10.1千米/3个，其中续建项目4.2千米/1个。资源路项目1.9千米/1个。计划总投资约1.693亿元。

屏山至大由公路改造工程：起于屏山镇屏山村花岭排，终点位于大由乡大由村鸭子排，路线全长18.484千米。全线按三级公路标准改建，设计速度为40千米/小时，全线路基宽8.5米，路面宽7米，硬路肩宽2×0.5米，土路肩宽2×0.25米。采用沥青混凝土路面。于2017年11月开工建设，2020年9月完工并通车。

木兰至坝口公路改造工程：起点位于木兰乡木兰村县道914塘坊至桐江K21+497处，起点桩号K12+875，终点桩号K28+511.151，全长15.636千米，路基宽8.5米，路面宽7米，硬路肩宽2×0.5米，土路肩宽2×0.25米，沥青混凝土路面。工程于2017年12月开工建设，2020年12月完工并通车。

全年完成危桥改造7座，新开工建设2座。总投资1223.8万元。共申请新增2座危桥入危桥库。完成七里迳桥、沙溪桥、铜钱排桥、观音桥、岭下一桥、王柏郎桥、里源桥等7座桥梁一阶段施工图设计。

累计投入资金近450万元,各乡镇对各自养护范围路段的水沟、涵洞、挡土墙等项目依据轻重缓急原则进行了实施改造。共清理占用路肩种植农作物2000余平方米,清理乱堆乱放、乱挖乱埋、乱搭乱建等行为近123处,非公路标识标牌53块,各类侵权案件3宗。全年累计投入资金近300万元用于公路增设安防设施,共安装波形护栏7000余米,热熔标线5000余平方,标志标牌300余块,减速振荡线1000余平米,橡胶减速带35米。水毁修复共计清理边坡塌方23000余立方米,填筑路基6200余立方米,砌筑挡墙2600余立方米,砌筑水沟和拦水带共3000余立方米。

该县有客运站3个,农村汽车候车亭101个,客运企业5家,客运车辆132辆,其中班线客车88辆,共输送旅客230万人次,客运周转量为13932万人·千米。共有客运线路71条,其中跨省线路9条,跨设区市线路4条,跨县线路5条,县内线路53条。全县日发客运班次214.5班,其中跨省线路21.5班次,跨设区市线9班次,跨县线路29班次,县内线路155班次。有货运企业32家,货运车辆347辆计3975吨,其中挂车46辆1496吨,牵引车62辆,全年完成货运量263万吨,周转量42440万吨·千米。

该县共有车维修业146户,其中二类机动车维修业5户,三类机动车维修业户86户,摩托车维修业户55户。共有机动车驾驶员培训学校4所,教学车辆113辆,共有教练员127人,其中理论教练员8人,驾驶操作教练员119人,全年共培训5708人次。

(石城县交通运输局)

宁都县

2020年,宁都县省道449黄陂至隘上段公路改建工程:按二级公路标准建设,改建路线全长16.9千米,路基宽10.0(12.0)米,沥青混凝土路面宽8.5(10.5)米,总投资2.4亿元,申请省市补助0.96亿元,其余由县财政投资,项目于2017年12月开工建设,2020年3月竣工通车。县道388对坊至半迳段公路改建工程:按三级公路标准建设,改建路线全长11.6千米,路基宽7.5米,水泥混凝土路面宽6.5米,总投资0.77亿元,申请省级补助990万元,其余由县财政投资,项目于2018年3月开工建设,2020年8月竣工通车。

该县小洋桥危桥重建工程:桥梁全长106.12米、全宽7.5米,总投资410万元,申请省市补助资金239万元,其余由地方财政投资,项目于2019年8月开工建设,2020年11月竣工通车。爱心桥危桥重建工程:桥梁全长106.6米、全宽7.5米,总投资484万元,申请省市补助资金240万元,其余由地方财政投资,项目于2019年8月开工建设,2020年11月竣工通车。新安桥危桥重建工程:桥梁全长187米、全宽9.0米,总投资1045万元,申请省市补助资金505万元,其余由地方财政投资,项目于2019年11月开工建设,2020年12月竣工通车。回龙大桥危桥重建工程:桥梁全长157米、全宽9.0米,总投资827万元,申请省市补助资金423万元,其余由地方财政投资,项目于2019年10月开工建设,2020年9月竣工通车。

全年养护总里程:县道417.2千米,乡道754.3千米,村道2458.4千米,专用公路20.6千米。农村公路日常养护资金投入县道年内每千米7000元,乡道每千米3500元,村道每千米1000元,累计市、县日常养护资金年内投入816万元。养护大中修:省级养护大中修资金680万元,累计修复破损路面约91000平方米。养护小修:小型水毁项目投入资金175万元。

全县客运量766万人,客运周转量45960万人千米;货运量达329万吨,货运周转量59305万吨千米。累计开通跨省班线34条,跨区班线9条,区内班线6条,县内短途班线92条。累计建成7个等级客运站(已启用4个)、农村客运候车亭222个,农村客运通达水平各项指标均列居全市前列。农村客运票价执行宁都县物价局、宁都县交通运输局2014年批复,按每人每千米0.3元以内计价。

(宁都县交通运输局)

吉安市

2020年，吉安市交通运输局高质量完成全年各项目标工作任务。

加快基础设施建设。 高速公路建设有序推进。宜春至井冈山至遂川高速公路，正在建设，完成投资59.68亿元；大广高速（吉安至南康段）改扩建工程，已取得初步设计批复，准备施工招标。农村公路助力脱贫攻坚。截至目前，全市2020年度农村公路建设完成投资额25.0455亿元，县道升级改造完成87.6千米，乡道双车道改造完成105.9千米，窄路面拓宽目标任务为315千米，截至目前完成657千米，占目标任务的208.6%，县乡道路面改造完成125.4千米，旅游路、资源路、产业路、路网联通路、公益事业路目前完成49.3千米，危桥改造目标任务为118座，截至目前完成119座，占目标任务的100.8%；安防工程已完成1757.5千米。水运基础设施逐步完善。井冈山航电枢纽工程，泄水闸完成88%，电站厂房工程完成95%，库区工程73%，完成35项服务招标工作，累计完成投资31.01亿元。万安枢纽二线船闸工程，下主导航墙完成45%，下辅导航墙完成45%，下闸首完成率26%，下游靠船墩完成率87%，改建箱涵完成29%，基坑边坡防护完成率44%，累计完成投资12.92亿元。泰和县沿溪货运码头项目码头平台横梁、纵梁正在施工，陆域雨水管道安装全部完成，综合楼一层砼浇筑，完成投资0.7亿元。客运站场建设有序进行。吉水县客运中心正在浇注地下室顶板，完成投资2300万元。吉安县汽车客运站已完成项目建设审批手续。泰和县汽车客运站完成25轴至16、17轴承台和基础梁砖胎膜，维修车间基础梁已全部浇筑完毕，完成投资880万元。

完善客运设施建设。 调整12条公交线进入高铁站公交枢纽站发车；同时，为配合政府城市道路"微循环"工程，开行了3条中心城区"微公交"循环公交线。配合启动JRT项目，不断加强公交基础设施建设。目前，由市城投公司负责的四个公交场站正在建设之中，预计2021年6月前建成投入使用；大力推进清洁能源车辆的应用。截至目前，全市新能源公交车1059辆，新能源车占比87.4%，其中中心城区新能源公交车463辆，新能源车占比83.5%，全市天然气货车56辆，新能源营运客车42辆。扎实推进建制村通客车。截至目前，该市2515个建制村已完成了2514个建制村通客车任务。

深入开展路域环境整治。 自去年九月公路部门的路政管理、治理货运车辆超限工作职能划转到该局以来，共办理大件运输行政许可217件，清理占路堆积物432处，拆除非公路标志356块（条），清理占路摆摊设点52起；查处超限车辆4595辆，卸载货物7.21万吨，交警记分2999分，恢复非法改装车406辆，超限率控制在2%以内。

强化安全督查与监管。 在节假日期间积极组织人员对全市13个县（市、区）汽车客运站、运输企业等重点部门或环节进行安全督查，全年发现安全隐患93处，责令相关单位、企业及时建立工作台账并做好了整改销号；同时，联合与公安交管部门一同通过4G视频监控平台视频抽查全市客运车辆运行情况，共抽查14000余辆次，发现超员等违法违规行为100余起，并在道路运输行业领域通报。将违规驾驶人纳入黑名单进行管理，截至目前，共将208名违规驾驶人纳入黑名单进行管理。通过督导检查53个在建项目，发现了33处安全隐患，下发了4份停工令和36份通报。全市交通运输系统摸排行业"乱点"线索3154条，办理行政处罚案件3152件，共收到"四书一函"29件，整改反馈率100%。通过持续深入开展专项行动，全市交通运输市场经营秩序明显改善，服务质量明显提升。认真负责办好信访件25件、"12328"交通服务热线5234件，积极稳妥做好交通运输行业的矛盾化解工作，及时发现和就地化解不稳定因素。

（吉安市交通运输局）

吉州区

2020年,吉州区交通运输局各项工作取得了较好成绩。目前省道222项目和省道442项目正在进行绿化提升施工,省道223项目完成半幅沥青摊铺工作,各项工作正加快推进。

全年完成农村公路投资1.7亿元。县道升级改造项目目标任务12千米,已全部完工;乡道双车道改造目标任务数13.1千米,全部完工;窄路拓宽项目计划数6.7千米,已完成;县乡道路面改造目标任务15千米,已全部完成;危桥改造目标任务3座,已完成3座。其中岐山桥、兴桥中学桥、店下桥已完工;旅游路、资源路、产业路、路网联通路、公益事业路任务数7.9千米,已全部完工;安全生命防护工程目标任务数70千米,已完成前期70千米。完成对双长线路域环境整治工作,共计清理杂草6000平方米,清理垃圾10吨;完成对双长线、官李线波形护栏除锈油漆和修复工作,累计修复波形护栏达10千米;完成对双长线、官李线、桥东线的路面坑洞紧急修复,累计处理约3000平方米的路面坑洞;完成吉福路至钓源旅游公路和双长线的路肩除草、喷洒除草剂工作;对官李线至双长线路段的破损严重的减速带进行了更换,累计修复减速带150米

结合"除隐患、保安全""安全生产月"等专项安全生产整治活动检查、排查26次,消除安全隐患6起。组织技术人员参加全市公路水运工程安全生产防汛应急演练2次,参加安全生产专业培训6次。三是加强隐患排查和隐患治理。上半年面临复工复产和疫情防控的双重压力,发现安全隐患,立即责令相关单位进行整改,切实做到防患于未然,全年对续建工程进行明察暗访75次。积极参与建制村通客车隐患整治工作,开展线路上的安全隐患排查,共计排查出线路上缺失的交通指示牌77块,波形护栏4085米,减速带740.5米,破损路面13524平方米,错车道17处,凸面镜12块,道口柱10根,派遣技术骨干现场指导、监督隐患整改到位,为实现建制村100%通客车提供了有力保障。

(吉州区交通运输局)

青原区

一年来,青原区交通运输局工作成效显著。

扎实推进公路建设。一是重点工程项目重点推进。国省道建设项目进展较好。105国道青原段改道工程项目已完成征地、房屋拆迁、樟树移栽、坟墓迁移等前期工作,施工阶段已完成路基80%、完成涵洞100%,目前因南京督察局督查土地情况暂时撤场;S314青东公路新圩至富滩段改建项目和S221文陂至泰和县界公路改建项目前期工作均已全部完成,现因基本农田问题土地不能报批,工程已暂停;吉安港天玉中心码头有序推进,已与江西省港投集团签订框架性协议,目前正在开展项目一期前期工作。二是农村公路建设项目稳步推进。县道升级改造项目4个,总计11.2千米。其中2017年下达计划的青原山至渡头8.7千米由于公路勘查设计时所选的路线与广吉高速西延线重合,施工图设计暂时叫停,等待协调;东固至鼎龙2.5千米已完工。危桥改造完成9座桥梁建设。其中2020年计划下达4座,分别是东民桥、小江桥、油筒管桥、六板桥;完成计划外桥梁3座和续建桥梁2座。县乡道路面改造项目完工3个20.5千米。窄路面公路拓宽改造项目18个43.4千米。安全生命防护工程完成65个112.3千米(含续建项目43.2千米)。乡道双车道改造项目完成里程21.3千米,其中古高线至铜元岭9千米已完工,江口至林家8.5千米、田南至作埠3千米正在施工中,年底可完工,完成投资额约850万元。旅游路、资源路、产业路、路网联通路、公益事业路项目完成8条11千米。与此同时,完成施工图测设工作98.6千米。

农村公路建设质量全面提升。全年开展农村公路建设项目质量安全抽查检查9次,下发检查通报9份,整改意见书20份。完成农村公路建设项目45个施工许可审批及质监手续办理的行政审批工作。对发现未办理质量监督手续即开工建设的农村公路建设项目及时下发10份催办通知书。完成农村公路建设项目交工验收质量检测21个,出具了质量检测意见12份。

建制村通客车工作扎实开展。7月15日,全

区建制村公通客车工作提前完成,该区106个建制村通客车率达100%。新增开通9条公交线路,其中8条为镇村公交线路,1条为城市公交线路。投资1500万元新增新能源汽车20辆,完成新圩公交站场建设。为确保新开通的公交线路开得通、留得住,区政府加大补助力度,每年公交运营补贴达172万元,并对新开通的9条线路给予6万元每辆的购车补贴。

大力开展路域环境专项整治。组织人员对县道两端非公路标示标牌进行清理,共出动人员12人次,清理非公路标示标牌40余块。五是大力开展"安全生产月""安全生产万里行"活动以及"平安交通"百日行动,制作主题展板2块,播放宣传标语3条,发放交通安全宣传资料800余份。全力抓好普速铁路沿线环境综合整治。牵头组织对普速铁路沿线河东街道、天玉镇沿线安全隐患进行排查,共排查隐患41处,现已全部整改到位。七是镇村公交亭安全系数大大提升。投资49万元对全区镇村公交候车亭进行维修改造,新圩公交亭进行修复,新增古富公交亭1座、招呼牌212个、U型挡车杆21套、挡车安全立柱255根,保障群众出行更方便、快捷、安全。

安全生产抓常抓长。安全生产专项整治期间,出动人员59人次,共排查出安全隐患36处,已整改36处,整改率100%;共组织检查组30个,组织开展检查118次,检查企业97家,检查驾驶人730人,检查车辆705辆,发现隐患68处,已整改68处。部门执法行动98天,联合执法行动40天,查处车辆违法违章行为21起,查处驾驶人违法违章行为12起,停运车辆18辆,处罚金3.42万元,整治行动逐步形成常态化;出动检查组42个,出动人员124人次,对辖区内县、乡、村道、渡口、渡船和在建交通工程进行了109次安全生产检查,共排查出隐患77处,现场整改44处,限期整改33处,目前已全部整改到位。全年该区交通运输领域安全形势稳定,未发生一起安全生产责任事故。

(青原区交通运输局)

井冈山市

2020年井冈山市交通运输局大力推进重点项目建设。一是加快推进拿山至碧溪公路拓宽改建工程,省道314拿山至碧溪公路升级改造项目第一标段全长3.64千米,按城市主干道标准建设,项目中标合同价为1.05亿元。项目起点(K0+000),位于省道314三峰小学附近,终点(K3+640)位于泰井高速碧溪互通连接线处,是井冈山市碧溪产业园区的主干道路,也是井冈山市路网的重要组成部分。项目已于11月10日开工,目前完成路基形象工程20%,达到序时进度。二是积极推进宜遂高速公路新建工程(井冈山境内)的征拆工作,确保宜遂高速公路快速推进。宜遂高速公路建设项目井冈山市境内主线里程20.608千米,主要有桥梁13座3178米,隧道2.5座3275米,连接线21.967千米,互通1处、枢纽1座、服务区1处。

推动农村公路高质量建设。加大农村公路县乡道升级改造和窄路面通行政村公路拓宽改造力度,建立了目标完成节点,责任倒追制度。加速推进农村公路和桥梁项目建设,全年完成投资1.7亿元,完成农村公路通车项目6个/20千米,会师桥至三湾(三湾至下水湾段)、睦村至星台、东上至瑶前、河桥至社背岭、古城至王家山年底前已建成通车。抓好农村公路养护建设。2020年按计划做好80千米农村公路生命防护工程,目前施工单位已进场。同时完成了古城至江南边坡绿化绿化工程,鹅岭至洋桥湖省级美丽生态文明农村路提升建设。

完成城区公交规划调整。3月份实现公交7路向碧溪延伸,新购新能源公交车2台运营红星城区线路。汽车南站建成并投入使用,实现镇村公交与火车出行无缝衔接。

切实抓好交通扶贫项目建设。全年全市共实施村组扶贫公路5个,计6千米;县道升级改造项目计5.9千米;乡道双车道拓宽改造项目计3.7千米;窄路面拓宽改造项目计2.5千米;危桥改造项目计1座;完成投资8000万元。

圆满实现建制村100%通客车。对实载率低、通过市场化无法保证持续运营的通村线路,给予购车、GPS设备安装使用费、运营等各项补贴,在农村客运成品油价格补贴资金中的退坡资金中解决,为建制村通客车线路"开得通、留得住、有效益"提供资金支持。

不断提升行业治理能力。全年查处超限车辆96台、卸载205吨、处罚40.50万元。全市普通国省公路拆除各类违法建筑物(构筑物)2处,清理各类非公路标志(标牌)58块,整治各类非法架设(埋设)管线2处,清理沿线违法加水洗车站点1处,查处占用、挖掘、损坏污染公路(路肩种植物、打谷晒场、路面堆积物等)368立方米/156处,清理占路为市、摆摊设点3处(次)。率先完成第二批不停车检测系统建设,顺利取得检定证书。于2020年9月1日率先启用井冈山市拿山不停车检测系统,进行科技治超,使该市的治超手段有了很大的提升。全年现场检查累计30余次,下发《抽查意见》10余份且及时有效清除了质量隐患。对于不合格部位、不合格材料均要求进行了整改处理。结合各项目实际,已开展综合检查3次、专项检查6次。查处案件2起,处罚11万余元。落实安全隐患"清零"机制,出动安全检查人员400余人次,出动执法车辆200余辆次,对所辖道路运输企业开展现场检查做到了全覆盖、无死角,做到了隐患整改闭环式管理。

(井冈山市交通运输局)

吉安县

2020年,吉安县交通运输局较好地完成了各项工作任务。

公路建设。县道升级改造项目(目标任务11.1千米)已完工。乡道双车道改造项目(目标任务32千米):实施6个项目32.7千米:完工6.6千米;开工3.0千米;完成招标17.7千米,即将开工建设(石坑—濂源8.0千米、下岭—安塘1.4千米、田心—朗石8.3千米);挂网招标5.4千米,10月中旬完成招标工作(田东—巷口5.4千米)。窄路面拓宽改造项目(目标任务20.1千米):实施10个项目29.3千米,其中完工6个项目10.3千米;正在开工建设4个项目19.0千米,预计12月底完工。县乡道路面改造项目(目标任务23千米):实施5个项目23千米,全部完工。旅游路、资源路、产业路、路网联通路、公益事业路项目(目标任务7.7千米):实施4个项目7.7千米,已完工2个项目3.8千米;完成招标即将开工项目2个3.9千米。危桥改造项目(目标任务19座):实施19座,已全部完工。安全生命防护工程(目标任务150千米):已完工94.7千米,未完工项目均与道路升级改造或养护大中修项目同期施工。

"四好农村路"建设。投资近6亿元,实施建设"四好农村路"示范县创建工程:县道升级改造11.7千米,路面改造5.0千米,乡村道路面改造6.3千米,农村公路安全生命防护工程180.6千米,高标准打造近50千米"四好农村路"示范带,贯穿6个乡镇,惠及全县50%人口。

公路养护。全县农村水泥路列入2020年度公路养护总里程2414.62千米。其中专业道班养护县道里程216.6千米,乡镇养护里程590.108千米、村级养护里程1607.912千米。该县财政日常养护资金209万元,主要用于农村公路的日常养护管理。全年农村公路养护大中修工程18条县乡村总里程40.589千米。目前,17条县乡村养护大中修38.089千米于10月中旬已完工。高塘至三都(高塘至横江段)路面改造及美丽生态文明路工程5千米总投资511.82万元,目前完成了10厘米沥青路面铺设及标线工作;横江镇公塘村2.572千米总投资168.998万元,目前完成了6厘米沥青路面铺设及标线工作;河源至资国寺路改造工程3.288千米总投资204.7万元,目前已完成了路面6厘米沥青路面铺设及标线工作。美丽生态文明路里程34.596千米,总投资1000余万元,分别为马仓线(绿洲至锦源牌坊)11.4千米,高凤大道8.836千米,梅塘至高塘14.36千米。目前,3条美丽生态文明路工程按照江西省交通运输厅印发《江西省美丽生态文明农村公路建设工程实施方案》要求,目前3条文明路已完工。全年安防工程主要有35条道路,其中隐患里程共计150千米,总投资2044万(其中中央投资1125万、地方自筹919万),通过公开招标统一施工,已完成80%。

道路运输。投入600万元配套建设候车亭52座,停靠站牌280座,大大改善了群众乘车环境。为确保能够长期稳定,持续性,县政府给予现已实施通村公交36台车辆666万元,县城公交28台辆396万元运营亏损补贴。为城乡居民提供安全、便捷、经济、高效的出行服务。全县拥有班线客车41辆927座,公交车29辆957座,营运货车2635辆36653吨;全县现有8家驾校、24家2类以上汽修企业、客运企业2家、出租汽车公司1家,货运企业(含物流公司)229家(其中危险货物运输企业6家)。全县307个建制村已全部通客车,通客车率达100%。

安全生产。全年已出动执法人员3000余人次,检查班线客运734辆次,出租车367辆次,查扣非法营运车辆19辆,纠正交通运输违规行为79起;处理故障车辆7辆,查处污染公路违法车辆19辆,查处损坏路产车辆3辆,检查货运车辆3600余辆次,查处超限运输车辆310辆,驾驶员扣分51分,货物卸载5000余吨,累计处罚金额408.65万元。对县域8家驾校、24家一二类维修企业,对不符合相关要求的部分企业进行了责令改正措施,下发限期改正通知书21份,依法查处两家未备案的汽车维修企业并责令其到主管部门进行备案登记,摸排处理乱象90余起,结合路域要求开展路域环境整治,完成县辖内国、省道等主干线4个路域环境整治点,下发整改通知6份,拆除公路沿线违章建筑和非公路标志标牌18处;拆除违章建筑1处,清楚堆积物8处,户主自行拆除5处,清除广告牌10块;组织清理公路沿线广告类设施,共计清理立柱15块、立地大牌4块、建筑物附着型3块、宣传标语类7块。开展出租车市场整治专项行动,累计查处整治出租车行业乱象3余起,处理投诉6余起。共组织开展对客运企业、车站、渡口、危货运输企业等专项安全生产检查68次,查出安全隐患40处,整改40处,确保交通行业稳定向好。

(吉安县交通运输局)

新干县

2020年,新干县交通运输局圆满完成了各项工作任务,取得了较好成绩。

交通项目建设进展良好。国道105改建项目南北两段主路工程全面完工,并于9月底通车,目前正在进行主线路交工验收工作;北段剩余的绿化亮化工程基本完成,南段正在进行非机动车道、人行道及其他附属设施施工,预计12月底全面完成。全年完成县道升级改造11.7千米,乡道双车道改造14.3千米,窄路面拓宽改造15千米,县乡道路面改造16千米,完成旅游路、资源路、产业路、路网联通路、公益事业路建设5.1千米,危桥改造12座,安全生命防护工程108.6千米,完成总投资1.2亿元。船舶污染物接收设施即将投入运行,新建100吨级船舶污染物接收泊位和作业平台各1个,打造100吨污油水收集船一艘,完成了污水储罐、起重吊机等设备安装,购置垃圾转运车、吸污车各1辆,投资420余万元。超限超载不停车检测系统主体完工,金川、沂江、界埠等3个不停车检测点共12个道主体设备安装已基本完毕,正在进行主机房建设及系统调试等工作,总投资880余万元。

"四好农村路"省级示范县申报成功。11月份成功通过省里验收,获评"四好农村路"全省示范县;2条农村公路获评吉安市"最美农村路",其中1条获全市第一名。非法码头整治工作全面落实,完成城北货运码头整改提升,完成原河西建民砂石码头基座和附属用房的拆除,投入资金40000元。普铁沿线安全隐患整治基本结束,排查安全隐患47个,已整改到位46个,1个正在进行;共拆除蓝皮屋、铁皮棚等大型漂浮物2100平方米,拆除临时搭建屋(鸡鸭棚)等2020平方米,迁移电杆线25处,安装护栏252米,投入资金45000余元。

农村公路管养成效明显。大力开展路域环境专项整治,查处损坏路产路权案件7起,处置车辆抛洒石料128起,清理违章晒粮、占道经营、占用公路等行为86起,整治各类非法架设、埋设管线3处,修剪行道树90多千米,共出动执法人员600余次,出动车辆、设备148台次,保障了公路畅通和环境美化。及时高效做好水毁抢修,有效地保障了农村公路安全畅通及人民生命财产安全。扎实做好路网命名编号调整,完成界埠至罗坊、街仔上至三湖、神政桥至桃溪,大洋洲至庄里等9条农村公路的路网命名编号调整工作,共计投入资金600余万元。有序实施公路和路面养护工程,完成金川至庙前路段8千米、邓家至珠坑路段5.5千米、大洋洲至庄里5.2千米等3条县道路面养护工程项目建设,共铺设沥青路面83562平方米、路肩硬化15000平方米、画设路面标线5180平方米及铺设草皮6000平方米;完成了县道033城上至金川、县道029石口至新街上等九条共111.6千米县道公路养护工程项目,共计改造路面37019平方米、砌筑1000余米;全力打造美丽生态文明路,完成了石口至新街上、大桥至大洋洲、溧江至神政桥等3条美丽生态文明路的打造,共实施路面改造134500平方米、路肩硬化56000平方米、种植路树28145棵、铺植草皮22035平方米,并完善了其他美化、宣传设施,公路环境大幅改观。认真做好道班规范化建设,投入资金20万元完成七琴道班规范化建设,完善道班内设施、场站功能改造、购置养护设备、院内铺设草皮等,提升了公路管养能力和水平。

客运物流发展稳中有进。开通了盐化城公交线路,票价下调至2元,企业员工乘车更为实惠和便利;规划设置了海木源景区、新中医院等公交线路和站点,公交覆盖面不断扩大;全面完成了134个建制村通客车工作,通客率达到100%;共建设客运候车亭74座,并在沿线各村均设置了候车点指示牌等;完成了神政桥综合服务站、溧江综合服务站改造,投入资金400余万元。2020年全县汽车物流行业总体保持平稳发展态势,1—10月新增物流企业6家,新增车辆434辆、新增吨位7507吨,与去年同比分别上升0.23%、19.1%,共完成物流业税收2586万元;截至10底,全县共有物流企业121家,其中纳税企业71家(年纳税100万元以上的企业5家、年纳税50至100万元的企业13家)零纳税企业50家,累计拥有物流车辆7534辆,总吨位约9.62万吨。

行业管理水平不断提升。全年共办理事项6706件,办结率100%。其中:货运许可件46件,营运车辆技术等级评定、车辆审验即办件3115件;办理IC卡320张;归整车辆档案3000辆。1—10月出勤7390人次,检测车辆63423辆,查处车辆369辆,卸货10060.94吨,其中交警处罚39辆,扣117分,运管查处改型车辆7辆;刑拘1人。运用科技手段强化管理,每天抽查重点车辆的4G动态监控,共查处车辆超员、超速、疲劳驾驶、驾驶员接打电话等违规数量4次,列入"黑名单"驾驶员1人,整治客车未系安全带1次,处理违章车辆4辆。定期开展"两客一危"重点运输企业安全隐患排查专项行动,强化对道路运输、公路(桥、涵)、水上渡运、交通工程建设等重点领域安全生产工作的监管力度,共开展48次安全检查,下发隐患整改通知书57份;累计出动检查人员100余人次,对检查出来的安全隐患及时督促整改到位,确保了全县交通运输领域安全生产无事故。

(新干县交通运输局)

永丰县

2020年,永丰县交通运输局圆满完成了各项工作任务。

全县农村公路总里程达2717.29千米,实现全县行政村通水泥路率达100%,25户以上自然村通水泥路率达100%,贫困村组组通水泥路率达100%,符合通客车条件公路的建制村客车通达率达100%。

全年重点对石马至上溪、龙冈至教头、红岭至墩塘口等66.7千米县道实施了升级改造,实施建制村窄路面拓宽41千米、危桥改造14座,安全生命防护工程208.4千米。红岭至墩塘口公路全长31.3千米,为县道升级改造项目,三级公路标准,路基宽7.5米,路面宽6.5米,水泥混凝土路面。目前已完成路基、桥涵、垫层100%,完成水稳层31千米,水泥路面完成30千米,除占用基本农田段外,预计12月底完工。龙冈至教头公路全长18.4千米,为县道升级改造项目,三级公路标准,路基宽7.5米,路面宽6.5米,水泥混凝土路面。目前已完成100%路基、桥涵、垫层,完成水稳层11千米,水泥路面完成15千米,除占用基本农田段外,预计12月底完工。贯岭大道全长1.8千米,城市主干道标准,路基宽40米,双向四车道,沥青路面。目前已完成1.6千米路基路面和绿化,完成全线雨污水管道,1.6千米非机动车道项目已完成,景观绿化已完成。

实现全县30个重点贫困村村内组组通水泥路的目标,入贫困户的道路也基本上达到了硬化标准。八江至鹿冈"四好农村路"示范带建设,途经6个乡镇场,串连起该县的葡萄、杨梅、白茶等农业产业基地,为沿途2个贫困村的生产生活、产业发展架起了健康路、脱贫路、致富路,完成旅游路、产业路、公益事业路项目6.6千米。

积极实施"交通+旅游",着力投资建设"龙冈至教头18.4千米"区域红色旅游发展路,为乡村旅游业发展带来活力。

公路治超力度进一步加大。今年1至11月份,共查处整治非法占用公路案件30余起,处理违章建筑5起,清理非公路标牌100余块,清理(路障)堆积物1000多立方米,清理挡视线杂物100平方米,非法广告牌200块,下达违法告知书30余份。

改善农村客运通行条件。对沿线存在的安全隐患进行清除。同时,新建了镇村公交班线候车亭,建设镇村公交线路上的候车亭和临时招呼站

229个,实现符合通客车条件的建制村通客车率达100%。全县已开通23条镇村公交、61条农村客运班线,有新能源公交车106辆、农村客运车辆71辆。

积极落实货运(物流)企业发展优惠政策,放宽货运准入条件,开展"放管服"改革,进一步提升交通运输服务能力。有货运物流企业96家,有效地解决了农村物流"最初一千米""最后一千米"的瓶颈问题。

结合交通运输行业特点和专项行动安排,在全系统成立四个线索摸排整治组,围绕交通运输领域9个方面进行重点整治,2020年1月1日-10月31日,永丰县交通运输综合执法大队与县公安、交警部门组成联合执法组,出动执法人员4707人次,出动执法车辆1160辆次,检测货运车辆47331辆次,查处超限及非法改装车辆313辆。其中超限278辆,非法改装35辆,卸载货物3566.62吨,罚款192.45元。交警扣分60分,罚款17100元。共查处非法营运车辆34辆,罚款275000元。

(永丰县交通运输局)

峡江县

2020年,峡江县交通运输局各项工作取得良好成效。

农村基础交通建设。该县危桥改造19座、农村公路建设改造计划202.1千米,其中乡道双车道改造19千米、窄路面拓宽46千米、产业路和资源路10.1千米,农村公路安保工程124.6千米。

农村公路管理。全年共出动执法车辆1231台次,出勤人员4083人次,共检测车辆57870台次,查处非法改装车辆54辆,查处超限超载车辆1154辆,卸载超限货物5448.94吨。全年累计查处非法营运案件11起,有效规范了客运市场正常秩序。

农村公路养护。打造25千米县道美丽生态文明示范路。明确油陂庙至仁和公路作为今年美丽生态文明示范路,已完成了示范路改造工作。开发扶贫专岗169个,做到每个村至少2名农村公路养护工;5月18日至25日组织人员完成了农村公路养护专岗人员进行集中培训。

农村公路运营。道路旅客运输方面:打造高铁新区综合客运枢纽。为实现旅客零距离换乘,提升群众出行品质,该县在高铁客运站南面投资3600余万元,建设占地面积1.58万平方米的高铁新区二级汽运站,目前完成了主体工程;在高铁客运站北面,规划建设占地8667平方米的县公交总站,项目总投资2000万元,正在进行规划设计,预计年底前将开工建设。全面完成建制村通客车。目前该县86个行政村,已全部开通客车,实现所有行政村100%通客车的目标。在此基础上,该局定期开展"通返不通"督查,确保所有已通客运建制村客运线路真开通、真运行,建成通村畅乡、班车到村的交通运输网络。货运物流方面:今年全县新购货车933辆18210吨,货车总量达到了11655辆185140吨。共实现货运税收1.85亿元。

抓好水运综合治理。将船舶污染物接收站项目与峡江渔政执法码头合并建设,该项目已完工并进行了试运行。通过与港航部门联合对赣江峡江段水上"僵尸船"的全面摸排,摸排出"僵尸船"10艘,并查明了船主身份,目前,已切割3艘,转卖1艘,剩余6艘已停靠至指定地点。

全力做好"四好农村路"交通扶贫,完成省级贫困村危桥改造19座和马埠至郭家老居、湖头至内寨口2条乡村道路改建;开发农村公路养护公益岗162个,保证每个行政村至少有2个以上农村公路养护人员。

安全生产。全年开展安全生产检查10次,排查隐患20处,以"五铁"要求对排查出的隐患立行立改,继续保持了该县交通运输系统安全生产平稳态势。

(峡江县交通运输局)

吉水县

2020年,吉水县交通运输局全力推动交通运输向高质量发展。

农村公路建设。县道升级改造项目建设目标任务为2.4千米,已下达计划项目1个2.4千米,截至目前已完工项目1个2.4千米,完成率100%。乡道双车道改造项目建设目标任务为30.2千米,已下达计划项目5个14.6千米,截至目前已开工建设项目2个6千米,完工项目3个8.6千米,完成率58.9%。窄路面拓宽改造项目建设目标任务为35千米,已下达计划项目25个77.3千米,截至目前已开工建设项目2个5.1千米,未开工项目12个45.5千米,完工项目11个26.7千米,完成率34.5%。县乡道路面改造项目建设目标任务为22千米,已下达计划项目7个25.2千米,截至目前已开工建设项目1个1.2千米,未开工项目1个8.2千米,完工项目5个15.8千米,完成率62.7%。旅游路、资源路、产业路、路网联通路、公益事业路项目建设目标任务为16千米,已下达计划项目6个8.4千米,截至目前已开工建设项目2个3.5千米,完工项目4个4.9千米,完成率58.3%。危桥改造项目建设目标任务为15座,已下达计划项目15座,截至目前已完工9座,在建6座(上车桥、林场桥、舍田桥、南田一桥、下车桥、城陂桥),完成率60%。安全生命防护工程项目建设目标任务为137千米,已下达计划项目73个139千米,截至目前已完工项目73个139千米,完成率100%。

行政执法工作。全县新增货运企业13家,现累计达102家;新增货运车辆225辆/6307吨位,现累计达3768辆/64077吨位,完成货运物流税收9382万元。确定了8家重点源头企业,建立了治超工作和源头巡查制度。共出动执法车辆1000余台次,稽查人员5000余人次,检查车辆8000余台次,共处罚车辆超载违法行为740起,整顿擅自改装车辆88起,处罚金额达220多万元,卸货3200多吨。

安全生产和"扫黑除恶"工作。共计开展执法检查6次,下发整改通知8次,列入"黑名单"的驾驶员1人,发现安全生产隐患10起,整改10起,检查覆盖率达到100%,整改率100%。共进行公路安全排查8次,并建立了排查台账。公路建设领域安全督查2次,及时纠正施工中不安全、不规范的行为多起,确保工程领域安全无事故。两年多来,共摸排并上报线索13条,县扫黑办接收后,移交该局处置的线索5条,均办结完毕,办结率100%。开展了货运市场、客运市场、驾培市场和交通工程建设四大行业专项整治行动,有力维护了交通运输行业和社会和谐稳定。

(吉水县交通运输局)

泰和县

2020年,泰和县交通运输局圆满地完成了各项目标任务。

重点项目有序推进。G105泰和北至上田立交道路改造提升项目:项目改造线路长11.263千米,总投资约48769万元。征地已完成,拆迁完成约95%工程量。项目清表工作完成约70%。12月11日已完成监理招标工作,正在签订合同,12月21日召开施工招标标前会,对施工招标文件、工程量清单、招标控制价进行了讨论修改。沿溪货运码头及疏港道路一期建设项目:该项目分别两个子项目:码头项目建设2个1000吨级泊位(散货泊位1个,件杂货泊位1个),设计吞吐量125万吨/年。项目估算总投资23050万元,项目业主江西省港航建设投资集团有限公司,已于2020年1月开工,计划2021年12月完工;疏港道路一期建设项目为该县配套建设项目,按二级公路标准建设,路基宽度12米,路面宽度10.5米,总长1.442千米。计划分两期施工,先进行路基工程施工,待货运码头主体施工完成后,路面工程在业主通知后进行施工。目前码头项目累计完成总投资约11400万元,占合同额的51%;疏港道路一期建设项目路基清表、桥涵工程完成100%,路基工程完成95%。"四好农村路"县道升级改造项目:该项目包括三个子项目:县道集义村至南坑村公路总长12.1千米、按三级公路标准建设,总投资约4240万元,一标路基、垫层已完成,桥涵完成90%,水稳层完成100%,面层完成85%;二标路基完成100%,垫层完成100%,水稳层完成90%,桥涵完成80%,累计完成总合同价款约50%;泰和东至中科院千烟洲站公路是江西吉安(千烟洲)山水林田湖草生命共同体试验区的一个子项目,是连接泉南高速泰和东以及中国科学院千烟州综合开发试验站的一条重要公路,项目总长4.960千米,按三级公路标准建设,总投资约4000万元,道路清表已完成,正在路基填筑、排水管铺设,累计完成总合同价款的30%;铁路货场连接线总长0.931千米,四级公路标准建设,总投资约430万元,清表已完成,路基、垫层及水稳层完成。井冈山航电枢纽工程:该项目业主单位为江西省港航建设投资集团有限公司,该县负责配合完成项目征地拆迁及地方协调工作,目前该项目已完成约70%工程量,该县范围内的征地拆迁已全部完成。大广高速吉安至南康段改扩建工程:该项目业主单位为江西省高速公路建设投资集团有限公司,项目建设指挥部已确定设在该县,目前该局正在配合进行项目建设指挥部室内外装修等工作,项目预计今年年底开工。

县乡村道升级改造稳步推进。全年要实施的县乡道升级改造项目有6个54.9千米,目前已完成23.5千米,其中灌溪镇、塘洲镇、中龙乡未实施的乡道改造项目,经与省公路局对接,几个项目都已取消。资源路、产业路、旅游路和路网联通路项目2个14.6千米,分别是集丰村—南坑村—苑前镇茹山村(烟业生产基地)12.1千米已列入了"四好农村路"县道升级改造项目,目前正在紧张施工建设中;蜀口特色小环岛路2.5千米,目前已完工。建制村窄路面拓宽改造31个项目108千米。截至目前,已完成19个56.6千米,在建12个51.4千米。9座危旧桥重建改造任务,除苏溪镇石洲桥和上圯乡梁家桥其余7座危桥均已完工,目前石洲桥、梁家桥正在进行扫尾工程建设。

其他交通建设项目稳步实施。9月底,船舶污染物接收船的接收码头顺利完工。螺溪、沙村、澄江、灌溪4个不停车检测点正在由中标方中移系统集成有限公司有序施工中,目前正在进行设备安装调试工作。

切实提升公路管养水平。全面摸排建制村通客车公路安全隐患,共摸排除22除隐患,按照路产路权管理原则,沟通乡镇全部落实了整改。紧急治理汛期水毁隐患30处,完成水毁挡土墙258立方米,沥青路面修复980立方米,修补坑槽87立方米,塌方6150立方米,各类圆管涵36延米抢修工作。全面实施2020年安防工程项目,续建2019年安防项目。目前县乡道安防护已完工4个21.7千米,在建56.5千米。村道安全生命防护工程67个106.5千米(包含2019年继建项目48个80.1千米)截至日前,所有项目均已完工。设立了河东、河西两个农村公路养护站点和沿溪、中龙道班点,对16条县道进行养护,同时,对5条沥青路面通过购买服务形式,机械化、专业化养护。全面落实了全县2125.409千米农村公路管养责任单位。

全面推进建制村通客车。该县财政出资购买5辆运营车,无偿提供给运营企业,用于偏远乡村新开逢圩班车、周末班车,并根据考核情况落实运营补助,对48个客源较少、道路偏远的建制村通客车班线,给予1—4万元的运营亏损性补贴,全县276个行政村全部实现通客车。同时,在各个建制村醒目位置树立站点牌,公布班线及车辆停靠等信息。

规范交通运输行政执法。结合治理车辆超限超载"四大行动、四大提升"攻坚战和"打非治违"专项行动,继续按照行业管理的各项要求,加大对超限超载、非法改装、非法运营车的打击力度,全年出勤人次7300余人次,车辆1460余辆,组织联合巡查执法650余次,共检查车辆1761088辆、其中:查处非法营运违规车辆121辆;超限处罚302辆、非法改装处罚13辆、交警处罚30辆扣分132分、卸载转运货物4995.2吨,对4台车辆进行"一超四罚"。

(泰和县交通运输局)

万安县

2020年,万安县交通运输局圆满完成全年交通运输工作。

农村公路建管养工作。2020年,县道升级改造已完成前期13.9千米;窄路面拓宽改造已完成前期53.8千米;县乡道路面改造已完成前期28.5千米;安全生命防护工程已完成前期204.1千米;完成资源路旅游路产业路前期12千米。2020年,完成窄路面拓宽改造28千米,已下达计划项目11个43.5千米(包括跨年度任务),截至目前完工7个34.8千米,完工率100%,未开工4个8.7千米。资源路旅游路产业路(即县道升级)项目1个芙蓉至梅林公路13.9千米,5月21完成了招投标并开工建设。县乡道危桥改造项目年度目标任务6座,截至目前完工6座,完工率100%。安全生命防护工程年度目标任务39个204.1千米,截至目前已完工。全县农村公路列养总里程为2309.859千米,其中县道185.365千米,乡道258.166千米,村道1866.328千米。积极开展路政执法工作。全年共查处超限超载车辆430辆,总共卸货5178.33吨,查处改装并拆除栏板车辆总共30辆,教育驾驶员总共450余人。

交通运输服务。截至目前,该县135个建制村分别采取农村客运、城市公交客运延伸、区域经营的模式,全面实现建制村通客车目标,通客车率达100%。1月份,该县新增一条公交线路(荷林至高铁站),新增4辆新能源纯电动公交车,新能源电动公交车达到42辆。全县共拥有47家物流企业(其中17家一般纳税人,30家小规模纳税人),货运车辆669余辆,运力达到8084吨。截至目前统计数据,2020年全县物流企业共缴纳税费约3800万元。

加强道路客货运、驾驶员培训、汽车维修市场的源头监管。着力开展运输市场专项整治,规范交通运输市场秩序。鼓励客运企业新增、延伸客运线路,扩大客运服务覆盖范围。截至目前,全县各类型营运货车拥有量为719辆,总吨位8301吨。新增货车274辆,新增吨位3629.6吨。拥有客运车辆50辆,客运班线32条,公交车42辆,其中城市公交22辆,镇村公交车20辆。公交线路13条,其中城市公交11条,镇村公交线2条;二类、三类机动车维修企业40家,货运企业42家,驾培学校5家,出租车企业1家,出租车36辆。

(万安县交通运输局)

遂川县

2020年,遂川县交通运输局强力推进各项交通工程项目建设,全年累计完成投资8.85亿元,超过年度目标任务2.1亿元的321%。①宜井遂高速公路建设项目(遂川段主线38.6千米、连接线9.74千米):宜遂高速公路征地拆迁工作已基本完成,保障了项目施工用地需要。县本级净地费用大约4亿,项目已于6月30日开工建设,年底预计完成桥梁下部结构,路基、隧道基本成型。②大广高速四改八建设项目(遂川段26千米):配合设计单位,完成了大广高速公路吉安至南康段扩容的线位优化、地勘等工作以及大广高速扩容涉及的31户整村搬迁的村民思想工作。项目预计今年年底开工建设。③遂川至大余高速公路建设项目(遂川段50千米):配合设计单位开展遂川至大余高速公路项目的前期工作。④桂东至兴国至遂川高速建设项目:正在积极做好前期工作,力争尽早启动。⑤于田至工业园东区县道升级改造工程:项目采用双向四车道,线路总里程约5.46千米,路面宽24.5米,项目总投资约1.6767亿元,国道105至高速连接线段已交工通车,105国道以北龙溪段预计12月底完工。衙前至双桥公路县道升级改造项目:路线总长约13.6千米,路面宽6.5米,路基宽7.5米,项目总投资5704万元,项目正在施工中,年底前基本完成主体工程。遂川县城至大坑段县道升级改造工程:项目路线总长18.5千米,路面宽6.5米,路基宽7.5米,项目总投资约7580.8526万元。项目正在施工中,2020年底完工通车。农村公路建设:完成乡道双车道改造项目15.9千米;完成建制村窄路面拓宽改造项目33个43.2千米,超额完成0.5千米;县乡道路面改造项目建设35千米,目前已完成施工图批复,同时项目正在提前实施,计划未下达;完成危桥改造项目11座,超额完成2座;完成安防护工程项目544.728千米,超额完成286.728千米;累计共完成投资13387.48万元。站场建设:完成了109个农村客运候车亭的修缮清理;县公交城南中心站场开工建设。

交通建设支持脱贫攻坚取得实效。2020年全面完成了上级下达的窄路面拓宽改造项目任务12个66.1千米、贫困地区村道安全生命防护工程任务10个35.5千米、贫困地区村道危桥改造任务6座、贫困地区县道安防项目任务38个225.917千米。

交通运输行业管理稳步有序。6月底,全县23个乡镇和309个建制村全部实现通客车。努力做好运力税收工作,截至目前,全县共拥有45家物流企业,货运车辆3906辆,运力达到2.06万吨,物流企业上缴税费809.28万元。全年领取了国家"互联网+监管"中的交通运输方面行政权力事项210多项、完善了检查实施清单210多项,在"双随机、一公开"暨行政执法监督平台中录入了监管行为数据3000多条,共受理普通货运经营许可58件,全部按时办结,对无监管对象的行政权力积极向上级申请挂起等工作。

超限超载整治:全年累计出动执法人员5346人次,车辆916车次,共检测货运车辆46253辆,查处165辆超限车辆,卸载货物2165吨,驾驶证扣分276分。四是加大科技治超投入。今年该县共建设3个不停车超限超载检测点,目前已基本建设完成,预计12月可全面交付使用。

公路养护管理工作:一是做好县道337.567千米养护工作;指导督促乡村做好627.766千米乡道、873.478千米村道管养任务。二是加强公路桥梁日常性养护及危桥(涵)的专项排查工作,对全县所有桥梁建立管养台账,做好桥梁养护的经常性和定期检查,同时督促检查乡村按时做好桥梁养护工作,确保公路桥梁的安全畅通。三是抓好农村公路养护大中修工程维修工作,完成了135.136千米养护大中修(安全隐患整治)工程。四是抓好水毁抢修工作,确保全县所有县道安全畅通。

路域环境整治:全年共清理占道堆积物23处;取缔摆摊设点、占道经营违章行为2起。全面提升了该县公路路网的服务水平和通行能力,该县公路交通环境已基本实现畅、安、舒、美。

船舶、港口管理:截至8月初,该县排查出的16艘"僵尸船"清理整顿任务已全面完成,坚决遏制了汛期"僵尸船"走锚险情事件的发生,切实保障了航道、防洪下游桥梁和生态安全。

扫黑除恶与行业生产。今年以来,共查处非法营运客车29辆、超限超载货车75辆;对道路客运、"两客一危"运输车、农村交通安全开展了专项整治,先后查处非法营运"黑车"29辆,查处超限超载货车75辆,责令违法违规长途运输客车停班7天学习整改2辆,受理投诉举报33余起。积极开展安全隐患整改等一系列活动,对30家客货运输企业、4个交通重点项目工地、所辖11条县乡公路、农村公路安全生产情况进行了督查,共出动检查人员120多人次,排查出企业安全隐患28处,整改到位28处,农村公路隐患126处,大多已整改到位。

(遂川县交通运输局)

安福县

2020年,安福县重点项目建设推动有序有力。全年列入县重点项目的交通项目12个,截至目前,已完成投资17.0305亿元,国道322瓜畲至横龙至严田段公路改建工程、泰山至洋溪旅游公路、竹江至洋门(竹江下社—甘洛)、赤谷至陂头县道升级改造工程金田至洋溪线公路改造工程,路基土方已完成75%,路基基本成形,瓜畲高速出口改造项目,推进顺利,预计于2021年1月15日前完成主体工程。宜井遂高速公路拆迁项目工程已征地2.81平方千米,完成坟墓迁移2394座,10千伏隧道施工用电8条约116千米已全部完成,临时施工配变63台,现已完成52台,红线内电杆线迁改已完成评审,"四线迁改"现已完成工程量的70%。宜遂高速全线压覆矿山已完成征收3座。

农村公路管养实现升级。美丽生态文明农村路建设有序推进。计划建设项目2个合计13.4千米。其中竹江至洋门公路10.8千米、洪塘至甘洛公路2.6千米。项目正进行施工图设计,预计11月份开工建设;积极推进县道路面改造。县道路面改造建设项目4个合计42.7千米。项目均已完成施工图设计,宜严线至岩头陂正进行项目前期财政评审阶段。

交通扶贫工作成效凸显。一是积极推动建制村通客车。全县274个行政村(含18个居委会),256个行政村,到今年8月底,256个行政村都已通班车。二是交通扶贫项目扎实推进。今年该局交通扶贫项目2个,分别是山庄乡沃川桥和竹江乡观溪桥,两桥均在施工中近期可全部完工。同时积极做好县乡道安防65千米和村道安防75千米。

安全生产监管力度进一步加大。对全县道路运输行业开展了8次安全生产检查,辨识风险点16处,排查隐患60条,提出管控措施60条;重点对客运企业和维修企业开展了重点时段的安全隐患检查,落实客运车辆4G监控工作,全县147辆客车全部安装,利用4G监控对所有驾驶员驾驶行为和乘客不系安全带进行动态全程监控。共排查隐患114处,对照隐患整改清单已全部整改销号。全年共处理安全隐患212处,其中清理泥石杂物堆67处;清理水沟堵塞112处,共计6720余米;清理塌方35处约6750余平方米。针对施工过程中的关键环节、路面工程中垫层、水稳层、面层的施工等进行了2次专项质量和安全督查,对督查中发现的问题及时督促整改,对一些整改不到位的下发停工通知书。

行业监管扎实有力。联合公安交警开展对客货运输市场联合执法活动6次,查处擅自改装货车58辆,非法营运黑车及电瓶三轮车各30辆,处理违章客运班车12辆。积极开展扫黑除恶宣传活动,张贴和散发宣传资料1000份。以货运重点路段作为重点打击目标,加强巡查力度,对辖区内重点货运企业,加强监督和宣传力度,严格执行信息抄告制度;集中对该局近三年来 200 万以上的 18 个公路建设工程项目(含公路分局 5 个项目)进行了全面体检,对排查出来存在管理不规范或重要岗位人员不到位等行业乱象行为的 11 个企业进行了约谈并给予了经济处罚,已罚款 18 万元。

(安福县交通运输局)

永新县

2020 年,永新县交通运输局扎实推进各项工作。

交通工程建设持续推进。重点项目。宜遂高速永新东连接线新建工程(东绕城公路):其中 S444 才丰至东里公路新建已完成了施工图设计工作,宜井遂高速公路永新东互通口至袍田东大道新建工程已完成初步设计,其它前期工作正在逐步开展。国道 220 茅坪至才丰段新建工程(西绕城公路):已完成国土空间规划,目前正在研究确定公路路线走向,待公路路线走向确定后开展前期工作。县道升级项目。查步至下雨十里山改线段 3.37 千米,目前完成路面水稳层 3.37 千米,年底砼路面 3.37 千米;丰陂至黄花公路(台岭至黄花段)已完成路基土石方、路面垫层,年底完成 5 千米路面水稳层、3 千米砼路面。怀忠至江背公路、墩上至新城公路目前已完成施工图设计及施工图审批工作,预计 2021 年立项开工建设。农村公路建设。农村公路建设总投资 8000 万元,年底前完成投资 8000 万元;乡道双车道拓宽改造上级任务 24 千米,已下达计划改造 20.2 千米,年底完成 20.2 千米;建制村优先通达路线窄路面公路拓宽改造上级任务 17.4 千米,已下达计划改造 15.1 千米,年底完成 15.1 千米;农村公路危桥改造项目上级任务 35 座,完成 14 座,年底前完工 22 座;完成农村公路生命安全防护工程上级任务 283.69 千米(其中县乡道安防 72.5 千米,村道安防 211.19 千米),已完成 180 千米,其他项目正在施工,年底前完工。

道路运输管理安全规范。充分利用 4G 视频政府监控平台对客车运营过程进行全天候监控,对违规驾驶员纳入黑名单 3 人。圆满完成了 2020 年春运工作,顺利完成了春运旅客运输任务;高质量完成了对客货运及相关企业的质量信誉考核工作,完成考核上报 AA 级普通货物运输企业 21 家;完成初审上报市处复核 AA 级驾培机构 5 家;汽车维修企业一类 AA 级 1 家、二类 AA 级 5 家;AA 级客运企业 3 家;AA 级汽车客运站 2 家,考核率达 100%,有效地推动了运输企业健康发展。持续开展打非治违专项整治行动,顶住各方面压力查处各类非法营运的"黑面的"60 余辆。

行业安全监管扎实到位。联合交警、安监、公路等部门加强联合执法力度,共开展联合执法 8 次,出动执法人员 260 人次,检查"两客一危"企业 9 家,排查出隐患 40 项,并及时下达整改,确保道路运输安全生产稳定。对 8 个在建工程项目存在的问题,提出了整改要求,明确了整改期限,实时跟踪检查各个项目整改到位。进一步深化交通运输系统扫黑除恶专项斗争工作,经过多渠道多层次线索摸排,共收集问题线索 437 条,已全部上报县扫黑办及市局扫黑办。

(永新县交通运输局)

宜春市

2020 年,宜春市交通运输局圆满完成全年工作任务。

交通设施建设。全市全年完成农村水泥公路建设 219 条,全长 623.8 千米,在建项目 74 条,里程 311.9 千米,投资总额 113799.218 万元。全年完成县道升级和旅游路、资源路、产业路新改工程 322 千米,完成计划的 107.3%;建制村优选通达路线窄路面拓宽改造 494.1 千米,完成计划的

164.7%；农村公路危桥重建107座，完成计划的133.8%；农村公路安全生命防护工程1390.9千米，完成计划的115.9%，全部超额完成任务。万载县被命名为"四好农村路"省级示范县，并在全省"四好农村路"高质量发展现场会上进行典型发言；靖安璪都至港背乡道参评2020年度"全国十大最美农村路"。协助省交通运输厅完成了沪昆高速(昌金段)和樟树至吉安高速公路扩容改造前期工作。组织对全市在建的5个国省道项目和45个农村公路项目进行了质量检测评定、监督检查和工程质量安全抽查，下发了检查通报，推动施工质量与安全管理水平进一步提升。

道路运输产业。全市有客车班线231条，其中客车通省际班线32条，跨设区市38条，设区市内68条，县内93条，拥有客车702辆。完成客运量2624.42万人次，客运周转量170228.83万人千米。道路货运企业户662183户；货车181398辆，吨位2823352.699吨。全年完成货运量27246.57万吨，货运周转量7615854.2万吨千米；分别同比增长4.68和6.8%。全市出租车企业17家，出租车1799辆；维修企业782家；车辆综合性能检测站37家，检测车辆年审74853辆。汽车驾校142所，教练车辆数3669辆。农村通达率再上新台阶，以市政府名义印发了《宜春市建制村通客车保障和运行机制工作实施方案》，进一步落实了建制村通客车的政策和经费，9月底，全市2192个建制村通客车通达率达100%。积极落实政府工作报告民生工程项目。完成60个公交站台改造任务，新开34路、37路、38路、39路等4条线路，延伸线路5条、优化线路7条，加密9条高峰时段线路班次。特别是为林田村、湾田村、东升社区等偏远行政村新开或延伸的3条线路，解决了沿线8个村(社区)2万余市民的出行问题。

水上运输产业。全市拥有船舶601艘，总载重吨93.798万吨，2020年完成运输量2946万吨，货运周转量39.9959亿吨千米，分别同比增长1.5%和1.51%。《宜春港总体规划》于2020年5月获省政府批复。樟树水运口岸；樟树港区河西作业区综合码头工程顺利开工；全市3座规范提升类码头完成规范提升。年度核查换证率达到100%，辖区内水路旅客运输实行实名制管理，4家危化品企业视频监控系统投入运行。9月28日，宜春市首艘船舶污染物接收船"诚通一号"正式试航。装饰一新的船舶承载着为往来船舶接收船舶生活垃圾、生活污水、含油污水的任务，填补了船舶污染物接收的空白。樟树河东作业区船舶污染物接收站已投入使用，船舶污染物接收转运处置实行电子联单；全市31艘100到400总吨内河运输船舶全部安装生活污水收集存储或处理装置，水上污染防治取得实效。

交通运输管理。针对受疫情影响带来的出租车行业营业收入下降问题，推动2020年度出租车道路运输证年审"两检合一"，为每辆车减免综检费用400元，总计20余万元，协调公交集团出租车公司减免车辆租赁费136.25万元。道路运输证实现网上审验，危货电子运单录入率达100%，全省排名第一。通过第三方监控平台，对全市接入平台的6513辆"两客一危"车辆驾驶员违法违规行为实施闭环式动态管理，违法违规驾驶行为得到有效遏制。组织开展中心城区出租车客运市场专项整治行动，开展道路和水上行政执法，出动执法车辆1700余辆次，海巡艇250余艘次，执法人员5800余人次，处理违法违规车辆414辆，实施行政处罚120起。发挥第三方监控平台作用，处理违法违规车辆552辆。

交通运输安全管理。全市交通运输安全生产形势保持总体平稳，道路危货运输、水上交通运输、交通工程建设均未发生亡人事故，渡口渡运保持连续33年未发生亡人事故。紧盯行业重点领域，狠抓隐患排查整治。整治期间组织检查组68个，督导检查次数200次，检查单位409家，督导问题135个；对企业进行行政处罚33次，责令停产整顿6家，暂扣吊销证照4家，罚款18.8万元，约谈警示46家。道路运输方面，共安排42个督查组，查处各类隐患417个。水路运输方面，发现隐患57处，全部整改到位；拆解僵尸船23艘，切割无证船舶71艘。交通建设工程方面，查出隐患56个，下达抽查意见通知书的项目有35个。普铁沿线环境安全整治方面，全市共725件，仅半年就整改销号722件，整改销号率为99.59%。发挥第三方4G视频安全管理监控平台和主动防御系统作用，强化"两客一危"等重点营运车辆进行动态监测，违法违规现象得到有效遏制和明显下降。

(宜春市交通运输局)

袁州区

2020年,袁州区交通运输局全力推进各项工作任务。

交通设施建设。1. 全力协调抓好高速公路建设。全力抓好宜井遂高速前期协调工作,土地征收工作已完成100%、坟墓迁移完成100%、房屋签约拆除完成98.32%,完成了省市要求的目标任务。2. 抓好10条国省干线公路项目建设工作。国道220改建(宜万同城快速通道),全长70千米,其中主线33.37千米,双向六车道,总投资50亿元,2018年1月开工,已完成征地拆迁大部分工作;宜万同城快速通道彬江至下浦挂线,全长9.5千米,一级公路标准,路基宽25.5米,已开工建设;国道220(天井线至下浦),总投资8.7亿元,全长21.68千米,年初已经通车;国道320,总投资2.4亿元,全长9.021千米,已完成征地工作,拆迁工作基本完成;湖田—洪塘,总投资2亿元,全长14.3千米,完成征地工作,拆迁工作已启动;白马至洪江,总投资3.3亿元,全长20千米,正在启动;葛布头至中村公路,全长6.8千米,总投资0.4亿元,房屋已拆迁完成,附着物基本补偿到位,一标段已拉通;省道311金桥至金良升级改造项目,全长2.2千米,总投资0.6亿元,已完成征地拆迁工作,年初已经通车;省道223万载后槎至金瑞,全长14.7千米,总投资2.1亿元,已启动征地拆迁工作;省道531模沙至竹亭,全长9千米,总投资1亿元,已完工通车;省道531竹亭至罗布,总全长5.5千米,投资0.5亿元,正在实施。3. 抓好2条专项公路项目建设。金瑞至文家市专项公路,建设里程为43.3千米,山岭重丘三级公路建设标准,计划投资12180万元,项目建设完成100%,十月份已组织交工验收;楠木至山塘专项公路,建设里程为30.1千米,山岭重丘三级公路建设标准,项目计划投资10640万元,征地拆迁已经全部完成,项目建设完成80%。4. 抓好县乡村道公路建设。一是县道升级改造6个项目60千米,其中彬江—双林、彬江小学—宜新路、新田—洪塘合计已完工36.3千米,完工率60.5%。其余项目正在有序施工中;乡道双车道改造项目建设里程为50千米,已全部完工;建制村优选通达路线窄路面拓宽项目62个,合计建设里程100千米,已完成窄路面拓宽项目58个,完工里程88.5千米,完工率88.5%,其他项目正在施工中;危桥改造任务7座,已完工4座,其余项目正在有序施工中;生命安全防护工程,县乡道安防和村道安防共下达计划300千米,已全部完工。

交通运输生产。2020年完成客运量25.7万人次,旅客周转量352.6万人千米。完成货运量2616万吨,货物周转量116232万吨千米。全力做好道路运输管理工作,提升管理服务效率。已完成对全区危货企业、普货企业进行质量诚信考核,危货企业20家、普货企业13家,新增普货企业29家;已完成全区89家机动车维修企业和质量信誉考核工作,并录入道路运输市场信用信息系统,其中2A企业19家,A级企业70家;

安全生产管理。对全区道路运输驾校、维修企业进行排查,查出一般安全隐患23起,现场整改20起,下发整改通知书3份,已整改3起,整改率100%;深入企业对液化气罐体车辆22辆、汽油罐体车辆33辆、柴油罐体车辆69辆的罐体检测合格证或检验检测报告进行核查;对23艘船舶资质进行年度核查已完成。对辖区内全区县道升级、专项公路、旅游公路和危桥改造、行政村窄路面拓宽等项目及跨铁路桥梁、其他公路主要路段进行了排查,共排查到公路水毁等安全隐患103处,公路施工安全隐患12处,有效保障该区公路的畅通和安全。对客运企业进行安全隐患排查,织密安全生产防控网,全区交通运输安全生产总体平稳。

(袁州区交通运输局)

樟树市

2020年,樟树市交通运输局不断提升交通运输总体供给能力和综合服务水平。

交通重点工程。一是樟树东收费站大棚改造圆满完成。改造后的樟树东收费站大棚为四重檐钢筋混凝土仿唐式古建楼阁雨棚,建筑面积626.69平方米,雨棚屋脊结构高度为24.1米,工程概算总投资800万元,合同价643.4651万元。该项目于2月20日开工,9月30完工。二是樟芦线升级改造工程正式建成通车。项目起点位于店下镇城山新村,终点位于花园村委塘下村,路线全长5.12千米,建设标准公路二级,路基宽12米、路面宽10.5米,路面结构形式为沥青混凝土,项目概算总投资4957.46万元。2018年3月30日正式开工,2020年6月建成通车。三是河西港城一体化项目进展顺利。该项目位于樟树市赣江左岸张家山街道辖区,为省"十四五"重点建设项目,也是该市最大的现代物流综合性港区。项目拟投资约30亿元,拟建设规模为1000吨级重杂件泊位4个、集装箱泊位3个、1000吨级散货泊位8个,共15个泊位,年设计吞吐量为1849万吨。四是樟树东至盐化基地道路新建工程加快推进。项目位于樟树市阁山镇,总长约5.34千米,总投资约4.22亿元。建设标准分两段:即东昌高速出口至葛玄路高速连接线长约0.5千米(按双向六车道拓宽改造)和盐化基地至东昌高速樟树东出口危化专用货运路4.84千米(按双向四车道新建)。该项目于2020年1月开工,互通连接线及全线雨污管、涵洞已完成;3座桥梁已完成2座,路面基层即将完成,2021年1月全部完工。五是观上至丽村升级改造项目稳步实施。该项目投资2500多万,起于樟观公路,终于樟树与丰城地界线。路线全长4.5千米,一期3.5千米已于完成,二期1.5千米于2018年9月30日开工,12月底清丰河大桥完成后即可快速实现全线贯通。六是赣江三桥建设前期工作成功启动。赣江三桥及连接线工程建设总长约19.2千米(其中主线长约13.6千米,与省道219连接线长5.6千米),计划总投资30亿元。该项目属公路桥梁,兼具城市交通功能,建设标准双向6车道。项目拟建设起点为规划的国道105,途经洋湖乡大水村附近与药都南大道平交,卜跨赣江、在洲上乡严埠村附近与地方道路衔接、上跨袁河、跨浙赣铁路经张家山、跨肖江,终点与国道533(改线)在G60南侧(赣粤高速)对接。已经完成赣江三桥及连接线新建工程概念方案设计。

农村公路建养。全市农村公路总里程达1933千米,其中县道260千米、乡道546千米、村道1120千米,专道7千米,通自然村公路硬化率达100%。农村公路生命安全防护工程计划170千米,总投资1200万元,已全部完工并投入使用。县道升级改造项目5个(光黄线—那塘、太平桥—昌傅、石陂—乌溪、铁路林场—中洲、黄土岗—太平桥),总长20千米,总投资2653万元,均已全部完工。乡道双车道改造及建制村优选通达路线窄路面拓宽改造项目9个,总长15.6千米,总投资1223万元,其中:下余—大王庙、兴昌路—汪家、朱陵—李家、光黄线—双坑、石头—排下、中北线—廖家、何留线—肖家园7个全面完工;上埠—陈家、中亭—五姜基本完工。危桥改造项目4个,总投资262万元,其中:永泰镇车埠桥、刘公庙镇王悦桥、义成镇寨里桥已完工,大桥街办后路桥完成主体工程。全市19个乡镇(街道、场)均已成立农村公路管养机构,乡镇养护管理站均有独立的办公场所,配备工作人员,制定了相关制度,内业资料齐全。积极争取政策支持,将农村公路日常养护财政奖补资金提高到222万元(增加18.8万元)。从全年项目中优选19个公路工程进行质量安全监管,投资额5000万元,占全年投资计划的90%。

道路运输服务。全年完成客运量636万人次,周转量3558万千米;完成公路货运量1265万吨,周转量407176万吨千米。全年驾校培训学员3600余人。全年淘汰注销老旧货运车辆283辆。全年累计办理:新增货运车辆运输证2733辆;受理许可货运公司101家、客运业务123项、驾培业务41项;维修业户备案23家;车辆年审3860辆;车辆补证变更179辆;车辆转籍284辆;涉路许可12件;省网上行政许可审批3010件。

港航管理事业。港口岸线规划顺利获批。5月15日,《宜春港总体规划》经省政府研究批复正式通过。批复该市岸线规划总长10130米,其中赣江岸线7320米、袁河岸线2510米、水库旅游岸线300米,分为河东、河西、张家洲、袁河4个作业区。港口资源整合稳步推进。5月29日,与省港口集团在樟树市签订了《樟树市荷湖馆液货码头划转协议》。港口码头建设有序开展。该市河东港区四码头可靠泊500吨级货船,正在正常运营。河东五、六码头为正在新建项目,共有6个千吨级泊位,年设计吞吐量为460万吨。两码头已完成所有建设项目和设施设备安装。投资近3.2亿元的樟树市水运口岸码头也正在试运行,码头各项功能运转正常。水运企业蓬勃发展。该市全年新增2家水运企业,总数达到8家,省际营运船舶总数从50艘增加为59艘,同比增长18%,载重吨80917吨,同比增长45.3%,功率21266.2千瓦,同比增长21.2%,总吨位49902吨,同比增长39%。其中:普通货船25艘,载重吨53123吨,功率12247.3千瓦,总吨位32715吨;化学品船34艘,载重吨27794吨,功率9018.9千瓦,总吨位17187吨。

交通治理能力。全年共出动执法人员2200人次,查处各类违规、违法营运行为车辆155辆。其中,非法营运车辆61辆,出租车违规经营15辆,货运车辆违章65辆,客运车辆违章14辆,严厉打击了各类违章、违法营运行为,确保了交通运输行业持续健康发展。圆满完成了该市普铁沿线63处安全隐患的整治工作。

(樟树市交通运输局)

丰城市

2020年,丰城市交通运输局为推进全市经济社会发展和方便群众出行提供了坚实的交通运输保障。

重大项目推进有力。紫云大桥已完成施工图批复。上跨沪昆铁路立交桥第三方图审报告已完成并已送南昌铁路局评审。河洲、龙津洲正在进行征地拆迁工作。省道309丰城梅岗至曲江段一级公路改建工程已完成工可阶段手续,征地拆迁补偿方案已通过政府常务会。国道105改线稳评已备案、工可报告已编制完成。省道309石滩至丰城二级公路改建工程项目已开工,填方已完成30%,桩基已全部完成。省道426袁渡珊瑚至石滩故县公路路基土方工程、碎石垫层已全部完成,桥梁工程梁板已吊装完成,水稳层摊铺已完成50%。

公路建设有序推进。县道升级改造项目年度目标30千米,实际完成30.8千米,完成100%;乡道双车道改造项目年度目标25千米,实际完成26.8千米,完成100%;窄路面拓宽改造年度目标20千米,实际完成20.1千米,完成100%;旅游路、资源路、产业路、路网联通路、公益事业路年度目标10千米,实际完成11.7千米,完成100%;危桥改造项目年度目标40座,已全部完成(建设完成13座,质检合格完成出库27座),完成100%;安全生命防护工程年度目标150千米,已全部完成,完成100%。公路工程监督覆盖率100%,监督工程质量合格率100%,无重大质量安全事故,安全生产零伤亡。

交通运输服务不断提升。2020年完成客运量474.4845万人次,旅客周转量17187.7794万人千米。完成货运量5188.32万吨,货物周转量1442353.16万吨千米。一是对全市未通车的54个建制村,通过增开7条公交线路、延伸24条公交线路、投放12辆公交车的方式解决通车,客运通达率达到100%。二是车辆更新换代工作顺利。该市已更新187台出租车;新增新能源汽车16台,用于城市公交11路等线路运行。三是加大城镇村公交线路的配套建设。安排资金400万元用于新建高新园区、循环园区等61个站亭,投入230万元用于城区169个站台安装防护栏。

行政执法力度加大。注重源头监管,加大路面巡查力度,实行流动执法,对出租车不使用计价器、公交车不按核定的班次运行等市民反映较大的问题重拳出击。在客运市场整治、治超、路政等方面查扣违法违章车辆590辆次。

(丰城市交通运输局)

靖安县

2020年,靖安县交通运输局全力推动交通运输事业高质量发展。

"四好农村路"建设。1.加快推进两条县重点公路项目建设:高西旅游公路(高湖至西头)改建工程项目9.354千米和黄龙大道(环城南路至香田黄龙)新建工程2.122千米项目。2.加快推进农村公路及危桥改造项目建设:一是县道升级改造项目5个已动工,已完成了3个项目27.9千米。二是乡道双车道改造项目完成170.1千米,正在施工建设57.4千米。三是其他建制村窄路面拓宽改造项目完成53.9千米。四是危桥改造项目完成5座324.32延米,正在施工建设13座465.68延米。3.县乡道生命安全防护工程项目210个项目272.5千米全部完工。4.农村公路产业路、公益事业路和路网连通路项目6个19.7千米并下达各相关乡镇实施,已经完成2个项目5.9千米。5.美丽生态文明农村路项目完成4个42.1千米。6.靖樟高速已经纳入国家高速公路网规划。

道路运输管理。1.省级"镇村公交"发展试点县建设推进顺利。4月成功申报为江西省"镇村公交"发展试点县。建成公交站台51个,农村客运候车亭95个。三爪仑乡、宝峰镇、仁首镇客、罗湾乡都改造了农村交通综合服务站,全县76个建制村均已全部设置客运停靠站点站牌并通了客车,县城范围内40个公交站台安装了反恐防护设施。全县拥有客运班线40条,营运客车35辆934座,公交车28辆,巡游出租汽车7辆,定制班车6辆,网约车辆14辆,新能源公交、出租车26辆。12月份,"镇村公交"发展试点县建设初步通过省考核验收。2020年,完成客运量23.0275万人,客运周转量805.9625万人千米。2.物流产业快速发展。该县有普货企业51家,车辆525辆23647吨,危货企业7家,车辆423辆3100余吨,完成货运量348.6万吨,货运周转量68773.5万吨千米。全县各乡镇、社区已设立农村物流服务站13个,村级物流点41个,基本形成了县、乡、村三级物流服务体系。3、交通执法进一步严格规范。做到依法履职、联合执法、文明执法,始终保持打击"非法营运"、治理超限超载、纠治车辆违章的高压态势,保障运输市场合法规范。2020年,共出动检查人员320余人次,检查车辆387辆次,查处、纠正各类违规违章车辆36辆,其中非法营运车辆8辆,其他各类违章车辆28辆。

强力推进交通安全监管。坚持预防为主,注重源头安全监管,安全责任层层压实,督促落实安全措施,做到定期调度,每半月一排查,每月一通报,发现安全隐患及时整改。2020年,共开展各类安全检查和安全排查37次,出动检查人员124人次,下发整改通知书27份,发现并整改突出安全隐患9起,全县交通运输领域未发生重大责任安全事故,持续保持安全平稳态势。

(靖安县交通运输局)

奉新县

2020年,奉新县交通运输局推动全县交通运输工作不断取得新进展。

全县路网建设。1.探索发展新路径,推动全县农村路网提档升级。全力推进全县交通基础设施综合提升改造PPP项目,将环城南路、环城北路工程及赤岸至会埠等6条县道共计98千米公路升级改造打包纳入PPP项目,总计筹集约9.2亿元公路建设资金,大幅缓解了该县农村公路建设资金不足的问题。县道251冯田—宋埠段11.7千米、县道803赤田—下坑段8.6千米县道2个项目全面完工,共完成县道改造级升级20.3千米。2.策应外拓发展,环城路网建设取得重大进展。推进全长16.02千米,总投资约6.5亿元的环城南北一级公路建设,该路设计路基宽25.5米、路面宽22米、时速80千米/小时、沥青混凝土路面。截至年底,环城南路工程建设已建成通车。环城北路路基清表基本完成,潦河大桥、涵洞工程也已开工。至年底,全长10.5千米,路基宽12米,路面宽10.5千米的百丈—找桥公路升级旅游公路改造项目全部完成。3.聚焦路桥建设,农村路桥通达效能进持续提升。2020年,完成乡道双车道改造项目8个27.3千米、窄路面拓宽改造项目12个47.3千米,安全生命防护工程143个199.1千米。加快危桥改造,全年共动工改造15座危桥,年底已完成13座危桥改造,另外2座危桥改造项目属大桥,将于2021年完工。

农村公路管养。1.提升效能,农村公路养护管理水平稳步提升。建立了一支业务技术较好且相对稳定的养护队伍,加强了管理,提高了资金使用效率,使公路管养作业水平稳步提升,确保了256.18千米县道的"畅、安、洁、美"。2.生态优先,生态文明路建设成效显著。2018年以来建成九仙—百丈6条省级生态文明路,建成宋埠罗塘分场—上傅家3条市级生态文明路,累计投入资金近3000万元。通过开展省级和市级示范路建设,充分发挥示范路的示范和引领效应,推动生态文明农村公路建管养不断取得新成效。

绿色交通和运输惠民。通过加大对非营运黑的、擅自改装货车和非煤矿石的源头整治及联合治超,强化交通运输行政执法力度,综合推进交通领域扫黑除恶专项斗争,净化市场环境,为全县交通运输企业发展创造一个良好的条件,确保了道路运输发展提质转型增效。2020年,全县新增物流企业25家,全县各类运输企业达到206家,新增货车上户210辆,计6094吨;全县货车总数2913辆,计69909吨。安全运输旅客224.29万人次,实现客运周转量63401.57万人千米;运输货物707.13万吨,货运周转量219210.3万吨千米;货运结构进一步调整优化,运输效能进一步提升。

交通运输安全生产。落实了安全生产工作"一岗双责、党政同责"的制度,在全国两会、春运、五一、清明、端午等重要节庆日期间,多次开展安全生产整治、检查、排查、督查工作，认真吸取有关方面的事故教训，切实加强对全县"两客一危"企业及从业人员的教育、管理、监督和培训，先后深入企业督促、检查17次，发现隐患5起，下达整改通知书4份，出动人次86余人次，车辆21辆次，有关整改落实到位达到100%。

（奉新县交通运输局）

高安市

2020年，高安市瑞州大桥建设项目已完成总工程量的70%，预计2021年7月前建成通车。华林路贯通工程已完成连锦溪大桥主桥下部结构，华林大桥桩基完成86%，主线承台完成86%，跨永安大道立交桥正在组织第二联跨线施工，预计2021年12月建成通车。瑞州东路东延工程已完成排水、路基工程，桥梁完成下部结构，预计2021年2月建成通车。国道320改线工程已通过省发改委工可批复，完成了红线坐标图测绘、社会稳定风险评估、压覆矿产资源评估、地质灾害评估、环境评估报告表编制、用地预审意见、选址意见、初步设计招标等前期工作。大城至黄沙公路新建工程已完成工可和初步线路规划并获省交通运输厅规划入路网，有望尽快开工。

交通民生持续改善。一是县乡道提档升级。2020年共争取县道升级改造、乡道双车道改造和窄路面拓宽等项目共88个213.5千米，并把农村公路建设改造工程列入市政府2年公路大会战；剩下通自然村公路58个44.3千米也全部完成，实现全市25户以上自然村100%通水泥路的目标。二是公交惠民稳步推进。2020年，完成公路汽车客运量486.9万人次，客运周转量20533.2万人千米。完成货运量258亿吨，货物周转量2019.57亿吨千米，同比上年分别增长25%，25%。结合《高安城乡客运一体化实施方案》，高安至各乡镇、村组的39条农村客运班线实施公交化运行，八景、相城、龙潭、大城、村前、伍桥、田南、建山8个乡镇开通各自集镇至辖区村组的"镇村公交"，全市299个建制村（2千米覆盖）通车率达到100%。

交通执法力度加强。8月份公路治超工作职责移交给交通运输局。一是加大了路面执法力度。2020年，交通运输综合执法大队挂牌成立，交通执法改革不断推进，成立了11个综合执法中队，改变了以往分地域有规律的值班执勤方式，采取了不分地域不分时间的机动灵活执法方式，充分发挥了各执法中队的主观能动性。二是启用科技治超手段。设立了村前、筠阳、相城、大城四个非现场执法监测点，24小时不间断地对路过车辆进行超限超载监测，通过技术突破，监测结果可以作为证据，使执法工作更具实效性和针对性。三是加大源头治理力度。加大了对矿山企业、水泥厂、搅拌站等企业的巡查力度，有力规范了企业经营行为。四是加大部门之间协作。与公安部门、交警部门、自然资源及各乡镇开展联合执法，形成联防联控机制。对黄牛干扰执法，扰乱运输市场，甚至诱导司机恶意冲卡等违法行为进行严厉打击，已打掉4个"黄牛"团伙，抓捕了16人，营造了公平合法的运输环境。通过一年半的超限超载治理，超限超载行为越来越少，由原来超载率38.6%（全省排名前列）下降到10%，高胡路监测点超载率下降至6%，尤其是村前监测点超载率达到1%，达到了国家标准。

安全生产。一是强化安全监管。全年共检查道路运输企业319家，下达整改通知书的109家，行政处罚97家；全市14家危货运输企业共1770辆危货车辆全部安装了"主动安全预警智能装置"，安装率达100%。同时，不定时抽查企业4G实时视频监控和第三方监测监管情况，及时消除超速行驶、疲劳驾驶、车辆未上线、车辆离线等安全隐患，有效减少了交通事故的发生。共查处非法网约车29辆、不打表经营出租车6辆。充分利用监管服务平台，严格查处驾培机构场外培训及学时造假的违规经营行为。共查处学时造假4例、场外培训4例。共查处非法改装货车137辆并全部切割恢复原状，不规范装载货车71辆，超限超载运输货车1696辆并全部实施卸载，非法加油车18辆，查处违规经营货运源头（采石场）2处、维修点2处。二是督促企业落实安全生产主体责任。对于在经营过程中存在违规经营、引发安全隐患的行为，按照约谈教育、限期整改、停业整改，甚至经济处罚的程序来规范道路运输经营者的安全管理工作。共约谈货运公司385家次，经济处罚110家次，停业整改75家，吊销《道路运输证》7个。三是巩固水上安全。检查渡口40余次，发现并整改各类隐患11处，处置桥梁安全隐患2处。四是筑牢道路安全防线。完成安全生命防护工程59个隐患里程129.7千米；危桥改造项目9个，已完工4座，在建5座。

（高安市交通运输局办公室）

上高县

2020年，上高县交通运输事业得到新发展。宜万同城上高段快速通道建设项目，全段标完成挖方量50.8%、填方量74.96%，完成石墙里中桥、王家小桥下部结构，盖板涵完成80%，箱涵完成100%，圆管涵完成80%，已爆破石方（爆破+炮机破碎）量约38.36万立方米。省道527上高横江至上甘山段二级公路改建工程，已完成改建工程拆迁和弃土场测设征地，田港中桥、上湾中桥、泽山中桥建设完成，完成土方挖方74.4%、路基土石方填方75%，完成圆管涵72道、盖板涵10道，路基完成90%；上八线（田心至南塘段）改建工程，路基、路面工程已完成98%，生命安全防护工程正落实；上八线（上高至磻村段）公路改造工程，已完成项目清表工作，完成3千米的老路面挖除、桥涵工程及路基垫层调平，现正进行水稳层铺设。锦江至人和乡棣村公路（东风桥至下坑）改造工程，已竣工。

农村公路建管养。2020年，该县农村公路列入市民生工程项目10个69.7千米、县乡道路面改造项目4个18.9千米、产业路公益事业路及联通路项目4个7.3千米、乡道双车道改造项目10个36.4千米、其他窄路面改造项目2个5千米，至年底完成民生工程项目9个57.6千米、县乡道路面改造项目3个11.2千米、产业路公益事业路及联通路项目4个7.3千米、乡道双车道改造项目6个30千米、其他窄路面改造项目2个5千米。二是提升农村公路养护成效。拨付2020年全县农村公路日常养护资金184.75万元。与各管养单位签订农村公路日常养护合同332份，与养护人员签订农村公路日常养护合同274份。制定了《农村公路养护管理实施意见》《上高县创建农村公路管理养护示范乡镇实施方案》，建立健全农村公路养护管理长效机制。

道路运输发展。全县货运及物流企业235家，货车总数为3400辆，新增货运车辆522辆，新增运力7883.435吨。客运企业5家，客车418辆（含新能源公交车126辆）。机动车驾驶员培训学校12家。出租车81辆。全年完成公路客运量304.76万人次、旅客周转量1365万人千米，完成公路货运量560.485万吨、货物周转量103450.65万吨千米。现有城市公交7条线路优化、延伸，主城区线路实施了延时及加密服务，积极推进城乡公交一体化工作。推进网约车市场管理，主动适应互联网+新形势，已有2家网约车运输企业在上高县备案。上高县186个建制村全部实现通客车，45条农村班线全部改造成城市公交延伸线路。并将单条线路发展为多线线路提高公交延伸班线覆盖率。公交延伸班线尽量向村委、村组延伸。2020年完成新建4个农村公路综合服务站。

（上高县交通运输局）

宜丰县

2020年，宜丰县交通运输局较好完成了各项工作任务。

区位交通。一是积极做好铜鼓至万载高速公路宜丰联络线（黄岗至天宝）征地拆迁及协调服务工作，确保了联络线和双峰互通建设如期建成并于12月30日举行通车仪式。二是切实加大国、省道干线公路改造力度。省道307斜港至黄岗公路升级改造工程和省道221带溪至找桥、省道519找桥至西塔升级改造相继于5月和8月建成通车。三是强力推进县重点工程建设。工业园至火车站公路新建工程目前处征地拆迁和建设方案提交阶段；耶溪大桥重建工程已于11月正式开工，已完成13根桩基的浇筑，2021年8月可建成通车；天沐温泉配套公路建设待征地拆迁完成后即可启动项目建设；完成党田至洞山公路改建工程。

民生交通。一是加大农村公路桥梁建设力度，完成邓家坳至城南环线路面改造，花桥全华林县道升级项目建设春节前可基本完工，高坪至水口县道升级项目春节前可完成部分路基工程，农村窄路面拓宽改造完成潭山至茜槽、店上至曾家、省道307至万坊、车上至黄檗、双峰刘家窝至双木等18条50.4千米，改造危桥7座，完成产业路、资源路7.9千米，加大了农村道路涵洞、安防、排水、标识、绿化提升以及水毁抢修力度等，确保了公路安全畅通。

二是切实加大农村公路生命安全防护工程项目建设,2020年全年已完成县乡道生命安全防护工程项目15条86.7千米。三是加大水毁公路抢修力度。投入近200万元抢修了洞山旅游公路、邓石线等一批水毁公路,确保了公路畅通。

运输保障和行业管理。全年实现客运量85万人,客运周转量3714万人千米;货运量850万吨,货运周转量265170万吨千米,分别比2019年年增长-65%、-70%、-18.5%、-17.6%。积极帮助运输企业解决在发展中遇到的困难和问题,全县营运车辆达4448辆,办理IC卡道路运输证3674张,网上年审车辆2842辆。取消了4.5吨以下货运车辆道路运输证和从业资格证,所有事项全部"零收费",真正实现了"一次不跑",方便群众办事。

(宜丰县交通运输局　漆志勇)

铜鼓县

2020年,铜鼓县交通运输局各项工作取得了较好成效。

交通基础建设。一是路网项目建设基本完成。全县路网6个项目共计85.95千米全部开工建设。三都东浒至茶山11.5千米已完工,槽口至仙姑坛12千米已完工;金鸡桥至大段15.5千米、带溪至找桥12.07千米、江头至县城3.88千米、温泉至棋坪31千米均已完成主体工程。二是农村公路民生工程建设快速推进。全县深度贫困村48座新建桥梁已完工28座,在建12座,其余8座正在抓紧实施。全县通村组公路计划157.5千米全部完成。县道升级改造石桥至上庄11.7千米已于12月初完成主体工程,澡头至大梅、高桥至白石2个项目共计22.5千米正在有序推进。乡道双车道改造13个项目共计49.1千米,已完工9个项目32.1千米,在建项目1个4.6千米,未开工3个12.4千米。生命防护工程共计83.3千米,已完成46千米,未完工项目正在加紧施工。三是农村公路养护管理进入常态。该县农村公路养护里程865.363千米,县道149.982千米,乡道396.736千米,村道318.645千米。根据县道县养、乡道乡养、村道村养的原则,明确养护管理责任,实现农村公路管理养护的正常化和规范化管理。

交通运输市场。2020年完成客运量105.7万人次,旅客周转量3395.6万人千米。完成货运量2675万吨,货物周转量8935769万吨千米。全年共出动执法人员957人次,出动执法车辆205台次,查处非法营运车辆18辆。非法营运势头得到有力遏制。11月至12月,开展为期两个月的出租车行业乱象整治行动,重点整治出租车驾驶员不按照规定使用计程计价设备、违规收费、拒载、强行拼客、途中甩客、故意绕道行驶等违法违规行为,共发放宣传单300余份,查处违规出租车4辆。查处未经备案擅自从事机动车维修业务的15家,未按规定公布收费项目、工时定额和收费标准的企业3家。开展运输市场专项整治行动,查处非法加油车辆1辆,没收成品油1512升,罚款10000元。

(铜鼓县交通运输局　黄祖芳)

万载县

2020年,万载县交通运输局攻坚克难,较好地完成了各项任务。

交通基础设施建设。全长14.758千米国道220绕城一级公路建设2019年3月开工,路基土方完成85%、管涵完成100%、桥梁下部完成90%。累计完成投资2.7亿元。宜万同城快速通道,万载境内含主线约3.046千米和连接线10.023千米,总投资约9.06亿,计划2021年6月建成通车。至2020年底,主线和连接线分别完成土石方5%和85%,管涵分别完成85%和100%,桥梁下部完成70%和90%。累计完成投资约3亿元。省道222高村至三兴公路改建工程全长约19.9千米,总投资约3.39亿元。2020年9月,可行性研究报告获批,施工图设计、水土保持方案、环评等前期工作正在推进。由省交通运输厅下达的潭源直界岭县道升级改造省级重点推进项目,全长24.2千米,总投资7000万元,2020年9月开工,已完成80%的路基土方工程,计划2021年10月建成通车。香山至芳万线6.5千米、杭桥至罗城7.5千米和狗冷坑至修万线13.5千米三个专项公路进入招投标阶段,正有序推进。完成生命防护工程196千米,超过计划86千米。年度上级下达的建制村优先通达路线窄路面拓宽改造项目3个,7.6千米,至9月全部完工。危桥改造计划17座,完工13座,其余4座,年底基本完工。县乡道路面改造获批7个30千米,已完成4个,约22千米,其余在建。全年完成农村公路养护工程23个,共投资675.5万元。村民小组的通达率100%,农村公路硬化实现全覆盖。

交通运输服务。万载全县181个建制村通客车率100%。走在全市的前列,城市公交纯电动化,发放老年及优抚对象免费乘坐公交IC卡1万余张。全县运营农村公交线路180余千米,新建农村客运站7个,农村候车亭175个,除5个山区乡镇外,13个平原乡镇均实现了农村客运公交化。年末全县拥有载客汽车103辆,3605客位,同比减少7.3%。全年完成客运量276.3万人次,客运周转量13538.7万人/千米,同比减少2.6%。全县拥有大小货运车辆8248辆,83175吨位,同比减少3%和27%。全年完成货运量3298万吨,货物周转量313310万吨/千米,同比减少15%。

安全生产。从春运开始至9月底全县先后开展了13次巡查、排查,召开了110余人参加的全县"交通运输安全工作会"。对"10.29"较大道路交通事故,举一反三,进行了重点整治。全年共查处无牌无证电动车84辆,非法营运的摩托车186辆,私家车37辆,非法改装车60辆。

(万载县交通运输局 胡爱仙 王松州)

【万载县"十三五"交通新发展数字回眸】 2016年至2020年,"十三五"期间,万载交通运输局,围绕发展改革大局,加快交通基础设施建设步伐,强化运输行业管理,打造一支高素质交通运输队伍,为全县经济社会发展当好先行,连续多次被市、县评为"全市农村公路工作""全市交通运输工作""安全生产工作""年鉴工作"先进单位和"中国·万载首届百合旅游文化节服务工作""中国·万载第三届国际花炮文化节""综合治理""党风廉政""脱贫攻坚""文明单位"等荣誉称号。

一、公路建设。2015年,"十二五"末,万载全县境内公路总里程3204.426千米,其中:高速公路通车里程68.2千米;普通国省道175.836千米;农村公路总里程2983.24千米。农村公路(包括县道6条,122.278千米;乡道70条,483.238千米;专用公路2条,3.116米;村道960条,758.547千米;通自然村组级公路2248条、1616.061千米)。按技术等级分:二级公路1.976千米,三级公路111.536千米,四级公路1417.868千米,等处公路1451.86千米。按路面类型分:沥青水泥混凝土路面1365.994千米;简易铺装路面123.611千米,未铺路面1493.635千米。

2020年末,全县境内公路总里程3663.116千米,比"十二五"末,增加458.69千米,增长14.3%。其中:高速公路增加37.521千米,增长55%;普通国道51.137千米,增加4.42千米,增长9.46%;省道261.043千米,增加191.924千米,增长277.67%;农村公路总里程:3245.215千米,增加262.015千米,增长8.78%。公路密度212.93千米/百平方千米,同比提高21.73千米/百平方千米。

全县农村公路总里程:3245.215千米,其中县道13条,230.545千米,同比分别增加7条,108.267千米;乡道73条,458.259千米,分别增加3条,减少24.979千米;村道2510条,2161.565千米,分别增加1550条,1403.018千米;专用公路7条,14.846千米,分别增加5条,11.73千米;自然村组级公路264条,380千米,分别减少1984条,1236.061千米。全县农村等级公路3133.789千米,比"十二五"末增加1602.409千米,占公路总里程的85.55%,提高了34.22个百分点。水泥混凝土及沥青路面3166.59千米,未铺装路面78.619千米,同比分增加1800.602千米,减少1415.016千米。

二、运输装备。公路运输:2015年,全县营运客车145辆,计4830座。其中城市公交车47辆。2020年,客运汽车103辆,3605客位,比"十二五"末分别减少42辆、1225客位。城市公交车,2017年12月新购纯电动车45辆。2018年12月1日起实行智能公交支付系统。2019年,城市公交实现纯电动化城区全覆盖。

货运:2015年,全县拥有货车(含挂靠)13349辆,计161850吨位。2020年,全县载货汽车(不含挂靠)8248辆、83175吨位。同比分别减少5101辆和78675吨位。

三、运输服务。公路运输:2015年,全县客运班线68条,8895千米。全年客运量392万人次,旅客周转量18274万人/千米。全县营业性货运量4067万吨,货物周转量386365万吨/千米。2020年客运量276.3万人次,旅客周转量13538.7万人/千米,比"十二五"分别减少115.7万人次,增加20362万人/千米。

(王松州)

抚州市

2020年，抚州市交通运输局交通基础设施建设持续推进。铁路建设加快发展。2020年全市共投入资金242.5万元，整治销号梳理出61项问题，销号率为100%。经过大力整治，全市境内普速铁路安全环境问题得到极大的改善，有效保障了当地经济社会和谐稳定发展。至2020年末，抚州市共建成沪昆高铁、沪昆铁路、向莆铁路、鹰厦铁路、向乐铁路5条铁路，总里程达337.7千米，运营里程达244.9千米。高速公路建设提质增速。东外环高速公路抚州东互通连接线（王安石特大桥）项目累计完成投资5.29亿元，占总投资的88.2%。福银高速抚州出入口提升项目建成通车。全市建成高速公路11条，高速公路总运营里程上升至762千米，居全省前列。国省道建设强力实施。全市国省道总里程达1895.606千米，其中国道870.534千米，省道1025.072千米，普通国省道二级及以上公路比例达到57.9%。全力推进"四好农村路"建设。超额完成农村公路年度建设任务。2020年完成投资额27.8亿，完成率154%。县道升级改造88.4千米，完成率126%；乡道双车道改造121.3千米，完成率121%；窄路面拓宽改造102.4千米，是年度任务的102%；县乡道路面改造211处，完成率105%；资源路产业路旅游路等五路105.37千米，完成率105%；危桥改造50座，完成率125%；安全生命防护工程613千米，完成率102%。加强路域环境整治。共出动执法人员4131人次，拆除各类违法建筑物（构筑物）203处；清理各类非公路标志（标牌）633块；整治各类非法架设（埋设）管线105处；清理沿线违法加水洗车站点13处；查处占用、挖掘、损坏污染公路（路肩种植物、打谷晒场、路面堆积物等）121处；规范处置平面交叉道口设置35处；消除各类公路安全隐患582处，境内农村公路通行环境全面净化。开通9条城际公交线路，139个乡镇开通城乡公交线路，开通率达到90.8%；开通公交或客运的行政村达1799个，开通率达100%，所有建制村均设置了客车停靠点和站牌。截至2020年底，全市农村公路总里程达16601千米。抚河航道建设得到较大进展。截至2020年底，抚河流域拥有等级航道851千米，其中，六级航道542.5千米，七级航道62千米，八级航道246.5千米。

交通运输服务能力持续提升。道路运输行业服务管理能力增强。全市拥有等级客运站58个，客运班线514条，年完成客运量3744万人，旅客周转量158078万人千米。道路货物运输业户3963户，货运车辆34640辆，543914吨位，年完成货运量19674万吨，货物周转量5641088万吨千米。拥有机动车维修业户482户，汽车综合性能检测站15个，机动车驾驶员培训业户40户，其中一级2户，二级17户，三级21户，道路运输驾驶员从业资质培训1户。全市拥有农村客运站1183个，等级站45个，农村客运班线311条，共有在营农村客车556辆，座位10571个，通班车行政村1801个，通班车率为100%。年完成农村客运量2255万人，旅客周转量81536万人千米。全市水运企业8家，其中沿海企业1家，内河企业7家，拥有船舶99艘，182312载重吨，51032千瓦，年完成水上货运量463.5万吨，周转量570690万吨千米。

交通运输行业安全态势平稳向好。组建招商引资建设"互联网+交通运输安全监管"第三方监控平台，对全市所有营运车辆进行实时监控和管理，规范车辆和运输企业行为。在全省率先完成辖区所有危货船CCTV监控系统的安装和5家危货企业CCTV现场监管系统安装建设，有效提升船舶事故险情预防预控能力。全市船舶港口污染防治工作受到省厅认可，并在10月30日全省三大攻坚行动、三大提升工程和加快水运改革发展工作推进会上作典型发言。

（陈根玲）

临川区

2020年，临川区交通运输局较好地完成了各项工作目标任务。

交通基础设施建设。一是重点工程顺利实施。才子大桥建成通车。工程全长1160米，其中桥梁长548米，引道长612米，总投资1.9亿元。工程于2018年1月开工建设，2020年8月完工。临北快速路工程开工建设。工程全长6.942千米，其中临北大桥长度710米。设计时速60千米/小时，路基宽40米，为双向六车道设计，路面为沥青混凝土结构，项目投资5.4亿元。二是农村公路基础设施建设稳步进行。建成通25户自然村公路48.26千米，县道升级改造项目23.714千米，投资7114.2万元；建成乡道窄路面拓宽改造21.071千米，投资1685.68万元；完成危桥改造项目5座，投资682.12万元；"组组通"水泥路建设48.26千米，投资设项目2895.6万元。建设麻糍窑至东坑、南坑至双港桥等49条生命安全防护工程148.326千米，安装波形护栏15468米，交叉口综合处置693处，护柱31796根，标志牌1204块，公路标线372650平方米，振荡标线3276.54平方米，完成挡土墙275.03立方米，防撞墙37.29立方米，建成盖板涵6座，错车道1处，龙津大桥栏杆1道，投资1184.46万元。完成岳口至龙溪、罗湖至董塘、占圩至栎坪等17条农村公路养护大中修工程，投资974.65万元，实施计划外大中修项目建设10个，完成投资600万元。

全区农村公路通达里程为1737.052千米，其中县道17条287.617千米，乡道138条653.653千米，村道940条795.782千米。

交通行业管理。全年共查扣非法营运"滴滴"56辆，乱停乱放车辆987辆，拖离僵尸车12辆。4月明确抚州市临川汽车运输有限公司为经营责任主体单位，7月完成农村客运站牌的安装，收购太阳、青泥、鹏田、邓坊、桐源、大岗、高坪等8条线路，车辆46辆，实现全区开通农村公交目标。全区拥有营运车辆5182辆，其中客车349辆，货车4833辆。年完成客运量160.43万人，客运周转量6844.86万人千米。年完成货运量2507.15万吨，货运周转量733428.43万吨千米。

（临川区交通运输局）

崇仁县

2020年，崇仁县交通基础设施建设进展顺利。一是重点工程如期完成。客运中心和公交枢纽中心工程项目基本完工，投入使用。可满足200余辆货运车辆停放的货运停车场项目工程于5月竣工验收并投入使用。二是农村公路建设持续推进。建成乡村道拓宽项目9个计32.2千米，农村公路生命安全防护工程规范建设项目31个计107.58千米，县道升级改造工程2个项目计8.1千米，相山镇港下至田西0.6千米资源路项目和航埠镇耙岗至徐家1.1千米公益事业路等"五路"项目工程。河上镇桥头桥危桥重建项目实施完工。按照美丽生态文明农村路规范建设县道罗山至左港计10.2千米。修复农村公路交通标识标牌及警示牌30块。全力保障190.03千米县道农村公路日常养护，推进列养1566.8千米农村公路日常养护持续纵深覆盖，全县农村公路路面综合好路率达89.9%。

道路运输行业管理。全年投入各类客车241辆，开行客运班线34137次。新建的县公交枢纽中心和县客运中心以及航埠农村客运站项目工程基本建成，陆续投入使用，全县151个行政村客运停靠站点设施整治完善到位，原31条农村客运班线改造开通为21条镇村公交线路，开通区域经营客运线路6条、投入新能源纯电动镇村公交客车79辆和农村区域经营微公交客车6辆，实现全县15个乡镇，151个行政村通客车全覆盖。新发展普货企业41家，全年达83家，营运车辆拥有量达582辆，总吨位8002吨。2020年参与质量信誉考核行业企业118家，其中评为AAA级企业2家，评为AA级客运企业3家，评为AA级普货企业85家，评为AA级危货企业3家，评为AA级维修企业28家，评为AA级驾培企业2家。同时，有1756人参加并通过驾驶员从业资格诚信考核。全年共查处"黑的"20辆，客运车辆违规经营5起，对客运企业客车存在超速行为进行处罚1起，从而有效净化了运输市场。全县拥有营运车辆608辆，其中客车

26辆,货车582辆。年完成客运量139万人,客运周转量5930.63万人千米。年完成货运量272.08万吨,货运周转量79592.26万吨千米。

(崇仁县交通运输局)

宜黄县

2020年,宜黄县交通运输事业得到新发展。

公路建养管。一是县重点工程项目建设顺利实施。县城西外环路拓宽改造及延伸段新建工程建设于2018年开工,2020年5月竣工验收。全线长4.461千米,路基宽21米,路面宽15米,总投资4944.76万元。二是农村公路建设超计划实施。实现总投资1.35亿元,建成农村公路38.1千米。改造县道7.9千米,窄路面拓宽改造完成17.2千米,县乡道路面改造完成1.6千米,五路（旅游路、资源路、产业路、路网联通路、公益事业路）建设完成11.4千米。完成危桥改造12座。建设安全生命防护工程25.87千米。2020年建制村通客车任务中公路通行条件提升工作全面完成,县辖12个乡镇139个建制村全部通客车。三是打造美丽生态文明路,努力实现"旅游公路"向公路旅游的华丽转身。境内农村公路总里程1024.938公千米,其中县道184.081千米、乡道220.121千米、村道620.736千米。

道路运输行业管理。全年共出动路面执法人员4831人次,检查车辆8391部,查处超限超载车辆35辆,共处罚金额340000元、卸货698吨。道路运输环境规范有序。全县拥有营运车辆836辆,其中客运车辆8辆,货运车辆828辆。年完成客运量39.38万人,客运周转量1680万人千米。年完成货运量358.41万吨,货运周转量104846.54万吨千米。

(宜黄县交通运输局)

乐安县

2020年,乐安县交通运输局圆满完成既定目标任务。

交通基础设施建设。一是重点工程项目建设有序实施。完成三条美丽生态路建设,县道916万崇至遇元公路、县道065谷岗至登仙桥、县道918戴坊至上袍公路建成通车。交通基础设施EPC项目S227招携至漳灌公路改建工程完成清表95%,挖土石方85%,涵洞85%,桥梁桩基100%,防护75%,绿化75%,路面底基层75%,水稳上下基层75%,下面层65%,完成9座桥梁梁板架设,交安30%;县道915徐庄至吓通公路新建工程完成清表100%,土石方100%,桥梁、涵洞完成100%,绿化完成80%,防护完成55%,隧道完成100%,路面底基层完成100%,水稳上下基层、下面层100%;山砀至淡川段公路改建工程建成通车,省道433乐安咸溪至店元段改建工程全线路基、防护、排水工程完成93%,全线桥梁完成100%,路面基层完成85%,路面面层完成86%,绿化施工完成82%,整体进度完成84%;大华山旅游公路全线路基工程完成98%,混凝土搅拌站完成安装,排水工程完成72%,涵洞工程完成82%,路面基层完成70%,路面混凝土完成30%,整体进度完成70%。全县道路白改黑提升工程完成土石方95.7%,道路工程97.4%,桥涵工程95.1%,照明工程90%,交通工程28.2%,绿化工程22.5,弱电工程和排水工程全部完成。蝶栖谷景区道路工程完成路基挖方228000立方米,填方113000立方米,圆管涵、盖板涵25道全部完成,挡墙11143.6立方米,东元中桥、南村中桥竣工,路面垫层完成42494.6平方米,进度76%,绿化种草完成28000平方米,水稳站建成。二是农村公路建设加快推进。全县组组通公路建设项目53个97.59千米基本完成。建成生命安全防护工程项目51个358.26千米,项目总投资6126万元。完成农村公路养护大修工程33项,总投资648万元(其中省级补助432万元)。完成2020年统筹资金农村公路扶贫建设项目共86个项目总投资4584.8万元。完成建制村优选通达路线窄路面拓宽工程改造4条13.948千米,总投资2079万元。三是农村公路养护工作打开新局。与乐安县龙马环卫工程有限公司开展县道公路养护合作,将全县8条170.1千米交由龙马环卫工程有限公司进行日常养护,县交通运输局服务中心负责监管、考核。

道路运输行业管理进一步规范。开展城乡公交一体化工作。共收购旧车77辆,线路6条,收购

2个原农客公司,购买新能源公交车39辆,安装充电桩14个。全县城乡公交共有车辆112部(其中镇村公交60部、市内公交32部、城际公交20部),单向行驶里程1368千米,线路47条,日发班次370个。查处非法经营"黑车"21辆、危险货物运输违章行为1起,纠正各类违章行为80余起。共检查货车16677辆,查处超载超限货车341辆,切割改装车辆25辆,卸货4354.96吨,交警扣分93分。充分利用GPS监控和4G监控平台对客运车辆进行实时监控,严禁客车超速超载,把被抽查到超载的11名驾驶员列入了"黑名单",坚决清除出客运行业,同时对所属客运企业进行了约谈,杜绝此类违章再次发生。全县共有营运车辆500辆,其中客车28辆,货车472辆。完成客运量146.52万人,客运周转量6251.2万人千米。完成货运量258.07万吨,货运周转量75494.28万吨千米。

(乐安县交通运输局)

南城县

2020年,南城县交通基础设施建设加快实施。一是县重点工程建设进展顺利。新丰至池门口县道改造工程全面完成,新公交站场竣工投入使用,县恒顺公交公司完成搬迁入驻,县汽车综合服务中心暨东外环大型停车场主体工程基本结束,新丰大桥建设完成桩基95%、桥墩50%、土石方80%,上部构造搭建第四联现浇满堂支架,公交候车亭安装全部完成,福银高速南城连接线路面改造(白改黑)工程和新能源充电站上唐、路东站建设进展顺利。二是农村公路建设持续推进。完成改造各类农村公路60.9千米,改造农村危桥11座,生命防护工程180千米,打造生态文明路35千米,争取到上级农村公路建设补助资金达8500万元。三是农村公路管养持续加强。完成养护大中修工程4.1千米,维修农村公路14.2千米,完成水毁公路修复11千米、挡土墙5300余立方米,农村公路安全畅通。农村公路安全防患和整治工作常态化,全县农村公路养护MQI值优良率达85.6%。新建农村候车亭30个,公路绿化栽植红叶石楠35千米。2020年底,南城县公路总里程达1805.3千米,其中:高速公路109.7千米,国道67.79千米,省道85.1千米,农村公路通车里程1573.691千米(县道192.117千米、乡道427.825千米、村道953.749千米)。

道路交通运输业稳步发展。全年新增营运货运车1107辆3249吨,拥有运输企业319家,货运车辆10419辆,总运力16.88万吨,进一步夯实了抚州现代物流中心的基石。全县共开通农村区域化经营客运班线63条,普通客运班线6条,91辆农村客运车辆投入运行,150个建制村全部通客车,并开通了南城至金溪城际公交。全县新增公交线路5条,新增新能源车44辆,新建或改建公交站台60座,新建公交站台防护设施150余套。更新巡游出租车65辆,新增网约出租车5辆,人民群众出行更加方便快捷。全县拥有营运车辆10476辆,其中客车57车,货车10419辆。年完成客运量170.17万人,客运周转量7260.42万人千米;年完成货运量5738.54万吨,货运周转量1678718.28万吨千米。

交通运输行业管理。一是公路治超持续深入。全年共检测车辆43752辆,查出超载超限车辆1574辆,卸载货物3874吨,罚款206.8万元。全年累计培训机动车驾驶员4960人,共完成驾驶员从业资格证诚信考核3236人次、从业资格证换证1035名,组织城客企业进行大型反恐消防演练1次。会同县应急管理局、市监局等部门对全县维修企业进行联合专项整治,关停违法企业10家。4G平台监控提醒企业纠正驾驶员违章驾驶行为90余起,"两客一危"的上线率一直保持在95%以上,政府平台监控上线率达到100%。与县农业部门完成渔船检验和监督管理职能交接,接收渔船68艘。配合兄弟单位开展长江流域禁捕退捕工作,共回收渔船175艘,其中销毁148艘,封存27艘,排查水域"三无"涉渔捕捞船舶112艘,全县水上交通安全无事故。

(南城县交通运输局)

南丰县

2020年,南丰县交通运输局各项工作取得较大的发展。

交通基础设施建设。一是完成农村公路建设任务265.4千米。其中县道升级改造项目为108.7千米/15个,乡道双车道拓宽改造建设项目为97.2

千米/35个，建制村优选通达路线窄路面拓宽改造建设项目59.5千米/27个，全部纳入EPC项目实施，实现所有通乡镇场及3A景区公路达三级及以上。二是危桥改造项目完成7座。三是建设安全生命防护工程70千米。四是完成"组组通"项目93.3千米/71个，同时完成县库任务53.9千米/40个。五是强化农村公路养护。全县农村公路养护里程1140千米，桥梁225座6586.17延米，重点工程南丰黄井大道扩建工程完成桥梁下部构造，路基完成50%，排水、灌溉管涵60%。到2020年底，全县境内有国道167.738千米、省道48.932千米、县道213.405千米、乡道308.411千米、专用道路4.16千米、村道1002.637千米。

道路运输管理。全年共查处非法营运的"黑车""非法网约车"9辆，罚款金额37000元，查处出租车拒载等违法经营行为6起，处罚0.24万元，查处不按期审验和检测的货运车辆60余辆次，处罚5.5万元。全年共出动执法人员9660人次，检测货运车辆471880辆，查处超限超载车辆1230辆，罚款金额1030000元，卸载3200余吨。城市公交运营里程200万千米，年营运量527万人次，其中老年卡、优抚对象等免费乘车人数13000人，占年营运量的60%，达316万人次。5月，对上甘、西溪、长陂、付坊、太和、白舍等线路进行收购，9月投入8辆中巴车进行区域经营，开通镇村公交，解决老百姓最后一千米的交通问题，实现100%建制村通客车。五是做好车辆审验和办证服务工作，方便群众办事。共审验各类车辆2210辆，客车审验率达100%，货车审验率达95%以上。2020年，全县拥有营运车辆2661辆，其中客车26辆，货车2635辆。年完成客运量117.02万人，客运周转量4992.65万人千米。年完成货运量1149.04万吨，货运周转量336133.56万吨千米。

（南丰县交通运输局）

广昌县

2020年，广昌县交通基础设施建设有序实施。一是县道升级改造稳健推进。完成县道977榨树湾至新安路面改造工程、长桥至黄坊县道升级改造工程、长桥至双港县道升级改造工程、广昌至苦竹县道升级改造工程4条路线，合计里程34千米。二是交通扶贫项目全面完成。投入资金4761.5万元，完成村组公路建设项目55个，改造危桥33座551.4延米，建成农村公路安全生命防护工程项目20个55.5千米；投资1610万元开通城乡公交和镇村公交，全县11个乡镇129个行政村全部通公交车；解决下陌村农村公路生命安全防护工程、土路肩硬化、村委会桥头挡土墙等项目资金56.1万元。三是总投资10亿元的广昌县物流商贸综合服务区建设项目顺利实施。

交通行业治理。累计排查各类安全隐患257个，全部及时整治清零，实现全年交通运输安全生产零事故目标。对全县危桥进行全面摸排，38座隐患严重的危桥得到及时处置。查处路政违章违法案件43个，非法营运"黑车"14辆，联手相关部门处置非法阻工事件一起，依法处置违法人员8名，查处超限超载货车930辆，卸载2163.13吨，罚款769600元。1—3季度，依据农村公路日常管理养护考评结果，因养护成效不达标累计扣罚养护经费41235元；依据抽查和考核结果，共查处公交车违规行为102起，扣除财政补贴367842元；完成36个公交站台防护设施安装，53辆公交车驾驶区域安全防护隔离设施安装，安装率均达到100%；安装主动防御系统81个，安装率达到100%，淘汰老旧车辆258辆。四是行政服务效率明显提高。共审验道路运输业户574户，审验率96%；审验普货车辆2020辆，审验率96.5%；审验危货车辆81辆、客运车辆26辆，审验达到100%；驾驶员诚信考核2780人次；换发新证550本。全县拥有营运车辆2867辆，其中客车67辆，货车2800辆。年完成客运量158.06万人，客运周转量6743.94万人千米；年完成货运量1339.24万吨，货运周转量391774.54万吨千米。

（广昌县交通运输局）

黎川县

2020年，黎川县交通运输局稳步推进农村公路建设。完成通村组水泥建设项目2个计3.2千米，投资144万元。完成窄路面拓宽改造工程7个计24.7千米。完成危桥改造项目4个，分别为日峰镇许家桥,桥长11.64米,中田乡公村桥,桥长38米,熊村镇青溪山桥,桥长28米,潭溪乡潭溪桥,桥长67米。开工县道升级改造项目3个,建设里程35.8千米。完成县乡道安全生命防护工程201.2千米。

道路运输行业管理。从2020年3月起,在全县集中开展"五车"专项整治活动取得初步成效。收购主动上交的车辆1076辆,扣押非法运营"五车"14辆,城区道路运输秩序井然。开通15个乡(镇)、108个行政村的公交班线,城乡公交一体化改革如期实现。全县拥有营运车辆4012辆,其中客车20辆,货车3992辆。年完成客运量89.05万人,客运周转量3799.4万人千米。年完成货运量1920.87万吨,货运周转量561920.14万吨千米。

(黎川县交通运输局)

资溪县

2020年,资溪县交通运输事业稳步推进。

交通基础设施建设。一是资溪—贵溪高速公路(资溪段)完成省厅行业审批,社会投资人招标准备及土地预审、环境评估等工作有序进行。该项目全长78.3千米,总投资89亿元,其中资溪境内24千米,投资25亿元。二是农村公路有力实施。抚草线县道升级改造项目全长32千米,标准为三级公路,路基宽7.5米,路面宽6.5米,路面结构采用沥青混凝土,建成路面20千米,总投资8000万元。东源至下张红色旅游公路,项目起点位于马头山镇东源村,终于下张,路线全长16.375千米,标准为三级公路,路基宽7.5米,路面宽6.5米,路面结构采用沥青混凝土,年底完成,总投资4800万元。农村公路危桥设计工程项目共215.14延米/6座,全部完成,总投资900万元。完成农村公路养护工程项目共6千米/3个,总投资147万元。完成农村公路乡道安全生命防护工程项目共15.8千米/3个项目,总投资110万元。开工建设旅游公路项目17千米,完成10.4千米。上级补助资金共2550万元。完成乡村道路拓宽建设40千米,投资4530万元。交通扶贫全面按期完成。2020年交通扶贫完成危桥改建、农村公路拓宽工程2个项目,总投资为598.8万元。金欧线美丽生态文明路创建经上级交通部门验收通过。城乡公交一体化建设实现"村村通"客车目标。购置19台新能源车替代燃油客车,完成乡村201个招呼站建设。

道路运输行业治理。开展行业督查18次,约谈企业负责人47人次。对全县"僵尸船"全面摸排查找,督促船主清理整顿。全年依法查处非法违规车辆23辆,处罚13辆。对14850辆超限超载货车依法进行检测。全县拥有营运车辆942辆,其中客车19辆,货车923辆。年完成客运量52.18万人,客运周转量2226.21万人千米。年完成货运量531.85万吨,货运周转量155583.87万吨千米。

(资溪县交通运输局)

金溪县

2020年,金溪县交通基础设施建设稳步推进。国防公路(县道)项目建设,全长34.4千米,分别为浒湾至琅琚13.4千米、琅琚至武广14千米、白沿至左坊7千米,全线清表完成91%、桥梁桩基完成85%、路基土石方填筑完成61%。乡道双车道拓宽项目建设,樟树埠至崇麓6.7千米完成总工程总量87.09%,合市至白水源7千米完成工程总量86.99%,龙安至外詹2.6千米完成工程总量41.51%,里窑至石门6.5千米完成工程总量90.26%。生命安全防护工程项目建设,年度建设任务101千米,完成工程总量75%。危桥改造项目建设,年度建设任务2座,黄通向阳桥完成,合市乌石桥在建。完成农村公路养护大中修里程28.86千米,中修项目8个,实现投资346.6万元。县财政投资180万元,集综合执法、工程建设、公路养护为一体的何源农村公路综合服务站2020年10月动工兴建设。全县农村公路总里程1294.905千米。其中,县道156.485千米、乡道236.480千米、专道0.642千米、村道901.298千米;二级公路0.642千米、三级公路94.254千米、四级公路1156.995千米、等外公路43.014千米;砼结构路面1157.654千米、沥青结构路面79.99千米、未铺装路面56.619千米;桥梁48座全长2627.35延米;标准化渡口3处,浒湾洛城村委会潢汰渡口、山下村委会高煌渡口和琅琚镇下东漕村委会下东漕渡口。

道路运输管理。8月完成金溪—鹰潭城际公交改造,10月22日正式开通金溪—鹰潭北站城际公交,经过2个月的试运行,打造为跨市际的精品示范公交线路。全县营运性车辆1599辆。其中货车1258辆、客车93辆、危物87辆、出租车50辆、公交车111辆(纯电动新能源公交车91部);道路运输客运企业2家、货运企业79家、货运站场7家;驾驶员培训学校1家;公交公司1家;机动车维修企业29家,其中一类维修企业2家、二类维修企业7家、三类维修企业20家;省际客运班线2条、市际客运班线1条、县际客运班线3条,乡(镇)、行政村通客车覆盖率100%。年完成客运量48万人,客运周转量3840万人千米;年完成货运量710万吨,货运周转量203586万吨千米。

(金溪县交通运输局)

东乡区

2020年,东乡区交通运输局较好完成了各项工作任务。

交通基础设施建设。一是农村公路建设完成水泥路面:138.92千米,其中县道升级改造水泥路路面6条54.0千米,乡道双车道拓宽水泥路路面13条64.9千米,建制村优选通达路线窄路拓宽3条18.5千米,旅游公路完成水泥路面3条1.52千米。二是危桥改造完工14座。三是安全生命防护工程建设完成9条63.147千米,乡道安防17条94.116千米。四是美丽生态示范路建设完成美丽生态示范路2条21千米。

道路运输行业管理。截止2020年12月底,红亮治超点检测各类货车1245878辆,查处车辆7060辆,卸载各种货物89797.12吨,罚款1348.12万元,扣分13849分。公路基础设施得到有效保护,好路率持续上升,区辖公路好路率92.5%。交通运输安全事故大幅下降,同比下降37%。服务旅客69.8万人次,重要节假日专项检查公交、出租、客运企业及客运站6家次,共出动工作人员120人次,下达责令整改通知书69份,督促企业限期进行整改,有效确保道路运输安全有序。协调处理政务诉求59起及电话诉求117余起,办理业务120余起,全年道路旅客运输秩序良好。全区开通23条城乡公交线路(城市公交运营8条线路,运营里程为170千米,较改革前增加125千米,镇村公交共优化运营15条线路),运营总里程760千米,实现东乡全境行政村100%覆盖。镇村公交日发230个班次,城市公交日发1140个班次。

该区拥有营运车辆8869辆,其中客车51辆,货车8818辆。年完成客运量183.53万人,客运周转量7830.33万人千米。年完成货运量5841.36万吨,货运周转量1708796.63万吨千米。

(东乡区交通运输局)

上饶市

2020年完成交通固定资产投资131亿元,较上年增长34.5%。《上饶港总体规划》获省政府批复,《上饶市公路水路交通运输"十四五"发展规划》形成征求意见稿,环城高速公路规划有序推进,争取沪昆高速四改八北移项目获得批准。G0321德上高速公路赣皖界至婺源段和上浦高速公路建设进展顺利,积极推进上饶至景德镇高速公路、甬金衢上、杭淳开上等高速公路项目规划研究工作,已分别与各相关地市交通运输局签署规划会议备忘录,并分别向省交通运输厅进行专题汇报。市政府已和中铁建签署上景高速公路项目合作框架协议,完成《路线规划报告》编制工作,并通过市政府名义行文上报省政府请求将上景高速公路列入省高速公路网规划。信江八字嘴航电枢纽、信江双港航运枢纽、界牌至双港渠化航道配套整治工程、双港至褚溪河口航道整治工程等水运项目加快建设。上饶港鄱阳港区角子口综合码头工程和上饶港余干港区菱塘货运码头一期工程开工建设。

"四好农村路"建设实现新突破。成功创建3个国家级示范县(江西省占比42.9%),10个省级示范县(江西省占比25%),走在江西省乃至全国设区市前列。德兴市成功创建第一批全国"城乡交通运输一体化示范县"。完成农村公路建设1108千米,危桥改造100座。全面实现"乡乡通三级公路、村村通水泥(油)路、组组通硬化路"的目标。

道路运输服务全面发展。2020年全年完成公路客运量5142万人次、旅客周转量211500万人千米,同比分别下降26.75%、25.84%。完成公路货运量14530万吨,货物周转量3297444万吨千米,同比分别增长4.68%、6.80%。所有县际及以上班线均实现联网售票(电子客票)服务。在江西省率先推出上饶至三清山、葛仙山、龟峰等多条旅游定制客运班线,实现班线客运和互联网运营的初步融合。依法依规注销10家未开展经营的网络预约出租汽车平台公司经营许可。

开展各类专项整治,提升行业整体形象。开展为期3个月的道路乱象专项整治行动,坚决铲除交通运输"宰客"乱象,有力保障旅客合法权益。累计出动执法人员4.2万余人次,执法车辆13000余台次,检查长途客车2653辆,检查旅游客车822辆,检查危化品车94辆,检查面包车840辆;查处各类道路交通违法行为49210起,吊销驾驶证14本,扣留机动车863辆,拘留47人。开展上饶市道路危货运输安全隐患排查专项整治工作,对上饶市8个县(市、区)的44家道路危险货物运输企业管理情况进行核查,共查找到244个问题,提出整改建议126条,下发整改通知书42份,要求各企业对照限期整改问题清单进行逐条整改。推进上饶市普速铁路沿线环境安全综合整治。通过实地调查,梳理安全隐患288处,截至2020年底,已完成整改287处,完成率99.65%。

水路运输管理全面加强。2020年,上饶市水路货物运输926.1万吨,水路货运周转221300万吨千米。客运(旅游景区客运):2020年上饶市水路客运量17.6万人,客运周转117万人千米。深入开展船舶和港口污染防治,上饶市301艘100总吨以上的运输船舶和12艘旅游客船全部安装生活污水防污染装置,鄱阳县和余干县船舶污染物接收站和接收船建成并投入试运营。上饶市38座非法码头已基本整治到位,其中取缔拆除26座,规范提升12座。有序开展港口资源整合和"僵尸船"清理整顿,鄱阳人民路码头已完成划转任务,万年港综合码头正在按程序依法依规整合,上饶市52艘"僵尸船"均已完成切割。全面加强水上交通安全监管,配合开展打击涉渔"三无"船舶整治行动和打击非法捕捞水生生物、破坏野生动物资源违法犯罪专项行动。

平安交通建设更加夯实扎实开展安全生产专项整治三年行动。持续推进重点领域专项整治。实施公路安全隐患"扫雷"清零专项行动。提前完成普铁沿线环境安全隐患整治年度任务。扎实开展交通运输行业领域扫黑除恶专项整治。全力做好信访事项化解稳控工作。认真做好涉市交通运输局各项"双创"工作任务。顺利完成市交通运输局书院路1号职工宿舍征迁工作,得到市委、市政府领导和市征迁领导小组的高度肯定。

(上饶市交通运输局)

信州区

2020年,信州区农村公路建设工作有序推进。"村村通"农村客运班车、生命安全防护工程35千米、七沙公路美丽生态农村路项目(4个)、七沙公路排水工程、上广公路环境整治、二上线整治、灵溪—睦周山公路排水沟、七沙公路破损路段修复、2019养护工程、地质灾害点整治、安全隐患点整治、村道安防(18个项目)等项目已完工。全区计划重建的30座危桥,现已完工21座。

新增普货车辆411辆,新增客运车辆3辆,换证、补证54辆;新增维修企业77家(其中二类备案8家、三类备案69家)。道路运输车辆线下年审1974辆,线上年审1235辆。驾驶员从业资格证诚信考核113人,继续教育477人。

全区从事物流配送、交通运输、信息服务等与物流业有关的企业共175家,与去年同期相比物流总量减少、差距明显。1—11月累计完成税收1.24亿元,受新冠疫情影响同比去年下降27%。新增物流企业24家;注销13家;其中规上23家。注册营运性货运车辆约6327辆;总载106447万吨,截

广信区

2020年,广信区交通运输局实施的项目完成总投资3.9188亿元(争取上级投资5631.5万元,地方投资33556.5万元)。其中农村公路方面完成固投2.94亿元,完成率118.55%;省道建设方面完成工程投资额9788万元,累计完成工程投资总额12539万元,占全部建安费29774.15万元的42.11%。

交通基础设施建设。S203郑五线今年完成路基工程12.2千米,完成路面工程3.7千米,完成桥梁2座,完成隧道掘进850米。旭日大桥项目建设稳步推进,施工单位已如期进场;农村公路方面建设完成里程为84.26千米,完成率112.35%;危桥改造完成6座,完成率125%;完成安装159.8千米防护栏,安全生命防护工程完成率100%。

公路运营。全年完成货运量4268万吨,货运周转量46958万吨/千米;客运量504万人,客运周转量20620万人/千米。建设完成14个乡镇客运服务站,196个建制村客运招呼站牌,全区22个乡镇和196个建制村通客车率100%。开通广信区至茶亭工业园区、茶亭工业园区至信州区定制班线,实行3元价格的一票制,受惠群众5万余人。积极引导企业使用绿色新能源车型,截至2020年底,该区客运企业已购置54辆新能源纯电动公交车,占客运车辆总量的32%,减少二氧化碳排放。

(广信区交通运输局)

广丰区

2020年,广丰区交通运输局重点项目建设:1、上浦高速。上浦高速上饶境内里程约53.8千米(其中信州区境内约18.5千米、广丰区境内约35.3千米),设计速度100千米/小时,路基宽度26米,估算总投资约53亿元。目前正进行征地拆迁和施工的梁场建设,根据市指挥部工作计划,预计年底洋口、芦林段开工建设。2、稼轩东大道。稼轩东大道西起国道320东至月兔大道,其中广丰段月兔大道至洋口镇青桥段12.51千米,占地面积1.2平方千米,路基宽55米,主车道双向6车道,项目总投资约15亿元。截至目前,前期工作基本完成,待土地审批后即可开工。3、上饶南旅游慢道。道路等级为城市次干路,设计车速60千米/小时,道路红线宽16米,广丰区境内1.28千米,投资估算3000万元,占地面积3.3万平方米。截至目前,项目规划设计方案已通过市城规委会评审通过;芦林街办正推进征拆宣传及控违工作;全过程招标代理选取已完成。

农村公路建设。旅游路、资源路、产业路、路网联通路、公益事业路:2020年建设目标任务10千米,申报计划39.9千米,截至12月底已开工31.1千米。县道升级改造:2020年建设目标任务19.2千米,完成18.5千米,并全面完成2018—2019年遗留项目34.2千米。乡道双车道拓宽:2020年建设目标任务26千米,申报计划17.3千米,截至目前已完成9.3千米。窄路面拓宽:2020年建设目标任务10千米,申报计划29.9千米,截至目前已完成23.6千米。生命安全防护工程:2020年建设目标任务57千米,申报计划92.6千米,截至目前已完成77.9千米。危桥改造:2020年建设目标任务10座,申报计划7座,截至目前已全部完成;2018—2019年遗留项目3座已完成2座开工建设1座。养护工程:2020年下达4个项目共425万元,截至目前已完成4个项目共425万元。省级美丽生态文明农村路:2020年建设目标任务30千米,申报计划4个项目共36.3千米,截至目前已完工3个项目共30.1千米,在建项目1个共6.2千米。

道路运输管理。全年道路运输客运量505万人、公路旅客周转量20095万人千米、货运量2755万吨、公路货物周转量342910万吨千米。开通城际惠民公交线路:7月6日,将上饶兴荣汽运公司和上饶汽运集团高铁站至广丰区线路改道走吴楚大道。

(广丰区交通运输局)

玉山县

2020年,玉山县交通运输局重点项目建设:(1)加快推进国道320沪瑞线玉山岩瑞至文成段公路改建工程项目建设。该项目全长30.96千米,总投资14.5亿元,该项目于2017年9月开工,截止2020年12月已累计完成施工投资9.59亿、征地拆迁等前期投资2.7亿,累计完成投资12.34亿元。目前,除铁路桥外,公路部分已基本完工,正在进行收尾工作。(2)完成县道809松毛岭至郭门(松毛岭至下塘段)升级改造项目建设。该项目总投资3503万元,全长9.6千米,路基宽7.5米,路面宽6.5米,目前已全面完工。

农村公路建设。该县危桥改造项目1座,赵藩桥全长61.06米,桥宽7.5米,目前已全面完工。8座历年遗留危桥改造项目除南山水碓头桥由于处于库区施工受限在建外,其余7座危桥改造已完工。双车道改造项目2个共6.5千米,目前已全面开工建设,预计2021年上半年完工。窄路面拓宽改造项目2个共4.4千米,目前已完成1个项目0.9千米,另一个项目3.5千米正在实施路基工程。县乡道路面拓宽改造项目2个共8.2千米,已完成1个项目1.1千米,另一个项目7.1千米已全面开工建设,预计2021年5月份全面完工。县乡村道安全生命防护工程265.3千米,项目已基本完成。

交通运输。2020年公路旅客运输量312万人,客运周转量12556万人千米。公路货物运输量1060万吨,货物周转量134220万吨千米。

(玉山县交通运输局)

铅山县

2020年,铅山县武夷山镇彭村至篁村公路县道升级改造项目路线长5.7千米,三级公路,总投资3600万元,车购税912万元。路基宽7.5米,路面宽6.5米。该项目已完成施工图设计。乡道双车道窄拓宽改造项目2个。乡道002新滩至叫岩公路,长11.1千米,总投资888万元;乡道008浆源至马岭公路,长2.0千米,总投资160万元。这些项目已完成前期工作,正在施工阶段。建制村优先通达公路项目1个。村道149陈坊至翁溪公路,长3.3千米,总投资165万元。正在施工阶段。县乡路面改造工程项目4个。县道037江村至鹅湖书院三级公路,长2千米,投资220万元;县道043永平至辛墓三级公路,长8.9千米,投资890万元;乡道011新安至杨家公路,长7.9千米,投资632万元;乡道037柴家至丁家公路,长5.2千米,投资416万元。进行施工图设计及财审前期准备工作。永平镇县道043永平至弃疾墓路面养护维修工程,沥青砼路面改造维修工程。路线长6.176千米,路面宽度6.0米,总投资753万元。已完成一阶段施工图设计。

桥梁建设。县乡道危桥改造有乡道031公路铁矿桥,长16米,总投资130万元。已完成本项目实体工程建设。新建桥梁有3座桥。武夷山镇水口桥,鹅湖镇江村1桥,鹅湖镇江村2桥,进行施工图设计前期准备。

(铅山县交通运输局)

横峰县

2020年,横峰县国道320横峰段南移升级改造建设项目正在摊铺面层,年底实现全线通车。莲荷至汪家碓公路已升级改造完成;梅溪至葛源旅游公路升级改造建设项目路基完成85%,涵洞完成45%;青板至霞阳县道升级改造公路正在进行前期工作。危桥改造项目5座已完工,3座正在建设。

农村公路建设。完成农村公路改新建38.1千米,其中交通扶贫项目16.9千米、贫困村扶贫道路21.2千米。强化道路管理和养护,加强日常巡查,制止农户在路肩上种植20余次,对公路沿线环境进行治理,共清除占道摆摊设点10多处,清理公路路肩种植1000余米。完成2.8千米农村公路大中修。开展摸排统计,全县水毁公路10.2千米,积极申报水毁项目资金86万元。农村公路水毁工程建设已完成。

站场建设。完成城区内三级以上等级道路客运站1个,城区三级以上等级道路客运站场与城市公交站点的换乘距离小于300米的客运站1个,集聚整合物流资源,统筹组织县域内农村运输服务到位,开通横峰大桥头至工业园区公交专线,实行镇村公交一体化。

(横峰县交通运输局)

弋阳县

2020年,弋阳县完成县乡道路面改造21.4千米;完成乡道双车道拓宽6.9千米;完成窄路面拓宽24.2千米;完成旅游路、产业路10.4千米;完成危桥改造4座(续建2座);投资988万元完成县乡道安防工程项目9个44.3千米、村道安保工程项目5个11.7千米;

农村公路养护情况。该县养护里程共962.163千米,其中:县道231.335千米,乡道310.828千米,村道420千米。县级配套日常养护资金158.745万元。投资600万元完成2020年度省级生态文明路项目新汤箭线等总长30千米。完成汤箭线(徐家—张家段)等公路2020年度养护工程,总投资375万元。积极争取资金260余万元修复县道周洪线、乡道烈直线和樟火线等共7处塌方或滑坡;重建县道058汤箭线徐家桥和乡道027小丘线方家桥。

道、水路运输行业管理。全县客运企业8家,其中班线经营7家,公交经营1家,出租车经营100户;客货运车保有量为1598辆,其中客运车辆115辆(省际客车3辆158座、市级7辆174座、县际16辆367座、县内89辆1862座),小型客运出租车100辆500座,公交车93辆,其中新能源公交车92辆,共1898座。货运企业81家,营运货车1290辆19178吨,新增76辆,新增吨位1157吨。另有机动车维修企业一类1家,二类18家,三类维修企业38家,危险品运输企业3家;驾驶员培训学校7家。

(弋阳县交通运输局)

余干县

2020年,余干县投资2.8582亿元,下达农村公路建设目标任务:县道升级改造20.1千米,投资3800万元,上级补助1809万元,截至12月份正在招投标。村道窄拓宽省局目标切块任务25.0千米,投资2500万元,上级补助500万元,已经完成90%。县乡道路面改造25.0千米,旅游路、资源路、产业路、路网联通路、公益事业路10.0千米,投资2600万元,上级补助1500万元,完成90%。县乡道路面改造25.0千米、危桥改造13座,农村公路安全生命防护工程218.180千米和美丽生态文明农村路36千米共投资10410万元,上级补助3933.62万元,均已全部完成。农村公路灾毁恢复重建里程项目81.59千米,共19条,截至目前完成60%,总投资9282万元,争取车购税补助资金4641万元。

重点项目建设。省道208谢岗线余干段总投资6.12亿元,双车道,沥青路面,2018年8月开工,2020年12月建成通车。信江八字嘴航电枢纽工程建设,主体工程东大河枢纽土建基本完成,正在进行机电设备安装调试;西大河枢纽完成围堰闭气和基坑抽水,正在进行土石方开挖;管理区房建工程已基本建设完成,正在进行房屋装修;库区防护工程电排站和排渗站泵房及管理主体工程已完成,正在进行装饰装修及机电设备安装,防渗墙施工完成85%,截渗管施工完成42%,减压井施工完成56%,库岸加固施工完成73.6%,抬田工程施工完成85.4%。

港口船舶垃圾和油污水接收一体船及配套泊位项目。11月16日进行交工验收。其中一艘100DWT的垃圾污水接收船于2020年9月28日建造完成并交付使用;长20米、宽18米的高桩平台码头于2020年10月30日完工;同时,两辆吸污车、四个垃圾箱、两个污水储罐、一台悬臂吊、两套导助航及两个板房已经通过政府采购的方式购买到位。一千米长的入港道路也已经建设完成,高压电也已经接入使用。

水上交通运输。2019年余干有两家航运企业、拥有船舶59艘,总吨位62420吨。2020年余干通过非法码头综合整治,取缔拆除非法码头2座,已复绿和恢复岸线。规范提升码头1座,该规范提升的码头全年为华能黄金埠发电有限公司装卸转运电煤116万吨。批复余干县干越砂石经营有限公司临时码头12座,年周转砂石约300万吨,通过水路运输出境砂石约100万吨。

公路交通运输。2020年该县货物运输企业31家(有车辆的),营运货车503辆/6424.7吨位,余干客运站发班次182班次/日,旅客发送量806人次/日,年客运量5.22千万人千米,货物运输企业23家,营运货车1472辆/10919吨位。

(余干县交通运输局)

鄱阳县

2020年,鄱阳县鄱余高速公路鄱阳县城至余干乌泥段进展顺利。该项目线路总长34.4千米,总投资30亿,起点自该县饶丰镇花园村与国道236交汇处,终点在余干县乌泥镇,连接德昌高速,项目建成后将彻底改变鄱余县城不通高速的历史。

农村公路。完成续建县乡道150千米,新开工建设县乡道139千米;建制村窄路面拓宽及村道改造160千米;农村公路危桥续建14座,新开工改造17座;农村公路安全生命防护186千米。

公路客、货运。全县共有货运企业72家,货运车辆1359辆,其中总质量12吨以上的大型货车549辆。全县共有客运企业3家,客运站四级以上6个,其中一级客运站1个,三级客运站1个,四级客运站4个;共有客运班线159条,其中省际班线21条、市际班线41条、县际班线10条、县内班线87条;共有客运车辆359辆,其中班车330辆、旅游客车26辆。

水上交通。全县现有乡镇渡口30个,钢质渡船31艘,渡工31人。

公交、出租车管理。全县共有公交企业2家,出租汽车企业3家,共有公交线路4条、公交车辆66辆(全部是新能源公交车)、出租汽车202辆。

(鄱阳县交通运输局)

万年县

2020年,万年县完成镇挡线(马家至珠田段)、大孙线、裴富线和乡道裴叶线、龙富线建设,完成县乡道改造31千米,推进大湖线(镇挡线至越溪段,珠田至越溪段)、大源至裴梅旅游公路,南岗至裴梅县乡道改造,完成夏营水库道路复建工作,完成230.4千米安防工程和41座危桥改造,开工建设资源路、产业路、旅游路、公益事业路和路网联通路20千米,完成43.5千米美丽生态农村路建设。2020—2021年旅游路产业路公益事业路项目12个22.8千米,石镇圩堤公路4.2千米、荷桥贡米基地至贵溪5.1千米、省道413湖锦线(标林杨家段)至鼎峰肉牛基地1.0千米、峡珠线至八方果业0.9千米、程家垱至长里0.5千米、省道413湖锦线至齐埠敬老院0.2千米在建。

水上运输。对万年港区17家非法码头未拆除的码头基础设施全部进行拆除,到目前为止,17家非法码头吊机基础设施已全部拆除到位,因地制宜进行乐安河石镇段生态复绿,打造石镇沿河"最美岸线"。水上交通连续65年无安全事故,完成皖赣铁路沿线环境安全整治,整治销号29个安全隐患。

城市公共交通。新增投放20辆新能源公交车,新能源公交车占比达到100%。

公路运输。公路客运总人数25.2万人次,货运总量1034万吨,货运周转量132470万吨。

(万年县交通运输局)

德兴市

2020年,德兴市交通运输局完成县道升级改造项目1个,浮昭线浮溪口至小浮溪段10.7千米升级改造;乡道升级改造项目数6个,曹家至锦坑公路改造工程2千米,焦坑至重溪公路改造工程5.8千米,杨沙线杨林铺至墩上公路改造工程6.9千米,北源坂至长田公路改造工程5.1千米,杨家湾至宋家公路改造1.3千米,岐黄线湾头至小浮溪公路改造6.8千米;危桥改造项目3座(花桥小桥、祝家老桥、杨坞小桥);生命安全防护工程47.2千米。

公路运输。截至年底,全市已建候车亭158个。全市行政村班车通达率100%。营运客车现已达330辆(班线客运35台、80台城区公交车、95台镇村公交车、旅游客车20台、100台出租车),营运客车运量为438万人次,客运周转量16812万人/千米。德兴市共有出租企业1户,即德兴银鹿出租车有限公司,共有出租车100辆。共有城区公交车辆80辆,公交线路7条、镇村公交车95台,43条线路,在全市范围内形成一个纵横交错的公交营运网络,极大地提升德兴的城市形象,方便群众出行。共有营运货车663辆,总吨位7276吨,完成货运量526万吨,货运周转量65395万吨/千米。

(德兴市交通运输局)

婺源县

2020年,婺源县县道升级改造高效推进。"四好农村路"县道升级改造项目由19个路段组成,总投资16.648亿元,建设里程233.783千米。现已开工17个路段204.015千米,完成路面74.952千米、路基60.905千米,完成投资7.36亿元。在项目设计中注重全域公路景观规划,坚持"一路一风景,一路一特色"理念,科学布设一批公路驿站、停车区、观景台、摄影台,融合党建、交通文化和婺源地域文化,打造中村至双路口24千米婺源1号公路。

农村公路工程稳步实施。完成窄路面拓宽9.9千米、危桥改造4座、安全生命防护工程13千米、美丽生态文明路41.6千米、路网联通路25.9千米、养护工程36.9千米、县乡道路面改造24.2千米。

建制村通客车全面完成。整合农村客运资源,开通大鄣山乡西山、水岚、鄣山、秋口镇洙西、梓槎、词坑,段莘乡阆山7个建制村预约式响应班线,全县累计开通镇村公交班线97条,实现172个建制村通客车100%,切实盘活山区资源,畅通贫困村农特产品运输,山区群众"出门硬化路、抬脚上客车"成为现实。

(婺源县交通运输局)

高铁新区

2020年,高铁新区县乡道路面改造项目1个:为石狮乡Y031何村至曾家公路改建工程,该项目正处于施工阶段,已纳入美丽生态文明路年度计划库中。建制村优选通达路线窄路面公路拓宽改造项目1个:本项目位于石狮乡,路线编码为CE20361121,本项目处于竣工验收阶段。村道安全生命防护工程项目10个,均为石狮乡范围内的村道,目前这些项目处于招投标阶段。危桥改造项目1个,何村桥位于石狮乡Y031何村—曾家路线上的一座危桥,该项目当前处于筹备施工中。

农村公路养护管理。3月,灵溪镇范围内的农村公路已由信州区交通运输局移交该局管养,灵溪镇总里程77.328千米,县道19.431千米,乡道24.776千米,村道33.121千米;石狮乡范围内的农村公路已由广信区交通运输局移交该局管养,石狮乡总里程65.031千米,县道9.277千米,乡道11.76千米,村道43.994千米。

(高铁新区建设交通局)

经济开发区

2020年,经开区交通运输局协助公交公司筹备建设两处公交首末站及一处公交综合场站,经开区兴业公交首末站已开工建设,预计2021年9月竣工;凤凰西公交首末站在进行施工监理招标工作,预计2021年1月份开工11月竣工;马鞍山4万平方米公交综合场站完成招拍挂工作。建设晶科大道、兴园大道共20余个公交站亭,优化经开区5路、20路、29路、55路等公交线路,并新增39路公交线路。

交通项目建设。重点实施经开区乡道Y194新凤山至大地11千米双车道改造项目,总投资约2000万元,争取上级补助资金约330万元。已完成地形图测绘、可研及招标代理,正在进行施工图设计。实施完成红石大桥限高栏护栏及护坡工程,总投资约33万元。将乡道Y193大地至枫岭头公路提升为美丽生态路,并列入2020年建设计划,争取上级补助资金约196万元。

农村公路养护管理。完成年度农村公路养护工程项目建议计划申报工作,争取上级补助资金38万元。完成320国道经开区段(迎宾大道)提升改造;完成5个普铁沿线隐患点的销号工作。

(经济开发区交通运输局)

交通统计资料

表30: 2020年全省交通运输主要经济指标完成情况

指标名称	单位	2020	2019	同比(%)
一、公路里程总计	千米	210641	209131	0.7
1.按行政等级分				
国道	千米	12018	12020	0.0
国家高速公路	千米	4320	4327	-0.2
普通国道	千米	7698	7693	0.1
省道	千米	12822	12691	1.0
省级高速公路	千米	1898	1801	5.4
普通省道	千米	10924	10889	0.3
农村公路	千米	185785	184404	0.7
县道	千米	21184	21778	-2.7
乡道	千米	40622	41815	-2.9
村道	千米	123979	120811	2.6
专用公路	千米	16	16	0.0
2.按技术等级分				
1)等级公路	千米	205121	135442	51.4
高速公路	千米	6234	6144	1.5
一级公路	千米	3070	2765	11.0
二级公路	千米	12320	11862	3.9
三级公路	千米	17638	15764	11.9

续表

指标名称	单位	2020	2019	同比(%)
四级公路	千米	165859	158923	4.4
2)等外公路	千米	5520	13673	-59.6
3.按路面类型分				
1)有铺装路面(高级)	千米	204667	190932	7.2
沥青混凝土	千米	28548	22505	26.9
水泥混凝土	千米	176119	168427	4.6
2)简易铺装路面(次高级)	千米	638	1901	-66.4
3)未铺装路面(中级、低级、无路面)	千米	5338	16298	-67.2
二、公路密度及通达情况				
公路密度　以国土面积算	千米/百平方千米	126.2	125.3	0.7
以人口数量算	千米/万人		42.4	-100.0
普通国省道二级及以上比例	%	73	68.3	6.9
普通国道二级及以上比例	%	92.8	90.9	2.1
普通省道二级及以上比例	%	59	52.4	12.6
县道三级及以上比例	%	55.3	50	10.6
乡道四级及以上比例	%	97	89.7	8.1
其中:乡道双车道及以上比例	%	18.6	9.15	103.3
村道四级及以上比例	%	96.8	93.3	3.8
行政村通客运班车率	%	100	99.4	0.6
三、内河航道里程总计	千米	5716.0	5716.0	-
1.等级航道合计	千米	2427.0	2427.0	-
一级航道	千米	156	156	-
二级航道	千米	175	175	-
三级航道	千米	540	357	-
四级航道	千米	87	87	-
五级航道	千米	89	110	-
六级航道	千米	313	382	-
七级航道	千米	1067.0	1160.0	-
2.等外航道	千米	3289	3289	-
四、港口				
1.港口				
港口吞吐能力	万吨	17488	16463	6.2
集装箱吞吐能力	TEU	1284000	635000	102.2
年吞吐量万吨以上港口个数	个	29	33	-12.1
2.泊位个数	个	656	574	14.3
千吨以上深水泊位个数	个	188	178	5.6
3.码头长度	米	35131	33622	4.5

续表

指标名称	单位	2020	2019	同比(%)
五、内河港口吞吐量				
1. 货物吞吐量	万吨	18754.6	15970.8	17.4
南昌港	万吨	4492.7	3826.5	17.4
九江港	万吨	12046.9	11357.6	6.1
2. 集装箱吞吐量	TEU	753587.8	709617	6.2
南昌港	TEU	140006.8	188811	-25.8
九江港	TEU	610288	520806	17.2
六、公路运输汽车合计	辆	324775	331904	-12.4
客车	辆	12167	13222	-20.7
	客位	377329	401818	-19.7
货车	辆	312608	318682	-12.0
	吨位	4252371	4074467	0.4
七、水上运输船舶艘数	艘	2273	2386	-4.7
净载重量	吨位	3476468	2543435	36.7
载客量	客位	13893	14297	-2.8
集装箱位	TEU	5810	4843	20.0
功率	千瓦	1032742	752357	37.3
八、全行业公路客运量	万人	33643	45933	-6.8
旅客周转量	万人千米	1808853	2442452	-6.4
货运量	万吨	141897	135554	-5.4
货物周转量	万吨千米	32470914	30403181	-4.4
九、全行业水路客运量	万人	113.2	197.7	-42.7
旅客周转量	万人千米	1767	2751	-35.8
货运量	万吨	10696.7	10330.6	3.5
内河	万吨	10200	9967.4	2.3
沿海	万吨	496.7	363.2	36.8
货物周转量	万吨千米	2663988	2553766	4.3
内河	万吨千米	2113641	2078738	1.7
沿海	万吨千米	550347	475028	15.9
十、城市客运				
公共电汽车运营车辆	辆/标台	15403/16997.8	13963/15433.8	-
公交客运量	万人次	94184.2	135724.4	5.6
城市出租汽车	辆	17445	17706	-0.7
出租客运量	万人次	21671	56282.7	-2.0
轨道交通运营车辆	辆/标台	105	-	-
轨道交通客运量	万人	13593.13	17479.1	23.3
十一、固定资产投资	亿元	1025.1	702.7	45.9

续表

指标名称	单位	2020	2019	同比(%)
高速公路	亿元	377.4	139.7	170.2
国省干线	亿元	292.5	281.3	4.0
农村公路	亿元	279.0	230.4	21.1
枢纽场站	亿元	8.2	4	105.0
水运建设	亿元	65.3	47.3	38.1
其他	亿元	2.7		
十二、建设任务完成情况				
新增高速公路通车里程	千米	89	213	-58.2
完成国省干线公路新改建里程	千米	601	704	-14.6
完成国省干线公路大中修里程	千米	4067	2981	36.4
完成国省干线公路灾毁恢复重建里程	千米	592	329	79.9
完成国省干线公路危桥改造	座/延米	259	165	57.0
完成国省干线公路安全生命防护工程	千米	1590	2173	-26.8
完成国省干线公路灾害防治	千米	82	40	105.0
完成国省干线公路服务区建设	个	19	24	-20.8
完成国省干线畅安舒美示范路里程	千米	2018	937	115.4
完成农村公路新改建里程	千米	12323.756	11036.6	11.7
完成县道升级改造里程	千米	1309.064	1627.3	-19.6
完成窄路面拓宽改造里程	千米	5133.11	4415.032	16.3
其中:完成乡道双车道改造里程	千米	2403.532	1526.3	—
完成农村公路危桥改造	延米/座	1061/38783	1537/53830	—
其中:完成县乡道危桥改造	延米/座	352/14570.452	1052/36053	—
完成农村公路安全生命防护工程	千米	13253.312	14690.985	-9.8
其中:完成县乡道安全生命防护工程	千米	7167.973	11136	-35.6

表31: 2020年1—12月各设区市普通国省道目标任务完成情况

设区市	投资额 目标(亿元)	投资额 完成(亿元)	投资额 比例(%)	新改建 目标(公里)	新改建 完成(公里)	新改建 完成垫层(公里)	新改建 完成投资(万元)	新改建 比例(%)	养护大中修(路面改造) 目标(公里)	养护大中修 完成(公里)	养护大中修 完成投资(万元)	养护大中修 比例(%)	灾毁恢复重建 目标(公里)	灾毁恢复重建 完成(公里)	灾毁恢复重建 完成投资(万元)	畅安舒美示范路 目标(公里)	畅安舒美示范路 完成(公里)	畅安舒美示范路 完成投资(万元)	危桥(隧道)改造 目标(座/延米)	危桥(隧道)改造 完成(座/延米)	危桥(隧道)改造 完成投资(万元)	危桥(隧道)改造 比例(%)	安全生命防护工程 目标(公里)	安全生命防护工程 完成(公里)	安全生命防护工程 完成投资(万元)	安全生命防护工程 比例(%)	灾害防治工程 目标(公里)	灾害防治工程 完成(公里)	灾害防治工程 完成投资(万元)	省级应急保障基地 目标(个)	省级应急保障基地 完成(个)	省级应急保障基地 比例(%)
全省合计	280	292.5	104.35%	600	601	696	1644681	116.00%	3311	4067	784252.333	122.82%	0	592	81180.7783	0	2018	174469.725	150	259	134755.7733	172.67%	2000	1590	42313.6122	79.51%	0	82	4076			
其中:贫困地区		108			331.598	371	1082989			2062.79	362062			265	24186		1052	87040		159	66911.26			548	15380.7			80	3255			
赣南等原中央苏区		95.8			278	317	957826			1886	343886			187	20872		960	79851		154	66292.96			515	14779.3			80	3255			
鄱阳湖生态经济区		68.2			307	354	681874			1474	337803			288	48434		682	60970		87	50640.6133			258	7887.2			20	1997			
南昌市	13.0	14.3	110.07%	11	8	8	20002	68.99%	417	406	104995	97.47%		56	2946.5519	139	12	13002	0	3	2143.9		42	12	106	27.72%	0	0	0			
景德镇市	22.2	36.8	165.95%	157	157	180	265200	144.22%	85	98	27411.86	114.83%		81	24314	164	19	13008	7	19	32802.2233	271.49%	150	21	852	14.00%	1	0	260			
萍乡市	9.2	9.8	107.01%	15	29	61	37000	405.53%	145	198	27684.668	135.52%		42	3936.2264	209	310	20085.725	1	2	291.56	200.00%	50	244	723.6122	487.50%	0	1	561			
九江市	15.6	20.0	128.26%	20	20	23	88338	112.61%	200	364	59988	148.36%		85	13067	310	32	22309	9	18	6652.2	200.00%	232	89	6132	38.36%	0	0	0			
新余市	14.8	6.1	40.87%	23	23	23	48620	101.84%	22	33	6064.3638	148.36%		54	589	32	8	1310	4	3	732	75.00%	34	23	466	66.18%	0	23	783			
鹰潭市	13.1	16.4	125.31%	21	21	147	105159	101.19%	215	241	42956	112.19%		28	6081	452	452	285	4	10	2234	250.00%	44	152	2965	345.88%	0	20	1501			
赣州市	65.5	52.9	80.73%	137	137	147	342888	106.55%	404	569	102296	140.96%		53	8943	452	452	37121	39	48	10850	123.08%	400	351	11536	87.72%	0	38	971			
吉安市	44.0	34.8	79.07%	53	55	55	188469	103.52%	419	521	99999	124.30%		1	1140	80	80	7196	12	34	4307.6	283.33%	251	114	209	45.47%	0	0	0			
宜春市	42.5	41.0	96.37%	53	56	58	207832	109.85%	503	681	159600	135.42%		1	6959	103	103	8717	30	48	13488.1	160.00%	400	227	4826	56.65%	0	0	0			
抚州市	20.8	26.5	127.17%	56	41	63	140657	112.23%	605	402	59751	66.39%		41	1465	402	402	3001	20	34	7757	170.00%	141	191	6117	135.25%	0	0	0			
上饶市	43.1	34.0	78.93%	54	54	58	202736	107.55%	256	553	87116.4412	188.86%		150	11740	119	119	10825	24	40	6627.19	166.67%	256	168	8481	66.60%	0	0	0			

表32: 2020年1—12月各设区市、省直管县(市)农村公路目标任务完成情况

设区市	投资额 目标(亿元)	投资额 完成(亿元)	投资额 比例(%)	新改建 目标(公里)	新改建 完成(公里)	新改建 比例(%)	县道升级改造 目标(公里)	县道升级改造 完成(公里)	县道升级改造 比例(%)	乡道双车道改造 目标(公里)	乡道双车道改造 完成(公里)	乡道双车道改造 比例(%)	窄路面拓宽改造 目标(公里)	窄路面拓宽改造 完成(公里)	窄路面拓宽改造 比例(%)	县乡道路面改造 目标(公里)	县乡道路面改造 完成(公里)	县乡道路面改造 比例(%)	旅游路、资源路、产业路、路网联通路、公益事业路 目标(公里)	完成(公里)	比例(%)	危桥改造 目标(座)	危桥改造 完成(座)	危桥改造 比例(%)	安全生命防护工程 目标(公里)	完成(公里)	比例(%)
全省合计	200	278.9	139	7890	9667	123	1000	1309	131	2000	2404	120	2000	2730	136	2000	2205	110	1000	1203	120	900	1061	118	11000	13253.3	120
其中:贫困地区	100	100.10	100	1798	1804	100	193	197	102				1605	1606	100							132	133	101	5307	5310.2	100
南昌市	15	21.23	142	140	221	158	20	37	187%	30	60	199	65	102	157%	90	124	138	45.0	81.6	181	20	30	150	610	1633.6	268
景德镇市	5	7.09	142	185	312	169	25	32	129%	45	101	224	15	53	354%	70	95	136	30.0	31.3	104	40	48	120	330	397.6	120
萍乡市	8	10.80	135	280	419	150	70	84	120%	50	83	167	70	136	195%	65	83	127	25.0	32.7	131	70	74	106	700	730.4	104
九江市	18	35.04	195	890	937	105	80	99	124%	225	205	91	250	308	123%	225	209	93	110.0	114.5	104	170	170	100	1500	1563.6	104
新余市	6	7.24	121	160	246	154	20	22	108%	80	110	138	20	31	154%	20	30	148	20.0	54.5	273	30	33	110	150	197.1	131
鹰潭市	5	7.84	157	225	263	117	15	24	158%	100	102	102	50	59	118%	40	47	117	20.0	31.5	158	20	29	145	300	365.3	122
赣州市	38	50.80	134	1990	2011	101	270	270	100%	520	523	101	530	530	100%	450	452	100	220.0	235.9	107	150	154	103	1900	1997.8	105
吉安市	24	24.02	100	1065	1297	122	100	121	121%	275	304	110	275	444	161%	275	287	104	140.0	142.3	102	108	182	169	1600	1654.7	103
宜春市	22	30.24	137	895	1083	121	130	197	152%	225	281	125	250	301	120%	190	192	101	100.0	112.9	113	90	90	100	1500	1591.9	106
抚州市	18	27.91	155	570	711	125	70	111	158%	100	131	131	100	147	147%	200	219	109	100.0	103.7	104	40	40	100	600	629.4	105
上饶市	30	33.86	113	925	1223	132	90	171	190%	250	286	114	250	336	134%	225	274	122	110.0	156.3	142	90	103	114	1000	1610.0	161
鄱阳县	3.68	5.00	136	145	256	177	30	34	114%	25	75	301	20	65	326%	50	54	108	20.0	27.6	138	10	37	370	200	244.2	122
南城县	0.61	1.80	295	30	42	139					9		5	16	328%	15	15	102	10.0	10.0	100	5	11	220	90	99.2	110
丰城市	0.5	2.76	552	110	91	82	30	31	102%	25	108	37	20	1	5%	25	38	153	10.0	11.7	139	40	40	100	150	148.3	99
瑞金市	2.9	9.65	333	100	249	249	20	49	244%	20	5	540	20	42	209%	25	30		15.0	20.9		5	5	100	150	156.0	104
共青城市	1.51	1.81	120	60	84	141	20	26	132%	5	5	106	20	30	149%	5	6	114	10.0	17.3	173	2	4	200	50	83.9	168
安福县	1.8	1.80	100	120	222	185	10	2	19%	25	21	83	40	129	322%	30	52		15.0	18.2		10	11	110	170	150.5	89

人物　先进集体

人物简介

方向平　男,1968年9月出生,江西宜春人,1991年1月参加工作,中共党员,大专学历,现为宜春公交集团有限公司驾驶员。多年来,他时刻以一名优秀党员的标准严格要求自己,凭借着对公交事业的执着追求,以独有的认真细致和高度的责任心,充分发挥党员的先锋模范作用,认真履行公交"乘客至上,诚信服务"的宗旨,努力营造安全舒适的乘车环境,把关爱献给乘客,从不言悔。在公交集团工作以来,不仅出勤、产值、服务在公司名列前茅,2020年10月被评为"江西省抗击新冠肺炎疫情先进个人",并被交通运输部评为"全国交通运输系统抗击新冠肺炎疫情先进个人"称号。

在疫情防控战役打响后,方向平第一时间向集团提交请愿书,主动要求到疫情防控第一线,还加入了集团的党员志愿者突击队和集团应急车队,随时承担市委市政府应急物资运送、应急人员转运的工作。他还积极给同事们加油打气,主动对害怕疫情有畏难情绪的同事进行心理疏导,带领同事们不畏艰难、挺身而出,成为最美"逆行者"。1月23日至2月25日期间共出车74次,每天六点不到就达到公交场站,上岗前进行体温检测、佩戴口罩,车辆行驶过程中,打开车窗通风,保持车厢内空气流动,他的车厢总是响起"请测量体温,请佩戴口罩,请坐好扶稳"的温馨提示,每次出车前后都认真做好车辆消杀,特别是对座椅、扶手、上下客区等人员接触密集区域进行重点清洁,定时对车内外进行消毒清洗,一日三餐都是在场站、首末站随便吃一口,泡上一包方便面对他来说都是大餐。收班后,他还要再次将车辆进行消毒,对车辆问题进行申报检修,日日如此,回到家中已是深夜。对着漆黑的夜晚,凛冽的寒风,方向平毫无怨言,他说:"我只是公交驾驶员的一个代表,把每一位乘客安全运送到目的地,是我们的责任"。

为了遏制疫情蔓延,经开区的一家医药企业于1月31日复工生产,由于市区交通管制、小区封闭,企业员工出行十分困难,需要集团提供一辆接送员工通勤车。得知这一情况,方向平主动报名,要求担任通勤车驾驶员,接送员工上下班。他说:"我是一名党员退伍兵,让我来"。在工作之余,他又主动报名成为湛郎街道状元洲社区的党员志愿者,在社区防控一线配合、帮助开展疫情防控隔断工作,在磷肥厂小区值勤12次,共计36小时,登记小区出入人员1300余人次,测体温1000余人次,为有效控制疫情传播当好住宅小区"守门员",以实际行动践行初心使命。

疫情防控战役胜利之后,心系公益的他加入了宜春市慈济慈善基金会,一到休息日,便同义工们走访敬老院、社会福利院、贫困小学等地看望老年人、残疾人士、贫困学生,为他们理发、打扫、聊家常,送去关怀和生活学习必需品,为社会贡献一份热情与温暖。

方向平始终把党员的义务和责任铭记在心里,在这十米车厢,在这平凡的岗位上,日复一日,年复一年地为乘客提供优质的服务,用点点滴滴的爱心善行温暖着乘客的心,用真诚和无私为宜春公交的发展贡献力量,书写着新时代公交人的美丽风采!

(毛 涛)

王福德 男,河北承德人,1977年10月7日出生,现任江西大通能源服务有限公司总经理助理,公司车队长。他始终发扬艰苦奋斗、勇于创新、不畏风险、默默奉献交通人的精神,疫情面前毫不退缩、勇担职责,排困难于危急,救民众于水火,令人肃然起敬。2020年10月,被交通运输部评为"全国交通运输系统抗击新冠肺炎疫情先进个人"。

新冠肺炎疫情暴发后,王福德积极响应、迅速行动,接到返岗指令后,他立即放下手中事情,跟家人交代几句,立马奔赴工作岗位。他切实把参与抗击新冠疫情作为担当社会责任的重大使命,配合政府部门做好疫情防控工作,并加入上饶市交通运输局应急救援车队,动员全体驾驶员和押运员随时做好民生用气运输保障任务,做好各项应急准备工作。

天然气作为保障民生的重要物资,王福德迅速组织人力,研究运输方案,确保天然气安全顺利配送到上饶各县(市、区)天然气门站。为保证每一辆运输车安全,王福德每天都要亲自护送20多辆车辆到高速路口,直到最后一辆车驶上高速,才返回驻地。由于车辆运营区域覆盖面涉及多个地区,无论白天还是晚上,他都会立刻组织人员对驾驶员进行跟踪。每天,他都要去停车场探望应急保障的驾驶员,一起做车辆消毒工作,每天经常忙到凌晨;在确保天然气供应保障的同时,王福德还组织后勤人员,确保消毒用具、口罩、食品等物资的供给。

春节期间,上饶市天然气供应趋于紧张,王福德接到上级指令后,连夜驱车几百千米前往新奥舟山天然气接收站,为全市天然气保供工作组织货源。指挥调度20多辆车辆历经7小时,驱车500多千米,于次日上午将载满天然气的车队,平安护送回上饶,确保了上饶市的天然气供应。疫情期间,他带领的团队,共为上饶市供应了近300万立方米天然气,为上饶市的民生事业做出了突出贡献。王福德积极主动投入疫情物资的运输工作中,24小时都处于随时待命状态,手机从不敢离身片刻,时时关注每一条应急指令,任务紧张繁忙时,每天休息不足2个小时。大通运输公司驾驶员在王福德带领下表示要做最好的运输行业"逆行者"。

王福德是千千万万物流行业人的缩影代表,虽然没有豪言壮语,没有惊天动地的业绩,但他拥有心系人民群众安危的担当和忠诚。疫情防控工作开展以来,公司同事们常说他"大疫灭亲",舍小家顾大家。王福德队长却说"我是企业的一名负责人,就是企业的一面旗帜,哪里有困难,我们就要冲在第一线;作为管理人员,唯有挺身而出,相信通过我们各方协作、共同努力,就能打赢疫情防控战!"

(聂玉洁 毛 涛)

金 玉 女,1984年07月出生,共产党员,大学本科学历,现任江西省交通投资集团有限责任公司上饶管理中心鄱阳收费所副所长(主持工作)。2020年10月被交通运输部评为"全国交通运输系统抗击新冠肺炎疫情先进个人"。

自新冠肺炎疫情防控阻击战打响以来,金玉牢记"疫情就是命令,防控就是责任",始终坚持靠前指挥、一线作战,以高度负责的担当精神,把疫情防控工作措施落地落实落细,圆满完成了各项疫情防控任务,确保了所站108名员工平安,用实际行动诠释了共产党员的初心和使命、展示了新时代好干部的责任和担当。

扛责在肩,立下"军令状"。面对种种不利因素和实际困难,金玉坚守岗位、迎难而上、主动作为,立下打赢疫情防控阻击战"军令状",带领大家坚决打好这场疫情防控的硬仗。在接到疫情防控任务后,鄱阳收费所第一时间成立联防联控工作领导小组,金玉主动请战,担任领导小组组长,制定工作方案,成立综合指挥、核查排查、宣传发动、卫生治理、物资保障等8个应急行动小组,明确职责分工,形成主要领导亲自抓、全所员工齐参战的工作格局。她带领全所员工全员封闭,为员工筑牢第一条安全防线,同时协调发动所有力量调配购买防疫物资贮备,尽最大努力按照15日需求的标准,做好口罩、手套、体温计、洗手液、消毒液、医用酒精等防疫物资的储备,确保了排查核实到位、卫生治理到位、宣传引导到位、组织保障到位,为打好疫情防控阻击战打下了坚实的基础。

全力以赴,吹响"集结号"。时值疫情最严峻时期,鄱阳县政府在收费站出口设立了防疫检查和车辆劝返点,过往人员密集,面对封城许多司乘人员开始很不理解,积压的车辆也越来越多,来往的人员十分密集,无形中疫情风险,她根据实际情况迅速安排将一个班原有的四个人也精简成两个人上班,把在所员工进行排班加强门卫值守,严禁外来人员进出,严格落实测量体温登记消毒规定,收费环境每天消毒不少于两次。

面对人手不足的情况,金玉及时通知单位的19名党员干部回到单位筑牢抗疫堡垒,发挥先锋模范作用。新型冠状病毒感染的肺炎疫情发生以来,鄱阳收费所广大党员干部认真贯彻落实习近平总书记"要把人民群众生命安全和身体健康放在第一位,坚决遏制疫情蔓延势头"的指示要求,迅速响应、积极行动,勇于担当、冲锋在前,让党旗高高飘扬在疫情防控第一线。

率先垂范,争当"急先锋"。金玉按照"外防输入、内防扩散"的总体要求,把做好所站防护措施作为打赢这场战疫的关键。"口罩应该这样戴,不然不安全,要注重自我防护""收费一线人员一定要按照防疫手册做好消毒和防护工作。"她每天都给同事们念"紧箍咒",通过一遍又一遍的温馨提醒,让同事加强自我防护意识,每天巡查院区安全,亲自监督消毒。她每天都带着同事多次反复巡查院区和收费广场每天从早上6点一直工作到晚上12点以后,有时连饭也没顾得上吃,连续40天未回过一次家,同事们都劝她休息一下,但她自己却说"我是党员,员工都在最危险的一线,我们这点辛苦根本不算什么。"

在疫情传播途径逐步明朗的时候,金玉安排员工用A4纸自制"口袋"疫情防控手册分发给在岗员工方便查阅,建立了疫情防控微信工作群,使员工们第一时间第一途径了解疫情最新信息,实时监督各站的防疫落实情况。春运期间流动性大,高速公路收费窗口要接触五湖四海的车辆,收费员与司乘接触最频繁,无形中加大了感染疫情的风险,鼓励员工小制作、小发明,自制了安全防护面罩、收费岗亭防护窗纸、递卡小工具等等最大限度规避疫情带来的风险。她说员工的自身防护一定要放在第一位,做好自身防护不仅是对个人负责,也是对单位负责,更是对社会负责。

众志成城,守好"下半场"。随着江西省疫情得到有效控制,单位也逐步进入复工复产时期,这又是作为基层干部面临的新问题,单位的员工目前是平安了,复工复产返回单位的员工怎么能保证呢?这时金玉要求对未返回的员工进行全面的摸排,尤其是从湖北外省以及鄱阳本地的重疫地区复工复产的员工进行全面的电话、视频以及微信实时位置共享等方式摸排,对出入不安全区域的员工要求在家自行隔离14天方可返岗,并对南昌等地区返岗员工因疫情原因交通不便不能正常返岗的员工安排单位车辆接送,最大限度降低了返岗员工与社会人员接触的风险。

"心中有信仰,脚下有力量。"随着全国的疫情逐渐得到了控制,高速公路上的车辆也渐渐多了起来,岗亭内的收费员虽然依然戴着防护口罩和手套,但是过往司乘脸上的笑容也多了起来,像金玉这样普通又平凡的高速公路基层工作者,以岗位为家,在平凡的岗位上却有着不平凡的信仰,大事见担当,危时显本色,没有什么豪言壮语,也没有什么惊天伟业,唯有对高速公路事业的情怀,对社会责任的担当扎根在一线兢兢业业的做好本职工作,用行动践行初心使命,用辛勤展现责任担当。

(况单云 聂玉洁)

刘荣蕃 男,1964年12月生,江西省寻乌县人,中共党员,现任赣州市公路管理局寻乌分局路政科科长。2020年10月,刘荣蕃被交通运输部评为"全国交通运输系统抗击新冠肺炎疫情先进个人"。

2020年初,悄然而至的新型冠状病毒感染的肺炎病情,从武汉到湖北,从湖北到全国,疫情扩散的速度如此之快,病毒感染的人数之多是我国前所未有的。党的一声令下,众志成城,戮力同心,牵动了全国人民的心,一场没有硝烟的战役同样在赣州市公路管理局寻乌分局展开。

在寻乌公路分局路政队伍里,有一位身材魁梧,说话响亮,做事雷厉风行的路政员,他就是坚强的共产党党员、赣州市公路管理局寻乌分局路政科科长刘荣蕃,人称公路"铁哥"。一向当机立断的铁汉子却犯难了。因为,他家还有两个卧床的病人需要照顾,一个是年迈的母亲和多年偏瘫的妻子。他深深知道,对母亲、对妻子的照顾是他的本分,是人之孝道,抗疫为国,孝道为家,没有国家哪有小家?身为共产党员,又是路政科长,如果不率先垂范,不以身作则,如何与自己朝夕相处、赴汤蹈火的弟兄们交待呢?

刘荣蕃焦灼、忧虑的心情,母亲看在眼里,妻子懂在心里。"三古(小名),你去吧,公路上需要你"躺在床上母亲说。母亲朴实的话语和妻子的鼓励,顿时让他放下家庭多日的思想包袱,心里醍醐灌顶,并把全部的精力投入到抗疫战线上。

在疫情防控期间,寻乌气温下降,日夜温差大,最高温度达到20度,最低温度3度。刘荣蕃带领全体路政人员奔赴在寻乌国省道5个防控点,并进行24小时值班,对进入寻乌的所有车辆和人员点滴水不漏地排查、检测和登记。执勤过程中,经常有群众不理解、不配合,甚至吵闹,即使这样,刘荣蕃仍然耐心细致地为受检人员讲政策、说道理,"现在是非常时期,非常方法,设立检测点是阻断传播,遏制疫情扩散的有效办法,只有我们大家团结一心,劲往一处使,人人自觉做好、配合好防控工作,才能早日战胜疫情。"晚上天冷,就加穿棉袄,肚子饿了就泡快面充饥。

检疫点的同事们看到刘荣蕃义无反顾、克服困难、一往无前的忙碌身影,为之感动,局领导批准他回家照顾母亲和妻子,但是面对严峻的抗疫形势,他依然选择迎难而上,坚守防控第一线,有的同事主动提出要跟他代班,他也婉言谢绝。5个防控点共筛查人员39092人,未发现异常人员,为群众生命安全筑起了第一道防线。

每每下班回来,刘荣蕃把当天工作的情况和全国的疫情形势都分享给家人,看到母亲和妻子的微笑,心里感到无比的欣慰,全身的疲惫在温馨港湾中烟消云散。然而,就在2月24日晚上,刘荣蕃在澄江江背防控点值夜班,上班之前还跟母亲擦洗了脸、抹了手脚,晚上11点左右收到来电说母亲不行了,当他赶回家中,母亲已经安详地离开了人世。

战斗还没有结束,我们始终相信,迎风招展的党旗下,胜利属于无畏无惧的最美"逆行人"。

(毛 涛 聂玉洁)

陶晓军 男,1976年10月出生,江西南昌人,现任九江市港口航运管理局城西港航综合行政执法大队负责人,2020年10月被交通运输部评为"全国交通运输系统抗击新冠肺炎疫情先进个人"。

陶晓军是一名有着22年党龄的老党员和退役老兵。面对突如其来的新冠疫情,他舍小家为大家,不畏艰难,勇挑重担,扎实工作,有效阻断了水路新冠疫情传播路径,为九江市港口防疫工作作出了突出贡献。

抗疫战斗伊始,为了保障九江港口重点物资运输的畅通,需要掌握每条靠泊九江港的船舶动态,实行分级分区管理。陶晓军接到通知后连夜召开工作会议部署研究,根据辖区实际,要求码头提供靠港船舶的海事签证,以便快速筛查出到过武汉疫区的船舶。不漏一船一人,陶晓军主动投入到阻击疫情一线,检查每条船的靠港记录,指导各个码头对进出人员进行体温测量、通风消毒,督促码头作业人员做好防护,避免与船员的直接接触。到了晚上,还要组织总结一天的工作,安排部署第二天的工作任务,责任在肩,他未曾有丝毫懈怠,连续多天工作时间都在15个小时以上,吃住都在单位。陶晓军用自己的行动带领着大队干部职工,冲锋在前,战斗在前,充分彰显出一名共产党员的先锋模范作用。

当抗疫战斗进入关键时刻,湖北全境交通被封锁时,有码头报告了一件事:有一名来自湖北的码头工人划竹筏到九江码头来上班。报告并及时遣返这名码头工人后,陶晓军觉得事情重大,湖北与江西一江之隔,一旦有感染者乘坐快艇竹筏进入市区,后果不堪设想,而面对着30多千米的长江岸线,任何一个地方都有可能是上岸地点。他一方面将隐患情况报告给开发区应急办,请求街道派人值班,另一方面他亲自带队值守,查闸口,查桥底,江风凛冽他却浑然不觉,一遍巡查下来天都已经亮了。于细微处见知著,陶晓军凭借着一名老兵的警觉,发现并及时报告了一起防疫隐患,结果也证明陶晓军报告是及时的,公安、街道加入值班后处理了多起私渡过江的事件,长江沿线值班一直持续到7月份,为身后的九江人民构建起了一道厚实的"安全屏障"。

姚港锚地是位于九江港城西港区的主要锚地,大量货船在此抛锚待泊,疫情期间,船上物资缺乏,船员生活困难。疫情阴霾下,有船员抱怨他们是被忽视的群体,抗疫工作千头万绪,但陶晓军通过码头了解到船员的困难后心里始终放不下,他认为自己有责任去帮助他们。第二天他就带领大队工作人员无偿为抛锚的货船采购生活物资,通过执法艇送菜上船,有一次船员生病需要急救药物,陶晓军跑遍了全市药店为其采购。平均每天都要为十多条船采购生活物资,无数的琐事消耗着陶晓军的精力,但磨灭不了他的热情和动力。疫情防控工作深入开展后,又组织开展了"凝心战疫情、情暖九江港"活动,更多的人力物力投入到服务船员中来,船员朋友心里的阴霾终被阳光驱散,陶晓军心中的石头方才落地。隔离病毒不隔离爱,疫情期间九江港重点物资、防疫物资的运输得到了有效的保障,陶晓军等人的暖心事迹也在船员朋友中广为流传。

(邱志勇)

王延望 男,1970年10月生,本科学历,现任南昌高速公路路政管理支队三大队大队长。王延望从事交通运输工作至今,始终忠于职守,甘于奉献,长期坚守在执法第一线。他用秉公执法、勤政廉洁的热情谱写着人生华美乐章,用尽职职责的实际行动为党旗增光添彩,2010至2020年多次被江西省交通运输厅、江西省公路路政管理总队评为"先进工作者""优秀共产党员",2020年10月被交通运输部评为"全国交通运输系统抗击新冠肺炎疫情先进个人"。

2020年新春伊始,疫情来袭。南昌高速公路路政管理支队三大队大队长王延望迅速投入到了新冠肺炎疫情防控战斗中,他冲锋在前、身先士卒,带头坚守在高速公路疫情防控一线,展现了一名党员领导干部的责任和担当。

提前出院,赶赴一线。年前,因大队搬家,王延望在搬抬重物中造成肌肉拉伤,引起坐骨神经疼痛而住院。面对来势汹汹的疫情,躺在病床上的他心急如焚。想到正值春运春节期间,高速公路疫情防控形势严峻,他不顾医生的劝告,立即出院回到大队,与干部职工一同战斗在疫情防控一线。"党员领导干部危难时刻要挺身而出,要做群众的主心骨。"他用实际行动践行着一名党员领导干部的责任担当。

放弃轮休,靠前指挥协调。临近春节,本应轮休的王延望,放弃休假,主动留守大队,靠前指挥协调,把各项防控措施落实落细落到位。同时号召全体党员在疫情防控阻击战中充分发挥党支部的战斗堡垒作用和党员的先锋模范作用,带头坚守疫情防控一线,确保高速公路安全有序。考虑到临近春节,物流停运,物资紧缺,王延望主动联系并安排人员采购了口罩、手套、消毒液、体温检测仪,同时每天亲力亲为对大队驻地的每一个角落进行消毒杀菌,并做好通风工作。每天路政日常巡查,他都对路政员的防护设备检查再检查,叮嘱再叮嘱。"只有保障了自身的健康安全,才能打好疫情防控阻击战。"

不辞劳苦,带病连续工作。正值"春节+疫情"的敏感期,高速公路疫情防控工作形势严峻,作为大队主要领导,王延望深知自己肩上的责任重大。大年三十,是家家户户团聚的日子。他一如既往地留在大队值班值守,记不清在大队度过了多少个除夕夜。江西是疫情灾区最严重湖北的邻省,在"春节+疫情"的敏感期,把好高速大门,是做好防疫的关键,作为大队主要领导,他不惧风雨,不畏严寒,连续十几天带病坚持前往高速公路收费站出入口,积极协助当地政府、卫生健康等部门做好疫情防控工作。

舍小家为大家,诠释责任担当。王延望的父母年事已高,身体也不是很好,在新冠肺炎疫情防控的关键时刻,他放弃了对小家的照料,放弃了与家人的团聚,"没有国家哪来的大家,没有大家哪来的小家。"王延望用自己的实际行动为大队党员干部职工树立了榜样,在他的带动下,大队党员干部积极行动,高速公路安全隐患排查、公共区域消毒、体温检测、收费站口协助卫健部门开展联防联控、确保高速公路安全有序通行,哪里任务最艰巨,哪里就有党员的身影,哪里形势最严峻,哪里就有党员冲在前。

一个党员一面旗帜,一个岗位一份职责。王延望牢记使命不懈奋斗,用辛劳汗水为人民群众筑起坚固防线,用无私奉献诠释着党员干部的初心和使命,用实际行动为打赢疫情防控阻击战贡献力量,为党旗增光添彩。

(聂玉洁 黄云)

熊贻辉 男,1986年2月出生,江西庐山人,中共党员,研究生学历,工程师,现任江西省交通运输厅直属机关团委副书记、组织人事处一级主任科员。熊贻辉自2018年11月进入江西省交通运输厅工作以来,兢兢业业,踏实肯干,出色完成各项重点工作任务,充分发挥了一名机关党员干部的先锋模范作用。曾获中华人民共和国成立70周年北京市庆祝活动领导小组联欢活动指挥部感谢信、全省非洲猪瘟防控先进个人、江西省交通运输厅2020年度优秀公务员、全省交通运输系统政务信息工作先进个人、中国交通报社年度优秀特约通讯员、省交通运输厅庆祝中国共产党成立100周年文艺演出先进个人等荣誉。2020年10月被交通运输部评为"全国交通运输系统抗击新冠肺炎疫情先进个人"。

新冠肺炎疫情防控阻击战打响后,熊贻辉主动放弃休假,全程参与新冠肺炎疫情防控工作。2020年1月24日(大年三十)下午刚回到老家的他,第二天上午便赶回单位上班,成为一名抗疫"逆行"者。此后,他便开启无休模式,从白天到晚上连轴转,之后几乎每天晚上十一二点才回家,通宵处理工作也是家常便饭。正月初一下午,省交通运输厅成立应对疫情工作指挥部,熊贻辉是综合协调组成员,主要负责疫情防控内外协调、应急指令下达、重要文稿起草、信息报送等工作。指挥部成立后,熊贻辉便立即起草了指挥部各组工作职责,明确了成员单位及成员。作为省交通运输厅疫情防控主要联络人员,他积极主动加强与交通运输部、省指挥部、省直单位、厅内部及各地市交通运输部门之间的沟通协调,向交通运输部、省指挥部等单位报送工作开展情况。疫情期间,承办疫情防控会议50余场,报送重要文稿超100篇,经办文件近1000份,形成文字材料近15万字。

疫情防控最紧要关头,没有一个通知不是紧急,没有一个指令不是要立即执行,没有一个办理意见不是要立即反馈。熊贻辉的个人手机号码作为紧急运输热线对外公布,在处理日常工作的同时,还要受理很多咨询电话,他都一一耐心帮助解答。那段时间,每天的电话不计其数,他时常体验微信语音、QQ语音、座机、手机同时呼叫的"VIP服务"。2月12日,壹基金向鄱阳县人民医院捐赠的一批紧急防疫物资被拦在了高速公路出口,他立即与上饶市指挥部取得联系,迅速协调给予了放行。熊贻辉还是环湖北省疫情防控交通运输保障工作机制联络员,江西省有关疫情防控政策,也都及时与兄弟省份进行分享。

在保通保畅方面,熊贻辉参与起草了《关于做好全省公路交通保通保畅工作确保人员车辆正常通行的通知》《关于保障人员车辆正常通行的紧急通知》等多份重要文稿。并根据形势变化,逐步有序优化调整江西省交通管制措施。2020年2月13日,江西省疫情防控指挥部发布公告,率先在全国全面取消省内县(市、区)之间国道、省道、高速公路出入口设置的疫情防控检疫站点,熊贻辉立即向交通运输部报告江西省保通保畅保运工作情况,部领导高度肯定江西工作,将这一做法在全国交通运输系统推广。在全国恢复交通运输秩序电视电话会议上,江西省就保通保畅保运工作作了典型发言。

在非洲猪瘟疫情防控中,熊贻辉与各地市建立了联络员机制,第一时间将有关政策措施传达到基层,同时做好与基层工作人员政策解答,完善生猪运输车辆备案管理制度,落实生猪运输车辆清洗消毒制度。对发现的非法运输生猪线索,立即进行排查,跟踪车辆行踪,并将信息及时上报。积极帮助农业农村部门协调检疫站点选址问题,联合划定了生猪及生猪产品运输入省指定通道,配合开展了违法违规调运生猪百日专项打击行动。专项行动期间,会同有关部门共检查生猪运输车辆1.5万辆,查处违规生猪运输车辆17辆。

(聂玉洁)

江梦德 男,1963年12月出生,江西鄱阳人,1981年10月参加工作,1986年5月加入中国共产党,现任景德镇高速路政支队一大队党支部书记。他先后荣获"全国交通运输系统先进工作者""全国交通运输行业精神文明建设先进工作者""全国交通运输行业优秀思想政治工作者""新时代赣鄱先锋之群众身边好党员"等荣誉称号,所在党支部获得"省直机关党支部规范化建设示范点""省直机关先进基层党组织"等称号。2021年05月5日江梦德被交通运输部、中华全国总工会评为"2020年度感动交通年度人物"。

江梦德工作思路好,创新意识强,在大队推行了制度加情感、同志加兄弟、苦干加巧干的"三个加"理念,开展了以亮身份、亮职责、亮承诺、亮业绩、述责为内容的"四亮一述"工作。他在多年的党建工作中总结出：围绕中心抓党建，坚持做到：管好一条路、建好一个家、带好一帮人、树起一面旗；创新特色抓党建，扎实做到：提炼一种精神、规范一个阵地、编印一套资料、完善一个场所；做个称职的党支部书记，认真做到：担起一份责任、培育一种默契、养成一种习惯、干出一些业绩。

2019年6月，在景德镇支队党委的指导下，他带领支部全体党员建立了与乐平市镇桥镇蔡家村党支部心连心结对、手拉手帮建关系，将为民服务的触角延伸到工作的每一处。他深刻认识到，党建示范点不光是牌子挂起来，更要亮起来，先锋旗帜举起来了，更要飘扬起来。"党建＋帮建"不断丰富党建工作的内涵，拓展其外延，让党组织先锋旗帜更加深入人心，让党员先锋模范作用更加亮化于众，让瓷都路政党建品牌植根于新农村基层党建中不断生根开花结果。

2020年这场突如其来的新冠肺炎疫情，考验的不仅是党员干部的初心和使命、作风和意志，更是本领和能力。特别对于景德镇高速路政支队一大队更是一场严峻的考验，大队办公室场所和人员生活区域均在开放式服务区内，疫情防控工作的主动权很难把控。"疫情就是命令，防控就是责任"，作为大队主要负责人的江梦德带领全体党员奋战在抗击疫情的第一线，以步步为营，稳打稳扎地建立严密的抗疫防线。在成立党员先锋突击队动员时他豪情说道："党员的初心是什么，初心就是战斗面前舍我其谁，使命是什么，使命就是战斗面前，我不上谁上"！他和党员突击队员们在疫情防控这场没有硝烟的"战斗"中，坚守在辖区收费站出口担当疫情防控的引导员、保护者，协助防控人员做好人员车辆的管控工作，及时准确完成过往车辆人员疫情检测，对在服务区过往作临时停留车辆进行消毒工作。他以高度的政治责任感，勇于担当抗疫精神，带领支部全体党员坚守在疫情防控阻击战最前沿，擦亮党员名片，飘扬先锋旗帜。

（黄　云　聂玉洁）

花雪莲　女，1972年12月出生，中共党员，江西宜春人，宜春市公路管理局劳资科科长、袁州区飞剑潭乡周源村第一书记兼工作队长。曾荣获宜春市"巾帼建功标兵"，宜春市脱贫攻坚"最美女第一书记"、"江西省优秀女第一书记"等荣誉称号。2021年3月，花雪莲被全国妇联评为"2020年度全国巾帼建功标兵"。

2015年底，根据宜春市委市政府统一安排，花雪莲被宜春市公路管理局派驻到"十三五"省定贫困村宜春市袁州区飞剑潭乡塘源村开展脱贫攻坚工作，她先后担任驻村工作队员、工作队长、第一书记兼工作队长。五年前的塘源村是一个无企业、无产业、无就业的"三无"村，村里欠着外债，境内道路坑洼，房屋破旧，设施奇缺，村民囊中羞涩，想办啥事都难。全村1700多人中的青壮年劳动力几乎都外出谋生……脱贫攻坚以来，花雪莲克服种种困难，始终坚守在扶贫一线，她落实产业帮扶，为贫困户提供有力保障；发挥行业特色，为村民提供良好道路通行环境；创新帮扶形式，为贫困户筑牢坚强后盾；加大资金筹措，为整村脱贫提供资金保障。经过5年的砥砺前行，5年的坚持不懈，迎来了塘源村的巨变：贫困村的帽子（2017年底）被摘除、贫困户全部脱贫，走进村内，空气清新，环境幽雅，各种生产生活设施应有尽有，平整干净的水泥（沥青）路四通八达延伸到家家户户门口，水、电、通信管道（线）进到村民家中，村民住房整洁安全。一个沥青混凝土铺设的3600余平方米的高规格文体广场，村内主要路段路灯彻夜通明。该村联光、乐农等3个产业基地和村民的家庭种养如火如荼，集体经济壮大，家庭收入增加，村民的钱包鼓起来了，日子像芝麻开花节节高。

驻村扶贫5年多来，花雪莲与乡亲们建立了难以割舍的深厚情谊，现在走在村里，总会听到"花书记、花科长、花姐"的亲切热情的叫声。不管是当面，还是背后，乡亲们无不由衷地称赞她，总是褒奖有加，很多村民都说，"花书记是一个非常好的领导"，甚至还有的贫困户说："你比我儿子还要好。"78岁的村民欧阳景申说："我在这里住了几十年，真是做梦都想不到塘源会有今天这么好的生活条件和优美的环境。感谢党的好政策啊！感谢花书记把我们当亲人，尽心尽力为我们辛苦操劳。"

（毛　涛　聂玉洁）

廖晓锋　男，1983年10月13日出生，江西南康人，中共党员。现任江西省交通运输厅建管处处长。曾先后荣获江西省人民政府江西省科学技术进步奖二等奖，第23届"江西青年五四奖章"，"2020年度新时代赣鄱先锋"等荣誉，2020年10月廖晓锋被省委组织部、省委宣传部、省扶贫办联合评为"江西最美扶贫干部"。

自2018年10月任西龙岗村驻村第一书记以来，廖晓锋在这个革命老区的偏远山村里，带领村两委与村民同吃住、共患难、齐奋斗，帮助西龙岗村发展扶贫产业、兴建基础设施、解决热点难点问题，与贫困群众一起携手共奔小康路。全村103户贫困户全部顺利脱贫，该村成为全区贫困群众幸福感最强的村庄之一。从洋博士到土专家他成了贫困群众的"贴心人"西龙岗村位于灵山山脉深处、茗洋湖水库库尾，是广信区最偏远的山村之一，村庄距离乡政府19千米、城区46千米。廖晓锋第一次到村里就连续驻村近两个月没有回家，他白天遍访当地村民，晚上勤学脱贫攻坚政策，而且非常关切贫困群众的困难和需求。

廖晓锋得知贫困户李某是刑满释放人员，又患有轻微帕金森病，不仅生活困难，而且精神抑郁的情况后，多次与其促膝交谈，鼓励他树立信心，并介绍他到村集体合作社务工。很快，李某通过辛勤劳动获得了认可，人逐渐开朗起来，并在2020年1月找到了伴侣组建了家庭。贫困户李金万的妻子赵小梅2002年从云南远嫁到西龙岗村，由于智力残疾等原因，一直没有身份证和户籍信息，在走访中了解到相关情况后，廖晓锋多次开车带着赵小梅往返派出所等有关部门，历时近3个月为其办理了身份证和户籍信息。贫困户李金杨因为前些年妻子和父亲相继因病去世，家里举债二十多万，2018年养羊又亏了本。廖晓锋鼓励其加入合作社，大胆试种小香薯，2019年李金杨单从合作社就拿到了3万元收入。

从软弱涣散到先进典型他成了基层堡垒的"主心骨"。驻村不久，廖晓锋很快发现西龙岗村党支部凝聚力还是不强，主要是因为两件历史难题，使村民对村"两委"认同度不高，不少党员也因此不团结。难题之一：由于地势原因，杨湾自然村长期存在生活饮用水水量不足、水质污染等问题，历史上曾因灌溉问题与另两个自然村发生了长达百余年水源纠纷，期间发生多起群体性械斗事件，因此无法使用附近的山溪水作为饮用水源。村民多次到市县反映，乡村两级屡次调解未果，前任村支部书记甚至因此事产生的群体性事件而辞职。难题之二：几年前为了发展产业，村"两委"引进了某企业在村里新建了25.33公顷马家柚基地，但是由于企业股东自身问题，不仅万余棵树苗无人看管，基地杂草丛生，而且拖欠了22位村民务工工资和97户村民的两年租金。廖晓锋决心直面担当，带领驻村工作队和村干部，频繁入户走访，有针对性地开展宣传教育工作，劝导各方化解恩怨，为解决问题赢得了广泛的群众基础。2019年8月，22位村民代表全票通过了高位饮水工程实施方案，3个自然村顺利签署了用水协议。随着工程快速完工，杨湾自然村72户村民饮水安全问题得以彻底解决。在解决马家柚基地难题上，廖晓锋一方面通过法律手段督促该企业履行合同义务，另一方面从广丰聘请了马家柚种植专家到村里指导致富带头人学习马家柚种植技术，推动企业将基地经营权以合理价格转让给本村致富带头人，解决了基地经营不善、拖欠工资地租等问题。目前，基地发展已步入正轨，今年即可挂果产生效益，预计从2020年开始每年可为西龙岗村群众带来30万元以上收入。

难题解决了，群众的心结也解开了，党支部的凝聚力战斗力也更强了,一些以往不敢碰的硬骨头也啃下来了。2019年,西龙岗村在全乡15个村中率先完成了空心坟整治,率先实现村民死亡火化并集中安葬,曾经被定性为软弱涣散的村党支部也在2019年被广信区委评为先进基层党支部。

从空壳村到富裕园他成了群众致富的"领头羊"。产业发展是实现稳定脱贫的根本之策。廖晓锋带领村"两委"多方调研,依托西龙岗村的土壤和山区气候优势,从外地引进了小香薯种植产业,并聘请省农科院的专家作技术指导。按照"一领办三参与"的产业合作形式,成立了村集体合作社,以"合作社+党员干部+贫困户"的模式种植小香薯。2019年实现产值61万元,带动80名困难群众合计增收26万元,村集体收入实现零的突破,达到13万元。

为有效应对疫情对扶贫产业的不利影响,廖晓锋带领驻村工作队和村"两委"搭建起西龙岗村第一个蔬菜大棚,利用滞销的小香薯作为薯种,自己培育薯苗,并从外地聘请了小香薯种植专家全程指导大棚育苗,基本解决了5.33公顷土地薯苗数量不足问题,并为产业发展积累了技术经验。

(聂玉洁 万 鹏)

邓红英　女,1971年11月生,2001年8月1日进入南昌公交工作,迄今为止,已在公交驾驶员岗位上工作了16年,累计安全行车80多万千米,平时工作表现突出,无事故,无投诉,现为三公司二车队副队长。曾荣获2017年市政公用集团为人民服务金质奖章,记特等功一次,2017年度感动交通人物,2017年江西省五一劳动奖章,2017年全国十佳最美家乡人,2018年省三八红旗手,第六届"南昌市道德模范"等荣誉,2020年10月,邓红英被中共江西省委、江西省人民政府评为"2020年江西省劳动模范"。

自担任三公司二车队副队长以来,邓红英主要负责车队的服务和卫生。在工作中,她一直以文明行车,规范服务践行着"乘客至上,服务为本"的服务理念,始终用"学先进、赶先进、当先进"的目标来不断要求自己和驾驶员们。秉承南昌公交人的优良传统,在车厢服务工作上,她总是以集团"真情相伴、爱心永随"的服务口号营造出一种宾至如归的温馨服务氛围,带动和促使全队驾驶员服务质量不断提高,得到了乘客的一致好评,她本人也多次得到了同事们的称赞和领导的表扬。

2020年年初新型冠状病毒肺炎形势十分严峻,为了抓严抓实疫情防控工作,邓红英先后组织驾驶员召开队务会集中学习新型冠状病毒肺炎疫情预防的系列知识,并就车厢防疫工作作了具体安排和再次强调。消除病毒作为防疫的第一要义,邓红英身先垂范,积极学习消毒技术,并在驾驶员中传授经验。同时,每天两次车辆消毒,在中午和晚上下班这两个时间段,对车厢里的座椅、扶手、把手等各处进行彻底消毒,并每日填写消毒登记表,做好防疫台账。司机健康是预防疫情传播的关键。在车队,驾驶员每天上岗前测体温并登记、签名,确保人员上岗前健康。前期,有些驾驶员对此有微词,觉得自己很健康,对量体温有抗拒心理。邓红英看在眼里,急在心里。体温是一个敏感的信息,一旦发现体温不对劲,立马就要上报,并暂停上岗,这直接关系到驾驶员的切身利益。邓红英告诉驾驶员们,"你们的身体状况安全与否直接关系到乘客的身体健康和生命安全。测量体温,这是对你们司机生命安全的重视,也是对乘客安全的二次保障。"听了她的话,驾驶员打消了心理负担,都配合完成了体温测量。

在工作中,邓红英始终严格要求自己,把作风建设的重点放在严谨细致、脚踏实地的工作上,以制度、纪律规范自己的言行举止,用虚心接受各方意见促进工作的不断改进,用实际行动维护了公司的良好形象,做到了严于律己。在生活中,她能够以保持共产党员先进性的标准严格要求自己,细小处着眼,点滴处留心,规范日常言行,修正思想认识。

"一个不注意小事情的人,永久不会成功大事业。"她的工作很普通,虽然做的不是惊天动地的大事业,但却一向以来在平凡岗位上履行着自己的责任和义务,正是这种坚持敬业的信念一向鞭策着她。把简单的事情做好就不简单,把平凡的事做好就不平凡。

（毛　涛）

侯俊　男,1985年7月出生,江西南昌人,大学本科毕业。中共党员,现任南昌轨道交通集团有限公司运营分公司班组长。从事接触网检修工作12年。因为工作上的杰出表现,侯俊获得了全国轨道交通行业劳动竞赛"维修能手","江西省青年岗位能手","南昌市劳动模范""南昌市技术能手""南昌市洪城技师",集团"优秀共产党员""先进工作者"等一系列荣誉。2020年10月,被中共江西省委、江西省人民政府评为"江西省劳动模范"。

自进入南昌地铁工作以来,侯俊先后参与了地铁1、2号线建设运营工作,在实践中苦练专业技术,迅速成长为岗位技术能手。一般人从安全检查到上杆完成,再到落杆需要1分钟,而侯俊只需要30秒,动作迅速、连贯,对各部件安装质量、工艺精准度的要求也极高,在班组的学技练兵活动中起到了模范带头作用。

2004年,19岁的侯俊积极响应国家号召,把青春献给了国防,献给了祖国最需要的地方。2014年,三十而立的侯俊把未来交给了南昌地铁,用热血和奉献扛起了南昌地铁的使命。对于接触网的工作来说,夜间作业是常态,安全更是重中之重。作为一名退伍军人,侯俊把在军营里磨练出来的雷厉风行和严谨细致带到了班组里和工作中,在每次夜间作业前,他总是不厌其烦地提醒每一个班组成员,大到作业流程宣贯到位,小到出发前安全帽的整理。

为了进一步提升专业技能水平,降低运营成本,侯俊步履不停,匠心不止,牵头成立了供电"工匠工作室",完成了6.5寸显示屏维修技术攻关、道岔测量专用工具的研发、AC400V框架断路器保护功能校验方法的创新和防止直流开关大电流脱扣误动作的改进研究,开展了"隔离开关上接挂地线""除冰工具刮冰杆改造"等一批科研课题攻关。在2020年,"工匠工作室"升格为集团工作室,"三轮校直器改造"等六项课题通过申报立项,他和技术团队的目标是用3~5年时间,打造出一支在行业内有影响力的技能型、创新型接触网"铁军"先锋队伍,更好地促进地铁运营高质量发展。

侯俊有着一颗聪慧的头脑,一双灵活的巧手,也有着一颗勇毅坚韧的心。2018年降温、雨雪、冰冻天气侵袭着洪城大地,零度以下的气温和持续不断的雨雪使各场段的接触网结上了厚厚的冰晶,雪情就是命令,在没有任何现成经验可以借鉴的情况下,侯俊向公司领导递上请战书,主动请缨开展手动除冰作业,带领接触网班组全员从下午14:00奋战到深夜23:00,众志成城,攻坚克难,成功清理了一万多米的接触网结冰线路,顺利保障了地铁列车安全运行和乘客准点出行。

侯俊还是一名乐于奉献的志愿者,志愿活动最积极,服务群众热心肠,有好几次都是凌晨下了夜之后,又立刻去车站志愿服务,并且一直坚持参与献血活动。他认为一个人除了工作、生活上要有价值外,还得要有社会价值,他的所作所为完完全全体现了一名共产党员的奋勇当先,一直在用正能量影响着身边人。

一以贯之,匠心不改,侯俊在南昌地铁工作已是第8个年头了,从解放军战士到地铁接触网技工再到省市劳动模范变化的是身份,不变的是"匠心"精神,他和很多南昌地铁运营人一样经历了南昌地铁从无到有的历程,也度过了自己宝贵的年华岁月,侯俊用他的"螺丝钉"精神向我们完美地诠释了什么是"匠心"

（毛　涛）

吴其玉 男,1968年11月生,安徽来安县人,中共党员,大学本科,高级工程师,南昌市2016年引进的特殊人才,现任市推进轨道交通建设指挥部办公室综合部部长、南昌轨道交通集团有限公司副总工程师、地铁项目管理分公司党总支书记、总经理。曾被中铁十四局团委授予集团公司"十大杰出青年"荣誉称号,国务院国资委授予中央企业优秀共产党员荣誉称号,中共南昌轨道交通集团有限公司委员会授予2号线(首通段)开通试运营"先进个人"荣誉称号,中国安装协会授予2017-2018年度中国安装工程优质奖(中国安装之星)工程企业领导人,中共南昌轨道交通集团有限公司委员会授予"五一奖章。2020年10月,被中共江西省委、江西省人民政府评为"江西省劳动模范"。

吴其玉在工作中求真务实,吃苦耐劳。为保障2号线首通段及后通段如期开通,作为分管建设的项目领导,他以上率下,身体力行带头做好表率作用,主动放弃休息时间,沉下身子"到一线发现问题,在一线解决问题",形成了"5+2""白加黑""每天调度"的工作机制。每遇到重要节点,吴其玉通宵达旦在现场调度指导工作。在他的带领下,公司全体人员以时不我待的精气神去完成每项工作,以咬定青山不放松的意志去落实每项节点任务。为南昌轨道交通集团顺利完成市委市政府提出的2017年8月实现2号线首通段开通试运营和2019年6月底实现2号线后通段开通试运营的目标作出了突出贡献。

新冠肺炎疫情发生以来,吴其玉深入贯彻习近平总书记"疫情就是命令、防控就是责任"重要指示精神,在党中央、国务院的坚强领导下,按照省委、省政府和市委、市政府的决策部署,把疫情防控作为当前最重要的工作、最紧迫的任务,认真履职、敢于担当、善于作为,取得了上下对接好、内部调度好、开工复工好、宣传效果好、督导督查好、总体态势好等"六个好"的明显成效,实现了员工确诊和疑似病例"零发生"、项目施工人员确诊和疑似病例"零发生"这两个"零发生"。在抓好疫情防控的同时,吴其玉按照任务不减、时间不变、防疫不断、安全不松"四个不"的原则,落实"信息畅通到位、防控培训到位、关口前移到位、保障一线到位、现场调度到位、程序合规到位、值班值守到位、消毒消杀到位、先锋作用到位、人员筛查到位、督查督办到位"等"十二个到位"的措施,全力组织项目有序复工复产。实现了南昌轨道交通集团项目公司管理的28个在建项目在全市城建领域复工时间及复工率两个领先,此举获得市委主要领导充分肯定。

吴其玉具有强烈的改革创新意识,善于分析宏观政策和发展形势,善于用改革的思维谋篇布局。在"彰显省会担当,我们怎么干"解放思想大讨论活动中,吴其玉坚持以问题为导向,准确把握解决问题的着力点和突破口。提出"强管理、保安全、促进度、控质量"十二字"治企兴企"方针,从提升组织力,强化执行力,增强竞争力等方面,不断提升企业综合实力,打造南昌地铁铁军建设团队。

吴其玉始终认真贯彻落实党建工作决策部署,着力推进"三会一课""两学一做""不忘初心、牢记使命"等主题学习教育常态化,引导党员干部牢记党规党纪,筑牢员工不能腐、不敢腐的思想底线;同时,紧抓工作作风建设,杜绝地铁项目管理分公司全体员工"怕、慢、假、庸、散"等作风问题,切实做好团队廉政建设和工作作风建设。坚持以党建促共建,打造地铁建设铁军先锋,激励了广大党员干部和地铁工作者们投身南昌地铁建设的工作热情和积极性,开创了党建工作和工程建设携手并进新局面。

(毛 涛)

王俊 男,1977年5月出生,江西省上饶市人,中共党员,现任上饶市公共交通集团有限公司董事长。曾荣获上饶市信州区先进工作者,江西省五一劳动奖章等荣誉,2020年10月,被中共江西省委、江

西省人民政府评为"江西省劳动模范"。

作为公交系统的先行者,王俊带领上饶公交以创建省级"公交城市"、国家"公交都市"为抓手,不断完善内部体系,优化公交线网布局,截止2020年6月,上饶市共拥有线路77条,设置公交专用车道20.9千米;年客运量达7000万人次;市中心城区万人公共交通车辆保有量达14.91标台/万人;拥有车辆688辆(745.7标台),2020年下半年计划新增采购车辆300标台,到2020年底,上饶市公交车辆将超过1000标台。上饶市正式被命名为江西省"公交城市"创建示范城市。

智慧城市建设是城市发展的新兴模式,随着上饶市信息化不断发展,建立智慧公交服务体系势在必行。王俊勇于尝试,引入"互联网+交通"模式,开展交通"云大脑"系统项目建设,建成了上饶市综合交通大数据中心,该数据中心将汇集多个交通子行业(公交车、出租车、网约车、旅游客运、交通执法、应急指挥等)数据,运用大数据进行城市交通运营能力分析,为相关部门、行业提供覆盖交通管理、决策、服务等方面的全方位交通优化方案,为市民提供更加优质、便捷的出行服务,构建智慧、绿色、平安的大交通环境,助力上饶市成为江西省智慧交通的标杆城市。

公交驾驶员群体是城市的护航者,他们风雨兼程,承载起社会责任,为民众美好生活负重前行。王俊秉承"为人民服务"宗旨,考虑细致入微,着力为员工生活解忧,为员工出行解难,为员工困难托底。2019年启动困难帮扶基金——解决生活难问题,截止2020年6月,已完成16位职工生病、子女教育等重大生活难题帮扶,帮扶金额共计28万元;启动公交云配餐系统——解决吃饭难问题,创新配餐机制,于线路相对集中的公交站台、首末站设立智能云柜配餐点,为广大驾驶员统一配送卫生、营养的中餐,解决驾驶员吃饭难问题,目前已完成10个配餐点(369个云柜)建设;设置公交驿站——解决出行难问题,在驿站中配置厕所、微波炉、空调、躺椅、急救箱、饮用水……解决驾驶员出行途中饮水难、吃饭难、如厕难、休息难等问题,截止2020年6月,完成了2个公交驿站建设,并将持续推进。

申请廉租房——解决住房难问题;从市城投集团申请了14套"稼轩花园"安置小区的周转房、于场站规划员工宿舍用于解决公交集团外县或贫困职工住房难问题。王俊对驾驶员的关怀举措,解决了驾驶员群体的后顾之忧,凝心聚力,有助于推动上饶公交稳步发展,是上饶市文明城市创建成果的重要体现。

王俊始终在"干实事",他坚信"群众是党的力量之源和胜利之本,要真心实意为人民群众谋利益"。他以一名共产党人吃苦耐劳、乐于奉献的精神,书写着对城市公交事业的无限忠诚,实现着自己的人生价值,为建设大美上饶、建设富裕美丽幸福现代化江西作出了杰出贡献。

(毛　涛)

秦文华　男,1975年8月出生,中共党员,2002年6月进入吉安市公交公司工作,现任公司61路公交线驾驶员、线路班长。他从事公交驾驶员工作十九年来,在组织的关心培养和自己努力下,多次被团市委、市交通运输局、公司评为"青年雷锋岗""先进个人""服务标兵""优秀驾驶员""党员模范岗"等荣誉称号。被中共江西省委、江西省人民政府评为"江西省劳动模范"。

在众多的荣誉面前,他没有陶醉,他把党和人民给予的荣誉看作是对自己的鼓励与鞭策,并以此作为新起点,在平凡的岗位上迎送着南来北往的乘客,为广大市民提供更优质的服务,用真诚与爱心书写着美丽人生。自2002年6月进入公司工作以来,秦文华一直把公交车驾驶员工作当作自己的事业来做,爱岗敬业、勤勤恳恳、吃苦耐劳、无私奉献。在驾驶员工作岗位上,他以"热心、诚心、细心、真心"为服务准则,在平凡的岗位上,做出了不平凡的业绩。

作为一名公交驾驶员,秦文华潜心钻研,不断提高自己素养和驾驶技能。在驾驶过程中,他始终把好"谨慎"这道关,在"谨慎"上多下功夫,牢固树立"谨慎驾驶,安全第一"的观点,切实做到"五慢一让",始终牢记"宁停三分,不抢一秒"的安全警示,十九年来,他从未出现任何大小交通责任事故。

公共交通是公益性事业,是传播文明服务的窗口。秦文华精心服务广大乘客,想乘客之所想,急乘客之所急,把温暖送给乘客。当遇到外地乘客时,他会耐心地解答乘客的问询,并及时提醒他们下车或换乘;当遇到行动不方便的乘客时,他会及时地提醒其他乘客为他们让座,并对让座者表示感谢。

2020年初,新冠疫情席卷中国大地,严重威胁着人民群众的身心健康和生命安全。在关键时期,身为共产党员的秦文华主动请缨、冲锋在前,在线路内部稳定军心。他和他的同事们,面对疫情,不畏惧、不退缩、起早摸黑,不顾个人安危,舍小家,为大家,坚守在公交生产一线。他利用班次间隙时间,对公交车进行消毒,确保车厢窗口打开,保持车厢的通风并及时清理车内垃圾,认真做好疫情防控和复工复产工作。他的感人事迹,生动地诠释了一名普通共产党员在关键时期的责任与担当!

秦文华对待同事如同兄弟姐妹般,无论谁有困难,他都会尽量帮忙。多年来,每到逢年过节,他总是主动加班,把早点回家与亲人团聚的机会让给同事。他就是一个默默地耕耘着、奉献着,释放着光和热的人。秦文华,一名普通的公交驾驶员,在驾驶员岗位上度过了十八个春秋,在平凡岗位上做出的不凡业绩,彰显了一个共产党员的责任与担当,他就是我们身边的"劳动模范"。

(毛 涛)

赵水根 男,1959年8月出生,江西南丰人,现任江西吉诚物流有限公司、南丰南方汽车驾驶员培训中心总经理。赵水根曾获得诸多荣誉:2007年开始当选十五届、十六届、十七届、十八届、县人大代表、人大常务委员;2014年,在中国时代风采征评中被授予"中国时代创新人物"荣誉称号。2020年10月,被中共江西省委、江西省人民政府评为"江西省劳动模范"。

赵水根履职尽责,工作业绩突出。一是以汽运物流为基础,创建桔乡物流领军企业。2000年,公司初始,仅仅是抚州市惠通汽车贸易物流公司南丰分公司。经过两年发展壮大,2003年赵水根自己注册了江西南丰吉诚汽车物流有限公司,南方汽车驾驶员培训中心等公司。公司通过整合资源,公司效益得到长足发展,为当地物流运输做出了巨大的贡献并成为桔乡物流界中的领军企业。二是夯实基础,创办一流驾校。2007年按"高起点建设、争创一流驾校"的标准创办南方驾校。从建校开始就树立了"质量兴校、诚信永恒"的办学理念,南方驾校现已发展成为周边县级最具实力的驾校,2010年在省运管局质量信誉考核中被评为AAA级优秀驾校。

为了当好一名人民满意的人大代表,赵水根回馈社会,反映群众诉求。他平时虚心好学,经常深入选区和基层,认真开展调查研究,把广大人民群众的呼声和意愿一点一滴地向人大和政府职能部门反映,还不时地向政府职能部门提出建议和意见,帮助政府职能部门开展工作。每当两会期间,为了提高自己的履职水平,他不断地学习国家的法律法规,而且认真领会党和国家的政策和方针,积极参政议政,为政府出谋划策,为群众排难解惑,办实事。虽然历经商海洗礼,可赵水根未忘农民本色,始终把"富而思源、感恩社会、回报家乡"作为人生的一大追求,以一颗乐善好施的赤诚之心回馈家乡,报答社会。从2000年至今积极参与社会公益事业和扶贫济困工作,先后为南丰一中校建、白舍镇上甘村新农村建设和发展实体经济、太和康都红色会址建设、白舍镇大桥修建、桔王药业火灾扶助、南丰县教育基金会等捐款捐资多达360余万元,他本人还长期扶助了3名贫困学生完成学业,特别是在发生重大灾难面前,他总是在第一时间为灾区人民慷慨解囊,捐钱捐物,义无反顾地担当社会责任。

赵水根在做好本职工作外,还积极参加人大各项重大活动,每年年终带领公司成员们到选区和各乡镇走访帮扶困难户,了解和关心困难群众。帮助困难群众解决实际困难,增强人大代表的凝聚力和责任感。为南丰县社会经济建设发展做出贡献。

汤云姣 女,1971年7月出生,江西省庐山市华林镇人,现就职星子出租车服务部从事出租车驾驶员岗位,自2006年从事出租车驾驶员工作以来,她爱岗敬业、乐于助人、拾金不昧、品德高尚,10多年来始终尽职尽责地接送来自五湖四海的宾客,每日出车前将出租车打扫得干干净净,努力为乘客提供安全、快捷、舒心的服务。曾获得"九江市道德模范"、"江西好人"等荣誉,被中共江西省委、江西省人民政府评为"江西省劳动模范"。

2017年2月27日运输途中,汤云姣发现车上乘客遗失的一只金手镯(价值约1.4万元),她立即向公司汇报,在与失主联系并核对相关信息无误后,原物交还失主,这种拾金不昧的高尚品德先后被江西电视台都视频道及相关媒体报道,汤云姣在平凡的工作岗位上书写了新时代最美"的姐情怀"。

(毛 涛)

李小英 女,1973年1月16日出生,江西新余人,2011年9月招聘进新余公共交通有限公司从事驾驶员工作,9年来,她用奉献诠释着人生的真谛,把汗水洒在车厢,把关爱献给乘客,温暖着千万乘客的心田。因沉着冷静处置乘客抢夺方向盘突发事件,避免了一起恶性安全事故的发生,中央电视台新闻1+1、人民日报《中国城市报》等中央及省市媒体进行了正面宣传,由于工作业绩突出,公司授予李小英"优秀驾驶员"、"劳动模范"荣誉称号。先后荣获"中国好人"、"全国交通运输系统劳动模范"、全国"最美公交司机"、"江西好人"、"江西省感动交通人物"、"第十六届全省职工职业道德建设先进个人"、"新余好人"、"新余市五一劳动奖章"和新余市道德模范暨"新余有爱"2018年度人物提名奖。2020年10月,被中共江西省委、江西省人民政府评为"江西省劳动模范"。

2018年11月2日11时25分,李小英驾驶103路公交车行驶至白竹路天工颐园小区附近时,因白竹路正在修路车辆需要逆行。乘客邓某发现坐过站后,要求在没有设置公交站台的地方下车,李小英耐心与邓某解释,该处不能停车下客,但邓某并不理解,看到李小英还是没有停车,情绪非常激动,随即起身多次伸手抢夺方向盘。在这危急时刻,李小英想起重庆万州"10.28"事故的惨痛教训,立马警觉到事态的严重性,于是立即采取了紧急停车措施,并第一时间报警,保障了乘客的生命财产安全。李小英在面对突发情况采取的刹车、熄火、打双闪、拔钥匙、报警等一系列操作有素的规范动作,成为了全国公交驾驶员的应急操作典范。

热情温馨,服务乘客,李小英注重利用自己特有的工作岗位,真诚待客,感染乘客,把温暖送到每位乘客心里,并不断地将服务工作向纵深发展。当外地乘客乘车时,她耐心解答乘客所问,指明换乘线路;当农民工携带包裹行李上车时,她主动帮助提拿行李物品;当老弱病残孕乘客上车时,她主动搀扶,动员乘客为他们让座,从车内反光镜看到老人坐好了再起步发车,并提醒乘客车辆停稳后再起步下车,保障自身的乘车安全,遇到学生集中放学时,总是提前将车停下,提示学生排队乘车,注意安全。凡是乘坐她车的人,都称赞她态度好、服务热情,公司也多次接到关于她的表扬电话。

2020年突发"新冠"疫情,李小英更是展现出无私奉献的精神,面对新冠肺炎疫情蔓延的严峻时刻,为保障城市百姓的基本出行需求,新余公交403线路班组,依然穿梭在这个城市的重要道路,默默地、孤独地接受着疫情对城市公交严峻的考验。得知403路线路保持运营，本该居家隔离的李小英，没有胆怯、没有退缩，她主动请战到403线路成为这场战役的主力军，每天早上不到六点便赶到公司对公交车内外进行全面无死角的消杀，针对驾驶区域、乘客容易接触到的投币箱、扶手、座椅、地板等部位进行重点消毒清洁，认真填写消毒登记表。在疫情最严峻的时期她在403线路上从来没有休过一天假，没有请过一次假，一直坚守在403路岗位上，尽职尽责，一遍又一遍地做好车辆消毒、通风工作，一次又一次地向乘客提醒戴好口罩。虽然乘客比平时少了许多，但李小英对工作却没有丝毫懈怠，她始终在行车过程中保持着规范的文明用语和良好的职业操守，确保疫情期间为乘客提供优质服务。李小英说："只要让乘客有一个安全放心的出行环境，我再苦再累也值得"，整个疫情期间，她始终坚持在疫情防控最前沿，以"逆行者"的姿态义无反顾，毅然逆行，冲到一线，这种无私奉献的精神令人敬佩。

（毛　涛）

刘隽健　男，1978年8月出生，中共党员，现任江西省昌泰高速公路有限责任公司吉安南养护所路救大队负责清障理赔工作。1995年在江西高等级公路管理局参加工作，1996年12月至1999年12月在部队服役，之后回到交通系统工作。个人曾获部队个人三等功及通令嘉奖；江西省交通厅优秀团支部书记；江西省交通厅优秀共产党员；江西省青年志愿服务优秀个人奖；江西省高速集团劳动模范、最美员工、先进工作者、优秀共产党员。其所在的"老牛"突击队先后荣获2019年吉安市"工人先锋号"、吉安市"模范职工小家"等称号。2020年10月，被中共江西省委、江西省人民政府评为"江西省劳动模范"。

2020年10月，刘隽健获得江西省"劳动模范"荣誉称号，以刘隽健名字命名的刘隽健劳模创新工作室正式成立，工作室在原老牛突击队的基础上进行了优化重组升级，成员涵盖了养护所各岗位先进分子和标兵，业务技能和政治素质均过硬。工作室的成立旨在为劳模和在岗员工搭建一个发挥作用、展示才能的平台和锐意创新、攻坚克难的阵地。同时，也是单位学雷锋示范的窗口。通过以刘隽健为首的队员们以点带面、以老带新，打造一支有理想有信念、懂技术会创新、敢担当讲奉献的职工队伍，不断提升养护所养护、清障服务管理水平，更好地服务过往司乘，为昌泰高速"金庐陵"服务品牌注入新的生机和活力。

2020年全国上下齐心抗击新冠肺炎疫情时，刘隽健向吉安南养护所党支部递交这样一封"请战书"，上面写道："我是共产党员，我是退伍老兵，危难时刻，我必须挺身而出！"新冠肺炎疫情暴发后，刘隽健放弃休假，第一时间回到工作岗位。他一方面要直接面对来自五湖四海的司乘人员，有未知的危险，另一方面还要应对车流量剧增所带来的连锁反应。他总是把危险留给自己，高速公路的车流间隙里、高边坡上、临水临崖等风险防控路段中总有他身穿反光服排查隐患的身影。

从大年二十三到4月中旬，刘隽健连续三个多月坚守在工作岗位上，发挥艰苦奋斗和连续作战精神，持续高强度工作。正是因为他和他的队员们舍小家、顾大家，守护了过往司乘人员平安，守护了江西省南北大动脉上这条应急防疫物资绿色通道，为企业复工复产、稳定经济社会大局提供了有力支撑。

在刘隽健的感染下，现在吉安南养护所形成了充满活力、健康向上、齐头并进的良好工作氛围。以他绰号"老牛"命名并担任队长的昌泰公司"老牛突击队"，成长为樟吉高速公路上的一支先锋队。以他名字命名刘隽健劳模工作室，总结、提炼和推广出"创建高速公路清障作业运行有效机制、基于信息共享的高速公路保障联动体系构建与实施"科研课题，总结和创新出"高速公路绿化常态提升养护管理"技术项目，有效提升了养护科技含量和工作效率，这两项科研课题（技术项目）荣获了全国交通企业管理现代化创新成果二等奖和第十九届江西省现代企业管理创新成果一等奖以及赣粤高速管理创新二等奖等国家和省级和企业内部多项奖项。

刘隽健退伍不褪色,在工作岗位上履职尽责、勇于担当、助人为乐,热心公益,积极参加单位开展的金秋助学帮扶、尊老爱幼等活动。他艰苦奋斗的敬业精神,团结一致的协作精神,不计名利的奉献精神,勇于开拓创新精神,深深地感染着身边的每一个人,时刻守护着樟吉高速公路的平安畅通。

（高　梅）

桂有金　男,1962年5月出生,江西贵溪人,现任龙虎山风景名胜区交通工程质量监督办公室负责人,曾获得"江西省五一劳动奖章江西省先进工作者""江西省公路系统先进个人""鹰潭市五一劳动奖章""鹰潭市交通系统先进个人"等荣誉。2020年10月,被中共江西省委、江西省人民政府评为"江西省劳动模范"。

桂有金在龙虎山交通系统工作二十多年,从事农村公路建设、养护管理等重要岗位工作,他作风严谨,清正廉洁,遵纪守法,事事以身作则,以一个劳模的标准要求自己,全心全意践行为人民服务的宗旨。桂有金开拓进取,注重理论联系实际,不断提高农村公路建设养护管理水平。他先后为龙虎山景区起草了《龙虎山景区农村公路"三责一体"养护工作实施方案》、《龙虎山景区农村公路管理养护办法》、《龙虎山景区农村公路路政管理办法》等地方法规性文件。这些方案和管理办法为龙虎山景区农村公路建设管养提供了重要的政策依据,极大地提高了景区农村公路的管养水平。

桂有金甘于奉献,忘我工作,业绩突出。近年来先后负责新游线、汉浦大桥、天洪公路等一批省市重点工程建设。坚持深入施工现场协调各方关系。天洪公路新建工程是省市重点工程,工程区域涉及贵溪市、月湖区、鹰潭高新区、龙虎山景区等四县区,施工环境复杂,征地拆迁难度大,公路沿途村庄多,群众协调难,为确保工程顺利施工,他利用早中晚农民在家时间上门做群众工作,经常工作到深夜,听取各方意见,解决各种问题,消除矛盾和纠纷,确保了工程按时完成施工,并被评为优秀工程。始终坚持"百年大计,质量第一"的原则,对工程建设进行严格管理,保质保量完成了各项施工任务。积极参与龙虎山"申报世界自然遗产地"、世界地质公园申报、创建"5A"等工作,为龙虎山景区的发展做出重要贡献。

桂有金积极投入防疫抗疫第一线,发挥劳模引领示范作用。新冠肺炎疫情防控期间,他勇挑重担,履职尽责。第一时间投入到龙虎山景区疫情防控一线,冒着山区严寒,坚守在疫情防控卡点值班岗位,对往来车辆进行严格消毒,对司机、乘客进行体温检测和登记,并及时向上级部门报告疫情防疫情况,得到市委主要领导的现场表扬并以个人名义向龙虎山红十字会捐款,用实际行动支持抗击疫情。

（毛　涛）

肖武生　男,1975年1月出生,中共党员,现任吉安市公路局吉安分局办公室主任兼永阳养护中心副主任。个人曾获全省交通系统精神文明建设"先进工作者";吉安市公路局全市公路系统"先进工作者";2013和2019年,荣获吉安市公路局全市公路系统"十佳公路标兵"。2020年10月,被中共江西省委、江西省人民政府评为"江西省劳动模范"。

作为一名共产党员,肖武生处处率先垂范,用自己的一言一行在职工中树立威信。2019年6月,吉安境内连续罕见暴雨,多处公路路段告急。7日上午,在接到S314吉安县永阳路段路树倾倒,路面三分之二通行受阻、G319天河至敖城路段多处出现塌方险情时,他冒着瓢泼大雨与抢险小分队赶往受灾现场，一边指挥装载机清除道路上的土石方，一边观察上边坡溜方情况，在大家共同努力下，仅用一个半小时，路面就恢复了半幅通行。8日下午，禾河水位暴涨，肖武生与抢险小分队连夜搬运350袋沙袋加固河堤，保障了周边村庄与河堤的安全。10日上午，官田桥水位暴涨，路基坍塌，他与40余名职工赶到现场，仅用2个小时就恢复了桥梁畅通，保障了前往毛田村的救援车辆顺利挺进，以及沿线受灾群众安全转移。在抗洪抢险中，肖武生始终冲锋在抗洪救灾最前线，义无反顾地投身抗洪救灾中，为江西发展贡献自己全部的力量。

2020年，突发新冠肺炎疫情，肖武生无畏"逆行"，坚决贯彻落实上级决策部署，主动申请成为社区志愿者，切实在岗位上履职尽责，全身心投入疫情防控战中。他组织人员对全县国省道沿线公路驿站、服务区以及停车区等人员密集场所进行全面清洁、消毒和通风等工作；同时强化一线工作人员的自我防范，畅通与属地卫生防疫部门的信息沟通渠道等多种举措，坚决打好打赢疫情防控这场硬仗。肖武生带头严格落实带班值班制度，带领一线养护人员及时做好公路路面养护保畅通和安全隐患排查工作，特别是针对连日下雨容易发生水毁塌方等情况，针对重点路段安排人员24小时值守，进行全方位监控，确保了公路的安全畅通，为疫情防控和春节期间群众生活出行提供坚强的公路通行保障。

肖武生始终保持兢兢业业的工作作风，时时刻刻严格要求自己，踏踏实实做好自己的本职工作，实现自己的人生价值，坚守初心、勇担使命、追梦向前、永续奋斗，在平凡的岗位上无私付出、默默奉献，为江西公路事业发展做出了突出贡献，谱写了一曲劳动模范的赞歌。

（毛　涛　高　梅）

徐秋霞　女，1976年9月出生，大学学历，中共党员，高级安全工程师，现任九江长运集团公司党委书记、董事长。个人曾获鄱阳县"抗洪救灾先进个人"，江西长运股份公司"优秀经理"，"上饶市三八红旗手"，鄱阳县交通局"优秀党务工作者"，九

江市"全市创建全国卫生城市先进个人"等荣誉。2021年3月，徐秋霞被江西省总工会评为"2020年度江西省五一巾帼标兵"。

徐秋霞自担任九江长运担任党委书记、董事长以来，带领管理团队主动作为，大力发展城乡公交一体化业务，推动永修镇村公交、德安镇村公交、都昌公交、庐山公交、湖口城际公交项目落地实施，都昌城东车站、蔡岭车站成功投入使用，彭泽车站、星子车站建设项目取得实质性进展。公司连续两年超额完成总部下达的各项经营任务。

（高　梅）

陈珍　女，1986年1月出生，中共党员，本科学历，政工师，2006年9月参加工作，现任江西昌泰高速公路有限责任公司党委办公室党务干事、江西昌泰高速公路有限责任公司工会女职工委员会委员、机关工会女职工委员会主任。多次荣获赣粤公司"优秀共青团员"、"优秀员工"和昌泰公司"先进工作者"、"三好"员工，吉安市市"五一"巾帼标兵、吉安市"五好"家庭等荣誉。2021年3月，陈珍被江西省总工会评为"2020年度江西省五一巾帼标兵"。

陈珍勤恳敬业，参加工作以来，先后在党务、工会、女工、团支部、项目管理、物业服务、办公室、劳资、文秘、宣传、精神文明建设等岗位上工作过。在思想上，政治觉悟高，立场坚定；在工作中，任劳任怨、默默奉献；在业务上，刻苦钻研、精益求精；在生活中，平易近人、为人朴素；在作风上，精雕细刻，争创一流。陈珍也十分注重创新工作，创造性地提出所站"微吧"建设思路，为基层党组织开展工作提供了一条崭新的办法。在女职工建功立业上，她总

是亲力亲为,组织女职工参加公司和上级举办的各种技能、业务培训班的学习,努力提高女职工的劳动技能和业务水平,加强对全司女职工队伍技术职称评定和管理工作,积极开展技能大学习活动等。在脱贫攻坚上,她会同公司其他部门做好困难党员关爱行动,经常走访困难党员;在帮助困难群体中,她积极主动参与各项帮扶活动,为他们脱贫致富出力。

陈珍多年如一日将自己的责任、热情、智慧和心血奉献党建、女工工作,表现出强烈的事业心和高度的政治责任感。在疫情防控工作中,作为一名共产党员,她自愿申请加入高速疫情防控一线,服从安排,听从指挥,用实际行动彰显着责任和担当。组织成立了昌泰公司党员突击队5个、青年志愿者服务队2个,做好防疫宣传标语横幅8条,定制防疫宣传栏海报10张,完成司属各收费所站和信息中心悬挂和张贴工作。扎扎实实做好舆情引导、防疫宣传,通过多种形式传播防疫知识及疫情防控要求,营造浓厚的宣传氛围,以实际行动引导广大干部职工积极参与疫情防控阻击战。相信在今后的工作中,她会更加努力,尽心履职做好本职工作,兢兢业业做事,诚诚恳恳做人,正如她经常所说的"不忘初心"。

(况单云 高 梅)

王婧 女,1983年2月出生,大学学历,中共党员,现任新余市公路管理局渝水分局效能办主任。个人曾获新余市公路管理局"先进工作者";"新余市巾帼建功标兵";新余市渝水区城南办"党员回归社区志愿服务先进个人";新余市公路管理局"优秀共产党员";"新余市第四届最美军嫂";新余市"党建+疫情防控在职党员回归社区先进个人"荣誉称号。2021年3月,王婧被江西省总工会授予"2020年度江西省五一巾帼标兵"。

王婧对工作非常认真、执着,具有强烈的敬业精神。二十多年来,无论做什么工作她都尽职尽责、任劳任怨,不从敷衍了事,扎扎实实的工作也赢得了同事、领导的交口称赞。

王婧同志不仅是一名优秀的干部,还是一位好军嫂,她的爱人是一名现役军官,为了支持丈夫工作,她总是一个人默默承担起整个家庭的重担,扶老携幼,勤俭持家,无怨无悔。在对父母双亲孝敬上,她无不吝惜钱财和劳力;在对孩子的教育和培养上,她讲求"行胜于言"。这一路走来,生活虽艰辛苦涩,但她脸上时刻充盈着幸福快乐。

在党员回归社区工作中,王婧作为志愿队队长,积极与社区党组织对接联系,服从社区党组织安排,配合社区党组织开展各类活动。该志愿队在她的带领下始终坚持以"奉献、友爱、互助、进步"的志愿精神为宗旨,以"为人民服务,创建和谐社区"为主题,真正做到"管好自己的事,关心小区事,参与社区事",自2017年成立至今已开展各类志愿服务活动40余次,赢得了社区党组的一致好评。除此之外王婧还积极参加无偿献血(累计献血3100毫升)、文明城市创建、网格化帮扶、文明交通劝导等志愿服务活动。

2020年春节前夕,新冠肺炎疫情突如其来。为打赢这场疫情防控阻击战,王婧发挥党员先锋模范带头作用,冒着被病毒感染的危险,加入到抗击疫情一线,自2月2日起,她积极响应上级号召,配合社区组建公路小区志愿疫情防控队,组织服务队员积极参与社区疫情宣传、居民引导、值班值守等防控工作。在社区党员严重不足的情况下,王婧同志更是主动要求天天参与疫情防控工作,先后到公路小区、公安小区、伞厂小区、建行、黎家三巷发放宣传单、播放小喇叭、测体温、摸排外地车辆和人员等防疫情工作。她始终告诫队员,志愿者的职责就是"奉献",不管在哪里值岗,都得认真做好疫情防控工作,真正践行了一名党员责任和使命,奋战在防疫前沿。

(毛 涛 高 梅)

2020年度全省交通运输系统先进个人

全国交通运输系统抗击新冠肺炎疫情先进个人名单

(交通运输部表彰 2020年10月20日颁发)

方向平　宜春公交集团有限公司9路外线公交车驾驶员
王福德　江西大通能源服务有限公司车队长
金　玉　江西省高速公路投资集团有限责任公司上饶管理中心鄱阳收费所副所长
刘荣蕃　赣州市公路管理局寻乌分局路政科科长
陶晓军　九江市港口航运管理局城西港区港航综合行政执法大队筹建组组长
王延望　南昌高速公路路政管理支队三大队大队长
熊贻辉　江西省交通运输厅运输处二级主任科员

(聂玉洁)

2020年全国感动交通年度人物

(交通运输部、中华全国总工会联合表彰 2021年5月5日颁发)

江梦德　江西省景德镇高速公路路政管理支队一大队党支部书记
江西大众交通运输有限公司红色车队

(黄　云)

2020年度全国巾帼建功标兵

(全国妇联表彰 2021年3月8日颁发)

花雪莲　宜春市公路管理局劳资科科长、袁州区飞剑潭乡塘源村第一书记兼工作队长

(聂玉洁)

2020年度成绩突出的12328电话工作者

(交通运输部表彰 2021年6月1日颁发)

刘　娜　江西省12328电话服务中心

(聂玉洁)

2020年度全国物流行业劳动模范

(人力资源和社会保障部、中国物流与采购联合会联合表彰2021年1月7日颁发)

刘常敏　江西永和诚信供应链管理有限公司副总经理

汪春霞　上饶市新华龙物流有限公司副总经理
金定粮　江西江龙集团鸿海物流有限公司董事长
甘细英　江西五洲医药营销有限公司仓储部长
刘京尧　江西四顺实业有限公司总经理

（黄　云）

2019年全国公路水路行业班组、船舶安全生产竞赛优秀个人

（中国海员建设工会全国委员会表彰海员　2020年8月颁发）

田洪水　江西省水上搜救中心鄱阳湖分中心潜水组组长
邓晶华　江西省港航运输有限公司"赣远36"船长
葛荣兵　江西省九江市公路管理局德安分局工程公司股长
刘光群　江西省上饶汽运集团有限公司安全机务部副部长

（高　梅）

江西"最美扶贫干部"

（江西省委组织部、省委宣传部、省扶贫办联合表彰　2020年10月颁发）

廖晓锋　江西省交通运输厅派驻上饶市广信区湖村乡西龙岗村第一书记

（聂玉洁）

江西省"优秀女第一书记"

（江西省委组织部、省扶贫办、省妇联联合表彰　2020年12月颁发）

花雪莲　宜春市公路管理局劳资科科长、袁州区飞剑潭乡塘源村第一书记兼工作队长

（聂玉洁）

江西省五一巾帼标兵

（江西省总工会表彰　2021年2月26日颁发）

徐秋霞　九江长运集团公司党委书记、董事长
陈　珍　江西昌泰高速公路有限责任公司党委办公室文员、政工师
王　婧　新余市公路管理局渝水分局效能办主任

（高　梅）

2020年江西省劳动模范

(中共江西省委、江西省人民政府表彰 2020年10月颁发)

邓红英　南昌公共交通运输集团有限责任公司
侯　俊　南昌轨道交通集团有限公司运营分公司班组长
吴其玉　南昌轨道交通集团有限公司地铁项目管理分公司
王　俊　上饶市公共交通集团有限公司董事长
秦文华　江西长运吉安公共交通有限责任公司公交车驾驶员
赵水根　南丰县南方汽车驾驶员培训中心教练员
汤云姣　九江长途汽车运输集团有限公司庐山市出租汽车服务部驾驶员
李小英　江西长运新余公共交通有限公司驾驶员
刘隽健　江西昌泰高速公路有限责任公司吉安南养护所清障理赔员
桂有金　鹰潭市龙虎山风景名胜区农村公路综合服务站职工
肖武生　吉安市公路局吉安分局办公室主任兼永阳养护中心副主任

(胡　莎)

2020年度"新时代赣鄱先锋"

(江西省委组织部表彰 2020年6月30日颁发)

"党务工作好能手"
胡　峰　吉安市公路局党委办公室主任、机关党委专职副书记
"一心为民好支书"
胡锦禄　江西吉安长运有限公司吉安县分公司党支部书记
张明锋　省公路学会副理事长,江西中煤建设集团有限公司党委书记、董事长
"群众身边好党员"
刘　卫　南昌市农村公路管理所所长
李　伟　江西南昌公共交通运输集团有限责任公司党委书记、董事长
刘凯胜　南昌轨道交通集团有限公司运营分公司站务中心第十一党支部书记、站务中心区域站长
陈冬祥　南昌市公路管理局公路养护处副处长
胡卫星　九江市港口航运管理局海事管理科科长,派驻修水县黄港镇漤坑村第一书记
周　明　鹰潭市交通运输局党办负责人、贵溪市文坊镇西窑村第一书记
彭兵奉　新县交通运输局派驻干洲镇溪泮村第一书记
廖晓锋　江西省交通运输厅基本建设监管处副处长,派驻上饶市广信区湖村乡西龙岗村第一书记、工作队队长
徐赞勋　省公路管理局派驻安福县山庄乡连村村第一书记
董国伟　江西省旅游客运协会副会长、萍乡市旅游汽车服务有限责任公司董事长
"突出贡献好榜样"
王海泉　南昌市公路管理局新建分局党支部书记、局长

沈小敏　省运管局客货运输管理处副处长、四级调研员,派驻崇义县竹溪村第一书记
秦小柏(女)　江西省道路运输协会常务理事、景德镇市江南旅游汽车服务有限公司董事长

(聂玉洁)

2019年度全省政府系统"五型"政府建设先进个人

(江西省"五型"政府建设领导小组表彰　2020年8月21日颁发)

刘　贤　联信丰县交通运输局局长

(聂玉洁)

江西省第十六届职工职业道德建设标兵个人

(江西省总工会表彰　2020年1月颁发)

叶祖庆　江西省赣州高速路政支队十一大队大队长、党支部书记
王　斌　吉安市公路局吉水分局乌江道班班长
范文泉　江西吉安长运有限公司峡江分公司政工师、助理会计师
涂文胜　宜春市公路管理局路桥工程局工程师
李小英　江西长运新余公共交通有限公司驾驶员
李娟玲　新余市公路局渝水分局副科级纪检员

(刘　健)

2020年度全省交通运输系统先进单位

全国交通运输系统抗击新冠肺炎疫情先进集体

(交通运输部表彰　2020年10月20日颁发)

江西畅行高速公路服务区开发经营有限公司
江西南昌公共交通运输集团有限责任公司
九江市交通运输综合行政执法支队

(聂玉洁)

2020"信用交通省"建设典型省份

(交通运输部、国家发展改革委表彰　2020年9月颁发)

江西省交通运输厅

(聂玉洁)

2020年度全国成绩突出的12328电话服务中心

（交通运输部表彰　2021年6月1日颁发）

江西省12328电话服务中心

（聂玉洁）

2020年度全国公路行业先进基层党组织

（全国公路职工思想政治工作研究会表彰　2020年11月25日颁发）

江西省公路管理局信息数据中心党支部
赣州市公路管理局瑞金分局党支部
江西省公路科研设计院有限公司党支部

（聂玉洁）

全国模范职工之家

（中华全国总工会表彰　2020年12月颁发）

江西昌泰高速公路有限责任公司工会委员会

（刘　健）

全国模范职工小家

（中华全国总工会表彰　2020年12月颁发）

江西省高速投资集团有限责任公司景德镇管理中心信息分中心工会小组

（刘　健）

全国劳模书架

（中华全国总工会表彰　2020年8月颁发）

南昌南收费所"冯艳工作室"

（刘　健）

2019年全国公路水路行业班组、船舶安全生产竞赛

（中国海员建设工会全国委员会表彰　2020年8月颁发）

优秀船舶：
江西省水上搜救中心鄱阳湖搜救分中心　"江龙号"船
江西省航道工程局　"江洪号"挖泥船

优秀班组：

江西省港航运输有限公司"赣远36"轮班组

江西省景德镇长运有限公司景德镇至南昌班线班组

江西省宜春市公路管理局市政交通建设有限公司

江西省上饶汽运集团有限公司客运中心站

优秀建设项目合同段：

江西路通科技有限公司武吉隧道改造（二期）工程JD2标项目经理部

（高　梅）

2020—2021学年"全国高校活力团支部"

（中国青年报表彰　2021年6月23日颁发）

江西交通职业技术学院路桥团总支2018级大专公路（7）班团支部

（田　慧）

人民满意的公务员集体

（中共江西省委、江西省人民政府表彰　2020年7月颁发）

省交通运输厅基本建设监管处

（聂玉洁）

江西省五一巾帼标兵岗

（江西省总工会表彰　2021年2月26日发）

抚州长运客运站玉茗班组

江西省交通投资集团上饶管理中心景德镇南收费所景德镇南收费站

（高　梅）

2020年度全省平安建设工作先进单位

（江西省平安江西建设领导小组表彰　2021年4月颁发）

江西省交通运输厅

（聂玉洁）

2019 年度江西省法治政府建设优秀单位

(江西省推进法治政府建设工作领导小组表彰　2020 年 3 月 18 日颁发)

江西省交通运输厅

（聂玉洁）

2019 年度江西省社会信用体系建设第三方评估优秀等次单位

(江西省社会信用体系建设工作联席会议办公室表彰　2020 年 4 月 21 日颁发)

江西省交通运输厅

（聂玉洁）

全省离退休干部先进集体

(中共江西省委组织部、中共江西省委老干部局表彰　2020 年 2 月颁发)

省交通运输厅机关离退休干部党支部

（聂玉洁）

全省厂务公开民主管理示范单位

(全省厂务公开民主管理领导小组表彰　2021 年 11 月颁发)

江西高速公路投资集团有限责任公司昌西南收费所

（刘　健）

江西省第十六届职工职业道德建设标兵单位

(江西省总工会表彰　2020 年 1 月颁发)

江西省公路局

（刘　健）

江西省第十六届职工职业道德建设先进单位

(江西省总工会表彰　2020 年 1 月颁发)

江西省九江高速公路路政管理支队九大队
上饶市公路管理局余干分局
江西赣粤高速公路股份有限公司丰城收费所

（刘　健）

江西省模范职工之家

（江西省总工会表彰 2020年12月颁发）

江西吉安长运有限公司工会委员会

（刘　健）

江西省模范职工小家

（江西省总工会表彰 2020年12月颁发）

江西万安长运有限公司分工会
九江市公路管理局武宁分局赣西北应急保障基地工会小组
江西萍乡长运有限公司机关工会小组

（刘　健）

"网聚职工正能量争做中国好网民"
暨江西省第二届职工网上艺术节优秀组织奖

（江西省总工会表彰 2020年9月颁发）

江西省交通工会

（刘　健）

2020年度"创建江西省文明校园先进学校"

（江西省文明办、江西省委教育工委、江西省教育厅联合表彰 2021年3月颁发）

江西交通职业技术学院

（田　慧）

2020年度江西省交通运输工作先进单位

（江西省交通运输厅表彰 2021年1月21日颁发）

赣州市交通运输局
上饶市交通运输局
宜春市交通运输局
新余市交通运输局
鹰潭市交通运输局
吉安市交通运输局
省公路管理局
省公路运输管理局

省交通科学研究院
省港航管理局
省公路路政管理总队
省高速公路投资集团有限责任公司
省交通建设工程质量监督管理局

(聂玉洁)

2020年度全省交通运输安全生产工作先进单位

(江西省交通运输厅表彰 2021年1月19日颁发)

鹰潭市交通运输局
赣州市交通运输局
萍乡市交通运输局
南昌市交通运输局
抚州市交通运输局
九江市交通运输局
省港口集团有限公司
省公路管理局
省交通建设工程质量监督管理局
省高速公路投资集团有限责任公司
省公路运输管理局
省公路路政管理总队
省港航管理局
安福县交通运输局
南城县交通运输局

(肖慧莎)

江西省直属机关第十六届文明单位

(省直机关工委、省直机关文明委表彰 2020年4月15日颁发)

省直(中央驻赣)厅局：
江西省交通运输厅
江西省交通运输运输厅直属单位：
江西路通科技有限公司
江西省港航管理局上饶分局
江西省水上搜救中心鄱阳湖分中心
江西省公路运输管理局
江西省高速公路投资集团有限责任公司

江西省交通工程集团有限公司
江西畅行高速公路服务区开发经营有限公司
江西交通咨询有限公司（原江西交通工程咨询监理中心）
江西省交通设计研究院有限责任公司
江西省公路桥梁工程有限公司
江西省公路工程有限责任公司
江西省交通工程集团建设有限公司
江西交通职业技术学院
江西省交通建设工程质量监督管理局
江西省高速公路联网管理中心
江西省交通运输厅应急指挥中心
江西省高速公路联网管理中心鹰潭分中心
江西省高速公路联网管理中心上饶分中心
江西省高速公路联网管理中心吉安分中心
江西省高速公路联网管理中心景德镇分中心
江西省交通运输厅规划办公室
江西省交通运输厅对外经济联络办公室
江西省交通工会委员会
江西省交通科学研究院
江西省交通技工学校
江西省公路路政管理总队
江西省公路路政管理总队南昌高速公路路政管理支队
江西省公路路政管理总队吉安高速公路路政管理支队
江西省公路路政管理总队宜春高速公路路政管理支队
江西省公路路政管理总队九江高速公路路政管理支队
江西省公路路政管理总队萍乡高速公路路政管理支队
江西省公路路政管理总队鹰潭高速公路路政管理支队
江西省公路路政管理总队景德镇高速公路路政管理支队
江西省公路路政管理总队抚州高速公路路政管理支队
江西省公路路政管理总队赣州高速公路路政管理支队

（聂玉洁）

江西省"2019—2020年度青年文明号"

（省直机关团工委、省直机关青工办表彰　2021年9月6号颁发）

江西赣粤高速公路股份有限公司昌泰公司吉安南收费所刘艺劳模创新工作室
江西赣粤高速公路股份有限公司南昌南管理中心昌西南收费所红艳工匠工作室
江西赣粤高速公路股份有限公司南昌南管理中心樟树收费所樟树收费站
江西畅行高速公路服务区开发经营有限公司龙虎山服务区

江西畅行高速公路服务区开发经营有限公司军山湖服务区
江西畅行高速公路服务区开发经营有限公司奉新服务区
江西省交通投资集团有限责任公司赣州管理中心南康养护所
江西省交通投资集团有限责任公司赣州管理中心瑞金西收费所
江西省交通投资集团有限责任公司赣州管理中心万安收费所万安收费站
江西省交通投资集团有限责任公司赣州管理中心赣州北收费所
江西省交通投资集团有限责任公司抚州管理中心进贤养护所南新养护站
江西省交通投资集团有限责任公司抚州管理中心丰城东收费所
江西省交通投资集团有限责任公司宜春管理中心萍乡收费所萍乡收费站
江西省交通投资集团有限责任公司宜春管理中心仙女湖收费所新余南收费站
江西省交通投资集团有限责任公司吉安管理中心永丰南收费所
江西省交通投资集团有限责任公司吉安管理中心井冈山收费所井冈山收费站
江西省交通投资集团有限责任公司吉安管理中心井冈山机场收费所
江西省交通投资集团有限责任公司吉安管理中心兴国收费所
江西省交通投资集团有限责任公司景德镇管理中心信息分中心
江西省交通投资集团有限责任公司景德镇管理中心婺源收费所
江西省交通投资集团有限责任公司景德镇管理中心婺源养护所
江西省交通投资集团有限责任公司南昌西管理中心九龙湖收费所
江西省交通投资集团有限责任公司南昌东管理中心南昌南收费所南昌南收费站
江西省交通投资集团有限责任公司上饶管理中心浮梁收费所西湖收费站
江西省交通投资集团有限责任公司上饶管理中心德兴收费所德兴收费站
江西省交通投资集团有限责任公司上饶管理中心万年收费所万年北收费站
江西省交通投资集团有限责任公司上饶管理中心景德镇南收费所景德镇南收费站
江西省交通投资集团有限责任公司上饶管理中心鄱阳收费所乐平收费站
江西省交通投资集团有限责任公司赣州管理中心于都收费所罗坳收费站
江西省交通投资集团有限责任公司赣州管理中心于都东收费所
江西省交通投资集团有限责任公司江西交通工程集团赣粤工程公司养护公司宜春养护项目部
江西畅行高速公路服务区开发经营有限公司庐山服务区
赣州高速公路路政管理支队十三大队
吉安高速公路路政管理支队五大队

（聂玉洁）

表33： 2020年具备相应高中级专业技术资格人员名单

一、正高级工程师（26人）

序号	姓　名	工作单位	资格名称	专业名称
1	吁新华	江西公路开发有限责任公司	正高级工程师	交通工程
2	饶和根	江西公路开发有限责任公司	正高级工程师	交通工程
3	黄智华	江西赣粤高速公路股份有限公司	正高级工程师	交通工程
4	刘晓刚	江西省交通工程集团有限公司	正高级工程师	交通工程

续表

序号	姓　名	工作单位	资格名称	专业名称
5	周小勇	江西交通咨询有限公司	正高级工程师	交通工程
6	刘永平	江西省交通设计研究院有限责任公司	正高级工程师	交通工程
7	韩根生	江西省高速公路投资集团有限责任公司吉安管理中心	正高级工程师	交通工程
8	程其瑜	江西省高速公路投资集团有限责任公司吉安管理中心	正高级工程师	交通工程
9	朱建华	江西中煤建设集团有限公司	正高级工程师	交通工程
10	李　强	江西省交通建设工程质量监督管理局	正高级工程师	交通工程
11	蒲　华	江西省交通建设工程质量监督管理局	正高级工程师	交通工程
12	雷卫佳	江西省港航管理局界牌航电枢纽管理处	正高级工程师	交通工程
13	任　康	江西省公路管理局交通通信总站	正高级工程师	交通工程
14	蒋水龙	江西省公路工程监理有限公司	正高级工程师	交通工程
15	潘军辉	江西省公路科研设计院有限公司	正高级工程师	交通工程
16	余绪金	江西省高速公路联网管理中心	正高级工程师	交通工程
17	郑卫华	江西交苑公路工程试验检测中心	正高级工程师	交通工程
18	黄小明	江西省高速公路投资集团有限责任公司项目建设管理公司	正高级工程师	交通工程
19	朱能维	江西省公路投资有限公司	正高级工程师	交通工程
20	杜红云	南昌市公路勘察设计院	正高级工程师	交通工程
21	周细辉	南昌市城市规划设计研究总院	正高级工程师	交通工程
22	李荣清	南昌城建集团有限公司	正高级工程师	交通工程
23	琚贵安	九江市公路管理局直属分局	正高级工程师	交通工程
24	雷　炜	赣州市公路管理局安远分局	正高级工程师	交通工程
25	刘小四	吉安市路桥工程局	正高级工程师	交通工程
26	封　浪	抚州博信公路工程监理咨询中心	正高级工程师	交通工程

二、高级工程师（交通）（248人）

序号	姓　名	工作单位	资格名称	专业名称
1	毛　彪	江西省核工业地质局二六一大队	高级工程师	交通工程
2	舒　乐	江西省交通科学研究院	高级工程师	交通工程
3	李　晔	江西省交通科学研究院	高级工程师	交通工程
4	艾志勇	江西省交通科学研究院	高级工程师	交通工程
5	陶敬林	江西省交通科学研究院	高级工程师	交通工程
6	代　力	江西省交通科学研究院	高级工程师	交通工程
7	姚仕伟	江西公路开发有限责任公司	高级工程师	交通工程
8	李兴华	江西赣粤高速公路股份有限公司	高级工程师	交通工程
9	宗　娜	江西赣粤高速公路股份有限公司	高级工程师	交通工程
10	彭蓉蓉	江西赣粤高速公路股份有限公司	高级工程师	交通工程
11	舒日勇	江西赣粤高速公路股份有限公司	高级工程师	交通工程
12	张伟伟	江西赣粤高速公路股份有限公司	高级工程师	交通工程

续表

序号	姓　名	工作单位	资格名称	专业名称
13	邓俊双	江西省交通工程集团有限公司	高级工程师	交通工程
14	郭　伟	江西省交通工程集团有限公司	高级工程师	交通工程
15	聂炳燕	江西省交通工程集团有限公司	高级工程师	交通工程
16	凌　鹏	江西省交通工程集团有限公司	高级工程师	交通工程
17	汤志刚	江西省交通工程集团有限公司	高级工程师	交通工程
18	何建庆	江西省交通工程集团有限公司	高级工程师	交通工程
19	程　琳	江西省交通工程集团有限公司	高级工程师	交通工程
20	甘宏运	江西省交通工程集团有限公司	高级工程师	交通工程
21	罗维鹏	江西省交通工程集团有限公司	高级工程师	交通工程
22	吴　焘	江西省交通工程集团有限公司	高级工程师	交通工程
23	戴益娥	江西省交通工程集团有限公司	高级工程师	交通工程
24	何良勇	江西省交通工程集团有限公司	高级工程师	交通工程
25	秦　川	江西省交通工程集团有限公司	高级工程师	交通工程
26	康罗生	江西省交通工程集团有限公司	高级工程师	交通工程
27	袁金岚	江西省交通工程集团有限公司	高级工程师	交通工程
28	郭鸿阳	江西省交通工程集团有限公司	高级工程师	交通工程
29	谢甲闰	江西省交通工程集团有限公司	高级工程师	交通工程
30	龚文娟	江西省交通工程集团有限公司	高级工程师	交通工程
31	何　为	江西省交通工程集团有限公司	高级工程师	交通工程
32	叶勇芳	江西省交通工程集团有限公司	高级工程师	交通工程
33	吴婷婷	江西省交通工程集团有限公司	高级工程师	交通工程
34	余达臣	江西省交通工程集团有限公司	高级工程师	交通工程
35	邓明镜	江西省交通工程集团有限公司	高级工程师	交通工程
36	谢永华	江西省交通工程集团有限公司	高级工程师	交通工程
37	郭真良	江西省交通工程集团有限公司	高级工程师	交通工程
38	何慧兵	江西省交通工程集团有限公司	高级工程师	交通工程
39	胡小波	江西省交通工程集团有限公司	高级工程师	交通工程
40	章奏东	江西省交通工程集团有限公司	高级工程师	交通工程
41	胡　钊	江西省交通工程集团有限公司	高级工程师	交通工程
42	付树根	江西省交通工程集团有限公司	高级工程师	交通工程
43	周　敬	江西省交通工程集团有限公司	高级工程师	交通工程
44	谢海斌	江西省交通工程集团有限公司	高级工程师	交通工程
45	梁志强	江西省交通工程集团有限公司	高级工程师	交通工程
46	万齐龙	江西省交通工程集团有限公司	高级工程师	交通工程
47	李　峰	江西省交通工程集团有限公司	高级工程师	交通工程
48	邹玉春	江西省交通工程集团有限公司	高级工程师	交通工程
49	张云贵	江西省交通工程集团有限公司	高级工程师	交通工程

续表

序号	姓名	工作单位	资格名称	专业名称
50	余北飞	江西省交通工程集团有限公司	高级工程师	交通工程
51	袁会圣	江西省交通工程集团有限公司	高级工程师	交通工程
52	王少鹏	江西省交通工程集团有限公司	高级工程师	交通工程
53	黄学山	江西省交通工程集团有限公司	高级工程师	交通工程
54	杨涛	江西省交通工程集团有限公司	高级工程师	交通工程
55	余思敏	江西省交通工程集团有限公司	高级工程师	交通工程
56	谢新龙	江西省交通工程集团有限公司	高级工程师	交通工程
57	邱亮	江西交通咨询有限公司	高级工程师	交通工程
58	施辉云	江西交通咨询有限公司	高级工程师	交通工程
59	邱雪平	江西交通咨询有限公司	高级工程师	交通工程
60	叶华	江西交通咨询有限公司	高级工程师	交通工程
61	陈凯尔	江西交通咨询有限公司	高级工程师	交通工程
62	王青明	江西交通咨询有限公司	高级工程师	交通工程
63	樊莹	江西交通咨询有限公司	高级工程师	交通工程
64	戴程琳	江西交通咨询有限公司	高级工程师	交通工程
65	郏思文	江西省交通设计研究院有限责任公司	高级工程师	交通工程
66	陆哲昆	江西省交通设计研究院有限责任公司	高级工程师	交通工程
67	陈少文	江西省交通设计研究院有限责任公司	高级工程师	交通工程
68	李昕怡	江西省交通设计研究院有限责任公司	高级工程师	交通工程
69	王韶翔	江西省交通设计研究院有限责任公司	高级工程师	交通工程
70	李俊	江西省交通设计研究院有限责任公司	高级工程师	交通工程
71	郭乔明	江西省高速公路投资集团有限责任公司赣州管理中心	高级工程师	交通工程
72	廖骏	江西省高速公路投资集团有限责任公司赣州管理中心	高级工程师	交通工程
73	徐赟	江西省高速公路投资集团有限责任公司抚州管理中心	高级工程师	交通工程
74	邓长春	江西省高速公路投资集团有限责任公司宜春管理中心	高级工程师	专通工程
75	刘大鹏	江西省高速公路投资集团有限责任公司吉安管理中心	高级工程师	交通工程
76	程曦	江西省高速公路投资集团有限责任公司景德镇管理中心	高级工程师	交通工程
77	姜旭荣	江西省高速公路投资集团有限责任公司景德镇管理中心	高级工程师	交通工程
78	陈勇	江西省高速公路投资集团有限责任公司南昌西管理中心	高级工程师	交通工程
79	李昆华	江西省高速公路投资集团有限责任公司南昌西管理中心	高级工程师	交通工程
80	冷健华	江西畅行高速公路服务区开发经营有限公司	高级工程师	交通工程
81	项强	江西省高速公路投资集团有限责任公司南昌东管理中心	高级工程师	交通工程
82	陈伟	江西省高速公路投资集团有限责任公司上饶管理中心	高级工程师	交通工程
83	张克武	江西省高速公路投资集团有限责任公司上饶管理中心	高级工程师	交通工程
84	兰光明	江西中煤建设集团有限公司	高级工程师	交通工程
85	刘吉睿	江西省交通建设工程质量监督管理局	高级工程师	交通工程
86	涂智琴	江西省交通运输厅工程档案馆	高级工程师	交通工程

续表

序号	姓名	工作单位	资格名称	专业名称
87	占军	江西省港航管理局九江分局	高级工程师	交通工程
88	赖普文	江西省港航管理局上饶分局	高级工程师	交通工程
89	王育鹏	江西省路港工程局	高级工程师	交通工程
90	孙吉洪	江西省路港工程局	高级工程师	交通工程
91	蔡叶	江西省路港工程局	高级工程师	交通工程
92	唐俊雄	江西省路港工程局	高级工程师	交通工程
93	涂传红	江西省路港工程局	高级工程师	交通工程
94	郭亚庆	江西省航道工程局	高级工程师	交通工程
95	俞梦婷	江西省港航管理局界牌航电枢纽管理处	高级工程师	交通工程
96	张斌	江西省公路管理局信息数据中心	高级工程师	交通工程
97	郭静	江西省公路管理局信息数据中心	高级工程师	交通工程
98	吴海丰	江西省公路管理局交通通信总站	高级工程师	交通工程
99	徐滨	江西省公路工程监理有限公司	高级工程师	交通工程
100	熊燕	江西省公路工程监理有限公司	高级工程师	交通工程
101	徐丛	江西省公路工程监理有限公司	高级工程师	交通工程
102	刘斌	江西省公路工程监理有限公司	高级工程师	交通工程
103	夏信辉	江西省公路工程监理有限公司	高级工程师	交通工程
104	龙涛	江西省公路工程监理有限公司	高级工程师	交通工程
105	刘鹏	江西省公路科研设计院有限公司	高级工程师	交通工程
106	李周沛	江西省公路科研设计院有限公司	高级工程师	交通工程
107	叶小丰	江西省公路科研设计院有限公司	高级工程师	交通工程
108	况文芳	江西省公路科研设计院有限公司	高级工程师	交通工程
109	龚亮	江西路通科技有限公司	高级工程师	交通工程
110	杨亚林	江西投资集团资溪高速公路投资开发有限公司	高级工程师	交通工程
111	吴婷婷	江西省交通规划勘察设计院	高级工程师	交通工程
112	俞记生	江西省交通规划勘察设计院	高级工程师	交通工程
113	邓涛	江西省高速公路联网管理中心	高级工程师	交通工程
114	彭博	江西省高速公路投资集团有限责任公司项目建设管理公司	高级工程师	交通工程
115	张伊娜	江西省高速公路投资集团有限责任公司项目建设管理公司	高级工程师	交通工程
116	奚弟军	江西省高速公路投资集团有限责任公司项目建设管理公司	高级工程师	交通工程
117	黄喜荣	江西省高速公路投资集团有限责任公司项目建设管理公司	高级工程师	交通工程
118	程飞	江西省高速置业发展有限责任公司	高级工程师	交通工程
119	舒澄	江西省公路投资有限公司	高级工程师	交通工程
120	吴建辉	江西省航务勘察设计院有限公司	高级工程师	交通工程
121	熊荣辉	南昌市公路勘察设计院	高级工程师	交通工程
122	龚平武	南昌轨道交通集团有限公司	高级工程师	交通工程
123	丁聪	南昌轨道交通集团有限公司运营分公司	高级工程师	交通工程

续表

序号	姓　名	工作单位	资格名称	专业名称
124	张　磊	格特拉克（江西）传动系统有限公司	高级工程师	交通工程
125	余仁维	南昌公路桥梁工程有限公司	高级工程师	交通工程
126	杜宏文	南昌公路桥梁工程有限公司	高级工程师	交通工程
127	黄瑜珍	南昌公路桥梁工程有限公司	高级工程师	交通工程
128	徐　斌	南昌公路桥梁工程有限公司	高级工程师	交通工程
129	万明亮	南昌市城市客运管理处	高级工程师	交通工程
130	于海军	江西省路桥工程集团有限公司	高级工程师	交通工程
131	刘　东	江西省路桥工程集团有限公司	高级工程师	交通工程
132	黄维莉	华泰建设工程有限公司	高级工程师	交通工程
133	黎　英	江西省宏发路桥建筑工程有限公司	高级工程师	交通工程
134	熊美玲	江西省宏发路桥建筑工程有限公司	高级工程师	交通工程
135	刘　江	江西省宏发路桥建筑工程有限公司	高级工程师	交通工程
136	王子芳	江西顺通交通工程有限公司	高级工程师	交通工程
137	吴文英	江西华道工程技术有限公司	高级工程师	交通工程
138	戴秋鹤	江西华道工程技术有限公司	高级工程师	交通工程
139	邹建辉	百年建设集团有限公司	高级工程师	交通工程
140	李文堂	江西恒信工程检测集团有限公司	高级工程师	交通工程
141	熊汉江	江西正德工程检测有限公司	高级工程师	交通工程
142	刘江波	江西省路桥隧道工程有限公司	高级工程师	交通工程
143	张　丽	景德镇市公路管理局浮梁分局	高级工程师	交通工程
144	王　莉	景德镇市公路管理局直属分局	高级工程师	交通工程
145	张振宇	萍乡市公路管理局湘东分局	高级工程师	交通工程
146	卢国金	萍乡市公路管理局上栗分局	高级工程师	交通工程
147	陈　超	萍乡经济开发区农技水利站	高级工程师	交通工程
148	吴　健	九江市公路管理局	高级工程师	交通工程
149	周　燕	九江市公路管理局	高级工程师	交通工程
150	艾钰环	九江市公路勘察设计院	高级工程师	交通工程
151	龚　勋	九江市公路勘察设计院	高级工程师	交通工程
152	吴成忠	九江市公路勘察设计院	高级工程师	交通工程
153	龙俊涛	江西赣北公路勘察设计院	高级工程师	交通工程
154	陈小军	九江市公路管理局瑞昌分局	高级工程师	交通工程
155	陈世君	九江市公路管理局瑞昌分局	高级工程师	交通工程
156	穆龙祥	九江市路桥工程处	高级工程师	交通工程
157	胡明峰	九江市路桥工程处	高级工程师	交通工程
158	周　敏	九江市公路管理局德安分局	高级工程师	交通工程
159	简水珍	新余市公路管理局渝水分局	高级工程师	交通工程
160	周　琴	新余市公路管理局渝水分局	高级工程师	交通工程

续表

序号	姓名	工作单位	资格名称	专业名称
161	谢欢欢	新余市公路管理局渝水分局	高级工程师	交通工程
162	甘轼	新余市公路桥梁工程局	高级工程师	交通工程
163	吴余忠	新余市公路桥梁工程局	高级工程师	交通工程
164	严智英	新余市公路勘察设计院	高级工程师	交通工程
165	何中鹏	新余市公路勘察设计院	高级工程师	交通工程
166	李小亮	新余市公路勘察设计院	高级工程师	交通工程
167	林华	鹰潭市公路管理局余江分局	高级工程师	交通工程
168	张忠文	江西省赣南公路勘察设计院	高级工程师	交通工程
169	张志	江西省赣南公路勘察设计院	高级工程师	交通工程
170	朱艳梅	江西省赣南公路勘察设计院	高级工程师	交通工程
171	崔路	赣州诚正公路工程监理有限公司	高级工程师	交通工程
172	陈慧荣	赣州诚正公路工程监理有限公司	高级工程师	交通工程
173	刘志伟	赣州市公路管理局于都分局	高级工程师	交通工程
174	丁福林	赣州市公路管理局宁都分局	高级工程师	交通工程
175	谢烘坚	赣州市公路管理局会昌分局	高级工程师	交通工程
176	杨家圣	赣州市公路管理局会昌分局	高级工程师	交通工程
177	陈菲菲	赣州市公路管理局寻乌分局	高级工程师	交通工程
178	欧阳惠明	赣州市公路管理局安远分局	高级工程师	交通工程
179	刘慧兰	赣州市公路管理局南康分局	高级工程师	交通工程
180	谢建军	赣州市公路管理局上犹分局	高级工程师	交通工程
181	梁俊	赣州高速公路有限责任公司	高级工程师	交通工程
182	彭培宇	赣州高速公路有限责任公司	高级工程师	交通工程
183	杨崇祯	江西通威公路建设集团有限公司	高级工程师	交通工程
184	文健	江西通威公路建设集团有限公司	高级工程师	交通工程
185	廖奇闻	江西中唐建设有限公司	高级工程师	交通工程
186	张瑞良	兴国县县乡公路管理站	高级工程师	交通工程
187	蓝道君	江西佳宸建设工程有限公司	高级工程师	交通工程
188	马尉	中虔建设集团有限公司	高级工程师	交通工程
189	谭贱如	吉安市公路局新干分局	高级工程师	交通工程
190	左华	吉安市公路局新干分局	高级工程师	交通工程
191	艾建华	吉安市公路局永丰分局	高级工程师	交通工程
192	杨林	吉安市公路局安福分局	高级工程师	交通工程
193	万莉	吉安市公路局安福分局	高级工程师	交通工程
194	刘东军	吉安市公路局永新分局	高级工程师	交通工程
195	肖晓庆	吉安市公路局井冈山分局	高级工程师	交通工程
196	张长华	吉安市公路局遂川分局	高级工程师	交通工程
197	王月英	吉安市公路局遂川分局	高级工程师	交通工程

续表

序号	姓　名	工作单位	资格名称	专业名称
198	梁火生	吉安市公路局遂川分局	高级工程师	交通工程
199	王连发	吉安市公路局万安分局	高级工程师	交通工程
200	邓芳宜	吉安市公路局万安分局	高级工程师	交通工程
201	高启华	吉安市公路局泰和分局	高级工程师	交通工程
202	陶晓芬	吉安市公路局泰和分局	高级工程师	交通工程
203	蒋秀伟	吉安市公路勘察设计院	高级工程师	交通工程
204	杜继辉	吉安市公路勘察设计院	高级工程师	交通工程
205	张小英	吉安市公路勘察设计院	高级工程师	交通工程
206	梁忠久	吉安市路桥工程局	高级工程师	交通工程
207	施红伟	吉安市路桥工程局	高级工程师	交通工程
208	熊丽萍	吉安市路桥工程局	高级工程师	交通工程
209	朱达禄	吉安市公路信息教育中心	高级工程师	交通工程
210	崔　佳	吉安市公路信息教育中心	高级工程师	交通工程
211	刘小东	永新县交通运输局质量监督管理站	高级工程师	交通工程
212	刘　赟	宜春市公路管理局直属分局	高级工程师	交通工程
213	柳春兵	宜春市公路管理局明月山分局	高级工程师	交通工程
214	周高春	宜春市公路管理局丰城分局	高级工程师	交通工程
215	熊映斌	宜春市公路管理局丰城分局	高级工程师	交通工程
216	聂锋征	宜春市公路管理局丰城分局	高级工程师	交通工程
217	刘小兰	宜春市公路管理局高安分局	高级工程师	交通工程
218	胡　彧	宜春公路勘察设计院	高级工程师	交通工程
219	谭金星	宜春公路勘察设计院	高级工程师	交通工程
220	晏　勇	宜春市县乡公路管理处	高级工程师	交通工程
221	李文帮	江西省宜春公路建设集团有限公司	高级工程师	交通工程
222	张来弟	江西省宜春公路建设集团有限公司	高级工程师	交通工程
223	李振君	江西省宜春公路建设集团有限公司	高级工程师	交通工程
224	熊　艳	中路高科交通检测检验认证有限公司江西分公司	高级工程师	交通工程
225	肖　坤	宜春通达路桥建设有限公司	高级工程师	交通工程
226	江维民	宜春通达路桥建设有限公司	高级工程师	交通工程
227	宋明勇	江西省宜春金桥道路工程检测有限公司	高级工程师	交通工程
228	温俊萍	江西天丰建设集团有限公司	高级工程师	交通工程
229	余立群	抚州赣东公路设计院	高级工程师	交通工程
230	黎　希	抚州赣东公路设计院	高级工程师	交通工程
231	杨智刚	江西赣东路桥建设集团有限公司	高级工程师	交通工程
232	李　峰	江西赣东路桥建设集团有限公司	高级工程师	交通工程
233	陈思贤	江西赣东路桥建设集团有限公司	高级工程师	交通工程
234	张　维	江西赣东路桥检测有限公司	高级工程师	交通工程

续表

续表

序号	姓名	工作单位	资格名称	专业名称
235	杨荣泉	抚州市东乡区公路管理站	高级工程师	交通工程
236	张庆平	上饶市公路管理局广丰分局	高级工程师	交通工程
237	周延峰	上饶市公路管理局玉山分局	高级工程师	交通工程
238	徐永新	上饶市公路管理局铅山分局	高级工程师	交通工程
239	陈昌伟	上饶市公路管理局婺源分局	高级工程师	交通工程
240	陈伟	上饶市宏优公路勘察设计院有限公司	高级工程师	交通工程
241	刘峰	上饶市赣东公路工程咨询有限公司	高级工程师	交通工程
242	舒前金	上饶市赣东公路工程咨询有限公司	高级工程师	交通工程
243	刘洋	江西省现代路桥工程集团有限公司	高级工程师	交通工程
244	李小兰	江西省现代路桥工程集团有限公司	高级工程师	交通工程
245	周建海	江西省现代路桥工程集团有限公司	高级工程师	交通工程
246	程健	上饶市公路管理局三清山分局	高级工程师	交通工程
247	夏君	上饶市广丰区公路管理站	高级工程师	交通工程
248	廖栋材	龙南县公路运输管理所	高级工程师	交通工程

三、高级会计师(18人)

序号	姓名	工作单位	资格名称	专业名称
1	喻旻昕	江西省高速公路投资集团有限责任公司	高级会计师	会计
2	范洪贞	江西赣粤高速公路股份有限公司	高级会计师	会计
3	熊文娟	江西赣粤高速公路股份有限公司	高级会计师	会计
4	黄银生	江西赣粤高速公路股份有限公司	高级会计师	会计
5	聂慧蓉	江西赣粤高速公路股份有限公司	高级会计师	会计
6	邓世敏	江西省交通工程集团有限公司	高级会计师	会计
7	黄芳	江西省交通工程集团有限公司	高级会计师	会计
8	何英	江西省交通工程集团有限公司	高级会计师	会计
9	廖志花	江西省交通工程集团有限公司	高级会计师	会计
10	周林妹	江西省交通工程集团有限公司	高级会计师	会计
11	熊盛平	江西省交通工程集团有限公司	高级会计师	会计
12	徐小珍	江西省交通工程集团有限公司	高级会计师	会计
13	董娜	江西交通咨询有限公司	高级会计师	会计
14	高兰	江西省高速资产经营有限责任公司	高级会计师	会计
15	周朝萍	江西省公路路政管理总队萍乡高速公路路政管理支队	高级会计师	会计
16	蔡虹	江西省公路路政管理总队新余高速公路路政管理支队	高级会计师	会计
17	郭春兰	江西省交通规划勘察设计院	高级会计师	会计
18	杨洵	江西交苑公路工程试验检测中心	高级会计师	会计

四、高级审计师(1人)

序号	姓　名	工作单位	资格名称	专业名称
1	袁　艺	江西省交通工程集团有限公司	高级审计师	审计

五、高级工程师(地矿)(1人)

序号	姓　名	工作单位	资格名称	专业名称
1	习小华	江西省交通科学研究院	高级工程师	地矿

六、高级工程师(建设)(3人)

序号	姓　名	工作单位	资格名称	专业名称
1	聂振宇	江西省交通设计研究院有限责任公司	高级工程师	建设
2	熊　洁	江西省交通设计研究院有限责任公司	高级工程师	建设
3	熊昊容	江西省高速置业发展有限责任公司	高级工程师	建设

七、高级工程师(综合)(1人)

序号	姓　名	工作单位	资格名称	专业名称
1	游建荣	江西省高速置业发展有限责任公司	高级工程师	综合

(涂智琴)

文件 文献

国务院办公厅转发国家发展改革委交通运输部关于进一步降低物流成本实施意见的通知

各省、自治区、直辖市人民政府，国务院各部委、各直属机构：

国家发展改革委、交通运输部《关于进一步降低物流成本的实施意见》已经国务院同意，现转发给你们，请认真贯彻执行。

国务院办公厅
2020年5月20日

（此件公开发布）

关于进一步降低物流成本的实施意见

国家发展改革委 交通运输部

物流是畅通国民经济循环的重要环节。近年来,物流降本增效积极推进,社会物流成本水平保持稳步下降,但部分领域物流成本高、效率低等问题仍然突出,特别是受新冠肺炎疫情影响,社会物流成本出现阶段性上升,难以适应建设现代化经济体系、推动高质量发展的要求。为贯彻落实党中央、国务院关于统筹疫情防控和经济社会发展的决策部署,进一步降低物流成本、提升物流效率,加快恢复生产生活秩序,现提出以下意见。

一、深化关键环节改革,降低物流制度成本

(一)完善证照和许可办理程序。加快运输领域资质证照电子化,推动线上办理签注。优化大件运输跨省并联许可服务,进一步提高审批效率。(交通运输部负责)

(二)科学推进治理车辆超限超载。深入推进治超联合执法常态化、制度化,细化执法流程,严格执行全国统一的治超执法标准。分车型、分阶段有序开展治理货运车辆非法改装工作,逐步淘汰各种不合规车型。组织开展常压液体危险货物罐车专项治理行动。(交通运输部、公安部、工业和信息化部、市场监管总局按职责分工负责)

(三)维护道路货运市场正常秩序。建立严厉打击高速公路、国省道车匪路霸的常态化工作机制,畅通投诉举报渠道,重点规范车辆通行、停车服务、道路救援等领域市场秩序。(公安部、交通运输部、国家发展改革委、市场监管总局、省级人民政府按职责分工负责)

(四)优化城市配送车辆通行停靠管理。持续推进城市绿色货运配送示范工程。完善以综合物流中心、公共配送中心、末端配送网点为支撑的三级配送网络,合理设置城市配送车辆停靠装卸相关设施。鼓励发展共同配送、统一配送、集中配送、分时配送等集约化配送。改进城市配送车辆通行管理工作,明确城市配送车辆的概念范围,放宽标准化轻微型配送车辆通行限制,对新能源城市配送车辆给予更多通行便利。(交通运输部、商务部、公安部按职责分工负责)研究将城市配送车辆停靠接卸场地建设纳入城市建设和建筑设计规范。(住房和城乡建设部负责)

(五)推进通关便利化。推动港口、口岸等场所作业单证无纸化,压缩单证流转时间,提升货物进出港效率。依托国际贸易"单一窗口",开展监管、查验指令信息与港口信息双向交互试点,提高进出口货物提离速度。持续推进进出口"提前申报",优化"两步申报"通关模式。梳理海运、通关环节审批管理事项和监管证件,对不合理或不能适应监管需要的,按规定予以取消或退出口岸验核。(交通运输部、商务部、海关总署按职责分工负责)

(六)深化铁路市场化改革。选取铁路路网密集、货运需求量大、运输供求矛盾较突出的地区和部分重要铁路货运线路(含疏运体系)开展铁路市场化改革综合试点,通过引入市场竞争机制,开展投融资、规划建设、运营管理、绩效管理、运输组织等改革。持续完善铁路货物运输价格灵活调整机制,及时灵敏反映市场供求关系。进一步放宽市场准入,吸引社会资本参与铁路货运场站、仓储等物流设施建设和运营。(国家发展改革委、交通运输部、财政部、国家铁路局、中国国家铁路集团有限公司负责)

二、加强土地和资金保障,降低物流要素成本

(七)保障物流用地需求。对国家及有关部门、省(自治区、直辖市)确定的国家物流枢纽、铁路专用线、冷链物流设施等重大物流基础设施项目,在建设用地指标方面给予重点保障。支持利用铁路划拨用地等存量土地建设物流设施。指导地方按照有关规定利用集体经营性建设用地建设物流基础设施。(自然资源部、中国国家铁路集团有限公司、省级人民政府负责)

（八）完善物流用地考核。指导地方政府合理设置物流用地绩效考核指标。在符合规划、不改变用途的前提下，对提高自有工业用地或仓储用地利用率、容积率并用于仓储、分拨转运等物流设施建设的，不再增收土地价款。（自然资源部、省级人民政府负责）

（九）拓宽融资渠道。加大中央预算内投资、地方政府专项债券对国家物流枢纽、国家骨干冷链物流基地等重大物流基础设施建设的支持力度。引导银行业金融机构加强对物流企业融资支持，鼓励规范发展供应链金融，依托核心企业加强对上下游小微企业的金融服务。充分发挥全国中小企业融资综合信用服务平台作用，推广"信易贷"模式。落实授信尽职免责和差异化考核激励政策，明确尽职认定标准和免责条件。鼓励社会资本设立物流产业发展基金。（国家发展改革委、财政部、中国人民银行、中国银保监会、国家开发银行按职责分工负责）

（十）完善风险补偿分担机制。鼓励保险公司为物流企业获取信贷融资提供保证保险增信支持，加大政策性担保对物流企业的信贷担保支持力度。发挥商业保险优势，支持保险公司开发物流企业综合保险产品和物流新兴业态从业人员的意外、医疗保险产品。（中国银保监会负责）

三、深入落实减税降费措施，降低物流税费成本

（十一）落实物流领域税费优惠政策。落实好大宗商品仓储用地城镇土地使用税减半征收等物流减税降费政策。（财政部、税务总局负责）

（十二）降低公路通行成本。结合深化收费公路制度改革，全面推广高速公路差异化收费，引导拥堵路段、时段车辆科学分流，进一步提高通行效率。深化高速公路电子不停车快捷收费改革。加强取消高速公路省界收费站后的路网运行保障，确保不增加货车通行费总体负担。鼓励有条件的地方回购经营性普通收费公路收费权，对车辆实行免费通行。严格落实鲜活农产品运输"绿色通道"政策，切实降低冷鲜猪肉等鲜活农产品运输成本。（交通运输部、财政部、国家发展改革委、省级人民政府按职责分工负责）

（十三）降低铁路航空货运收费。精简铁路货运杂费项目，降低运杂费迟交金收费标准，严格落实取消货物运输变更手续费。（中国国家铁路集团有限公司负责）大力推行大宗货物"一口价"运输。严格落实铁路专用线领域收费目录清单和公示制度，对目录清单外的收费项目以及地方政府附加收费、专用线产权单位或经营单位收费等进行清理规范。制定铁路专用线服务价格行为规则，规范铁路专用线、自备车维修服务收费行为，进一步降低收费标准，严禁通过提高或变相提高其他收费的方式冲抵降费效果。（市场监管总局、国家铁路局、中国国家铁路集团有限公司按职责分工负责）推动中欧班列高质量发展，优化班列运输组织，加强资源整合，推进"中转集散"，规范不良竞争行为，进一步降低班列开行成本。（国家发展改革委、中国国家铁路集团有限公司、财政部按职责分工负责）将机场货站运抵费归并纳入货物处理费。（中国民航局、省级人民政府负责）

（十四）规范海运口岸收费。降低港口、检验检疫等收费。对海运口岸收费进行专项清理整顿，进一步精简合并收费项目，完善海运口岸收费目录清单并实行动态管理，确保清单外无收费项目。研究将港口设施保安费等并入港口作业包干费，降低部分政府定价的港口收费标准。依法规范港口企业和船公司收费行为。降低集装箱进出口常规收费水平。（国家发展改革委、财政部、交通运输部、海关总署、市场监管总局按职责分工负责）

（十五）加强物流领域收费行为监管。对实行政府定价或政府指导价的收费项目，及时降低偏高收费标准；对实行市场调节价的收费项目，研究建立收费行为规则和指南。严格执行收费项目和标准公示制度，对不按公示价格标准收费或随意增加收费项目等行为，加大查处力度。依法查处强制收费、只收费不服务、超标准收费等违规违法行为。（国家发展改革委、市场监管总局、交通运输部、海关总署、省级人民政府按职责分工负责）

四、加强信息开放共享，降低物流信息成本

（十六）推动物流信息开放共享。在确保信息安全前提下，交通运输、公安交管、铁路、港口、航空等单位要向社会开放与物流相关的公共信息。按照安全共享和对等互利的原则，推动铁路企业与港口、物流等企业信息系统对接，完善信息接口等标准，加强列车到发时刻等信息开放。研究建立全国多式联运公共信息系统，推行标准化数据接口和协议，更大程度实现数据信息共享。（交通运输部、公安部、工业和信息化部、国家铁路局、中国民航局、中国国家铁路集团有限公司按职责分工负责）

（十七）降低货车定位信息成本。对出厂前已安装卫星定位装置的货运车辆，任何单位不得要求重复加装卫星定位装置。规范货运车辆定位信息服务商收费行为，减轻货运车辆定位信息成本负担。（工业和信息化部、市场监管总局、交通运输部按职责分工负责）

五、推动物流设施高效衔接，降低物流联运成本

（十八）破除多式联运"中梗阻"。中央和地方财政加大对铁路专用线、多式联运场站等物流设施建设的资金支持力度，研究制定铁路专用线进港口设计规范，促进铁路专用线进港口、进大型工矿企业、进物流枢纽。持续推进长江航道整治工程和三峡翻坝综合转运体系建设，进一步提升长江等内河航运能力。加快推动大宗货物中长距离运输"公转铁""公转水"。（财政部、国家发展改革委、交通运输部、工业和信息化部、国家铁路局、中国国家铁路集团有限公司按职责分工负责）以多式联运示范工程为重点，推广应用多式联运运单，加快发展"一单制"联运服务。（交通运输部、国家发展改革委、国家铁路局、中国国家铁路集团有限公司负责）

（十九）完善物流标准规范体系。推广应用符合国家标准的货运车辆、内河船舶船型、标准化托盘和包装基础模数，带动上下游物流装载器具标准化。（工业和信息化部、商务部、交通运输部、市场监管总局按职责分工负责）加强与国际标准接轨，适应多式联运发展需求，推广应用内陆集装箱（系列2)，加强特定货类安全装载标准研究，减少重复掏箱装箱。（交通运输部、国家铁路局、工业和信息化部、公安部、中国国家铁路集团有限公司负责）

六、推动物流业提质增效，降低物流综合成本

（二十）推进物流基础设施网络建设。研究制定2021—2025年国家物流枢纽网络建设实施方案，整合优化存量物流基础设施资源，构建"通道+枢纽+网络"的物流运作体系，系统性降低全程运输、仓储等物流成本。（国家发展改革委、交通运输部负责）继续实施示范物流园区工程，示范带动骨干物流园区互联成网。（国家发展改革委、自然资源部负责）布局建设一批国家骨干冷链物流基地，有针对性补齐城乡冷链物流设施短板，整合冷链物流以及农产品生产、流通资源，提高冷链物流规模化、集约化、组织化、网络化水平，降低冷链物流成本。（国家发展改革委负责）加强县乡村共同配送基础设施建设，推广应用移动冷库等新型冷链物流设施设备。（商务部、国家发展改革委负责）加强应急物流体系建设，完善应急物流基础设施网络，整合储备、运输、配送等各类存量基础设施资源，加快补齐特定区域、特定领域应急物流基础设施短板，提高紧急情况下应急物流保障能力。（国家发展改革委、交通运输部、省级人民政府按职责分工负责）

（二十一）培育骨干物流企业。鼓励大型物流企业市场化兼并重组，提高综合服务能力和国际竞争力。培育具有较强实力的国际海运企业，推动构建与我国对外贸易规模相适应的国际航运网络。（国务院国资委、交通运输部按职责分工负责）严格落实网络货运平台运营相关法规和标准，促进公路货运新业态规范发展。鼓励物流企业向多式联运经营人、物流全链条服务商转型。（交通运输部、国家发展改革委按职责分工负责）

（二十二）提高现代供应链发展水平。深入推进供应链创新与应用试点，总结推广试点成功经验和模式，提高资金、存货周转效率，促进现代供应链与农业、工业、商贸流通业等融合创新。研究制定现代供应链发展战略，加快发展数字化、智能化、全球化的现代供应链。（国家发展改革委、商务部按职责分工负责）

（二十三）加快发展智慧物流。积极推进新一代国家交通控制网建设，加快货物管理、运输服务、场站设施等数字化升级。（交通运输部负责）推进新兴技术和智能化设备应用，提高仓储、运输、分拨配送等物流环节的自动化、智慧化水平。（国家发展改革委负责）

（二十四）积极发展绿色物流。深入推动货物包装和物流器具绿色化、减量化，鼓励企业研发使用可循环的绿色包装和可降解的绿色包材。加快推动建立托盘等标准化装载器具循环共用体系，减少企业重复投入。（商务部、交通运输部、市场监管总局、工业和信息化部、国家邮政局按职责分工负责）

各地区各部门要按照党中央、国务院决策部署，加强政策统筹协调，切实落实工作责任，结合本地区本部门实际认真组织实施。国家发展改革委要会同有关部门发挥全国现代物流工作部际联席会议作用，加强工作指导，及时总结推广降低物流成本典型经验做法，协调解决政策实施中存在的问题，确保各项政策措施落地见效。

国务院办公厅关于交通运输综合行政执法有关事项的通知

各省、自治区、直辖市人民政府，国务院各部委、各直属机构：

《交通运输综合行政执法事项指导目录》（以下简称《指导目录》）是落实统一实行交通运输执法要求、明确交通运输综合行政执法职能的重要文件，2020年版《指导目录》已经国务院原则同意。根据深化党和国家机构改革有关部署，经国务院批准，现就有关事项通知如下：

一、《指导目录》实施要以习近平新时代中国特色社会主义思想为指导，全面贯彻党的十九大和十九届二中、三中、四中、五中全会精神，按照党中央、国务院决策部署，扎实推进交通运输综合行政执法改革，统筹配置行政执法职能和执法资源，切实解决多头多层重复执法问题，严格规范公正文明执法。

二、《指导目录》主要梳理规范交通运输领域依据法律、行政法规设定的行政处罚和行政强制事项，以及部门规章设定的警告、罚款的行政处罚事项，并将按程序进行动态调整。各省、自治区、直辖市可根据法律、行政法规、部门规章立改废释和地方立法等情况，进行补充、细化和完善，建立动态调整和长效管理机制。有关事项和目录按程序审核确认后，要在政府门户网站等载体上以适当方式公开，接受社会监督。

三、切实加强对交通运输领域行政处罚和行政强制事项的源头治理。凡是没有法律法规规章依据的行政执法事项一律取消。需要保留或新增的行政执法事项，要依法逐条逐项进行合法性、合理性和必要性审查。虽有法定依据但长期未发生且无实施必要的、交叉重复的执法事项，要大力清理，及时提出取消或调整的意见建议。需修改法律法规规章的，要按程序先修法再调整《指导目录》，先立后破，有序推进。

四、对列入《指导目录》的行政执法事项，要按照减少执法层级、推动执法力量下沉的要求，区分不同事项和不同管理体制，结合实际明晰第一责任主体，把查处违法行为的责任压实。坚持有权必有责、有责要担当、失责必追究，逐一厘清与行政执法权相对应的责任事项，明确责任主体、问责依据、追责情形和免责事由，健全问责机制。严禁以属地管理为名将执法责任转嫁给基层。对不按要求履职尽责的单位和个人，依纪依法追究责任。

五、按照公开透明高效原则和履职需要，制定统一的交通运输综合行政执法程序规定，明确执法事项的工作程序、履职要求、办理时限、行为规范等,消除行政执法中的模糊条款,压减自由裁量权,促进同一事项相同情形同标准处罚、无差别执法。将交通运输综合行政执法事项纳入地方综合行政执法指挥调度平台统一管理,积极推行"互联网+统一指挥+综合执法",加强部门联动和协调配合,逐步实现行政执法行为、环节、结果等全过程网上留痕,强化对行政执法权运行的监督。

六、按照突出重点、务求实效原则,聚焦交通运输领域与市场主体、群众关系最密切的行政执法事项,着力解决反映强烈的突出问题,让市场主体、群众切实感受到改革成果。制定简明易懂的行政执法履职要求和相应的问责办法,加强宣传,让市场主体、群众能够看得懂、用得上,方便查询、使用和监督。结合交通运输形势任务和执法特点,探索形成可量化的综合行政执法履职评估办法,作为统筹使用和优化配置编制资源的重要依据。畅通投诉受理、跟踪查询、结果反馈渠道,鼓励支持市场主体、群众和社会组织、新闻媒体对行政执法行为进行监督。

七、各地区、各部门要高度重视深化交通运输综合行政执法改革,全面落实清权、减权、制权、晒权等改革要求,统筹推进机构改革、职能转变和作风建设。要切实加强组织领导,落实工作责任,明确时间节点和要求,做细做实各项工作,确保改革举措落地生效。交通运输部要强化对地方交通运输部门的业务指导,推动完善执法程序、严格执法责任,加强执法监督,不断提高交通运输综合行政执法效能和依法行政水平。请中央编办会同司法部加强统筹协调和指导把关。

《指导目录》由交通运输部根据本通知精神印发。

国务院办公厅
2020 年 12 月 14 日
(此件公开发布)

中共江西省委江西省人民政府印发《关于推进交通强省建设的意见》的通知

各市委、市人民政府,省委各部门,省直各单位,各人民团体:

现将《关于推进交通强省建设的意见》印发给你们,请结合实际认真贯彻落实。

中共江西省委
江西省人民政府
2020 年 11 月 18 日

关于推进交通强省建设的意见

为更好发挥交通先行引领作用,推动交通强省建设,根据中央有关文件精神,结合我省实际,制定本意见。

一、总体要求

(一)指导思想

以习近平新时代中国特色社会主义思想为指导,深入贯彻党的十九大和十九届二中、三中、四中、五中全会精神以及习近平总书记视察江西重要讲话精神,全面落实《交通强国建设纲要》,稳中求进、适度超前,紧跟国家交通现代化步伐,推动交通发展方式转变,加快构建现代化综合交通体系,打造一流设施、一流技术、一流管理、一流服务,建成人民满意、保障有力、全国前列的交通强省,为建设富裕美丽幸福现代化江西提供坚强支撑。

(二)发展目标

到2035年,基本建成交通强省,交通综合实力位居全国前列。

——基本形成"江西123出行交通圈"(大南昌都市圈、赣州都市区及其他城镇群1小时通勤,南昌至省内其他设区市、设区市至辖内县城1小时通达;南昌至周边省会城市、省内其他各设区市之间2小时通达;南昌至全国主要城市3小时覆盖);融入"全球123快货物流圈"(国内1天送达、周边国家2天送达、全球主要城市3天送达)。基本实现综合枢纽10分钟换乘、建制村15分钟到候车站点、乡镇15分钟上国省道、县城20分钟上高速公路、设区市中心城区30分钟进机场和高铁站。城市交通拥堵基本缓解,无障碍出行服务体系基本完善,人民满意度明显提高。

——基本形成安全、便捷、高效、绿色、经济的现代化综合交通体系,拥有发达的快速网、完善的干线网、广泛的基础网,城乡区域交通一体化水平大幅提高。综合交通线网规模达到24万千米以上,高速公路覆盖10万人以上城镇,高铁、机场、高等级航道覆盖所有设区市,铁路覆盖90%以上县(市、区),长输管道天然气覆盖所有县(市、区),邮件快递网点覆盖建制村。交通科技创新体系基本形成,交通关键装备先进安全,人才队伍精良,市场环境优良,基本实现交通治理体系和治理能力现代化。

到本世纪中叶,全面建成人民满意、保障有力、全国前列的交通强省,交通基础设施规模与质量、技术装备研发与制造、智能化与绿色化水平位居全国前列,交通安全水平、治理能力和文明程度达到国际先进水平,全面服务和保障富裕美丽幸福现代化江西建设。

二、主要任务

(一)构建布局完善、立体互联的综合交通基础设施网

1. 完善现代化综合立体交通网布局。补短板、优结构、促融合、提品质,加快形成以沪昆、京港澳"双轴"为支撑的"六纵六横"综合运输大通道,着力构建"陆上、水上、空中"三大国际运输战略通道。建成"六纵六横"铁路网、"十纵十横"高速公路网、"十纵十一横"普通国省干线公路网、"一主一次七支"民用运输机场网、"两横一纵十支"航道网、"三纵四横五环"输气管道网、"十字型"输油网架,各种交通方式统一规划布局,以枢纽城市、客运和货运枢纽节点建设为纽带,促进各种交通方式综合立体互联、智慧高效衔接,形成区域综合交通协调发展新格局。

2. 建成发达高效的快速网。以高铁、高速公路、民航为依托,着力构建"航空、高铁、通勤"三大快速交通圈,更加密切江西与国际国内主要城市空中联系,更加密切江西与长三角、粤港澳大湾区、京津冀等国内主要经济区的联动发展,更加密切省内各主要城市的互联互通。加快建设以大南昌都市圈、赣州都市区为中心的大能力高铁通道,加快高速公路主通道扩容和完善区域高速公路网络,加快干支线机场新建扩建,大力提升南昌昌北国际机场辐射能力。到2035年,全省高铁运营里程达到

3500千米以上,高速公路通车里程达到1万千米,民用机场达到9个。

3. 建成高效通畅的干线网。以干线航道、普速铁路、普通国省道、油气管道为依托,着力构建能力充分、功能完善、运行高效的干线网络体系。振兴赣鄱千年黄金水道,建设世纪水运工程浙赣粤运河,完善内河高等级航道网布局,发挥南北水运大通道优势,形成内河水运新格局;优化普速铁路网络布局,补齐赣西北、赣东南地区铁路短板;提高普通国省道技术等级,促进城区过境段公路与城市道路顺畅衔接、协同发展;扩大油气管网覆盖面,实现"县县通管输气"。到2035年,高等级航道里程达到1600千米以上;普速铁路运营里程达到4000千米以上,铁路支线或专用线覆盖主要港区和物流园区;普通国省道里程达到2万千米以上,等级基本达到二级公路及以上;天然气长输管道规模达到4000千米以上,成品油长输管道规模达到1000千米以上。

4. 建成广覆盖的农村交通基础设施网。以县、乡、村道为依托,着力构建覆盖广泛、深度通达的农村交通网络。全面推进"四好农村路"建设,重点推进以县道三级和乡道双车道为主的农村公路建设,建立规范化可持续管护机制。加快推进特色农产品优势区与旅游资源富集区交通建设。大力推进民族乡村、贫困地区、农场林场交通发展。用好低空空域,有序推进通用机场和直升机起降点建设,实现通用航空服务省域全覆盖。加强农村邮政基础设施建设,重点推进快递物流园区和乡镇"快递超市"建设。到2035年,基本实现县道三级及以上和建制村通双车道公路;通用机场达到40个以上,直升机起降点达到200个以上;实现快递物流园区设区市全覆盖、快递物流中心县级全覆盖、"快递超市"乡镇全覆盖、邮件快件转接点建制村全覆盖。

5. 建成便捷顺畅的城市(群)交通网。

大南昌都市圈。围绕"一核两极两轴、三组团多支撑"空间布局和"圈层推进、一体衔接"要求,加快构建对外高效联通、内部有机衔接的"两环九射线"综合交通网,形成南昌"米字型"高速铁路网、"两环十一射"高速公路网、"五纵四横"干线公路网、放射型城际铁路网、广覆盖强辐射的南昌城市轨道网,形成1小时出行圈。

赣州都市区。围绕"一核五心三轴"空间布局,构建功能完善、布局合理的综合客货运枢纽体系,加快建设赣州四通八达的高速铁路网、"一环七射"高速公路网、"五纵三横"快速路网、"八纵十一横"城市主干道路网、"一纵一横"城际铁路网、"一纵两横一联"城市轨道网,打造都市区"1小时"交通圈。

城际交通。统筹规划城际交通网络,合理规划建设城际铁路,加密高速公路,增加城市间交通通道,密切城际交通联系。加强中心城市与周边城市、机场、高铁站的快捷联系,适时推动中心城市轨道交通适当向周边城市延伸,完善中心城市与周边城市连接的快速道路网络,加快机场、高铁站集疏运体系建设,提升中心城市辐射能力。

城市交通。科学制定和实施城市综合交通体系规划,推进城市公共交通设施建设,强化城市轨道交通与其他交通方式衔接,完善快速路、主次干路、支路级配和结构合理的城市道路网,打通道路微循环,提高道路通达性。

6. 建成多层级一体化综合交通枢纽体系。着力打造南昌——九江国际性门户枢纽,着力构建赣州、上饶、赣西组团全国性综合枢纽,加快推进一批区域性以及县级综合枢纽建设,形成"一核三极多中心"综合交通枢纽布局。按照"一体衔接、零距离换乘"要求,加快推进南昌昌北国际机场和南昌东高铁站2个特大型、赣州西等14个大型及一批中小型综合客运枢纽建设,推动高铁、城市轨道、城际铁路和高速公路等接入,全面提升枢纽服务水平和辐射能力。按照"集约高效、无缝化衔接"要求,高质量建设九江彭湖国际港、南昌昌北国际物流港、南昌向塘物流港、赣州国际陆港等4个综合货运枢纽,大力推进铁路专用线建设,打造一批公铁空、公铁水、江海直达等联运枢纽。加强枢纽综合开发和统一经营,大力发展枢纽经济,实现交通与产业、城镇、商贸等联动融合发展。

（二）发展先进适用、特色鲜明的交通装备系统

7. 打造万亿交通装备产业。加快壮大江西航空产业，打造飞机研发设计、生产试飞、大飞机部件、航空转包和零部件加工一体化的航空制造产业链，推动形成产业集聚，加快培育产业集群，形成整机制造与航空配套产业协调发展的新局面。大力发展新能源汽车，加快布局智能网联汽车，提升创新发展水平，优化产业布局。加快发展船舶产业，重点打造中小动力船舶、船业配套等水上交通装备产业。到2035年，形成万亿级交通装备产业。

8. 加强交通装备研发制造和技术升级。积极支持省内相关科研院校和企业参与3万吨级重载列车、智能化客运列车等交通装备的研发和制造。推广新能源、清洁能源和智能化、数字化、轻量化、环保型交通装备及成套技术装备。加强交通装备的智能检测监测和运维技术应用研究。加速淘汰落后技术和高耗低效交通装备。

（三）构建便捷舒适、经济高效的运输服务体系

9. 推动客运服务一体便捷化。加强铁路、公路、水路、民航及城市公交等出行方式有效衔接，实现智慧交通服务全覆盖，形成电子票务、无感安检、智能引导、快捷登乘、行李托运等一体化全程服务体系。加密南昌昌北国际机场等国际航班航线，提升国际长途旅行的快捷舒适性。完善综合客运枢纽换乘功能，提高航班准点率，科学设置城市候机楼、高铁无轨站、旅游集散中心，实现国内出行便捷高效。推动城市公交向周边延伸，优化城市公交线路及站点布局，提高公共交通出行分担率。推动城乡公交一体化，有条件的县（市、区）实现农村客运班线公交化。到2035年，基本实现江西交通出行"123"目标。

10. 推动现代物流服务绿色化、国际化、高效化。加快现代化航道和港口设施建设，完善重点港口、物流园区集疏运体系，推进公铁、公水、铁水等多式联运，实现大宗货物及中长距离货物运输向铁路和水运有序转移。以九江区域性航运中心为龙头，大力推进江海联运、江海直达。以南昌昌北国际机场智慧物流中心为依托，积极引进或组建货运航空公司，完善航空物流网络，大力发展航空货运。优化城市物流基础设施布局，完善城市物流服务体系。统筹县乡村三级农村物流站点资源，完善农村物流服务体系。到2035年，运输结构明显优化，水路、铁路货运量占比达30%以上。

11. 加快新业态新模式发展。深化交通与旅游资源融合发展，推动旅游专列、旅游风景道、旅游航道等发展。完善客运枢纽、高速公路服务区及水上服务区等交通设施旅游服务功能，鼓励运输企业发展旅游专线、观光巴士和观光游轮等"运游结合"模式，不断提升交通旅游服务品质。大力发展共享交通，完善提升移动智能终端技术服务系统，实现出行即服务。完善政府购买服务政策，大力发展应急救援、医疗救护、农林作业等航空公益服务，培育充满活力的通用航空市场。大力推广飞行培训、航空体育、体验飞行等航空消费活动，重点推进一批航空小镇建设。

（四）增强富有活力、智慧引领的科技创新能力

12. 强化科技创新能力建设。充分发挥轨道交通基础设施运维安全保障技术国家地方联合工程研究中心、轨道交通性能监测与保障国家重点实验室等国家级创新平台的引领作用，支持省内交通领域高校、科研机构及企业通过资源优化组合联合建设跨学科跨领域的国家级创新平台。到2035年，在智慧土建、轨道交通、航空航运、载运工具等交通领域内建成5个以上国家级创新平台，构建结构合理的国家级、省部级创新平台体系。

13. 加快推进智慧交通建设。全面加强新一代交通信息基础设施建设，建立基于人工智能、5G、云计算、区块链技术的全省综合交通大数据中心，搭建交通基础设施运营、交通运输客运信息、物流信息等平台。加快推进我省新一代交通控制网和智慧交通示范工程建设，打造示范样板。

（五）构建完善可靠、反应快速的安全保障体系

14. 提升交通本质安全水平。对接国家交通基础设施安全技术标准规范，完善我省交通基础设

施安全保障地方标准体系。持续加大交通基础设施安全防护投入,提升交通基础设施安全防护能力。全面推行专业化、标准化、信息化施工,建立品质工程评价指标体系,打造平安百年品质示范工程。提高交通基础设施养护专业化、信息化水平,实现交通基础设施运行全方位、全过程动态监测和检测,增强交通基础设施耐久性和可靠性。强化载运工具质量治理,完善升级载运工具安全技术及配备标准,严格执行产品准入管理制度和强制报废标准,保障运输装备安全。

15. 完善交通安全生产体系。完善依法治理体系,健全我省交通安全生产法规制度。完善安全责任体系,强化企业主体责任,明确部门监管责任。完善预防控制体系,加大安全预防投入,建立第三方安全管控和技术服务制度。完善网络安全保障体系,加强交通信息系统等级保护建设,强化数据资源保护,增强科技兴安能力。完善支撑保障体系,加强安全设施建设。建立自然灾害交通防治体系,提高交通防灾抗灾能力。加强交通安全综合治理,切实提高交通安全水平。

16. 强化交通应急救援能力。建立健全综合交通应急管理法规制度,完善应急预案体系,健全应急联动机制,实现应急处置信息共享。强化应急救援装备配备,推动新型应急救援技术与装备应用。建设省市县三级交通应急保障基地,实现应急救援能力全覆盖。强化应急救援队伍建设,构建以专业队伍为骨干、其他救援队伍共同参与的交通应急救援队伍体系,提升有效处置突发事件的能力。发展社会应急救援力量,推动完善社会动员机制和征用补偿机制。

(六)强化节约集约、低碳环保的绿色发展理念

17. 促进资源节约集约利用。加强土地、岸线、空域等资源节约集约利用,实施综合交通枢纽与周边用地的一体化开发,提升用地效率。开展交通资源循环利用相关专项研究与应用示范,推进交通资源循环利用产业发展,打造全国性交通资源循环利用产业基地。

18. 强化节能减排和污染防治。优化交通能源结构,推进新能源、清洁能源应用。打好柴油货车污染治理攻坚战,统筹油、路、车治理,有效防治公路运输大气污染。严格执行国家和地方污染物控制标准及船舶排放区要求,推进船舶、港口污染防治。降低交通沿线噪声、振动,妥善处理好大型机场噪声影响。开展绿色出行行动,倡导绿色低碳出行理念。

19. 强化交通生态环境保护修复。严守生态保护红线,严格落实交通生态修复责任,强化生态保护、水土保持措施及地质环境治理恢复,建立科学合理的交通基础设施生态保护修复体系。推进生态选线选址,强化生态环保设计,避让耕地、林地、湿地等具有重要生态功能的国土空间。加强铁路、公路、航道沿线及机场周边环境整治和生态修复,打造最美交通干线、最美水运岸线。

(七)构建内外联动、双向互济的内陆开放新格局

20. 拓展对外开放通道。构建以水陆空交通为基础的向南对接粤港澳大湾区、向东对接长三角地区和海峡西岸城市群、向西对接长株潭城市群和成渝城市群、向北对接京津冀地区和新亚欧大陆桥的出省出海出境开放通道格局,建设标准统一、布局合理、竞争有序、运行高效的口岸体系,打造以水陆空运输无缝对接、铁海江海多式联运和通关贸易一体化为特征的现代集疏运体系,实现货物进境与沿海同价到港、出境与沿海同价起运、通关与沿海同等效率,有力支撑江西内陆开放型经济试验区高标准高质量建设。

21. 深化交流合作。积极争取国际性交通大会来赣举办,吸引重要国内外交通组织来赣设立分支机构,打造省内交通领域国际合作交流新平台。支持省内交通企业"走出去",主动参与"一带一路"沿线国家、地区交通基础设施建设和国际运输市场合作,提升我省在国际交通领域的影响力。积极开展省际间地区合作,加强与长三角地区、粤港澳大湾区、海峡西岸城市群和长江中游城市群交通领域合作,拓展合作的广度与深度。

（八）建设精良专业、创新奉献的交通人才队伍

22. 培育高水平交通科技人才。瞄准交通科技前沿和新兴交通产业，坚持高精尖缺导向，以省内交通领域高校及科研机构为平台，培养一批具有国际水平的战略科技人才、科技领军人才、青年科技人才和创新团队，培养交通一线创新人才。依托省内交通行业大型企业，通过重点工程培养高水平的技术管理型人才。加强江西省"双千计划"交通领域人才工程建设，做好交通领域顶尖人才的培养工作，推进交通高端智库建设，完善专家工作体系。

23. 打造素质优良的交通劳动者大军。弘扬劳模精神和工匠精神，创新举办职业技能赛事和劳动创新成果展等活动，积极鼓励交通领域劳动者提升技能，打造一支素质优良的知识型、技能型、创新型劳动者大军。依托省内交通领域职业院校，构建适应交通发展需要的现代职业教育体系，大力培养支撑江西制造、江西品牌的交通技术技能人才队伍。

24. 建设高素质专业化交通干部队伍。落实建设高素质专业化交通干部队伍要求，打造一支新时代忠诚干净担当的高素质交通干部队伍。加强优秀年轻交通干部队伍建设，持续推进交通干部队伍培养机制的改革创新，不断激发交通干部人才队伍的创造活力。

（九）建设文明法治、协同高效的行业治理体系

25. 深化行业改革。健全市场治理规则，深化全省交通运输领域"放管服"改革，加大简政放权力度。建立完善与交通强省相适应的综合交通法规体系，统筹推进公路、水路、民航、邮政等重点领域地方性法规、政府规章的制定修订。紧密对接国家铁路、公路、航道、空域管理体制改革，建立健全适应全省综合交通一体化发展的体制机制。推动省内交通运输企业股份制、混合所有制改革，支持民营企业健康发展。统筹制定交通发展战略、规划和政策，加快建设现代化综合交通治理体系。

26. 培育交通文明。坚持以社会主义核心价值观为引领，大力弘扬井冈山精神、苏区精神和长征精神，推动江西交通文化建设。着力提升全体交通参与者文明素养，营造文明交通环境，推动全社会交通文明程度大幅提升。

三、保障措施

（一）加强组织领导。坚持党的全面领导，充分发挥党总揽全局、协调各方的作用。建立统筹协调的交通强省建设实施工作机制，加强统筹谋划和综合协调，适时开展评估，视情况调整目标任务和工作时序。省直相关单位要落实部门职责，形成强大工作合力。各市、县（市、区）党委和政府要落实主体责任，健全工作机制，狠抓各项目标任务的落地落实，形成统一领导、部门协同、条块结合、上下联动、军地互动的整体工作格局。

（二）强化要素保障。建立交通强省重大项目库，优先保障项目用地。优化省市县财政事权和支出责任，强化省级对快速网、干线网的统筹，市、县（市、区）要落实基础网建设的主体责任。创新投融资模式，充分发挥国有交通企业的主力军作用，积极引导民营企业、金融机构和社会组织参与交通强省建设。充分利用混合所有制和各种渠道资金，研究设立交通强省发展基金。

（三）加强政策支持。各地各单位要科学配置公共资源，促进自然资源、环保、财政、金融、投资、产业、贸易等政策与交通强省建设相关政策相互协同。省直相关单位要加强与国家部委的沟通衔接，在政策上争取国家层面的更多支持。

（四）鼓励先行先试。以开展交通强国建设试点工作为契机，探索积累可复制、可推广的典型经验，为交通强国建设贡献"江西经验"。引导、支持市、县（市、区）和企业开展省级试点工作，鼓励有条件的地方和企业在交通强省建设中先行先试。

附件：

推进交通强省建设重大工程

为建成高水平交通强省，着力打造一批能够在全国领先、具有标志性和引领性的重大工程项目，着重打造世纪水运工程、八大千亿工程、万亿交通产业。

一、世纪水运工程

即浙赣粤运河工程。浙赣粤运河由赣粤运河、浙赣运河组成，其中赣粤运河规划全长约1228千米（江西境内全长758千米），规划投资匡算约1500亿元；浙赣运河规划全长约760千米（江西境内全长410千米），规划投资匡算约1700亿元。浙赣粤运河是"四纵四横两网"国家高等级航道网布局规划重要组成部分，对完善全国高等级航道网布局，形成内河水运新格局，高效连通京津冀、长三角、粤港澳大湾区三大国家战略区域，重新奠定我省南北水运大通道的优势地位具有重要意义，可有效提升我省区位优势，推动江西内陆开放型经济试验区建设，促进全省经济社会发展。

二、八大千亿工程

（一）南昌"米字型"高铁工程。推进昌九客专、昌景黄铁路建设，规划建设常岳昌铁路、咸修昌铁路、昌厦（福）铁路，形成南昌"米字型"高速铁路网，提升南昌对外运输大能力、高速化通道能力，提升南昌城市铁路枢纽功能和在全国的交通枢纽地位。项目建设总里程700千米，总投资1200亿元。

（二）大南昌都市圈轨道交通工程。由南昌市城市轨道交通网和大南昌都市圈城际铁路网组成。建设南昌市轨道交通3号线、4号线、1号线北延和东延、2号线东延、3号线南延、5号线、6号线、7号线、8号线等工程，适时推动南昌城市轨道交通适当向周边城市延伸，构建广覆盖强辐射的南昌城市轨道网。统筹规划城际交通网络，规划建设南昌至抚州、南昌至丰城至樟树、南昌至高安等城际铁路，构建以南昌为中心的放射型城际铁路网，密切大南昌都市圈城际交通联系，实现大南昌都市圈轨道交通一体化。项目建设总里程500千米，总投资2000亿元。

（三）昌北国际机场智慧空港工程。昌北国际机场智慧空港工程是建设南昌——九江国际性枢纽城市的支撑和引领性工程。重点推进南昌昌北国际机场三期工程建设。规划建设南昌航空口岸、空港物流中心、昌北（乐化）一级铁路物流基地，推进龙头岗码头二期工程，推进空铁联运、水陆空多式联运；加快推进南昌国际邮（快）件监管中心二期建设；将昌北国际机场打造成连接全国主要城市和世界重要枢纽机场的航空货运中心，构建完善航空、公路、铁路、水运等多式联运体系，大幅提高航空运输物流和智慧服务能力，大力完善航空口岸功能，积极融入全球产业链、供应链、物流链，打造中部地区重要空港物流中心、长江经济带重要航空枢纽、"一带一路"重要航空货运基地和智慧空港。总投资1000亿元。

（四）赣州——南昌国际陆港工程。重点加快推进南昌向塘物流港建设，加快物流大数据库建设，全力推动铁路口岸建设，加强与沿海港口合作，大力发展铁海联运。重点打造赣州商贸服务型国家物流枢纽，完善赣州国际陆港物流功能区，加强周边基础设施、服务设施配套建设，引领要素和产业集聚，培育口岸经济圈，将赣州、南昌建设成为"一带一路"的重要节点城市。总投资1000亿元。

（五）九江区域航运中心工程。依托长江、赣江和信江等内河航运资源，以九江港为核心，把九江建设成长江中游地区江海直达、服务全省、辐射周边的现代化区域性航运中心，着力打造"三中心两平台"，即综合交通运输中心、多式联运中心、现代航运服务中心和对外开放平台、产业集聚平台，使九江成为我省对接融入长江经济带、通江达海的桥头堡，初步形成资源高度集聚、服务功能齐全、市场环境优良、现代物流便捷高效的内河航运体系，为全省产业优化布局和转型升级提供支撑和保障。

总投资1000亿元。

（六）高速公路主骨架扩容工程。实施大广高速南康至龙南段扩容、大广高速吉安至南康段扩容、沪昆高速梨园至东乡段扩容、沪昆高速昌傅至金石鱼段扩容、樟树至吉安高速扩容等高速公路改扩建工程，八车道高速公路通车里程超过800千米，极大提升我省"十字型"高速公路主骨架通行能力和服务水平。项目建设总里程750千米，总投资1000亿元。

（七）普通国省道提升工程。实施6000千米以上普通国省道升级改造工程，实施服务设施升级改造、预防性养护、修复养护、专项养护和应急养护工程。提高普通国省道技术等级，统筹城区过境段公路与城市道路顺畅衔接协同发展。到2035年，全省普通国省道基本达到二级公路及以上。总投资3000亿元。

（八）农村公路提质工程。以县、乡、村道为依托，着力构建覆盖广泛、深度通达的农村交通网络。全面推进"四好农村路"建设，实施农村公路"提质增效、通达通畅、平安公路"三大工程，重点推进以县道三级和乡道双车道为主的农村公路建设，实施4万千米以上县乡道改造，有序推进建设一批促进旅游、资源、产业发展的农村公路，推进美丽生态文明农村路建设。到2035年，基本实现县道三级及以上、建制村通双车道公路全覆盖。总投资3000亿元。

三、万亿交通产业

即以航空和汽车产业为主的交通装备制造业。围绕实现"江西航空梦"，加快壮大江西航空产业，打造飞机研发设计、生产试飞、大飞机部件、航空转包和零部件加工一体化的航空制造产业链，推动形成产业集聚，加快培育产业集群，形成整机制造与航空配套产业协调发展的新局面。围绕汽车领域，大力发展新能源汽车，加快布局智能网联汽车，提升创新发展水平，优化产业布局。加快发展船舶产业，重点打造中小动力船舶、船业配套等水上交通装备产业。到2035年，形成万亿级交通装备产业。

江西省人民政府办公厅关于实施"三大攻坚行动、三大提升工程"推动全省交通运输高质量发展的意见

各市、县（区）人民政府，省政府各部门：

交通运输是国民经济的基础性、先导性、战略性产业和服务性行业，是经济社会发展的先行官。为加快构建安全、便捷、高效、绿色、经济的现代综合交通运输体系，推动"十三五"收好官和"十四五"开好局，省政府决定，2020—2021年在全省交通运输系统实施"三大攻坚行动、三大提升工程"，推动全省交通运输高质量发展。特制定如下实施意见。

一、总体要求

以习近平新时代中国特色社会主义思想为指导，深入学习贯彻党的十九大和十九届二中、三中、四中全会精神，紧紧围绕从更高层次贯彻落实习近平总书记视察江西提出的"作示范、勇争先"目标定位和"五个推进"更高要求，全面落实《交通强国建设纲要》以及省委十四届六次、七次、八次、十次全会精神，坚持新发展理念，以改革创新为动力，着力完善路网结构、夯实安全基础、提高服务品质、助力脱贫攻坚和乡村振兴，推进行业治理体系和治理能力现代化，加快建设综合交通、智慧交通、绿色交通、平安交通、法治交通，为描绘好新时代江西改革发展新画卷提供坚强的交通运输保障。

二、基本原则

——坚持一体化发展。强化基础设施互联互通，实现高速公路网、普通国省道网、农村公路网"三网"科学定位、有效衔接；扩大运输服务供给，推动货运无缝衔接、客运"零换乘"；创新行业治理，提升行业信息化、智能化、法治化管理水平，实现新业态、新模式有序发展；加快交通运输一体化推进，逐步建立多元立体的现代综合交通运输

体系。

——聚焦精准化施策。全面梳理制约交通运输高质量发展问题清单，着力解决在基础设施建设、道路运输安全、公路通行秩序、农村公路建管养运、干线公路养护管理、行业作风建设等方面存在的突出问题，精准施策、高效推进。明确工作主体，理顺体制机制，全力补齐交通运输建设、服务、管理等方面的短板。

——注重协同化推进。充分发挥各方主体推动交通运输发展的积极性、主动性和创造性，形成省市联动、部门协同的强大合力。加快调整运输结构，增加铁路和水路货运量，减少公路大宗货物中长距离货运量。强化交通运输工作统筹推进，加大要素配置、政策支持，在顶层设计、资源统筹、政策共享、机制对接等方面取得突破性进展，全面增强交通运输对经济社会发展的保障作用。

三、总体目标

到2021年，全省重大交通基础设施更加完善，"三网"衔接更加顺畅，与经济社会发展相适应的公路出行网络和水运港口枢纽体系基本形成。运输服务保障全面提高，公路通行秩序、道路运输环境明显改善，人民群众出行获得感、幸福感、安全感显著提升。行业治理能力和水平加速提升，行业营商环境不断优化，行业作风建设成效明显。全省交通运输工作走在中西部前列，进入全国第一方阵。

四、主要任务

（一）实施"三大攻坚行动"。公路水路交通基础设施建设攻坚行动。发挥交通基础设施建设对扩投资、稳增长的积极作用，加快交通基础设施建设步伐。计划完成投资约1200亿元，其中高速公路600亿元、普通国省道440亿元、水运建设124亿元、综合运输场站11亿元。道路运输安全隐患整治攻坚行动。通过采取部门联动、信息化监管等多种方式，全力排查和消除在道路运输企业、客运站、重点车辆、公路安全通行等方面存在的隐患，确保隐患整改率100%，有效减少道路运输安全事故发生，全面提升我省道路运输安全水平。货物运输车辆超限超载治理攻坚行动。加强交通运输部门与公安交管等部门联勤联动，强化源头治理与通行治理。高速公路方面，加强入口称重治超，确保货物运输车辆违法超限超载率不超过0.5%。普通公路方面，加快推进不停车检测系统建设，通过科技治超强化普通国省道、县道治超执法，依法在乡村道路出入口设置和完善必要的限高限宽设施，发挥"路长制"作用，违法超限超载现象得到有效遏制。

（二）实施"三大提升工程"。农村公路助力脱贫攻坚和乡村振兴提升工程。推动"四好农村路"高质量发展，全面提升农村公路建管养运服务水平。计划完成投资400亿元，实现县道三级及以上等级比例提升10%，乡道双车道比例提升10%，规划库内农村公路危桥改造率100%，农村公路列养率100%，力争2020年春节前具备条件的建制村通客车率100%，力争2021年所有建制村全部通客车。普通国省道养护管理提升工程。深化普通国省道养护管理体制改革，全面提升普通国省道路网养护管理水平，构建我省更安全、更畅通、更绿色、更高效的公路交通网络，确保"十三五"普通国省道养护管理走在中西部前列，进入全国第一方阵。行业作风建设提升工程。以提升交通运输行政执法能力、为民服务解难题能力和干部讲担当守廉洁能力为抓手，着力解决行政执法不规范、为民服务不深入，担当实干不到位、工作标准不够高、创新能力不够强、廉洁自律不够严等问题，实现全省交通运输重大任务落实情况跟踪督办率达到100%，重点领域涉民生问题排查整改率达到100%，省本级行政许可事项按时办结率达到100%，争当全省行业作风建设排头兵。

五、保障措施

（一）加强组织领导。各市、县（区）人民政府加大对交通运输工作的支持力度，积极出台相关配套政策或措施，建立部门联席会商制度，定期调度推进，强力推动各项工作落实。省交通运输厅要强化统筹协调和督促指导，研究解决推进"三大攻坚行动、三大提升工程"过程中遇到的困难和问题，确保各项工作有力有序推进。

（二）压实各方责任。各市、县（区）人民政府承担交通运输行业作风建设主体责任。各设区市人民政府承担普通国省道建设和管养主体责任，各县（市、区）人民政府承担农村公路建设和管养主体责任。省交通运输厅承担全省公路、水路运输体系规划协调及管理，组织协调公路、水路有关重点工程建设和工程质量、安全生产监督管理等工作。

（三）推动联勤联动。各市、县（区）人民政府多渠道、多途径、多形式整合部门力量，强化由交通运输部门牵头，公安、发展改革、财政、生态环境、自然资源、林业等部门积极参与的联勤联动机制,解决工作推进过程中存在的困难和问题。省交通运输厅与省发展改革委、省自然资源厅、省生态环境厅等部门加强协调,对纳入《江西省高速公路网规划修编(2018——2035年)》、综合交通基础设施三年攻坚行动计划库内的项目列入省重点项目进行调度,并优先保障项目用地和环评报批,加快项目推进。全省各级交通运输部门与公安部门加强联动,建立由路政、运政、公安等部门组成的联合执法队伍,开展违法超限超载货物运输车辆联合治理。

(四)强化要素保障。制定统筹落实"三条控制线"(生态保护红线、永久基本农田,城镇开发边界)的实施办法,有效解决交通线性工程前期工作中生态红线和基本农田的问题。理顺行政审批程序与工程建设项目审批流程的关系。按照应保尽保的原则,保障交通项目土地指标、林地指标供应,8米及以下农村道路用地不纳入建设用地范畴,按相关规定办理。加大对交通项目建设地方政府债券支持力度。鼓励和支持地方政府积极探索通过资源置换模式,筹集普通公路建设资金。

(五)实行绩效评价。建立健全"三大攻坚行动、三大提升工程"推进过程和实施效果绩效评价体系,绩效评价结果纳入全省高质量发展综合考核评价内容,对推进效果明显的市、县(区)在"十四五"交通项目计划下达及资金补助等方面给予倾斜。加强监督问责,加大对项目推进过程中的权力监管,对侵害群众利益以及腐败等问题,严肃追责问责。

附件:1.全省公路水路交通基础设施建设攻坚行动实施方案(略)

2.全省道路运输安全隐患整治攻坚行动实施方案(略)

3.全省货物运输车辆超限超载治理攻坚行动实施方案(略)

4.全省农村公路助力脱贫攻坚和乡村振兴提升工程实施方案(略)

5.全省普通国省道养护管理提升工程实施方案(略)

6.全省交通运输行业作风建设提升工程实施方案(略)

2020年1月9日

2020年度交通运输部分文件、文献名称辑录

1. 邮政业寄递安全监督管理办法(中华人民共和国交通运输部令2020年第1号)

2. 民用航空器事件调查规定(中华人民共和国交通运输部令2020年第2号)

3. 交通运输部关于废止3件规章的决定(中华人民共和国交通运输部令2020年第3号)

4. 交通运输部关于修改《国内水路运输管理规定》的决定(中华人民共和国交通运输部令2020年第4号)

5. 邮政行政执法监督办法(中华人民共和国交通运输部令2020年第5号)

6. 交通运输部关于修改《中华人民共和国船舶安全监督规则》的决定(中华人民共和国交通运输部令2020年第6号)

7. 中国民用航空监察员管理规定(中华人民共和国交通运输部令2020年第7号)

8. 高速铁路安全防护管理办法(中华人民共和国交通运输部令2020年第8号)

9. 交通运输部关于修改《大型飞机公共航空运输承运人运行合格审定规则》的决定(中华人民共和国交通运输部令2020年第9号)

10. 民用航空器维修人员执照管理规则(中华人民共和国交通运输部令2020年第10号)

11. 中华人民共和国海船船员适任考试和发证规则(中华人民共和国交通运输部令2020年第11号)

12. 交通运输部关于修改《中华人民共和国内河船舶船员适任考试和发证规则》的决定(中华人民共和国交通运输部令2020年第12号)

13. 交通运输部关于修改《中华人民共和国海员证管理办法》的决定(中华人民共和国交通运输部令2020年第13号)

14. 交通运输部关于修改《中华人民共和国海船船员值班规则》的决定(中华人民共和国交通运

输部令 2020 年第 14 号）

15. 交通运输部关于修改《中华人民共和国内河船舶船员值班规则》的决定（中华人民共和国交通运输部令 2020 年第 15 号）

16. 交通运输部关于废止《中华人民共和国船员注册管理办法》的决定（中华人民共和国交通运输部令 2020 年第 16 号）

17. 道路旅客运输及客运站管理规定（中华人民共和国交通运输部令 2020 年第 17 号）

18. 通用航空经营许可管理规定（中华人民共和国交通运输部令 2020 年第 18 号）

19. 国际航空运输价格管理规定（中华人民共和国交通运输部令 2020 年第 19 号）

20. 航道养护管理规定（中华人民共和国交通运输部令 2020 年第 20 号）

21. 交通运输部关于修改《港口经营管理规定》的决定（中华人民共和国交通运输部令 2020 年第 21 号）

22. 小微型客车租赁经营服务管理办法（中华人民共和国交通运输部令 2020 年第 22 号）

23. 江西省优化营商环境条例（2020 年 11 月 25 日江西省第十三届人民代表大会常务委员会第二十五次会议通过）

24. 江西省行政规范性文件管理办法（江西省人民政府令第 245 号）

25. 国务院办公厅关于交通运输综合行政执法有关事项的通知（国办函〔2020〕123 号）

26. 国务院办公厅转发国家发展改革委交通运输部关于进一步降低物流成本实施意见的通知（国办发〔2020〕10 号）

27. 交通运输部关于江西开展赣州革命老区交通运输高质量发展等交通强国建设试点工作的意见（交规划函〔2020〕696 号）

28 交通运输部关于印发《交通运输综合行政执法事项指导目录（2020 年版）》的通知（交法发〔2020〕134 号）

29. 交通运输部关于组织开展 2020 年交通运输综合执法检查的通知》（交法明电〔2020〕225 号）

30. 交通运输部关于规范交通运输行政执法服务统筹推进疫情防控和经济社会发展工作的通知（交法明电〔2020〕78 号）

31. 交通运输部办公厅关于组织开展"七五"普法总结验收工作的通知（交办法函〔2020〕1253 号）

32. 中共江西省委江西省人民政府印发《关于推进交通强省建设的意见》的通知（赣发〔2020〕26 号）

33. 江西省交通运输厅关于印发《江西省交通运输行政执法文书格式》和《江西省交通运输行政执法案件案号编制规则》的通知（赣交法规字〔2020〕4 号）

34. 江西省交通运输厅关于印发《江西省货运车辆超限超载治理行政执法自由裁量权细化标准》的通知（赣交法规字〔2020〕6 号）

35. 江西省交通运输厅关于推进信用交通建设实施《江西省交通运输信用承诺办法（试行）》和超限失信告知的通知（赣交法规字〔2020〕7 号）

36. 江西省交通运输厅关于印发《江西省交通运输行政处罚自由裁量权细化标准（2020 年版）》的通知（赣交法规字〔2020〕8 号）

37. 江西省交通运输厅关于印发《江西省交通运输行政执法公示制度》等三个制度的通知（赣交法规字〔2020〕9 号）

38. 江西省交通运输厅江西省公安厅江西省应急管理厅江西省市场监督管理局关于开展整治道路客运服务乱象提升出行品质专项行动的通知（赣交运输字〔2020〕4 号）

39. 江西省交通运输厅 省发展改革委 省公安厅 省应急厅 省市场监督局 省消防救援总队关于开展餐饮经营者勾结客车宰客乱象专项整治的通知（赣交运输字〔2020〕40 号）

40. 江西省交通运输厅关于印发《江西省农村客运服务规范（试行）》的通知（赣交运输字〔2020〕43 号）

41. 江西省交通运输厅关于印发《江西省农村道路客运班线专项整治百日行动工作方案》的通知（赣交运输字〔2020〕48 号）

42. 江西省交通运输厅关于开展危险化学品道路运输安全集中整治工作的通知（赣交运输字〔2020〕50 号）

43. 江西省交通运输厅关于印发《全省高速公路服务区提升行动实施意见》的通知（赣交高速字〔2020〕25 号）

44. 江西省交通运输厅江西省公安厅关于推动优化营商环境进一步简化公路养护工程施工许

可审查审批条件的意见(赣交高速字〔2020〕37号)

45. 江西省交通运输厅关于印发江西省公路工程施工分包企业信用评价实施细则(试行)的通知(赣交建管字〔2020〕28号)

46. 江西省交通运输厅关于对我省部分车型开展高速公路差异化收费的通知(赣交财务字〔2020〕6号)

47. 江西省交通运输厅 江西省发展和改革委员会 江西省财政厅关于我省高速公路部分车型实行差异化收费的通知(赣交财务字〔2020〕10号)

48. 江西省交通运输厅 江西发展和改革委员会 江西省财政厅关于调整我省高速公路货车通行费收费标准的通知(赣交财务字〔2020〕40号)

49. 江西省交通运输厅 江西发展和改革委员会 江西省财政厅关于调整我省收费公路差异化收费政策的通知(赣交财务字〔2020〕41号)

50. 江西省交通运输厅关于印发厅科技专家库管理办法(试行)的通知(赣交科教字〔2020〕28号)

51. 关于印发《江西省交通运输政务信息资源共享和开放管理办法(试行)》的通知(赣交科教字〔2020〕29号)

52. 江西省交通运输厅关于印发《全省公路公铁安全环境整治工作方案》的通知(赣交公路字〔2020〕9号)

53. 江西省交通运输厅关于印发《江西省公路养护施工企业信用评价实施细则(试行)》的通知(赣交公路字〔2020〕30号)

54. 江西省交通运输厅 江西省公安厅 江西省生态环境厅 江西省住房和城乡建设厅关于印发《关于深入开展道路限高限宽设施和检查卡点专项整治行动实施方案》的通知(赣交公路字〔2020〕55号)

55. 江西省内河非法码头专项整治工作联席会议办公室关于继续推进长江主要支流非法码头整治工作的通知(赣交水运字〔2020〕2号)

56. 江西省交通运输厅关于进一步做好渔船检验和监督管理工作的通知(赣交水运字〔2020〕3号)

57. 江西省交通运输厅 自然资源厅 生态环境厅 水利厅关于开展省内非法码头整治专项联合督查的通知(赣交水运字〔2020〕5号)

58. 江西省交通运输厅 江西省财政厅关于加快内河运输船舶生活污水防污染改造工作的通知(赣交水运字〔2020〕9号)

59. 江西省交通运输厅 江西省发展和改革委员会印发《关于建立全省内河非法码头整治长效管控机制的实施意见》的通知(赣交水运字〔2020〕10号)

60. 江西省交通运输厅 江西省教育厅关于加强中小学水上交通安全教育工作的通知(赣交水运字〔2020〕11号)

61. 关于印发《江西省内河船舶水污染物联合监管与服务信息系统平台运行工作方案》的通知(赣交港航字〔2020〕41号)

附 录

航空运输

【概况】 2020年，江西省机场集团有限公司（以下称省机场集团）完成运输架次12.3万架次，同比下降19%，旅客吞吐量1272.7万人次，同比下降31%，货邮吞吐量18.7万吨，同比增长44%。其中，南昌昌北国际机场完成运输架次8.5万架次，同比下降19%，旅客吞吐量942.7万人次，同比下降31%。受疫情影响，全省各机场客运均受疫情冲击较大，国际和地区客运航班于3月25日全部停飞，本年度国际和地区旅客吞吐量仅为9.3万人次，同比减少90%。

东航江西分公司始发航班10538班，同比下降16.05%；始发旅客1005804人次，同比下降26.5%；其中南昌始发7543班，同比下降14.51%；旅客795041人次，同比下降25.04%。全年共安全飞行34118小时、16726架次，同比分别下降27.2%和22.7%。2020年未发生公司一般差错及以上事件，实现了员工疫情零感染和航班运行两个安全。

（王若羊　徐　婷）

【客运市场快速恢复】 省机场集团在疫情得到初步控制后开展"航空出行更安全"等系列营销推广活动，联合航司开展复工复产包机等服务，促进客运加快复工复产。南昌机场到五月份运力降幅控制在30%以内，到8月份成为全国6个实现运力正增长的千万级机场之一，到9月份运力同比正增长8%。旅客吞吐量排名全国28位，较去年上升3位。

（王若羊）

【货运发展逆势上扬】 2020年南昌昌北国际机场年货邮吞吐量18.2万吨，同比增长48.7%，连续三年增速位居全国前列。全国机场货运量排名18位，较去年上升8位。其中，国内货邮10.5万吨，同比增长2.2%；国际货邮7.7万吨，同比增长296.9%。在货运航线网络方面，货运航线增至9条，每周47班。其中国内货运网络通航点不断增加，目前国内及地区货运航线网络覆盖中部的郑州，东部的南京、上海、杭州，西北的乌鲁木齐，南端的深圳、南宁、香港；国际通航城市包含欧洲列日，美洲洛杉矶，东南亚金边，航线网络覆盖3大洲。

（王若羊）

【航线网络不断优化】 2020年，省机场集团积极争取民航华东地区管理局对江西机场航班增量支持。冬航季航班换季后，南昌机场日均计划航班量近390架次（不含国际及地区航班），加密了北京首都、上海浦东、广州等门户枢纽航线，在首都航线上增加了宽体客机，新增扬州等6个航点，支线机场增加了北京大兴、上海浦东等门户航线，航线网络持续优化。

（王若羊）

【航空发展环境持续优化】 省市联合出台《南昌昌北国际机场客货运发展专项资金奖励暂行办法》，省市政府客货管理机构和补贴政策有效整合。顺利完成南昌机场飞行程序调整优化真机验证试飞，进离场航线分离工作取得实质性进展。全力协同南昌市政府引进春秋航空成为南昌机场第四家基地公司，全服务加低成本的"3+1"科学发展格局初步形成。

（王若羊）

【服务质量品牌建设稳步推进】 2020年，省机场集团开展服务质量品牌建设专项行动，着力提升航班正常水平和服务品质，树立特色服务品牌。南昌机场航班放行正常率为90.90%，在全国千万级大型机场排名19。与国航等8家航司建立行李运输数据共享机制，推进跨航司行李直挂服务；开通旅客遗失物品查询平台，提高旅客遗失物品的找寻效率。开通残疾人线上预约服务，推出"赣悦飞·特享"服务品牌。旅客满意度稳步提升，2020年，南昌机场ACI旅客满意度达到4.93分。

（王若羊）

【基本建设项目加速推进】 2020年，省机场集团狠抓重点项目建设管理，各重点建设项目顺利推进。加速推进南昌机场T2航站楼C指廊延伸及飞行区配套工程工作，南昌机场总体规划修编获批，完成航站楼方案征集工作，南昌机场三期建设预可研获得行业审查意见，同时积极推进可研工作。口岸建设取得重大进展，积极推进南昌机场"一货站三中心"项目建设，快件中心、邮件中心、通关中心、新国际货站已全部开通运行。加速推进南昌昌北机场安全保卫工程、围界更换工程。

（王若羊）

【乡村振兴，定点帮扶】 2020年，东航江西分公司党委帮扶定点扶贫村江西省武宁县梅溪村贫困户44户123人已脱贫摘帽。在脱贫攻坚与乡村振兴有效衔接的新起点，分公司启动乡村振兴"十大行动"，请农业专家到扶贫村进行果树种植指导，组织职工为梅溪村捐增270棵柚子树；筹备开设"爱心超市"，在分公司食堂设立乡村振兴产品专柜，依托省总工会和电商平台打通梅溪村农产品销售堵点等等，做到"扶上马送一程"，巩固拓展脱贫成果。

（徐 婷）

【全力做好疫情防控】 2020年突发的新冠疫情，给东航江西分公司带来极大考验，分公司上下全体干部员工齐心协力、众志成城，奋力取得了疫情防控的阶段性胜利。一是扎实严防控。严格落实防护处置程序，做好机组和地面员工的健康防护。完成防疫物资5批次采购任务；出台抗击疫情11个制度，编写疫情防控信息13期；建立旅客保护、员工防护、法律支持等8个专项工作组；实行员工弹性工作制和健康状况每日零报告；根据不同阶段和地区的防控要求，抓紧抓实抓细"内防反弹、外防输入"的常态化疫情防控工作。二是团结齐奋战。成立9个党员突击队、划分10个党员责任区，奋战在疫情防控一线；工会投入防疫物资3.6万元、慰问隔离员工9.8万元；实现党员捐款100%覆盖，共计捐款126602元。

（徐 婷）

【完成医疗队保障任务、助力复工复产】 2020年东航江西分公司主动向政府请缨完成9班复工包机、6班援鄂医疗队返赣包机、共接621名白衣天使回家、15批正班复工团队、安全运输复工复产工人近1500人次；保障完成全国"两会"江西省政协代表团往返航班、洛杉矶和俄罗斯入境航班各1班。通过物流公司协助保障运输南昌市防疫物资3批次9.7吨567件。

（徐 婷）

【打赢蓝天保卫战】 2020年东航江西分公司完成机坪内场全部柴油车尾气"双降"改造,新能源车采购,桥载电源使用率达100%。提前完成民航局打赢蓝天保卫战三年行动计划的目标任务,受到了民航局第三轮督查组的好评。

(徐 婷)

铁 路

【概况】 2020年,中国铁路南昌局集团有限公司管辖赣闽两省全部和湘鄂浙皖四省部分铁路,管内车站457个(江西省境内215个)。

部分铁路分界站(点):京九线北端(蔡山站)K1277+000处与武汉局集团公司分界,京九线南端(定南站)K2008+200处与广州局集团公司分界;沪昆线东端(新塘边站)K502+200处与上海局集团公司分界,沪昆线西端(灯芯桥站)上行线K1043+446处、下行线K1043+445处与广州局集团公司分界;皖赣线(倒湖站)K342+500处与上海局集团公司分界;武九线(西河村站)K185+809处与武汉局集团公司分界;合九线(孔垄站)K278+871处与上海局集团公司分界;铜九线(香隅站)K164+000处与上海局集团公司分界;吉衡线(睦村站)K127+508处与广州局集团公司分界;赣韶线(珠玑巷站)K66+819处与广州局集团公司分界;沪昆高速线东端(江山站)K429+202处与上海局集团公司分界;沪昆高速线西端(醴陵东站)K1006+798处与广州局集团公司分界;合福高速线(黄山北站)K1307+230处与上海局集团公司分界;武九客专(枫林站)K153+696处与武汉局集团公司分界;衢九线(德兴东站)K96+416处与上海局集团公司分界;分茶线(茶陵站)K206+349处与广州局集团公司分界;浩吉线(吉安站)K1813+460处与武汉局集团公司分界;河下联络线(河下站)上行线K0+058处、下行线K0+055处与武汉局集团公司分界。

(曾 进)

【营业里程】 年末,集团公司管辖营业里程8469.1千米(江西境内4546.3千米)。其中,国家铁路营业里程3573.4千米(江西境内2485.0千米),合资铁路营业里程4895.7千米(江西境内2061.2千米)。线路总延展里程17574.2千米。复线里程5320.3千米,复线率62.8%;电气化里程6961.4千米,电化率82.2%。

(曾 进)

【客货运输】 全年,旅客发送1.55亿人,完成计划的111.6%,同比下降36.6%(江西铁路旅客发送7962.7万人,同比下降32.1%);货物发送8238.0万吨,完成计划的98.1%,同比下降8.9%(江西铁路货物发送4490.0万吨,同比下降9.5%)。换算周转量为1360.88亿吨千米,完成计划的107.4%,同比下降29.2%。其中,旅客周转量为679.08亿人千米,完成计划的110.7%,同比下降40.8%;货物周转量为681.81亿吨千米,完成计划的104.3%,同比下降12.2%。

(曾 进)

【重点物资运输】 全年,发送煤炭2122.2万吨,同比减少393.0万吨、下降15.6%;发送粮食8.4万吨,同比减少6.8万吨、下降44.8%;发送化肥11.4万吨,同比增加1.0万吨、增长10.0%;发送石油213.1万吨,同比减少29.7万吨、下降12.2%;发送金属矿石1731.9万吨,同比减少193.8万吨、下降10.1%;发送钢铁823.1万吨,同比减少82.8万吨、下降9.1%。

(曾 进)

【疫情防控】 落实"外防输入、内防反弹"疫情防控要求,强化源头卡控,先后五次调整退票政策、延长学生票期限,在全局128个客运办理站的进、出站口设置旅客测温通道和137个留验站,对发热旅客及时发现和处置,避免疫情扩散。加强防疫物资和人员运输,通过旅客列车行李车向湖北武汉等重点地区装运支援物资170批/10588件/107.13吨。开行动车组专列定点运送医护及救援人员5批次396人,其中江西省1批次278人。助力企业复工复产,安排南昌—厦门、宁波等务工专列17列,运送务工客流8300人。春运期间,调整列车开行方案和客运组织,停运列车335对,免费退票946万张。

（曾　进）

【赣深高铁江西段隧道贯通】　12月6日,赣深高铁关西隧道贯通。至此,赣深高铁江西段隧道全部贯通,为后续无砟轨道铺设等施工奠定基础。关西隧道全长4843米,采用单洞双线结构设计,是赣深高铁重点控制性工程。赣深高铁北起江西省赣州市,南至广东省深圳市,全长432千米(江西境内136.4千米),江西段设赣州西、信丰西、龙南东、定南西4个站。工程于2016年12月开工建设,计划于2021年9月开通。

（曾　进）

【江西首列汽车整车出口铁海联运班列开行】
8月24日,江西首列汽车整车出口铁海联运班列开行,607台江铃福特汽车在向塘铁路口岸装车出发。以往汽车整车出口主要通过集装箱江海联运,存在托架回送困难、轮毂需要拆装、装箱损耗较大等问题,难以满足整车出口需求。铁海联运班列采用JSQ6型运输车作为铁路双层汽车运输专用车,汽车整车不需要安装托架便可直接装车;到达码头后,整车可直接开上船。与集装箱江铁联运模式相比,该模式可全程快速衔接,缩短两天左右在途时间,减少装箱损耗,节省时间和物流成本。

（曾　进）

【江西南昌至法国巴黎防疫物资专列首发】　6月4日,首趟江西南昌至法国巴黎防疫物资专列由大功率内燃机车牵引,从南昌(向塘)国际陆港横岗站出发。该专列装载2000万只口罩、4500万副手套、130万只水溶袋以及免触碰消毒液机等产品,总金额达1000万欧元。专列在3周内穿越7个国家(地区),行驶近14000千米。专列成本较空中运输大幅降低,运输耗时较海运缩减10—20天。

（曾　进）

【疫情期间江西首趟中欧班列开行】　2月17日,满载41车40英尺集装箱的中欧班列,由南昌(向塘)国际陆港横岗站发出,驶往俄罗斯莫斯科和白俄罗斯明斯克。该班列是疫情期间江西开出的首趟中欧班列,装载省内企业制造的汽车配件、一体机、机械设备、服装等货物,价值500万美元。铁路部门加强运输过程疫情防控,对出入口工作人员、驾驶员严格排查,做好体温检测及记录,开展环境整治、消毒,完成吊箱、验封等系列工作。

（曾　进）

【"百趟专列进赣州"活动】　11月13日,南铁旅游"百趟专列进赣州"首发团活动在瑞金市启动。该活动由赣州市文广新旅局和江旅科技集团指导,瑞金、兴国两地文广新旅局和南昌铁路旅游酒店资产管理有限公司承办。活动旨在推进"铁路+旅游"高度融合,推动赣州旅游事业发展。是日,首发专列从南昌、福州、厦门三地出发,运送旅客1000余人直达瑞金。

（曾　进）

【昌景黄高铁开始架梁作业】　8月28日,昌景黄高铁开始架梁作业。上午10时,第一片长32.6米、高3.1米、重790吨的预制箱梁在金溪湖特大桥363号、364号桥墩上架设。昌景黄高铁起自江西省南昌市,经景德镇终至安徽省黄山市,全长289.8千米,设计速度350千米/小时。全线设南昌东、军山湖、余干、鄱阳南、乐平、景德镇北、瑶里、黄山北等10座车站,其中江西境内新建6座车站;工程于2018年12月25日开工,计划工期为4年。

（曾　进）

邮政快递

【抓好疫情防控和复工复产凸显畅通经济循环作用】 一是坚决阻断病毒传播。及时启动应急响应,成立领导小组,建立联控联防机制。严格落实"外防输入、内防反弹"要求,坚决执行《疫情防控期间营业场所操作规范》,切实做好系统内部和行业从业人员疫情防控。省疫情防控指挥部先后两次致信感谢。全行业4名个人、2个集体获交通运输部表彰,3名个人获省政府表彰。江西邮政和顺丰获评全省抗疫贡献企业。二是全力保障寄递渠道畅通。统筹行业资源做好防疫物资和生活必需品的运输寄递服务,邮政、顺丰、京东、德邦等企业全力支援湖北"战疫",累计发运车辆426辆次,运输口罩、防护服、消杀用品等防疫物资1355吨。畅通省内防疫物资通道,累计发运车辆3695辆次、运输防疫物资9526吨。积极做好疫情防控期间无接触配送服务,配送米面粮油等生活用品1100万单(约5.4万吨)。三是率先实现复工达产。一体推进省、市、县、乡、村五级服务网络全面复工复产,为企业解决了人员用工、车辆通行、末端投递和复工审核等方面的实际困难,为企业争取口罩120万只、医用酒精98箱、消毒液540公斤,3月中旬基本实现复工达产,在畅通经济循环、拉动关联产业复苏中发挥了重要作用。

(省邮政管理局)

【强化政策保障优化行业发展环境】 一是政策规划不断完善。协调省财政厅出台《江西省交通运输领域省以下财政事权和支出责任划分改革方案》(赣财建〔2020〕44号),为有效落实双重管理责任提供了制度保障。参与制定《江西省禁止非法交易和食用野生动物办法》,为在寄递渠道开展保护提供法律遵循和制度依据。科学编制邮政快递业"十四五"规划,主动融入全省交通运输和全省经济社会发展规划。二是政策红利不断释放。落实省政府《支持邮政业高质量发展的若干措施》,11个设区市均配套出台快递服务车辆便利通行文件,全省1.5万余辆快递三轮车实行"三统一"规范管理。省级、南昌市邮政业安全中心组建基本完成,分别获得办公用房和公务用车支持。上饶市邮政业安全中心获批成立,其余9个市级安全中心设立均已纳入当地事业单位改革试点方案。2020年,共为企业争取各类奖补资金7450万元,减税降费1.22亿元,全系统履职能力建设资金358万元。三是"放管服"改革不断深化。全面推行快递业务经营许可全流程网上办理,核准延续换证企业89家、新增许可企业60家,注销僵尸企业、不合规企业167家,新增备案末端网点594家。圆满完成国家局政务服务平台、快递业务经营许可管理系统与江西政务服务平台对接试点工作。指导邮政企业推广"线上办事+线下寄递"模式,参与全省"赣服通"政务服务平台建设,助力"不见面"审批。

(省邮政管理局)

【加强基础设施建设】 2020年,邮政快递企业直接投资项目14个,投资额98.6亿元、外资2亿美元。韵达南昌分拨中心、昌北机场空侧南昌邮件处理中心、顺丰赣州电商快递产业园等被纳入省级重点项目。全省共建成智能快件箱8296组,城市快递公共服务站点3145个,农村公共取送点4410个,县、乡、村三级农村邮政快递配送体系基本形成。

(省邮政管理局)

【推进"两进一出"工程】 积极贯彻国家局决策部署,协调推动省政府办公厅印发《推进快递业"两进一出"工程实施方案》。出台"快递进村"三年行动方案,推广邮快、交邮、快快、商快等合作模式,快件直投到村比例达到65.2%。全省共打造服务现代农业"一地一品"项目28个,支撑产值34.65亿元。深化了江铃汽配、江中制药、南华医药、南康家具等优秀供应链服务项目,打造服务制造业项目66个,支撑产值157.74亿元。加强南昌国际邮件互换局和国际快件监管中心运营保障,协调开辟国际货邮航线,大力发展跨境电商业务,全年国际邮快件量达到1400万件。

(省邮政管理局)

【抓好行业生态环保】 落实"9792"工程部署,全省"瘦身胶带"封装比例达97.6%,电商快件不再二次包装率81.3%,循环中转袋使用率95%,年内新增包装废弃物回收装置网点2000个,新增新能源汽车776辆。强化生态环保执法,开展快递包装领域"禁塑""限塑"专项治理行动,立案查处违法案件7起。

(省邮政管理局)

【大力推广"寄递+电商+农特产品+农户"脱贫模式】 全省邮政企业建立电商扶贫站点1400余个、"邮乐购"站点1.6万个,销售农产品4.5亿元,带动近4400户贫困户增收800余万元。快递企业推动网点下沉、服务下沉,搭建电商服务平台,畅通农产品销售渠道。开展消费扶贫,动员干部职工购买贫困村农产品10万余元。自觉扛起定点扶贫政治责任,全省系统选派驻村扶贫干部5人,投入和引进各类资金488.9万元,实施帮扶项目29个,脱贫408人,帮助建档立卡贫困户就业961人,省市局定点帮扶贫困村均已脱贫摘帽,为打赢脱贫攻坚战交出了满意答卷。

(省邮政管理局)

索 引

说 明

1. 本索引内容为条目主题词及相关人名、地名、单位名、文件与事物名称。
2. 词条按汉语拼音首字母顺序排列。
3. 词条后的数字表示所在页码,a代表左栏,b代表右栏。重复出现的词以多个页码表示。
4. 年鉴的特载、专文、文献文件与附录未编入索引。

数字和字母

"@江西交通"	31a
"2直播"	130a
"5511"	46b
"5511"工程	195b
"6+1"	150a
"6+1"方案	238a
03专项	31b、32a、195b、213a
12328电话工作者	346
12328热线	158b
2019年度全面依法治省优秀单位和法治政府建设优秀单位	23b
2019年度政府系统'五型'政府建设先进集体	29a
2019年度支持井冈山脱贫攻坚工作先进单位	250b
2020服务质量提升年	236b
2020年"平安交通"创新案例评选结果	32a
2020年江西省劳动模范和先进工作者表彰大会	243a
2020年全国三八红旗集体	236b

2020年中国航空产业大会	89b
A/O工艺	195a
AI人工智能教学	82b、129b
AI事件检测系统	176b
AI智能算法	194a
APP扫码支付系统	200b
BIM	29b、68a、192b、221a
EPC	155a、219a
G105	78b、193a、217a
G206	78b、257a、273a、282b
G220	162b、268b、278b、298a
G316科技示范路	161a
G319	261a
G320	78b
G323	275a
G35	194b
G356	283b
G358	281b
G535	281a
G56杭瑞线景婺黄段	176b
GPS	90a、259b、289b、311a
IC卡消费系统	200b
LPR转换	135a、151a
MEMS传感器	194a
PPP项目	120b、263a、283b、303a
PQI	267b
QC小组	192a
S206	273a
S222	288a
S306A标	258a
S306C标	258a
S311	262a
S312	271a
S416	246a
S528	193b
S533	219a
VR	46b、193a
VR安全教育培训基地	46b
X056	262a

A

阿里巴巴集团	30a
安徽高速路政支队徽杭大队	176b
安徽省交控集团黄山管理中心	176b

安全风险隐患管控	169b
安全基础保障	14b、170a
安全监管	171a、176b
安全生产	19b、68b、168b、169a
安全生产标准化	68b
安全生产工作会议	19b
"安全生产万里行"	289a
"安全生产月"	17a、84a、288a、289a
安全生产专项整治三年行动	173a、228b
安全隐患排查	170a、175a、270a、292a

B

白槎镇	268a
"白改黑"	266a
"保护母亲河我们在行动"	235b
陂头	281a
并网发电	69a
波形护栏	174b、267a
"不间断"自动巡检	193b
"不忘初心、牢记使命"主题教育	53a、224a、240a
"不忘初心传承红军精神"	242b

C

蔡家老桥	264b
蔡建新	20b
蔡清平	30b
曾文明	25b、67b
曾晓文	28a、159a
差异化收费	152a
产学研合作	179b
昌北机场	82a、100b
昌江区	259a
昌铜公司	152a
昌西南收费站	32a、165a
厂务公开民主管理示范单位	354
"畅返不畅"	278a
畅通杯	243b
畅行公司	130b、203b
超高性能混凝土	193a
超限超载车辆检测站	79a
超限船舶	121a、167b
车辆安全例检制度	176a
陈兵	19b、165a
陈德勤	28a、208b
陈金桥	22b

陈敏	72b
陈鹏程	23b
陈小平	21b、129a
陈兴超	25b、208b
陈云	22a、251a
陈珍	344b
"成蹊园"	230a
"城乡公交+物流电商+共同配送"	85a
程家桥	259b
程家湾	228b
程新生	28b
"传承红色文化,培育交通文明"	223b
船E行APP	126b
船舶和港口污染防治突出问题整治	23b
船舶污染物接收站	20a、78a
创新驱动发展战略	213a
纯电动公交车	106a
纯电动新能源公交车	314a
从业资格考试	23a

D

大摆养护中心	78a
"大道行"养护品牌	65b
大广高速	25a、138b
大广高速吉安至南康段	47b、295a、378a
大广高速扩容项目A2标段	45a
大广高速南康至龙南段扩容工程	29b、232a
大广扩容项目C8标	21a
大吉山	281a
大件运输许可	146b、161b
大湾桥	57b
大围公路	281b
戴东昌	20b
戴景岳	25b
丹溪大桥	55b
党风廉政教育	28b
"党建+"活动	228a
道路运输驾驶员继续教育及管理	162b
地质灾害	57a、304a
登革热	215b
邓红英	336a
邓会鹏	206b
邓季芳	219a
滴滴车	258b

电子航道图	69a
丁光明	30a、31a
定点帮扶村	32a、145a、249a、b
东昌高速	48b、79a
东昌高速收费大棚	79a
东临环城高速	48a
董仕军	27b
洞下中桥	56b
都昌县城东综合车站	79a、265b
杜航伟	21a
段卫党	60a、65b
对口援疆	25b、252a

F

方向平	327a
方兴科技公司	193a
防汛保畅	253a
防汛工作	23a、167b
防疫防控+保通保畅	157a
仿生态鱼道设计	178a
放管服改革	83b、146b
非法营运车辆	158a
非现场执法模式	197a
分宜县	27a、50b
扶贫脱贫攻坚战	22a
服务区提质升级	27b、130a
浮梁凤凰大桥	257a
抚州东外环	195b

G

感动交通年度人物	233b、346
赣服通	149a、387b
赣江、信江船闸通航中心	68b
赣江南昌段	174a
赣路党建	204a
赣皖界至婺源高速公路	24b、133b
"赣远36"轮班组	242b
赣粤高速	191b
赣粤工程公司	196a
赣粤运河	67a
赣粤运河规划	25b、75a
赣州高速公路路政管理支队一大队	25b
赣州市	24a、26b
钢梁顶推施工技术	47b
钢箱梁顶推法施工工艺	193a

港口岸电设施	72a
港口资源整合	25a、70b、72a
高安市交通运输局	197a
高安综合客运枢纽	76a
高分遥感技术	199a
高楠公路	261b
高石坳中桥	56b
高速 LNG 加气站	79b
高速公路边坡综合生态保护技术	192a
高速公路恢复收费	24b、165a
高速公路桥梁检测	194a
高速公路桥梁隧道养护管理与技术培训	28a
高速公路收费站通行服务保障	165a
高速公路隧道巡检机器人	193a
高速公路治超非现场执法	165a
高速公路智慧隧道	193b
高压缩性土层段隧道	195a
葛李保	246b
跟踪审计	101b、152b
工程路面材料	22a、192b
公交城市	22b、83a
公路工程信息化施工和管理	193a
公路沥青路面绿色环保冷再生站	78b
公路绿化	66b、75b
公路水毁保通	174b
公路水路交通运输"十四五"发展规划	73a
公路水运工程复工复产	21a
"公路投资杯"	243b
公路行政执法职能划转	149a
公路治超非现场执法系统	207b
公路综合生态防护技术研究	192b
公务员述职评测	22a
供给侧结构性改革	81a、147a
龚建平	21a
"关爱职工·夏送清凉"	242a
观音阁	174a
广东海事局	23b
广发银行	134a
硅酸盐	193a
贵溪九牛滩码头	72b、273a
贵资高速	48a、273a
桂有金	343a
郭胜	30b

国道 220 线	48a、50b
国公桥	264b
"国家公交都市建设示范城市"	28b
国家级贫困县	81a
国评	23b、155a
国省道公路沿线路域环境整治	158a
过紧日子	151b

H

海昏侯国遗址公园	116a
海水高耐腐蚀钢筋制备及耐蚀机制	194b
汉口	33b
好路率	265b
禾埠老大桥	55b
何福洲	23a
何慕良	26b
何源农村公路综合服务站	79b
河南	38a
河南交通投资集团	134b
黑名单	148b
横山桥	56a
横水江大桥	277b
红光至白莲疏港通道	166a
红光综合枢纽码头	26a、70b
红壤丘陵区	194b
红色旅游公路	51b、210a
侯俊	339a
胡满松	21a
胡强	25b
胡锡润	168a
胡钊芳	19b、47b、209b、242a
胡志平	28a、208b
湖口县	266a
"互联网+监管"	148b、296b
沪昆高速	256a
沪昆铁路	36a、53b
花桥小桥	319b
花雪莲	334b
华通物流园	22a、138b
华为技术有限公司	25b
化学品洗舱站	72b、121a
环境监测指标	192a
环境敏感区	194b
"环形+放射"	49a

黄河新桥	266a
黄喜忠	21b
黄永茂	230b
黄勇	23a
回头看	24a、153a、229a、251a
会计集中核算	151b
慧通公司	152a
混溶行为	192b
火神山医院	245b
货运车辆恶意超限超载	158b

J

机动车维修市场专项整治	27a、130b
矶山园区公用码头	29b、72a
基于振动测试法桥梁检测	193b
吉安服务区	22a、138b
吉安港石溪头货运码头	73b
吉安高铁西站	22a、138b
吉安市	30b、287
集成轨道	193a
"纪律课堂"	231a
济广高速	194b、285a
檵柴冲桥	57b
甲级资质	196a
驾培机构	83a、162a、298b、304b
"监测-控制-预警"	192a
"建养一体化"	275a
建制村通客车	23a、83a、153a、231a
"健康扶贫"	252a
"江洪号"	242b、350
江梦德	333b
"江西公路e路通APP"	199a
江西航电枢纽绿色智慧科技示范工程	191a
江西交通技工学校	179b
江西交通职业技术学院	20a、179a
江西经济十件大事	4b
江西九江长途汽车运输集团有限公司	266b
江西龙达化工码头	76b
江西省港口集团有限公司成立	166a
江西省高速集团融媒体中心	30a
江西省交通高级技工学校	202b
"江西省抗击新冠肺炎疫情先进集体"	32b、255a
江西省科学技术厅	194b
江西省劳动模范	243a

江西省联达博联汽车服务有限公司	164a
江西省模范职工小家	353
江西省社会主义学院	28a
江西省水上搜救中心	242b
江西省五一巾帼标兵	347
江西省五一巾帼标兵岗	351
江西省职业院校技能大赛	202a、213b
江西通达航运股份有限公司	26b
江西玉春山生态农业科技有限责任公司	162a
江志强	251b
姜明宝	23a
僵尸船	121a、168b
交工建设公司	192a
交通工程质量监管	156b
交通科技大讲堂	29a
交通科技前沿	216a、220b
交通强国	30b、68a
"交通设施＋感知＋物联网"	194b
交通运输安全生产	23b
交通运输安全应急管理人员培训班	27b
交通运输部科技示范工程	69b
交通运输部召开安全生产形势分析视频会议	20a
交通运输全领域信用承诺	146b
交通重点科技项目	22b
焦家岭隧道	193a
教体新区规划路	48a
结冰预警子系统	194b
"巾帼文明线"	260a
金玉	329a
进贤县政府	31a
精表处技术	193b
井冈山	22a、28a
井冈山航电枢纽	166b、287a
井冈山航电枢纽工程	69a、151a
井冈山市长富桥村	32a
靖樟高速	302b
九江城西港	166a
九江城西砂石集散中心	166a
九江国际港银沙湾区散货码头	21b
九江航运交易中心	30a、68b
九江华东船业有限公司	31a
九江矶山公用码头	72a
九江绕城高速	265a

九江赛得利综合码头	70b
九江市政府	166a
九江长江港口集团有限公司	29b
九江长运集团	268a
竣工决算审计	153a
竣工验收管理	156a

K

抗美援朝老战士曾庆凯	29b
科技示范工程	69b
科技兴交、科技强交	178a
客运站源头管理	176a
孔德然	24a
跨区域联合执法行动	147b
跨省隧道应急处置	176b
"快递+产业"	260b
快递超市	272a

L

蓝丽红	30a、231b、232a
老年驿站	249b
老爷庙水域	68a
雷公坳文体产业园	129a
冷链运输疫情防控	30b
李炳军	23a、45a
李国峰	23b
李松殿	168a
李天碧	23b
李小鹏	23b、145b
李小英	234a、341
李志刚	21b
立肇线	268b
沥青路面回收料	192b
沥青路面设计	196b
"连心桥"	250b
两不愁三保障	251b
"两环两横四纵"	262b
"两客一危"	84a、160a、170a
"两微一端"	223a
辽宁	38a
廖良生	72b
廖晓锋	335a
林彬杨	30a
刘斌	21b、251a
刘隽健	342a

刘奇	20a、122b、131b、252a
刘荣蕃	143a
刘石呈	219a
刘文杰	219a
刘小明	23b
刘晓艺	23b、25b
刘晓庄	28a、208a
刘震华	19b、46a、251a
浏阳市	35a
"六统一"	260b
"六稳""六保"	102a、229a、231b、232a
龙刚	23b
龙虎山风景名胜区	274b
龙虎山泄洪渠桥	57b
龙江辉	251b
龙源口 2 号桥	47a
庐山市政府	30b
鸬鹚嘴桥	262a
"鲁班工坊"	179b
陆喜明	33a
路面养护大中修	63a
路长制	54a、159b
"鹭鹭行"APP	115b
《论语》	247a
罗坊	157b
罗文江	19a、166b、212a
罗霄山	35b
罗志明	249b
螺江桥	56a
绿色出行创建城市	118b
绿色通道	45a、120a

M

麻冲桥项目	252a
马牯山	279b
满城樱花	202a
毛桥	270a
梅林大桥	275a、276b
苗木补植	66b
民法典	145a、146a
民生实事	156a

N

南安	193b
南昌地铁 3 号线	32a

南昌港	34b、38b
南昌港东新港区姚湾作业区综合码头	72a
南昌公交集团	110b
南昌龙头岗综合码头	122b
南昌龙头岗综合码头有限公司	31a
南昌南收费所	25b
南昌市	19b、255
南昌市交通运输局	26b、255a
南昌市龙和国际物流公司	121b
南昌长途汽车站	82a、141a
南昌综合保税区	122b
南城万年桥	58b
南河大桥	193a
南京	33b、124a
南山路特大桥	58a
内河船闸枢纽工程	191a
鲇鱼山镇	259b
孽龙洞	263a
农村公路及桥梁建设工程	156b

P

彭东领	166b
彭郎矶作业区疏港通道	166a
彭敏	22a、166a
彭瑜	23b、25a、243b
彭泽西互通	266b
品质工程创建	68b
平安江西建设干部培训班	28b
平安交通	32a
萍莲高速	220b
萍乡经济开发区蓝盾汽车修理厂	164a
萍乡运通汽车技术服务有限公司	164a
萍乡运通汽车销售服务有限公司	164a
鄱阳湖二桥	68a
鄱阳湖分中心救捞大队潜水组	25b
鄱阳湖航运公司	121b
鄱阳湖老爷庙水域	68a
普通国省道	78b

Q

七木桥	285a
祁婺高速公路	32b、58a
"企业新型学徒制"	211b
气化长江	73a
虔东大道	276a

桥梁检测	55b、193b
桥梁静载实验	57a
桥梁支座无人机检测技术	192a
秦文华	339b
秦义	20b
青福公路	261b
青年文明号	30a、245b、355
清凉行动	236b
邱向军	21b
区域性绿色航运中心	73a
曲江码头	169b
取消高速公路省界收费站	205b
全国党建工作样板支部	20a
全国感动交通年度人物	348
"全国高校活力团支部"	351
全国公路科技活动周	220a
全国公路科普教育基地	30b
全国公路水路行业班组、船舶安全生产竞赛优秀个人	347
全国公路行业先进基层党组织	350
全国交通运输法治政府部门建设优秀集体	145a
全国交通运输系统抗击新冠肺炎疫情先进集体	349
全国交通运输系统先进集体劳动模范和先进工作者表彰大会	25b
全国巾帼建功标兵	346
全国抗击新冠肺炎疫情表彰大会	28b
全国劳模书架	350
全国模范职工小家	350
全国模范职工之家	350
全国物流行业劳动模范	346
全省交通运输工作会议暨党风廉政建设会议	19b
全省交通运输系统先进个人	346
全省政府系统'五型'政府建设先进集体	145a
"全域一体"	273b

R

人工智能	193a
"人海战术"	197b、200b
人力资源和社会保障部	25b、346
人民满意的公务员集体	351
荣耀	31b、196a
瑞昌市码头工业城公用码头	166a
瑞兴于快速交通走廊	275a
瑞州大桥	304a

S

"三不进站、六不出站"制度	175b

"三不进站、七不出站"规定	143a
"三不一优先"	157a
"三大攻坚行动、三大提升工程"	159a
三服务工作	150a
"三化"建设	224a
"三基地一窗口"	217b
三级通航	32b、69b
三江大桥	55b
"三讲一评"	249a
"三亮三明"	224a
三清山	130a、218a
三实活动	238a
三维形式	193a
山东省、四川省交通运输厅	23b
上栗高速	192b
上栗县汽车客运中心站	263a
上饶本土企业首张"网络货运"牌照	89a
上饶城南公交场站	80a
舌尖上的浪费	233a
"设备+班组"	46b
神灵湖东毅码头	269b
沈小敏	84b
审计信息化平台	154a
省编办	24b
省财政厅	22b、30b
省档案馆	150b
省道207	50a
省道221	50a
省道222	50b
省道223	50a
省道226遂龙线	49a
省道404	51b
省道443	50a
省道519	56b
省道531	64b
省发改委	22a、45b
省港航管理局	31a、76a
省港口集团	20a
省高速公路联网管理中心	355
省高速集团	21a
省高速集团畅行公司	203b
省公路工程监理有限公司	230a
省公路工程检测中心	52b、64a

索 引

省公路局	21b、49b
省公路科研设计院	179a、192b
省国资委	28a
省级多式联运示范工程	32b
省交通工会	240b、241b
省交通科学研究院	192a、196b
省交通运输厅	19a
省局信息数据中心	198b
省抗洪抢险应急指挥部	150b
省商务厅	30a、121b
省社会主义学院	28a、208b
省生态环境厅	30a、169b
省水利厅	70a、73b
省委组织部	24a、354
省运管局	21a、140a
省直机关工委	354
省质监局	52b
胜湖渡口	172a
"十三五"干线公路养护管理	30b
"十三五"江西道路运输发展	81a
"十三五"全国干线公路养护管理评价	26a、59a、207a、275b
石初军	247a
石虎塘航电枢纽	22a、138b
石牛山大桥	266a
实名制购票制度	176a
世界交通运输大会	216b
收费管理	60a、151b
枢纽场站	38a、44a
数值模拟	195a
数字航道系统	68a
"双创双修"	257a
"双带头人"	213a
双峰收费站广场	47b
双高建设	201a
双机器人系统	193b
"双随机、一公开"	146b
水路运输管理	166b
水上LNG加注工程项目	31b、73a
水西互通上跨国道533跨线桥	58a
水运改革发展工作	30a、308b
水运项目政府专项债	151a
"司机之家"	218a
"四个一"	61b

四好农村路	53b、145a
"四联"	157a
"四书一函"	287b
"四新技术"	193a、217b
松木坑2#大桥	46b
宋铀	21a、132b
宋友胜	21a
"送温暖"	241a
苏杰	167b
随州	21b、138b
隧道安全智慧管控平台	47b
孙菊生	21b
孙卫民	219a
孙鑫	25a

T

太平桥	53b
泰和县汽车客运站	79b
泰和沿溪综合货运码头	71b
檀飞	27b
汤云姣	341a
唐寺(杨岐普通寺)、唐塔、唐碑(刘禹锡撰)、文廷式墓	36a
塘埠大桥	56b
塘上桥	264a
陶晓军	331a
"特别纪律课"	231a
特殊人群专用客运班线	99a
厅高速公路管理处	165a
厅科技教育处	28b
通航中心	68b
桐木收费站	152a
铜鼓县路网工程	49a
铜万高速宜丰联络线	46b
"童心港湾"	251b
退坡专项资金	152b

W

万安枢纽二线船闸	287a
万福大桥	56b
万秀奇	21b
汪口大桥	55a
王爱和	19ab、39ab、46b、251a
王安石特大桥	48a
王斌	21a
王福德	328a

王国钰	25b
王继东	30a
王江军	45a
王婧	345a
王俊	338b
王林水	159a
王少玄	26a
王亚联	26a
王延望	331b
王昭春	19b、65a、130a
王志清	20b
网络安全工作	24b
"网上党员活动日"	204b
网约车	82a、211b、339a
危化品航运企业	168a
危化品运输安全生产	172b
微信支付	106a
魏遵红	23b、28b、30a
温泉镇	269b
文明生态村	233a
文明示范窗口	235b
"我看交通扶贫"	251b
污染防治	168b、169a
污染源调查	192b
无偿献血	23a、215b
无人机	222b
吴浩	23b、67ab、75a
吴其玉	338a
吴晓军	19b、67a、171a
浯溪口水利枢纽	172a
"五横四纵"	262b
"五连冠"	255a
武功山	35b
武功山风景名胜区	264a
武功山隧道	46b
武汉理工大学	193a
物联网	17a

X

西龙岗村	241a、249a
仙女湖汽车流通协会	129a
"现代学徒制"	179b
"线长制"	83b
乡村振兴	53b、252b

香港龙泰安冷链物流	82a
湘东区	50b
湘江	35b
项目招投标	156b、237a
象塘大桥	280a
肖公庙	271a
肖伦发	19b
肖武生	343b
谢德强	22a、132b
谢兼法	29b、46b
"心愿包"	247b
新昌电厂电煤码头	76b
新城控股集团	133b
新干港河西综合码头	73b
新疆克孜勒苏柯尔克孜自治州	25a、252a
新力控股集团	133a
新妙湖大桥	58b
新能源公交车	82b、118b
"新生"轮	34a
"新时代赣鄱先锋"	350
新型冠状病毒感染的肺炎疫情防控	20b
新越沥青专用码头	169b
信丰县嘉定镇	67b
信江八字嘴航电枢纽	22a、67a
信江船闸通航中心	68b、195b
信江双港航运枢纽	25b、68a
信息化项目建设	23b、197a
信雄高速	275a
"信用交通省"	29a、145b、147a、352
"信用交通省"十大典型省份	145a
"行吧"APP	130a
行风监督员	238b
兴赣北延高速项目	26b
兴国雄岗隧道	50b
熊科平	19b
熊贻辉	332b
修水县	267a
秀江大桥	55a
徐兵	23a
徐坊客运站	141a
徐秋霞	344a
徐松柏	23b
学生复学运输	108b

雪克来提·扎克尔	25b
寻龙高速公路	282b
汛期水上交通安全	174a

Y

岩溶地区	194a
岩溶塌陷	194a
岩土工程	196b
晏勇	207b
扬尘防治	195a
杨传堂	20b
杨岐山	35b
杨坞小桥	319b
仰坡失稳机制研究	195a
瑶湖	243a
叶墩桥	279a
叶家桥	57a
叶琳	21a
一超四罚	85b、197a
一断三不断	20a、108a
"一个中心、三个平台"	21b
"一纵一横二联"	273a
宜春大道	48a
宜春港总体规划	71b
宜春交投集团	48a
宜春市公路管理局	29a
宜春市顺通客运服务有限公司	89b
宜丰联络线	46b
宜丰县新昌东大道停车场	80b
宜遂高速	21a、47a
以案释法	239b
弋阳梅烈公路	52a
义门村	249a
易炼红	20a、21a、136b、145b
易宗发	27b、147a
殷美根	26a、45b、72a
银宝湖乡	53a
应急管理	170b
营商环境	155a
营运黄标车	82b
永丰村	250a
永新公路分局	49a
"优秀女第一书记"	347
攸县	263b

"邮政安全管理技术研发中心"	213b
于秀明	251a
鱼山码头	70a、257a
俞文生	45b、47a
预防性养护	58a、193b
预算管理	151a
预约应急包车	110a
袁河梯级开发工作	26b
粤港澳大湾区	45a、68a
云计算	179a
运输结构调整	27a、74a

Z

"暂停键"	253b
章贡区	219b、276a
樟树河西综合码头	47b
樟树市	300b
樟树市葛玄路	51b
长富桥村	32a、244b、249a
长途客车"宰客"	157b
赵力平	24a、122b、132a
赵明奎	27b
赵青	25b
赵水根	340a
赵武敬	248b
振动测试法	193b
镇村公交	82b、89a
郑清秀	72b
政府采购管理	152b
政务工作	150b
执法人员培训	146a
值夏大桥	56a
职工健步行活动	243a
职工乒乓球比赛	244a
植被恢复技术	194b
智慧船闸	195b
智慧党建	227b
智慧公路	197b、198a
智慧护栏撞击预警系统	194a
智慧化提升改造试点	49b
智慧交通智能识别系统	195b
"智慧治超"	24a、251a
"中国好人"	234a、341b
中国交通产业经济联席会议	221a

中国交通会计学会	219b
中国农业发展银行江西省分行	27b
中国施工企业管理协会	196a
"中国质量工匠"	31b、196a
中欧(亚)班列	278b
中油港燃同田水上加油站	169b
"中州"轮	34a
钟仁先	233b
周平军	251a
朱晗	30a、47a、159a
朱建堂	24a
朱晓东	30b
朱新堂	22a、116b
珠山区	260a
株洲市	35a
住房和城乡建设厅	30a
祝家老桥	319b
专项审计	152b
"啄木鸟"养护工匠室	66a
资金筹措	134b、150b
"走实地、查实情、抓实效"	160a
组组通	230a
"最美出租车司机"	235b
"最美扶贫干部"	347